Index PsychoAnalyse 2000

Index PsychoAnalyse 2000

Verzeichnis lieferbarer deutschsprachiger Literatur
der Psychoanalyse und Tiefenpsychologie
mit Nachbargebieten.

Redaktion: Heidemarie Fehlhaber; unter Mitarbeit von Joe-Gerrit Grote und Jörg Volbers.

Mit dem Reprint des Aufsatzes von Marie Bonaparte,
Die Sexualität des Kindes und die Neurosen der Erwachsenen,
zuerst erschienen in der Zeitschrift für psychoanalytische Pädagogik,
5. Jahrg. 1931, Heft 10, S. 369-412

Sigmund-Freud-Buchhandlung, Frankfurt am Main
Verlagsabteilung Déjà-vu
Anzengruberstraße 1

60320 Frankfurt am Main

Telefon 069 / 560 433 56
Telefax 069 / 560 433 57
E-Mail: Sigmund-Freud-Book@T-Online.de

Redaktionsschluß 30. März 2000

Grafische Gestaltung: reform design, Stuttgart, www.reform-design.de
Druck: Nexus Druck, Frankfurt am Main.

ISBN 3-9805317-1-6
ISBN 3-86099-152-3

Illustration aus Goethe: Klassische Walpurgisnacht,
Edition Tiessen, Neu Isenburg, Holzschnitt von Wilhelm Neufeld

Inhaltsverzeichnis

Liebe Leserinnen, liebe Leser,

Lange vorangekündigt, kann jetzt die aktualisierte und stark erweiterte Neuausgabe des Index Psychoanalyse (IP) vorgelegt werden. Betriebsorganisatorische Veränderungen, der Umzug der Sigmund-Freud-Buchhandlung und ihrer Verlagsabteilung nach Frankfurt, Personalwechsel, Unterbesetzung und, wie sich herausstellte, unzureichende Datenbankprogramme führten in ihrer Summe zu der erheblichen Verzögerung.
Die entscheidenden Engpässe konnten inzwischen behoben werden: Es steht jetzt eine eigens für unsere Zwecke erstellte Software zur Verfügung, welche die früheren zeitraubenden und stark redundanten Verfahrensweisen ablöst. Schließlich konnte die lange vakante Stelle in der Redaktion des IP endlich mit einer neuen Mitarbeiterin besetzt werden, die ausgewiesene Fachkompetenzen als wissenschaftliche Lektorin und Übersetzerin einbringt.
Die Qualität des IP werden wir weiter verbessern sowohl im engsten Sinne, was die Genauigkeit bei der Erfassung der nachzuweisenden Titel angeht, als auch in einem weiteren Sinne hinsichtlich der Handhabung: Die Bibliographie wird ein ergänzendes Stichwortverzeichnis erhalten; zudem werden wir die Nachweise über in Fachzeitschriften erfolgte Rezensionen deutlich ausweiten; und es wird vermehrt Kurzbesprechungen zu den jeweils neu aufgenommenen Titeln geben. An eine Internet-Version des IP wird gleichfalls gedacht.
Haben Sie als Leser und Nutzer des IP, sei es als Kliniker, Autor oder Dozent, inhaltliche Anregungen, Änderungs- oder Verbesserungsvorschläge, so werden wir diese gern in der nächsten Ausgabe berücksichtigen. Ich freue mich über jeden Hinweis.
Um dem IP Kontinuität zu sichern – er soll nun turnusmäßig alle $1^{1}/_{2}$ Jahre erscheinen –, ist vorgesehen, die für Herbst 2001 geplante Ausgabe auch als Abovariante anzubieten. Damit wird eine solidere Kalkulationsgrundlage für die Projektierung des Arbeitsaufwandes und der benötigten Auflagenhöhe geschaffen.
Es wäre ganz in unserem Sinn, wenn Ihnen die vorliegende Ausgabe für Ihre Arbeit von einigem Nutzen sein kann. Nichts dagegen einzuwenden ist auch, wenn Sie Kolleginnen und Kollegen, die den IP noch nicht kennen, auf diese handliche Bibliographie aufmerksam machten.
Fröhliches Arbeiten also mit dem neuen IP und Dank für Ihre Nachsicht und Geduld.

Heidemarie Fehlhaber

Index

Institutionsgeschichte der Psychoanalyse /Biographik

Lou Andreas-Salomé: In der Schule bei Freud. Tagebuch eines Jahres, 1912 - 1913. Ln., H. Huber Vlg. 1958. **DM 33,-**

Lou Andreas-Salomé: Lebensrückblick. Grundriss einiger Lebenserinnerungen. Aus dem Nachlass Ed. E. Pfeiffer. 350 S., m. Photos, Kt., Insel Vlg. 1994. **DM 19,80**

Didier Anzieu: Freuds Selbstanalyse. Bd. 1: 1895-1898. (Rhe.: VIP - Verl. Internat. Psa.) 311 S., Ln., Klett-Cotta 1990. **DM 48,-**

Didier Anzieu: Freuds Selbstanalyse. Bd. 2: 1898-1902. (Rhe.: VIP - Verl. Internat. Psa.) 575 S., Ln., Klett-Cotta 1990. **DM 48,-**

L. Appignanesi /J. Forrester: Die Frauen Sigmund Freuds. 790 S., zahlr. Abb., Kt., Econ 4/2000. **DM 19,90**

Mitchell G. Ash /U. Geuter (Ed.): Geschichte der deutschen Psychologie im 20. Jahrhundert. Ein Überblick. 386 S., Kt., Westdt. Vlg. 1985. **DM 29,80**

H. Bareuther /H.-J. Busch /D. Ohlmeier (Ed.): Forschen und Heilen. Auf dem Weg zu einer psychoanalytischen Hochschule. Beitr. aus Anlaß des 25jährigen Bestehens des Sigmund-Freud-Instituts. 800 S., Kt., Suhrkamp 1989. **DM 28,-**

Roland Barthes: Über mich selbst. (Rhe.: Batterien, Bd. 7) 208 S., Kt., Vlg. Matthes & Seitz 1978. **DM 39,80**

Ralf Baumgart /V. Eichener: Nobert Ellias zur Einführung. 192 S., Br., Junius Vlg. 2. Ed. 1997. **DM 24,80**

Katja Behling-Fischer: Zu Tisch bei Sigmund Freud. Lebensweise, Gastlichkeit und Eßgewohnheiten des Gründers der Psychoanalyse. Mit vielen Rezepten. 128 S., 40 Farb- u. 40 Duotone-Abb., Gb., Brandstätter 4/2000. **DM 68,-**

K. Bell /K. Höhfeld (Ed.): Psychoanalyse im Wandel. 292 S., Kt., Psychosozial Vlg. 2. Ed. 1998. **DM 38,-**

Steven Beller: Wien und die Juden 1867-1938. 296 S., 16 s/w Abb., Gb., Böhlau Vlg. 1993. **DM 68,-**

Gerhard Benetka: Zur Geschichte der Institutionalisierung der Psychologie in Österreich. Die Errichtung des Wiener Psychoanalytischen Instituts. 239 S., Kt., 1990. **DM 45,-**

G. Bennington /J. Derrida: Jacques Derrida. 420 S., Gb., Suhrkamp 1994. **DM 68,-**

Siegfried Bernfeld /Suzanne Cassirer-Bernfeld: Bausteine der Freud-Biographik. Eingel. und herausg. v. Ilse Grubrich-Simitis. 288 S., Kt., Suhrkamp 1986. **DM 24,-**

Chris Bezzel: Wittgenstein zur Einführung. 160 S., Br., Junius Vlg. 3. rev. Ed. 1996. **DM 19,80**

Norbert Bischof: Gescheiter als alle die Laffen. Ein Psychogramm von Konrad Lorenz. Abb., Kt., Piper 1993. **DM 16,90**

Harold Bloom: Kafka - Freud - Scholem. 3 Essays. 80 S., Br., Stroemfeld 1989. **DM 28,-**

D. Blothner /N. Enders (Ed.): Entschieden psychologisch: Festschrift für Wilhelm Salber. 223 S., Abb., Kt., Bouvier Vlg. 1993. **DM 42,-**

Werner Bohleber (Ed.): Margarete Mitscherlich zum 80. Geburtstag. Psyche - Themenheft 9/10 (Doppelheft) 1997. 205 S., Br., Klett-Cotta 1997. **DM 36,-**

K. Brecht /V. Friedrich /L. M. Hermanns (Ed.): „Here Life Goes on in a most Peculiar Way . . . „. Psychoanalysis before and after 1933. 248 S., zahl. Abb., Kt., Kellner Vlg. 1985. **DM 48,-**

J.-C. Bringuier /J. Piaget: Im allgemeinen werde ich falsch verstanden. Unterhaltungen. Vorw. v. May Widmer-Perrenoud. 223 S., Gb., eva 1996. **DM 48,-**

S. Broser /G. Pagel et al. (Ed.): Psychoanalyse im Exil. Texte verfolgter Analytiker. 159 S., Kt., Königshausen & Neumann 1987. **DM 29,80**

Mit Beitr. Von K. Landauer, H. Keilson, J. Kestenberg, K.R. Eissler, W.G. Niederland, H. Klein, I. Kogan, E. de Wind.

Peter Brückner: Sigmund Freuds Privatlektüre. 156 S., Br., Vlg. Neue Kritik 1982. **DM 16,80**

Martin Burckhardt: Die Offenbarung des Daniel Paul Schreber. Ein Hörstück. Gesprochen von H. Zischler, G. Wurm, J. Wawrceck u.a. CD-Audio, 59 min., Vlg. W. Burckhardt 1997. **DM 39,80**

Roberto Calasso: Die geheime Geschichte des Senatspräsidenten Doktor Daniel Paul Schreber. 121 S., z.T. farb. Abb., Kt., Suhrkamp 1980. **DM 10,-**

Louis-Jean Calvet: Roland Barthes. Eine Biographie. 376 S., Gb., Suhrkamp 1993. **DM 64,-**

Ruth C. Cohn /Alfred Farau: Gelebte Geschichte der Psychotherapie. Zwei Perspektiven. 666 S., Kt., Klett-Cotta 6. rev. Ed. 1999. **DM 48,-**

Peter Conzen: Erik H. Erikson. Leben und Werk. 300 S., Abb., Kt., Kohlhammer Vlg. 1996. **DM 49,80**

Howard H. Covitz: Oedipal Paradigms in Collision. A Centennial Emendation of a Piece of Freudian Canon (1897-1997) 408 S., Gb., P. Lang Vlg. 1997. **DM 104,-**

Salvador Dali: Das geheime Leben des Salvador Dali. Eine Autobiographie. 504 S., 130 Zeichn., 90 Abb., Kt., Vlg. Schirmer /Mosel 3. Ed. 1997. **DM 49,80**

Gerhard Danzer: Josef Rattner - ein Porträt. 431 S., Br., Königshausen & Neumann 1998. **DM 48,-**

Gilles Deleuze: Foucault. 188 S., Kt., Suhrkamp 2. Ed. 1997. **DM 19,80**

Jacques Derrida: Aufzeichnungen eines Blinden. Das Selbstportrait und andere Ruinen. Nachw. V. M. Wetzel. 166 S., 71 Abb., Br., W. Fink Vlg. 1997. **DM 78,-**

Hermann K. Döll: Philosoph in Haar. Tagebuch über mein Vierteljahr in einer Irrenanstalt. 208 S., Br., eva 1983. **DM 18,-**

Françoise Dolto: Selbstportrait einer Psychoanalytikerin. 241 S., Br., Quadriga Vlg. 1991. **DM 36,-**

Rolf Dominicus: Hans Lungwitz und seine Psychobiologie. Eine Lebens- und Werkgeschichte. 109 S., 10 Abb., Br., Vlg. Die Blaue Eule 1993. **DM 23,-**

Annemarie Dührssen: Ein Jahrhundert Psychoanalytische Bewegung in Deutschland. Die Psychotherapie unter dem Einfluß Freuds. 266 S., 15 Abb., Gb., Vandenh. & Ruprecht 1994. **DM 68,-**

A. Einstein /S. Freud: Warum Krieg? Ein Briefwechsel. Essay v. Isaac Asimov. Liliputformat, Kt., Diogenes 1996. **DM 5,-**

Kurt R. Eissler: Psychologische Aspekte des Briefwechsels zwischen Freud und Jung. (Rhe.:Jahrb. der Psa., Beiheft 7) 191 S., Ln., frommann-holzboog 1982. **DM 85,-**

Rudolf Ekstein: Rudolf Ekstein und die Psychoanalyse. Schriften. 217 S., Photos, Kt., Vandenh. & Ruprecht 1994. **DM 39,-**

Norbert Elias: Norbert Elias über sich selbst. Ein biographisches Interview mit Norbert Elias. 180 S., Kt., Suhrkamp 1989. **DM 16,80**

Norbert Elias: Über sich selbst. 199 S., Kt., Suhrkamp 1996. **DM 10,-**

Edmund Engelman: Sigmund Freud. Wien IX., Berggasse 19. Vorw. v. I. Scholz-Strasser. 112 S., 60 Abb. in Duotone, Kt., Ch.Brandstätter Vlg. 1993. **DM 40,80**

Ursula Engert: Wilhelm Stekel. Seine Forderung und Methode aktiver Psychoanalyse. Mit einem Anhang (Friedrich Nietzsche, Wilhelm Stekel, Max Stirner) 44 S., 2 Abb., Gb., Vlg. K. Fleming 2. rev. Ed. 1998. **DM 9,80**

Didier Eribon: Foucault und seine Zeitgenossen. Vorw. v. Dieter Gondek. Gb., Boer Vlg. 1997. **DM 58,-**

Didier Eribon: Michel Foucault. Eine Biographie. 516 S., Kt., Suhrkamp 1993. **DM 24,80**

Didier Eribon: Michel Foucault. Eine Biographie. 518 S., Kt., Suhrkamp 2000. **ca. DM 20,-**

Joseph Fabry /E. Lukas: Auf den Spuren des Logos. Briefwechsel mit Viktor E. Frankl. Mir einem Epilog von Eugen Thurner. 179 S., 53 Abb., Gb., Quintessenz 1995. **DM 48,-**

K.F. Fallend /J. Reichmayr (Ed.): Siegfried Bernfeld oder Die Grenzen der Psychoanalyse. Materialien zu Leben und Werk. Zum 100. Geburtstag von Siegfried Bernfeld. (Rhe.: Nexus, Bd. 2) 368 S., Abb., Kt., Stroemfeld 1992. **DM 78,-**

Ernst Federn: Ein Leben mit der Psychoanalyse. Von Wien über Buchenwald und die USA zurück nach Wien. 343 S., Kt., Psychosozial Vlg. 1999. **DM 48,-**

Franz Ferzak: Wilhelm Reich. Ein außerirdischer Österreicher, der vom CIA ermordet wurde. 260 S., 122 Abb., Pb., Ferzak Vlg. 1991. **DM 24,80**

Lydia Flem: Der Mann Freud. 240 S., Gb., Campus 1993. **DM 48,-**

Wenda Focke: William G. Niederland. Psychiater der Verfolgten. Seine Zeit, sein Leben, sein Werk. Ein Porträt. 390 S., 30 Abb., Kt., Königshausen & Neumann 1992. **DM 48,-**

Viktor Frankl: Bis zur Deportation ins KZ, Erinnerungen. Viktor Frankl erzählt über persönliche Erinnerungen aus der Vor- und Zwischenkriegszeit. Mit Diaeinblendungen. (Rhe.: AudioTorium) 53 min., 1 VHS-Videocass., auditorium-Vlg. o.J.. **DM 50,-**

Viktor Frankl: Was nicht in meinen Büchern steht. Lebenserinnerungen. 113 S., Pb., PVU 1995. **DM 34,-**

Viktor E. Frankl.: Trotzdem Ja zum Leben sagen. Ein Psychologe erlebt das Konzentrationslager. Kt., dtv 1998. **DM 12,90**

Martin Freud: Mein Vater Sigmund Freud. 239 S., 27 Abb., Kt., Mattes Vlg. 1999. **ca. DM 39,-**

1957 erschienen Martin Freuds Erinnerungen an seinen Vater Sigmund Freud erstmals in England unter dem Titel „Glory reflected". Erst jetzt liegt dieses zeitgeschichtliche Dokument auch in deutscher Übersetzung vor.

Sigmund Freud: Briefe 1873-1939. 540 S., 8 Fotos, 2 Faks., Ln., S. Fischer 3. rev. Ed. 1980. **DM 88,-**

Sigmund Freud: Briefe an Wilhelm Fließ 1887-1904. Hrsg. v. Jeffrey M. Masson. XXXII, 613 S. m. 11 Faks, 29 Abb., Ln., S. Fischer 2. Ed. 1999. **DM 98,-**

Sigmund Freud: Freud im Gespräch mit seinen Mitarbeitern. Aus den Protokollen der Wiener Psychoanalytischen Vereinigung. Hg. v. E. Federn. Kt., S. Fischer o.J.. **DM 14,80**

Sigmund Freud: Jugendbriefe an Eduard Silberstein. 1871-1881. Hg. v. W. Boehlich. 280 S., 11 Faks., 15 Reprod., Ln., S. Fischer 1989. **DM 42,-**

Sigmund Freud: Schriften über Kokain. Aufgrund der Vorarbeiten von Paul Vogel. Hg. u. Einl. v. A. Hirschmüller. Kt., S. Fischer 1996. **DM 14,90**

Sigmund Freud: Selbstdarstellung. Briefe, Bilder, Selbstzeugnisse. Vorw. v. P. Hoffmann u, I. Grubrich-Simitis. 88 S., 8 Fotos, 1 Toncass., 75 min., Br., Vlg. Öster.Staatsdr. 1989. **DM 40,80**

Sigmund Freud: Selbstdarstellung. Schriften zur Geschichte der Psychoanalyse. Hg. u. Einl. v. I. Grubrich-Simitis. Kt., S. Fischer o.J.. **DM 16,90**

Sigmund Freud: Tagebuch 1929-1939. Kürzeste Chronik. Hg. u. eingel. v. Michael Molnar. 520 S., 200 Abb., Faks., Gb., Großformat, Stroemfeld 1996. **DM 98,-**

Sachbuch-Bestenliste

Sigmund Freud: Zwei Fallberichte. Psychoanalytische Bemerkungen über einen autobiographisch beschriebenen Fall von Paranoia (Dementia paranoides); Eine Teufelsneurose im siebzehnten Jahrhundert. Einl. v. M. Erdheim. Kt., S. Fischer 1997. **DM 18,90**

Sophie Freud: Meine drei Mütter und andere Leidenschaften. 388 S., Gb., Econ 1997. **DM 39,80**

S. Freud /A. Zweig: Briefwechsel. Hg. v. E. Freud. 203 S., 4 Faks., Ln., S. Fischer 3. Ed.1980. **DM 34,-**

S. Freud /C.G. Jung: Briefwechsel. Gekürzte Ausgabe. Kt., S. Fischer 2. Ed. 1991. **DM 19,80**

S. Freud /E. Jones: Briefwechsel 1908-1939, 2 Bde. The Complete Correspondence of Sigmund Freud and Ernest Jones 1908-1939. In engl. Sprache; Sigmund Freud und Ernest Jones Briefwechsel 1908-1939. Originalwortlaut d. in Deutsch verf. Briefe Freuds. L+836 S., 109 S., Gb. iKass., S. Fischer 1993. **DM 128,-**

Diese rund 700 Dokumente umfassende und mehr als drei Jahrzehnte überspannende Korrespondenz gehört zu den großen Freud-Briefwechseln. Geführt mit Ernest Jones, dem energischen Förderer der psychoanalytischen Bewegung im angelsächsischen Bereich und zugleich späteren Biographen des Begründers der Psychoanalyse. Die Briefe enthalten eine Fülle grundlegender theoretischer Diskussionen - über weibliche Sexualität, Laienanalyse, die Todestrieb-Hypothese usw.

S. Freud /G. Groddeck: Briefe über das Es. Hrsg. v. M. Honegger. Kt., S. Fischer o.J.. **DM 9,80**

S. Freud /K. Abraham: Briefe 1907-1926. Hg. v. H. Abraham und E. Freud; Vorw. v. E. Glover. 375 S., 2 Fotos, Ln., S. Fischer 2. rev. Ed. 1980. **DM 68,-**

S. Freud /L. Andreas-Salomé: Briefwechsel. 303 S., 2 Fotos, 4 Faks., Ln., S. Fischer 2. rev. Ed. 1980. **DM 58,-**

S. Freud /L. Binswanger: Briefwechsel 1908-1938. Hg. v. G. Fichtner. XXXIX, 340 S., 11 Abb., 4 Faks., Ln., S. Fischer 1992. **DM 58,-**

S. Freud /O. Pfister: Briefe 1909-1939. Hrsg. v. E. Freud und H. Meng. 168 S., Ln., S. Fischer 2. Ed. 1980. **DM 36,-**

S. Freud /S. Ferenczi: Briefwechsel in 6 Bänden. Wiss. Leitung A. Haynal; Transkription v. I. Meyer-Palmedo. Ln., Böhlau Vlg. 1993 ff.. **DM PaA**

S. Freud /S. Ferenczi: Briefwechsel in 6 Bänden. Bd. I/1: 1908-1911. 446 S., 48 Abb., Ln., Böhlau Vlg. 1993. **DM 98,-**

S. Freud /S. Ferenczi: Briefwechsel in 6 Bänden. Bd. I/2: 1912-1914. 327 S., Ln., Böhlau Vlg. 1993. **DM 84,-**

S. Freud /S. Ferenczi: Briefwechsel in 6 Bänden. Bd. II/1: 1914-1916. II, 252 S., Ln., Böhlau Vlg. 1996. **DM 78,-**

S. Freud /S. Ferenczi: Briefwechsel in 6 Bänden. Bd. II/2: 1917-1919. 275 S., 14 Abb., Ln., Böhlau Vlg. 1996. **DM 98,-**

S. Freud /S. Ferenczi: Briefwechsel in 6 Bänden. Bd. III/1: 1920-1924. 368 S., Gb., Böhlau Vlg. 2000. **DM 84,-**

S. Freud /S. Ferenczi: Briefwechsel in 6 Bänden. Bd. III/2: 1925-1933. 368,-, Ln., Böhlau Vlg. 2000. **DM 84,-**

Andrea Freud Loewenstein: Das Sorgenmädchen. Eine Kindheit im Hause Freud. Kt., Econ 1994. **DM 14,90**

Erich Fromm: Erich Fromm heute. Zur Aktualität seines Denkens. Kt., dtv 2000. **DM 19,90**

Erich Fromm: Schriften über Sigmund Freud. Ausgw. u. eingel. v. Rainer Funk. 222 S., Kt., DVA 1989. **DM 26,-**

Erich Fromm: Sigmund Freud. Seine Persönlichkeit und seine Wirkung. 208 S., Kt., dtv 1995. **DM 16,90**

Erich Fromm: Sigmund Freuds Psychoanalyse. Größe und Grenzen. 176 S., Gb., DVA 1979. **DM 25,-**

Rainer Funk: Erich Fromm. Kt., Rowohlt o.J.. **DM 12,90**

Hans-Georg Gadamer: Autobiographie und Geschichte. Zwei Vorträge und ein Gespräch mit Michael Buselmeier. (Rhe.: Autobahn-Universität) 3 Toncass., 276 min., C. Auer Vlg. 1998. **DM 52,-**

Muriel Gardiner: Deckname „Mary". Erinnerungen einer Amerikanerin im österreichischen Untergrund. Vorw. v. Anna Freud. 168 S., Br., Promedia 1989. **DM 28,-**

Peter Gay: „Ein gottloser Jude". Sigmund Freuds Atheismus und die Entwicklung der Psychoanalyse. 144 S., Kt., S. Fischer 1999. **DM 19,90**

Peter Gay: Freud. Eine Biographie. Sonderausgabe. 904 S., Kt., S. Fischer 2000. **DM 24,-**

Peter Gay: Freud. Eine Biographie für unsere Zeit. 900 S., Mit Bildtaf., Kt., S. Fischer 1995. **DM 29,90**

Peter Gay: Freud für Historiker. (Rhe.: Forum Psychohistorie, Bd. 2) 252 S., Gb., Ed. diskord 1994. **DM 42,-**

Ulfried Geuter: Die Professionalisierung der deutschen Psychologie im Nationalsozialismus. 592 S., Kt., Suhrkamp 1986. **DM 36,-**

Ulfried Geuter: Die Professionalisierung der deutschen Psychologie im Nationalsozialismus. IX, 592 S., Kt., Suhrkamp 1988. **DM 28,-**

Ulfried Geuter: Die Professionalisierung der deutschen Psychologie im Nationalsozialismus. 592 S., Gb., Suhrkamp 1984. **DM 68,-**

Tim N. Gidal: Die Freudianer. Auf dem 13. Internationalen Psychoanalytischen Kongreß 1934 in Luzern. (Rhe.: VIP - Verl. Internat. Psa.) 184 S., 150 Fotos, Falttfl., Ln., Klett-Cotta 1990. **DM 148,-**

Doris Gödl: Peter Brückner. Leben und Werk. 229 S., Pb., Haag + Herchen 1988. **DM 30,-**

Angela Graf-Nold: Der Fall Hermine Hug-Hellmuth. Eine Geschichte der frühen Kinder-Psychoanalyse. (Rhe.: VIP - Verl. Internat. Psa.) XV, 372 S., 61 Abb., Ln., Klett-Cotta 1988. **DM 58,-**

Georg Groddeck: Der Pfarrer von Langewiesche. Vorw. v. Wolfram Groddeck. 96 S., Gb., Stroemfeld 1981. **DM 28,-**

Ilse Grubrich-Simitis: Freuds Moses-Studie als Tagtraum. Ein biographischer Essay. 116 S., 6 Abb., Kt., S. Fischer 1994. **DM 14,90**

Ilse Grubrich-Simitis: Freuds Moses-Studie als Tagtraum. Ein biographischer Essay. (Rhe.: VIP - Verl. Internat. Psa.) 116 S., 5 Faks., Br., Klett-Cotta 1991. **DM 24,-**

Thomas Haenel: Stefan Zweig. Psychologe aus Leidenschaft. Leben und Werk aus der Sicht des Psychiaters. 380 S., za, Gb., Droste Vlg. 1995. **DM 49,80**

Hans W. Hannen: Alfred Adler. Im Banne seines Unbewußten. 239 S., Br., Dt. Studien-Vlg. 1994. **DM 54,-**

Paul Harmat: Freud, Ferenczi und die ungarische Psychoanalyse. Einl. v. Bela Grunberger. 431 S., Gb., Ed. diskord 1988. **DM 38,-**

Susann Heenen-Wolff: Wenn ich Oberhuber hiesse ... Die Freudsche Psychoanalyse zwischen Assimilation und Antisemitismus. 149 S., Br., Stroemfeld 1987. **DM 28,-**

B. Hensel /A. Nahrendorf /S. Trenk-Hinterberger (Ed.): Lebendige Psychoanalyse. Für Gerd Heising. 212 S., Kt., Psychosozial Vlg. 1998. **DM 38,-**

Heinz Henseler (Ed.): „... da hat mich die Psychoanalyse verschluckt". In memoriam Wolfgang Loch. 157 S., Gb., Attempto Vlg. 1996. **DM 44,-**

Ludger M. Hermanns (Ed.): Psychoanalyse in Selbstdarstellungen. Bd. 1: J. Berna, L. Bolterauer, H. Keilson, J. Kestenberg, W. Loch, E. Meistermann, L. Szèkely, F. Wyatt. 416 S., 8 Abb., Gb., Ed. diskord 1992, vergr., NA iVbr.. **DM 56,-**

Ludger M. Hermanns (Ed.): Psychoanalyse in Selbstdarstellungen. Bd. 2. 428 S., Gb., Ed. diskord 1994. **DM 56,-**

Ludger M. Hermanns (Ed.): Psychoanalyse in Selbstdarstellungen. Bd. 3. 426 S., Gb., Ed. diskord 1995. **DM 56,-**

Ludger M. Hermanns (Ed.): Psychoanalyse in Selbstdarstellungen. Bd. 4. 480 S., m. Abb., Gb., Ed. diskord 1998. **DM 68,-**

Ludger M. Hermanns (Ed.): Spaltungen in der Geschichte der Psychoanalyse. Dokumentaion der. V. Internat. Tagung der „Association Internationale d'Histoire de la Psychanalyse (A.I.H.P.)", 21.-24.7.1994 in Berlin. 298 S., Gb., Ed. diskord 1995. **DM 45,-**

Maximilian Herzog (Ed.): Ludwig Binswanger und die Chronik der Klinik „Bellevue" in Kreuzlingen. Eine Psychiatrie in Lebensbildern. 117 S., Gb., Quintessenz 1995. **DM 62,-**

Raul Hilberg: Unerbetene Erinnerung. Der Weg eines Holocaust-Forschers. 175 S., Phototaf., Gb., S. Fischer 2. Ed. 1994. **DM 34,-**

R. Hoede /T. Bauer: Heinrich Hoffmann. Ein Leben zwischen Wahn und Witz. 140 S., Efal., K. Kramer Vlg. 1994. **DM 34,-**

Ulrike Hoffmann-Richter: Freuds Seelenapparat. Die Geburt der Psychoanalyse aus dem Wiener Positivismus und der Familiengeschichte Freuds. 183 S., Gb., Psychiatrie-Vlg. 1994. **DM 38,-**

Wolfgang Huber: Psychoanalyse in Österreich seit 1933. IV, 330 S., Kt., 1977. **DM 50,-**

Wolfgang Huber (Ed.): Beiträge zur Geschichte der Psychoanalyse in Österreich. 154 S., Kt., 1978. **DM 30,-**

Irmgard Hülsemann: Lou. Das leben der Lou Andreas-Salomé. Biographie. 492 S., Gb., Claassen Vlg. 1998. **DM 58,-**

Lou Andreas-Salomé - Denkerin, Dichterin, Freundin Nietzsches und Rilkes; Vertraute von Freud: Ihr brillanter Intellekt, ihre überbordende Vorstellungskraft, ihr Drang, das Unkonventionelle zu wagen, werden in dieser von der Kritik viel beachteten biographischen Arbeit faszinierend dargestellt.

Daniel Ipperciel: Freud als Aufklärer. Zur Rezeption der Freudschen Psychoanalyse in der Frankfurter Schule. 292 S., Br., P. Lang 1996. **DM 84,-**

Han Israels: Der Fall Freud. Die Geburt der Psychoanalyse aus der Lüge. 247 S., Gb., eva 1999. **DM 36,-**

Han Israels: Schreber: Vater und Sohn. Eine Biographie. (Rhe.: VIP - Verl. Internat. Psa.) 376 S., 58 Abb., Ln., Klett-Cotta 1989. **DM 58,-**

R.-M. E. Jacobi /D. Janz (Ed.): Zur Aktualität Viktor von Weizsäckers. (Rhe.: Beitr. z. Medizin. Anthropologie, 1) 300 S., Br., Königshausen & Neumann 1999. **DM 58,-**

Marie Jahoda: „Ich habe die Welt nicht verändert". Lebenserinnerungen einer Pionierin der Sozialforschung. Hrsg. von S. Engler unf B. Hasenjürgen. 220 S., 15 Abb., Gb., Campus 1997. **DM 39,80**

Geboren in Wien 1909, studierte Marie Jahoda bei Karl und Charlotte Bühler Psychologie und war maßgeblich an der berühmten Studie „Die Arbeitslosen von Marienthal", 1933, beteiligt. Sie wurde externe Mitarbeiterin am Frankfurter Institut für Sozialforschung, wo sie an den Vorarbeiten für die „Studien zum autoritären Charakter" mitwirkte und nach der erzwungenen Emigration Assistentin von Max Horkheimer in New York wurde.

Ernest Jones: Das Leben und Werk von Sigmund Freud. 3 Bde. Gb.iSch., H. Huber Vlg. NAiVorb.. **DM 198,-**

Ingeborg Joppien: Friedrich Hölderlin. Eine Psychobiographie. 232 S., Gb., Kohlhammer Vlg. 1998. **DM 49,80**

Die Autorin legt eine faszinierende Biographie unter psychoanalytischer Betrachtung vor, die das tragische Schicksal Hölderlins, seine Geisteskrankheit und schließlich seine Jahre im Tübinger „Turm" im Rahmen der zeithistorischen sozialen, politischen und wirtschaftlichen Umwälzungend sichtbar werden läßt.

Bernhard Judex: „Wild wächst die Blume meines Zorns..." Die Vater-Sohn-Problematik bei Thomas Bernhard. Biographische und werkbezogene Aspekte. 137 S., Br., P. Lang 1997. **DM 49,-**

Helmut Junker: Nachanalyse. Ein autobiographisches Fragment. 184 S., Gb., Ed. diskord 1993. **DM 32,-**

Helmut Junker: Unter Übermenschen: Freud & Ferenczi. Die Geschichte einer Beziehung in Briefen. 237 S., Gb., Ed. diskord 1997. **DM 42,-**

Helmut Junker: Von Freud in den Freudianern. Essays. 224 S., Gb., Ed. diskord 1991. **DM 33,-**

G. Jüttemann /H. Thomae (Ed.): Biographische Methoden in den Humanwissenschaften. 417 S., Kt., Beltz 1999. **DM 34,-**

Horst Kächele: Was träumt Freud. 30 S., Br., Universitätsvlg. Ulm 1999. **DM 20,-**

Roland Kaufhold (Ed.): Annäherung an Bruno Bettelheim. (Rhe.: Psa. Pädagogik, Bd. 13) 334 S., Photos, Kt., M. Grünewald Vlg. 1994. **DM 42,-**

(Besprochen in arbeitshefte kinderpsa. 20/1995, v. Achim Perner)

Hans Keilson: Das Leben geht weiter. Eine Jugend in der Zwischenkriegszeit. Kt., S. Fischer 2. Ed. 1992. **DM 16,90**

B. Keintzel /E. Gabriel (Ed.): Gründe der Seele. Die Wiener Psychiatrie im 20. Jahrhundert. 208 S., Ln., Picus Vlg. 1999. **DM 39,80**

Helmut Keller: Der ideologische Charakter der Psychoanalyse Freuds. 236 S., Pb., Shaker Vlg. 1998. **DM 49,-**

John Kerr: Eine höchst gefährliche Methode. Freud, Jung und Sabina Spielrein. 687 S., Kt., Droemer/Knaur 1996. **DM 22,90**

Thomas Kesselring: Jean Piaget. 250 S., 6, Pb., C.H.Beck 1988. **DM 24,-**

Cordula Koepcke: Lou Andreas-Salomé. Eine Biographie. 474 S., Kt., Insel Vlg. 2000. **DM 24,90**

Paul-Heinz Koesters: Die Erforscher der Seele. Wie die Psychoanalyse die Macht des Unbewußten entdeckte. 304 S., Gb., Bertelsmann Vlg. 1985. **DM 42,-**

Paul-Heinz Koesters: Die Erforscher der Seele. Wie die Psychoanalyse die Macht des Unbewußten entdeckte. Mit zahlr. Abb., Kt., Goldmann 1993. **DM 16,80**

Sarah Kofman: Rue Ordener, Rue Labat. Autobiographisches Fragment. 109 S., Kt., Ed. diskord 1995. **DM 20,-**

Irmhild Kohte-Meyer (Ed.): Über die Schwierigkeit, die eigene Geschichte zu schreiben. 50 Jahre Institut für Psychotherapie Berlin. 288 S., Gb., Ed. diskord 1998. **DM 38,-**

Der Band befaßt sich mit der Geschichte des Instituts f. Psychotherapie, Berlin, und, damit zusammenhängend, mit den Spaltungen und Entwicklungen des Instituts. Insbesondere wird auch die Vorgeschichte, die Zeit des ersten Berliner psa. Instituts und des Reichsinstituts dargestellt und reflektiert.

Thomas Kornbichler: Psychobiographie. Bd. 3: Lebensgeschichte und Selbsterkenntnis. 275 S., Br., P. Lang 1994. **DM 79,-**

Ilas Körner-Wellershaus: Wilhelm Reich. Ein Vater des New Age. 122 S., Br., Vlg. f. Geisteswiss. 2. Ed. 1996. **DM 24,80**

Bernhard Kratz: Freuds Ehrgeiz - seine Lehrer und Vorbilder. Eine psycho-biographische und tiefenhermeneutische Studie. (Rhe.: Psychol. in d. Blauen Eule) 365 S., 19 Abb., Br., Vlg. Die Blaue Eule 1987. **DM 42,-**

Piet C. Kuiper: Seelenfinsternis. Die Depression eines Psychiaters. (Rhe.: Geist u. Psyche, Bd. 12764) Farbtaf., Kt., S. Fischer 1995. **DM 16,90**

Edith Kurzweil: Briefe aus Wien. Jüdisches Leben vor der Deportation. 250 S., Gb., Turia & Kant 1999. **DM 42,-**

Edith Kurzweil: Freud und die Freudianer. Geschichte und Gegenwart der Psychoanalyse in Deutschland, Frankreich, England, Österreich und den USA. (Rhe.: VIP - Verl. Internat. Psa.) 587 S., Ln., Klett-Cotta 1993. **DM 68,-**

Michael Laier: Das Frankfurter Psychoanalytische Institut (1929-1933) Anfänge der Psychoanalyse in Frankfurt am Main. (Rhe.: Materialien a.d. SFI, 09) 142 S., Br., Lit Vlg. 2. Ed. 1994. **DM 24,80**

Annemarie Laimböck: Psychoanalytische Selbsterfahrungsgruppen im Rahmen von Ausbildung. Ein Beitrag zum Curriculum der Psychoanalyse an der Universität. 264 S., Pb., R.G.Fischer 1983. **DM 28,-**

Marie Langer: Von Wien bis Managua. Wege einer Psychoanalytikerin. Vorw. u. Interview: Enrique Guinsberg. Einl. v. Armando Bauleo. Nachw. v. Jaime del Palacio. 311 S., Kt., Kore Ed. 3. Ed. 1991. **DM 19,80**

Bernd Laska: Wilhelm Reich. Kt., Rowohlt o.J.. **DM 12,90**

Kurd Lasswitz: Gustav Theodor Fechner. 206 S., Kt., P. Wald Vlg. 1993. **DM 47,-**

Marina Leitner: Freud, Rank und die Folgen. Ein Schlüsselkonflikt für die Psychoanalyse. 287 S., Br., Turia & Kant 1998. **DM 42,-**

Karl Leonhard: Bedeutende Persönlichkeiten in ihren psychischen Krankheiten. 299 S., 10 Abb., Kst., Ullstein Medical 2. Ed. 1992. **DM 28,-**

Jacques LeRider: Der Fall Otto Weininger. Wurzeln des Antifeminismus und des Antisemitismus. Mit einem Aufsatz v. H. von Doderer. 304 S., 8 Abb., Gb., Löcker Vlg. Rev. Ed. 1985. **DM 46,-**

Harald Leupold-Löwenthal: Ein Wiener zu sein. Geschichte, Geschichten, Analysen. 64 S., Gb., Picus Vlg. 1997. **DM 14,80**

Harald Leupold-Löwenthal: Sigmund Freud. Biographie. 200 S., Gb., Holzhausen 1999. **DM 46,-**

Harald Leupold-Löwenthal: Wien und die Fremden. (Rhe.: Wiener Vorlesungen, Bd. 17) 56 S., Gb., Picus Vlg. 1992. **DM 14,80**

H. Leupold-Löwenthal /H. Lobner /I. Scholz-Strasser (Ed.): Sigmund Freud Museum. Katalog zur Ausstellung in Wien, Berggasse 19. 112 S., 170 s/w-Abb. in Duotone, Pb., Ch.Brandstätter Vlg. 1994. **DM 34,-**

Maurice Lever: Marquis de Sade. Die Biographie. 563 S., Kt.., dtv 1998. **DM 29,90**

Maurice Lever: Marquis de Sade. Die Biographie. 563 S., Gb., Europa Vlg. 1995. **DM 88,-**

C. Lévi-Strauss /D. Eribon: Das Nahe und das Ferne. Eine Autobiographie in Gesprächen. Kt. (FiTB 13293), S. Fischer **DM 22,90**

E. James Lieberman: Otto Rank, Leben und Werk. 638 S., Kt., Psychosozial Vlg. 1997. **DM 88,-**

Betty J. Lifton: Der König der Kinder. Das Leben des Janusz Korczak. 540 S., Taf., Gb., Klett-Cotta 4. Ed. 1991. **DM 48,-**

Regine Lockot: Die Reinigung der Psychoanalyse. Die Deutsche Psychoanalytische Gesellschaft im Spiegel von Dokumenten und Zeitzeugen (1933-1951) 368 S., Gb., Ed. diskord 1994. **DM 56,-**

Hans-Martin Lohmann: Alexander Mitscherlich. Kt., Rowohlt o.J.. **DM 9,80**

Hans-Martin Lohmann: Freud zur Einführung. 124 S., Kt., Junius Vlg. 4., verb. Ed. 1999. **DM 19,80**

Hans-Martin Lohmann: Sigmund Freud. Photos., Kt., Rowohlt 1998. **DM 12,90**

Hans-Martin Lohmann: Sigmund Freud zur Einführung. (Rhe.: Zur Einführung, Bd. 71) 115 S., Kt., Junius Vlg. 4. Ed. 1999. **DM 19,80**

Hans-Martin Lohmann (Ed.): Hundert Jahre Psychoanalyse. Bausteine und Materialien zu ihrer Geschichte. (Rhe.: VIP - Verl. Internat. Psa.) 311 S., Pb., Klett-Cotta 1996. **DM 38,-**

Hans-Martin Lohmann (Ed.): Psychoanalyse und Nationalsozialismus. Beiträge zur Bearbeitung eines unbewältigten Traumas. Kt., S. Fischer o.J.. **DM 19,90**

Alexander Lowen et al.: Frage und Antwort. 14 weltbekannte Analytiker stellen sich Fragen aus dem Auditorium. 14 Toncass. iSch., C. Auer Vlg. 1966. **DM 198,-**

Christiane Ludwig-Körner: Wiederentdeckt - Psychoanalytikerinnen in Berlin. Auf den Spuren vergessener Generationen. 288 S., Photos, Br., Psychosozial Vlg. 1998. **DM 48,-**

Patrick Mahony: Der Schriftsteller Sigmund Freud. 240 S., Kt., Suhrkamp 1988. **DM 16,-**

David Z. Mairowitz: Wilhelm Reich kurz und knapp. Ein Sach-Comic. 167 S., Pb., Vlg. 2001 1995. **DM 20,-**

Ludwig Marcuse: Sigmund Freud. Sein Bild vom Menschen. Kt., Diogenes o.J.. **DM 16,80**

Lydia Marinelli (Ed.): „Meine alten und dreckigen Götter ...“. Aus Sigmund Freuds Sammlung. Katalog zur Ausstellung im Freud-Museum Wien 1998/1999. 178 S., zahlr. z.T. farb. Abb., Gb., Stroemfeld 1998. **DM 98,-**

Der erste Teil des Bandes stellt in einer reich illustrierten Dokumentation die archäologische Sammlung Freuds anhand von Einzelexponaten vor und rekonstruiert ihre kulturgeschichtlichen Zusammenhänge; ein theoretischer Teil verschafft ihr einen Kontext, der den Oszillationen folgt, in denen sich die Beziehung der Psychoanalyse zur Archäologie zwischen Narkotikum, Traumwelt und wissenschaftlicher Selbstvergewisserung bewegt.

Georg Markus: Sigmund Freud und das Geheimnis der Seele. Die Biographie. 356 S. m. 19 Faks., 58 Fotos, Gb., Vlg. Langen/Müller 2. Aufl 1989. **DM 19,90**

Wolfgang Martynkewicz: Das Projekt Psychoanalyse 1902-1998. Von der Mittwoch-Gesellschaft zur Wiener Psychoanalytischen Vereinigung. Kt., S. Fischer 2000. **DM 26,90**

Wolfgang Martynkewicz: Georg Groddeck. Der wilde Analytiker. Kt., S. Fischer 1997. **DM 24,90**

Wolfgang Martynkewicz: Sabina Spielrein und C. G. Jung. Eine Fallgeschichte. 174 S., zahlr. Abb. u. Photos, Gb., Rowohlt 1999. **DM 34,-**

Hans Mayer: Außenseiter. 508 S., Ln., Suhrkamp 1984. **DM 38,-**

Joachim Mehlhausen: Leben lernen. Gedenken an Bruno Bettelheim. 67 S., Gb., Mohr Vlg. 1991. **DM 29,-**

Esther Menaker: Schwierige Loyalitäten. Psychoanalytische Lehrjahre in Wien 1930-1935. 203 S., Kt., Psychosozial Vlg. 1997. **DM 38,-**

A. Michels /P. Müller /A. Perner (Ed.): Psychoanalyse nach 100 Jahren. Zehn Versuche, eine kritische Bilanz zu ziehen. 256 S., Gb., E. Reinhardt Vlg. 1997. **DM 46,-**

Alice Miller: Bilder einer Kindheit. 66 Aquarelle und ein Essay. 160 S., Kt., Suhrkamp 1985. **DM 29,80**

Alice Miller: Bilder einer Kindheit. 66 Aquarelle und ein Essay. 160 S., Ln., Suhrkamp 1985. **DM 78,-**

Alexander Mitscherlich /M. Mitscherlich: Wozu ich lebe. Versuchte Antworten in einer scheinbar gott-, sinn- und ratlosen Zeit. (Rhe.: AudioTorium) 51 min., 1 Toncass., auditorium-Vlg. o.J.. **DM 23,-**

Toril Moi: Simone de Beauvoir. Die Psychographie einer Intellktuellen. Kt., S. Fischer **DM 19,90**

Jean P. Mordier: Die Latenzzeit der französischen Psychoanalyse 1895-1926. VIII,159 S., Br., Dexter-Vlg 1992. **DM 25,-**

Besprochen von Annelie Wiertz in PSYCHE, Bd. 49 (1995), S. 695-698, und von Ludwig Janus in PSYCHOANALYSE IM WIDERSPRUCH, S. 72 ff.
Auszüge aus der letzteren: Mordier gibt „die Beschreibung eines soziologischen und psychohistorischen Experiments, wie eine innovative Idee in einer etablierten Berufsgruppe und in einer anderen Kultur und Sprache aufgenommen wird. Diese Verdreifachung der Vermittlungsschwierigkeiten erklärt vielleicht etwas von der Verzögerung, mit der die Psychoanalyse in Frankreich aufgenommen wurde. Aus der Sicht der damaligen etablierten Psychiatrie erschien sie als deutsch oder sogar germanisch, mystisch und unwissenschaftlich, der Klarheit des „lateinischen Genius" widersprechend..." Manche sahen Freud „als Schüler Charcots und auch Janets [...], der seine weiteren Ideen vor allem französischen Wissenschaftlern verdankt. [Dies] führte zu widersprüchlichen und erheblichen Verformungen in der wesentlich durch Hesnard bestimmten frühen Rezeption der Psychoanalyse in Frankreich. [...] eine Vermittlungslinie der Psychoanalyse [lief] über französischsprachige, von Jung beeinflußte Psychotherapeuten und Psychiater [...]. Es war für die französischen Psychiater schwer, die Spaltungsvorgänge in der psychoanalytischen Gruppe zu verstehen, weshalb es zu eigenartigen Kontaminationen Freudscher und Jungscher Positionen kommt. [...]"

Tilmann Moser: Lehrjahre auf der Couch. Bruchstücke meiner Psychoanalyse. Kt., Suhrkamp o.J.. **DM 16,80**

Harry Mulisch: Das sexuelle Bollwerk. Sinn und Wahnsinn von Wilhelm Reich. 196 S., Gb., Hanser 1997. **DM 36,-**

Harry Mulisch: Das sexuelle Bollwerk. Sinn und Wahnsinn von Wilhelm Reich. Kt., Rowohlt 1999. **DM 14,90**

Jürgen Müller: Der Pazjent als Psychiater. Oskar Panizzas Weg vom Irrenarzt zum Insassen. 340 S., Gb., Psychiatrie-Vlg. 1999. **DM 44,-**

Klaus Müller: Aber in meinem Herzen sprach eine Stimme so laut. Homosexuelle Autobiographien und medizinische Pathographien im 19. Jahrhundert. Vorw. v. Rüdiger Lautmann. 399 S., Kt., Vlg. rosa Winkel 1991. **DM 48,-**

Thomas Müller: Von Charlottenburg zum Central Park West. Henry Lowenfeld und die Psychoanalyse in Berlin, Prag und New York. Vorw. v. Lutz Rosenkötter. 344 S., zahlr. Abb., Kt., Edition déjà-vu 2000. **DM 48,-**

Die Monographie widmet sich dem Leben und den Veröffentlichungen des jüdischen Psychoanalytikers Henry Lowenfeld (1900-1085), der vor der Nazidiktatur über Prag nach New York flüchten mußte. Dabei bezeichnen die Lebensstationen des in Berlin Geborenen zugleich Meilensteine in der Geschichte der Psychoanalyse, die vom Autor anhand von umfangreichen Daten und Dokumenten für den Leser anschaulich dargestellt werden.

Stefan Müschenich: Der Gesundheitsbegriff im Werk des Arztes Wilhelm Reich (1897-1957) 428 S., Br., Vlg. Görich u. Weiershäuser 1995. **DM 85,60**

Robert Musil: Tagebücher in 2 Bänden. Bd. 1: 1056 S., Bd. 2: 1456 S., Gb., Rowohlt 1983. **DM 160,-**

Elke Natorp-Husmann: Briefe einer Psychoanalytikerin. Kt., Vandenh. & Ruprecht 1994. **DM 19,80**

J. Nautz /R. Vahrenkamp (Ed.): Die Wiener Jahrhundertwende. Einflüsse - Umwelt - Wirkungen. 992 S., 20, Gb., Böhlau Vlg. 2. Ed. 1996. **DM 98,-**

Harald Neumann: Klaus Mann. Eine Psychobiographie. 188 S., Gb., Kohlhammer Vlg. 1995. **DM 48,-**

Bernd Nitzschke: Aufbruch nach Inner-Afrika. Essays über Sigmund Freud und die Wurzeln der Psychoanalyse. 313 S., Kt., Vandenh. & Ruprecht 1998. **DM 44,-**

Bernd Nitzschke: Das Ich als Experiment. Essays über Sigmund Freud und die Psychoanalyse im 20. Jahrhundert. 270 S., Kt., Vandenh. & Ruprecht 4/2000. **DM 44,-**

Bernd Nitzschke: Wir und der Tod. Essays über Sigmund Freuds Leben und Werk. 215 S., Pb., Vandenh. & Ruprecht 1996. **DM 39,-**

Bernd Nitzschke /H. Silberer: Zu Fuß durch den Kopf. Ausgewählte Schriften Herbert Silberers. Miszellen zu seinem Leben und Werk. Vorw. u. hrsg. v. Bernd Nitzschke. 248 S., Kst., Ed. diskord 1988. **DM 55,-**

H. Nunberg /E. Federn (Ed.): Protokolle der Wiener Psychoanalytischen Vereinigung. Bd. 1: 1906-1908. XXXIX+387 S., 14 S. Faks., Ln., S. Fischer 1976. **DM 62,-**

H. Nunberg /E. Federn (Ed.): Protokolle der Wiener Psychoanalytischen Vereinigung. Bd. 2: 1908-1910. XX+539 S., 6 S. Faks., Ln., S. Fischer 1977. **DM 62,-**

H. Nunberg /E. Federn (Ed.): Protokolle der Wiener Psychoanalytischen Vereinigung. Bd. 3: 1910-1911. XVII+349 S., 7 S. Faks., Ln., S. Fischer 1979. **DM 62,-**

H. Nunberg /E. Federn (Ed.): Protokolle der Wiener Psychoanalytischen Vereinigung. Bd. 4: 1912-1918; mit Ges.-Reg. d. Bde. 1-4. Nachw. v. H. Leupold-Löwenthal; Reg. v. I. Meyer-Palmedo. XXIV+495 S., 7 S. Faks., Ln., S. Fischer 1981. **DM 138,-**

Dorothea Oberläuter: Rudolf Ekstein - Leben und Werk. Kontinuität und Wandel in der Lebensgeschichte eines Psychoanalytikers. 288 S., Kt., 1985. **DM 45,-**

Paul Parin: Noch ein Leben. Eine Erzählung, zwei Essays. 160 S., Br., Kore Ed. 1990. **DM 20,-**

Paul Parin: Untrügliche Zeichen von Veränderung. Jahre in Slowenien. 188 S., Gb., eva Neuausg. 1992. **DM 38,-**

Bernard J. Paris: Karen Horney. Leben und Werk. 462 S., 7, Photos, Br., Kore Ed. 1996. **DM 29,80**

Karl Pisa: Ernst Freiherr von Feuchtersleben. Pionier der Psychosomatik. 184 S., 20 Abb., Kt., Böhlau Vlg. 1998. **DM 48,-**

T. Plänkers /K. Federn: Vertreibung und Rückkehr. Interviews zur Geschichte Ernst Federns und der Psychoanalyse. 237 S., zahlr. Photos, Gb., Ed. diskord 1994. **DM 36,-**

T. Plänkers /M. Laier /H.H. Otto et al. (Ed.): Psychoanalyse in Frankfurt am Main. Zerstörte Anfänge, Wiederannäherung, Entwicklungen. 798 S., Gb., Ed. diskord 1996. **DM 90,-**

Manfred Pohlen: Eine Analyse bei Freud. Die Sitzungsprotokolle Ernst Blums von 1922. Ein Dokument Freudscher Interpretation. Kt., Rowohlt iVbr.. **ca. DM 19,90**

Lieselotte Pouh: Young Vienna and Psychoanalysis. Felix Doermann, Jakob Julius David, and Felix Salten. 210 S., Gb., P. Lang Vlg. 2000. **DM 79,-**

Bernd Rachel (Ed.): Die Kunst des Hoffens. Begegnung mit Gaetano Benedetti. 180 S., Kt., Vandenh. & Ruprecht 4/ 2000. **DM 48,-**

Leo Raditsa: Wilhelm Reich. Eine philosophisch-kritische Betrachtung. 103 S., Br., Stroemfeld 1987. **DM 28,-**

Christian Rätsch (Ed.): Das Tor zu inneren Räumen. Festschrift für Albert Hofmann. 288 S., Br., Die Grüne Kraft 1995. **DM 20,-**

Josef Rattner: Aflred Adler. Kt., Rowohlt o.J.. **DM 12,90**

Josef Rattner: Alfred Adler zu Ehren. Zu seinem 50. Todesjahr (1937) 223 S., Br., Vlg. Inst. f. Tiefenpsych. 1986. **DM 24,-**

Walther Reese-Schäfer: Jürgen Habermas. 144 S., Kt., Campus 2. Ed. 1994. **DM 17,80**

Karl-S. Rehberg (Ed.): Norbert Elias und die Menschenwissenschaften. Studien zur Entwicklung und Wirkungsgeschichte seines Werkes. 380 S., Kt., Suhrkamp 1996. **DM 29,80**

Wilhelm Reich: Jenseits der Psychologie. Briefe und Tagebücher 1934-1939. Hrsg. und Einf. v. Mary Boyd Higgins. 432 S., Gb., Kiepenheuer & Witsch 1997. **DM 56,-**

Zum erstem Mal werden auf deutsch Briefe und Tagebücher von Wilhelm Reich veröffentlicht, in denen Reich über sein Leben und seine Arbeiten nach dem Ausschluß aus der Psychoanalytischen Vereinigung spricht. Ein eindrucksvolles Zeugnis von der Entwicklung seines Denkens und den Dramen seines Lebens.

Wilhelm Reich: Leidenschaft der Jugend. Eine Autobiographie 1897-1922. Hrsg. v. M. B. Higgins u. Ch. M. Raphael. 212 S., Photos, Kt., Kiepenheuer & Witsch 1994. **DM 16,80**

W. van Reijen /W. und G. Schmid Noerr (Ed.): Grand Hotel Abgrund: Eine Photobiographie der Frankfurter Schule. 187 S., zahlr. Abb., Kt., Junius Vlg. 1990. **DM 28,-**

Theodor Reik: Warum verließ Goethe Friederike? Eine psychoanalytische Monographie. Vorw. v. Hanna Gekle. 35 S., Kt., Ed. diskord 1990. **DM 33,-**

Thomas Reuster: Victor von Weizäckers Rezeption der Psychoanalyse. (Rhe.: Jahrb. der Psa., Beiheft 13) 122 S., Ln., frommann-holzboog 1990. **DM 79,-**

R. M. Rilke /L. Andreas-Salomé: Briefwechsel. 1897-1926. Hrsg. v. E. Pfeiffer. 700 S., Kt., Insel Vlg. 1989. **DM 24,-**

Rainer M. Rilke /Lou Andreas-Salomé: Briefwechsel. 1897-1926. 643 S., Ln., Insel Vlg. 2. Ed. 1979. **DM 49,80**

Rainer M. Rilke /Stefan Zweig: Briefe und Dokumente. Hrsg. v. Donald A. Prater. 179 S., Ln., Insel Vlg. 1987. **DM 38,-**

Paul Roazen: Freuds Liebling Helene Deutsch. Das Leben einer Psychoanalytikerin. (Rhe.: VIP - Verl. Internat. Psa.) 370 S., 15 Abb., Ln., Klett-Cotta 1989. **DM 58,-**

Paul Roazen: Sigmund Freud und sein Kreis. 559 S., Gb., Psychosozial Vlg. 1996. **DM 68,-**

Paul Roazen: Wie Freud arbeitete. Berichte von Patienten aus erster Hand. VI, 274 S., Gb., Psychosozial Vlg. 1999. **DM 48,-**

"Vor dem Hintergrund der Interviews mit fünfundzwanzig ehemaligen Patienten Freuds (allesamt Protagonisten oder wichtige Akteure in der psychoanalytischen Bewegung) trägt dieser Band immens zu unserem Verständnis, wie Freud arbeitete, bei." Andre E. Haynal

Zvi Rosen: Max Horkheimer. 173 S., 10 Abb., Pb., C.H.Beck 1995. **DM 24,-**

Gabriele Rosenthal: Erlebte und erzählte Lebensgeschichte. Gestalt und Struktur biographischer Selbstbeschreibungen. 241 S., Kt., Campus 1995. **DM 48,-**

Werner Ross: Der ängstliche Adler. Friedrich Nietzsches Leben. 832 S., Kt., dtv 1999. **DM 29,90**

Werner Ross: Lou Andreras-Salomé. Weggefährtin von Nietzsche, Rilke, Freud. 119 S., Abb., Ln., Siedler Vlg. 1992. **DM 25,-**

Elisabeth Roudinesco: Jacques Lacan. Bericht über ein Leben, Geschichte eines Denksystems. 800 S., Kt., S. Fischer 1999. **DM 29,90**

Elisabeth Roudinesco: Jacques Lacan. Bericht über ein Leben. Geschichte eines Denksystems. 828 S., Abb., Ln., Kiepenheuer & Witsch 1996. **DM 89,-**

Jacques Lacan (1901-1981) hat wie kein anderer Nachfolger Freuds die Psychoanalyse radikal und nachhaltig verändert. In einer Zeit, in der diese in Medizin und Psychologie aufzugehen begann und die theoretische Diskussion immer mehr erstarrte, propagierte er eine „Rückkehr zu Freud", eine das Werk neu eröffnende Lektüre der Schriften Freuds vom Boden der modernen Humanwissenschaften aus. Sein Seminar wurde zum Sammelpunkt der innovativsten Geister seiner Zeit. In den sechziger Jahren gehörte er mit Roland Barthes, Michel Foucault und Claude Levi-Strauss zu den führenden Köpfen des Strukturalismus. Elisabeth Roudinesco zeichnet das Leben Lacans im Kontext der sozialen und intellektuellen Geschichte Frankreichs nach. Ihr Buch ist eine Einführung in das schwierige Denken Lacans, seine Etappen und Umbrüche, aber auch die vielen Anekdoten, Geschichten und Affairen, für die das „enfant terrible" Lacan gesorgt hat, kommen nicht zu kurz.

Ursula Rütten: Im unwegsamen Gelände. Paul Parin, erzähltes Leben. 222 S., Gb., eva 1996. **DM 38,-**

Donatien A. Fr. Marquis de Sade: Kurze Schriften, Briefe und Dokumente. Ausgew. u. Einf. v. K. H. Kramberg. 664 S., Ln., Merlin Vlg. 2. Ed. 1989. **DM 38,-**

Linde Salber: Lou Andreas-Salomé. Kt., Rowohlt 1990. **DM 12,90**

Wilhelm Salber: Anna Freud. Kt., Rowohlt 1985. **DM 12,90**

Wilhelm Salber: Sigmund und Anna Freud. 155 S., Abb., 2 Faks., Gb., eva 1999. **DM 28,-**

Jean-Paul Sartre: Freud. Das Drehbuch. Vorw. von J.-B. Pontalis. 630 S., Gb., Rowohlt 1993. **DM 58,-**

Jean-Paul Sartre: Freud. Das Drehbuch. Vorw. von J.- B. Pontalis. 630 S., Kt., Rowohlt 1995. **DM 19,90**

Jean-Paul Sartre: Sartre. Ausgew. u. vorgest. v. Thomas H. Macho. 590 S., Ln., Reclam, Ditzingen 1995. **DM 58,-**

Ingrid Scharlau: Jean Piaget zur Einführung. 171 S., Kt., Junius Vlg. 1996. **DM 19,80**

Ruediger Schiferer (Ed.): Alfred Adler. Eine Bildbiographie. 232 S., 54, Ln., E. Reinhardt Vlg. 1995. **DM 86,-**

Klaus Schlagmann: Zur Rehabilitation von „Dora" und ihrem Bruder oder: Freuds Irrwege zwischen Trauma- und Triebtheorie. Bd I: Der Fall von „Dora" und seine Bedeutung für die Psychoanalyse. 200 S., 1 Abb., Br., Vlg. K.Schlagmann 1997. **DM 24,80**

Peter Schneider: Sigmund Freud. Kt., dtv 1999. **DM 14,90**

Felizitas von Schönborn: Margarete Mitscherlich. Zwischen Psychoanalyse und Frauenbewegung. Ein Porträt. Mit Photos., Kt., S. Fischer 1997. **DM 16,90**

Heinz Schott: Zauberspiegel der Seele. Sigmund Freud und die Geschichte der Selbstanalyse. 241 S., 6 Abb., Pb., Vandenh. & Ruprecht 1985. **DM 44,-**

Hans E. Schröder: Ludwig Klages, Die Geschichte seines Lebens. Bd. 1: Die Jugend. X, 398 S., Gb., Bouvier Vlg. 2. Ed. 1996. **DM 65,-**

Hans E. Schröder: Ludwig Klages, Die Geschichte seines Lebens. Bd. 2/1: Das Werk 1905-1920. IX, S. 401-920., Gb., Bouvier Vlg. 2. Ed. 1996.. **DM 85,-**

Hans E. Schröder: Ludwig Klages, Die Geschichte seines Lebens. Bd. 2/2: Das Werk 1920-1956. XI S., S. 921-1391., Gb., Bouvier Vlg. 1992. **DM 75,-**

Christoph Schulte: Psychopathologie des Fin de siècle. Der Kulturkritiker, Arzt und Zionist Max Nordau. (Forum Wissenschaft, Kultur und Medien) Kt., S. Fischer 1997. **DM 24,90**

Myron Sharaf: Wilhelm Reich - der heilige Zorn des Lebendigen. Die Biographie. 637 S., m. Photos, Hl., Simon & Leutner 1994. **DM 59,-**

Sigrid Standow (Ed.): Ein lüderliches Leben. Portrait eines Unangepassten - Ernest Borneman. 432 S., 17 Fotos, Die Grüne Kraft 1995. **DM 35,-**

Vera Stein: Abwesenheitswelten. Meine Wege durch die Psychiatrie. Vorw. v. Reinhart Lempp. (Rhe.: Geist u. Psyche, Bd. 12848) Kt., S. Fischer 1996. **DM 18,90**

Helm Stierlin: Adolf Hitler. Familienperspektiven. Vorw. v. Alexander Mitscherlich. 195 S., Kt., Suhrkamp 1995. **DM 14,80**

Anthony Storr: Freud. (Rhe. Meisterdenker) 160 S., Kt., Herder 1999. **DM 16,80**

Hannes Stubbe (Ed.): Sigmund Freud in den Tropen. Zur Frühgeschichte der Psychoanalyse in Brasilien. 110 S., Abb., Br., Holos Vlg. 1998. **DM 55,-**

Nina Sutton: Bruno Bettelheim. Auf dem Weg zur Seele des Kindes. 623 S., Gb., Hoffmann & Campe 1996. **DM 68,-**

Diese sorgfältig recherchierte Biographie Bruno Bettelheims schildert die zwiespältige Persönlichkeit des legendären Kindertherapeuten, dessen Lebenswerk nach seinem Selbstmord heftig angefeindet wurde.
Rez. in „Kinderanalyse" 4/1996 von R. Kaufhold und in der FAZ vom 3.12.96 von Katharina Rutschky (s. Ordner)

Klaus Theweleit: Objektwahl. (All You need Is Love . . .), über Paarbildungsstrategien und Bruchstück einer Freudbiographie. 144 S., Kt., dtv 1996. **DM 14,90**

Klaus Theweleit: Objektwahl. (All You need is Love . . .), über Paarbildungsstrategien und Bruchstück einer Freudbiographie. 143 S., Gb., Stroemfeld 2. Ed. 1990. **DM 27,-**

M. Tichy /S. Zwettler-Otte: Freud in der Presse. Rezeption Sigmund Freuds und der Psychoanalyse in Österreich 1895-1938. Vorw. v. H. Leupold-Löwenthal. 406 S., Ln., Sonderzahl 1999. **DM 68,-**

Christfried Tögel: Berggasse - Pompeji und zurück. Sigmund Freuds Reisen in die Vergangenheit. 172 S., 32 Abb., Gb., Ed. diskord 1989. **DM 32,-**

Christfried Tögel: Freuds Wien. Eine Biographie nach Schauplätzen. 128 S., 60 Abb., Br., Turia & Kant 1996. **DM 29,-**

Christfried Tögel: Und gedenke die Wissenschaft auszubeuten. Sigmund Freuds Weg zur Psychoanalyse. 172 S., Gb., Ed. diskord 1994. **DM 32,-**

Alfred Tomatis: Das Ohr und das Leben. 392 S., Kt., Walter Vlg. o.J.. **DM 29,80**

Michael Turnheim: Freud und der Rest. Aufsätze zur Geschichte der Psychoanalyse. Psychoanalytische Aufsätze I. 175 S., Br., Turia & Kant 1993. **DM 32,-**

Beatrice Uehli Stauffer: Mein Leben leben, Else Freistadt Herzka. 1899-1953. Zwischen Leidenschaft, Psychologie und Exil. 314 S., Photos, Dok., Kt., Passagen Vlg. 1995. **DM 78,-**

Rudi Visker: Michel Foucault. Genealogie als Kritik. 200 S., Kst., UTB 1991. **DM 26,80**

Wilhelm Vossenkuhl: Ludwig Wittgenstein. 367 S., 6 Abb., Kt., C.H.Beck 1995. **DM 29,80**

Dagmar Weber: Freud lebt. Kulturpsychologische Untersuchung zum Verständnis FREUDscher Begriffe im Alltag der Gegenwart. 164 S., 11 Abb., Br., Snayder Vlg. 1997. **DM 54,-**

Gerhard Wehr: Gründergestalten der Psychoanalyse. Profile, Ideen, Schicksale. 256 S., Gb., Artemis Vlg. 1996. **DM 19,80**

Günter Weier: „Vater Freud" und die frühe psychoanalytische Bewegung. 272 S., Kt., Westdt. Vlg. 1996. **DM 54,-**

Aus dem Inhalt: 1. Einleitung; 2. Der paternitäre Erfahrungshintergrund Freuds; 3. Die Bedeutung des Vaters in Freuds Theoriebildung; 4. Freuds Theorie der Vater-Sohn-Beziehung bis 1913; 5. Freuds Entwicklung zur Vaterfigur: Die frühe psychoanalytische Bewegung und ihre Krisen; 6. Die Konstituierung der „Vatermacht"; 7. Abschließende Gedanken.

Edgar Weiss: Sigmund Freud und die biographische Erziehungsforschung. 168 S., Pb., Vlg. P. Götzelmann 1998. **DM 39,80**

Heinz Weiß /H. Lang (Ed.): Psychoanalyse heute und vor 70 Jahren. Zur Erinnerung an die „1. Deutsche Zusammenkunft für Psychoanalyse", Oktober 1924 in Würzburg. (z. Tl. in engl. Sprache) 375 S., Abb., Gb., Ed. diskord 1996. **DM 84,-**

Ursula Welsch /Michaela Wiesner: Lou Andreas-Salomé. Vom „Lebensurgrund" zur Psychoanalyse. (Rhe.: VIP - Verl. Internat. Psa.) 518 S., Ln., Klett-Cotta 2. rev. Ed. 1990. **DM 48,-**

Jörg Wiesse (Ed.): Chaos und Regel. Die Psychoanalyse in ihren Institutionen. 217 S., Kt., Vandenh. & Ruprecht 1992. **DM 46,-**

Donald W. Winnicott: Die spontane Geste. Ausgewählte Briefe. 257 S., Ln., Klett-Cotta 1995. **DM 58,-**

Fritz Wittels: Freud und das Kindweib. Die Erinnerungen. (Literatur in der Geschichte, Geschichte in der Literatur Bd. 37) 215 S., 48 Abb., Faks., Gb., Böhlau Vlg. 1996. **DM 58,-**

Gerhard Wittenberger: Das „Geheime Komitee" Sigmund Freuds. Institutionalisierungsprozesse in der „Psychoanalytischen Bewegung" zwischen 1912 und 1927. 365 S., Gb., Ed. diskord 1995. **DM 64,-**

G. Wittenberger /C. Tögel (Ed.): Die Rundbriefe des „Geheimen Komitees". Bd. 1: 1913-1920. 319 S., Gb., Ed. diskord 1999. **Subskr.-Pr. DM 56,-**

G. Wittenberger /C. Tögel (Ed.): Die Rundbriefe des „Geheimen Komitees". Bd. 2: Das Jahr 1921. 300 S., Gb., Ed. diskord 10/2000. **Subskr.-Pr. DM 56,-**

G. Wittenberger /C. Tögel (Ed.): Die Rundbriefe des „Geheimen Komitees". Bd. 3: Das Jahr 1922. 300 S., Gb., Ed. diskord 3/2002. **Subskr.-Pr. DM 56,-**

G. Wittenberger /C. Tögel (Ed.): Die Rundbriefe des „Geheimen Komitees". Bd. 4: 1923-1936. 300 S., Gb., Ed. diskord 10/2003. **Subskr.-Pr. DM 56,-**

Ludwig Wittgenstein: Briefwechsel. 306 S., Gb., Suhrkamp 1980. **DM 54,-**

Ludwig Wittgenstein: Denkbewegungen. Tagebücher 1930-1932, 1936-1937. Hrsg. v. Ilse Somavilla. Kt., S. Fischer 1999. **DM 18,90**

Ludwig Wittgenstein: Denkbewegungen. Tagebücher 1930-1932, 1936-1937. Hrsg. v. I. Somavilla. 2 Bde., Kt. iKass., Haymon Vlg. 1997. **DM 72,-**

Ludwig Wittgenstein: Geheime Tagebücher 1914 - 1916. 187 S., Kt., Turia & Kant 3. Ed.. **DM 29,-**

Wilfried Wolff: Max Hodann (1894-1946) Sozialist und Sexualreformer. 292 S., 25 Abb., Br., Vlg. Bockel 1993. **DM 15,-**

Joseph Wortis: Meine Analyse bei Freud. 210 S., Br., VIP 1994. **DM 42,-**

"Danke für Ihre freundliche Zuschrift und Ihre Bereitwilligkeit, auf einen Empfang zu verzichten", schrieb Freud dem jungen Amerikaner Wortis. Was so eindeutig beschieden schien, war aber doch erst der Auftakt zu einer der erstaunlichsten Analysen, mit denen Freud sich konfrontiert sah.

Yosef H. Yerushalmi: Freuds Moses. Endliches und unendliches Judentum. 190 S., 9 Abb., Kt., S. Fischer 1999. **DM 22,90**

Yosef H. Yerushalmi: Freuds Moses. Endliches und unendliches Judentum. 191 S., Kt., Wagenbach Vlg. 1992. **DM 39,80**

Elisabeth Young-Bruehl: Anna Freud. Eine Biographie. Bd. 1: Die Wiener Jahre. Vorw. v. Harald Leupold-Löwenthal. 374 S., 16 Bildtfln., Gb., Milena Vlg. 1995. **DM 50,-**

Elisabeth Young-Bruehl: Anna Freud. Eine Biographie. Bd. 2: Die Londoner Jahre. 418 S., 16 Bildtfln., Gb., Milena Vlg. 1995. **DM 50,-**

H. Zinser /F. Stentzler /K.H. Kohl (Ed.): Foedera Naturai. Klaus Heinrich zum 60. Geburtstag. 432 S., 36 Abb., Gb., Königshausen & Neumann 1989. **DM 168,-**

Arnold Zweig: Berliner Ausgabe. Bd. 5: Freundschaft mit Freud. Ein Bericht. 392 S., Ln., Aufbau-Vlg. 1996. **DM 56,-**

Stefan Zweig: Briefwechsel mit Hermann Bahr, Sigmund Freud, Rainer Maria Rilke und Arthur Schnitzler. Hg. v. J. A. Berlin, H.-U. Lindken u. D. A. Prater. 426 S., Ln., S. Fischer 1987. **DM 58,-**

Stefan Zweig: Über Sigmund Freud. Porträt, Briefwechsel, Gedenkworte. Kt., S. Fischer o.J.. **DM 16,90**

Charlotte Zwiauer (Ed.): Edith Kramer. Malerin und Kunsttherapeutin zwischen den Welten. 248 S., 249 Abb., Ln., Picus Vlg. 1997. **DM 68,-**

Grundlagen /Basisliteratur / Werkausgaben

Einführung in die Psychoanalyse Sigmund Freuds. Curriculumsentwurf für das erste Semester der psychoanalytischen Weiterbildung. (Rhe.: Materialien a.d. SFI, 01) 95 S., Br., Lit Vlg. 2. Ed. 1995. **DM 24,80**

Handbuch der Psychotherapie. 2 Bde. XIV, 1500 S., Abb., geb., PVU 4. Ed., 1994. **DM 168,00**

ICD-10-SGBV. Bd. 1: Systematisches Verzeichnis. 800 S., Kt., Dt. Ärzte-Vlg. 1999. **DM 44,-**

Jahrbuch der Psychoanalyse. Beiträge aus Theorie und Praxis. Bde. 13-36 (1981-1996) ca. 150 S., Br., 1981-1996. **jeweils DM 105,-**

Jahrbuch der Psychoanalyse. Beiträge aus Theorie und Praxis. Bde. 37-41 (1996-1999) jeweils ca. 150 S., Br., frommann-holzboog 1996 ff.. **DM 98,-**

Jahrbuch der Psychoanalyse. Beiträge aus Theorie und Praxis. Bde. 5-12 (1968-1980) Gb., 1968-1980. **DM 50,-**

Jahrbuch der Psychoanalyse. Beiträge zur Theorie, Praxis und Geschichte. Bd. 23 - Sonderheft: Vorveröffentlichte Arbeiten zum 36. Kongress der Internationalen Psychoanalytischen Vereinigung in Rom 1989. 63 S., Br., frommann-holzboog 1989. **DM 30,-**

Lehrbuch Klinische Psychologie, Psychotherapie. XXVI, 1107 S., zahlr. Abb., Gb., H. Huber Vlg. 2. Ed. 1998. **DM 98,-**

Einfühlen - Erinnern - Verstehen. Eine Festschrift für René A. Spitz zu seinem 80. Geburtstag. Sonderdr. aus Psyche, H1. 231 S., 1 Photo, Ln., Klett-Cotta 1967. **DM 38,-**

Karl Abraham: Psychoanalytische Studien. Ges. Werke, Bd. 1. 436 S., Gb., Psychosozial Vlg. 1999. **DM 68,-**

Karl Abraham: Psychoanalytische Studien. Ges. Werke, Bd. 2. 497 S., Gb., Psychosozial Vlg. 1999. **DM 68,-**

Karl Abraham: Psychoanalytische Studien, 2 Bde. 436, 497 S., Gb., Psychosozial Vlg. 1999. **DM 122,-**

U. Acklin /P. Schneider: Hinter-Mir und Über-Ich. Das große Hausbuch der Psychoanalyse. 108 S., Abb., Gb., Stroemfeld 1989. **DM 28,-**

Theodor W. Adorno: Gesammelte Schriften. In 20 Bänden. 10806 S., Kt.iKass., Suhrkamp 1997. **DM 298,-**

Theodor W. Adorno: Gesammelte Schriften. In 20 Bänden. 10806 S., Ln. iKass., Suhrkamp 1984. **DM 1320,-**

Stephan Ahrens (Ed.): Lehrbuch der psychotherapeutischen Medizin. 688 S., Gb., Schattauer 1997. **DM 50,-**

Franz Alexander: Psychosomatische Medizin. Grundlagen und Anwendungsgebiete. Mit einem Kap. über die Funktionen d. Sexualapparates u. ihre Störungen v. Therese Benedek. XVI, 244 S. m. 5 Abb., Br., de Gruyter 4. Ed. 1985. **DM 58,-**

Günter Ammon (Ed.): Handbuch der Dynamischen Psychiatrie. Bd. 1. 927 S., Kt., Klotz Vlg. 2. Ed. 2000. **DM 120,-**

Günter Ammon (Ed.): Handbuch der Dynamischen Psychiatrie. Bd. 2. 919 S., Kt., Klotz Vlg. 2. Ed. 2000. **DM 120,-**

Lou Andreas-Salomé: Eintragung letzte Jahre. Nachw. v. Ernst Pfeiffer. 142 S., Ln., Insel Vlg. 2. Ed. 1986. **DM 32,-**

Walter Andritzky: Aggression in der Psychoanalyse, Gruppendynamik und dynamische Psychiatrie. Zur Frage von Umwelt- oder Triebdeterminanten. Mit einem Anhang zur anthropologischen und philosophiegeschichtlichen Auffassung des Bösen. 263 S., Pb., Haag + Herchen 1982. **DM 34,-**

Didier Anzieu: Das Haut-Ich. 324 S., Kt., Suhrkamp 1996. **DM 24,80**

Didier Anzieu: Das Haut-Ich. 300 S., Gb., Suhrkamp 1991. **DM 48,-**

Hermann Argelander: Die kognitive Organisation psychischen Geschehens. Ein Versuch zur Systematisierung der kognitiven Organisation in der Psychoanalyse. 146 S., Kt., Klett-Cotta 1979. **DM 38,-**

L. Armstrong /W. Darrow: Freud für Kinder. Zeichn. v. Whitney Darrow jr. 64 S., Br., Focus Vlg. 2. Ed. 1990. **DM 14,80**

Michel Autiquet: Die Psychoanalyse. Ausführungen zum besseren Verständnis. Anregungen zum Nachdenken. (Rhe.: Domino, Bd .18) farb. Abb., Kt., Bastei-Lübbe 1999. **DM 12,90**

Hanne Baar: Kierkegaard zum 18ten. Beiträge zu einer Christlichen Tiefenpsychologie. Kernpassagen aus Kierkegaards Entweder-Oder. 84 S., Br., Vlg. H. Baar 1997. **DM 15,-**

Bernard J. Baas: Das reine Begehren. 204 S., Br., Turia & Kant 1995. **DM 42,-**

Gaston Bachelard: Psychoanalyse des Feuers. 151 S., Br., Hanser 1985. **DM 29,80**

Gaston Bachelard: Psychoanalyse des Feuers. Kt., S. Fischer o.J.. **DM 16,80**

Johann J. Bachhofen: Gesammelte Werke. Bd. 2/3: Das Mutterrecht. Ln., Schwabe Vlg. 1948. **DM 102,-**

B. Badura/J. Siegrist (Ed.): Evaluation im Gesundheitswesen. Ansätze und Ergebnisse. 404 S., Kt., Juventa Vlg. 1999. **DM 58,-**

U. Bahrke et al.: Tiefenpsychologisch orientierte Arbeitsansätze in der Medizinischen Psychologie. Überlegungen und Konzepte. 132 S., Br., Pabst Vlg. 1995. **DM 30,-**

Michael Balint: Die Urformen der Liebe und die Technik der Psychoanalyse. 356 S., Ln., Klett-Cotta 2. Ed. 1997. **DM 78,-**

Michael Balint: Therapeutische Aspekte der Regression. Die Theorie der Grundstörung. 244 S., Ln., Klett-Cotta 2. Ed. 1997. **DM 48,-**

Herbert Bareuther et al. (Ed.): Plädoyers für die Trieblehre: Gegen die Verarmung sozialwissenschaftlichen Denkens. Beitr. v. K. Brede, P. Nick, A.C. Karp, L. Bayer, E. Hevers. (Rhe.: Psa. Beiträge aus dem SFI, Bd. 2) 187 S., Kt., Ed. diskord 1999. **DM 28,-**

Anthony Barton: Freud, Jung, Rogers. Drei Systeme der Psychotherapie. 269 S., Kt., Klett-Cotta 1979. **DM 38,-**

Michael F. Basch: Die Kunst der Psychotherapie. Neueste theoretische Zugänge zur psychotherapeutischen Praxis. (Rhe.: Leben lernen, Bd. 83) 302 S., Br., Klett-Cotta 1992. **DM 48,-**

Ulrike Becker: Trennung und Übergang. Repräsentanzen früher Objektbeziehung. 172 S., Kt., Ed. diskord 1995. **DM 28,-**

Friedrich Beese: Was ist Psychotherapie? Ein Leitfaden für Laien zur Information über ambulante und stationäre Psychotherapie. 87 S., Kt., Vandenh. & Ruprecht 6. Ed. 1996. **DM 24,-**

E. Behnsen /A. Bernhardt (Ed.): Psychotherapeutengesetz. Erläuterte Textausgabe zur Neuordnung der psychotherapeutischen Versorgung. 251 S., Kt., Bundesanzeiger, K. 1999. **DM 48,-**

E. Behnsen /K. Bell /D. Best et al. (Ed.): Management-Handbuch für die psychotherapeutische Praxis. Fortsetzungsreihe als Loseblattausgabe. 808 S., Kst., Decker Vlg. 2000. **DM 158,-**

Das interdisziplinär besetzte Herausgeber- und Autorenteam des Management-Handbuchs für die psychotherapeutische Praxis gibt Antwort auf die durch neue Regelungen aufgeworfenen Fragetellungen und richtet sich sowohl an die in freier Praxis Tätigen als auch an diejenigen, die im Angestelltenverhältnis psychotherapeutisch arbeiten.

Walter Benjamin: Angelus Novus. Ausgewählte Schriften 2. 546 S., Kt., Suhrkamp 1966. **DM 20,-**

Walter Benjamin: Gesammelte Schriften. 7 Bde. in 14 Tl.-Bdn., Ln.iKass, Suhrkamp 1989. **DM 990,-**

Manfred Berger: Frauen in der Geschichte des Kindergartens. Ein Handbuch. Vorwort von Jürgen Roth. 216 S., Pb., Vlg. Brandes & Apsel 1995. **DM 29,80**

M. Bergmann /J. Seitz /F. Sinowatz: Embryologie des Menschen. Kurzlehrbuch. Mit Schlüssel zum Gegenstandskatalog. 380 S., 202 Abb., Kt., Dt. Ärzte-Vlg. 1998. **DM 44,-**

Hans Biedermann: Die Drillinge des Sigmund Freud. Cartoons und kleines Einmaleins der Psychoanalyse. 131 S., Cartoons, Kt., G.Fischer 3. erg. Ed. 1993. **DM 24,80**

Gerd Biermann: Handbuch der Kinderpsychotherapie. Bd. 5. XIV, 654 S., 36 Abb., Ln., E. Reinhardt Vlg. 1992. **DM 198,-**

Gerd Biermann (Ed.): Handbuch der Kinderpsychotherapie. Bd. 4. XVI, 931 S., 52 meist farb. Abb., Ln., E. Reinhardt Vlg. 1981. **DM 148,-**

Emil BinGorion et al. (Ed.): Philo-Lexikon. Handbuch des Jüdischen Wissens. 452 S., Ln., Jüdischer Vlg. 1992. **DM 34,-**

Ludwig Binswanger: Ausgewählte Werke. Bd.1: Formen mißglückten Daseins. Gb., Asanger Vlg. o.J.. **DM 98,-**

Wilfred R. Bion: Elemente der Psychoanalyse. 149 S., Gb., Suhrkamp 1992. **DM 34,-**

Wilfred R. Bion: Transformationen. 200 S., Gb., Suhrkamp 1997. **DM 48,-**

Günther Bittner: Metaphern des Unbewussten. Eine kritische Einführung in die Psychoanalyse. 341 S., Kt., Kohlhammer Vlg. 1998. **DM 58,-**

In dieser Einführung werden die wichtigsten Lehrstücke Freuds - der Traum, das Unbewußte, die frühkindliche Sexualität, die Trieb- und Krankheitslehre sowie die Therapeutik - in ihrer ursprünglichen Konzeption vergegenwärtigt und vor dem Hintergrund der seit Freud bis heute geführten Diskussion kommentiert.

Günther Bittner: Vater Freuds unordentliche Kinder. Die Chancen post-orthodoxer Psychoanalyse. 94 S., Br., Königshausen & Neumann 1989. **DM 18,-**

Gertrude Blanck /Rubin Blanck: Ich-Psychologie 2. Psychoanalytische Entwicklungspsychologie. 275 S., Ln., Klett-Cotta 3. rev. Ed. 1994. **DM 52,-**

Eugen Bleuler: Lehrbuch der Psychiatrie. Unter Mitwirk. v. Jules Angst, Klaus Ernst, Rudolf Hess u. a. XXIII, 719 S., 133 Abb., Gb., Springer 15. rev. Ed. 1983. **DM 98,-**

Johannes Bley (Ed.): Leitfaden Psychotherapie in Berlin. 192 S., Kt., Goldschmidt **DM 29,80**

J. Bley /L. Lewithan (Ed.): Leitfaden Psychotherapie in München. 168 S., Kt., Goldschmidt 1998. **DM 29,80**

Harald Blonski (Ed.): Neurotische Störungen im Alter. Ein Praxishandbuch. 150 S., Kt., Asanger Vlg. 1998. **DM 34,-**

Mikkel Borch-Jacobson: Anna O. zum Gedächtnis. Eine hundertjährige Irreführung. 154 S., Br., W. Fink Vlg. 1998. **DM 38,-**

"Auf einhundert aufregenden Seiten von schneidender Schärfe und vollkommener Originalität greift Mikkel Borch-Jacobsen die Gründungsmythen der Psychoanalyse an." (R. Jaccard, Le Monde)

Medard Boss: Grundriß der Medizin und der Psychologie. Ansätze zu einer phänomenologischen Physiologie, Psychologie, Pathologie, Therapie und zu einer daseinsgemäßen Präventiv-Medizin in der modernen Industriegesellschaft. Vorw. v. Marianne Boss. 601 S., Gb., H. Huber Vlg. 3. Ed. 1999. **DM 68,-**

Das Buch verdankt seine Entstehung der Auseinandersetzung mit den Werken von Eugen Bleuler, Sigmund Freud, C.G. Jung, besonders aber der intensiven Diskussion mit Martin Heidegger. Der Verlag hat sich jetzt zur Wiederauflage des lange vergriffenen Werkes entschlossen.

H. Bossong /J. Gölz /H. Stöver (Ed.): Leitfaden Drogentherapie. Alle Therapieansätze im Überblick. 280 S., Kt., Campus 1997. **DM 39,80**

E. Brähler /B. Strauß (Ed.): Medizinische Psychologie und Soziologie. Ein praxisorientiertes Lehrbuch. 350 S., Kt., Hogrefe 1999. **DM 79,-**

E. Brähler /C. Brähler: Paardiagnostik mit dem Giessen-Test. Handbuch. 182 S., 64 Abb., 38 Tab., Kt., H. Huber Vlg. 1993. **DM 65,-**

Alfred Brauchle: Von der Macht des Unbewußten. Br., Reclam, Ditzingen o.J.. **DM 3,-**

Christina von Braun: „Hysterische" und „multiple" Individuen. Versuch über den Schwindel. 1 Toncass., 70 min., auditorium-Vlg. 1996. **DM 22,-**

Christina von Braun: Nicht-Ich. Logik, Lüge, Libido. 495 S., Abb., Kt., Vlg. Neue Kritik 4. Ed. 1994. **DM 48,-**

W. Bräutigam /P. Christian /M. v. Rad: Psychosomatische Medizin. Ein kurzgefaßtes Lehrbuch. IX, 417 S., 12 Abb., Kt., Thieme 6. Ed. 1997. **DM 39,90**

Thomas Berry Brazelton: Ein Kind wächst auf. Das Handbuch für die ersten sechs Lebensjahre. 583 S., zahlr. Photos, Lin., Klett-Cotta 1995. **DM 49,80**

Karola Brede (Ed.): Das Überich und die Macht seiner Objekte. (Rhe.: VIP - Verl. Internat. Psa.) 298 S., Pb., Klett-Cotta 1996. **DM 38,-**

Charles Brenner: Grundzüge der Psychoanalyse. Kt., S. Fischer o.J.. **DM 16,90**

J. Breuer /S. Freud: Studien über Hysterie. Einl. v. Stavros Mentzos. Kt., S. Fischer o.J.. **DM 19,90**

Rolf Brickenkamp (Ed.): Handbuch psychologischer und pädagogischer Tests. VXXXIV, 1066 S., Gb., Hogrefe 2. rev. Ed. 1997. **DM 248,-**

Thomas Briebach: Das Konstanzprinzip im theoretischen Werk Sigmund Freuds. Ein Beitrag zur Aktualität der Metapsychologie. 156 S., Kt., Campus 1986. **DM 34,-**

T. H. Brocher /C. Sies: Psychoanalyse und Neurobiologie. Zum Modell der Autopoiese als Regulationsprinzip. (Rhe.: Jahrb. der Psa., Beiheft 10) 140 S., Ln., frommann-holzboog 1986. **DM 85,-**

Siegfried Brockert: Praxisführer Psychotherapie. Kt., Droemer/Knaur 2000. **DM 16,90**

Michael B. Buchholz: Metaphern der „Kur". Eine qualitative Studie zum psychotherapeutischen Prozeß. 325 S., Kt., Westdt. Vlg. 1996. **DM 74,-**

Michael B. Buchholz (Ed.): Metaphernanalyse. 329 S., 3 Abb., Kt., Vandenh. & Ruprecht 1993. **DM 58,-**

M.B. Buchholz /U. Streeck (Ed.): Heilen, Forschen, Interaktion. Psychotherapie und qualitative Sozialforschung. 328 S., Abb., Kt., Westdt. Vlg. 1994. **DM 59,-**

C. Buddeberg /J. Willi (Ed.): Psychosoziale Medizin. Springer Lehrbuch. XXI, 551 S., m. 68 Abb., Kt., Springer 2. rev. Ed. 1998. **DM 79,-**

M. Bunge /R. Ardilla: Philosophie der Psychologie. XVIII,469 S., Br., Mohr Vlg. 1990. **DM 74,-**

Wilhelm Burian (Ed.): Die Zukunft der Psychoanalyse. (Rhe.: Psa. Blätter, Bd. 03) 157 S., Kt., Vandenh. & Ruprecht 1995. **DM 36,-**

Roland Burkholz: Reflexe der Darwinismus-Debatte in der Theorie Freuds. Vorw. v. Ulrich Oevermann. (Rhe.: Jahrb. der Psa., Beiheft 19) XXI, 279 S., Ln., frommann-holzboog 1995. **DM 86,-**

Ralph Butzer: Heinz Kohut zur Einführung. 200 S., Br., Junius Vlg. 1997. **DM 24,80**

Sheldon Cashdan: Sie sind ein Teil von mir. Objektbeziehung und Psychotherapie. 241 S., Kt., Vlg. EHP 1990. **DM 38,-**

Manfred Cierpka (Ed.): Handbuch der Familiendiagnostik. XI, 522 S., 23 farb. Abb., 18 Tab., Gb., Springer 1996. **DM 78,-**

Luc Ciompi: Affektlogik. Über die Struktur der Psyche und ihre Entwicklung. Ein Beitrag zur Schizophrenieforschung. 423 S., Kt., Klett-Cotta 5. Ed.1998. **DM 48,-**

Ty C. Colbert: Das verwundete Selbst. Über die Ursachen psychischer Krankheiten. Ein Lesebuch für Therapeuten, Patienten, Eltern und andere Bezugspersonen. 375 S., Photos, Gb., Vlg. Beust 1999. **DM 46,-**

Raymond J. Corsini: Handbuch der Psychotherapie, 2 Bde. 1500 S., Gb., PVU 4 Ed. 1994. **DM 168,-**

William Damon: Die soziale Entwicklung des Kindes. Ein entwicklungspsychologisches Lehrbuch. 520 S., Abb., Lin., Klett-Cotta 1989. **DM 58,-**

Juana Danis: Das ödipale Missverstehen. 59 S., Ringb., Ed. Psychosymbolik 1991. **DM 25,-**

Juana Danis: Psychosymbolik. Bd 2: Das Strukturfeld der Psychotherapie. XII, 175 S., Kt., Ed. Psychosymbolik 1990. **DM 28,-**

Juana Danis: Psychosymbolik. Bd. 1: Das Ödipale Triangulum. 152 S., Kt., Ed. Psychosymbolik 2. rev. Ed. 1989. **DM 25,-**

Juana Danis: Todestrieb. 91 S., Pb., Ed. Psychosymbolik 1984. **DM 20,-**

M. Davis /D. Wallbridge: Eine Einführung in das Werk von D.W. Winnicott. 281 S., Br., Klett-Cotta 2. Ed. 1995. **DM 42,-**

Rolf Denker: Anna Freud zur Einführung. (Rhe.: Zur Einführung, Bd. 118) 160 S., Kt., Junius Vlg. 1995. **DM 24,80**

Helene Deutsch: Psychologie der Frau. 339, 342 S., Kt., Klotz Vlg. 3. Ed. 1995. **DM 78,-**

Johannes Dirschauer: Melancholie des Heils. Zur therapeutischen Zeugenschaft Sigmund Freuds. 199 S., Kt., Psychosozial Vlg. 1996. **DM 38,-**

Werner Disler: Analytische Imaginations-Therapie. Ein Lehrbuch für Therapeuten. 400 S., Gb., Institut für Kritische Theorie und Praxis Werner D 1992. **DM**

Alfred Döblin: Zwei Seelen in einer Brust. Schriften zu Leben und Werk. 800 S., Kt., dtv 1993. **DM 49,-**

Françoise Dolto: Alles ist Sprache. Kindern mit Worten helfen. 174 S., Br., Quadriga Vlg. 1989. **DM 29,80**

S. Drews /K. Brecht: Psychoanalytische Ich-Psychologie. Grundlagen und Entwicklung. 322 S., Kt., Suhrkamp 1982. **DM 16,-**

G. Duby /M. Perrot (Ed.): Geschichte der Frauen. 5 Bde. zahlr. Abb., Kt. iKass., S. Fischer 1997. **DM 228,-**

Michael Düe: Ontologie und Psychoanalyse. Metapsychologische Untersuchung über den Begriff der Angst in den Schriften Sigmund Freuds und Martin Heideggers. 160 S., Kt., Anton Hain Vlg. 1986. **DM 55,-**

Hans P. Duerr (Ed.): Der Wissenschaftler und das Irrationale. Vollständige Ausgabe in 4 Bänden. Br.iKass., eva 1985. **DM 48,-**

Annemarie Dührssen: Dynamische Psychotherapie. Ein Leitfaden für den tiefenpsychologisch orientierten Umgang mit Patienten. 215 S., Kt., Vandenh. & Ruprecht 2. Ed. 1995. **DM 49,-**

Siegfried R. Dunde: Handbuch Sexualität. 400 S. m. Abb., Gb., Dt. Studien-Vlg. 1992. **DM 88,-**

Morris N. Eagle: Neuere Entwicklungen in der Psychoanalyse. Eine kritische Würdigung. (Rhe.: VIP - Verl. Internat. Psa.) 289 S., Ln., Klett-Cotta 2. Ed. 1994. **DM 48,-**

Anita Eckstaedt: Nationalsozialismus in der „zweiten Generation". Psychoanalyse von Hörigkeitsverhältnissen. 516 S., Kt., Suhrkamp Neuaufl. 1996. **DM 32,80**

Anita Eckstaedt: Nationalsozialismus in der „zweiten Generation". Psychoanalyse von Hörigkeitsverhältnissen. 515 S., Gb., Suhrkamp 1989. **DM 60,-**

Thomas Edelmann: Literaturtherapie wider Willen. Hermann Brochs Traum-Dichtung zwischen Metaphysik und Psychoanalyse. 200 S., Br., Königshausen & Neumann 1997. **DM 38,-**

Ulrich T. Egle /C. Derra et al. (Ed.): Leitfaden spezielle Schmerztherapie. 336 S., 29 Abb., Kt., Schattauer 1999. **DM ,-**

Darlene Bregman Ehrenberg: Jenseits der Wörter. Zur Erweiterung der psychoanalytischen Interaktion. 236 S., Ln., Klett-Cotta 1996. **DM 58,-**

F.W. Eickhoff /B. Hermann /I. Grubrich-Simitis et al. (Ed.): Jahrbuch der Psychoanalyse. Beiträge zur Theorie, Praxis und Geschichte. Bd. 41. 240 S., Br., frommann-holzboog 1999. **DM 98,-**

F. W. Eickhoff et al. (Ed.): Jahrbuch der Psychoanalyse. Beiträge zur Theorie, Praxis und Geschichte. Bd. 41. 240 S., Br., frommann-holzboog 1999. **DM 98,-**

Siegfried Elhardt: Tiefenpsychologie. Eine Einführung. 192 S., Kt., Kohlhammer Vlg. 14. Ed. 1998. **DM 24,-**

Mircea Eliade /I. Couliano: Handbuch der Religionen. 368 S., Ln., Artemis Vlg. 2. Ed. 1997. **DM 39,80**

Mircea Eliade /I. Couliano.: Handbuch der Religionen. 366 S., Kt., Suhrkamp 1996. **DM 19,80**

Norman Elrod: Freud, Piaget, Wygotski und Loewald: Wie wird der Mensch ein Mensch? 117 S., 23 Abb., Althea Vlg. 1992. **DM 46,-**

Norman Elrod: Sigmund Freud und die Französische Revolution. 170 S., 23 Abb., Br., Althea Vlg. 1989. **DM 18,-**

Knut Engelhardt: Psychoanalyse der strafenden Gesellschaft. 347 S., Pb., Haag + Herchen 1977. **DM 38,-**

Michael Ermann: Psychotherapeutische und psychosomatische Medizin. Ein Leitfaden auf psychodynamischer Grundlage mit Manual. Beitr. v. E. R. Rey, M. Wirsching u. a. 411 S., Gb., Kohlhammer Vlg. 3. rev. Ed. 1999. **DM 48,90**

Dieser Leitfaden führt umfassend in das ärztliche Fachgebiet der Psychotherapeutischen Medizin ein. Er vermittelt das Basiswissen über die neurotischen und psychosomatischen Erkrankungen, bietet eine Darstellung der psychoanalytischen Behandlungsverfahren und informiert über weitere psychotherapeutische Methoden.

E. Etzersdorfer /P. Fischer /M.H. Friedrich et al.: Medizinische Grundlagen der Psychotherapie. 406 S., Br., Facultas Vlg. 1996. **DM 75,-**

Gerhard Fatzer (Ed.): Supervision und Beratung. Ein Handbuch. 442 S., Kt., Vlg. EHP 8. Ed. 1998. **DM 58,-**

Joachim Faude: Zusatzbezeichnung Psychotherapie. Eine Einführung. 190 S., Kt., Vandenh. & Ruprecht 1996. **DM 39,-**

Rike Felka: Psychische Schrift. Freud - Derrida - Celan. 256 S., Br., Turia & Kant 1991. **DM 36,-**

Otto Fenichel: Aufsätze. Bd. I. (Rhe.: Bibliothek der Psa.) 408 S., Gb., Psychosozial Vlg. Neuaufl. 1998. **DM 68,-**

Otto Fenichel: Aufsätze. Bd. II. (Rhe.: Bibliothek der Psa.) 457 S., Gb., Psychosozial Vlg. Neuaufl. 1998. **DM 68,-**

Otto Fenichel: Aufsätze, 2 Bände. Hrg. v. Klaus Laermann. 408, 457 S., Gb., Psychosozial Vlg. Neuaufl. 1998. **DM 122,-**

Otto Fenichel gehörte neben Karl Abraham und Sandor Ferenczi zu den bedeutendsten Vertretern der Freudschen Psychoanalyse in der ersten Hälfte des 20. Jahrhunderts. Der erste Band der „Aufsätze" umfasst Arbeiten, die in den Jahren 1923-1935 entstanden sind und die hier in chronologischer Reihenfolge erneut veröffentlicht werden. Der zweite Band enthält die in den Jahren 1935-1946 geschriebenen Arbeiten, die größtenteils aus dem Englischen übertragen wurden.

Otto Fenichel: Hundertneunzehn Rundbriefe (1934-1945), in 2 Bdn. Bd 1: Europa (1934-1938); Bd. 2: Amerika (1938-1945). Z. Tl. in engl. Sprache. 2137 S., Ln., Stroemfeld 1999. **DM 398,-**

Sandor Ferenczi: Bausteine zur Psychoanalyse. Bd. IV: Gedenkartikel, Kritiken und Referate, Fragmente, Bibliographie, Sachregister. 412 S., Gb., H. Huber Vlg. 3. Ed. 1984. **DM 48,-**

Sandor Ferenczi: Ohne Sympathie keine Heilung. Das klinische Tagebuch von 1932. 298 S., Kt., S. Fischer 1999. **DM 24,90**

S. Ferenczi /O. Rank: Entwicklungsziele der Psychoanalyse. Zur Wechselbeziehung von Theorie und Praxis. Nachw. v. Michael Turnheim. 95 S., Ebr., Turia & Kant 1996. **DM 32,-**

Gottfried Fischer: Konflikt, Paradox und Widerspruch. Für eine dialektische Psychoanalyse. (Rhe.: Geist u. Psyche, Bd. 13854) Kt., S. Fischer 1998. **DM 22,90**

G. Fischer /P. Riedesser: Lehrbuch der Psychotraumatologie. 383 S., Abb., Tab., Gb., UTB 1998. **DM 78,-**

Psychotraumatologie: seelische Verletzungen, ihre Ursachen und Folgen sowie Prävention, Rehabilitation und therapeutische Möglichkeiten - von diesen Fragen und Problemen handelt das Lehrbuch. Es faßt damit Wissensbestände zusammen, die bislang über zahlreiche Disziplinen verstreut waren oder oft nur am Rande berücksichtigt wurden.

Dieter Flader: Psychoanalyse im Fokus von Handeln und Sprache. Vorschläge für eine handlungstheoretische Revision und Weiterentwicklung von Theoriemodellen Freuds. 360 S., Kt., Suhrkamp 1995. **DM 27,80**

Jörg Fliegner: Scenotest-Praxis. Handbuch zur Durchführung, Auswertung und Interpretation. 94 S., Kt., Asanger Vlg. 1995. **DM 38,-**

Claudia Frank: Melanie Kleins erste Kinderanalysen. Die Entdeckung des Kindes als Objekt sui generis von Heilen und Forschen. (Rhe.: problemata, Bd. 141) 652 S., Abb., Br., frommann-holzboog 1999. **DM 128,-**

Die hier erstmals untersuchten und veröffentlichten Originalnotizen zu den frühen Kinderbehandlungen Melanie Kleins in Berlin zwischen 1921 und 1926 vermitteln Einblicke in die Anfänge der Kinderanalyse. Die Autorin verdeutlicht, daß die Kinderanalyse eine Forschungs- und Behandlungsmethode darstellt, die von außerordentlicher Relevanz für die Weiterentwicklung des psa. Behandlungskonzeptes insgesamt ist.

Anna Freud: Die Schriften der Anna Freud. Bd. 1: Einführung in die Psychoanalyse; Vorträge für Kinderanalytiker und Lehrer; Das Ich und die Abwehrmechanismen (1922-1936) Kt., S. Fischer 1987. **DM 16,80**

Anna Freud: Die Schriften der Anna Freud. Bd. 10: Psychoanalytische Beiträge zur normalen Kinderentwicklung (1971-1980). Gesamtregister. Kt., S. Fischer 1987. **DM 16,80**

Anna Freud: Die Schriften der Anna Freud. Bd. 2: Kriegskinder; Berichte aus den Kriegskinderheimen „Hampstead Nurseries" 1941 und 1942 (1939-1945) Kt., S. Fischer o.J.. **DM 13,80**

Anna Freud: Die Schriften der Anna Freud. Bd. 4: Indikationsstellung in der Kinderanalyse und andere Schriften (1945-1956) Kt., S. Fischer o.J.. **DM 13,80**

Anna Freud: Die Schriften der Anna Freud. Bd. 5: Psychoanalyse und Erziehung und andere Schriften (1945-1956) Kt., S. Fischer o.J.. **DM 13,80**

Anna Freud: Die Schriften der Anna Freud. Bd. 6: Forschungsergebnisse aus der „Hampstead Child-Therapy Clinic" und andere Schriften (1956-1965) Kt., S. Fischer o.J.. **DM 10,80**

Anna Freud: Die Schriften der Anna Freud. Bd. 7: Anwendung psychoanalytischen Wissens auf die Kindererziehung und andere Schriften (1956-1965) Kt., S. Fischer o.J.. **DM 11,80**

Anna Freud: Die Schriften der Anna Freud. Bd. 9: Probleme der psychoanalytischen Ausbildung, Diagnose und therapeutischen Technik (1966-1970) Kt., S. Fischer o.J.. **DM 11,80**

Anna Freud: Die Schriften der Anna Freud, 10 Bde. Kt. i.Kass., S. Fischer o.J.. **DM 138,-**

Anna Freud: Einführung in die Technik der Kinderanalyse. 108 S., Gb., E. Reinhardt Vlg. 7. rev. Ed. 1995. **DM 29,80**

Anna Freud: Wege und Irrwege in der Kinderentwicklung. Kt., H. Huber Vlg. 4. Ed. 1988. **DM 36,-**

Anna Freud: Wege und Irrwege in der Kinderentwicklung. Schriften zur Psychoanalyse und psychosomatischen Medizin (7) 234 S., Ebr., Klett-Cotta 6. Ed. 1994. **DM 36,-**

Anna Freud: Zur Psychoanalyse der Kindheit, Die Harvard-Vorlesungen. Hrsg. u. mit Anm. v. Joseph Sandler. (Rhe.: Geist u. Psyche, Bd. 11519) Kt., S. Fischer 1993. **DM 16,90**

Ernst Freud: Verkürzende und intensivierende Faktoren in der Psychoanalyse aus klinischer und psychotherapeutischer Sicht. Vortrag während des 1. Weltkongress des World Council of Psychotherapy, Wien 1996. (Rhe.: Audio-Torium) 1 Toncass., Laufzeit 30 min., auditorium-Vlg. 1997. **DM 19,80**

Sigmund Freud: Abriß der Psychoanalyse. Einführende Darstellungen. Einl. v. F.-W. Eickhoff. Kt., S. Fischer 1994. **DM 19,90**

Sigmund Freud: Analyse der Phobie eines fünfjährigen Knaben. Einl. v. V. Mächtlinger. Kt., S. Fischer 1995. **DM 16,90**

Sigmund Freud: Das Ich und das Es. Metapsychologische Schriften. Einl. v. A. Holder. Kt., S. Fischer 1992. **DM 19,90**

Sigmund Freud: Das Motiv der Kästchenwahl. Hg. u. komm. v. I. Grubrich-Simitis; Nachw. v. H. Politzer. 64 S., 16 S. Transkription, Ln. iSch, S. Fischer Faks.-Ausg. 1977. **DM 196,-**

Limitierte bibliophile Ausgabe im Großformat, geringe Bestände.

Sigmund Freud: Das Unbehagen in der Kultur. Und andere kulturtheoretische Schriften. Einl. v. A. Lorenzer u. B. Görlich. Kt., S. Fischer 1994. **DM 16,90**

Sigmund Freud: Der Mann Moses und die monotheistische Religion. Schriften über die Religion. Einl. v. I. Grubrich-Simitis. Kt., S. Fischer NA 1999. **DM 14,90**

Sigmund Freud: Der Mann Moses und die monotheistische Religion. Und andere religionspsychologische Schriften. Hg. u. mit e. Einl. v. I. Grubich-Simitis. Kt., S. Fischer NA i.Vbr.. **ca. DM 24,90**

Sigmund Freud: Der Witz und seine Beziehung zum Unbewußten /Der Humor. Einl. v. P. Gay. Kt., S. Fischer o.J.. **DM 18,90**

Sigmund Freud: Drei Abhandlungen zur Sexualtheorie. Einl. v. R. Reiche. Kt., S. Fischer o.J.. **DM 16,90**

Sigmund Freud: Einführung in die Psychoanalyse, Oktober 1915. Essay v. Stephane Moses. 59 S., Gb., eva 1994. **DM 26,-**

Sigmund Freud: Fundamente. 3 Bde.: Die Traumdeutung; Drei Abhandlungen zur Sexualtheorie; Vorlesungen zur Einführung in die Psychoanalyse. 1312 S., Ln.iKass., S. Fischer 1999. **DM 49,80**

Sigmund Freud: Gesammelte Werke. 18 Bde. u. Nachtragsband. Subskr.-Pr.; später dann zu 348,-. 8800 S., Kt. iKass., S. Fischer 1999. **DM 298,-**

Sigmund Freud: Gesammelte Werke. Bd. 1: Werke aus den Jahren 1892-1899. 609 S., Ln., S. Fischer 6. Ed. 1992. **DM 218,-**

Sigmund Freud: Gesammelte Werke. Bd. 10: Werke aus den Jahren 1913-1917. 490 S., Ln., S. Fischer 8. Ed. 1991. **DM 148,-**

Sigmund Freud: Gesammelte Werke. Bd. 11: Vorlesungen zur Einführung in die Psychoanalyse. 508 S. m. 2 Bildtaf., Ln., S. Fischer 9. Ed. 1998. **DM 176,-**

Sigmund Freud: Gesammelte Werke. Bd. 12: Werke aus den Jahren 1917-1920. 362 S., Ln., S. Fischer 6. Ed. 1986. **DM 118,-**

Sigmund Freud: Gesammelte Werke. Bd. 13: Jenseits des Lustprinzips /Massenpsychologie und Ich-Analyse /Das Ich und das Es /u. a. Werke aus den Jahren 1920-1924. 488 S., Ln., S. Fischer 10. Ed. 1998. **DM 164,-**

Sigmund Freud: Gesammelte Werke. Bd. 14: Werke aus den Jahren 1925-1931. 614 S. m. 3 Bildtaf., Ln., S. Fischer 7. Ed. 1991. **DM 198,-**

Sigmund Freud: Gesammelte Werke. Bd. 15: Neue Folge der Vorlesungen zur Einführung in die Psychoanalyse. 212 S., Ln., S. Fischer 9. Ed. 1996. **DM 78,-**

Sigmund Freud: Gesammelte Werke. Bd. 16: Werke aus den Jahren 1932-1939. 304 S., Ln., S. Fischer 7. Ed. 1994. **DM 108,-**

Sigmund Freud: Gesammelte Werke. Bd. 17: Schriften aus dem Nachlaß 1892-1939. 182 S., Ln., S. Fischer 8. Ed. 1993. **DM 68,-**

Sigmund Freud: Gesammelte Werke. Bd. 18: Gesamtregister der Bände 1-17. 1140 S., Ln., S. Fischer 5. rev. Ed. 1994. **DM 348,-**

Sigmund Freud: Gesammelte Werke. Bd. 19: Nachtragsband, Texte aus den Jahren 1885-1938. 905 S. m. 5 Abb. u. 5 Faks., Ln., S. Fischer 1987. **DM 218,-**

Sigmund Freud: Gesammelte Werke. Bd. 2/3: Die Traumdeutung /Über den Traum. 745 S., Ln., S. Fischer 8. Ed. 1998. **DM 234,-**

Sigmund Freud: Gesammelte Werke. Bd. 4: Zur Psychopathologie des Alltagslebens (Über Vergessen, Versprechen, Vergreifen, Aberglaube und Irrtum) 332 S., Ln., S. Fischer 9. Ed.1991. **DM 108,-**

Sigmund Freud: Gesammelte Werke. Bd. 5: Werke aus den Jahren 1904-1905. 342 S., Ln., S. Fischer 7. Ed. 1992. **DM 108,-**

Sigmund Freud: Gesammelte Werke. Bd. 6: Der Witz und seine Beziehung zum Unbewußten. 294 S., Ln., S. Fischer 7. Ed. 1987. **DM 108,-**

Sigmund Freud: Gesammelte Werke. Bd. 7: Werke aus den Jahren 1906-1909. 504 S., Ln., S. Fischer 7. Ed. 1992. **DM 176,-**

Sigmund Freud: Gesammelte Werke. Bd. 8: Werke aus den Jahren 1909-1913. 512 S. m 1 Bildtaf., Ln., S. Fischer 9. Ed. 1996. **DM 176,-**

Sigmund Freud: Gesammelte Werke. Bd. 9: Totem und Tabu. 216 S., Ln., S. Fischer 8. Ed. 1996. **DM 98,-**

Sigmund Freud: Hemmung, Symptom und Angst. Einl. v. F.-W. Eickhoff. Kt., S. Fischer o.J.. **DM 14,90**

Sigmund Freud: Massenpsychologie und Ich-Analyse. Die Zukunft einer Illusion. Einl. v. R. Reiche. Kt., S. Fischer o.J.. **DM 18,90**

Sigmund Freud: Neue Folge der Vorlesungen zur Einführung in die Psychoanalyse. Nachw. v. P. Gay. Kt., S. Fischer o.J.. **DM 18,90**

Sigmund Freud: Schriften über Liebe und Sexualität. Einl. v. R. Reiche. Kt., S. Fischer 1994. **DM 18,90**

Sigmund Freud: Schriften zur Krankheitslehre der Psychoanalyse. Einl. v. C. de Boor. Kt., S. Fischer o.J.. **DM 19,90**

Sigmund Freud: Studienausgabe. Bd. 01: Vorlesungen zur Einführung in die Psychoanalyse /Neue Folge der Vorlesungen zur Einführung in die Psychoanalyse. 664 S. m. 1 Bildtaf., Kt., S. Fischer 13. rev. Ed. 1997. **DM 46,-**

Sigmund Freud: Studienausgabe. Bd. 02: Die Traumdeutung. 698 S., Kt., S. Fischer 10. rev. Ed. 1996. **DM 48,-**

Sigmund Freud: Studienausgabe. Bd. 03: Psychologie des Unbewußten. 465 S., Kt., S. Fischer 8. rev. Ed. 1997. **DM 42,-**

Sigmund Freud: Studienausgabe. Bd. 04: Psychologische Schriften. 335 S., Kt., S. Fischer 9. Ed. 1997. **DM 38,-**

Sigmund Freud: Studienausgabe. Bd. 05: Sexualleben. 336 S., Kt., S. Fischer 8. rev. Ed. 1997. **DM 38,-**

Sigmund Freud: Studienausgabe. Bd. 07: Zwang, Paranoia und Perversion. 357 S. m. 2 Bildtaf., Kt., S. Fischer 7. rev. Ed. 1997. **DM 38,-**

Sigmund Freud: Studienausgabe. Bd. 08: Zwei Kinderneurosen. 258 S., Abb., Kt., S. Fischer 11. rev. Ed. 1996. **DM 32,-**

Sigmund Freud: Studienausgabe. Bd. 09: Fragen der Gesellschaft /Ursprünge der Religion. 653 S., Kt., S. Fischer 8. rev. Ed. 1997. **DM 46,-**

Sigmund Freud: Studienausgabe. Bd. 10: Bildende Kunst und Literatur. 326 S. m. 6 Bildtaf., Kt., S. Fischer 11. rev. Ed. 1997. **DM 38,-**

Sigmund Freud: Studienausgabe. Erg.-Bd.: Schriften zur Behandlungstechnik. 473 S., Kt., S. Fischer 5. rev. Ed. 1997. **DM 44,-**

Sigmund Freud: Studienausgabe in 10 Bänden mit Erg.-Bd. Hrsg. v. A. Mitscherlich, A. Richards u. J. Strachey. 11 Bde. i. Kass., Kt., S. Fischer korr. Ed. 1989. **DM 448,-**

Sigmund Freud: Totem und Tabu. Einige Übereinstimmungen im Seelenleben der Wilden und der Neurotiker. Einl. v. M. Erdheim. 240 S., Kt., S. Fischer 1991. **DM 19,90**

Sigmund Freud: Vorlesungen zur Einführung in die Psychoanalyse. Nachw. v. P. Gay. Kt., S. Fischer o.J.. **DM 26,90**

Sigmund Freud: Zur Auffassung der Aphasien. Eine kritische Studie. Einl. v. W. Leuschner. Abb., Kt., S. Fischer o.J.. **DM 16,90**

Sigmund Freud: Zur Dynamik der Übertragung. Behandlungstechnische Schriften. Einl. v. H. Argelander. Kt., S. Fischer o.J.. **DM 14,80**

Sigmund Freud: Zur Psychopathologie des Alltagslebens. Über Vergessen, Versprechen, Vergreifen, Aberglaube und Irrtum. Vorw. v. A. Mitscherlich. Kt., S. Fischer 1996. **DM 17,90**

Sigmund Freud: Zwei Krankengeschichten. Rattenmann; Wolfsmann. Einl. v. C. Nedelmann. Kt., S. Fischer 1996. **DM 19,90**

H.J. Freyberger /R.-D. Stieglitz (Ed.): Kompendium der Psychiatrie und Psychotherapie. Begründet v. Th. Spoerri. XVI, 578 S, Br., Karger Vlg. 10. rev. Ed. 1996. **DM 48,-**

Oskar Frischenschlager et al. (Ed.): Lehrbuch der Psychosozialen Medizin. Grundlagen der Medizinischen Psychologie, Psychosomatik, Psychotherapie und Medizinischen Soziologie. XIV, 960 S., Kt., Springer 1995. **DM 98,-**

Erich Fromm: Anatomie der menschlichen Destruktivität. Kt., Rowohlt o.J.. **DM 16,90**

Erich Fromm: Anatomie der menschlichen Destruktivität. XVII, 473 S., Gb., DVA 3. Ed. 1977.. **DM 48,-**

Erich Fromm: Die Grundpositionen der Psychoanalyse. Vortrag. (Rhe.: AudioTorium) 54 min., 1 Toncass., auditorium-Vlg. o.J.. **DM 24,-**

Erich Fromm: Gesamtausgabe. Hrsg. v. Rainer Funk. 12 Bde., Gb. iKass., DVA 2000. **DM 598,-**

Erich Fromm: Gesamtausgabe. Hrsg. v. Rainer Funk. Zus. 5936 S., 12 Bde., Kt. iKass., dtv 1999. **DM 248,-**

Erich Fromm: Gesamtausgabe. Bd. 11/12: Schriften aus dem Nachlaß. 1300 S., Gb. iKass., DVA 2000. **DM 148,-**

Erich Fromm: Jenseits der Illusionen. Die Bedeutung von Marx und Freud. 208 S., Gb., DVA 1981. **DM 19,80**

Erich Fromm: Schriften aus dem Nachlaß. Hrsg. v. Rainer Funk. 8 Bde. iKass., Kt., Quadriga Vlg. 1993. **DM 168,-**

Erich Fromm: Schriften aus dem Nachlaß. Bd. 1: Vom Haben zum Sein. Wege und Irrwege der Selbsterfahrung. 174 S., Gb., Quadriga Vlg. 1994. **DM 36,-**

Erich Fromm: Schriften aus dem Nachlaß. Bd. 2: Das jüdische Gesetz. Zur Sozilogie des Diaspora-Judentums. Dissertation v. 1922. 202 S., Kt., Quadriga Vlg. 1989. **DM 28,-**

Erich Fromm: Schriften aus dem Nachlaß. Bd. 2: Das jüdische Gesetz. Zur Soziologie des Diaspora-Judentums. Dissertation v. 1922. Kt., Heyne 1996. **DM 12,90**

Erich Fromm: Schriften aus dem Nachlaß. Bd. 3: Die Entdekkung des gesellschaftlichen Unbewußten. Zur Neubestimmung der Psychoanalyse. 182 S., Kt., Quadriga Vlg. 1990. **DM 26,-**

Erich Fromm: Schriften aus dem Nachlaß. Bd. 4: Ethik und Politik. Antworten auf aktuelle politische Fragen. 270 S., Kt., Quadriga Vlg. 1990. **DM 28,-**

Erich Fromm: Schriften aus dem Nachlaß. Bd. 4: Ethik und Politik. Antworten auf aktuelle politische Fragen. Kt., Heyne 1996. **DM 12,90**

Erich Fromm: Schriften aus dem Nachlaß. Bd. 5: Von der Kunst des Zuhörens. Therapeutische Aspekte der Psychoanalyse. 246 S., Gb., Quadriga Vlg. 1994. **DM 38,-**

Erich Fromm: Schriften aus dem Nachlaß. Bd. 6: Die Pathologie der Normalität. Zur Wissenschaft vom Menschen. 214 S., Kt., Quadriga Vlg. 1991. **DM 26,-**

Erich Fromm: Schriften aus dem Nachlaß. Bd. 6: Die Pathologie der Normalität. Zur Wissenschaft vom Menschen. Kt., Heyne 1996. **DM 12,90**

Erich Fromm: Schriften aus dem Nachlaß. Bd. 7: Gesellschaft und Seele. Beiträge zur Sozialpsychologie und zur psychoanalytischen Praxis. 219 S., Kt., Quadriga Vlg. 1992. **DM 26,-**

Erich Fromm: Schriften aus dem Nachlaß. Bd. 8: Humanismus als reale Utopie. Der Glaube an den Menschen. 214 S., Kt., Quadriga Vlg. 1992. **DM 26,-**

Erich Fromm: Schriften aus dem Nachlaß. Bd. 8: Humanismus als reale Utopie. Der Glaube an den Menschen. Kt., Heyne 1996. **DM 12,90**

Hans Füchtner: Einführung in die psychoanalytische Pädagogik. 140 S., Pb., Campus 1979. **DM 18,-**

Peter Fürstenau: Zur Theorie psychoanalytischer Praxis. Psychoanalytisch-sozialwissenschaftliche Studien. 239 S., Ln., Klett-Cotta 2. rev. Ed.1992. **DM 68,-**

Lilli Gast: Libido und Narzißmus. Vom Verlust des Sexuellen im psychoanalytischen Diskurs. Eine Spurensicherung. 446 S., Gb., Ed. diskord 1992. **DM 64,-**

Sigbert Gebert: Grenzen der Psychologie. Philosopische Betrachtungen zu den Grundlagen der Psychotherapie. 124 S., Br., Königshausen & Neumann 1995. **DM 36,-**

Hanna Gekle: Wunsch und Wirklichkeit. Blochs Philosophie des Noch-nicht-Bewussten und Freuds Theorie des Unbewussten. 364 S., Kt., Suhrkamp 1986. **DM 36,-**

Reinhold Gestrich: Die Seelsorge und das Unterbewußte. Ein Arbeits- und Lesebuch. 260 S., 10 Abb., Kt., Kohlhammer Vlg. 1987. **DM 49,80**

Uwe Gieler: Integrative Psychosomatik in der Dermatologie. Kurzes Lehrbuch psychischer Aspekte von Hautkrankheiten. 200 S., Kt., Hogrefe 1998. **DM 44,-**

Sebastian Goeppert: Medizinische Psychologie. Bd. 1. XV, 369 S., meist zweifarb. Abb., Kt., Rombach Vlg. 1996. **DM 49,80**

Sebastian Goeppert: Medizinische Psychologie. Bd. 2. 300 S., Kt., Rombach Vlg. 1997. **ca. DM 49,80**

Wolfgang Golther: Handbuch der Germanischen Mythologie. 668 S., Gb., Phaidon Vlg. 3. Ed. 1996. **DM 19,80**

Amelie Gräf: Der Seelensucher. Georg Groddeck - Pionier der Psychosomatik. II, 17 S., Br., Glücksmann Vlg. 1991. **DM 5,-**

Andrè Green: Der Kastrationskomplex. 157 S., Gb., Ed. diskord 1996. **DM 28,-**

Ralph R. Greenson: Psychoanalytische Erkundungen. (Standardwerke der Psychoanalyse) 467 S., Ln., Klett-Cotta 2. Ed. 1993. **DM 72,-**

Ralph R. Greenson: Technik und Praxis der Psychoanalyse. (Standardwerke der Psychoanalyse) 454 S., Ln., Klett-Cotta 7. Ed. 1995. **DM 78,-**

L. Grinberg /D. Sor /E. Tabak de Bianchedi: W.R. Bion. Eine Einführung. Vorw. v. W.R. Bion. (Rhe.: Jahrb. der Psa., Beiheft 17) 189 S., Ln., frommann-holzboog 1993. **DM 99,-**

Leon Grinberg /Rebeca Grinberg: Psychoanalyse der Migration und des Exils. Mit einem Geleitwort von Harald Leupold-Löwenthal. (Rhe.: VIP - Verl. Internat. Psa.) 272 S., Ln., Klett-Cotta 1990. **DM 48,-**

Georg Groddeck: Werke. Satanarium. 276 S., Abb., Gb., Stroemfeld 1992. **DM 78,-**

Georg Groddeck: Werke. Vorträge III. Hrsg. v.d. Georg Groddeck-Gesellschaft. 320 S., Gb., Stroemfeld 1989. **DM 58,-**

Stanislav Grof: Therapeutisches Werkstattgespräch und filmische Einführung, 1 Videocassette. 1 VHS-Cass., C. Auer Vlg. 2. Ed. 1999. **DM 98,-**

Stanislav Grof: Topographie des Unbewußten. LSD im Dienst der tiefenpsychologischen Forschung. 272 S., Abb., Kt., Klett-Cotta 7. Ed. 1998. **DM 42,-**

H. Gröger /E. Gabriel /S. Kasper (Ed.): Zur Geschichte der Psychiatrie in Wien. Eine Bilddokumentation. Dt. /Engl. Beitr. v. W. Spiel, H. Strotzka, H. Wiyklicky. 112 S., 75 Abb., Ln., Ch.Brandstätter Vlg. 1997. **DM 48,-**

S. Gröninger /P. Fürstenau (Ed.): Weiterbildungsführer Psychotherapeutische Medizin. Psychoanalyse, Verhaltenstherapie, Psychosomatik, Stationäre Psychotherapie. (Rhe.: Leben lernen, Bd. 93) 256 S., Br., Klett-Cotta 1994. **DM 38,-**

Heinz Große Aldenhövel: Grundlagen der Psychotherapie. Ein Überblick über personenzentrierte, humanistische, tiefenpsychologische u. übende Verfahren. 257 S., Kt., Klotz Vlg. 1990. **DM 29,80**

Ilse Grubrich-Simitis: Zurück zu Freuds Texten. Stumme Dokumente sprechen machen. 399 S., 5 Abb., 14 Faks., Ln., S. Fischer 1993. **DM 24,80**

Bèla Grunberger: Narziß und Anubis. Bd. 1: Die Psychoanalyse jenseits der Triebtheorie. (Rhe.: VIP - Verl. Internat. Psa.) 247 S., Ln., Klett-Cotta 1988. **DM 48,-**

Bèla Grunberger: Narziß und Anubis. Bd. 2: Die Psychoanalyse jenseits der Triebtheorie. (Rhe.: VIP - Verl. Internat. Psa.) 236 S., Ln., Klett-Cotta NA 2000. **DM 48,-**

Giselher Guttmann /I. Scholz-Strasser (Ed.): Freud and the Neurosciences. From Brain Research to the Unconscious. With reproductions of drawings by Freud. 116 S., 7 Faks., 22 Abb., Kt., Vlg. d. Österr. Akad. d. Wiss. 1998. **DM 39,80**

Mit Beiträgen von O. Sacks, G. Guttmann, H. Leupold-Löwenthal, M. Pines, C. Bork, M.N. Eagle, D. Line

Andrea Gysling: Die analytische Antwort. Eine Geschichte der Gegenübertragung in Form von Autorenportraits. 408 S., Gb., Ed. diskord NA iVb.. **DM 72,-**

Hanswilhelm Haefs: Handbuch des nutzlosen Wissens. 216 S., Kt., dtv 1989. **DM 14,90**

Ludwig Haesler: Psychoanalyse. Therapeutische Methode und Wissenschaft vom Menschen. 305 S., Kt., Kohlhammer Vlg. 1994. **DM 39,80**

Dietmar Hansch: Psychosynergetik. Die fraktale Evolution des Psychischen - Grundlagen einer Allgemeinen Psychotherapie. 352 S., 77 Abb., Kt., Westdt. Vlg. 1997. **DM 72,-**

Wolfgang Hantel-Quitmann: Beziehungsweise Familie. Arbeitsbuch und Lesebuch Familienpsychologie und Familientherapie. Bd. 2: Grundlagen. Von Freud zu Bateson. Theoretische, historische und methodische Grundlagen. 228 S., Kt., Lambertus-Vlg. 1996. **DM 35,-**

Claus Haring: Lehrbuch des autogenen Trainings. 186 S., Abb., Kt., Enke 2. rev. Ed. 1993. **DM 39,80**

Wolfgang Harsch: Die psychoanalytische Geldtheorie. (Rhe.: Geist u. Psyche, Bd. 12665) Kt., S. Fischer 1995. **DM 19,90**

M. Härter /M. Groß-Hardt /M. Berger: Leitfaden Qualitätszirkel in Psychiatrie und Psychotherapie. XVIII, 422 S., A4-Format, Gb., Hogrefe 1999. **DM 98,-**

Heinz Hartmann: Die Grundlagen der Psychoanalyse. 270 S., Kt., Klett-Cotta 1972. **DM 44,-**

Heinz Hartmann: Ich-Psychologie. Studien zur Psychoanalytischen Theorie. 455 S., Ln., Klett-Cotta 2. Ed. 1997.. **DM 88,-**

R. Haubl /F. Lamott (Ed.): Handbuch Gruppenanalyse. Beitr. v. Birgit Ballhausen-Scharf, Benjamin Barde, Bernd Böttger u. a. 372 S., Gb., PVU 1994. **DM 48,-**

André Haynal: Psychoanalytische Erkenntnis. Zu ihrer Entstehung, ihrer Ideengeschichte und Kulturgeschichte. Vorw. v. Rainer Krause. 247 S., Kt., Kohlhammer Vlg. 1995. **DM 49,80**

Michael Hayne: Grundstrukturen menschlicher Gruppen. Erkenntnisse aus Selbsterfahrungsprozessen in Altaussee im Lichte der vier Psychologien der Psychoanalyse. 264 S., Br., Pabst Vlg. 1997. **DM 40,-**

Wolfgang Hegener: Zur Grammatik Psychischer Schrift. Systematische und historische Untersuchungen zum Schriftgedanken im Werk Sigmund Freuds. (Diss.) 265 S., Kt., Ed. diskord 1997. **DM 38,-**

A. Heigl-Evers /F. Heigl /J. Ott (Ed.): Lehrbuch der Psychotherapie. XXIII, 579 S., Abb., Gb., G. Fischer Vlg. 3. rev. Ed. 1997. **DM 128,-**

A. Heigl-Evers /P. Günther (Ed.): Blick und Widerblick. Gegensätzliche Auffassungen von der Psychoanalyse. 180 S., Kt., Vandenh. & Ruprecht 1994. **DM 39,-**

Klaus Heinrich: anfangen mit freud. 93 S., Br., Stroemfeld 1997. **DM 28,-**

Ossi Hejlek: Sigmund Freud für Einsteiger. Wissen mit Pfiff, Psychologie. 156 S., Gb., Böhlau Vlg. 1999. **DM 29,80**

Heinz Henseler: Religion - Illusion. Eine psychoanalytische Deutung. Essay. 192 S., Br., Steidl Vlg. 1995. **DM 20,-**

Jakob Hessing: Der Fluch des Propheten. Drei Abhandlungen zu Sigmund Freud. 349 S., Kt., Jüdischer Vlg. 1993. **DM 28,-**

G. Heuft /W. Senf: Praxis der Qualitätssicherung in der Psychotherapie. Das Manual zur Psy-BaDo. VII, 85 S., 72 Einzeldarst., Spiralb., Thieme 1998. **DM 49,90**

Reimer Hinrichs: Freuds Werke. Ein Kompendium zur Orientierung in seinen Schriften. 127 S., Kt., Vandenh. & Ruprecht 1994. **DM 28,-**

Albrecht Hirschmüller: Freuds Begegnung mit der Psychiatrie. Von der Hirnmythologie zur Neurosenlehre. 520 S., 10 Abb., Gb., Ed. diskord 1991. **DM 109,-**

Fritz E. Hoevels: Leistung und Grenzen der Psychoanalyse. 140 min., 2 Toncass., Ahriman Vlg. 1989. **DM 15,-**

Fritz E. Hoevels (Ed.): System ubw. Zeitschrift für klassische Psychoanalyse. 76 S., Kt., Ahrimann Vlg. 1999. **DM 14,50**

Hugo v. Hofmannsthal: Sämtliche Werke. Bd.VIII: Dramen 6: Ödipus und die Sphinx /König Ödipus. 748 S., Ln.iSch., S. Fischer 1983. **DM 428,-**

Ute Holzkamp-Osterkamp: Grundlagen der psychologischen Motivationsforschung. Die Besonderheit menschlicher Bedürfnisse, Problematik und Erkenntnisgehalt der Psychoanalyse. 487 S., Kt., Campus 4. Ed. 1990. **DM 34,-**

G. Hörmann /W. Körner: Klinische Psychologie. Ein kritisches Handbuch. 394 S., Kt., Klotz Vlg. 2. Ed. 1998. **DM 48,-**

Karen Horney: Analytische Technik. Die letzten Vorlesungen. (Rhe.: Geist u. Psyche, Bd. 42313) Kt., S. Fischer o.J.. **DM 16,80**

Karen Horney: Selbstanalyse. (Rhe.: Geist u. Psyche, Bd. 12571) Kt., S. Fischer 1995. **DM 18,90**

R. Hörster /B. Müller (Ed.): Jugend, Erziehung und Psychoanalyse. Zur Sozialpädagogik Siegfried Bernfelds. 232 S., Kt., Luchterhand Vlg. 1992. **DM 35,-**

G. Hüsler /G. Hemmerlein: Leben auf Zeit. Ein Psychotherapiemanual für den Umgang mit HIV/Aids und anderen lebensbedrohlichen Krankheiten. 218 S., 16 Abb., 7 Tab., Kt., H. Huber Vlg. 1996. **DM 39,80**

Institut f. Tiefenpsychologie, Berlin (Ed.): Zeitschrift für Tiefenpsychologie, Persönlichkeitsbildung und Kulturforschung. Sammelband der zwischen 1989 und 1998 erschienenen Ausgaben. pro Jahrgang 264 S., zus. 2640 S., Br. iSch., Königshausen & Neumann 1999. **DM 148,-**

Eva Jaeggi: Einführung in die klinische Psychologie. Klinische Psychologie aus sozialwissenschaftlicher Sicht. (Rhe.: AudioTorium) 1080 min., 12 Toncass. iBox, auditorium-Vlg. o.J.. **DM PaA**

Eva Jaeggi: Menschenbilder und Therapieziele der wichtigsten Therapieschulen. (Rhe.: AudioTorium) 210 min., 2 Toncass., auditorium-Vlg. 1997. **DM 68,-**

Eva Jaeggi: Zu heilen die zerstossnen Herzen. Die Hauptrichtungen der Psychotherapie und ihre Menschenbilder. Kt., Rowohlt 1997. **DM 16,90**

E. Jaeggi /R. Rohner /P.M. Wiedemann: Gibt es auch Wahnsinn, hat es doch Methoden. Eine Einführung in die Klinische Psychologie aus sozialwissenschaftlicher Sicht. 374 S., Kt., Piper 1997. **DM 34,90**

J. Jahnke /J. Fahrenberg /R. Stegie et al.: Psychologiegeschichte, Beziehungen zu Philosophie und Grenzgebieten. 501 S. Abb., Kt., Profil Vlg. 1998. **DM 88,-**

B. Jansen et al. (Ed.): Soziale Gerontologie: Handbuch für Lehre und Praxis. 864 S., Kt., Beltz 1999. **DM 124,-**

Gert Janssen: Der Begriff der Sublimierung und seine Bedeutung für Erziehung und Psychotherapie. Eine kritische Auseinandersetzung mit dem psychoanalytischen Sublimierungskonzept. 278 S., Br., Vlg. Inst. f. Tiefenpsych. 1992. **DM 38,-**

G. Jappe /C. Nedelmann (Ed.): Zur Psychoanalyse der Objektbeziehungen. Eine Erstveröffentlichung aus dem Briefwechsel von Sigmund Freud und Sandor Ferenczi. Sowie Beitr. v. Rainer Marten, Thure v. Uexküll, Samir Stephanos u. a. Beitr. z. Tl. in engl. Sprache. 262 S., Ln., frommann-holzboog 1980. **DM 96,-**

G. Jappe /C. Nedelmann (Ed.): Zur Psychoanalyse der Objektbeziehungen. Eine Erstveröffentlichung aus dem Briefwechsel von Sigmund Freud und Sandor Ferenczi. Zum Teil in engl. Sprache. (Rhe.: prblemata, Bd. 88) 262 S., Kt., frommann-holzboog 1980. **DM 72,-**

Ernest Jones: Die Theorie der Symbolik und andere Aufsätze. 408 S., Br., eva 1987. **DM 28,-**

Betty Joseph: Psychisches Gleichgewicht und psychische Veränderung. 337 S., Ln., Klett-Cotta 1994. **DM 58,-**

John S. Kafka: Jenseits des Realitätsprinzips. Multiple Realitäten in Klinik und Theorie der Psychoanalyse. VIII, 172 S., Kt., Springer 1991. **DM 48,-**

Martin Kahleyss (Ed.): Methoden ärztlicher Psychotherapie. Psychoanalytische Grundlagen. 118 S., Gb., 1995. **DM 48,-**

Erwin Kaiser (Ed.): Psychoanalytisches Wissen. Beiträge zur Forschungsmethodik. Mit Beitr. in engl. Sprache. 285 S., Kt., Westdt. Vlg. 1995. **DM 56,-**

Margret Kaiser-El-Safti: Der Nachdenker. Die Entstehung der Metapsychologie Freuds in ihrer Abhängigkeit von Schopenhauer und Nietzsche. 336 S., Gb., Bouvier Vlg. 1987. **DM 85,-**

Immanuel Kant: Werkausgabe in 12 Bdn. Hg. v. W. Weischedel. 5137 S., Kt., Suhrkamp 1997. **DM 240,-**

Burkhard Kastenbutt: Zur Dialektik des Seelischen. Eine Einführung in das Werk von Wilhelm Reich und dessen Bedeutung für eine kritische Sozialarbeit /Sozialpädagogik. 200 S., Br., Lit Vlg. 1993. **DM 44,-**

I. Kästner /C. Schröder: Sigmund Freud (1856-1939) Hirnforscher, Neurologe, Psychotherapeut. Ausgewählte Texte. (Sudhoffs Klassiker der Medizin, Bd. 6) 215 S., 46 Abb., Kt., Hüthig Vlg. 2. Ed. 1990. **DM 12,-**

Dieter Katzenbach: Die soziale Konstitution der Vernunft. Erklären, Verstehen und Verständigung bei Piaget, Freud und Habermas. 243 S., Kt., Asanger Vlg. 1992. **DM 49,80**

Rainer J. Kaus: Psychoanalyse und Sozialpsychologie. Sigmund Freud und Erich Fromm. 255 S., Gb., Univ.-Vlg. Winter 1999. **DM 68,-**

Hans Keilson: Wohin die Sprache nicht reicht. Vorträge und Essays aus den Jahren 1936-1997. 224 S., Kt., Ricker'sche Vlgsbh. 1998. **DM 38,-**

Helmut Keller: Der andere Freud. Aus Ich soll Es werden. 250 S., Gb., Kovac Vlg. 1996. **DM 98,-**

Heidi Keller (Ed.): Handbuch der Kleinkindforschung. 832 S., Abb., Gb., H. Huber Vlg. 2. rev. Ed.1997. **DM 198,-**

L. Kemmler /Th. Schelp /P. Mecheril: Sprachgebrauch in der Psychotherapie. Emotionales Geschehen in 4 Therapieschulen. 185 S., 14 Abb., 33 Tab., Kt., H. Huber Vlg. 1991. **DM 49,80**

Karl Kerènyi: Werke in Einzelausgaben, 5 Bde. in 6 Tl.-Bdn. Antike Religion. 249 S., Ln., Klett-Cotta 1995. **DM 78,-**

Karl Kerènyi: Werke in Einzelausgaben, 5 Bde. in 6 Tl.-Bdn. Die Mythologie der Griechen - Teil I: Die Götter- und Menschheitsgeschichte. 307 S., Ln., Klett-Cotta 1997. **DM 89,-**

Karl Kerènyi: Werke in Einzelausgaben, 5 Bde. in 6 Tl.-Bdn. Die Mythologie der Griechen - Teil II: Die Heroengeschichte. 451 S., Ln., Klett-Cotta 1997. **Achtung Komplettbezug zur Subskription bitte T.-Nr.5434052 bestellen! DM 98,-**

Karl Kerènyi: Werke in Einzelausgaben, 5 Bde. in 6 Tl.-Bdn. Dionysos. Urbild des unzerstörbaren Lebens. 366 S., 198 Abb., Ln., Klett-Cotta 1994. **DM 98,-**

Karl Kerènyi: Werke in Einzelausgaben, 5 Bde. in 6 Tl.-Bdn. Humanistische Seelenforschung. 351 S., Ln., Klett-Cotta 1996. **DM 98,-**

Karl Kerènyi: Werke in Einzelausgaben, 5 Bde. in 6 Tl.-Bdn. Urbilder der griechischen Religion. 287 S., Ln., Klett-Cotta 1998. **DM 88,-**

„Es gehört zu den großen Leistungen Kerènyis, den Stoff so zu bringen, daß die Erzählweise die Fremdheit nicht ausblendet, die uns plötzlich als eigenes „inneres Ausland" sichtbar wird." Caroline Neubaur, Süddeutsche Zeitung.

Karl Kerenyi (Ed.): Die Eröffnung des Zugangs zum Mythos. Ein Lesebuch. XVI, 291 S., Kt., WBG 5. Ed. 1996. **DM 45,-**

O.F. Kernberg /B. Dulz et al.: Handbuch der Borderline-Störungen. 1000 S., 20 Abb., Gb., Schattauer 1999. **ca. DM 298,-**

O.F. Kernberg /F.E. Yeomans /J.F. Clarkin: Psychotherapie der Borderline-Persönlichkeit. Manual der Psychodynamischen Therapie. Unter Mitarbeit v. P. Buchheim. 368 S., 10 Abb., Kt., Schattauer 9/2000. **DM 79,-**

Alfred S Kessler: Zur Entwicklung des Realitätsbegriffes bei Sigmund Freud. 126 S., Br., Königshausen & Neumann 1989. **DM 28,-**

M. Kessler /R. Funk (Ed.): Erich Fromm und die Frankfurter Schule. Akten des internationalen, interdisziplinären Symposions Stuttgart-Hohenheim, 31.5.-2.6.1991. 263 S., Kt., Francke Vlg. 1992. **DM 76,-**

Gerd Kimmerle: Anatomie des Schicksals. Zur Kritik des intentional Unbewussten in Freuds psychoanalytischer Aufklärung des Körpers. 128 S., Br., konkursbuch 1986. **DM 16,-**

Vera King: Die Urszene der Psychoanalyse. Adoleszenz und Geschlechterspannung im Fall Dora. (Rhe.: VIP - Verl. Internat. Psa.) IX, 404 S., Ln., Klett-Cotta 1995. **DM 68,-**

J. Kipp /H.P. Unger et al.: Beziehung und Psychose: Manual zum verstehenden Umgang mit schizophrenen und depressiven Patienten. 168 S., 15 Abb., 8 Tab., Kt., Thieme 1996. **DM 29,80**

Friedrich Kittler: Eine Kulturgeschichte der Kulturwissenschaft. 250 S., Br., W. Fink Vlg. 1999. **DM 38,-**

Ludwig Klages: Die Grundlagen der Charakterkunde. 230 S., Gb., Bouvier Vlg. 15. Ed. 1988. **DM 22,-**

Melanie Klein: Das Seelenleben des Kleinkindes und andere Beiträge zur Psychoanalyse. 254 S., Ln., Klett-Cotta 6. Ed. 1998. **DM 48,-**

Melanie Klein: Frühstadien des Ödipuskomplexes. Frühe Schriften 1928-1945. Hrsg. v. Jochen Stork. 7 Abb., Kt., S. Fischer 1991. **DM 16,90**

Melanie Klein: Gesammelte Schriften. Bd. I, Tl. 2: Schriften 1920-1945. IV,512 S., Abb., Ln., frommann-holzboog 1996. **DM 89,-**

Melanie Klein: Gesammelte Schriften. Bd. I, Tl.1: Schriften 1920-1945. Vorw. v. Betty Joseph. XXIII,422 S., Ln., frommann-holzboog 1995. **DM 89,-**

„Die ausgesprochen anspruchsvolle Aufgabe der Übersetzung wird von Elisabeth Vorspohl sensibel und kompetent gelöst, wobei sämtliche englischen Texte neu übersetzt wurden. Die Bände I,2 und III enhalten Arbeiten, die hier erstmals auf deutsch erscheinen. Kompakte und kompetente Erläuterungen (...) erleichtern dem Leser den Zugang ..." (S. Richebächer, NZZ)
Rezension von E. M. Frost in „Kinderanalyse", 3/1998

Melanie Klein: Gesammelte Schriften. Bd. II: Die Psychoanalyse des Kindes. XII,436 S., Abb., Ln., frommann-holzboog 1997. **DM 89,-**

Melanie Klein: Gesammelte Schriften. Bd. III: Schriften 1946-1963. 540 S., Ln., frommann-holzboog 2000. **DM 89,-**

Melanie Klein: Gesammelte Schriften. Bd. IV, Tl. 1: Darstellung einer Kinderanalyse. zus. 730 S., Gb., frommann-holzboog iVbr., ca. 2000. **DM 89,-**

Melanie Klein: Gesammelte Schriften. Bd. IV, Tl. 2: Darstellung einer Kinderanalyse. zus. 730 S., Gb., frommann-holzboog iVbr., ca. 2001. **ca. DM 89,-**

U. Klein /F. Jadi /G. Schmid-Noerr: Texte aus dem Colloquium Psychoanalyse. Bd. 1. 200 S., Gb., Vlg. ASTA FU Berlin 1998. **DM 15,-**

M. Klein /J. Rivière: Seelische Urkonflikte. Liebe, Haß und Schuldgefühl. Kt., S. Fischer o.J.. **DM 12,90**

Rudolf Klussmann: Psychosomatische Medizin. Ein Kompendium für alle medizinischen Teilbereiche. XXIV, 560 S., Abb., Gb., Springer 4. rev. Ed. 1998. **DM 69,-**

Rudolf Klussmann: Psychotherapie. Psychoanalytische Entwicklungspsychologie, Neurosenlehre, Behandlungsverfahren, Ausbildung und Weiterbildung. XVII, 322 S., 58 Abb., Kt., Springer 2. rev. Ed. 1993. **DM 89,-**

U. Knölker /F. Mattejat /M. Schulte-Markwort: Kinder- und Jugendpsychiatrie und -psychotherapie systematisch. 437 S., Gb., UNI-MED 2. Ed. 2000. **DM 59,80**

Thomas Köhler: Anti-Freud-Literatur von ihren Anfängen bis heute. Zur wissenschaftlichen Fundierung von Psychoanalyse-Kritik. 179 S., Kt., Kohlhammer Vlg. 1996. **DM 38,-**

Thomas Köhler: Das Werk Sigmund Freuds. Bd. 2: Sexualtheorie, Trieblehre, klinische Theorie und Metapsychologie. 409 S., Kt., Asanger Vlg. 1993. **DM 74,-**

Thomas Köhler: Freuds Psychoanalyse. Eine Einführung. 157 S., Kt., Kohlhammer Vlg. 1994. **DM 28,-**

Thomas Köhler: Psychische Störungen. Symtomatologie, Erklärungsansätze, Therapie. 255 S., Kt., Kohlhammer Vlg. 1998. **DM 29,80**

Rita Kohnstamm: Praktische Kinderpsychologie. Die ersten 7 Jahre. Eine Einführung für Eltern, Erzieher und Lehrer. Einl. v. Hans Aebli. 224 S., Kt., H. Huber Vlg. 3. rev. Ed. 1990. **DM 29,80**

Die Autorin befaßt sich mit einer Vielzahl faszinierender Einzelfragen: Welche Rolle spielt die Stellung eines Kindes in der Geschwisterreihe? Wie entstehen Kinderängste, und was kann man dagegen tun? Wie bildet sich das Gewissen des Kindes aus? Woher kommen die Aggressionen des Kindes? Was bestimmt die Entwicklung seiner Geschlechterrolle? Wie verläuft die Entwicklung der Phantasie? des Spiels? der Kinderzeichnung?

Hans D. König: Libido und Appetitus. Triebtheoretische Grundrisse einer marxistischen Psychoanalyse. 502 S., Kt., Germinal Vlg. 1981. **DM 49,-**

Karl König: Angst und Persönlichkeit. Das Konzept vom steuernden Objekt und seine Anwendungen. 218 S., Kt., Vandenh. & Ruprecht 4. Ed. 1993. **DM 44,-**

Karl König: Arbeitsstörungen und Persönlichkeit. 170 S., Kt., Psychiatrie-Vlg. 1998. **DM 34,-**

Karl König: Einführung in die psychoanalytische Krankheitslehre. 262 S., Kt., Vandenh. & Ruprecht 1997. **DM 54,-**

Karl König: Psychoanalyse in der psychiatrischen Arbeit. Eine Einführung. 200 S., Gb., Psychiatrie-Vlg. 1999. **DM 34,-**

In der Einführung gibt Karl König einen Überblick über die heutige psychoanalytische Tätigkeit. Im ersten Hauptteil „Theoretische Grundlagen" werden Entwicklungspsychologie, Systemtheorie sowie ich-psychologische Ansätze einbezogen. In den folgenden, explizit praktisch orientierten, kliniknahen Teil „Behandlungskonzepte" skizziert König Stichworte wie: Katharsis, Übertragung und Gegenübertragung, Traumanalyse, Leugnung, Spaltung, Projektion und Widerstand. Im Schlussteil „Umgang mit Beziehungen in der psychiatrischen Arbeit" greift er Aspekte wie Solidarität und Therapeutische Gemeinschaft auf sowie das sensible Thema der Psychopharmaka.

Martin Konitzer: Wilhelm Reich zur Einführung. 128 S., Br., Junius Vlg. 2. rev. Ed. 1992. **DM 14,80**

C. Kraiker /P. Burkhard (Ed.): Psychotherapieführer. Wege zur seelischen Gesundheit. 290 S., Kt., C.H.Beck NA 1998. **DM 34,-**

Rainer Krause: Allgemeine Psychoanalytische Krankheitslehre. Bd. 1: Grundlagen. 195 S., Kt., Kohlhammer Vlg. 1997. **DM 42,-**

"Krauses Arbeit stellt einen hoch bedeutsamen Beitrag zur psychoanalytischen Wissenschaft und Praxis dar."

Otto F. Kernberg

Rainer Krause: Allgemeine Psychoanalytische Krankheitslehre. Bd. 2: Modelle. 343 S., Kt., Kohlhammer Vlg. 1998. **DM 48,-**

Rainer Krause: Grundlagen der psychoanalytischen Krankheitslehre. Aufnahmen von den Lindauer Psychotherapie Wochen 1997. (Rhe.: AudioTorium) 281 min., 5 Toncass. iBox, auditorium-Vlg. 1997. **DM 95,-**

H. Krings /H. Baumgartner /C. Wild (Ed.): Handbuch philosophischer Grundbegriffe. 6 Bde. Pb., Kösel Vlg. o.J.. **DM 134,-**

Ernst Kris: Psychoanalytische Kinderpsychologie. (Rhe.: Literatur der Psa.) 220 S., Kt., Suhrkamp 1979. **DM 32,-**

C.D. Krohn /P. von zur Mühle /G. Paul et al. (Ed.): Handbuch der deutschsprachigen Emigration 1933-1945. 640 S., Ln., Primus Vlg. 1998. **DM 148,-**

Das Handbuch bietet erstmals einen Gesamtüberblick zur deutschsprachigen Emigration zwischen 1933 und 1945. Die Autoren, namhafte Exilforscher, behandeln in mehr als 100 thematischen Beiträgen die Hintergründe, Rahmenbedingungen und lebensweltlichen Aspekte der Emigration. Mit umfangreichem Register und Literaturverzeichnis.

A. Kroker /M. Kroker /D. Cook: Die Panik-Enzyklopädie. Das Werk zur Jahrtausendwende. 272 S., zahlr. Abb., Kt., Passagen Vlg. 1999. **DM 58,-**

Franz-Josef Krumenacker: Bruno Bettelheim. Grundpositionen seiner Theorie und Praxis. 303 S., Kt., E. Reinhardt Vlg. 1998. **DM 29,80**

Franz-Joseph Krumenacker: Bruno Bettelheim. Grundpositionen seiner Theorie und Praxis. 303 S., Kt., UTB 1998. **DM 29,80**

Dass Buch bietet einen umfassenden, systematischen und kritischen Zugang zu Bettelheims Werk. So wird unter anderem auch dessen Konzept des „therapeutischen Milieus" im Hinblick auf seine Erlebnisse als KZ-Häftling kritisch beleuchtet.

W. Kurz /F. Sedlak (Ed.): Kompendium der Logotherapie und Existenzanalyse: Bewährte Grundlagen, neue Perspektiven. 794 S., Ln., Verlag Lebenskunst 1995. **DM 98,-**

Martin Kuster (Ed.): Entfernte Wahrheit. Von der Endlichkeit der Psychoanalyse. 224 S., Kt., Ed. diskord 1992. **DM 28,-**

Peter Kutter: Elemente der Gruppentherapie. Eine Einführung aus der psychoanalytischen Praxis. Kt., Vandenh. & Ruprecht o.J.. **DM 14,80**

Peter Kutter: Moderne Psychoanalyse. Eine Einführung in die Psychoanalyse unbewußter Prozesse. 400 S., Ln., Klett-Cotta 3., rev. Ed. 2000. **DM 48,-**

Peter Kutter: Moderne Psychoanalyse. Eine Einführung in die Psychologie unbewußter Prozesse. XVI, 400 S., 33 Photos, Ln., Klett-Cotta 2. Ed. 1992. **DM 44,-**

Peter Kutter (Ed.): Psychoanalyse interdisziplinär. 220 S., Kt., Suhrkamp 1997. **DM 19,80**

Peter Kutter (Ed.): Psychoanalysis International. A Guide to Psychoanalysis throughout the World. Vol. 2: America, Asia, Australia, Further European Countries. XII, 378 S., Ln., frommann-holzboog 1995. **DM 100,-**

Peter Kutter (Ed.): Psychoanalysis International. A Guide to Psychoanalysis throughout the World. Vol. 1: Europe. XV, 327 S., Ln., frommann-holzboog 1992. **DM 90,-**

P. Kutter /R. Paramo-Ortega /P. Zagermann (Ed.): Die psychoanalytische Haltung. Auf der Suche nach dem Selbstbild der Psychoanalyse. (Rhe.: VIP - Verl. Internat. Psa.) XI, 397 S., Ln., Klett-Cotta 2. Ed. 1993. **DM 58,-**

Jacques Lacan: Das Seminar. Buch 1: Freuds technische Schriften. (1953-1954) 366 S., Kt., Quadriga Vlg. 2. Ed. 1990. **DM 78,-**

Jacques Lacan: Das Seminar. Buch 11: Die vier Grundbegriffe der Psychoanalyse. (1964) Aus d. Franz. von N. Haas. 307 S., Kt., Quadriga Vlg. 4. Ed. 1996. **DM 78,-**

Aus dem Inhalt: Die Exkommunikation; Das Freudsche Unbewußte und das Unsere; Vom Subjekt der Gewißheit; Tyche und Automaton; Die Spaltung von Auge und Blick Präsenz des Analytikers; Analyse und Wahrheit; Demontage des Triebs; Das Subjekt und das Andere; Von der Deutung zur Übertragung.

Jacques Lacan: Das Seminar. Buch 2: Das Ich in der Theorie Freuds und in der Technik der Psychoanalyse. (1954-1955) Hrsg. von Norbert Haas. 419 S., Br., Quadriga Vlg. 2. Ed. 1991. **DM 78,-**

Jacques Lacan: Das Seminar. Buch 20: Encore. (1972-1973) Aus d. Franz. Von N. und V. Haas, H.J. Metzger. 169 S., graph. Darst., Kt., Quadriga Vlg. 2. Ed. 1991. **DM 42,-**

Jacques Lacan: Das Seminar. Buch 7: Die Ethik der Psychoanalyse. (1959-1960) Aus d. Franz. von N. Haas. 395 S., Kt., Quadriga Vlg. 1996. **DM 78,-**

Jacques Lacan: Schriften (Das Werk von Jaques Lacan) Bd. 3. Aus d. Franz. Von S. Broser und N. Haas. 249 S., Kt., Quadriga Vlg. 3., rev. Ed. 1994. **DM 78,-**

Jacques Lacan: Schriften (Das Werk von Lacan) Bd. 1. Ausgew. u. ediert v. N. Haas. 239 S., Kt., Quadriga Vlg. 4. rev. Ed. 1996. **DM 78,-**

A.-R. Laireiter /H. Vogel: Qualitätssicherung in der Psychotherapie und psychosozialen Versorgung. Ein Werkstattbuch. 886 S., Gb., DGVT Vlg. 1998. **DM 98,-**

Helga de LaMotte-Haber: Handbuch der Musikpsychologie. Beitr. v. R. Kopiez und G. Rötter. 600 S., 118 Abb., Gb., Vlg. Laaber 2. rev. Ed. 1996. **DM 128,-**

Hermann Lang: Das Gespräch als Therapie. 240 S., Kt., Suhrkamp 1999. **DM 19,80**

Hermann Lang: Strukturale Psychoanalyse. 320 S., Kt., Suhrkamp iVbr.. **ca. DM 24,80**

Jean Laplanche: Die unvollendete kopernikanische Revolution in der Psychoanalyse. Kt., S. Fischer 1996. **DM 24,90**

J. Laplanche /J.-B. Pontalis: Das Vokabular der Psychoanalyse. 652 S., Kt., Suhrkamp 14. Ed. 1998. **DM 34,80**

Edmund Leach: Claude Lévi-Strauss zur Einführung. Kt., Junius Vlg. 2. Ed.. **DM 24,80**

Serge Lebovici: Der Säugling, die Mutter und der Psychoanalytiker. Die frühen Formen der Kommunikation. 355 S., Kt., Klett-Cotta 1990. **DM 42,-**

Lothar Lehmann: Zwei Mitschriften zu Freuds Vorlesungen im Wintersemester 1918/19. 123 S., Ringb., Sexol. Inst. e.V. 1993. **DM 265,-**

Reinhart G. E. Lempp: Gerichtliche Kinderpsychiatrie und Jugendpsychiatrie. Ein Lehrbuch für Ärzte, Psychologen und Juristen. 381 S., Gb., H. Huber Vlg. 1983. **DM 68,-**

Harald Leupold-Löwenthal: Der Laie. Die Sigmund Freud Vorlesungen, Bd. 1. (Rhe.: VIP - Verl. Internat. Psa.) 278 S., Br., Klett-Cotta 1990. **DM 24,-**

Paul Leuzinger: Katharsis. Zur Vorgeschichte eines therapeutischen Mechanismus und seiner Weiterentwicklung bei J. Breuer und in S. Freuds Psychoanalyse. Diss. 444 S., Kt., Westdt. Vlg. 1997. **DM 84,-**

M. Leuzinger-Bohleber /R. Zwiebel (Ed.): Psychoanalyse heute. Klinische und kulturtheoretische Perspektiven. 253 S., Kt., Westdt. Vlg. 1996. **DM 54,-**

Kurt Lewin: Werkausgabe in 6 Bänden. Bde. 1, 2, 4 u. 6 lieferbar (Wissenschaftstheorie I u. II, Feldtheorie, Psychologie der Entwicklung u. Erziehung) 400-500 S., Reg., Ln., Klett-Cotta 1982ff.. **DM 98,-/128,-**

Klaus G. Lickint: Die Analyse der Psychoanalyse. Struktur, Herkunft und Zukunft des Psychoanalysierens. 193 S., Kt., Königshausen & Neumann 1996. **DM 39,80**

Adam Limentani: Zwischen Anna Freud und Melanie Klein. Für eine Integration zweier kontroverser Ansätze. Einl. v. Otto F. Kernberg. 310 S., Ln., Klett-Cotta 1993. **DM 68,-**

Besprochen in arbeitshefte kinderpsa. 19, Juli 1994, v. Achim Perner und in „Kinderanalyse" 1/1996 von A. Holder

Thanos Lipowatz: Die Politik der Psyche. Eine Einführung in die Psychopathologie des Politischen. 285 S., Kt., Turia & Kant 1998. **DM 42,-**

Wolfgang Loch: Die Krankheitslehre der Psychoanalyse. Allgemeine und spezielle psychoanalytische Theorie der Neurosen, Psychosen und psychosomatischen Erkrankungen bei Erwachsenen, Kindern und Jugendlichen. 431 S., Gb., Hirzel Vlg. 6. rev. Ed. 1999. **DM 98,-**

Wolfgang Loch: Perspektiven der Psychoanalyse. 296 S., Kt., Hirzel Vlg. 1986. **DM 39,-**

Wolfgang Loch: Theorie und Praxis von Balint-Gruppen. Gesammelte Aufsätze. 176 S., Gb., Ed. diskord 1995. **DM 32,-**

Hans W. Loewald: Psychoanalyse. Aufsätze aus den Jahren 1951-1979. 432 S., Lin., Klett-Cotta 1986. **DM 98,-**

Alfred Lorenzer: Sprachzerstörung und Rekonstruktion. Vorarbeiten zu einer Metatheorie der Psychoanalyse. 247 S., Kt., Suhrkamp 4. Ed. 1995. **DM 18,80**

Alexander Lowen: Einführung in die Psychotherapie Wilhelm Reichs und in die Bioenergetik. (Rhe.: AudioTorium) 140 min., engl./ dt., 2 Toncass., auditorium-Vlg. o.J.. **DM 39,80**

Lester Luborsky: Einführung in die analytische Psychotherapie. Ein Lehrbuch. Geleitw. v. Horst Kächele. 179 S., Vandenh. & Ruprecht 2. Ed. 1995. **DM 48,-**

H.E. Lück /R. Miller: Illustrierte Geschichte der Psychologie. X, 374 S., 457 Photos, Gb., Großformat, PVU 2. Ed. 2000. **DM 39,80**

H. E. Lück /R. Miller /G. Sewz-Vosshenrich (Ed.): Klassiker der Psychologie. 270 S., Kt., Kohlhammer Vlg. 2000. **DM 49,-**

In informativen Beiträgen werden ausgewählte klassische Werke der Psychologie und ihre Autoren vorgestellt, wie z.B. Lavaters Physiognomische Fragmente, Fechners Elemente der Psychophysik, Wundts Völkerpsychologie, Freuds Traumdeutung, Skinners Behavior of Organisms und andere wegweisende Titel. Es handelt sich um bahnbrechnde, heute jedoch manchmal nur schwer und in fremdsprachigen, älteren Ausgaben zugängliche Titel. Die Beiträge behandeln Inhalt und Würdigung des Buches und des Autors, die Entstehungsbedingungen und Rezeptionsgeschichte sowie die Bedeutung des Buches aus heutiger Sicht. Die Darstellung durch ausgewiesene Fachwissenschaftler bleibt immer anschaulich und verständlich.

Hans K. Lücke: Antike Mythologie - ein Handbuch. Der Mythos und seine Überlieferung in Literatur und bildender Kunst. Kt., Rowohlt 1999. **DM 34,90**

Hans Lungwitz: Lehrbuch der Psychobiologie. Hans-Lungwitz-Stiftung o.J.. **DM 360,-**

Hans Lungwitz: Lehrbuch der Psychobiologie. Bd. 1. 755 S., Ln., Hans-Lungwitz-Stiftung 2. Ed. 1970. **DM 46,-**

Hans Lungwitz: Lehrbuch der Psychobiologie. Bd. 2. 588 S., Ln., Hans-Lungwitz-Stiftung 2. Ed. 1982. **DM 41,-**

Hans Lungwitz: Lehrbuch der Psychobiologie. Bd. 3. 392 S., Ln., Hans-Lungwitz-Stiftung 2. Ed. 1979. **DM 40,-**

Hans Lungwitz: Lehrbuch der Psychobiologie. Bd. 4. 804 S., Ln., Hans-Lungwitz-Stiftung 2. Ed. 1970. **DM 46,-**

Hans Lungwitz: Lehrbuch der Psychobiologie. Bd. 5. 676 S., Ln., Hans-Lungwitz-Stiftung 2. Ed. 1969. **DM 41,-**

Hans Lungwitz: Lehrbuch der Psychobiologie. Bd. 6. 551 S., Kt., Hans-Lungwitz-Stiftung 2. Ed. 1953. **DM 46,-**

Hans Lungwitz: Lehrbuch der Psychobiologie. Bd. 7/1. 515 S., Kt., Hans-Lungwitz-Stiftung 1995. **DM 46,-**

Hans Lungwitz: Lehrbuch der Psychobiologie. Bd. 7/2. 449 S., Kt., Hans-Lungwitz-Stiftung 1955. **DM 41,-**

Hans Lungwitz: Lehrbuch der Psychobiologie. Bd. 8/1. 456 S., Kt., Hans-Lungwitz-Stiftung 1956. **DM 41,-**

Hans Lungwitz: Lehrbuch der Psychobiologie. Bd. 8/2. 357 S., Kt., Hans-Lungwitz-Stiftung 1956. **DM 36,-**

Manfred Lurker: Lexikon der Götter und Symbole der alten Ägypter. Handbuch der mystischen und magischen Welt Ägyptens. 256 S., 87 Abb., Tab. u. Ktn., Pb., Scherz Vlg. 1998. **DM 19,90**

Ludger Lütkehaus: Psychoanalyse ohne Zukunft? (Rhe.: Geist u. Psyche, Bd. 12635) Kt., S. Fischer 1996. **DM 16,90**

Ludger Lütkehaus: Tiefenphilosophie. Texte zur Entdeckung des Unbewußten vor Freud. 254 S., Kt., eva 1995. **DM 30,-**

Nina Lykke: Rotkäppchen und Ödipus. Zu einer feministischen Psychoanalyse. (Rhe.: Passagen Philosophie) 432 S., Ln., Passagen Vlg. 1993. **DM 98,-**

W. Machleidt /M. Bauer /C. Rohde-Dachser et al.: Psychiatrie, Psychosomatik und Psychotherapie. 576 S., 31 Abb., Kt., Thieme 6. rev. Ed. 1999. **DM 69,80**

Margaret S. Mahler: Studien über die drei ersten Lebensjahre. 417 S., Ln., Klett-Cotta 3. Ed. 1989.. **DM 85,-**

Margaret S. Mahler: Studien über die drei ersten Lebensjahre. Kt., S. Fischer o.J.. **DM 19,80**

M.S. Mahler /F. Pine /A. Bergman: Die psychische Geburt des Menschen. Symbiose und Individuation. Kt., S. Fischer o.J.. **DM 19,90**

Herbert Marcuse: Schriften. Bd. 3: Aufsätze aus der „Zeitschrift für Sozialforschung". 1934-1941. 320 S., Kt., Suhrkamp 1979. **DM 42,-**

Herbert Marcuse: Schriften. Bd. 8: Aufsätze und Vorlesungen 1948-1969. Versuch über die Befreiung. 318 S., Kt., Suhrkamp 1984. **DM 42,-**

Herbert Marcuse: Schriften in 9 Bänden. Ln., Suhrkamp o.J.. **DM 480,-**

Herbert Marcuse: Schriften. Bd. 9: Konterrevolution und Revolte, Zeit-Messungen, Die Permanenz der Kunst. 240 S., Kt., Suhrkamp 1987. **DM 32,-**

Franz Marenzi: Kritische Bemerkungen zu Sigmund Freud und zur Psychoanalyse. 130 S., Kt., P. Lang 2000. **DM 49,-**

L. Marinelli /A. Mayer (Ed.): Die Lesbarkeit der Träume. Zur Geschichte von Freuds „Traumdeutung". Kt., S. Fischer 2000. **DM 28,90**

M. Markefka /B. Nauck (Ed.): Handbuch der Kindheitsforschung. XIII, 739 S., Gb., Luchterhand Vlg. 1993. **DM 178,-**

Lawrence T. Martin: Somniale Danielis. An Edition of a Medieval Latin Dream Interpretation Handbook. 218 S., Br., P. Lang 1981. **DM**

Jeffrey M. Masson: Was hat man dir, du armes Kind, getan? Oder: was Freud nicht wahrhaben wollte. Übertr. u. krit. bearb. v. Monika Waldmüller. 301 S., Kt., Kore Ed. 1995. **DM 20,-**

James F. Masterson: Die Sehnsucht nach dem wahren Selbst. 256 S., Gb., Klett-Cotta 2. Ed. 1993. **DM 38,-**

Jens Mattern: Paul Ricoeur zur Einführung. 220 S., Kt., Junius Vlg. 1996. **DM 24,80**

Ulrike May-Tolzmann: Freuds frühe klinische Theorie 1894-1896. Wiederentdeckung und Rekonstruktion. 157 S., Gb., Ed. diskord 1996. **DM 38,-**

Perrez Meinrad (Ed.): Symptomverschiebung. Eine Kontroverse zwischen Psychoanalyse und Verhaltenstherapie. 200 S., Br., Otto Müller Vlg. 1978. **DM 29,80**

Donald Meltzer: Der psychoanalytische Prozeß. Mit einem Nachwort zu den Weiterentwicklungen bis heute. (Rhe.: VIP - Verl. Internat. Psa.) 217 S., Ln., Klett-Cotta 1995. **DM 48,-**

Donald Meltzer: Traumleben. Eine Überprüfung der psychoanalytischen Theorie und Technik. (Rhe.: VIP - Verl. Internat. Psa.) 22ß S., Ln., Klett-Cotta 2. Ed. 1995. **DM 48,-**

K. Menninger /P.S. Holzman: Theorie der psychoanalytischen Technik. 235 S., Ln., frommann-holzboog 1977. **DM 112,-**

K. Menninger /P.S. Holzman: Theorie der psychoanalytischen Technik. 235 S., Kt., frommann-holzboog 1977. **DM 78,-**

Wolfgang Mertens: Einführung in die psychoanalytische Therapie. Teil 1. 286 S., Kt., Kohlhammer Vlg. 3. rev. Ed. 2000. **DM 35,-**

Wolfgang Mertens: Einführung in die psychoanalytische Therapie. Teil 2. 278 S., Kt., Kohlhammer Vlg. 2. rev. Ed. 1993. **DM 29,80**

Wolfgang Mertens: Einführung in die psychoanalytische Therapie. Teil 3. 292 S., Kt., Kohlhammer Vlg. 2. rev. Ed. 1993. **DM 29,80**

Wolfgang Mertens: Psychoanalyse. 266 S., Kt., Kohlhammer Vlg. 5. rev. Ed. 1996. **DM 29,80**

Wolfgang Mertens: Psychoanalyse auf dem Prüfstand? Eine Erwiderung auf die Metaanalyse von Klaus Grawe. 107 S., Kt., Quintessenz 1994. **DM 38,-**

Wolfgang Mertens: Psychoanalytische Grundbegriffe. Ein Kompendium. VI, 339 S., Gb., PVU 2., rev. Ed. 1998. **DM 78,-**
Ausführlicher als ein Lexikon und kompakter als ein Handbuch, geben die einzelnen Beiträge eine Fülle von Informationen und regen zur weiteren Beschäftigung und Auseinandersetzung mit dem Thema an. Jeder Beitrag wird ergänzt durch Literaturempfehlungen, die nicht nur deutsche Publikationen, sondern auch angelsächsische Literatur berücksichtigen.

W. Mertens /B. Waldvogel (Ed.): Handbuch psychoanalytischer Grundbegriffe. 840 S., Gb., Kohlhammer Vlg. 2000. ca. **DM 148,-**

Ein internationales, 130-köpfiges Autorenkollegium erläutert die zentralen Begriffe der Psychoanalyse, die nach einem gemeinsamen Schema übersichtlich gegliedert sind. Berücksichtigt wird zudem die Darstellung von Entwicklungslinien in den einzelnen Schulrichtungen und ihre Verbindungen zu Nachbardisziplinen.

W. Mertens /R. Haubl: Der Psychoanalytiker als Archäologe. Eine Einführung in die Methode der Rekonstruktion. 148 S., Kt., Kohlhammer Vlg. 1996. **DM 36,-**

A.-E. Meyer et al. (Ed.): Jores Praktische Psychosomatik. Einführung in die psychosomatische und psychotherapeutische Medizin. 600 S., 30 Abb., 42 Tab., Kt., H. Huber Vlg. 3. Ed. 1996. **DM 98,-**

Matthias Michal: Zur Validierung der Formalen Textanalyse als Instrument der Psychotherapieprozeßforschung. Eine vergleichende psycholinguistische Studie anhand der Gottschalk-Gleser-Sprachanalyse, der ZBKT-Methode und des Affektiven Diktionärs Ulm. 169 S., Kt., VAS 1998. **DM 36,-**

A. Michels /P. Müller /A. Perner (Ed.): Jahrbuch für klinische Psychoanalyse. Bd. 2: Das Symptom. 270 S., Gb., Ed. diskord 2000. **DM 56,-**

Alexander Mitscherlich: Gesammelte Schriften. Bd. 10: Vorlesungen 2. 670 S., Ln., Suhrkamp 1983. **DM 78,-**

Alexander Mitscherlich: Gesammelte Schriften. Bd. 5: Sozialpsychologie 3. 596 S., Ln., Suhrkamp 1983. **DM 78,-**

Alexander Mitscherlich: Gesammelte Schriften. Bd. 6: Politisch-publizistische Aufsätze 1. 670 S., Ln., Suhrkamp 1983. **DM 78,-**

Alexander Mitscherlich: Gesammelte Schriften. Bd. 7: Politisch-publizistische Aufsätze 2. 778 S., Ln., Suhrkamp 1983. **DM 92,-**

Alexander Mitscherlich: Gesammelte Schriften. Bd. 9: Vorlesungen 1. 666 S., Ln., Suhrkamp 1983. **DM 78,-**

Alexander Mitscherlich: Gesammelte Schriften in 10 Bänden. Hrsg. von Klaus Menne. 5772 S., Ln. iKass., Suhrkamp 1983. **DM 700,-**

Alexander Mitscherlich: Krankheit als Konflikt. Bd. 1: Studien zur psychosomatischen Medizin. 170 S., Kt., Suhrkamp 1966. **DM 14,80**

Alexander Mitscherlich: Psychoanalyse für fortgeschrittene Anfänger. Vorlesung. (Rhe.: AudioTorium) 230 min., 5 Toncass., auditorium-Vlg. o.J.. **DM 74,-**

Hans J. Möller: Psychoanalyse - erklärende Wissenschaft oder Deutungskunst? Zur Grundlagendiskussion in der Psychowissenschaft. 240 S., Kt., W. Fink Vlg. 1978. **DM 36,-**

H.-J. Möller et al. (Ed.): Psychiatrie und Psychotherapie. 1600 S., 200 Abb., Gb., Springer 2000. **DM 298,-**

Tilmann Moser: Das zerstrittene Selbst. Aufsätze, Rezensionen, Berichte. 250 S., Kt., Suhrkamp 1990. **DM 14,80**

Tilmann Moser: Kompaß der Seele. Ein Leitfaden für Psychotherapie-Patienten. Kt., Suhrkamp 1986. **DM 16,80**

T. Moser /A. Pesso: Strukturen des Unbewußten. Protokolle und Kommentare. 171 S., Gb., Klett-Cotta 1991. **DM 38,-**

T. Moser /A. Pesso: Strukturen des Unbewußten. Protokolle und Kommentare. Kt., Suhrkamp 1998. **DM 14,80**

Heinz Müller-Pozzi: Psychoanalytisches Denken. Eine Einführung. 199 S., Kt., H. Huber Vlg. 2. Ed. 1995. **DM 39,80**

Dieter Münch (Ed.): Kognitionswissenschaft: Grundlagen, Probleme, Perspektiven. 388 S., Kt., Suhrkamp 1999. **ca. DM 27,80**

Luisa Muraro: Die symbolische Ordnung der Mutter. 169 S., Kt., Campus 1993. **DM 34,-**

P. Mussen /J.J. Conger /J. Kagan et al.: Lehrbuch der Kinderpsychologie. Bd. 1. 514 S., Abb., Fotos, Ln., Klett-Cotta 6. rev. Ed. 1998. **DM 68,-**

P. Mussen /J.J. Conger /J. Kagan et al.: Lehrbuch der Kinderpsychologie. Bd. 1. 514 S., Abb., Fotos, Kt., Klett-Cotta 1999. **DM 48,-**

P. Mussen /J.J. Conger /J. Kagan et al.: Lehrbuch der Kinderpsychologie. Bd. 2. 441 S., Abb., Fotos, Kt., Klett-Cotta 1999. **DM 48,-**

P. Mussen /J.J. Conger /J. Kagan et al.: Lehrbuch der Kinderpsychologie. Bd. 2. XII, 441 S., Abb., Fotos, Ln., Klett-Cotta 5. Ed. 1996. **DM 68,-**

Paul H. Mussen /J.J. Conger /J. Kagan et al.: Lehrbuch der Kinderpsychologie in 2 Bänden. XIV, 955 S., 24 Abb., Ln., Klett-Cotta 7. Ed. 1999. **DM 88,-**

Humberto Nagera (Ed.): Psychoanalytische Grundbegriffe. Eine Einführung in Sigmund Freuds Terminologie und Theoriebildung. Vorw. v. Anna Freud. (Rhe.: Geist u. Psyche, Bd. 42288) Kt., S. Fischer o.J.. **DM 29,90**

Juan-David Nasio: Sieben Hauptbegriffe der Psychoanalyse. 208 S., Kt., Turia & Kant 1999. **DM 29,-**

Nasios Fähigkeit, sehr komplexe seelische Zusammenhänge und deren klassische theoretische Konzepte (Freud, Lacan) sprachlich zu strukturieren, macht das Buch außergewöhnlich gut lesbar.

R. Nickel /U. T. Egle: Therapie somatoformer Schmerzstörungen. Manual zur psychodynamisch-interaktionellen Gruppentherapie. 176 S., 5 Abb., Kt., Schattauer 1999. **DM 39,-**

Friedrich Nietzsche: Gesammelte Werke. 10 Bde in Kass. Kt., Goldmann NA 1999. **DM 148,-**

Friedrich Nietzsche: Sämtliche Briefe. Kritische Studienausgabe in 8 Bänden. Kt., dtv 1986. **DM 158,-**

Friedrich Nietzsche: Sämtliche Werke. Kritische Studienausgabe in 15 Bänden. Hrsg. v. G. Colli, M. Montinari. 9632 S. 1 Reg.Bd., Kt., dtv 1999. **DM 198,-**

Friedrich Nietzsche: Sämtliche Werke. Kritische Studienausgabe, 15 Bde. 9632 S., Kt., de Gruyter 2. rev. Ed. 1999. **DM 198,-**

Friedrich Nietzsche: Sämtliche Werke. Studienausgabe, 15 Bde., in Kass. Kt., dtv 1999. **DM 158,-**

Gerhardt Nissen (Ed.): Allgemeine Therapie psychischer Erkrankungen im Kindes- und Jugendalter. Psychotherapeutische, heilpädagogische, familientherapeutische, (...) psychodynamische, musiktherapeeutische Aspekte. 152 S., 11 Abb., Kt., H. Huber Vlg. 1988. **DM 39,80**

Christiane Olivier: Jokastes Kinder. Die Psyche der Frau im Schatten der Mutter. 184 S., Kt., dtv 1993. **DM 12,90**

OPD Arbeitskreis (Ed.): Operationalisierte Psychodynamische Diagnostik - OPD. Grundlagen und Manual. 264 S., Kt., H. Huber Vlg. 2. rev. Ed. 1998. **DM 39,80**

Ziel der OPD ist es, die beachtliche Lücke zwischen den ausschließlich deskriptiven Systemen einerseits und psychodynamischer Diagnostik auf der anderen seite durch ein spezifisches multiaxiales System zu überbrücken.

OPD Working Group (Ed.): Operationalized Psychodynamic Diagnostics (OPD) Foundations and Practical Handbook. 256 S., Kt., Hogrefe & Huber 1999. **ca. DM 53,-**

This ground-breaking book, now available in English, presents an operationalized psychodynamic approach to diagnostics.

Gerda Pagel: Jacques Lacan zur Einführung. 160 S., Kt., Junius Vlg. 3. rev. Ed. 1999. **DM 19,80**

Lawrence A. Pervin: Persönlichkeitstheorien. Freud, Adler, Jung, Rogers, Kelly, Cattell, Eysenck, Skinner, Bandura u.a. 620 S., 125 Abb., Gb., UTB 3. rev. Ed. 1993. **DM 78,-**

Franz Petermann (Ed.): Fallbuch der Klinischen Kinderpsychologie. Erklärungsansätze und Interventionsverfahren. XI, 379 S., Kt., Hogrefe 1997. **DM 64,-**

Franz Petermann (Ed.): Lehrbuch der Klinischen Kinderpsychologie. Erklärungsansätze und Interventionsverfahren. X, 650 S., Kt., Hogrefe 4. rev. Ed. 1999. **DM 98,-**

Hilarion Petzold: Integrative Supervision Meta-Consulting & Organisationsentwicklung. Modelle und Methoden reflexiver Praxis. Ein Handbuch. 548 S., zahlr. Abb., Kt., Junfermann Vlg. 1998. **DM 68,-**

Jean Piaget: Drei frühe Schriften zur Psychoanalyse. Texte in deutscher u. französischer Sprache. Hrsg. u. komment. v. S. Volkmann-Raue. 206 S., Kt., Kore Ed. 1993. **DM 28,-**

"Interessant ist das Buch für jene Leser, die sich eingehender mit Piagets Rezeption der Psychoanalyse beschäftigen wollen"; G. Kalberer, NZZ

Jean Piaget: Gesammelte Werke in 10 Bänden. (Studienausg.) Br., Klett-Cotta 1975ff.. **DM zus. 320,-**

Manfred Pohlen: Eine andere Aufklärung. Das Freudsche Subjekt in der Analyse. 500 S., Gb., Suhrkamp 1991. **DM 34,-**

M. Pohlen /M. Bautz-Holzherr: Psychoanalyse, das Ende einer Deutungsmacht. Kt., Rowohlt 1995. **DM 22,90**

Ludwig J. Pongratz: Hauptströmungen der Tiefenpsychologie. XII, 449 S., Ln., Kröner Vlg. 1983. **DM 9,80**

Jean-Bertrand Pontalis: Aus dem Blick verlieren. Im Horizont der Psychoanalyse. 328 S., Br., Vlg. P.Kirchheim o.J.. **DM 58,-**

Alfred Pritz (Ed.): Psychotherapie - eine neue Wissenschaft vom Menschen. 365 S., Br., Springer 1996. **DM 89,-**

Harald Pühl (Ed.): Handbuch der Supervision 2. 488 S., Gb., WissenschaftsVlg. Spiess 1994. **DM 98,-**

Harald Pühl (Ed.): Supervison und Organisationsentwicklung. Handbuch, Bd. 3. 500 S., Kt., Leske + Budrich 1999. **DM 88,-**

Hartmut Radebold /H. Bechtler: Therapeutische Arbeit mit älteren Menschen. Ein Handbuch. 550 S., Kst., Lambertus-Vlg. 3. Ed. 1989. **DM 48,-**

Gabriele Ramin (Ed.): Inzest und sexueller Mißbrauch: Beratung und Therapie. Ein Handbuch. (Rhe. Innovative Psychotherapie und Humanwissenschaften Bd. 53) 504 S., Kt., Junfermann Vlg. 1993. **DM 49,80**

Otto Rank: Der Doppelgänger. Eine psychoanalytische Studie. 129 S., Kt., Turia & Kant 1993. **DM 26,-**

Carl H Ratschow (Ed.): Ethik der Religionen. Ein Handbuch. Primitive, Hinduismus, Buddhismus, Islam. 511 S., Ln., Kohlhammer Vlg. 1980. **DM 98,-**

Udo Rauchfleisch: Handbuch zum Rosenzweig Picture Frustration Test (PFT) Bd. 2: Manual zur Durchführung des PFT und Neueichung der Tests für Kinder und Erwachsene. 387 S., Kt., H. Huber Vlg. 1979. **DM 53,-**

Udo Rauchfleisch: Handbuch zum Rosenzweig Picture Frustration Test (PFT) Bd.1: Grundlagen, bisheriger Resultate und Anwendungsmöglichklichkeiten des PFT. 399 S., Kt., H. Huber Vlg. 1979. **DM 49,80**

Wilhelm Reich: Frühe Schriften 1920 bis 1925. Kt., Kiepenheuer & Witsch 1997. **DM 24,80**

Johann G. Reicheneder: Zum Konstitutionsprozeß der Psychoanalyse. (Rhe.: Jahrb. der Psa., Beiheft 12) 547 S., Ln., frommann-holzboog 1990. **DM 197,-**

Theodor Reik: Der eigene und der fremde Gott. Zur Psychoanalyse der religiösen Entwicklung. Vorw. v. Alexander Mitscherlich. X, 250 S., Kt., Suhrkamp 1972. **DM 32,-**

F. Reimer /D. Lorenzen: Verzeichnis von Behandlungseinrichtungen für psychisch Kranke. Teil 1: Baden-Württemberg, Bayern, Berlin (West), Bremen, Hamburg, Hessen, Niedersachsen, Nordreihn-Westfalen, Rheinland-Pfalz, Saarland, Schleswig-Holstein. 170 S., Kt., Enke 2. rev. Ed. 1991. **DM 59,-**

F. Reimer /D. Lorenzen: Verzeichnis von Behandlungseinrichtungen für psychisch Kranke. Teil 2: Berlin (Ost), Brandenburg, Mecklenburg-Vorpommern, Sachsen, Sachsen-Anhalt, Thüringen. 44 S., Kt., Enke 2. rev. Ed. 1992. **DM 24,-**

C. Reimer /J. Eckert /M. Hautzinger et al.: Psychotherapie: Ein Lehrbuch für Ärzte und Psychologen. XII, 450 S., 31 Abb., Gb., Springer 2. rev. und erw. Ed. 2000. **ca. DM 149,-**

C. Reimer /U. Rüger: Psychodynamische Psychotherapien. Lehrbuch der tiefenpsychologisch fundierten Psychotherapien. 500 S., 330 Abb., 11 Tab., Gb., Springer 2000. **DM 129,-**

Dieses Lehrbuch stellt die große Gruppe der gängigen psychodynamischen Psychotherapieverfahren erstmals zusammenfassend dar.

Toni Reinelt /G. Bogyi et al. (Ed.): Lehrbuch der Kinderpsychotherapie. Grundlagen und Methoden. 320 S., Kst., UTB 1997. **DM 49,80**

Karl Reitter: Der König ist nackt. Eine Kritik an Sigmund Freud. (Österr. Texte z. Gesellschaftskritik, 62) 196 S., Ebr., Döcker Vlg. 1996. **DM 28,-**

Helmut Remschmidt (Ed.): Kinder- und Jugendpsychiatrie. Eine praktische Einführung. 512 S., 84 Abb., Kt., Thieme 3. überarb., erw. Ed., 1999. **DM 59,-**

Helmut Remschmidt (Ed.): Kinderpsychiatrie und Jugendpsychiatrie. Eine praktische Einführung. XIII, 471 S., 60 Abb., Kt., Thieme 2. rev. Ed. 1999. **DM 49,80**

Franz Resch (Ed.): Entwicklungspsychopathologie des Kindes- und Jugendalters. Ein Lehrbuch. XX, 466 S., Abb., Gb., PVU 2. rev. Ed. 1999. **DM 78,-**

Richard Reschika: Mircea Eliade zur Einführung. 215 S., Kt., Junius Vlg. 1997. **DM 24,80**

Karel van het Reve: Doktor Freud und Sherlock Holmes. (Rhe.: Geist u. Psyche, Bd. 11834) Kt., S. Fischer 1994. **DM 16,90**

Joan Rivière: Ausgewählte Schriften. Hrsg. u. eingeleitet v. Lilli Gast. 255 S., Gb., Ed. diskord 1996. **DM 36,-**

Werner v. u.a. Röder (Ed.): Biographisches Handbuch der deutschsprachigen Emigration nach 1933. Bd. II: Gesamtregister. 281 S., Ln., K.G.Saur Vlg. 1983. **DM 348,-**

Christa Rohde-Dachser: Einführung in die psychoanalytische Krankheitslehre, 14 Cassetten. Vorlesung 1994/95, Universität Frankfurt. (Rhe.: Autobahn-Universität) Laufz. je ca. 80 min., Toncass. iBox., C. Auer Vlg. 1996. **DM 238,-**

Christa Rohde-Dachser: Einführung in die Freudsche Psychoanalyse, 14 Cassetten. Vorlesung Wintersemester 1993/94, Universität Frankfurt In Kassette. (Rhe.: Autobahn-Universität) 14 Toncass., iKass., C. Auer Vlg. 1994. **DM 238,-**

Gerd Rudolf et al. (Ed.): Psychotherapeutische Medizin. Ein einführendes Lehrbuch auf psychodynamischer Grundlage. XV, 440 S., 45 Tab., Kt., Enke 3. rev. Ed. 1996. **DM 49,80**

A. Ruhs /W. Seitter (Ed.): Auflösen, Untersuchen, Aufwekken. Psychoanalyse und andere Analysen. 197 S., Kt., Passagen Vlg. 1995. **DM 39,80**

K. Rutschky /R. Wolff (Ed.): Handbuch Sexueller Mißbrauch. Kt., Rowohlt 1999. **DM 24,90**

Donatien A. Fr. Marquis de Sade: Justine und Juliette. Textkritische Gesamtausgabe in 10 Bänden. Ln., Vlg. Matthes & Seitz 1991 ff.. **Subskr.-Pr. je Band DM 58,-**

Die erste deutschsprachige textkritische Ausgabe dieses grundlegenden Werkes. Jeder Band wurde von einem bekknnten Künstler illustriert und von Fachgelehrten kommentiert.

Wilhelm Salber: Die Entwicklungen der Psychologie Sigmund Freuds. Bd. 3. 243 S., Kt., Bouvier Vlg. 3. Ed. 1989. **DM 48,-**

Wilhelm Salber: Gestalt auf Reisen. Das System seelischer Prozesse. 200 S., Kt., Bouvier Vlg. 2. rev. Ed. 1998. **DM 29,80**

Joseph Sandler (Ed.): Dimensionen der Psychoanalyse. Die Freud Memorial Lectures Beiträge zu einem interdisziplinären Dialog. 256 S., Ln., Klett-Cotta 1994. **DM 58,-**

Joseph Sandler (Ed.): Freud heute. Bd. 1: Freuds „Endliche und unendliche Analyse". Beitr. v. A. Green, H. Leupold-Löwenthal, D. Rosenfeld u.a. 220 S., Kt., frommann-holzboog 1996. **DM 78,-**

J. Sandler /C. Dare /A. Holder: Die Grundbegriffe der psychoanalytischen Therapie. 250 S., Kt., Klett-Cotta 7. rev. Ed. 1996. **DM 42,-**

J. Sandler /H. Kennedy /R.L. Tyson: Zur Kinderanalyse. Gespräche mit Anna Freud. (Rhe.: Geist u. Psyche, Bd. 12501) Kt., S. Fischer 1995. **DM 24,90**

Joseph Sandler et al. (Ed.): Freuds „Zur Einführung des Narzißmus". Freud heute. Wendepunkte und Streitfragen, Bd. 2. Beitr. v. L. Grinberg, H. Segal, B. Grunberger u.a. 320 S., Kt., frommann-holzboog 2000. **DM 78,-**

Jean-Paul Sartre: Gesammelte Werke. Autobiographische Schriften, Briefe, Tagebücher. 6 Bde., Kt., iKass., Rowohlt 1988. **DM 78,-**

Jean-Paul Sartre: Gesammelte Werke. Schriften zur Literatur. 8 Bde., Kt., iKass., Rowohlt 1986. **DM 98,-**

Jean-Paul Sartre: Gesammelte Werke. Theaterstücke. 9 Bde., Kt., iKass., Rowohlt 1991. **DM 68,-**

Janet Sayers: Mütterlichkeit in der Psychoanalyse: Helene Deutsch, Karen Horney, Anna Freud, Melanie Klein. Hrsg. u. Einf.v. W. Mertens u. Chr. Rohde-Dachser. 247 S., Gb., Kohlhammer Vlg. 1994. **DM 48,-**

Rez. in „Kinderanalyse" 3/1995 von H. Kremp-Ottenheym

C.E. Schaefer /H.L. Howard: Kompendium der Psychotherapie in Kindheit und Pubertät. XX, 628 S., Kt., Klotz Vlg. 2. Ed. 1997. **DM 68,-**

Roy Schafer: Eine neue Sprache für die Psychoanalyse. 311 S., Ebr., Klett-Cotta 1982. **DM 54,-**

Wolfgang Schmidbauer: Freuds Dilemma. Die Wissenschaft von der Seele und die Kunst der Therapie. Kt., Rowohlt 1999. **DM 16,90**

Der Autor untersucht Freuds Äußerungen zum Verhältnis von Kunst und Wissenschaft. Schmidbauer entdeckt Widersprüche und „Freudsche Fehlleistungen" bei Freud und kommt zu überraschenden Aufschlüssen über das Wesen der psychoanalytischen Jahrhundertlehre.

W. Schmidbauer /J. Vom Scheidt: Handbuch der Rauschdrogen. Kt., S. Fischer Neuausg. 1999. **DM 29,90**

Seit über fünfundzwanzig Jahren gilt das „Handbuch der Rauschdrogen" als das umfassende Nachschlagewerk für medizinische wie psychologische Therapeuten, Sozialpädagogen Lehrer und Betroffene.

W. Schmidbauer /J. Vom Scheidt: Handbuch der Rauschdrogen. Über 4000 Stichworte im Drogen-, Sach- u. Namenregister. 688 S., Gb., Nymphenburger Vlg. 8. erg. Ed. 1997. **DM 98,-**

Cordelia Schmidt-Hellerau: Lebenstrieb & Todestrieb, Libido & Lethe. Ein formalistisches konsistentes Modell der psychoanalytischen Triebtheorie und Strukturtheorie. (Rhe.: VIP - Verl. Internat. Psa.) 594 S., zahlr. Abb., Ln., Klett-Cotta 1995. **DM 88,-**

Stefan Schmidtchen: Allgemeine Psychotherapie für Kinder, Jugendliche und Familien. Ein Lehrbuch. 240 S., zahlr. Tab., Kt., Kohlhammer Vlg. 1999. **DM 42,-**

Henri Schneider: Die Theorie Piagets: ein Paradigma für die Psychoanalyse? 170 S., 8 Abb., Kt., H. Huber Vlg. 1981. **DM 23,-**

Peter Schneider: Freud, der Wunsch, der Mord, die Wissenschaft und die Psychoanalyse. 80 S., Kt., Psychosozial Vlg. 4/2000. **DM 14,80**

Neuausgabe des ursprünglich bei Nexus erschienenen Titels.

P. Schneider /D. Strassberg /O. Knellessen et al.: Freud-Deutung. Traum, Narzißmus, Objekt, Religion. Vorw. v. Samuel Weber. 296 S., Gb., Ed. diskord 1994. **DM 48,-**

Walter J. Schraml: Einführung in die Tiefenpsychologie. Für Pädagogen und Sozialpädagogen. 407 S., Kt., Klett-Cotta 8. Ed. 1992. **DM 58,-**

Daniel P. Schreber: Denkwürdigkeiten eines Nervenkranken. Nebst Nachträgen. XII, 274 S., Gb., Vlg. W. Burckhardt 1995. **DM 38,-**

Astrid Schreyögg: Supervision, ein integratives Modell. Lehrbuch zur Theorie und Praxis. XX, 533 S., Kt., Junfermann Vlg. 2. Ed. 1992. **DM 58,-**

Christina Schröder: Der Fachstreit um das Seelenheil. 269 S., 33 Abb., Br., P. Lang 1995. **DM 79,-**

Erich Schröder (Ed.): Jahrbuch des Hamburger Arbeitskreises Psychosomatik & Psychotherapie I. II,105 S., Br., Glücksmann Vlg. 1990. **DM 30,-**

Michael Schulte-Markwort et al. (Ed.): Psychische Störungen im Kindes- und Jugendalter. Ein psychodynamisches Fallbuch. 224 S., Kt., Thieme 1998. **DM 58,-**

Hans J. Schultz (Ed.): Psychologie für Nichtpsychologen. 438 S., Kt., Kreuz Vlg. 1974. **DM 36,-**

Harald Schultz-Hencke: Der gehemmte Mensch. Entwurf eines Lehrbuches der Neo-Psychoanalyse. 320 S., Kst., Thieme 6. Ed. 1989. **DM 68,-**

Harald Schultz-Hencke: Lehrbuch der analytischen Psychotherapie. XII,340 S., 2 Taf., Gb., Thieme 5. Ed. 1988. **DM 62,-**

Walter Schurian: Psychologie des Jugendalters. Eine Einführung. 250 S., Pb., Westdt. Vlg. 1989. **DM 29,80**

P. Schuster /M. Springer-Kremser: Bausteine der Psychoanalyse. Eine Einführung in die Tiefenpsychologie. 149 S., Kt., WUV 4. rev. Ed. 1997. **DM 30,-**

Ralf Schwarz (Ed.): Gesundheitspsychologie. Ein Lehrbuch. 668 S., Kt., Hogrefe 2. rev. Ed. 1997. **DM 69,-**

Gerhard Schweppenhäuser: Theodor W. Adorno zur Einführung. 165 S., Br., Junius Vlg. 1996. **DM 24,80**

Edith Seifert: Was will das Weib? Zu Begehren und Lust bei Freud und Lacan. 203 S., Br., Quadriga Vlg. 1987. **DM 28,-**

W. Senf /M. Broda (Ed.): Praxis der Psychotherapie. Ein integratives Lehrbuch: Psychoanalyse und Verhaltenstherapie. XXVI, 824 S., 86 Abb., Gb., Thieme 2., rev. Ed.2000. **DM 199,-**

W. Senf /M. Broda (Ed.): Praxis der Psychotherapie. Theoretische Grundlagen von Psychoanalyse und Verhaltenstherapie. Studienausgabe. 191 S., 31 Abb., Kt., Thieme 1997. **DM 49,90**

Francine Shapiro: EMDR - Grundlagen und Praxis. Handbuch zur Behandlung traumatisierter Menschen. 488 S., Kt., Junfermann Vlg. 1998. **DM 69,-**

Herbert Silberer: Über die Symbolbildung und andere psychoanalytische Schriften. 196 S., Br., Hora-Vlg. 1987. **DM 38,-**

Erich Simenauer: Wanderungen zwischen Kontinenten. Gesammelte Schriften zur Psychoanalyse, Bd. 1. (Rhe.: Jahrb. der Psa., Beiheft 15) Ln., frommann-holzboog 1993. **DM 93,-**

Erich Simenauer: Wanderungen zwischen Kontinenten. Gesammelte Schriften zur Psychoanalyse, Bd. 2. (Rhe.: Jahrb. der Psa., Beiheft 16) Ln., frommann-holzboog 1993. **DM 93,-**

Ernst Simmel: Psychoanalyse und ihre Anwendungen. Ausgewählte Schriften. Hrsg. v.Ludger M. Hermanns u. Ulrich Schultz-Venrath. (Rhe.: Geist u. Psyche, Bd. 11348) Kt., S. Fischer o.J.. **DM 26,90**

F.B. Simon /U. Clement /H. Stierlin: Die Sprache der Familientherapie. Ein Vokabular. Überblick, Kritik und Integration systemtherapeutischer Begriffe, Konzepte und Methoden. 451 S., Abb., Ln., Klett-Cotta 5. rev. Ed. 1999. **DM 58,-**

T. Slunecko /G. Sonneck (Ed.): Einführung in der Psychotherapie. Propädeutikum - Band 1. 350 S., Br., UTB rev. Ed. 1999. **DM 39,-**

Henk Smeijsters: Grundlagen der Musiktherapie. Theorie und Praxis der Behandlung psychischer Störungen und Behinderungen. X, 229 S., Kt., Hogrefe 1999. **DM 59,-**

Norbert Spangenberg: Formal Concept Analysis. Applications of a Paradigm in Psychoanalytic Research. 176 S., Br., Lit Vlg. 1995. **DM 39,80**

Sabina Spielrein: Tagebücher, Briefe, Schriften. Bd. 2: Sämtliche Schriften. 392 S., Kt., Kore Ed. 1987. **DM 19,80**

Conrad Stein: Umschreibungen. Psychoanalytisches Seminar. 144 S., Br., konkursbuch 1986. **DM 28,-**

Herbert Stein: Freuds letzte Lehre oder Eros und die Linien des Affen Aziut. Mit einem Beitrag v. Yvonne Artaud. 400 S., 20 Abb., Gb., Vlg. Das Wunderhorn 1993. **DM 68,-**

Hans-Christoph Steinhausen: Psychische Störungen bei Kindern und Jugendlichen. Lehrbuch der Kinderpsychiatrie und Jugendpsychiatrie. VIII, 470 S., Kst., Urban & Fischer 3. rev. Ed. 1996. **DM 138,-**

Achim Stephan: Sinn als Bedeutung. Bedeutungstheoretische Untersuchungen zur Psychoanalyse Sigmund Freuds. XIV, 174 S., Ln., de Gruyter 1989. **DM 103,-**

Inge Stephan: Eroberung des Mutterlandes: Zur Entmythologisierung Sigmund Freuds in 12 Frauen-Porträts. Vorlesung im Wintersemester 1995/96 an der Humboldt Universität zu Berlin. (Rhe.: AudioTorium) 650 min., 13 Toncass. iBox, auditorium-Vlg. o.J.. **DM 275,-**

Helm Stierlin: Haltsuche in Haltlosigkeit. Grundfragen der systemischen Therapie. 229 S., Kt., Suhrkamp 1997. **DM 38,-**

Jochen Stork: Wege der Individuation. Beiträge über die Dialektik in der Psychoanalyse. (Rhe.: VIP - Verl. Internat. Psa.) 294 S., Ln., Klett-Cotta 1991. **DM 68,-**

Jochen Stork (Ed.): Das menschliche Schicksal zwischen Individuation und Identifizierung. Ein psychoanalytischer Versuch. (Rhe.: problemata, Bd. 121) 153 S., Br., frommann-holzboog 1988. **DM 74,-**

Jochen Stork (Ed.): Das menschliche Schicksal zwischen Individuation und Identifizierung. Ein psychoanalytischer Versuch. 153 S., Ln., frommann-holzboog 1988. **DM 90,-**

Jochen Stork (Ed.): Das Vaterbild in Kontinuität und Wandlung. Zur Rolle und Bedeutung des Vaters aus psychopathologischer Betrachtung und in psychoanalytischer Reflexion. (Rhe.: problemata, Bd. 113) 131 S., Br., frommann-holzboog 1986. **DM 74,-**

Jochen Stork (Ed.): Über die Ursprünge des Ödipuskomplexes. Versuch einer Bestandsaufnahme. 182 S., Ln., frommann-holzboog 1987. **DM 90,-**

Jochen Stork (Ed.): Über die Ursprünge des Ödipuskomplexes. Versuch einer Bestandsaufnahme. (Rhe.: problemata, Bd. 115) 182 S., Kt., frommann-holzboog 1987. **DM 74,-**

Bernd Strauss: Strenge und Freiheit. Vom autoritären zum antriebsfreundlichen Über-Ich. (Rhe.: Psychol. in d. Blauen Eule 5) 248 S., Br., Vlg. Die Blaue Eule 1993. **DM 66,-**

Hans Strotzka: Psychotherapie und Tiefenpsychologie. Ein Kurzlehrbuch. X, 299 S., Br., Springer 3. Ed. 1994. **DM 39,-**

Elsiabeth Strowick: Das Opfer und die andere Ökonomie. Eine Analyse der Schriften Sigmund Freuds und Georges Batailles. 154 S. auf 2 Mikrofiches, Tectum Vlg. 1996. **DM 68,-**

Werner Stucke: Die Balint-Gruppe. Ein Leitfaden. 144 S., Br., Dt. Ärzte-Vlg. 2. Ed. 1990. **DM 38,-**

H. Studt /E.R. Petzold (Ed.): Psychotherapeutische Medizin: Psychoanalyse - Psychosomatik - Psychotherapie. Ein

Leitfaden für Klinik und Praxis. XVIII, 480 S., Br., de Gruyter 2000. **DM 98,-**

"Psychotherapeutische Medizin" umfaßt die Erkenntnisse über psychosomatische Erkrankungen, Neurosen, Persönlichkeitsstörungen und die Methoden zur Psychotherapie. In dem vorliegenden Leitfaden für Klinik und Praxis, zusammengestellt von 85 Autoren aus führenden Universitäts- und Fachkliniken, werden diese psychogenen Krankheitsbilder in ihrer Gesamtheit dargestellt: Untersucht werden ihre Entstehungsbedingungen aus Erb- und Umwelteinflüssen, die Entwicklung zur prämorbiden Persönlichkeitsstruktur mit ihrer Konfliktposition, die Erkrankungssituation als innere Konfliktlage und äußere Lebenssituation und die Herausbildung der Symptome. Die jeweils bewährten Methoden der Psychotherapie werden anschaulich und praxisnah und anhand von Fallbeispielen erläutert.

Gerhard Stumm: Psychotherapie: Schulen und Methoden. Eine Orientierungshilfe für Theorie und Praxis. 350 S., Ebr., Falter Vlg. 3. Kor. Ed. 1994. **DM 49,-**

Inge Suchsland: Julia Kristeva zur Einführung. 176 S., Br., Junius Vlg. 1992. **DM 17,80**

Serge K. Sulz: Praxis-Manual zur Strategischen Kurzzeittherapie. Ring., CIP-Medien 1995. **DM 39,-**

Serge K. Sulz: Strategische Kurzzeittherapie - Wege zur effizienten Psychotherapie. Pb., CIP-Medien 1994. **DM 98,-**

Gerhard Szonn: Ödipus und Minos. Grenzen des Ödipuskomplexes. 120 S., Br., VWB 1992. **DM 29,80**

Paul Thagard: Kognitionswissenschaft. Ein Lehrbuch. 261 S., Kt., Klett-Cotta 1999. **DM 48,-**

Dieses Lehrbuch überzeugt durch seine Systematik. Die Gliederung weicht von der fachüblichen Einteilung ab. Statt ausschließlich die Funktionsbereiche vorzustellen, erörtert Thagard verschiedene Modelle und die zentralen Fragen, die die Kommunikationswissenschaft in den kommenden Jahren herausfordern werden.

H. Thomä /H. Kächele: Lehrbuch der psychoanalytischen Therapie. Bd. 1: Grundlagen. Beitr. v. A. Bilger, M. Cierpka, H.J. Grünzig, R. Hohage u.a. XXI, 522 S., Gb., Springer 2., rev. Ed. 1996. **DM 119,-**

H. Thomä /H. Kächele: Lehrbuch der psychoanalytischen Therapie. Bd. 2: Praxis. XXIII, 696 S., Gb., Springer 2., rev. Ed. 1997. **DM 119,-**

Rainer Tölle: Psychiatrie einschließlich Psychotherapie. Kinder- und Jugendpsychiatrie. Bearb. v. Reinhart G. E. Lempp. X, 450 S., 42 Abb., Br., Springer 12. rev. Ed. 1999. **DM 69,-**

Wolfgang Tress: Psychosomatische Grundversorgung. Kompendium der interpersonellen Medizin. 248 S., 62 Tab., 33 Abb., Br., Schattauer 2. rev. Ed. 1997. **DM 59,-**

Michael Trimmel: Wissenschaftliches Arbeiten. Ein Leitfaden für Diplomarbeiten und Dessertationen in den Sozial- und Humanwissenschaften mit besonderer Berücksichtigung der Psychologie. 216 S., Br., WUV 2. Ed. 1997. **DM 28,-**

Volker Tschuschke: Lehrbuch der Psychoonkologie. 300 S., 50 Abb., Kt., Schattauer 2000. **DM 49,-**

Michael Turnheim: Versammlung und Zerstreuung. Psychoanalytische Aufsätze II. 176 S., Br., Turia & Kant 1995. **DM 42,-**

P. Tyrer /D. Steinberg: Modelle psychischer Störungen. Theoriekonzepte und Praxiskonzepte in der Psychotherapie. (Rhe.: Geist u. Psyche, Bd. 13035) Kt., S. Fischer 1997. **DM 18,90**

P. Tyson /Robert L. Tyson: Lehrbuch der psychoanalytischen Entwicklungspsychologie. Hrsg. u. Einf. v. R. Hellmann-Brose. 377 S., Kt., Kohlhammer Vlg. 1997. **DM 66,-**

"Dieses neue und wichtige Buch präsentiert eine umfassende Zusammenschau der unterschiedlichen psychoanalytischen Entwicklungstheorien von Freud bis zur Gegenwart. Die Autoren verdeutlichen die Wichtigkeit dieser Theorien für die Diagnose und die Behandlung von Kindern und Erwachsenen." (Sigmund Freud House Bulletin); (bespr. in Ztschr. Imagination, 5/98, v. W. Lindner)
Weitere Besprechung in „Kinderanalyse" 2/1998 von A. Holder

Thure von Uexküll: Integrierte Psychosomatische Medizin. In Praxis und Klinik. 448 S., 32 Abb., 29 Tab., Gb., Schattauer 3. rev. Ed. 1994. **DM 98,-**

Thure von Uexküll: Integrierte Psychosomatische Medizin. In Praxis und Klinik. 448 S:, 32 Abb., 29 Tab., Kt., Schattauer 1998. **DM 49,-**

T. v. Uexküll /H. Müller-Braunschweig et al. (Ed.): Subjektive Anatomie. Theorie und Praxis körperbezogener Psychotherapie. 264 S., 25 Abb., Kt., Schattauer 2. Ed. 1997. **DM 59,-**

T. v. Uexküll /R. Adler /J. Herrmann (Ed.): Psychosomatische Medizin. XXXVI, 1478 S., 171 Abb., Kst., Urban & Fischer 5. rev. Ed. 1996. **DM 248,-**

Jeanne Van Den Brouck: Handbuch für Kinder mit schwierigen Eltern. (Rhe.: Kinder fordern uns heraus) 132 S., Br., Klett-Cotta 1996. **DM 20,-**

Jeanne Van Den Brouck: Handbuch für Kinder mit schwierigen Eltern. 131 S., Lin., Klett-Cotta 7. Ed. 1993. **DM 32,-**

Raoul Vaneigem: Handbuch der Lebenskunst für die jungen Generationen. 278 S., Pb., Ed. Nautilus 3.Ed. 1980. **DM 28,-**

Ilsabe von Viebahn: Seelische Entwicklung und ihre Störungen. Ein psychoanalytischer Grundlehrgang. 262 S., Kt., Vandenh. & Ruprecht 5. Ed. 1992. **DM 39,-**

Alfrun von Vietinghoff-Scheel: Psychosoma-Analysen und trauma-analoge Verstehensmethode, 3 Bde. Es gibt für Schnee keine Bleibe; Aufzeichnungen eines seelischen Nacktflitzers; Seht doch, wie sie leben. 3 Bde. 276, 499, 693 S., Abb., Kt. iKass., Suhrkamp 1991. **DM 68,-**

Frank R. Vivelo: Handbuch der Kulturanthropologie. Eine grundlegende Einführung. 360 S., Ln., Klett-Cotta 2. Ed. 1995. **DM 58,-**

Thure von Uexküll et al. (Ed.): Psychosomatische Medizin. Studienausgabe. XXXVI, 1352 S., 171 Abb., Kt., Urban & Fischer 1997. **DM 148,-**

Lev S. Vygotskij: Die Lehre von den Emotionen. Eine psychologiehistorische Untersuchung. Einf. u. bearb. v. Alexandre Metraux. 226 S., Gb., Lit Vlg. 1996. **DM 38,80**

W. Beutin /K. Ehlert /W. Emmerich et al.: Deutsche Literaturgeschichte. Von den Anfängen bis zur Gegenwart. X, 627 S., 400 Abb., Gb., Metzler 5. rev. Ed. 1994. **DM 49,80**

R.F. Wagner /P. Becker (Ed.): Allgemeine Psychotherapie. Neue Ansätze zu einer Integration psychotherapeutischer Schulen. 251 S., Kt., Hogrefe 1999. **DM 59,-**

Bruno Waldvogel: Psychoanalyse und Gestaltpsychologie. Historische und theoretische Berührungspunkte. (Rhe.: Jahrb. der Psa., Beiheft 18) 232 S., Ln., frommann-holzboog 1992. **DM 83,-**

Hans-Jürgen Walter: Gestalttheorie und Psychotherapie. Ein Beitrag zur theoretischen Begründung der integrativen Anwendung von Gestalt-Therapie, Psychodrama, Gesprächstherapie, Tiefenpsychologie, Verhaltenstherapie und Gruppendynamik. XIV, 308 S., Kt., Westdt. Vlg. 3. Ed. 1994. **DM 38,-**

A. Warnke /G.-E. Trott /H. Remschmidt (Ed.): Forensische Kinderpsychiatrie und Jugendpsychiatrie. Ein Handbuch für Klinik und Praxis. 380 S., Abb., Kt., H. Huber Vlg. 1997. **DM 79,-**

Rolf P. Warsitz: Das zweifache Selbstmißverständnis der Psychoanalyse. Die Psychoanalysekritik von Karl Jaspers in immanenter Darstellung. 423 S., Kt., Königshausen & Neumann 1987. **DM 48,-**

Rolf P. Warsitz: Zwischen Verstehen und Erklären. Die widerständige Erfahrung der Psychoanalyse bei Karl Jaspers, Jürgen Habermas und Jacques Lacan. V, 354 S., Kt., Königshausen & Neumann 1990. **DM 48,-**

Helmut Wehr: Erich Fromm zur Einführung. 150 S., Br., Junius Vlg. 1990. **DM 16,80**

Winfried Weier: Das Phänomen Geist. Auseinandersetzung mit Psychoanalyse, Logistik, Verhaltensforschung. IX, 213 S., Kt., WBG 1995. **DM 49,80**

Lutz v. Werder: Grundkurs des wissenschaftlichen Lesens. (Rhe.: Innovative Hochschuldidaktik, Bd. 12) Gb., Vlg. M.Schibri 1995. **DM 15,-**

Lutz v. Werder: Grundkurs des wissenschaftlichen Schreibens. (Rhe.: Innovative Hochschuldidaktik, Bd. 10) Gb., Vlg. M.Schibri 1995. **DM 15,-**

Lutz v. Werder: Lehrbuch des kreativen Schreibens. (Rhe.: Innovative Hochschuldidaktik, Bd. 10) 516 S., Gb., Vlg. M.Schibri 3. Ed. 1996. **DM 39,80**

Lutz v. Werder: Lehrbuch des wissenschaftlichen Schreibens. Ein Übungsbuch für die Praxis. 464 S., 15 Illustr., Gb., Vlg. M.Schibri 1993. **DM 39,80**

Peter Wiechens: Bataille zur Einführung. 152 S., Br., Junius Vlg. 1995. **DM 19,80**

Annegret Wiese: Mütter, die töten. Psychoanalytische Erkenntnis und forensische Wahrheit. 366 S., Kt., W. Fink Vlg. 2. Ed. 1996. **DM 58,-**

Donald W. Winnicott: Von der Kinderheilkunde zur Psychoanalyse. Aus den „Collected Papers". (Rhe.: Geist u. Psyche, Bd. 42249) Kt., S. Fischer o.J.. **DM 24,90**

Michael Wirsching: Jenseits vom Schulenstreit. Entwicklungen heutiger Psychotherapie. (Rhe.: Geist u. Psyche, Bd. 14010) Kt., S. Fischer 1998. **DM 26,90**

Michael Wirsching: Psychosomatische Medizin. Konzepte, Krankheitsbilder, Therapien. 118 S., Kt., C.H.Beck 1996. **DM 14,80**

Michael Wirsching: Psychotherapie. Grundlagen und Methoden. 126 S., Kt., C.H.Beck 1999. **DM 14,80**

Ludwig Wittgenstein: Vorlesungen und Gespräche über Ästhetik, Psychoanalyse und religiösen Glauben. 98 S., Kt., Parerga Vlg. 2. rev. Ed. 1996. **DM 24,-**

Ludwig Wittgenstein: Werkausgabe. Bd. 1: Tractatus logicophilosophicus; Tagebücher 1914-1916; Philosophische Untersuchungen. 620 S., Kt., Suhrkamp 11. Ed. 1997. **DM 32,80**

Ludwig Wittgenstein: Werkausgabe. Bd. 2: Philosophische Bemerkungen. 318 S., Kt., Suhrkamp 7. Ed. 1996. **DM 22,80**

Ludwig Wittgenstein: Werkausgabe. Bd. 3: Ludwig Wittgenstein und der Wiener Kreis. Gespräche. 265 S., Abb., Kt., Suhrkamp 5. Ed. 1996. **DM 22,80**

Ludwig Wittgenstein: Werkausgabe. Bd. 4: Philosophische Grammatik. 490 S., Kt., Suhrkamp 5. Ed. 1993. **DM 27,80**

Ludwig Wittgenstein: Werkausgabe. Bd. 5: Das Blaue Buch; Eine philosophische Betrachtung. 281 S., Kt., Suhrkamp 7. Ed. 1997. **DM 22,80**

Ludwig Wittgenstein: Werkausgabe. Bd. 6: Bemerkungen über die Grundlagen der Mathematik. 445 S., Abb., Kt., Suhrkamp 5. Ed. 1994. **DM 24,80**

Ludwig Wittgenstein: Werkausgabe. Bd. 7: Bemerkungen über die Philosophie der Psychologie; Letzte Schriften über die Philosophie der Psychologie. 499 S., Kt., Suhrkamp 6. Ed. 1994. **DM 27,80**

Ludwig Wittgenstein: Werkausgabe. Bd. 8: Bemerkungen über die Farben; Über Gewißheit; Zettel; Vermischte Bemerkungen. 574 S., Kt., Suhrkamp 7. Ed. 1997. **DM 28,80**

Ludwig Wittgenstein: Werkausgabe. Bemerkungen über die Philosophie der Psychologie. 498 S., Ln., Suhrkamp 1989. **DM 48,-**

Ludwig Wittgenstein: Werkausgabe in 8 Bänden. Kt. iKass., Suhrkamp Neuaufl. 1989. **DM 188,-**

Ludwig Wittgenstein: Werkausgabe in 8 Bänden. Ln., Suhrkamp 1989. **DM 380,-**

Ludwig Wittgenstein: Wiener Ausgabe. 15 Bdn., 6 Reg.-Bdn. u. 6 Konkordanz-Bdn. sowie 1 Einf.-Bd. zur Subskription. Hrsg. v. Michael Nedo. Einf. dtsch.-engl., Ln., Springer 1994. **DM 1112,-**

(Editionsprospekt auf Anfrage)

Dieter Wyss: Der Kranke als Partner. Lehrbuch der anthropologisch-integrativen Psychotherapie. 439, 470 S., 2 Bde., Kt., Vandenh. & Ruprecht 1982. **DM 109,-**

Irvin D. Yalom: Theorie und Praxis der Gruppenpsychotherapie. Ein Lehrbuch. Vorw. v. Peter Kutter. (Rhe. Leben lernen, Bd. 66) 614 S., Br., Klett-Cotta 4. rev. Ed. 1996. **DM 69,-**

Marcel R. Zentner: Die Flucht ins Vergessen. Die Anfänge der Psychoanalyse Freuds bei Schopenhauer. XVII, 271 S., Gb., WBG 1995. **DM 59,-**

Siegfried Zepf: Allgemeine psychoanalytische Neurosenlehre, Psychosomatik und Sozialpsychologie. Ein kritisches Lehrbuch. 776 S., Kt., Psychosozial Vlg. 2000. **DM 99,-**

Stefan Zweig: Die Heilung durch den Geist. Mesmer, Mary Baker-Eddy, Freud. Gesammelte Werke in Einzelbänden. 397 S., Ln., S. Fischer 2. Ed. 1986. **DM 39,80**

S. Zwettler-Otte /O. Kernberg (Ed.): Der psychoanalytische Prozess. Festschrift zum 70. Geburtstag von Harald Leupold-Löwenthal. 543 S., Gb., Turia & Kant 1996. **DM 54,-**

Hans Zygowski: Grundlagen psychosozialer Beratung. Ein modelltheoretischer Entwurf zur Neubestimmung psychischer Störungen. 292 S., Kt., Westdt. Vlg. 1989. **DM 46,-**

Psychoanalyse und andere tiefenpsychologische Theorien

Analytische Psychologie /Jungianisches

T. Arzt /A. Müller /M. Hippius Gräfin Dürckheim: Jung und Jünger. Gemeinsamkeiten und Gegensätzliches in den Werken von Carl Gustav Jung und Ernst Jünger. 284 S., Br., Königshausen & Neumann 1999. **DM 68,-**

H. Barz /V. Kast /F. Nager: Heilung und Wandlung. C. G. Jung und die Medizin. Kt., dtv o.J.. **DM 8,80**

Günter Baumann: Der archetypische Heilsweg. Hermann Hesse, C. G. Jung und die Weltreligionen. VI,110 S., Kt., Schäuble Vlg. 1990. **DM 38,-**

Günter Baumann: Hermann Hesse, C. G. Jung und der Buddhismus /Hermann Hesse, C. G. Jung und die Suche nach dem archetypischen Heilsweg. 64 S. auf 1 Mikrofiche, Vlg. Böhner 1995. **DM 98,-**

E A Bennet: Meetings with Jung. Conversations recorded during the years 1946-1961. 125 S., Br., Daimon Vlg. 2. Ed. 1985. **DM 29,80**

Paul Bishop: The Dionysian Self. C.G. Jung's Reception of Friedrich Nietzsche. XVI,411 p., Cloth, de Gruyter 1995. **DM 216,-**

Doris Brockmann: Ganze Menschen - Ganze Götter. C. G. Jung in der feministischen Theologie. 202 S., Gb., Schöningh Vlg. 1991. **DM 57,-**

Michael Brumlik: C. G. Jung zur Einführung. 166 S. m. Zeichn., Kt., Junius Vlg. 1993. **DM 17,80**

Gerhard Burda: Das Selbst der Verantwortung. Ein Beitrag zum ethischen Verständnis bei C. G. Jung. 168 S., Br., Passagen Vlg. 1998. **DM 38,-**

Joseph Campbell: Der Heros in tausend Gestalten. 451 S., Kt., Suhrkamp 1978. **DM 19,80**

Joseph Campbell: Die Kraft der Mythen. Bilder der Seele im Leben des Menschen. 264 S., 101 Abb., Gb., Artemis Vlg. 1994. **DM 39,80**

H. Dieckmann /C.A. Meier /H.J. Wilke (Ed.): Aspekte Analytischer Psychologie. Zum 100. Geburtstag von C.G. Jung 1875-1961. Separatdruck aus „Analytische Psychologien", Vol. 5, No. 3 (1975) 308 S., 1 Abb., 10 Tab., 14 farb. Taf., Br., Karger Vlg. 1975. **DM 37,-**

Patricia Dixon: Nietzsche und Jung. Sailing a Deeper Night. XVI, 459 pp, Gb., P. Lang Vlg. 1999. **DM 119,-**

Ursula Eschenbach: Hänsel und Gretel. Das geheime Wissen der Kinder. 188 S., Gb., Kreuz Vlg. 4. Ed. 1995. **DM 24,80**

Ursula Eschenbach (Ed.): Therapeutische Konzepte der Analytischen Psychologie C.G. Jungs. Bd. 2/2: Die Behandlung in der Analytischen Psychologie. Die Behandlung als menschliche Begegnung. 235 S., Gb., Bonz Vlg. 1981. **DM 58,-**

Ursula Eschenbach (Ed.): Therapeutische Konzepte der Analytischen Psychologie C.G. Jungs. Bd. 4: Der Ich-Komplex und sein Arbeitsteam. Topographie der Selbstentfaltung. 550 S., Gb., Bonz Vlg. 1996. **DM 198,-**

Tilman Evers (Ed.): Individuation und Emanzipation. Gesellschaftskritische Potentiale in der Psychologie C. G. Jungs. 148 S., Kt., Evang. Akad. Hofgeismar 1990. **DM 12,-**

Rolf Fetscher: Grundlinien der Tiefenpsychologie von S. Freud und C. G. Jung in vergleichender Darstellung. 292 S., 2 Abb., Kt., frommann-holzboog 1978. **DM 62,-**

Rolf Fetscher: Grundlinien der Tiefenpsychologie von S. Freud und C. G. Jung in vergleichender Darstellung. (Rhe.: problemata, Bd. 69) 292 S., 2 Abb., Ln., frommann-holzboog 1978. **DM 90,-**

Heinrich K. Fierz: Jungian Psychiatry. 425 S., Br., Daimon Vlg. 1989. **DM 38,-**

Heinrich Karl Fierz: Die Psychologie C.G. Jungs und die Psychiatrie. 155 S., 11 farb. Fotos, 15 Abb., Br., Daimon Vlg. 1982. **DM 38,80**

Marie-Louise v. Franz: Archetypische Dimensionen der Seele. 444 S., Gb., Daimon Vlg. 1994. **DM 43,-**

Marie-Louise v. Franz: Ausgewählte Schriften. Bd. 2: Psyche und Materie. 422 S., Abb., Gb., Daimon Vlg. 1988. **DM 48,-**

Marie-Louise v. Franz: Ausgewählte Schriften. Bd. 3: Psychotherapie. Erfahrungen aus der Praxis. 362 S., Gb., Daimon Vlg. 1990. **DM 43,-**

Marie-Louise v. Franz: C. G. Jung. Sein Mythos in unserer Zeit. 304 S., Gb., Walter Vlg. 1996. **DM 39,80**

Marie-Louise von Franz: Die Erlösung des Weiblichen im Manne. Der Goldene Esel des Apuleius in tiefenpsychologischer Sicht. 222 S., Gb., Walter Vlg. 1997. **DM 24,80**

Marie-Louise von Franz: Zahl und Zeit. Psychologische Überlegungen zu einer Annäherung von Tiefenpsychologie und Physik. 296 S., Lin., Klett-Cotta 2. rev. Ed. 1990. **DM 68,-**

M.-L v. Franz /H. Etter et al. (Ed.): Jungiana. Reihe A: Beiträge zur Psychologie von C. G. Jung. Bd. 6: C. G. Jung und die Probleme der modernen Frau. Von Isis zu Maria. Das Bild Gottes: Die Legende von der Entstehung des Volto santo durch Nikodemus, Ich und Schatten, Sagen vom wilden Jäger. 156 S., 3 farb. Taf., 7 Abb., Kt., Bonz Vlg. 1996. **DM 35,-**

M.-L. v. Franz /L. Frey- Rohn /A. Jaffé: Erfahrungen mit dem Tod. Archetypische Vorstellungen und tiefenpsychologische Deutungen. Kt., Herder 1994. **DM 12,80**

Liliane Frey-Rohn: Von Freud zu Jung. Eine vergleichende Studie zur Psychologie des Unbewußten. 456 S., Kt., Daimon Vlg. 2. rev. Ed. 1969. **DM 45,80**

Heinz Gess: Vom Faschismus zum Neuen Denken. C. G. Jungs Theorie im Wandel der Zeit. 349 S., Pb., zu Klampen 1994. **DM 48,-**

Wolfgang Giegerich: Animus-Psychologie. 362 S., Kt., P. Lang 1994. **DM 95,-**

Daniela Heisig: Die Anima. Der Archetyp des Lebendigen. Vorw. v. Verena Kast. 256 S., Ebr., Walter Vlg. 1996. **DM 19,80**

J. Hillman /M. McLean: Dream Animals. 96 S., 28 Farbtfln., Gb., Walter Vlg. 1999. **DM 44,-**

Renate Höfer: Die Hiobsbotschaft C. G. Jungs. Folgen sexuellen Missbrauchs. 423 S., Pb., Vlg. R. Höfer Neuaufl. 1997. **DM 29,80**

Hans K. Iselin: Zur Entstehung von C. G. Jungs „Psychologischen Typen". Der Briefwechsel zwischen C. G. Jung und Hans Schmid-Guisan im Lichte ihrer Freundschaft. 152 S., Kt., Vlg. Sauerländer 1982. **DM 51,-**

G. Isler / U. Wössner /B. Hannah: Beiträge zur Psychologie von C.G. Jung. (Jungiana, Rhe. A, Bd. 7) 164 S., 15 Abb., Kt., Bonz Vlg. 1997. **DM 35,-**

Jolande Jacobi: Die Psychologie von C. G. Jung. Eine Einführung in das Gesamtwerk. 19 Diagr., Kt., S. Fischer 16. Ed. 1998. **DM 16,90**

Mario Jacoby: Grundformen seelischer Austauschprozesse. Jungsche Therapie und neuere Kleinkindforschung. 276 S., Gb., Walter Vlg. 1998. **DM 19,80**

Der Autor betrachtet die neueren Ergebnisse der Kleinkindforschung über die „Urbezogenheit" und deren Entwicklung im Lichte der Jungschen Psychologie. Er zeigt auf, wie die Erkenntnisse über das, was Reifung fördert bzw. verhindert, in der analytischen Psychotherapie fruchtbar gemacht werden können.

Mario Jacoby: Übertragung und Beziehung in der Jungschen Praxis. 236 S., Kt., Walter Vlg. 2. rev. Ed. 1993. **DM 19,80**

Aniela Jaffè: Aus C.G. Jungs letzten Jahren. Und andere Aufsätze. 160 S., Kt., Daimon Vlg. 2. Ed. 1987. **DM 29,80**

Aniela Jaffè: Bilder und Symbole aus E.T.A. Hoffmanns Märchen „Der goldne Topf". 384 S., Kt., Daimon Vlg. 4. Ed. 1990. **DM 39,20**

Aniela Jaffé: Der Mythus vom Sinn im Werk C.G. Jung. 186 S., Br., Daimon Vlg. 2. Ed. 1984. **DM 33,10**

Aniela Jaffé: From the Life and Work of C. G. Jung. Br., Daimon Vlg. 1989. **DM 33,-**

Aniela Jaffé: Geistererscheinungen und Vorzeichen. Eine psychologische Deutung. Vorw. v. C.G. Jung. 300 S., Br., Daimon Vlg. Neuaufl. 1995. **DM 34,-**

Aniela Jaffé: Geistererscheinungen und Vorzeichen. Eine psychologische Deutung. Vorw. v. C.G. Jung. Kt., Herder 1997. **DM 19,80**

Aniela Jaffv: Parapsychologie, Individuation, Nationalsozialismus. Themen bei C.G. Jung. 164 S., Kt., Daimon Vlg. 1985. **DM 34,80**

Aniela Jaffé: Was C.G. Jung a Mystic? Vorw. u. hrsg. v. R. Hinshaw. 128 S., Br., Daimon Vlg. 1989. **DM 29,-**

Dennis T. Jaffé: Kräfte der Selbstheilung. 352 S., Kt., Klett-Cotta 1995. **DM 28,-**

C. G. Jung: Das Universum der Seele. 4 Bde., 4 Videokass., Vlg. 235 Media 1993. **DM 129,-**

C.G. Jung: Archetypen. 192 S., Kt., dtv NA 1997. **DM 12,90**

C.G. Jung: Briefe. Bd. I: 1906-1945. 530 S., Ln., Walter Vlg. 4. Ed. 1990. **DM 79,-**

C.G. Jung: Briefe. Bd. II: 1946-1955. 560 S., Ln., Walter Vlg. 3. Ed. 1989. **DM 79,-**

C.G. Jung: Briefe. Bd. III: 1956-1961. 435 S., Ln., Walter Vlg. 3. Ed. 1990. **DM 84,-**

C.G. Jung: C. G. Jung und der östliche Weg. 328 S., Gb., Walter Vlg. 1997. **DM 24,80**

C.G. Jung: C.G. Jung im Gespräch. Interviews, Reden, Begegnungen. Vorw. v. R. Hinshaw und L. Fischli. 340 S., Hl., Daimon Vlg. 1986. **DM 45,-**

C.G. Jung: C.G. Jung, Bild und Wort. Eine Biographie. 240 S., 205 Abb., Gb., Walter Vlg. 1983. **DM 48,-**

C.G. Jung: C.G. Jung-Taschenbuchausgabe in 11 Bänden. 2600 S., Kt. iKass., dtv 1997. **DM 158,-**

C.G. Jung: Das Universum der Seele. Vol. I: Individuation. 64 min, VHS-Cass., Vlg. 235 Media 1993. **DM 39,95**

C.G. Jung: Die Beziehungen zwischen dem Ich und dem Unbewußten. 136 S., Kt., dtv 1990. **DM 9,90**

C.G. Jung: Die Beziehungen zwischen dem Ich und dem Unbewussten. 136 S., Kt., dtv 1990. **DM 9,90**

C.G. Jung: Die Psychologie der Übertragung. Erläutert anhand einer alchemistischen Bilderserie. 176 S., 13 Abb., Kt., dtv 1991. **DM 12,90**

C.G. Jung: Die Psychologie des Kundalini-Yoga. Nach Aufzeichnungen des Seminars 1932. 208 S., 8 s/w Abb., Gb., Walter Vlg. 1998. **DM 68,-**

Jung sucht in seinem 1932 gehaltenen Seminar, die sechs Chakras des Kundalini-Yoga für die westliche Psychologie zu erschließen, indem er sie als Symbole des Individuationsprozesses interpretierte.

C.G. Jung: Ein grosser Psychologe im Gespräch. Interviews, Reden, Begegnungen. 340 S., Kt., Herder 1994. **DM 19,80**

C.G. Jung: Geheimnisvolles am Horizont. Von Ufos und Außerirdischen. 197 S., Ln., Walter Vlg. 1992. **DM 9,80**

C.G. Jung: Gesammelte Werke. Bände I - XX mit den Briefen, Bde. 1-3. zus. 26 Teilbände, Ln., Walter Vlg. 1994. **DM 2471,-**

C.G. Jung: Gesammelte Werke. Bände I-XX. zus. 23 Teilbände, Ln., Walter Vlg. 1994. **DM 2237,-**

C.G. Jung: Gesammelte Werke. Bd. 01: Psychiatrische Studien. 296 S., Ln., Walter Vlg. 5. Ed. 1996. **DM 54,-**

C.G. Jung: Gesammelte Werke. Bd. 02: Experimentelle Untersuchungen. 675 S., Ln., Walter Vlg. 3. Ed. 1991. **DM 98,-**

C.G. Jung: Gesammelte Werke. Bd. 03: Psychogenese der Geisteskrankheiten. 353 S., Ln., Walter Vlg. 4. Ed. 1990. **DM 56,-**

C.G. Jung: Gesammelte Werke. Bd. 04: Freud und die Psychoanalyse. 433 S., Ln., Walter Vlg. 4. Ed. 1990. **DM 69,-**

C.G. Jung: Gesammelte Werke. Bd. 05: Symbole der Wandlung. 666 S., 123 Ill., Ln., Walter Vlg. 6. Ed. 1991. **DM 128,-**

C.G. Jung: Gesammelte Werke. Bd. 06: Psychologische Typen. IX,680 S., Ln., Walter Vlg. 7. Ed. 1994. **DM 148,-**

C.G. Jung: Gesammelte Werke. Bd. 07: Zwei Schriften über Analytische Psychologie. 371 S., Ln., Walter Vlg. 5. Ed. 1996. **DM 76,-**

C.G. Jung: Gesammelte Werke. Bd. 08: Die Dynamik des Unbewussten. 634 S., Ln., Walter Vlg. 7. Ed. 1995. **DM 118,-**

C.G. Jung: Gesammelte Werke. Bd. 09/I: Die Archetypen und das Kollektive Unbewusste. 473 S., 25 S. farb. Abb., 54 schw.-w. Abb., Ln., Walter Vlg. 9. Ed. 1996. **DM 112,-**

C.G. Jung: Gesammelte Werke. Bd. 09/II: Aion. 341 S., 2 Abb., Ln., Walter Vlg. 8. Ed. 1992. **DM 76,-**

C.G. Jung: Gesammelte Werke. Bd. 10: Zivilisation im Übergang. 670 S., 8 Ill., Ln., Walter Vlg. 4. Ed. 1991. **DM 118,-**

C.G. Jung: Gesammelte Werke. Bd. 11: Zur Psychologie westlicher und östlicher Religion. 788 S., Ln., Walter Vlg. 6. Ed. 1992. **DM 124,-**

C.G. Jung: Gesammelte Werke. Bd. 12: Psychologie und Alchemie. 631 S., 271 Abb., Ln., Walter Vlg. 7. Ed. 1994. **DM 118,-**

C.G. Jung: Gesammelte Werke. Bd. 13: Studien über alchemistische Vorstellungen. 450 S., 40 S. Abb., Ln., Walter Vlg. 4. Ed. 1993. **DM 98,-**

C.G. Jung: Gesammelte Werke. Bd. 14 /I, II: Mysterium Coniunctionis. 735 S., 10 Abb., Gb., Walter Vlg. 6. rev. Ed. 1996. **DM 190,-**

C.G. Jung: Gesammelte Werke. Bd. 14/III: Aurora Consurgens. Hrsg. u. komment. v. Marie-L. v. Franz. 480 S., Ln., Walter Vlg. 4. Ed. 1990. **DM 84,-**

C.G. Jung: Gesammelte Werke. Bd. 15: Über das Phänomen des Geistes in Kunst und Wissenschaft. 188 S., Ln., Walter Vlg. 5. Ed. 1990. **DM 38,-**

C.G. Jung: Gesammelte Werke. Bd. 16: Praxis der Psychotherapie. 370 S., 4 Abb., Ln., Walter Vlg. 5. rev. Ed. 1990. **DM 89,-**

C.G. Jung: Gesammelte Werke. Bd. 17: Über die Entwicklung der Persönlichkeit. 262 S., Ln., Walter Vlg. 8. Ed. 1994. **DM 49,-**

C.G. Jung: Gesammelte Werke. Bd. 18/I,II: Das symbolische Leben. 961 S., Ln., Walter Vlg. 2. Ed. 1993. **DM 148,-**

C.G. Jung: Gesammelte Werke. Bd. 19: Bibliographie. 286 S., Ln., Walter Vlg. 1983. **DM 68,-**

C.G. Jung: Gesammelte Werke. Briefe. Bände 1 - 3. 529, 559, 432 S., Ln., Walter Vlg. 1980. **DM 234,-**

C.G. Jung: Gesammelte Werke. Die Zofingia-Vorträge 1896-1899. 140 S., 4 Fototaf., Ln., Walter Vlg. 1997. **DM 54,80**

"Im Zofinger Verein hielt ich mehrere Vorträge über theologische und psychologische Themen. Wir hatten die anregendsten Gespräche und durchaus nicht nur über medizinische Fragen. Wir stritten uns über Schopenhauer und Kant. Wir wußten Bescheid über die verschiedenen Stilarten des Cicero und interessierten uns für Theologie und Philosophie. Man konnte sozusagen bei allen klassische Bildung und eine gepflegte geistige Tradition voraussetzen.- (C. G. Jung in Erinnerungen, Träume, Gedanken")

C.G. Jung: Gesammelte Werke. Gesamtregister. 800 S., Ln., Walter Vlg. 1993. **DM 178,-**

C.G. Jung: Gesammelte Werke. Inhaltsgleiche Sonderausgabe der GW in 24 Tl.-Bdn. Zus. 11092 S., zahlr. farb. u. schw.-w. Abb., Br.iKass., Walter Vlg. 1995. **Sonderausg. DM 600,-**

C.G. Jung: Gesammelte Werke. Supp.- Bd.: Analytische Psychologie. Nach den Aufzeichnungen des Seminars 1925. 226 S., 10 Abb., Ln., Walter Vlg. 1995. **DM 56,-**

C.G. Jung: Gesammelte Werke. Suppl.- Bd.: Traumanalyse. 811 S., zahlr. Abb., Ln., Walter Vlg. 1991. **DM 128,-**

C.G. Jung: Gesammelte Werke. Suppl.- Bd: Seminare: Kinderträume. 678 S., Ln., Walter Vlg. Neuaufl. iVbr.. **DM 110,-**

C.G. Jung: Gesammelte Werke, 20 Bde. in 24 Tl.-Bdn. Bd. 01: Psychiatrische Studien. XIII, 271 S., Abb., Kt., Walter Vlg. 1995. **DM 18,-**

C.G. Jung: Gesammelte Werke, 20 Bde. in 24 Tl.-Bdn. Bd. 02: Experimentelle Untersuchungen. 665 S., Abb., Kt., Walter Vlg. 1995. **DM 38,-**

C.G. Jung: Gesammelte Werke, 20 Bde. in 24 Tl.-Bdn. Bd. 03: Psychogenese der Geisteskrankheiten. 344 S., Kt., Walter Vlg. 1995. **DM 24,-**

C.G. Jung: Gesammelte Werke, 20 Bde. in 24 Tl.-Bdn. Bd. 04: Freud und die Psychoanalyse. XII, 424 S., Kt., Walter Vlg. 1995. **DM 32,-**

C.G. Jung: Gesammelte Werke, 20 Bde. in 24 Tl.-Bdn. Bd. 05: Symbole der Wandlung. 658 S., Kt., Walter Vlg. 1995. **DM 38,-**

C.G. Jung: Gesammelte Werke, 20 Bde. in 24 Tl.-Bdn. Bd. 06: Psychologische Typen. XVI, 651 S., Kt., Walter Vlg. 1995. **DM 38,-**

C.G. Jung: Gesammelte Werke, 20 Bde. in 24 Tl.-Bdn. Bd. 07: Zwei Schriften über analytische Psychologie. 343 S., Kt., Walter Vlg. 1995. **DM 24,-**

C.G. Jung: Gesammelte Werke, 20 Bde. in 24 Tl.-Bdn. Bd. 08: Die Dynamik des Unbewußten. 625 S., Kt., Walter Vlg. 1995. **DM 38,-**

C.G. Jung: Gesammelte Werke, 20 Bde. in 24 Tl.-Bdn. Bd. 09/II: Aion. Beiträge zur Symbolik des Selbst. 332 S., Abb., Kt., Walter Vlg. 1995. **DM 24,-**

C.G. Jung: Gesammelte Werke, 20 Bde. in 24 Tl.-Bdn. Bd. 09: Die Archetypen und das kollektive Unbewußte 1. 463 S., Abb., Kt., Walter Vlg. 1998. **DM 32,-**

C.G. Jung: Gesammelte Werke, 20 Bde. in 24 Tl.-Bdn. Bd. 10: Zivilisation im Übergang. 662 S., 8 Abb., Kt., Walter Vlg. 1995. **DM 39,80**

C.G. Jung: Gesammelte Werke, 20 Bde. in 24 Tl.-Bdn. Bd. 11: Zur Psychologie westlicher und östlicher Religion. 669 S., Kt., Walter Vlg. 1995. **DM 39,80**

C.G. Jung: Gesammelte Werke, 20 Bde. in 24 Tl.-Bdn. Bd. 12: Psychologie und Alchemie. 620 S., Abb., Kt., Walter Vlg. 1995. **DM 39,80**

C.G. Jung: Gesammelte Werke, 20 Bde. in 24 Tl.-Bdn. Bd. 13: Studien über alchemistische Vorstellungen. 441 S., 32 Bildtaf., Kt., Walter Vlg. 1995. **DM 29,80**

C.G. Jung: Gesammelte Werke, 20 Bde. in 24 Tl.-Bdn. Bd. 14: Mysterium Coniunctionis 1-2. 294, 423 S, 10 Abb., Kt., Walter Vlg. 1995. **DM 44,80**

C.G. Jung: Gesammelte Werke, 20 Bde. in 24 Tl.-Bdn. Bd. 14: Mysterium Coniunctionis 3. 476 S., Kt., Walter Vlg. 1995. **DM 32,-**

C.G. Jung: Gesammelte Werke, 20 Bde. in 24 Tl.-Bdn. Bd. 15: Über das Phänomen des Geistes in Kunst und Wissenschaft. 179 S., Kt., Walter Vlg. 1995. **DM 16,-**

C.G. Jung: Gesammelte Werke, 20 Bde. in 24 Tl.-Bdn. Bd. 16: Praxis der Psychotherapie. 357 S., 13 Bildtaf., Kt., Walter Vlg. 1995. **DM 24,-**

C.G. Jung: Gesammelte Werke, 20 Bde. in 24 Tl.-Bdn. Bd. 17: Über die Entwicklung der Persönlichkeit. 253 S., Kt., Walter Vlg. 1995. **DM 18,-**

C.G. Jung: Gesammelte Werke, 20 Bde. in 24 Tl.-Bdn. Bd. 18: Das symbolische Leben, 2 Halbbde. Zus. 951 S., 13 Abb., Kt., Walter Vlg. 1995. **DM 58,-**

C.G. Jung: Gesammelte Werke, 20 Bde. in 24 Tl.-Bdn. Bd. 19: Bibliographie. 286 S., Kt., Walter Vlg. 1995. **DM 18,-**

C.G. Jung: Gesammelte Werke, 20 Bde. in 24 Tl.-Bdn. Bd. 20: Gesamtregister. 518 S., Kt., Walter Vlg. 1995. **DM 34,-**

C.G. Jung: Grundwerk. Bd. 01: Grundfragen zur Praxis. 331 S., Kt., Walter Vlg. 3. Ed. 1991. **DM 54,-**

C.G. Jung: Grundwerk. Bd. 02: Archetyp und Unbewusstes. 343 S., Kt., Walter Vlg. 4. Ed. 1990. **DM 54,-**

C.G. Jung: Grundwerk. Bd. 03: Persönlichkeit und Übertragung. 314 S., Kt., Walter Vlg. 5. Ed. 1994. **DM 54,-**

C.G. Jung: Grundwerk. Bd. 04: Menschenbild und Gottesbild. 361 S., Kt., Walter Vlg. 4. Ed. 1992. **DM 54,-**

C.G. Jung: Grundwerk. Bd. 05: Traumsymbole des Individuationsprozesses. 267 S., Kt., Walter Vlg. 6. Ed. 1995. **DM 49,-**

C.G. Jung: Grundwerk. Bd. 06: Erlösungsvorstellungen in der Alchemie. 304 S., Kt., Walter Vlg. 4. Ed. 1994. **DM 54,-**

C.G. Jung: Grundwerk. Bd. 07: Symbol und Libido. 247 S., Kt., Walter Vlg. 4. Ed. 1994. **DM 49,-**

C.G. Jung: Grundwerk. Bd. 08: Heros und Mutterarchetyp. 368 S., Kt., Walter Vlg. 3. Ed. 1991. **DM 64,-**

C.G. Jung: Grundwerk. Bd. 09: Mensch und Kultur. 303 S., Kt., Walter Vlg. 4. Ed. 1995. **DM 54,-**

C.G. Jung: Grundwerk in 9 Bänden. Hrsg. v. H. Barz, U. Baumgardt, R. Blomeyer, H. Dieckmann, H. Remmler, Th. Seifert. zahlr. Abb., Kt. iKass., Walter Vlg. 1989. **DM 486,-**

C.G. Jung: Mandala. Bilder aus dem Unbewussten. 206 S., 54 schw.-w. u. 25 farb. Abb., Ln., Walter Vlg. 11. Ed. 1995. **DM 39,80**

C.G. Jung: Psychologie und Religion. 248 S., Kt., dtv 1997. **DM 16,90**

C.G. Jung: Seelenprobleme der Gegenwart. 264 S., Kt., dtv 1991. **DM 16,90**

C.G. Jung: Typologie. 216 S., Kt., dtv 1990. **DM 12,90**

C.G. Jung: Über den Menschen. Im Körper verwurzelt, der Seele verpflichtet. 111 S., Gb., Walter Vlg. 1998. **DM 24,80**

C.G. Jung: Über die Natur, Das vergessene Wissen der Seele. 133 S., Gb., Walter Vlg. 1997. **DM 24,80**

C.G. Jung: Über Gefühle und den Schatten. Winterthurer Fragestunden. Gesprochen vom Autor. 180 min. 3 CD-Audio. 77 S., Originalton, CD iKass. + Textbuch, Walter Vlg. 1999. **DM 98,-**

Die Tondokumente aus den Jahren 1957 und 1959 lassen den Hörer teilhaben an spontanen Ausführungen Jungs, der in einem familiären Kreis Fragen zu seinem Denken auf anschauliche und die ihm eigene unkomplizierte Weise beantwortet.

C.G. Jung: Wandlungen und Symbole der Libido. Beiträge zur Entwicklungsgeschichte des Denkens. 448 S., Kt., dtv 1997. **DM 24,90**

C.G. Jung: Wirklichkeit der Seele. 144 S., Kt., dtv 1990. **DM 12,90**

Klaus Jung: Kurzbeschreibung eines neuen tiefenpsychologischen Psychotherapieverfahrens. Inneres Kind. 14 S., iOrd., Vlg. W. Dunckern 1997. **DM 15,-**

Lorenz Jung: Der Archetypus des Knaben in der heutigen Zeit. Die positiv leitende Funktion des Puer-Archetypus, aufgezeichnet anhand des Romans Neil M. Gunn. 202 S., 65, Gb., Bonz Vlg. 1996. **DM 57,-**

C.G. Jung /E. Böhler: C.G. Jung und Eugen Böhler. Eine Begegnung in Briefen. Einleitung von G. Wehr. 146 S., Br., vdf Hochschulvlg. 1996. **DM 34,80**

C. G. Jung /Karl Kerènyi: Einführung in das Wesen der Mythologie. Der Mythos vom göttlichen Kind und Eleusinische Mysterien. 220 S., Gb., Walter Vlg. 1999. **DM 58,-**

C.G. Jung /M. L. von Franz et al.: Der Mensch und seine Symbole. Beitr. v. C.G. Jung, M.-L. v. Franzk, J.L. Henderson, J. Jacobie, A. Jaffé. 320 S., Br., Walter Vlg. 14. Ed. 1995. **DM 48,-**

Verena Kast: Das Schattenkonzept C.G. Jungs und seine Implikationen. Vorlesung im Sommersemester 1998 an der Universität Zürich. (Rhe.: AudioTorium) 495 min., 11 Toncass. iBox, auditorium-Vlg. o.J.. **DM 230,-**

Verena Kast: Der Schatten in uns. Die subversive Lebenskraft. 236 S., Gb., Walter Vlg. 1999. **DM 29,80**

Verena Kast: Der Teufel mit den drei goldenen Haaren. Vom Vertrauen in das eigene Schicksal. 106 S., Gb., Kreuz Vlg. 9. Ed. 1996. **DM 24,80**

Verena Kast: Die Dynamik der Symbole. Grundlagen der Jungschen Psychotherapie. 264 S., Pb., Walter Vlg. NA 1999. **DM 24,80**

Verena Kast: Die Dynamik der Symbole. Grundlagen der Jungschen Psychotherapie. 272 S., Kt., dtv 1996. **DM 19,90**

Verena Kast: Emotion und Imagination in der Jungschen Therapie. Vorlesung im Sommersemester 1997 an der Universität Zürich. (Rhe.: AudioTorium) 540 min., 12 Toncass. iBox, auditorium-Vlg. o.J.. **DM 255,-**

Verena Kast: Glückskinder. Wie man das Schicksal überlisten kann. Kt., dtv 1999. **DM 16,90**

Verena Kast: Glückskinder. Wie man das Schicksal überlisten kann. 340 S., Kt., Kreuz Vlg. 1993. **DM 29,80**

Verena Kast: Grundlagen der Jungschen Psychotherapie - Einführung in die Tiefenpsychologie nach C.G. Jung. Vorlesung im Wintersemester 1995/96 an der Universität Zürich. (Rhe.: AudioTorium) 585 min., 13 Toncass. iBox, auditorium-Vlg. 1996. **DM 275,-**

Verena Kast: Imagination als Raum der Freiheit. Dialog zwischen Ich und Unbewußtem. 192 S., Kt., dtv 1995. **DM 14,90**

Verena Kast: Imagination als Raum der Freiheit. Dialog zwischen Ich und Unbewußtem. 213 S., Kt., Walter Vlg. 4. Ed 1991. **DM 28,-**

Verena Kast: Komplexe und Symbole: Ihre Funktion in Wandlungsprozessen. Vorlesung im Wintersemester 1998/99 an der Universität Zürich. (Rhe.: AudioTorium) 430 min., 4 Toncass., auditorium-Vlg. o.J.. **DM 140,-**

Verena Kast: Märchen als Therapie. 216 S., 4 Abb., Kt., dtv 1993. **DM 16,90**

Verena Kast: Märchen als Therapie. Beiträge zur Jungschen Psychologie. 210 S., 4 Abb., Kt., Walter Vlg. 4. Ed. 1993. **DM 28,-**

Verena Kast: Mutter- und Vaterkomplexe. Aufnahmen von den Lindauer Psychotherapie Wochen 1998. (Rhe.: AudioTorium) 450 min., 5 Toncass., auditorium-Vlg. o.J.. **DM 135,-**

Verena Kast: Sich wandeln und sich neu entdecken. 192 S., Kt., Herder 4. Ed. 1999. **DM 16,80**

Verena Kast: Sisyphos. Der alte Stein, der neue Weg. 118 S., Gb., Kreuz Vlg. 4. Ed. 1991. **DM 19,80**

Verena Kast: Traumbild Auto. Von unserem täglichen Unterwegssein. 146 S., Gb., Walter Vlg. 2. Ed. 1993. **DM 24,80**

Verena Kast: Traumbild Wüste. Von Grenzerfahrungen unseres Lebens. 91 S., Gb., Walter Vlg. 3. Ed. 1992. **DM 19,80**

Verena Kast: Vom gelingenden Leben. Märcheninterpretationen. 176 S., Kt., dtv 9/2000. **DM 17,50**

Verena Kast: Zur Dynamik von Krise und Wandlung. Vorlesung im Wintersemester 1996/97 an der Universität Zürich. (Rhe.: AudioTorium) 585 min., 13 Toncass. iBox, auditorium-Vlg. o.J.. **DM 275,-**

Christiane Kasten: Untersuchung zur Typologie Carl Gustav Jungs. Anhand einer ins Deutsche übertragenen Fassung des „Singer-Loomis Inventory of Personality". 200 S., 3 Abb., Kt., Vlg. K.Strasser 1987. **DM 69,-**

Toshio Kawai: Bild und Sprache und ihre Beziehung zur Welt. Überlegungen zur Bedeutung von Jung und Heidegger für die Psychologie. 128 S., Br., Königshausen & Neumann 1988. **DM 29,80**

Raimar Keintzel: C.G. Jung. Retter der Religion? Auseinandersetzung mit Werk und Wirkung. 220 S., Kt., Quell-Vlg. 1991. **DM 28,80**

Walter Köster: Hahnemann und C. G. Jung. Ein Denkmodell der Homöopathie. 71 S., Kt., Haug Vlg. 1992. **DM 19,80**

Paul Kugler (Ed.): Jungian Perspectives on Clinical Supervision. 265 S., Br., Daimon Vlg. 1995. **DM 29,90**

Martin Kurthen: Psychologie als Individuation. Überlegungen zur Einheit der Lehre C. G. Jungs. 124 S., Br., Bonz Vlg. 1989. **DM 26,-**

Martin Kurthen: Synchronizität und Ereignis. Über das Selbe im Denken C. G. Jungs und M. Heideggers. (Rhe.: Philos. in d. Blauen Eule) 204 S., Br., Vlg. Die Blaue Eule 1986. **DM 36,-**

Zuk-Nae Lee: C.G. Jung und Symbolisches Verstehen. 143 S., Br., P. Lang 1997. **DM 49,-**

Åsa Liljenroth-Denk: Mit Persona auf Schattensuche. Erfahrungen aus der analytischen Psychotherapie mit Menschen, die geistig behindert und psychisch krank sind. 126 S., 18 Abb., Br., Vlg. G.Mainz 1996. **DM 24,80**

Gitta Mallasz: Vorträge am C.G. Jung Institut, Zürich. 2 Toncass, zus. 180 min., Daimon Vlg. o.J.. **DM 45,-**

Mary A. Mattoon: Zürich 1995. Open Questions in Analytic Psychology. Gb., Daimon Vlg. 1995. **DM 45,-**

Mary Mattoon (Ed.): Paris 89. Personal and Archetypal Dynamics in the Analytical Relationship. Beiträge von A. Guggenbühl, M. Jacoby, A. Maidenbaum u.a. 510 S., Illustr., Br., Daimon Vlg. 1991. **DM 41,-**

Mary A. Mattoon (Ed.): Berlin 1986. The Archetype of Shadow in a split World. XIIII, 442 S., 15 Abb., Br., Daimon Vlg. 1987. **DM 39,80**

Carl A. Meier: Lehrbuch der Komplexen Psychologie C.G. Jungs. Bd. 4: Persönlichkeit. Der Individuationsprozeß im Lichte der Typologie C.G. Jungs. 332 S., 9 Abb., Ln., Daimon Vlg. 2. rev. Ed. 1986. **DM 64,-**

Carl A. Meier: Personality. The Individuation Process in the Light of C. G. Jung´s Typology. 190 S., Br., Daimon Vlg. 1995. **DM 37,-**

Guido Meyer: Von der Archetypenlehre zur Wirkbilddidaktik. Eine religionspädagogische Auseiandersetzung mit der Jungschen Archetypenlehre. 440 S., Br., Vlg. G. Mainz 1995. **DM 76,-**

Erich Neumann: Der schöpferische Mensch. (Rhe.: Geist u. Psyche, Bd. 12413) Kt., S. Fischer 1995. **DM 24,90**

Erich Neumann: Die Psyche als Ort der Gestaltung. Drei Eranos-Vorträge. (Rhe.: Geist u. Psyche, Bd. 11094) Kt., S. Fischer o.J.. **DM 16,90**

Erich Neumann: Tiefenpsychologie und neue Ethik. (Rhe.: Geist u. Psyche, Bd. 42005) Kt., S. Fischer o.J.. **DM 16,90**

Erich Neumann: Ursprungsgeschichte des Bewußtseins. Vorw. v. C. G. Jung. (Rhe.: Geist u. Psyche, Bd. 42042) Kt., S. Fischer o.J.. **DM 24,90**

Alfred Ribi: Die Suche nach den eigenen Wurzeln. Die Bedeutung von Gnosis, Hermetik und Alchemie für C. G. Jung und Marie-Louise von Franz und deren Einfluss auf das moderne Verständnis dieser Disziplin. 290 S., Abb., Br., P. Lang 1999. **DM 79,-**

Ingrid Riedel: Die weise Frau. 185 S., Kt., Walter Vlg. o.J.. **DM 19,80**

Andrew Samuels: Jung und seine Nachfolger. Neuere Entwicklungen der analytischen Psychologie. 496 S., Kt., Klett-Cotta 1989. **DM 48,-**

Peter Schellenbaum: Anteilnahme und Reflexionsabstand in der Analyse. Vorlesung im Januar 19965 am C.G. Jung-Institut in Zürich innerhalb des Cirriculums für angehende Therapeuten. (Rhe.: AudioTorium) 2 Toncass., Gesamtlaufzeit 170 min., auditorium-Vlg. 1996. **DM 55,-**

Miguel Serrano: C.G. Jung and Hermann Hesse. A Record of Two Friendships. 140 S., Br., Daimon Vlg. 1997. **DM 27,50**

W. Siegenthaler/R. Haas (Ed.): Publikationen der Jung-Stiftung für Wissenschaft und Forschung Bd. 9. Forschung und Klinik an der Schwelle zum 3. Jahrtausend. ca. 488 S., 68 Abb., Kt., Thieme 1999. **DM 128,-**

Anthony Stevens: Das Phänomen C.G. Jung. Biographische Wurzeln einer Lehre. 392 S., Kt., Walter Vlg. 1993. **DM 19,80**

Gerhard Wehr: C.G. Jung. zahlr. Abb., Kt., Rowohlt o.J.. **DM 12,90**

Gerhard Wehr: C.G. Jung und Rudolf Steiner. Konfrontation und Synopse. 268 S., Ln., Klett-Cotta 2. Ed. 1998. **DM 48,-**

Gerhard Wehr: Carl Gustav Jung. Leben, Werk, Wirkung. Abb., Kt., Diogenes o.J.. **DM 26,80**

Gerhard Wehr: Selbsterfahrung mit C.G. Jung. 152 S., Kt., Herder 1995. **DM 14,80**

Gerda Weiler: Der enteignete Mythos. Eine feministische Revision der Archetypenlehre C.G. Jungs und Erich Neumanns. 263 S., Pb., Helmer Vlg. 1996. **DM 39,80**

Edward C Whitmont: Psyche und Substanz. Essays zur Homöopathie im Lichte der Psychologie C.G. Jungs. 269 S., Ln., Vlg. U.Burgdorf 3. rev. Ed. 1997. **DM 58,-**

Wolfgang Wittgens: Philosophische Grundlagen der Analytischen Psychologie C.G. Jungs. 93 S., Kt., Vlg. Kasper u.a. 1996. **DM 20,-**

Toni Wolff: Studien zu C.G. Jungs Psychologie. Mit einem Vorw. v. C.G. Jung. 330 S., Br., Daimon Vlg. 2. Ed. 1981. **DM 45,-**

Individualpsychologie

Alfred Adler: Das Leben gestalten. Kt., S. Fischer 4. Ed. 1993. **DM 12,90**

Alfred Adler: Der Sinn des Lebens. Kt., S. Fischer 20. Ed. 1997. **DM 18,90**

Alfred Adler: Die Technik der Individualpsychologie. Bd. 1: Die Kunst eine Lebens- und Krankengeschichte zu lesen. Kt., S. Fischer 5. Ed. 1998. **DM 16,90**

Alfred Adler: Individualpsychologie in der Schule. Vorlesungen für Lehrer und Erzieher. Kt., S. Fischer 7. Ed. 1996. **DM 12,90**

Alfred Adler: Lebenskenntnis. Kt., S. Fischer 7. Ed. 1997. **DM 14,90**

Alfred Adler: Lebensprobleme. Vorträge und Aufsätze. 208 S., Kt., S. Fischer 1994. **DM 16,90**

Alfred Adler: Menschenkenntnis. Kt., S. Fischer 30. Ed. 1998. **DM 19,90**

Alfred Adler: Neurosen. Fallgeschichten. Kt., S. Fischer 5. Ed. 1994. **DM 16,90**

Alfred Adler: Praxis und Theorie der Individualpsychologie. Kt., S. Fischer 10. Ed. 1997. **DM 19,90**

Alfred Adler: Über den nervösen Charakter. Grundzüge einer vergleichenden Individualpsychologie und Psychotherapie. Kommentierte textkrit. Ausg. Ed.v.Karl H. Witte, Almuth Bruder-Bezzel, Rolf Kühn u.a. 514 S., Gb., Vandenh. & Ruprecht 1997. **DM 58,-**

Alfred Adler: Wozu leben wir? Kt., S. Fischer 8. Ed. 1994. **DM 18,90**

A. Adler /H. Orgler: Triumph über den Minderwertigkeitskomplex. Vorw. v. Kurt Seelmann. XI, 264 S., Kt., PVU 3. Ed. 1989. **DM 39,80**

T. Ahrens /U. Lehmkuhl (Ed.): Entwicklung und Individuation. Zehnte Delmenhorster Fortbildungstage für Individualpsychologie 1990. Bd. 14. 120 S., Kt., E. Reinhardt Vlg. 1991. **DM 26,80**

H.L. Ansbacher /R. Ansbacher: Alfred Adlers Individualpsychologie. Eine systematische Darstellung seiner Lehre in Auszügen aus seinen Schriften. 415 S., Gb., E. Reinhardt Vlg. 4. erg. Ed. 1995. **DM 68,-**

Almuth Bruder-Bezzel: Geschichte der Individualpsychologie. 284 S., Kt., Vandenh. & Ruprecht 2. rev. Ed. 1999. **DM 48,-**

Informative und lebendige Darstellung der Entwicklung einer der wichtigsten tiefenpsychologischen Schulen - ein Beitrag zum heutigen Verständnis der Individualpsychologie.

Annemarie Buchholz-Kaiser: Individualpsychologische Bildungsarbeit /Das Gemeinschaftsgefühl bei Alfred Adler im Vergleich zur Therapie der Psychosen bei Frieda Fromm-Reichmann. Aspekte der analytischen Bearbeitung von Persönlichkeitsproblemen in Gruppen. 40 S., Pb., Vlg. Menschenkenntnis 1991. **DM 15,-**

Rudolf Dreikurs: Grundbegriffe der Individualpsychologie. Mit einem Vorw. v. Alfred Adler. 180 S., Kt., Klett-Cotta 8. Ed. 1997. **DM 32,-**

Hamburger Arbeitskreis f. angew. Individualpsychologie (Ed.): Lebenslügen Bd. 1. Kt., 2000. **DM 14,80**

Hamburger Arbeitskreis f. angew. Individualpsychologie (Ed.): Lebenslügen Bd. 2. 110 S., Kt., 2000. **DM 14,80**

Edward Hoffman: Alfred Adler - Ein Leben für die Individualpsychologie. Vorw. v. Kurt A. Adler. 428 S., 12 Abb., Gb., E. Reinhardt Vlg. 1997. **DM 62,-**

Katharina Kaminski (Ed.): Individualpsychologie auf neuen Wegen. Grundbegriffe - Individualpsychologie als angewandte Ethik - Psychotherapie - Charakterkunde. 251 S., Br., Königshausen & Neumann 1997. **DM 48,-**

R. Krausen /F. Mohr (Ed.): Bericht über den 13. Kongress der internat. Vereinigung für Individualpsychologie 1976. (Rhe.: Beitr. z. Individualpsych., Bd. 1) 237 S., 5 Abb., Kt., E. Reinhardt Vlg. 1978. **DM 42,-**

Ulrike Lehmkuhl (Ed.): Familie und Gesellschaftsstruktur. XIII. Delmenhorster Fortbildungstage für Individualpsychologie. (Rhe.: Beitr. z. Individualpsych., Bd. 20) 195 S., Kt., E. Reinhardt Vlg. 1994. **DM 39,80**

Ulrike Lehmkuhl (Ed.): Gewalt in der Gesellschaft. Vierzehnte Delmenhorster Fortbildungstage für Individualpsychologie. (Rhe.: Beitr. z. Individualpsych., Bd. 21) 232 S., Kt., E. Reinhardt Vlg. 1995. **DM 49,80**

Ulrike Lehmkuhl (Ed.): Grenzen - Tabu und Wirklichkeit. Vierzehnte Delmenhorster Fortbildungstage für Individualpsychologie. (Rhe.: Beitr. z. Individualpsych., Bd. 25) 120 S., Kt., E. Reinhardt Vlg. 1999. **DM 39,80**

Das Thema „Grenzen" ist wie kaum ein anderes von historischen und politischen Dimensionen belastet. In seinen zahlreichen Facetten spiegelt sich die kollektive Erfahrung unvorstellbarer Grenzüberschreitung, die unser Jahrhundert prägt. Grenzern haben ein doppeltes Gesicht: Sie sind nötig, denn sie sichern Identität. Andererseits ist Entwicklung nur durch Grenzüberschreitung möglich. Die vorliegenden Beiträge behandeln Grenzsituationen in historischen Zusammenhängen, aber auch die individuelle Grenzziehung zwischen Eltern und Kind, Therapeut und Klient.

Ulrike Lehmkuhl (Ed.): Verlaufsanalysen von Therapien und Beratungen. Zwölfte Delmenhorster Fortbildungstage für Individualpsychologie 1992. (Rhe.: Beitr. z. Individualpsych., Bd. 18) 175 S., Abb., Kt., E. Reinhardt Vlg. 1993. **DM 42,-**

G. Lehmkuhl /H. Gröner (Ed.): Register der deutschsprachigen individualpsychologischen Periodika (1914-1992) Zeitschrift für Individualpsychologie Bd. 1 (1914-1916), Internationale Zeitschrift für Individualpsychologie Bde. 2-20 (1923-1991), Zeitschrift für Individualpsychologie Jg. 1-16 (1976-1991) (Rhe.: Beitr. z. Individualpsych., Bd. 19) 187 S., Kt., E. Reinhardt Vlg. 1994. **DM 49,80**

T. Reinelt /Z. Otalora /H. Kappus (Ed.): Die Begegnung der Individualpsychologie mit anderen Therapieformen. Ausgewählte Beiträge aus dem 15. Kongreß der Internationalen Vereinigung für Individualpsychologie vom 2.-6. August 1982 in Wien (Mit Beitr. in engl. Sprache) (Rhe.: Beitr. z. Individualpsych., Bd. 3) 187 S., Kt., E. Reinhardt Vlg. 1984. **DM 42,-**

E. Ringel /G. Brandl (Ed.): Ein Österreicher namens Alfred Adler. Seine Individualpsychologie - Rückschau und Ausblick. 230 S., Kt., Klotz Vlg. 2. Ed. 1997. **DM 44,80**

Jürg Rüedi: Die Bedeutung Alfred Adlers in der Pädagogik. Eine historische Ausarbeitung der Individualpsychologie aus pädagogischer Perspektive. 409 S., Kt., Haupt Vlg. 2. Ed. 1992. **DM 65,-**

Jürg Rüedi: Einführung in die individualpsychologische Pädagogik. Alfred Adlers Konzept in der konkreten Erziehungspraxis. 175 S., 1 Frontispiz, Pb., Haupt Vlg. 1995. **DM 47,-**

Alice Rühle-Gerstel: Freud und Adler. Elementare Einführung in Psychoanalyse und Individualpsychologie. 110 S., Br., Vlg. Kopernikus 2. Ed. 1989. **DM**

Rainer Schmidt: Kausalität, Finalität und Freiheit. Perspektiven der Individualpsychologie. 251 S., Gb., E. Reinhardt Vlg. 1995. **DM 49,80**

Bettina Schubert: Erziehung als Lebenshilfe. Individualpsychologie und Schule. Ein Modell. (Rhe.: Geist u. Psyche, Bd. 11314) Kt., S. Fischer o.J.. **DM 14,90**

U. Sedlak /G. Gerber (Ed.): Methoden und Prozeß Indivudualpsychologischer Therapie und Beratung. Elfte Delmenhorster Fortbildungstage für Individualpsychologie 1991. (Rhe.:

Beitr. z. Individualpsych., Bd. 15) 223 S., 16 Abb., Kt., E. Reinhardt Vlg. 1992. **DM 39,80**

Ronald Wiegand: Alfred Adler und danach. Individualpsychologie zwischen Weltanschauung und Wissenschaft. 146 S., Kt., E. Reinhardt Vlg. 1990. **DM 24,80**

Karl H. Witte (Ed.): Praxis und Theorie der Individualpsychologie heute. Aus der analytischen Psychotherapie mit Kindern, Jugendlichen und Erwachsenen. (Rhe.: Beitr. z. Individualpsych., Bd. 16) 175 S., 16 Abb., Kt., E. Reinhardt Vlg. 1992. **DM 37,-**

Narzißmus- und Ichtheorien

Martin Altmeyer: Narzißmus und Objekt. Ein intersubjektives Verständnis. 200 S., Kt., Vandenh. & Ruprecht 3/2000. **DM 39,-**

Raymond Battegay: Narzißmus und Objektbeziehungen. Über das Selbst zum Objekt. 238 S., Kt., H. Huber Vlg. 3. rev. Ed. 1991. **DM 49,80**

G. Blanck /R. Blanck: Angewandte Ich-Psychologie. 465 S., Ln., Klett-Cotta 6. rev. Ed. 1993. **DM 68,-**

Malcolm Bowie: Lacan. 288 S., Kt., Steidl Vlg. 1997. **DM 19,80**

Juana Danis: Einführung in J. Lacan. Vorträge gehalten am Inst. f. Psychosymbolik, München 1987. 237 S., Kt., Ed. Psychosymbolik rev. Ed. 1996. **DM 45,-**

Hans-Jürgen Eilts: Narzißmus und Selbstpsychologie. Zur Entwicklung der psychoanalytischen Abwehrlehre. 143 S., Br., Ed. diskord 1998. **DM 25,-**

Marlies Frommknecht-Hitzler: Die Bedeutung von Idealisierung und Idealbildung für das Selbstgefühl. Eine Auseinandersetzung mit den Narzissmustheorien Freuds und Kohuts. 222 S., Br., Königshausen & Neumann 1994. **DM 48,-**

Hans J. Fuchs: Entfremdung und Narzißmus. Semantische Untersuchungen zur Geschichte der „Selbstbezogenheit" als Vorgeschichte von französisch „amour propre". 394 S., Kt., Metzler 1977. **DM 80,-**

Hanna Gekle: Tod im Spiegel. Zu Lacans Theorie des Imaginären. 240 S., Kt., Suhrkamp 1995. **DM 19,80**

Georges A. Goldschmidt: Der bestrafte Narziß. 155 S., Gb., Ammann Vlg. 1994. **DM 34,-**

Patrick Guyomard: Das Genießen des Tragischen. Hg. v. Lacan Archiv Bregenz. (Rhe.: Das Lacansche Feld, 3) 200 S., Br., Turia & Kant 1999. **DM 36,-**

Roger Hofmann: Beschreibungen des Abwesenden. Lektüren nach Lacan. 302 S., Br., P. Lang 1996. **DM 89,-**

Franz Kaltenbeck: Hommage an Jacques Lacan. 208 S., Br., Turia & Kant 1999. **DM 42,-**

Heinz Kohut: Narzißmus. Eine Theorie der psychoanalytischen Behandlung narzißtischer Persönlichkeitsstörungen. 386 S., Kt., Suhrkamp 1976. **DM 24,80**

J.A. Miller /E.-L. Silvestre et al.: Von einem anderen Lacan. 155 S., Br., Turia & Kant 1994. **DM 26,-**

U. Orlowsky /R. Orlowsky: Narziß und Narzißmus im Spiegel von Literatur, Bildender Kunst und Psychoanalyse. Vom Mythos zur leeren Selbstinszenierung. 463 S., 89 Abb., Ln., W. Fink Vlg. 1992. **DM 98,-**

Jean-Bertrand Pontalis: Zusammenfassende Wiedergabe der Seminare IV-VI von Jaques Lacan. Vorw. und hrsg. v. Hans-Dieter Gondek. 208 S., Turia & Kant 1999. **DM 42,-**

Jutta Prasse /C.-D. Rath (Ed.): Lacan und das Deutsche. Die Rückkehr der Psychoanalyse über den Rhein. 283 S., Kt., Kore Ed. 1994. **DM 39,80**

Psychoanalyt. Seminar Zürich (Ed.): Die neuen Narzissmustheorien: Zurück ins Paradies? Einl. v. Fritz Morgenthaler. 204 S., Pb., eva 1993. **DM 22,-**

Almut-Barbara Renger (Ed.): Mythos Narziß: Texte von Ovid bis Jacques Lacan. 24 Abb., Kt., Reclam 1999. **DM 24,-**

Pierre Rey: Eine Saison bei Lacan. 216 S., Kt., Passagen Vlg. 1995. **DM 39,80**

Rado Riha: Reale Geschehnisse der Freiheit. Zur Kritik der Urteilskraft in Lacanscher Absicht. 95 S., Br., Turia & Kant 1993. **DM 17,-**

Heinz-Peter Röhr: Narzißmus. Das innere Gefängnis. 184 S., Br., Walter Vlg. 1999. **DM 29,80**

Hans J. Roth: Narzißmus. Selbstwerdung zwischen Destruktion und Produktivität. 296 S., Br., Juventa Vlg. 1990. **DM 38,-**

Gregor Schwering: Benjamin - Lacan. Vom Diskurs des Anderen. 220 S., Turia & Kant 1998. **DM 42,-**

Günter H. Seidler (Ed.): Das Ich und das Fremde. Klinische und sozialpsychologische Analysen des destruktiven Narzißmus. 265 S., Kt., Westdt. Vlg. 1994. **DM 56,-**

Neville Symington: Narzissmus. Neue Erkenntnisse zur Überwindung psychischer Störungen. 160 S., Kt., Psychosozial Vlg. Neuausg. 1999. **DM 34,-**

Bernhard H.F. Taureck (Ed.): Psychoanalyse und Philosophie. Lacan in der Diskussion. Kt., S. Fischer o.J.. **DM 19,80**

Gottfried Teichmann: Psychoanalyse und Sprache. Von Saussure zu Lacan. 175 S., Kt., Königshausen & Neumann 1983. **DM 29,80**

V. D. Volkan /G. Ast: Spektrum des Narzissmus. Eine klinische Studie des gesunden Narzissmus, des narzisstisch-masochistischen Charakters, der narzisstischen Persönlichkeitsorganisation, des malignen Narzissmus und des erfolgreichen Narzissmus. 234 S., Kt., Vandenh. & Ruprecht 1994. **DM 46,-**

Heribert Wahl: Narzißmus. Von Freuds Narzißmustheorie zur Selbstpsychologie. 204 S., Kt., Kohlhammer Vlg. 1985. **DM 34,-**

Peter Widmer: Subversion des Begehrens. Eine Einführung in Jaques Lacans Werk. 207 S., Kt., Turia & Kant 2. Ed. 1999. **DM 42,-**

Jörg Wiesse (Ed.): Identität und Einsamkeit. Zur Psychoanalyse von Narzißmus und Beziehung. 210 S., Kt., Vandenh. & Ruprecht 2000. **DM 39,-**

Ross A. Lazar (München): Die Entstehung der Persönlichkeit und das Hervortreten der Identität. Marianne Leuzinger-Bohleber (Kassel): „Ich kann es nicht ertragen ..." - Trauma und Identität. Aus der Psychoanalyse eines Spätadoleszenten. Vera King (Frankfurt): Identitätsbildungsprozesse in der weiblichen Adoleszenz. Regina Becker-Schmidt (Hannover: Mädchen und Jungen auf der Suche nach geschlechtlicher Identität. H. Shmuel Erlich (Jerusalem): Narzißmus und Beziehung - Auf Erfahrung beruhende Aspekte von Identität und Einsamkeit. Jörg Wiesse (Nürnberg): Gaudeamus igitur - Von der Schwierigkeit des Älterwerdens. Jörg Bose (New York): Scham, Depression und

Identität. Gerhard Wilke (London): Gruppenprozesse und Identität. Peter Diederichs (Berlin): Deutsch-deutsche Identität ?

Siegfried Zepf: Lust und Narzißmus. 149 S., Kt., Vandenh. & Ruprecht 1997. **DM 39,-**

Der Autor kippt in diesem Buch das gängige Narzißmus-Konzept von den Füßen auf die Seite und gibt damit einen Blick frei auf die Dynamik einer Entwicklungskomponente, die mit (abwehrenden) Klinifizierungen nicht zu begreifen ist. Er macht deutlich, daß die"Frühstörung" nicht einem sozusagen biologisch abgescannten Defizit entspringt, sondern eine Sehnsucht ist nach etwas real Verlorenem. Nicht das Gelobte Land, das biologisch Verheißene, bereitet, wo es ausbleibt, die nachhaltige Störung; es ist der erlebte Verlust, der im weiteren Leben bewältigt werden muss.

Slavoj Zizek (Ed.): Gestalten der Autorität. Seminar der Laibacher Lacan-Schule. Kt., Hora-Vlg. 1991. **DM 16,-**

Objektbeziehungstheorie /Selbstpsychologie

S. Akhtar /S. Kramer /H. Parens (Ed.): Die innere Mutter. Zur theoretischen und klinischen Bedeutung der Objektkonstanz. Referate u. Diskussionsbeitr. d. 2. Internationalen Mahler-Symposium, Köln 1993. (Rhe.: Geist u. Psyche, Bd. 12884) Kt., S. Fischer 1997. **DM 24,90**

H. A. Bacal /K. M. Newman: Objektbeziehungstheorien - Brücken zur Selbstpsychologie. Mit e. Vorw. v. Ernest Wolf. (Rhe.: problemata, Bd. 132) 360 S., Kt., frommann-holzboog 1994. **DM 50,-**

H. A. Bacal /K.M. Newman: Objektbeziehungstheorien - Brücken zur Selbstpsychologie. Mit e. Vorw. v. Ernest Wolf. (Rhe.: problemata, Bd. 132) 360 S., Ln., frommann-holzboog 1994. **DM 70,-**

Die Selbstpsychologie, deren erste systematische Darstellung Heinz Kohut 1977 mit seinem Werk „The Restoration of the Self" vorlegte, stellt das Selbst ins Zentrum des psychischen Universums. H. A. Bacal und K. M. Newman zeichnen den Paradigmenwechsel von der klassischen Triebtheorie über die Mehr-Personen-Modelle der Objektbeziehungstheorien zu einer Psychologie nach, die Selbst-Entwicklung und Selbst-Kohärenz als motivationale Faktoren der Beziehung begreift. Die Autoren behandeln I. Suttie, H. S. Sullivan, M. Klein, O. Kernberg, H. Racker, M. Mahler, M. Balint, W. R. D. Fairbairn, H. Guntrip, D. W. Winnicott sowie J. Bowlby. Das abschließende Kapitel führt in H. Kohuts Werk ein und beschreibt die zeitgenössische theoretische und klinische Weiterentwicklung der Psychologie des Selbst zu einer Selbstobjekt-Theorie.

Erwin Bartosch: Auf dem Weg zu einer neuen Psychoanalyse. Charakterentwicklung und Therapie aus der Sicht der Selbstpsychologie. 258 S., Ln., Neue Psychoanalyse Wien 1999. **DM 49,-**

"Religion, Perversion, Zwang, „Lebensplan" und der „autoritäre Charakter" sind die Themen, deren Bearbeitung die zentralen Begriffe der Selbstpsychologie deutlich werden läßt: Selbstobjekt, Selbstobjektübertragung, Empathie und Aggression."

Erwin Bartosch (Ed.): Wunden der Seele - Chancen der Heilung: Die Tagung der Europäischen Förderation Psychoanalytische Selbstpsychologie, Wien 1998. 197 S., Kt., Neue Psychoanalyse Wien 1999. **DM 30,-**

E. Bartosch /H. Hinterhofer /L. Pellegrini (Ed.): Aspekte einer neuen Psychoanalyse: Ein selbstpsychologischer Austausch New York - Wien. 203 S., Kt., Neue Psychoanalyse Wien 1999. **DM 30,-**

Gemeinsam mit einer Gruppe amerikanischer Selbstpsychologen veranstaltete 1997 der „Wiener Kreis für Psychoanalyse und Selbstpsychologie" eine Fachtagung, deren Beiträge in diesem Band versammelt sind.

Rubin Blanck /Gertrude Blanck: Jenseits der Ich-Psychologie. Eine Objektbeziehungstheorie auf der Grundlage der Entwicklung. 279 S., Kt., Klett-Cotta 1989. **DM 42,-**

Elisabeth Bott Spillius (Ed.): Melanie Klein Heute. Entwicklungen in Theorie und Praxis. Bd. 1: Beiträge zur Theorie. (Rhe.: VIP - Verl. Internat. Psa.) VII, 446 S., Ln., Klett-Cotta 2. Ed. 1995. **DM 68,-**

Elisabeth Bott Spillius (Ed.): Melanie Klein Heute. Entwicklungen in Theorie und Praxis. Bd. 2: Anwendungen. (Rhe.: VIP - Verl. Internat. Psa.) VII, 409 S., Ln., Klett-Cotta 2. Ed. 1995. **DM 68,-**

(Besprochen in arbeitshefte kinderpsa. 20/1995, v. Achim Perner)

R. Britton /M. Feldman /E. O'Shaughnessy: Der Ödipuskomplex in der Schule Melanie Kleins. Klinische Beiträge. Mit d. Aufsatz „Der Ödipuskomplex im Lichte früher Ängste" v. Melanie Klein. 170 S., Zeichnungen, Ln., Klett-Cotta 1998. **DM 58,-**

Welcher Stellenwert kommt dem Ödipuskomplex, den Freud als den „Kernkomplex der Neurosen" bezeichnet, in der heutigen Theorie und Praxis der kleinianischen Psychoanalyse zu? Mit dieser Frage beschäftigen sich die hier veröffentlichten Vorträge, die im September 1987 von renommierten britischen Psychoanalytikern auf der „Melanie Klein Conference" in London gehalten wurden.

R. Britton /M. Feldman /J. Steiner (Ed.): Groll und Rache in der ödipalen Situation. Beiträge der Westlodge-Konferenz 1995. (Rhe.: Perspekt. Kleinian. Psa. Bd. 1) 155 S., Kt., Ed. diskord 1997. **DM 28,-**

Beiträge von R. Britton, M. Feldman, J. Steiner u.a.

U. Engel /L. Gast /J.Gutmann (Ed.): Bion: Aspekte der Rezeption in Deutschland. (Rhe.: Perspekt. Kleinian. Psa., Bd. 8) 120 S., Br., Ed. diskord 2000. **DM 28,-**

Die Arbeiten in diesem Band eröffnen den Zugang zu Bions Denken aus verschiedenen Perspektiven. So wird Bions Beitrag zur Psychoanalyse zum Ausgangspunkt metapsychologischer und geisteswissenschaftlicher Überlegungen.

Phyllis Grosskurth: Melanie Klein. Ihre Welt und ihr Werk. (Rhe.: VIP - Verl. Internat. Psa.) 623 S., 41 Abb., Ln., Klett-Cotta 1993. **DM 68,-**

(Besprochen in arbeitshefte kinderpsa. 19/1994, v. Achim Perner)

Monika Hartig-Gönnheimer: Entwicklung und Störung des Selbst bei sprachbehinderten Kindern. Zur Integration selbstpsychologischer Ansätze in Theorie und Praxis der Sprachbehindertenpädagogik. V, 355 S., Kt., WissenschaftsVlg. Spiess 1994. **DM 49,80**

H.-P. Hartmann /W. Milch /P. Kutter et al.: Das Selbst im Lebenszyklus. 182 S., Kt., Suhrkamp 1998. **DM 18,80**

Robert D. Hinshelwood: Die Praxis der kleinianischen Psychoanalyse. (Rhe.: VIP - Verl. Internat. Psa.) 377 S., Ln., Klett-Cotta 1997. **DM 78,-**

Mario Jacoby: Individuation und Narzißmus. Psychologie des Selbst bei C. G. Jung und H. Kohut. (Rhe.: Leben lernen, Bd. 60) 256 S., Br., Klett-Cotta 1985. **DM 38,-**

R. Kennel /G. Reerink (Ed.): Klein - Bion. Eine Einführung. Beiträge zum Frankfurter Theoretischen Forum 1996. (Rhe.: Perspekt. Kleinian. Psa., Bd. 2) 172 S., Kt., Ed. diskord 1997. **DM 32,-**

Otto F. Kernberg: Innere Welt und äußere Realität. Anwendungen der Objektbeziehungstheorie. (Rhe.: VIP - Verl. Internat. Psa.) XIV, 393 S., Ln., Klett-Cotta 3. Ed. 1997. **DM 58,-**

Otto F. Kernberg: Objektbeziehungen und Praxis der Psychoanalyse. 316 S., Ln., Klett-Cotta 6. Ed. 1997. **DM 68,-**

Heinz Kohut: Auf der Suche nach dem Selbst. Kohuts Seminare zur Selbstpsychologie und Psychotherapie mit jungen Erwachsenen. (Rhe.: Leben lernen, Bd. 86) 314 S., Kt., Klett-Cotta 1993. **DM 47,-**

Heinz Kohut: Die Heilung des Selbst. 330 S., Kt., Suhrkamp 6. Ed. 1996. **DM 24,80**

Heinz Kohut: Wie heilt die Psychoanalyse? Hrsg. v. Arnold Goldberg u.a. 340 S., Ln., Suhrkamp 1987. **DM 58,-**

Heinz Kohut: Wie heilt die Psychoanalyse? Hrsg. v. Arnold Goldberg u.a. 341 S., Kt., Suhrkamp 3. Ed. 1996. **DM 24,80**

Peter Kutter: Leidenschaft im Lebenszyklus. Psychoanalytische und selbstpsychologische Perspektiven. (Rhe.: AudioTorium) 58 min., 1 Toncass., auditorium-Vlg. o.J.. **DM 22,-**

Peter Kutter (Ed.): Psychoanalytische Selbstpsychologie. Theorie, Methode, Anwendungen. 150 S., Kt., Vandenh. & Ruprecht 3/2000. **DM 36,-**

Peter Kutter (Ed.): Selbstpsychologie: Weiterentwicklungen nach Heinz Kohut. Beitr. v. E.S. Wolf, A. Ornstein, J. Lichtenberg u.a. 135 S., Ln., Klett-Cotta 1999. **DM 38,-**

P. Kutter /J. Paal /C. Schöttler (Ed.): Der therapeutische Prozeß. Psychoanalytische Theorie und Methode in der Sicht der Selbstpsychologie. 174 S., Kt., Suhrkamp 2. Ed. 1997. **DM 16,80**

J. D. Lichtenberg /F.M. Lachmann /J.L. Fosshage: Das Selbst und die motivationalen Systeme. Zu einer Theorie psychoanalytischer Technik. 336 S., Gb., Vlg. Brandes & Apsel 2000. **DM 68,-**

"Eine sorgfältige Lektüre dieses Buches, das den Paradigmen ebenso wie der aktuellen Behandlungsrealität den jeweils angemessenen Stellenwert in der Technik einräumt, kann für jeden Analytiker nur gewinnbringend sein." (Annual of Psychoanalysis)

K. Lüderssen /F. Sack: Abweichendes Verhalten. Bd. 1: Die selektiven Normen der Gesellschaft; Fehlsozialisation. 320 S., Kt., Suhrkamp 1975. **DM 24,-**

J. F. Masterson /N. Tolpin /P. Sifneos: Blick hinter den Vorhang. Objektbeziehungstheorie, Selbstpsychologie und Psychodynamische Kurztherapie im Vergleich. 241 S., Kt., Vlg. EHP 1993. **DM 38,-**

Arnold H. Modell: Objektliebe und Realität. Einführung in eine psychoanalytische Theorie der Objektbeziehungen. 180 S., Gb., Suhrkamp NA iVorb.. **DM 36,-**

Edna O'Shaughnessy: Kann ein Lügner analysiert werden? Emotionale Erfahrungen und psychische Realität in Kinderanalysen und Erwachsenenanalysen. (Rhe.: Perspekt. Kleinian. Psa., Bd. 3) 192 S., Br., Ed. diskord 1998. **DM 32,-**

O'Shaughnessy zeigt - u.a. von Bion ausgehend - den mühsamen Weg hin zu mehr Wissenkönnen und Wissenwollen als Voraussetzung für weniger krankhaft einschränkende Beziehungen. An Beispielen aus Kinder- und Erwachsenenanalysen legt sie dar, wie mit Hilfe von inzw. weiterentwikkelten psa. Konzepten auch Patienten analysiert werden können, bei denen die psa. Methode zunächst wenig aussichtsreich erschien.

A. Ornstein/P. H. Ornstein: Zur klinischen Praxis der Selbstpsychologie. 240 S., Kt., Suhrkamp 2000. **ca. DM 19,80**

J. Sandler /A.-M. Sandler: Innere Objektbeziehungen. Entstehung und Struktur. 250 S., Ln., Klett-Cotta 1999. **DM 48,-**

Allen M. Siegel: Einführung in die Selbstpsychologie. Das psychoanalytische Konzept von Heinz Kohut. Mit einer Einf. v. R. Hellmann-Brose u. E.-M. Topel. 240 S., Kt., Kohlhammer Vlg. 2000. **DM 48,80**

Daniel Stern: Die Entwicklung des Selbst. Aufnahmen von den Lindauer Psychotherapie Wochen 1997. (Rhe.: AudioTorium) 250 min., 5 Toncass., auditorium-Vlg. 1997. **DM 90,-**

Daniel Stern: The Narrative Self (in engl. Sprache) Aufnahmen von den Lindauer Psychotherapie Wochen 1997. (Rhe.: AudioTorium) 60 min., 1 Toncass., auditorium-Vlg. 1997. **DM 60,-**

Ernest S. Wolf: Theorie und Praxis der psychoanalytischen Selbstpsychologie. 247 S., Kt., Suhrkamp 1998. **DM 19,80**

Peter Zagermann: Eros und Thanatos. Psychoanalytische Untersuchungen zu einer Objektbeziehungstheorie der Triebe. Mit einem Beitrag v. J. Chasseguet-Smirgel. XIX, 428 S., Gb., WBG 1988. **DM 98,-**

Weitere tiefenpsychologische Konzepte

Kathrin Asper: Fenster im Alltag. Psychologisches Skizzenbuch. 296 S., Ebr., Walter Vlg. 2. Ed. 1995. **DM 19,80**

Kathrin Asper: Verlassenheit und Selbstentfremdung. Neue Zugänge zum therapeutischen Verständnis. 344 S., Kt., dtv 1993. **DM 19,90**

Gregor Becker: Philosophische Probleme der Daseinsanalyse von Medard Boss und ihre praktische Anwendung. 192 S., Kt., Tectum Vlg. 1997. **DM 44,80**

Ludwig Binswanger: Ausgewählte Werke. Bd.3: Vorträge und Aufsätze. XXXV, 377 S., Kt., Asanger Vlg. 1994. **DM 68,-**

Wilfred R. Bion: Lernen durch Erfahrung. 171 S., Kt., Suhrkamp 2. Ed. 1997. **DM 18,80**

Norbert Bischof: Das Kraftfeld der Mythen. Signale aus der Zeit, in der wir die Welt erschaffen haben. Abb., Kt., Piper 1998. **DM 29,90**

06 Wie kommt es, daß die Mythen aller Völker einander so ähnlich sind? Woher stammt ihre unheimliche, heilbringende, aber auch lebensbedrohende Kraft, die bis in die politischen Ideologien ausstrahlt? Mythendeutung muß keineswegs unverbindliche Spekulation bleiben: Ihre Erforschung erschließt universelle Einsichten in den Prozeß der Persönlichkeitsreifung.

Norbert Bischof: Das Kraftfeld der Mythen. Signale aus der Zeit, in der wir die Welt erschaffen haben. 810 S., zahlr. Abb., Gb., Piper 1996. **DM 78,-**

"Ein gewaltiges Werk, und ich vermute, ein Werk, das selbst ein Mythos werden wird". Ernst Peter Fischer

Arnold Bittlinger: Heimweh nach der Ewigkeit. Tiefenpsychologische Meditationen zum christlichen Glauben. 189 S., Gb., Kösel Vlg. 1993. **DM 34,-**

Günther Bittner: Das Sterben denken um des Lebens willen. (Rhe.: Geist u. Psyche, Bd. 12687) Kt., S. Fischer 1995. **DM 16,90**

Günther Bittner: Das Sterben denken um des Lebens willen. Ein Lehrstück tiefenpsychologisch-pädagogischer Menschenkunde. 111 S, Kt., Königshausen & Neumann 1984. **DM 19,80**

Günther Bittner: Das Unbewusste - ein Mensch im Menschen? 168 S., Br., Königshausen & Neumann 1988. **DM 34,-**

Dirk Blothner: Der glückliche Augenblick. Eine tiefenpsychologische Erkundung. 214 S., Kt., Bouvier Vlg. 1993. **DM 38,-**

Walter Böckmann: Sinn-orientierte Leistungsmotivation und Mitarbeiterführung. Ein Beitrag der Humanistischen Psychologie, insbesondere der Logotherapie nach Viktor E. Frankl zum Sinnproblem der Arbeit. 158 S., Kt., Enke 1980. **DM 19,80**

Gertie Bögels: Psychoanalyse in der Sprache Alice Millers. 160 S., Br., Königshausen & Neumann 1997. **DM 39,80**

Hannes Böhringer: Kompensation und Common Sense. Zur Lebensphilosophie Alfred Adlers. 159 S., Kt., Anton Hain Vlg. 1985. **DM 38,-**

Ralf H Bolle: Am Ursprung der Sehnsucht. Tiefenpsychologische Aspekte veränderter Wachbewusstseinszustände am Beispiel des Anästhetikums Ketanest. 195 S., Br., VWB 1988. **DM 36,-**

Florence D. Boodakian: Tormenting Angel. A Psychoaesthetic Theory of Imagination. (Sexuality and Literature, Vol 9) 150 S., Br., P. Lang Vlg. 2000. **DM 68,-**

Anne Bouchart-Godard (Ed.): Die übertragene Mutter. Psychoanalytische Beiträge. 77 S., Br., Ed. diskord 1987. **DM 18,-**

Karl H. Brisch: Bindungsstörungen. Von der Bindungstheorie zur Therapie. 311 S., Ln., Klett-Cotta 1999. **DM 58,-**

Tobias Brocher: Stufen des Lebens. 194 S., Kt., Kreuz Vlg. 12. Ed. 1998. **DM 26,80**

Tobias Brocher: Von der Schwierigkeit zu lieben. 195 S., Kt., Kreuz Vlg. 1997. **DM 29,90**

Gion Condrau: Daseinsanalyse. Philosophische und anthropologische Grundlagen. Die Bedeutung der Sprache. Psychotherapieforschung aus daseinsanalytischer Sicht. 190 S., Gb., H. Huber Vlg. 1989. **DM 34,80**

Gion Condrau (Ed.): Festschrift Professor Medard Boss zum 85. Geburtstag gewidmet. „Daseinsanalyse", Vol 5, No 4 (1988) 140 S., 1 Abb., Br., Karger Vlg. 1988. **DM 32,-**

Gion Condrau (Ed.): Phänomenologie und psychotherapeutische Praxis. „Daseinsanalyse", 12, 1-4 (1995) 250 S., Pb., Karger Vlg. 1995. **DM 101,-**

Gion Condrau (Ed.): Psychotherapie - Heilkunst oder Heilslehre? „Daseinsanalyse", Vol 9, No 2-3 (1992) IV,208 S., 1 Abb., 1 Tab., Pb., Karger Vlg. 1992. **Sonderausg. DM 65,-**

Gion Condrau (Ed.): Psychotherapie, Heilkunst oder Heilslehre? 1. Forum der Internationalen Vereinigung für Daseinsanalyse. Kt., Karger Vlg. 1992. **DM 65,-**

Herbert Csef (Ed.): Sinnverlust und Sinnfindung in Gesundheit und Krankheit. Gedenkschrift zu Ehren von Dieter Wyss. 320 S., Br., Königshausen & Neumann 1997. **DM 58,-**

Juana Danis: Gestalt und Gestaltung. 16 S., Pb., Ed. Psychosymbolik 1995. **DM 15,-**

Juana Danis: Gruppenstudien. 67 S., Pb., Ed. Psychosymbolik 1980. **DM 15,-**

Gerhard Danzer: Der „wilde" Analytiker. Georg Groddeck und die Entdeckung der Psychosomatik. 164 S., Abb., Gb., Kösel Vlg. 1992. **fPr. DM 19,80**

Im Buchhandel vergriffen; früher DM 39,80; bei der SFB noch vorrätig.

G. Danzer /J. Rattner: Der Mensch zwischen Gesundheit und Krankheit. Tiefenpsychologische Theorien menschlicher Funktionen. 304 S., Gb., Primus Vlg. 1999. **DM 98,-**

Hans Deidenbach: Zur Psychologie der Bergpredigt. (Rhe.: Geist u. Psyche, Bd. 10259) Kt., S. Fischer o.J.. **DM 19,90**

H Dieckmann (Ed.): Kreativität des Unbewussten. Zum 75. Geburtstag von Erich Neumann (1905-1960). Analytische Psychologie, Vol 11, No 3-4 (1980) 216 S., 3 Abb., 1 Tab., Br., Karger Vlg. 1980. **DM 35,-**

Karlfried Graf von Dürckheim: Erlebnis und Wandlung. Grundfragen der Selbstfindung. Kt., Suhrkamp 1992. **DM 14,80**

Karlfried Graf von Dürckheim: Erlebnis und Wandlung. Grundfragen der Selbstfindung. 253 S., Kt., Scherz Vlg. 6. Ed. 1990. **DM 29,90**

J.S. Efran /M.D. Lukens /R.J. Lukens: Sprache, Struktur und Wandel. Bedeutungsrahmen der Psychotherapie. 291 S., Br., Vlg. Mod. Lernen 1992. **DM 39,80**

Helga Egner (Ed.): Macht - Ohnmacht - Vollmacht. Tiefenpsychologische Perspektiven. 312 S., Br., Walter Vlg. 1996. **DM 39,80**

Thomas Ehrensperger (Ed.): Zwischen Himmel und Erde. Beiträge zum Grounding-Konzept. (Körper und Seele, Bd. 5) 224 S., Br., Schwabe Vlg. 1996. **DM 48,-**

Hansueli F. Etter: Der Schöpfungsteppich von Girona. Ein hochmittelalterliches Gottesbild aus dem christlichen Spanien: Seine Bedeutung in unserer Zeit. 123 S., 43 Abb.,1 Taf., Pb., Bonz Vlg. 1989. **DM 47,50**

Gustav T. Fechner: Nanna oder über das Seelenleben der Pflanzen. 399 S., Kt., P. Wald Vlg. 1993. **DM 80,-**

Gustav T. Fechner: Über die Seelenfrage. Ein Gang durch die sichtbare Welt, um die unsichtbare zu finden. 239 S., Kt., P. Wald Vlg. 1992. **DM 70,-**

Christian Firus: Der Sinnbegriff der Logotherapie und Existenzanalyse und seine Bedeutung für die Medizin. 130 S., Br., Centaurus Vlg. 1992. **DM 32,-**

H. Fitzek /W. Salber: Gestaltpsychologie. Geschichte und Praxis. 170 S., 10 Abb., Kt., WBG 1996. **DM 49,80**

Viktor Frankl: Der unbewußte Gott. Psychotherapie und Religion. 136 S., Kt., dtv 1992. **DM 12,90**

Viktor Frankl: Einführung in die Logotherapie und Existenzanalyse. (Rhe.: AudioTorium) 7 Std., 4 VHS-Videocass., auditorium-Vlg. o.J.. **DM 350,-**

Viktor Frankl: Einführung in Logotherapie und Existenzanalyse. Vorlesung im Wintersemester 1991/92 an der Universität Wien. (Rhe.: AudioTorium) 380 min., 6 Toncass. iBox, auditorium-Vlg. o.J.. **DM 140,-**

Viktor Frankl: Entfremdung. Vortrag, 1974. (Rhe.: AudioTorium) 150 min., 2 Toncass., auditorium-Vlg. o.J.. **DM 45,-**

Viktor Frankl: Logotherapie und Existenzanalyse. Texte aus sechs Jahrzehnten. 348 S., 12 Abb., Pb., PVU 3. Ed. 1998. **DM 49,80**

Viktor E. Frankl: Ärztliche Seelsorge. Grundlagen der Logotherapie und Existenzanalyse. (Rhe.: Geist u. Psyche, Bd. 42302) Kt., S. Fischer o.J.. **DM 26,90**

Viktor E. Frankl: Auf dem Weg zu einer Psychotherapie mit „Menschlichem Antlitz". Siebzig Jahre miterlebte „Evolution der Psychotherapie". (Rhe.: Autobahn-Universität) 2 Toncass., zus. 90 min., C. Auer Vlg. 1997. **DM 38,-**

Viktor E. Frankl: Das Leiden am sinnlosen Leben. Psychotherapie für heute. Kt., Herder 2000. **DM 14,80**

Viktor E. Frankl: Der Wille zum Sinn. Ausgewählte Vorträge über Logotherapie. Mit einem Beitr. v. Elisabeth S. Lukas. 335 S., 16 Abb., Kt., Piper 4. Ed. 1997. **DM 22,90**

Viktor E. Frankl: Psychotherapie für den Alltag. Rundfunkvorträge über Seelenheilkunde. Kt., Herder NA 2000. **DM 16,80**

V.E. Frankl /F. Kreuzer: Im Anfang war der Sinn. Von der Psychoanalyse zur Logotherapie. Ein Gespräch. 106 S., Kt., Piper 4. Ed. 1997. **DM 14,90**

Volker Frederking: Durchbruch vom Haben zum Sein. Erich Fromm und die Mystik Meister Eckharts. 513 S., Gb., Schöningh Vlg. 1994. **DM 84,-**

Eckhard Frick: Durch Verwundung heilen. Zur Psychoanalyse des Heilungsarchetyps. 172 S., 14 Abb., Kt., Vandenh. & Ruprecht 1996. **DM 39,-**

Erich Fromm: Das Christusdogma und andere Essays. 184 S., Kt., dtv 1992. **DM 12,80**

Erich Fromm: Das Christusdogma und andere Essays. 192 S., Gb., DVA 1981. **DM 28,-**

Erich Fromm: Die Entdeckung des gesellschaftlichen Unbewußten. Zur Neubestimmung der Psychoanalyse. 182 S., Kt., Beltz 1990. **DM 26,-**

Erich Fromm: Über den Ungehorsam. Und andere Essays. 176 S., Kt., dtv 1993. **DM 14,90**

Erich Fromm: Über den Ungehorsam und andere Essays. 169 S., Gb., DVA 1982. **DM 24,-**

Erich Fromm: Über die Liebe zum Leben. Rundfunksendungen. 192 S., Kt., dtv 1993. **DM 12,90**

Erich Fromm: Über die Liebe zum Leben. Rundfunksendungen. 183 S., Kt., DVA 1983. **DM 19,80**

Erich Fromm: Vom Haben zum Sein. Wege und Irrwege der Selbsterfahrung. Hrsg. , Vorw. u. Nachw. v. Rainer Funk. Kt., Heyne 1994. **DM 12,90**

Erich Fromm: Vom Haben zum Sein. Wege und Irrwege der Selbsterfahrung. 174 S., Kt., Beltz 5. Ed. 1994. **DM 24,-**

Erich Fromm: Wege zur Befreiung. Über die Kunst des Lebens. Vorw. v. Rainer Funk. 125 S., Gb., Manesse Vlg. 4. Ed. 1996. **DM 19,80**

E. Fromm /Daisetz T. Suzuki /R. de Martino: Zen-Buddhismus und Psychoanalyse. 240 S., Kt., Suhrkamp 1976. **DM 16,80**

R. Frühmann /H. Petzold (Ed.): Lehrjahre der Seele. Lehranalyse, Selbsterfahrung, Eigentherapie in den psychotherapeutischen Schulen. (Rhe.: Vergl. Psychoth., Bd. 10) 685 S., Kt., Junfermann Vlg. 1994. **DM 58,-**

Dieter Funke: Gott und das Unbewußte. Glaube und Tiefenpsychologie. 175 S., Kt., Kösel Vlg. 1995. **DM 36,-**

Hans G. Furth: Wissen als Leidenschaft. Eine Untersuchung über Freud und Piaget. 200 S., Gb., Suhrkamp 1990. **DM 36,-**

Wolfgang Giegerich: The Soul's Logical Life. Towards a Rigorous Notion of Psychology. 282 S., Br., P. Lang 1999. **DM 78,-**

Contents: The „who", „how" and „what" of psychological discourse - Why Jung? - Critique of Archetypical Psychology - Actaion and Artemis

Wolfgang Giegerich: Tötungen - Gewalt aus der Seele. 206 S., Br., P. Lang 1994. **DM 64,-**

B. S. Goel: Eine psycho-spirituelle Reise. Psychoanalyse und Meditation. Abhandlungen. 202 S., Gb., Lüchow Vlg. 1997. **DM 28,-**

Georg Groddeck: Die Arche. Photomechanischer Nachdruck der Zeitschrift von 1925-1927. Hrsg. v. Otto Jägersberg. 1400 S., Gb. iKass., Stroemfeld 2001. **ca. DM 248,-**

Georg Groddeck: Patientenvorträge 1916-1918. Sprecher: Peter Lieck. (Rhe.: Autobahn-Universität) 3 Toncass. iBox, C. Auer Vlg. o.J.. **DM 52,-**

Georg Groddeck: Schicksal, das bin ich selbst. Briefe und Aufsätze zur Psychosomatik. Essay v. Lawrence Durrell. 310 S., Ln., Limes Vlg. 1992. **DM 39,80**

Stanislav Grof: Das Abenteuer der Selbstentdeckung. Heilung durch veränderte Bewußtseinszustände. Ein Leitfaden. 373 S., Gb., Kösel Vlg. 1987. **DM 44,-**

Stanislav Grof: Das Abenteuer der Selbstentdeckung. Heilung durch veränderte Bewußtseinszustände. Ein Leitfaden. Kt., Rowohlt 1994. **DM 16,90**

Stanislav Grof: Geburt, Tod und Transzendenz. Neue Dimensionen in der Psychologie. 33 Abb., Kt., Rowohlt o.J.. **DM 19,90**

S. Grof /C. Grof: Jenseits des Todes. An den Toren des Bewußtseins. 96 S., Kt., Kösel Vlg. 2. Ed. 1986. **DM 36,-**

S. Grof /C. Grof (Ed.): Sprituelle Krisen. Chancen der Selbstfindung. 292 S., Kt., Kösel Vlg. 4. Ed. 1997. **DM 39,80**

Adolf Guggenbühl-Craig /M. Kunz (Ed.): Vom Guten des Bösen. Über das Paradoxe in der Psychologie. 151 S., Br., IKM Vlg. 1992. **DM 34,-**

Jay Haley: Die Psychotherapie Milton H. Ericksons. Vorw. v. Karl H. Mandel. (Rhe.: Leben lernen, Bd. 36) 319 S., Kt., Klett-Cotta 4. Ed. 1996. **DM 44,-**

Reinhard Haslinger: Nietzsche und die Anfänge der Tiefenpsychologie. 310 S., Br., Roderer Vlg. 1993. **DM 46,-**

R. Haubl /W. Molt (Ed.): Struktur und Dynamik der Person. Einführung in die Persönlichkeitspsychologie. 288 S., Kt., Westdt. Vlg. 1986. **DM 29,80**

James Hillman: Die Heilung erfinden. Eine psychotherapeutische Poetik. 186 S., Br., IKM Vlg. 1986. **DM 32,-**

James Hillman: Suche nach Innen. Psychologie und Religion. 141 S., Kt., Daimon Vlg. 4. Ed. 1997. **DM 33,-**

Wolfgang Hochheimer: Tiefenpsychologie und kritische Anthropologie. Schriften I und II. Gb., Stroemfeld o.J.. **DM 148,-**

Klaus Hoffmann (Ed.): Zum Thema Selbst. 144 S., Althea Vlg. 1993. **DM 35,-**

Wolfram Hogrebe: Metaphysik und Mantik. Die Deutungsnatur des Menschen. 200 S., Kt., Suhrkamp 1992. **DM 18,-**

Günther von Hummel: Meditation als Wissenschaft. 110 S., Kt., Klotz Vlg. 1996. **DM 19,80**

Jolande Jacobi: Vom Bilderreich der Seele. Wege und Umwege zu sich selbst. Vorw. v. Heinrich K. Fierz. 308 S., 196 Abb., Kt., Walter Vlg. 5. Ed. o.J.. **DM 44,-**

Edith Jacobson: Das Selbst und die Welt der Objekte. 266 S., Kt., Suhrkamp 5. Ed. 1998. **DM 22,80**

Ludwig Janus (Ed.): Die Wiederentdeckung Otto Ranks für die Psychoanalyse. 144 S., Br., Psychosozial Vlg. 1998. **DM 32,-**

Hans Jonas (Ed.): Das Problem der Intersubjektivität. Beiträge zum Werk Georg Herbert Meads. 220 S., Kt., Suhrkamp 1985. **DM 16,-**

K. Kaminski /G. Mackenthun (Ed.): Kinder verstehen lernen. Vorträge zur individualpsychologischen Pädagogik in Elternhaus und Schule. 175 S., Br., Königshausen & Neumann 1998. **DM 39,80**

Auch heute noch beeindruckt das Adlersche Modell durch Originalität seiner erzieherischen Praktiken und Prinzipien und kann für die tägliche Arbeit von Lehrern und Erziehern fruchtbare Anregungen geben.

Maria Kassel: Das Auge im Bauch. Erfahrungen mit tiefenpsychischer Spiritualität. 248 S., Kt., Walter Vlg. 5. Ed. 1994. **DM 19,80**

Maria Kassel: Sei, die du werden sollst. Tiefenpsychologische Impulse aus der Bibel. Kt., Herder 1993. **DM 15,80**

E. Klessmann /H. Eibach: Wo die Seele wohnt. Das imaginäre Haus als Spiegel menschlicher Erfahrungen und Entwicklungen. 180 S., Gb., H. Huber Vlg. 2. Ed. 1999. **DM 79,-**

Hans K Knoepfel: Einführung in die analytische Psychotherapie. VI,92 S., Kt., G. Fischer Vlg. 1984. **DM 29,-**

A. Köhler-Weisker /K. Horn /J. A. Schülein: Auf der Suche nach dem wahren Selbst. Eine Auseinandersetzung mit Carl R. Rogers. Kt., Suhrkamp 1993. **DM 19,80**

Thomas Kornbichler: Tiefenpsychologische Biografik. 400 S., Pb., Vlg. K.Guhl 1986. **DM 86,-**

Reinhard Larcher (Ed.): Psychoanalyse heute. Revision oder Re-Vision Freuds? Bericht über den IV. Kongress der Internationalen Föderation der Arbeitskreise für Tiefenpsychologie Igls/Tirol 1981. 298 S., Br., Literas 1983. **DM 35,-**

Uwe Laucken: Denkformen der Psychologie. Dargestellt am Entwurf einer Logographie der Gefühle. 234 S., Kt., H. Huber Vlg. 1989. **DM 49,80**

Ulrike Lehmkuhl (Ed.): Biographie und seelische Entwicklung. (Rhe.: Beitr. z. Individualpsych., Bd. 23) 223 S., 22 Abb., Kt., E. Reinhardt Vlg. 1997. **DM 59,80**

Ulrike Lehmkuhl (Ed.): Heilen und Bilden, Behandeln und Beraten. Individualpsychologische Leitlinien heute. (Rhe.: Beitr. z. Individualpsych., Bd. 22) 221 S., Kt., E. Reinhardt Vlg. 1996. **DM 49,80**

Ulrike Lehmkuhl (Ed.): Sinnverlust und Kompensation. (Rhe.: Beitr. z. Individualpsych., Bd. 24) 168 S., Kt., E. Reinhardt Vlg. 1998. **DM 44,-**

Elisabeth Lukas: Psychotherapie in Würde. Sinnorientierte Lebenshilfe nach Viktor E. Frankl. 211 S., Abb., Kt., PVU 1994. **DM 29,80**

Elisabeth Lukas: Sehnsucht nach Sinn. Logotherapeutische Antworten auf existentielle Fragen. (Rhe.: Edition Logotherapie) 155 S., Abb., Kt., Profil Vlg. 2. Ed. 1999. **DM 28,-**

Elisabeth Lukas: Sinn in der Familie. Logotherapeutische Hilfen. Kt., Herder 1995. **DM 19,80**

Elisabeth Lukas: Spannendes Leben. In der Spannung zwischen Sein und Sollen, ein Logotherapiebuch. Mit Abb., Kt., dtv 1996. **DM 14,90**

Elisabeth Lukas: Wörter können heilen. Meditative Gedanken aus der Logotherapie. Gb., Quell-Vlg. 1998. **DM 28,-**

Ulrich Mann: Tragik und Psyche. Grundzüge einer Metaphysik der Tiefenpsychologie. 352 S., 7 Abb., Ln., Klett-Cotta 1981. **DM 60,-**

Michael Meyer zum Wischen: Der Seele Tiefen zu ergründen. Robert Sommer und das Konzept einer ganzheitlichen, erweiterten Psychiatrie. XX, 606 S., Br., 1988. **DM 85,-**

Paul Michel (Ed.): Die biologischen und kulturellen Wurzeln des Symbolgebrauchs beim Menschen. 215 S., Br., P. Lang 1994. **DM 56,-**

Manfred Möhl: Zur Psychodynamik des Todes in der Trunksucht. Versuch einer tiefenpsychologisch-anthropologischen Deutung. 496 S., Br., Königshausen & Neumann 1993. **DM 98,-**

Franzjosef Mohr (Ed.): Delmenhorster Fortbildungstage für Individualpsycholgie 1980. 86 S., Kt., E. Reinhardt Vlg. 1982. **DM 21,80**

Leo Navratil: Schizophrenie und Religion. 208 S., Ab, Gb., Vlg. Brinkmann u. Bose 1992. **DM 48,-**

Peter Orban: Der multiple Mensch. (Rhe.: Geist u. Psyche, Bd. 12872) Abb., Kt., S. Fischer 1995. **DM 14,90**

Nossrat Peseschkian: Positive Psychotherapie. Theorie und Praxis einer neuen Methode. Mit Darst., Kt., S. Fischer 4. Ed. 1996. **DM 19,90**

Werner Priever: Aspekte des Unbewußten. 93 S., Kt., Vlg. Freies Geistesleben 1999. **DM 26,-**

Josef Rattner: Tiefenpsychologie und Humanismus. Br., Vlg. W.Classen 1967. **DM 12,80**

Josef Rattner: Tiefenpsychologie und Religion. 288 S., Efal., Nymphenburger Vlg. 1987. **DM 32,-**

Josef Rattner (Ed.): Jahrbuch für verstehende Tiefenpsychologie und Kulturanalyse. Bd. 14/15: Grenzerfahrung und Überschreitung. Aufzeichnungen und Essays eines philosophischen Arztes. 223 S., Br., Vlg. Inst. f. Tiefenpsych. 1995. **DM 38,-**

Josef Rattner (Ed.): Menschenkenntnis durch Charakterkunde. 410 S., Gb., Bechtermünz Vlg. 1998. **DM 16,90**

J. Rattner /G. Danzer (Ed.): Hundert Meisterwerke der Tiefenpsychologie. VIII, 271 S., Ln., Primus Vlg. 1998. **DM 78,-**

Helmut Remmler: Das Geheimnis der Sphinx. Archetyp für Mann und Frau. 118 S., 23 Abb., Kt., Vandenh. & Ruprecht 2. rev. Ed. 1995. **DM 19,80**

Dirk Revenstorf: Tiefenpsychologische Therapie. Bd. 1: Tiefenpsychologische Verfahren. 257 S., 44 Abb., 1 Tab., Kt., Kohlhammer Vlg. 2. rev. Ed. 1994. **DM 29,80**

Ingrid Riedel: Die Symbolik von Lebensübergängen in Träumen, Mythen und biblischen Traditionen. Vorlesungen Sommersemester 1996 an der TH Darmstadt. (Rhe.: Audio-Torium) 330 min., 7 Toncass. iBox, auditorium-Vlg. 1996. **DM 140,-**

Ingrid Riedel: Seelenruhe und Geistesgegenwart. Was uns Tatkraft gibt. 232 S., Kt., Walter Vlg. 1999. **DM 39,80**

Ludger Riem: Das daseinsanalytische Verständnis in der Medizin. Von seinem Beginn bei Ludwig Binswanger bis zur Gründung des „Daseinsanalytischen Institutes für Psychologie". 120 S., 9 Abb., Br., Vlg. Murken-Altrogge 1987. **DM 36,-**

Fritz Riemann: Grundformen helfender Partnerschaft. Ausgewählte Aufsätze. (Rhe.: Leben lernen, Bd. 10) 163 S., Br, Klett-Cotta 8. Ed. 1998. **DM 28,-**

Andrew Samuels: Die Vielgestaltigkeit der Seele. Von der Notwendigkeit innerer Demokratisierung. 364 S., Kt., IKM Vlg. 1994. **DM 49,50**

Peter Schellenbaum: Die Spur des verborgenen Kindes. Heilung aus dem Ursprung. 288 S., Kt., dtv 1998. **DM 16,90**

Peter Schellenbaum: Die Spur des verborgenen Kindes. Heilung aus dem Ursprung. 288 S., Efal., Hoffmann & Campe 1996. **DM 39,80**

Peter Schellenbaum: Gottesbilder. Religion, Psychoanalyse, Tiefenpsychologie. 152 S., Kt., dtv Neuaufl. 1993. **DM 12,90**

Walter A. Schelling: Tiefenpsychologie und Anthropologie. Empirisch-psychologische und existentielle Analysen. 124 S., Br., Königshausen & Neumann 1990. **DM 28,-**

Klaus Schlagmann: Die Wahrheit über Narziss, Iokaste, Ödipus und Norbert Hanold. Versuch einer konstruktiven Streitschrift. 234 S., 14 z.T farb. Abb., Kt., Vlg. K.Schlagmann 1996. **DM 33,-**

Leonhard Schlegel: Die Transaktionale Analyse. Eine Psychotherapie, die kognitive und tiefenpsychologische Gesichtspunkte kreativ miteinander verbindet. XVII, 3986 S., 427 Abb., Kst., UTB 4. Ed. 1995. **DM 76,-**

G. Spangler /P. Zimmermann: Die Bindungstheorie. Grundlagen, Forschung und Anwendung. 484 S., Abb., Ln., Klett-Cotta 3. rev. Ed. 1999. **DM 78,-**

Leopold Szondi: Die Triebentmischten. 330 S., 34 Abb., 73 Tab., Gb., H. Huber Vlg. 1980. **DM 84,-**

Leopold Szondi: Freiheit und Zwang im Schicksal des Einzelnen. 96 S., 5 Abb., 4 Tab., Kt., H. Huber Vlg. 3. Ed. 1995. **DM 19,80**

Leopold Szondi: Integration der Triebe - Die Triebvermischten. 75 S., 4 Abb., 32 Tab., Gb., H. Huber Vlg. 1984. **DM 34,-**

Leopold Szondi: Lehrbuch der experimentellen Triebdiagnostik. Bd. 1. Ln., H. Huber Vlg. 3.rev. Ed. 1972. **DM 78,-**

Leopold Szondi: Schicksalsanalyse. Wahl in Liebe, Freundschaft, Beruf, Krankheit und Tod. 529 S., Ln., Schwabe Vlg. Nachdr. d. 4. Ed. 1996. **DM 82,-**

Leopold Szondi: Triebpathologie. Bd. 2: Ich-Analyse. 544 S., 23 Abb., Ln., H. Huber Vlg. 1956. **DM 77,-**

Leopold Szondi: Triebpathologie. Tl A: Dialektische Trieblehre und dialektische Methodik der Testanalyse. 234 S, 32 Abb., 28 Tab., Kt., H. Huber Vlg. o.J.. **DM 36,-**

Leopold Szondi: Triebpathologie. Tl B: Elemente der exakten Triebpsychiatrie. 310 S., 28 Abb., 32 Tab., Kt., H. Huber Vlg. o.J.. **DM 47,-**

Ania Teillard: Handschriftendeutung auf Tiefenpsychologischer Grundlage. Mit einem graphologischen Lexikon. 370 S., 263 Abb., Ln., Vlg. Der Leuchter 1997. **DM 38,-**

Walter Toman: Tiefenpsychologie. Die Motivation des Menschen, ihre Entwicklung, ihre Störungen und ihre Beeinflussungsmöglichkeiten. 272 S., Kt., Kohlhammer Vlg. 1978. **DM 39,-**

Achim Troch: Streß und Persönlichkeit. Eine problemorientierte Einführung in die Tiefenpsychologie von Sigmund Freud und Alfred Adler. (Rhe.: Psychol. u. Person, Bd. 24) 141 S., 8 Abb., Kt., E. Reinhardt Vlg. 1979. **DM 21,80**

Detlev von Uslar: Sein und Deutung. Bd. 1: Grundfragen der Psychologie. 204 S., Kt., Hirzel Vlg. 3. Ed. 1992. **DM 38,-**

Detlev von Uslar: Sein und Deutung. Bd. 2: Das Bild des Menschen in der Psychologie. 191 S., Kt., Hirzel Vlg. 2. Ed. 1992. **DM 48,-**

Detlev von Uslar: Sein und Deutung. Bd. 3: Mensch und Sein. Mit einem Gesamtregister der Bände 1-3. 182 S., Kt., Hirzel Vlg. 1991. **DM 38,-**

Detlev von Uslar: Sein und Deutung. Bd. 4: Traum, Begegnung, Deutung. 216 S., Kt., Hirzel Vlg. 1994. **DM 48,-**

Vikor E. Frankl: Ärztliche Seelsorge. Grundlagen der Logotherapie und Existenzanalyse. VIII, 284 S., Deuticke Vlg. 10. erg. Ed. 1982. **DM 35,-**

B. Weber /G. Condrau (Ed.): Über die Wirksamkeit der daseinsanalytischen Therapie bei psychosomatischen Störungen. „Daseinsanalyse", Vol 11, No. 1 (1994) 98 S., 24 Tab., Pb., Karger Vlg. 1994. **DM 36,-**

Beda Wicki: Die Existenzanalyse von Viktor E. Frankl. Als Beitrag zu einer anthropologisch fundierten Pädagogik. IV, 315 S., Kt., Haupt Vlg. 1991. **DM 53,-**

Dieter Wyss: Die tiefenpsychologischen Schulen von den Anfängen bis zur Gegenwart. Entwicklung, Probleme, Krisen. XXXII, 568 S., Kt., Vandenh. & Ruprecht 6. rev. Ed. 1991. **DM 72,-**

Irvin D. Yalom: Existentielle Psychotherapie. 628 S., Gb., Vlg. EHP 1989. **DM 78,-**

Stefan Zettl: Psychoanalyse und verwandte Verfahren. Verstehen und überwinden unbewußter Konflikte. 123 S., Gb., PAL 1992. **DM 16,80**

Otto Zsok: Mut zum eigenen Lebens-Sinn. Themen des Menschseins auf logotherapeutischer Basis. 195 S., Kt., Eos, St.O. 1997. **DM 22,-**

Otto Zsok: Zustimmung zum Leiden? Logotherapeutishe Ansätze. 205 S., Kt., Eos, St.O. 1995. **DM 24,-**

Stefan Zweig: Die Heilung durch den Geist. Mesmer, Mary Baker-Eddy, Freud. 397 S., Kt., S. Fischer o.J.. **DM 19,90**

PROZESSE UND ERLEBNISWEISEN

AFFEKTE /EMOTIONEN /EMPFINDUNGEN

Hans Aebli: Denken: das Ordnen des Tuns. Band I: Kognitive Aspekte der Handlungstheorie. 268 S., Ln., Klett-Cotta 2. Ed. 1993. **DM 38,-**

Hans Aebli: Denken: das Ordnen des Tuns. Band II: Denkprozesse. 434 S., 31 Abb., Ln., Klett-Cotta 2. rev. Ed. 1994. **DM 46,-**

Günter Ammon: Gruppendynamik der Aggression. Beiträge zur psychoanalytischen Theorie. 175 S., Kt., Klotz Vlg. 3. Ed. 1999. **DM 34,80**

06 Die vorliegenden Arbeiten zur Psychodynamik und Gruppendynamik der Aggression sind hervorgegangen aus der therapeutischen Arbeit mit einzelnen und Gruppen, deren destruktive Dynamik sich als psychische Krankheit manifestierte. In ihnen wird der Versuch gemacht, destruktive Aggression als psychische und im weitesten Sinne soziale Pathologie verstehbar zu machen und Wege zu ihrer Überwindung zu zeigen. Die Analyse des Phänomens geschieht daher in emanzipatorischer Absicht. „Heilung ist möglich und eine soziale Aufgabe", mit diesem Satz läßt sich die Position des Autors umreißen.

E. Arndt /Ch. Büttner /R.C. Cohn et al.: Aggression in Gruppen. 268 S., Abb., Kt., M. Grünewald Vlg. 1994. **DM 42,-**

Rudolf Arnheim: Anschauliches Denken. Zur Einheit von Bild und Begriff. 330 S., 80 schw., Kt., DuMont 1996. **DM 48,-**

Ulrich Aufmuth: Lebenshunger. Die Sucht nach Abenteuer. 210 S., Abb., Kt., Walter Vlg. 1996. **DM 19,80**

Hans-Eckehard Bahr /Verena Kast: Lieben, loslassen und sich verbinden. 71 S., Kt., Kreuz Vlg. 9. Ed. 1996. **DM 9,95**

Michael Balint: Angstlust und Regression. 113 S., Ln., Klett-Cotta 4. rev. Ed. 1994. **DM 38,-**

Eva Bänninger-Huber: Mimik - Übertragung - Interaktion. Die Untersuchung affektiver Prozesse in der Psychotherapie. 224 S., 42 Abb., 7 Tab., Kt., H. Huber Vlg. 1996. **DM 52,-**

Karl Bartels: Dämme oder der projektiv verschobene Haß. 271 S., Br., VAS 1991. **DM 45,-**

Raymond Battegay: Angst und Sein. 184 S., Kt., Ed. Wötzel 3. rev. Ed. 1996. **DM 29,80**

Jan Bauer: Unmögliche Liebe. Vom Sinn unerlaubter Leidenschaften. 176 S., Br., IKM Vlg. 1995. **DM 34,-**

K. Bell /K. Höhfeld (Ed.): Aggression und seelische Krankheit. 406 S., Gb., Psychosozial Vlg. 1996. **DM 69,-**

C. Benthien /A. Fleig /I. Kasten (Ed.): Emotionalität. Zur Geschichte der Gefühle. 240 S., 10 Abb, Kt., Böhlau Vlg. 5/2000. **DM 35,-**

Peter L. Berger: Erlösendes Lachen. Das Komische in der menschlichen Erfahrung. XX,279 S., Br., de Gruyter 1998. **DM 38,-**

Martin S. Bergmann: Eine Geschichte der Liebe. Vom Umgang des Menschen mit einem rätselhaften Gefühl. 414 S., Gb., S. Fischer 1994. **DM 48,-**

Martin S. Bergmann: Eine Geschichte der Liebe. Vom Umgang des Menschen mit einem rätselhaften Gefühl Bd.14272. Kt., S. Fischer 1999. **DM 26,90**

Rudolph Binion: Freud über Aggression und Krieg: einerlei oder zweierlei? 60 S., Pb., Picus Vlg. 1995. **DM 14,80**

Karl Heinz Bohrer: Der Abschied. Theorie der Trauer: Baudelaire, Goethe, Nietzsche, Benjamin. 626 S., Gb., Suhrkamp 1996. **DM 56,-**

Lambert Bolterauer: Die Macht der Begeisterung. Fanatismus und Enthusiasmus in tiefenpsychologischer Sicht. 221 S., Br., Ed. diskord 1989. **DM 36,-**

Brigitte Boothe (Ed.): Verlangen, Begehren, Wünschen. Einstieg ins aktive Schaffen oder in die Lethargie. 174 S., Kt., Vandenh. & Ruprecht 1999. **DM 39,-**

John Bowlby: Das Glück und die Trauer. Herstellung und Lösung affektiver Bindungen. 241 S., Kt., Klett-Cotta 1982. **DM 42,-**

Tobias Brocher: Wenn Kinder trauern. Wie Eltern helfen können. m. 8 Farbtfln., Kt., Rowohlt 1995. **DM 12,90**

Tobias Brocher: Zwischen Angst und Übermut. Vom Umgang mit sich selbst. Kt., Econ o.J.. **DM 12,80**

Ulrike Brunotte: Helden des Tötens. Rituale der Männlichkeit und die Faszination der Gewalt. 54 S., Br., Humanitas Vlg. 1995. **DM 9,80**

Emile M. Cioran: Über das reaktionäre Denken. Zwei Essays. 115 S., Gb., Suhrkamp 1996. **DM 14,80**

Guy Corneau: Kann denn Liebe glücklich sein? Über das Leben zu zweit. 352 S., Gb., Rowohlt 1999. **DM 39,80**

Juana Danis: Lust und Depression. Vorträge gehalten am Institut f. Psychosymbolik, München 1988. 163 S., Kt., Ed. Psychosymbolik 1993. **DM 28,-**

Gilles Deleuze: Lust und Begehren. 47 S., Kt., Merve 1996. **DM 14,-**

Bram Dijkstra: Das Böse ist eine Frau. Männliche Gewaltphantasien und die Angst vor der weiblichen Sexualität. 608 S., Gb., Rowohlt 1999. **DM 58,-**

Georges Duby: Unseren Ängsten auf der Spur. Vom Mittelalter zum Jahr 2000. 144 S., 7 s/w u. 57 farb. z.T. doppels. Abb., Kt., DuMont 1996. **DM 29,90**

Heinfried Duncker: Gewalt zwischen Intimpartnern. Liebe, Aggressivität, Tötung. 184 S., Br., Pabst Vlg. 1999. **DM 30,-**

Anselm Eder: Das Böse. Eine Anatomie der Schlechtigkeit. 220 S., Efal., 1999. **DM 41,-**

Helga Egner (Ed.): Zeit haben. Konzentration in der Beschleunigung. 264 S., 20 Abb., Br., Walter Vlg. 1998. **DM 39,80**

Bernhard Engelmann: Neuronales Selbst und szenischer Affekt. Grundriss einer neurobiologisch und psychodynamisch angelegten Emotionsforschung. 423 S., Abb., Br., P. Lang 1997. **DM 98,-**

Mit seinem emotionstheoretischen Ansatz unternimmt der Autor den Versuch, unbewußt ablaufende Affektsteuerungen in selbstwertbedrohlichen Situationen (wie z.B. Prüfungen) möglichst präzise und valide zu erfassen.

Zoltan E. Erdely: Wie sag ich's meiner Mutter. Das enteignete Selbst. 144 S., Kt., Suhrkamp 2. Ed. 1991. **DM 14,-**

Lydia Flem: Casanova oder die Einübung ins Glück. 290 S., Gb., eva 1998. **DM 38,-**

Willi Frings: Humor in der Psychoanalyse. Eine Einführung in die Möglichkeiten humorvoller Intervention. 144 S., Kt., Kohlhammer Vlg. 1996. **DM 36,-**

Erich Fromm: Über die Ursprünge der Aggression. Vortrag. (Rhe.: AudioTorium) 85 min., 1 Toncass., auditorium-Vlg. o.J.. **DM 26,-**

Irmgard Fuchs: Eros und Gefühl. Über den emotionalen Wesenskern des Menschen. Beit. v. G. Danzer, J. Rattner, A. Levy. 295 S., Kt., Königshausen & Neumann 1998. **DM 39,80**

I. Fuchs-Lévy /G. Greulich-Janssen: Über das Wesen und die Dynamik des Gefühls. Eine Studie tiefenpsychologisch u. philosophische orientierter Gefühlstheorien in ihrer Bedeutung für die Psychotherapie. 423 S., Br., Vlg. Inst. f. Tiefenpsych. 1991. **DM 36,-**

Thomas Geyer: Angst als psychische und soziale Realität. 403 S., Br., P. Lang 1997. **DM 98,-**

Nelson Goodman: Vom Denken und anderen Dingen. 294 S., Gb., Suhrkamp 1987. **DM 42,-**

Ralph Grabhorn: Affektives Erleben in einer Gruppentherapie. Eine sprachinhaltsanalytische Untersuchung an psychosomatischen Patienten. Vorw. u. hrsg. v. G. Overbeck. 120 S., Br., VAS 1991. **DM 25,-**

Arno Gruen: Der Verlust des Mitgefühls. Über die Politik der Gleichgültigkeit. Kt., dtv 1997. **DM 19,90**

Arno Gruen: Der Verrat am Selbst. Die Angst vor Autonomie bei Mann und Frau. Vorw. Gaetano Benedetti. 148 S., Kt., dtv 1992. **DM 12,90**

Arno Gruen: Die Schwierigkeit, sich selber zu sein. (Rhe.: AudioTorium) 41 min., 1 Toncass., auditorium-Vlg. o.J.. **DM 19,80**

Allan Guggenbühl: Die unheimliche Faszination der Gewalt. Denkanstösse zum Umgang mit Aggression und Brutalität unter Kindern. 144 S., Kt., dtv 2. Ed. 1997. **DM 14,90**

Allan Guggenbühl: Die unheimliche Faszination der Gewalt. Denkanstösse zum Umgang mit Aggression und Brutalität unter Kindern. Mit e. Einl. v. Martin Kunz. 171 S., Kt., IKM Vlg. 2. Ed. 1993. **DM 26,-**

Ansgar Häfner: Sehnsucht - Affekt und Antrieb. Begriff, Struktur und praktische Bedeutung. 292 S., Gb., Alber Vlg. 1993. **DM 89,-**

P. Hartwich /S. Haas /K. Maurer et al.: Affektive Erkrankungen und Lebensalter. 163 S., Kt., Wissenschaft & Praxis 1999. **DM 34,-**

Hans Heimann (Ed.): Anhedonie - Verlust der Lebensfreude. Ein zentrales Phänomen psychischer Störungen. VIII,149 S., 21 Abb., 5 Tab., Kt., G. Fischer Vlg. 1990. **DM 52,-**

Evelyn Heinemann: Aggression. Verstehen und bewältigen. VI, 154 S, 13 Abb., Kt., Springer 1996. **DM 29,80**

Micha Hilgers: 4 Vorlesungen zur Psychodynamik von Scham. (Rhe.: AudioTorium) 127 min., 3 Toncass., auditorium-Vlg. o.J.. **DM 39,80**

Micha Hilgers: Scham. Gesichter eines Affekts. 219 S., Kt., Vandenh. & Ruprecht 2. rev. Ed. 1997. **DM 39,-**

R. Hilke /W. Kempf (Ed.): Aggression. Naturwissenschaftliche und kulturwissenschaftliche Perspektiven der Aggressionsforschung. 593 S., 17 Abb., 15 Tab., Kt., H. Huber Vlg. 1982. **DM 98,-**

K. Höhfeld /A.-M. Schlösser (Ed.): Psychoanalyse der Liebe. 494 S., Gb., Psychosozial Vlg. 1997. **DM 48,-**

Gerald Hüther: Biologie der Angst. Wie aus Stress Gefühle werden. 130 S., Pb., Vandenh. & Ruprecht 2. Ed. 1998. **DM 29,-**

Gerald Hüther: Wie aus Stress Gefühle werden. Betrachtungen eines Hirnforschers. 67 S., zahlr. Photos, Gb., Vandenh. & Ruprecht 1999. **DM 29,-**

Mario Jacoby: Scham-Angst und Selbstwertgefühl. Ihre Bedeutung in der Psychotherapie. 232 S., Kt., Walter Vlg. 3. Ed. 1999. **DM 24,80**

Hans-Peter Kapfhammer: Entwicklung der Emotionalität. 286 S., Kt., Kohlhammer Vlg. 1994. **DM 54,-**

Das Buch vermittelt zunächst einen Überblick über die wichtigsten psychoanalytischen Affektmodellen und skizziert grundlegende Voraussetzungen einer psychanalytischen Entwicklungspsychologie; es zeigt zudem spezielle Emotionen in ihrer gesamten Entwicklungsdimension auf.

Marie-Louise Käsermann: Emotion im Gespräch. Auslösung und Wirkung. VII, 263 S., Kt., H. Huber Vlg. 1995. **DM 49,80**

Verena Kast: Freude, Inspiration, Hoffnung. Kt., dtv 1997. **DM 16,90**

Verena Kast: Freude, Inspiration, Hoffnung. 197 S., Kt., Walter Vlg. 3. Ed. 1994. **DM 28,-**

Verena Kast: Neid und Eifersucht. Die Herausforderung durch unangenehme Gefühle. 216 S., Kt., Walter Vlg. 5. Ed. 1996. **DM 24,80**

Verena Kast: Neid und Eifersucht. Die Herausforderung durch unangenehme Gefühle. 224 S., Kt., dtv 1998. **DM 14,90**

Verena Kast: Psychologie der Emotionen II: Ärger und Aggression. Vorlesung im Wintersemester 1997/98 an der Universität Zürich. (Rhe.: AudioTorium) 585 min., 13 Toncass. iBox, auditorium-Vlg. o.J.. **DM 275,-**

Verena Kast: Psychologie der Emotionen: Freude, Inspiration, Hoffnung. Vorlesung im Sommersemster 1996 an der Universität Zürich. (Rhe.: AudioTorium) 500 min., 11 Toncass. iBox, auditorium-Vlg. 1996. **DM 230,-**

Verena Kast: Sich einlassen und loslassen. Neue Lebensmöglichkeiten bei Trauer und Trennung. Kt., Herder 1994. **DM 14,80**

Verena Kast: Trauern. Phasen und Chancen des psychischen Prozesses. 174 S., Kt., Kreuz Vlg. 19. Ed. 1997. **DM 29,80**

Verena Kast: Vom Sinn der Angst. Wie Ängste sich festsetzen und wie sie sich verwandeln lassen. 223 S., Kt., Herder 5. Ed. 1999. **DM 34,-**

Verena Kast: Vom Sinn des Ärgers. Anreiz zu Selbstbehauptung und Selbstentfaltung. 255 S., Gb., Kreuz Vlg. 1998. **DM 36,-**

Verena Kast: Wege aus Angst und Symbiose. Märchen psychologisch gedeutet. 208 S., Kt., dtv 1993. **DM 14,90**

Verena Kast: Wege aus Angst und Symbiose. Märchen psychologisch gedeutet. 208 S., Kt., Walter Vlg. 9. Ed. 1991. **DM 34,80**

Franz Kiener: Das Wort als Waffe. Zur Psychologie der verbalen Aggression. 304 S., Pb., Vandenh. & Ruprecht 1983. **DM 39,-**

H. Kiesel (Ed.): Rausch. VIII, 308 S., 33 Abb., Br., Springer 1999. **DM 68,-**

Max Kläger: Jane C., Symbolisches Denken in Bildern und Sprache. Das Werk eines Mädchens mit Down-Syndrom in Le Fil d"Ariane. 166 S., Kt., E. Reinhardt Vlg. 1978. **DM 32,-**

Thomas Köhler: Affektive Störungen. Klinisches Bild, Erklärungsansätze, Therapien. 160 S., Kt., Kohlhammer Vlg. 1999. **DM 31,-**

Das Buch bietet einen kompakten Überblick über die wichtigsten Störungsbilder. Es werden Symptomatik und Verlauf von Depression und Manie dargestellt, gefolgt von Angaben zu Häufigkeit, Alters- und Geschlechtsverteilung sowie Diagnostik und Klassifikation nach ICD-10 und DSM-IV. Bemüht um gute Verständlichkeit auch für Nichtmediziner, erläutert der Autor wichtige biomedizinische und psychologische Befunde zu den affektiven Störungen.

Julia Kristeva: Mächte des Grauens. Ein Versuch über den Abscheu. Kt., Suhrkamp **DM 20,-**

H. S. Krutzenbichler /Hans Essers: Muß denn Liebe Sünde sein? Über das Begehren des Analytikers. 187 S., Gb., Kore Ed. 1991. **DM 35,-**

Die Autoren begeben sich quasi als „Sherlock Holmes" quer durch die Geschichte der Psychoanalyse auf die Spuren von Liebe und Begehren der Analytiker, also der Gegenübertragungsliebe, wie Freud sie nennt.

R. Kühn /M. Raub /M. Titze (Ed.): Scham - ein menschliches Gefühl. Kulturelle, psychologische und philosophische Perspektiven. 224 S., Kt., Westdt. Vlg. 1997. **DM 54,-**

Peter Kutter: Liebe, Haß, Neid, Eifersucht. Eine Psychoanalyse der Leidenschaften. 109 S., Kt., Vandenh. & Ruprecht 1994. **DM 19,80**

H. Lang /H. Faller (Ed.): Das Phänomen Angst. Pathologie, Genese und Therapie. 240 S., Kt., Suhrkamp 1994. **DM 24,80**

Joseph LeDoux: Das Netz der Gefühle. Wie Emotionen entstehen. 384 S., 50 Abb., Gb., Hanser 1998. **DM 49,80**

Judith LeSoldat: Eine Theorie menschlichen Unglücks. Trieb, Schuld, Phantasie. Kt., S. Fischer 1994. **DM 26,90**

Bertram D. Lewin: Das Hochgefühl. Zur Psychoanalyse der gehobenen, hypomanischen und manischen Stimmung. (Rhe.: Literatur der Psa.) 246 S., Gb., Suhrkamp 1982. **DM 40,-**

Nele Marg: Rhythmus und Rausch. Die Faszination des strukturierten Chaos. Vorw. v. Herbert Heckmann. 85 S., zahlr. Abb., Gb., Dölling & Galitz 1997. **DM 29,80**

Joyce McDougall: Theater der Seele. Illusion und Wahrheit auf der Bühne der Psychoanalyse. (Rhe.: VIP - Verl. Internat. Psa.) 314 S., Ln., Klett-Cotta 2. Ed. 1994. **DM 68,-**

Hartmut Meesmann /Doris Weber: Mit dem Abschied in den Armen. Treue und Trennung. Mit Beitr. v. M. Gambaroff, V. Kast, E. Drewermann. 36 S., Gb., Publik-Forum 1992. **DM 12,-**

Winfried Menninghaus: Ekel. Theorie und Geschichte einer starken Empfindung. 591 S., Gb., Suhrkamp 1999. **DM 58,-**

Jörg Merten: Affekte und die Regulation nonverbalen, interaktiven Verhaltens. Strukturelle Aspekte des mimisch-affektiven Verhaltens und die Integration von Affekten in Regulationsmodellen. (Rhe.: Psa. im Dialog, 3) 336 S., Br., P. Lang 1996. **DM 88,-**

Margarete Mitscherlich: Trauer ist der halbe Trost. 160 S., Kt., Pendo Vlg. 1995. **DM 24,-**

Ruth Naske (Ed.): Aggression. 6. Arbeitstagung der Wiener Child Guidance Clinic (Institut für Erziehungshilfe), Juni 1996. 134 S., Kt., Hollinek Vlg. 1997. **DM**

William G. Niederland: Trauma und Kreativität. 232 S., Br., Stroemfeld 1989. **DM 38,-**

Erika E. v. Nostiz: Die Wirkung klinischer und psychosozialer Faktoren auf den Verlauf affektiver Störungen. 358 S., Br., Hartung-Gorre Vlg. 1998. **DM 68,-**

Titine Oertli: Rivalität und Eifersucht von Freud bis zur Gegenwart. Der Wandel im Verständnis des Ödipuskomplexes von Freud bis zur Gegenwart. 285 S., Kt., Haupt Vlg. 1990. **DM 40,-**

Gerlinde Ortner: Märchen, die Kindern helfen. Geschichten gegen Angst und Agression, und was man beim Vorlesen wissen sollte. 144 S., Kt., dtv 1999. **DM 12,90**

Gerlinde Ortner: Neue Märchen, die Kindern helfen Geschichten über Streit, Angst und Unsicherheit, und was Eltern wissen sollten. 192 S., Kt., dtv 1996. **DM 12,90**

Elisabeth Otscheret: Ambivalenz. Geschichte und Interpretation der menschlichen Zwiespältigkeit. IX, 161 S., Kt., Asanger Vlg. 1988. **DM 34,-**

Horst Petri: Lieblose Zeiten. Psychoanalytische Essays über Tötungstrieb und Hoffnung. 223 S., Kt., Vandenh. & Ruprecht 1996. **DM 39,-**

Erschreckende Äußerungsformen von Gewalt bei Kindern und Jugendlichen, von Feindseligkeit und Gefühlsverarmung setzt der Autor durch psychoanalytische Erklärungen in direktem Zusammenhang mit den ursächlichen Entfremdungserfahrungen in einer brutalisierten Konkurrenzgesellschaft, in einer bedrohten Zukunft der Welt, in zerfallenden Familienstrukturen.

Horst Petri: Verlassen und verlassen werden. Angst, Wut, Trauer und Neubeginn bei gescheiterten Beziehungen. 220 S., Gb., Kreuz Vlg. 6. Ed. 1998. **DM 29,80**

Siegfried Petry: Erlebnisgedächtnis und Posttraumatische Störungen. Begleitetes Wiedererleben als Therapie. (Rhe.: Leben lernen, Bd. 110) 167 S., Br., Klett-Cotta 1996. **DM 31,-**

R. Pfaller (Ed.): Interpassivität. Studien über delegiertes Genießen. 250 S., 4 Abb., Br., Springer 2000. **DM 58,-**

Bolko Pfau: Scham und Depression. Ärztliche Anthropologie eines Affektes. 124 S., 8 Abb., Kt., Schattauer 1998. **DM 49,-**

Harald Pühl: Angst in Gruppen und Institutionen. Kt., Vlg. U.Busch 1994. **DM 28,60**

Ginette Raimbault: Trauernde Eltern. Isadora Duncan, Sigmund Freud, Gustav Mahler, Eric Clapton. Wie sie den Tod eines Kindes erlebten. 269 S., Gb., Argon Vlg. 1997. **DM 39,80**

David Rapaport: Gefühl und Erinnerung. 363 S., Kt., Klett-Cotta 1977. **DM 48,-**

Wilhelm Reich: Der Krebs. Entdeckung des Orgons, Bd. 2. Kt., Kiepenheuer & Witsch 1994. **DM 24,80**

Wilhelm Reich: Die bio-elektrische Untersuchung von Sexualität und Angst. (Rhe.: Nexus, Bd. 28) 167 S., Kt., Stroemfeld Neuaufl. 1999. **DM 38,-**

Wilhelm Reich: Die Funktion des Orgasmus. Sexualökonomische Grundprobleme der biologischen Energie. Entdekkung des Orgons, Bd. 1. Kt., Kiepenheuer & Witsch 1987. **DM 18,80**

Elmar Ress: Die Faszination Jugendlicher am Grauen. Dargestellt am Beispiel von Horror-Videos. 242 S., Br., Königshausen & Neumann 1990. **DM 48,-**

Christa Rhode-Dachser: Über den Umgang mit Wünschen und Aggression in den Lebensentwürfen von Männern und Frauen. Vorlesung im Wintersemester 1998/99 an der Universität Frankfurt. (Rhe.: AudioTorium) 56 min., 1 Toncass., auditorium-Vlg. o.J.. **DM 23,-**

Horst E. Richter: Die Chance des Gewissens. Kt., Econ 1995. **DM 16,90**

Horst E. Richter: Die Chance des Gewissens. Erinnerungen und Assoziationen. 319 S., Gb., Hoffmann & Campe 1986. **DM 36,-**

Horst E. Richter: Leben statt Machen. Einwände gegen das Verzagen. Aufsätze, Reden, Notizen zum „neuen Denken". 333 S., Gb., Hoffmann & Campe 2. Ed. 1988. **DM 38,-**

Horst E. Richter: Umgang mit Angst. Kt., Econ 1993. **DM 14,90**

Horst E. Richter: Umgang mit Angst. 317 S., Gb., Hoffmann & Campe 1992. **DM 38,-**

Horst E. Richter: Wer nicht leiden will, muß hassen. Zur Epidemie der Gewalt. Kt., Droemer/Knaur 1995. **DM 12,90**

Horst E. Richter: Wer nicht leiden will, muß hassen. Zur Epidemie der Gewalt. 221 S., Gb., Hoffmann & Campe 1993. **DM 32,-**

Fritz Riemann: Grundformen der Angst. Eine tiefenpsychologische Studie. Mit einer Kurzbiographie v. Ruth Riemann. 259 S., Ln., E. Reinhardt Vlg. 31. Ed. 1999. **DM 25,-**

Fritz Riemann: Grundformen der Angst. Eine tiefenpsychologische Studie. 212 S., Kt., E. Reinhardt Vlg. 30. Ed. 1998. **DM 26,80**

Renata Salecl: Schatten der Liebe. Hrsg. v. Slavoj Zizek. 200 S., Br., Turia & Kant 1997. **DM 26,-**

Bernhard Salmen: Ohnmacht und Grandiosität. Psychodynamische Aspekte der Arbeit mit einem 9jährigen Jungen im Rahmen der Sozialpädagogischen Familienhilfe. (Rhe.: Psa. Pädagogik, 16) 139 S., Abb., Kt., M. Grünewald Vlg. 1995. **DM 38,-**

I. Salzberger-Wittenberg et al.: Die Pädagogik der Gefühle. Emotionale Erfahrungen beim Lernen und Lehren. 198 S., Br., WUV 1997. **DM 41,-**

Peter Schellenbaum: Agression zwischen Liebenden. Ergriffenheit und Abwehr in der erotischen Erfahrung. 272 S., Kt., dtv 1996. **DM 16,90**

Peter Schellenbaum: Das Nein in der Liebe. Abgrenzung und Hingabe in der erotischen Beziehung. 160 S., Kt., dtv Neuaufl. 1993. **DM 12,90**

Peter Schellenbaum: Die Wunde der Ungeliebten. Blockierung und Verlebendigung der Liebe. 200 S., Kt., dtv 1992. **DM 14,90**

Gisela Schmeer: Das sinnliche Kind. (Rhe.: Kinder fordern uns heraus) 155 S., Kt., Klett-Cotta 1996. **DM 20,-**

Wolfgang Schmidbauer: Die Angst vor Nähe. 203 S., Kt., Rowohlt 1985. **DM 34,-**

Wolfgang Schmidbauer: Die Angst vor Nähe. Kt., Rowohlt 1998. **DM 14,90**

Wolfgang Schmidbauer: Kein Glück mit Männern. Fallgeschichten zur Nähe-Angst. Kt., Rowohlt 1995. **DM 14,90**

W. Schöny /H. Rittmannsberger /C.H. Guth (Ed.): Aggression im Umfeld psychischer Erkrankungen. Ursachen, Folgen und Behandlung. Beiträge v. L. Wurmser, G. Medicus, R. Fartacek. 130 S., Br., Edition pro mente 1994. **DM 32,-**

Anette-Charlotte Schwerin: Sterben, Tod und Trauer im Bilde verwaister Eltern. 153 S., Br., P. Lang 1995. **DM 59,-**

"...ein sehr empfehlenswertes Buch, das alle wesentlichen Aspekte behandelt." (Kerstin Stier, Praxis der Kinderpsychologie und Kinderpsychiatrie)

Jacqueline de Segonzac: Trauer und Wahn. Tagebuch einer Manisch-Depressiven. Kt., Anton Hain Vlg. o.J.. **DM 28,-**

V. Sommerfeld /B. Huber /H. Nicolai: Toben, raufen, Kräfte messen. Ideen, Konzepte und viele Spiele zum Umgang mit Aggressionen. 128 S., Illustr., Kt., Ökotopia Vlg. 1999. **DM 32,-**

Reiner Stach (Ed.): Zur Psychologie des Laufens. (Rhe.: Geist u. Psyche, Bd. 12023) Kt., S. Fischer 1994. **DM 16,90**

Hans H. Stassen: Affekt und Sprache. Stimm- und Sprachanalyse bei Gesunden, depressiven und schizophrenen Patienten. VII,155 S., Gb., Springer 1995. **DM 120,-**

Evelyne Steimer-Krause: Übertragung, Affekt und Beziehung. Theorie und Analyse nonverbaler Interaktionen schizophrener Patienten. (Rhe.: Psa. im Dialog, 4) 502 S., Br., Peter Lang, Bern 1996. **DM 106,-**

Claude Steiner: Emotionale Kompetenz. 256 S., Kt., dtv 1999. **DM 16,90**

Günther Stolz: Das Gemeinschaftsgefühl. Eine Auseinandersetzung mit dem Gemeinschaftsgefühl und seiner Stellung und Bedeutung in der Individualpsychologie Alfred Adlers unter Hinzuziehung der christlichen Lehre. 156 S., Br., P. Lang 1999. **DM 54,-**

Günther Stolz: Scham - Schüchternheit - Errötungsangst. Eine psychoanalytisch orientierte Auseinandersetzung mit Scham und verwandten Phänomenen. 201 S., Br., P. Lang 1997. **DM 65,-**

Hans H. Studt: Aggression als Konfliktlösung. Prophylaxe und Psychotherapie. XIII, 212 S., 11 Abb., Kt., 1996. **DM 58,-**

Thomas Stüttgen: Interaktionelle Psychosomatik. Die Affekte und die Entwicklung des Selbst. XII, 151 S., Kt., Springer 1985. **DM 46,-**

Johanna Treichel: Aggression im Alltag. Was inspiriert und was zerstört. 124 S., Kt., Vandenh. & Ruprecht 1998. **DM 19,80**

Verein f. psa. Sozialarbeit (Ed.): Vom Umgehen mit Aggressivität. Zur Bewältigung von psychotischer Angst, Depression und agierter Aggression. Dokumentation der 8. Fachtagung des Vereins f. Psa. Sozialarbeit in Rottenburg. 253 S., Kt., Ed. diskord 1997. **DM 32,-**

Heinz G. Vester: Emotion, Gesellschaft und Kultur. Grundzüge einer soziologischen Theorie der Emotionen. 286 S., Kt., Westdt. Vlg. 1991. **DM 48,-**

V. D. Volkan /E. Zintl: Wege der Trauer. Leben mit Tod und Verlust. 150 S., Kt., Psychosozial Vlg. 2000. **DM 39,90**

Donald W. Winnicott: Aggression. Versagen der Umwelt und antisoziale Tendenz. 358 S., Kt., Klett-Cotta 3. Ed. 1996. **DM 42,-**

Leon Wurmser: Die Maske der Scham. Die Psychoanalyse von Schamaffekten und Schamkonflikten. XLVII, 563 S., Gb., Springer 3., rev. Ed. 1997. **DM 89,-**

Leon Wurmser: Die Maske der Scham. Die Pschoanalyse von Schamaffekten und Schamkonflikten. XXVII, 531 S., Geb., Springer 2., erw. Ed. 1993. **DM 76,-**

Hans G. Zapotoczky: Fragen antworten auf Ängste. 338 S., Br., Böhlau Vlg. 1992. **DM 56,-**

Siegfried Zepf: Gefühle, Sprache und Erleben. Psychologische Befunde, Psychoanalytische Einsichten. 235 S., Gb., Psychosozial Vlg. 1997. **DM 39,80**

Michel Zlotowicz: Warum haben Kinder Angst? 208 S., Kt., Klett-Cotta 1983. **DM 38,-**

Hans Zulliger: Die Angst unserer Kinder. Zehn Kapitel über Angstformen, Angstwirkungen, Vermeidung und Bekämpfung der kindlichen Ängste. 180 S., Ln., Klett-Cotta 1966. **DM 28,-**

BEZIEHUNG

Thea Bauriedl: Leben in Beziehungen. Von der Notwendigkeit, Grenzen zu finden. 160 S., Kt., Herder 2. Ed. 1997. **DM 15,80**

A. Ronald Bodenheimer: Taubheit - Die Barriere als Brücke. Ausgewählte Arbeiten zum Problem der Beziehung. Anthropologische Grundlagen und psychotherapeutische Erfahrungen. 253 S., Kt., Neckar-Vlg 1978. **DM 36,-**

A. Ronald Bodenheimer: Versuch über die Elemente der Beziehung. 330 S., Ln., Schwabe Vlg. 1967. **DM 42,-**

P. Buchheim /M. Cierpka /T. Seifert (Ed.): Beziehung im Fokus; Weiterbildungsforschung. X, 222 S., Abb., Kt., Springer 1993. **DM 42,-**

Wolf Bünting: Beachtung - ein menschliches Bedürfnis. (Rhe.: AudioTorium) 110 min., 1 Toncass., auditorium-Vlg. 1995. **DM 32,-**

Juana Danis: Bindungen. (Vinculos IV) 159 S., Pb., Ed. Psychosymbolik 4. rev. Ed.. **DM 25,-**

A. Eggert-Schmid Noerr /V. Hirmke-Wessels /H. Krebs (Ed.): Das Ende der Beziehung? Frauen, Männer, Kinder in der Trennungskrise. (Rhe.: Psa. Pädagogik, 14) 170 S., Kt., M. Grünewald Vlg. 1994. **DM 38,-**

Michael Lukas Moeller: Auf dem Weg zu einer glücklichen Beziehung. (Rhe.: AudioTorium) 92 min., 1 Toncass., auditorium-Vlg. 1997. **DM 26,-**

George Purdea: „Der ewige Augenblick" in der Begegnung zu zweit. Zur Zeitproblematik bei Jaspers, Freud und Binswanger. 100 S., Br., P. Lang 1997. **DM 45,-**

Hans Sohni (Ed.): Geschwisterlichkeit. Horizontale Beziehungen in Psychotherapie und Gesellschaft. (Rhe.: Psa. Blätter, Bd. 12) 128 S., Kt., Vandenh. & Ruprecht 1999. **DM 36,-**

Helm Stierlin: Das Tun des Einen ist das Tun des Anderen. Eine Dynamik menschlicher Beziehungen. 148 S., Kt., Suhrkamp 1976. **DM 12,80**

Walther U. Ziegler: Anerkennung und Nicht-Anerkennung. Studien zur Struktur zwischenmenschlicher Beziehung aus symbolisch-interaktionistischer und dialogischer Sicht. 262 S., Gb., Bouvier Vlg. 1992. **DM 68,-**

DENKEN /SPRACHE

Francisco R. Adrados: Sprache und Bedeutung. 264 S., Kt., W. Fink Vlg. 1977. **DM 48,-**

Bernard J. Baars: Das Schauspiel des Denkens. Neurowissenschaftliche Erkundungen. 310 S., Abb., Ln., Klett-Cotta 1998. **DM 68,-**

Gerhart Baumann: Sprache und Selbstbegegnung. 230 S., 21 Abb., Ln., W. Fink Vlg. 1981. **DM 58,-**

Alfred Bellebaum: Schweigen und Verschweigen. Bedeutung und Erscheinungsvielfalt einer Kommunikationsform. 239 S., Kt., Westdt. Vlg. 1992. **DM 39,80**

Luc Ciompi: Die affektiven Grundlagen des Denkens. (Rhe.: AudioTorium) 50 min., 1 Toncass., auditorium-Vlg. 1997. **DM 22,-**

Luc Ciompi: Die emotionalen Grundlagen des Denkens. Entwurf einer fraktalen Affektlogik. 372 S., 6 Abb., Pb., Vandenh. & Ruprecht 1997. **DM 58,-**

Lutz H Eckensberger (Ed.): Entwicklung sozialer Kognitionen. Modelle, Theorien, Methoden, Anwendung. 501 S., Kt., Klett-Cotta 1980. **DM 52,-**

H. Eckert /J. Laver: Menschen und ihre Stimme. Aspekte der vokalen Kommunikation. Mit CD-Audio. IX,204 S., 74 Abb., Gb., PVU 1994. **DM 68,-**

Mark Epstein: Gedanken ohne den Denker. Das Wechselspiel von Buddhismus und Psychoanalyse. 237 S., Gb., Krüger Vlg. 1996. **DM 38,-**

Hans Gondek: Angst - Einbildungskraft - Sprache. Ein verbindender Aufriß zwischen Freud, Kant und Lacan. 362 S., Ln., Boer Vlg. 1990. **DM 88,-**

Udo Hock: Das unbewußte Denken. Todestrieb und Wiederholung. (Rhe.: Geist u. Psyche, Bd. 14702) Kt., S. Fischer 2000. **DM 26,80**

Liam Hudson: Wie Männer denken. Intellekt, Intimität und erotische Phantasie. 267 S., Pb., Campus 1993. **DM 48,-**

Leo Scheffczyk (Ed.): Rationalität. Ihre Entwicklung und ihre Grenzen. 502 S., Kt., Alber Vlg. 1989. **DM 78,-**

Emil Schmalohr: Das Erlebnis des Lesens. Grundlagen einer erzählenden Lesepsychologie. 434 S., Ln., Klett-Cotta 1997. **DM 68,-**

Stefan Wichmann: Wie Kinder über das Denken denken. 204 S., 16 Abb., 10 Tab., Br., P. Lang 1996. **DM 65,-**

PHANTASIE

Isabelle Azoulay: Phantastische Abgründe. Die Gewalt in der sexuellen Phantasie von Frauen. Vorw. v. Volkmar Sigusch. 160 S., Abb., Pb., Vlg. Brandes & Apsel 1996. **DM 29,80**

"Sehr genau und präzise analysiert sie die Ingredienzen weiblicher erotischer Phantasien." (ekz-informationsdienst)

Andrea Baldauf /S. Biele (Ed.): Was uns anmacht. Die sexuellen Phantasien der Deutschen. (rororo-Tb. 60331) Kt., Rowohlt 1997. **DM 14,90**

Jurgis Baltrusaitis: Der Spiegel. Entdeckungen, Täuschungen, Phantasien. (Sonderausg.) 363 S., 192 Abb., Kt., Anabas Vlg. 2. Ed.1996. **DM 39,80**

B. Boothe /R. Wepfer /A. von Wyl (Ed.): Über das Wünschen. Ein seelisches und poetisches Phänomen wird erkundet. 252 S., Abb., Kt., Vandenh. & Ruprecht 1998. **DM 39,-**

Peter Dettmering: Die Adoptionsphantasie. „Adoption" als Fiktion und Realität. 104 S., Kt., Königshausen & Neumann 1994. **DM 28,-**

Alfred Drees: Freie Phantasien in der Psychotherapie und in Balintgruppen. Vorw. v. Thure v. Uexküll. 245 S., Kt., Vandenh. & Ruprecht 1995. **DM 44,-**

Ludwig Duncker: Kindliche Phantasie und ästhetische Erfahrung. Wirklichkeiten zwischen Ich und Welt. Mit e. Beitr. v. G. Bittner. 164 S., 46 Abb., Ebr., Vlg. A.Vaas 2. Ed. 1993. **DM 24,80**

D.R. Hofstadter /D.C. Dennett: Einsicht ins Ich. Fantasien und Reflexionen über Selbst und Seele. 485 S., Lin., Klett-Cotta 4. Ed. 1991. **DM 58,-**

Dietmar Kamper: Unmögliche Gegenwart. Zur Theorie der Phantasie. 240 S., Kt., W. Fink Vlg. 1995. **DM 38,-**

Günter Koch (Ed.): Vom Spiel der Phantasie. Quellgründe der Kultur. 232 S., Br., Echter Vlg. 1998. **DM 29,-**

L. Kottje-Birnbacher /U. Sachsse /E. Wilke (Ed.): Imagination in der Psychotherapie. 251 S., Abb., Kt., H. Huber Vlg. 1997. **DM 59,-**

J. Laplanche /J.-B. Pontalis: Urphantasie. Phantasien über den Ursprung, Ursprünge der Phantasie. 80 S., Kt., S. Fischer 1992. **DM 14,80**

Arnold A. Lazarus: Innenbilder. Imagination in der Therapie und als Selbsthilfe. (Rhe.: Leben lernen, Bd. 47) 143 S., Br., Klett-Cotta 2. Ed. 1993. **DM 26,-**

Horst Lederer: Phantastik und Wahnsinn. Geschichte und Struktur einer Symbiose. 393 S., 1 schw., Br., Janus Vlg. 1986. **DM 44,-**

Elisabeth Lenk: Kritische Phantasie. Gesammelte Essays. 240 S., Br., Vlg. Matthes & Seitz 1986. **DM 26,-**

Gerda Pagel: Narziss und Prometheus. Die Theorie der Phantasie bei Freud und Gehlen. 195 S., 7 Abb., Kt., Königshausen & Neumann 1984. **DM 39,80**

Gianfrancesco Pico della Mirandola: Über die Vorstellung / De imaginatione. Lat.-Dt. 151 S., Kt., W. Fink Vlg. 3. rev. Ed. 1997. **DM 38,-**

Barbara Ränsch-Trill: Phantasie. Welterkenntnis und Welterschaffung. 384 S., Gb., Bouvier Vlg. 1996. **DM 110,-**

Peter Rech: Umgekehrt. Bilder und Unbewußtes. 208 S., 4 Abb., Br., Passagen Vlg. 1997. **DM 44,-**

Fanny Rostek-Lühmann: Der Kinderfänger von Hameln. Untersagte Wünsche und die Funktion des Fremden. 124 S., 7 Abb., Br., Reimer Vlg. 1995. **DM 38,-**

Michael Rutschky: Lebensromane. Zehn Kapitel über das Phantasieren. 304 S., Hl., Steidl Vlg. 1998. **DM 38,-**

Mathias Schwabe: Selbst und Maschine. Technikphantasien im Kindesalter. 362 S., Br., Königshausen & Neumann 1994. **DM 58,-**

TRAUM

Regina Abt: Traum und Schwangerschaft. Eine Untersuchung von Träumen schwangerer Frauen. Vorw. v. Marie v. Franz. 537 S., Gb., Daimon Vlg. 1996. **DM 49,90**

K.-U. Adam: Therapeutisches Arbeiten mit Träumen. Theorie und Praxis der Traumarbeit. 480 S., 47 Abb., Gb., Springer 2000. **DM 89,-**

Das Buch richtet sich an Psychotherapeuten, die mit Träumen arbeiten oder arbeiten wollen. Es bietetr die theoretische Grundlage (auf der Basis der Psychologie C. G. Jungs) und eine konkrete Handhabe für den Umgang mit Träumen in Behandlungssituationen. Die Symbolik der Träume und ihre Bedeutung werden an vielen Beispielen dargestellt.

Leon L Altman: Praxis der Traumdeutung. 259 S., Kt., Suhrkamp 1992. **DM 22,80**

Ruth Ammann: Traumbild Haus. Von den Lebensräumen der Seele. 110 S., 3 Abb., Gb., Walter Vlg. 2. Ed. 1991. **DM 17,80**

Artemidor von Daldis: Traumkunst. Übertr. v. Friedrich S. Krauss. Neubearb. Kt., Reclam o.J.. **DM 12,-**

K. Asper /R. Nell /H. Hark: Kindträume. Kt., dtv 1994. **DM 14,90**

Herbert Bareuther et al. (Ed.): Traum und Gedächtnis. Neue Ergebnisse aus psychologischer, psychoanalytischer und neurophysiologischer Forschung. 3. Internationale Traumtagung, 16.-18.März 1995. (Rhe.: Materialien a.d. SFI, 15) 326 S., Br., Lit Vlg. 1995. **DM 48,80**

Gaetano Benedetti: Botschaft der Träume. 297 S., 11 Abb., Kt., Vandenh. & Ruprecht 1998. **DM 74,-**

15 Die fünfzigjährige Erfahrung als Psychotherapeut - insbesondere psychotischer Patienten, die ihn weltweit in Fachkreisen berühmt gemacht hat - ist der Fundus, den Gaetano Benedetti in diesem Buch für ein tieferes klinisches Verständnis von Trauminhalten einschließt. Aber er ist auch fast ebensolang Lehranalytiker, und darum kann er aus einem gleichfalls weiten Erfahrungshorizont von Träumen Gesunder schöpfen. Als Drittes kann er die Bedeutung von Therapeutenträumen während der Behandlung psychisch Kranker erschließen. „Die Botschaft der Träume" ist damit das umfassendste und bestfundierte Werk über die Träume des Menschen in den verschiedenen psychischen Zuständen, eine Anthropologie des Traums. Benedetti erfüllt einen integrativen Anspruch in der Traumforschung. 15 Er und seine Mitarbeiter untersuchen den Traum, seine Mitteilungen an den Träumenden und an den Therapeuten, seine diagnostische und therapeutische Verwertbarkeit vor dem Hintergrund der tiefenpsychologischen Lehren Freuds, Jungs und Adlers, der existenzanalytischen Theorien und der Hypnotherapie. Träume, so hat Benedetti erkannt, sind „doppelgesichtig". Die Traumsprache teilt sich in Polaritäten mit; jedes einzelne Bild, jedes Symbol erhellt verschiedene, ja gegensätzliche Seiten der Wahrheit. Dadurch kann es zu einer wesentlichen Ergänzung des wachen, bewußten Denkens werden. Träume haben nicht nur einen wichtigen Anteil am Erleben des Menschen, sie sind oft auch der lebendigere. 01 Dr. med. Gaetano Benedetti ist em. Professor für Psychoanalyse und Psychotherapie an der Universität Basel. Er ist Mitbegründer des Mailänder Instituts für Psychotherapie, Lehranalytiker und Ehrenmitglied der Deutschen Psychoanalytischen Gesellschaft und Fellow der American Academy of Psychoanalysis.
Rez. in Gruppenpsychother. Gruppendynamik 2/1999, S. 162 von W. Schweizer

G. Benedetti /E. Hornung (Ed.): Die Wahrheit der Träume. 289 S., Abb., Kt., W. Fink Vlg. 1997. **DM 58,-**

Charlotte Beradt: Das Dritte Reich des Traums. 130 S., Kt., Suhrkamp 1994. **DM 12,80**

Ludwig Binswanger: Traum und Existenz. Mit e. einl. Text v. Michel Foucault. 148 S., Kt., Gachnang & Springer 1992. **DM 48,-**

Ilse Bittlinger-Baumann: Träume - Sprache der Seele. Eine Anleitung zum Umgang mit Träumen. 51 S., 1 Abb., Gb., Metanoia-Vlg. 3. rev. Ed. 1995. **DM 9,-**

Yves Bonnefoy: Berichte im Traum. 143 S., Gb., Klett-Cotta 1990. **DM 34,-**

Medard Boss: Es träumte mir vergangene Nacht . . . Sehübungen im Bereiche des Träumens und Beispiele für die praktische Anwendung eines neuen Traumverständnisses. 254 S., Gb., H. Huber Vlg. 2. Ed. 1991. **DM 49,80**

Elisabeth Bronfen (Ed.): Die Nacht. Ein Lesebuch von Träumen, Gewalt und Ekstase. Kt., Goldmann 1993. **DM 15,-**

Bernhard Büchsenschütz: Traum und Traumdeutung im Altertum. Ln., Sändig Reprint Vlg. (Neudr. d. Ausg. 1868). **DM PaA**

Heinrich Deserno (Ed.): Das Jahrhundert der Traumdeutung. Perspektiven psychoanalytischer Traumforschung. 475 S., Ln., Klett-Cotta 1999. **DM 68,-**

Heinrich Deserno et al.: Traum, Affekt und Selbst. 4. Internationale Traumtagung psa. Traumforschung im SFI. Mit Beitr. v. H. Deserno, A. Hamburger, U. Moser u.a. (Rhe.: Psa. Beiträge aus dem SFI, Bd. 1) 277 S., Kt., Ed. diskord 1999. **DM 38,-**

Georges Devereux: Träume in der griechischen Tragödie. Eine ethnopsychoanalytische Untersuchung. 550 S., Kt., Suhrkamp 1985. **DM 28,-**

Georges Devereux: Träume in der griechischen Tragödie. Eine ethnopsychoanalytische Untersuchung. 550 S., Ln., Suhrkamp 1982. **DM 92,-**

Bernard Dieterle (Ed.): Träumungen. Traumerzählung in Film und Literatur. 300 S., Br., Vlg. M. Itschert 1998. **DM 49,90**

Peter Dold: Bis daß der Traum euch scheidet. Träume in der Paartherapie. 164 S., Kt., Walter Vlg. 1996. **DM 14,80**

Eduard Dreher: Der Traum als Erlebnis. Zugleich eine Auseinandersetzung mit Sigmund Freuds Traumdeutung. IX,266 S., Kt., Vahlen 1981. **DM 19,80**

Gertrud Ennulat: Du, ich will dir einen Traum erzählen. Mit Kindern über ihre Träume sprechen. 176 S., Ebr., Walter Vlg. 1998. **DM 29,80**

Aus ihrer Erfahrung mit ungezählten schulischen „Traumerzählstunden" führt die Autorin in die kindliche Traumwelt ein und berichtet aus ihrer pädagogischen Arbeit mit schwierigen Kindern.

Gerald Epstein: Wachtraumtherapie. Der Traumprozess als Imagination. 243 S., Kt., Klett-Cotta 1985. **DM 42,-**

Holger Bertrand Flöttmann: Träume zeigen neue Wege. Systematik der Traumsymbole. 260 S., Kt., Kohlhammer Vlg. 1998. **DM 49,-**

Anhand von zahlreichen Traum-Fallbeispielen beschreibt der Autor zentrale Themen der Psychoanalyse. Ergänzt wird die Darstellung durch eine Sammluing von über 600 Traumsymbolen, die neben Überlegungen zur Deutung auch quantitative Angaben zur jeweiligen Häufigkeit bietet.

Wenda Focke: Die Symbolwelt in den Träumen alter Menschen. Ein interdisziplinärer Versuch, Symbole in den Träumen alter Menschen zu beleuchten, um die komplementären Schnittstellen von Psyche und Soma ein wenig zu erleuchten. Diss. X, 161 S., Abb., Kt., Königshausen & Neumann 1994. **DM 42,-**

Dieter Forte: Das Labyrinth der Träume oder wie man den Kopf vom Körper trennt. 144 S., Ln., S. Fischer 1983. **DM 20,-**

Marie-Louise v. Franz: Ausgewählte Schriften. Bd. 1: Träume. Vorw. u. hrsg von R. Hinshaw. 303 S., Gb., Daimon Vlg. 1985. **DM 39,-**

Marie-Louise von Franz: Traum und Tod. Was uns die Träume Sterbender sagen. 207 S., 15 Abb., Gb., Walter Vlg. 1999. **DM 34,80**

Sigmund Freud: Die Traumdeutung. Nachw. v. H. Beland. Kt., S. Fischer o.J.. **DM 24,90**

Sigmund Freud: Die Traumdeutung. Reprint der Erstausgabe 1900. Mit Essays zur Werkgeschichte von Jean Starobinski, Ilse Grubrich-Simitis und Marc Solms. 376 S. + Beiheft, Ln. iSch., S. Fischer 1999. **DM 128,-**

Sigmund Freud: Schriften über Träume und Traumdeutungen. Einl. v. H. Beland. Kt., S. Fischer 1994. **DM 18,90**

Wilhelm Freund: Jeder Traum hat seinen Sinn. Logotherapeutisches Traumverstehen. Kt., Herder 1998. **DM 16,80**

Richard Friedrich: Traumanalyse. 40 S., Kt., Vlg. R.Weigerstorfer 1991. **DM 24,80**

Erich Fromm: Märchen, Mythen, Träume. Eine Einführung in das Verständnis einer vergessenen Sprache. Kt., Rowohlt o.J.. **DM 12,80**

Felizitas Fuchs: Von der Zukunftsschau zum Seelenspiegel. Eine Studie zur Traumauffassung und Traumdeutung am Beispiel der deutschsprachigen Traumbücher. 340 S., Br., Vlg. Herodot 1987. **DM 38,-**

Christoph Gassmann: Träume erinnern. Eine Gebrauchsanweisung. 120 S., Kt., Walter Vlg. 2/2000. **DM 24,80**

Uwe Gaube: Film und Traum. Zum präsentativen Symbolismus. Dargestellt am Verhältnis Film und Traum. 159 S., Kt., W. Fink Vlg. 1978. **DM 36,-**

Eugene T. Gendlin: Dein Körper - Dein Traumdeuter. 238 S., Br., Otto Müller Vlg. 1987. **DM 29,80**

Christiane Gohl: Liebe, Lust und Abenteuer. Tagträume von Frauen und Mädchen. X, 264 S., Efal., Centaurus Vlg. 1991. **DM 38,-**

Stefan Goldmann: Via regia zum Unbewußten. Freud und die Traumforschung im 19. Jahrhundert. 120 S., Kt., Ed. diskord 1999. **ca. DM 28,-**

Ausgehend von Sigmund Freuds meisterhafter Darstellung der Traumprobleme im ersten Kapitel der „Traumdeutung" liefert das Buch Bausteine zu einer Geschichte der Traumforschung im 19.Jahrhundert. Bibliographien der zeitgenössischen Traumforscher wie Karl Scherner, Johannes Volkelt, Heinrich Spitta u.a. ergänzen die Arbeit zweckmäßig.

Ludger Grenzmann: Traumbuch Artemidori. Vlg. Koerner 1980. **DM 180,-**

Danielle Grigoteit-Pippardt: Der Traum im Bilderbuch. 163 S., 7 Abb., Pb., Shaker Vlg. 1997. **DM 49,-**

Ortrud Grön: Das offene Geheimnis der Träume. Ein Leitfaden. 272 S., 10 Abb., Br., Kore Ed. 1998. **DM 35,-**

Istvàn Hahn: Traumdeutung und gesellschaftliche Wirklichkeit. Artemidorus Daldianus als sozialgeschichtliche Quelle. 48 S., Kt., Univ.-Vlg. Konstanz 1992. **DM 19,80**

Hildegard Hammerschmidt-Hummel: Die Traumtheorien des 20. Jahrhunderts und die Träume der Figuren Shakespeares. Mit einem Abriss philosophischer und literarischer Traumauffassungen von der Antike bis zur Gegenwart. 352 S., Kt., Univ.-Vlg. Winter 1992. **DM 70,-**

Helmut Hark et al. (Ed.): Tier-Träume. Von der Klugheit unserer Instinkte. 229 S., Kt., Walter Vlg. 1998. **DM 39,80**

Rudolf Heinz: Somnium Novum. Vol. 1: Zur Kritik der psychoanalytischen Traumtheorie. 140 S., Kt., Passagen Vlg. 1994. **DM 28,-**

Rudolf Heinz: Traum-Traum 1999. Zum Zentenarium der Traumdeutung Freuds. Mit Beitr. von C. Weismüller. 344 S., Kt., Passagen Vlg. 2000. **DM 78,-**

R. Heinz /K.T. Petersen (Ed.): Somnium Novum. Vol. 2: Zur Kritik der psychoanalytischen Traumtheorie. 198 S., Kt., Passagen Vlg. 1994. **DM 46,-**

Laura Hermes: Traum und Traumdeutung in der Antike. 192 S., Kt., Artemis Vlg. 1996. **DM 14,80**

Rudolf Hiestand (Ed.): Traum und Träumen. Inhalt - Darstellung - Funktion einer Lebenserfahrung im Mittelalter und Renaissance. 300 S., Pb., Droste Vlg. 1994. **DM 46,-**

James Hillman: Pan und die natürliche Angst. Über die Notwendigkeit der Alpträume für die Seele. 104 S., Br., IKM Vlg. 2. Ed. 1995. **DM 34,-**

Friedrich Hobek: Schlaf und Traum - neueste Erkenntnisse. Schlafstörungen und ihre Behandlung. Der Traum und seine Geheimnisse. 186 S., Br., Deuticke Vlg. 1995. **DM 31,-**

Brigitte Holzinger: Der luzide Traum. Phänomenologie und Psychologie. 152 S., 27 Abb., Br., WUV 2. Ed. 1997. **DM 41,-**

Brigitte Holzinger: Luzides Träumen. Induktion. (Rhe.: Autobahn-Universität) 1 Toncass., C. Auer Vlg. 1995. **DM 23,80**

Hans H. Hopf: Kinderträume verstehen. Kt., Rowohlt 1992. **DM 11,80**

C.G. Jung: Erinnerungen, Träume, Gedanken. Aufgez. u. hrsg. von Aniela Jaffè. 450 S., Ln., Walter Vlg. 14. Ed. 1997. **DM 58,-**

C.G. Jung: Erinnerungen, Träume, Gedanken. Aufgez. u. hrsg. von Aniela Jaffè. 419 S., Kt., Walter Vlg. 10. Ed. 1997. **Sonderausg. DM 26,-**

C.G. Jung: Symbole und Traumdeutung. Ein erster Zugang zum Unbewußten. Bearb. v. John Freeman. 117 S., Gb., Walter Vlg. 1998. **DM 24,80**

C.G. Jung: Traum und Traumdeutung. 376 S., 93 Abb. auf Taf., Kt., dtv 1997. **DM 19,90**

Hayao Kawai: Myoes Traumchronik. 266 S., mehrere Ill., Br., Daimon Vlg. 1997. **DM 36,-**

Martina Kirmann (Ed.): Mein Traumtagebuch. 128 S., Br., Smaragd-Vlg. 1999. **DM 12,80**

E. Klessmann /H. Eibach: Traumpfade. Weg-Erfahrungen in der Imagination. 150 S., 100 farb. Abb., Kt., H. Huber Vlg. 1997. **DM 59,-**

Karl-Gottfried von Knobloch-Droste: Traumpraxis. Psychotherapeutische Arbeit mit Träumen und Träumern. (Rhe.: Leben lernen, Bd. 92) 149 S., Br., Klett-Cotta 1994. **DM 28,-**

P. König /U. Santos-König: Berberis, Rhododendron, Convallaria. Traumgeschehen und Psychodynamik dreier Arzneiprüfungen (1992-1994) 194 S., Kt., Vlg. U.Burgdorf 1997. **DM 48,-**

J. Körner /S. Krutzenbichler (Ed.): Der Traum in der Psychoanalyse. 220 S., Kt., Vandenh. & Ruprecht 4/2000. **DM 39,-**

Peretz Lavie: Die wundersame Welt des Schlafes. Entdekkungen, Träume, Phänomene. 328 S., 32 Abb., Ebr., Ch.Links Vlg. 1997. **DM 39,80**

Stefan Leber: Der Schlaf und seine Bedeutung. Geisteswissenschaftliche Dimensionen des Un- und Überbewußten. 393 S., Gb., Vlg. Freies Geistesleben 1996. **DM 68,-**

W. Leuschner /S. Hau /T. Fischmann: Die akustische Beeinflußbarkeit von Träumen. (Rhe.: Psa. Beiträge aus dem SFI, Bd. 3) 170 S., Kt., Ed. diskord 2000. **DM 28,-**

Bartels Manfred (Ed.): Traumspiele. 190 S., Kt., Junius Vlg. 1994. **DM 39,80**

Edgar Marsch (Ed.): Der Traum. Beiträge zu einem interdisziplinären Gespräch. 144 S., Br., Univ.-Vlg. Freiburg 1996. **DM 32,-**

Carl A. Meier: Der Traum als Medizin. Antike Inkubation und moderne Psychotherapie. 200 S., 10 Abb., Br., Daimon Vlg. 1985. **DM 34,80**

Carl A. Meier: Der Traum als Medizin. Antike Inkubation und moderne Psychotherapie. 200 S., Ln., Daimon Vlg. 1985. **DM 44,80**

Carl A. Meier: Healing Dream and Ritual. Ancient Incubation and Modern Psychotherapy. 150 S., Br., Daimon Vlg. 1989. **DM 37,40**

Carl A. Meier: Lehrbuch der Komplexen Psychologie C.G. Jungs. Bd. 2: Die Bedeutung des Traumes. 240 S., 5 Abb., Br., Daimon Vlg. 1995. **DM 39,-**

Hans C. Meiser (Ed.): Träume. Deutung und Bedeutung. Kt., S. Fischer 1996. **DM 12,90**

Wolfgang Mertens: Traum und Traumdeutung. 125 S., 10 Abb., Kt., C.H.Beck 1999. **DM 14,80**

H.K. Metzger /R. Riehn (Ed.): Musik und Traum. 121 S., Br., Text & Kritik 1991. **DM 36,-**

M. Michel /T. Spengler (Ed.): Kursbuch. Bd. 138: Träume. 192 S., Abb., Kt., Rowohlt 1999. **DM 18,-**

Arnold Mindel: Traumprozesse, Körperarbeit und Politik. (Rhe.: AudioTorium) 60 min., 1 Toncass., auditorium-Vlg. o.J.. **DM 22,-**

Arnold Mindell: Der Leib und die Träume. Prozeßorientierte Psychologie in der Praxis. 122 S., Kt., Junfermann Vlg. 5. Ed. 1995. **DM 29,80**

Arnold Mindell: Traumkörper und Meditation. Arbeit an sich selbst. 175 S., 16 Abb., Ebr., Walter Vlg. 2. Ed. 1994. **DM 29,00**

Arnold Mindell: Traumkörper und Meditation. Arbeit an sich selbst. 175 S., Kt., Walter Vlg. 1998. **DM 19,80**

Arnold Mindell: Traumkörper-Arbeit oder Der Weg des Flusses. 171 S., Kt., Junfermann Vlg. 1993. **DM 29,80**

Christoph Morgenthaler: Der religiöse Traum. Erfahrung und Deutung. 204 S., Kt., Kohlhammer Vlg. 1992. **DM 39,-**

U. Moser /I. Zeppelin: Der geträumte Traum. Wie Träume entstehen und sich verändern. 189 S., Kt., Kohlhammer Vlg. 2. Ed. 1999. **DM 57,70**

Aufschlußreich ist das hier in einer unveränderten Neuausgabe vorliegende Buch gleichermaßen für Psychoanalytiker und Kognitionspsychologen, die sich mit Träumen, deren Rekonstruktion und Codierung beschäftigen.

Stefan Niessen: Traum und Realität. Ihre neuzeitliche Trennung. 324 S., 3 Abb., Br., Königshausen & Neumann 1993. **DM 68,-**

Jean-Bertrand Pontalis: Zwischen Traum und Schmerz. Kt., S. Fischer 1998. **DM 24,90**

Otto Rank: Traum und Dichtung - Traum und Mythos. Zwei unbekannte Texte aus Sigmund Freuds „Traumdeutung". 77 S., Faks., Kt., Turia & Kant 1995 (NA unbest.). **DM 32,-**

Rainer Rechberger: But still in none of the rooms is there a mirror. Traum - Schizophrenie - Vampirismus. 120 S., Br., Edition pro mente 1997. **DM 21,-**

Andreas Resch: Veränderte Bewusstseinszustände. Träume, Trance, Ekstase. XXXII,608 S., 11 farb. u. 70 s/w Abb., Gb., Resch Vlg. 1990. **DM 79,-**

Ingrid Riedel: Träume als Wegweiser in Lebenskrisen. 21 S., Gb., Vlg. Stadt Friedrichshfn. 1996. **DM**

Ingrid Riedel: Träume als Wegweiser in Lebenskrisen. Vortrag. (Rhe.: AudioTorium) 1 Toncass., Laufzeit 63 min., auditorium-Vlg. 1996. **DM 22,-**

Ingrid Riedel: Träume, Wegweiser in neue Lebensphasen. 199 S., Gb., Kreuz Vlg. 1997. **DM 34,-**

Ingrid Riedel (Ed.): Die vier Elemente im Traum. 288 S., Kt., dtv 1997. **DM 16,90**

Wilhelm Salber: Traum und Tag. 145 S., Kt., Bouvier Vlg. 1997. **DM 24,-**

Rainer Schmidt: Träume und Tagträume. Eine individualpsychologische Analyse. 176 S., Kt., S. Fischer 1991. **DM 16,80**

Michael Schredl: Die nächtliche Traumwelt. Eine Einführung in die psychologische Traumforschung. 160 S., Kt., Kohlhammer Vlg. 1999. **DM 39,80**

Themen sind die physiologischen Grundlagen, Faktoren der Traumerinnerung, Inhaltsanalyse, Zusammenhänge zwischen Wachleben und Traum, Träume und psychische Störungen, Alpträume, luizide Träume und nicht zuletzt Träume in der Therapie.

Michael Schredl: Träume und Schlafstörungen. Empirische Studie zur Traumerinnerungshäufigkeit und zum Trauminhalt schlafgestörter PatientInnen. 430 S. auf 5 Mikrofiches, Tectum Vlg. 1998. **DM 88,-**

Gotthilf H. v. Schubert: Die Symbolik des Traumes. VIII, 324 S., Kt., P. Wald Vlg. (Reprint d. Ausg. 1814) 1992. **DM 75,-**

Hanna Segal: Traum, Phantasie und Kunst. Über die Bedingungen menschlicher Kreativität. 162 S., Ln., Klett-Cotta 1996. **DM 48,-**

Christian Seiler: Wie träume ich tag? Und andere Gebrauchsanweisungen für den nie alltäglichen Alltag. Ein ungewöhnlicher Ratgeber. 128 S., Gb., Ch.Brandstätter Vlg. 1996. **DM 34,-**

SFI (Ed.): Der Traum des Wolfsmannes. Tagung zur psychoanalytischen Traumforschung im Sigmund-Freud-Institut Frankfurt/M. im Februar 1993. (Rhe.: Materialien a.d. SFI, 13) 100 S., Br., Lit Vlg. 1993. **DM 18,-**

Beitr. von W.Köhler, W. Leuschner, S. Hau, H. Gekle, N. Spangenberg, H. Deserno.

Ella Freeman Sharpe: Traumanalyse. (Rhe.: Geist u. Psyche, Bd. 11818) Kt., S. Fischer 1994. **DM 18,90**

Ella Freeman Sharpe: Traumanalyse. 205 S., Lin., Klett-Cotta 1984. **DM 42,-**

A.B. Siegel /K. Bulkeley: Kinderträume und ihre Bedeutung. Eine Reise in die kindliche Seele. Kt., Econ 1999. **DM 16,90**

Alexander Skiba: Träume im Alter. 140 S., Br., Roderer Vlg. 1997. **DM 38,-**

Renè Sommer: Der Baum steht mitten im Fluss. Was Kinderträume sagen können. 228 S., Ebr., Walter Vlg. 1997. **DM 18,-**

Die Traumserie eines Kindes, von seinem Lehrer aufgezeichnet und für die Leser kommentiert, bietet einen beeindruckenden Einblick in die Dynamik des kindlichen Unbewußten.

Klaus H. Spierling: Der Klartraum und seine Anwendung zur Angstreduktion und Stressbewältigung im Traum. 212 S. auf 3 Mikrofiches, Tectum Vlg. 1997. **DM 88,-**

Hartmut Steffen: Ich träume, also bin ich. Anleitung zum Träumen. 128 S., Kt., M. Grünewald Vlg. 1996. **DM 24,80**

Inge Strauch: Den Träumen auf der Spur. Ergebnisse der experimentellen Traumforschung. 229 S., 39 Abb., Kt., H. Huber Vlg. 1992. **DM 39,80**

Erdmute Struck: Der Traum in Theorie und therapeutischer Praxis von Psychoanalyse und Daseinsanalyse. Traum und Weltverhältnis des Träumers. 313 S., Br., Dt. Studien-Vlg. 1992. **DM 68,-**

Franz Strunz: Die Traumdeutung zwischen Freud und Jung. Eine Neubewertung der Fundamente. 100 S., Br., Roderer Vlg. 1995. **DM 38,-**

Emil Szittya: Träume aus dem Krieg. 213 S., Br., Löcker Vlg. 1987. **DM 34,80**

Traumwerkstatt München (Ed.): Träume in der Paartherapie. T. Bauriedl, E. Jaeggi und H. Stierlin im Gespräch über einen Paartraum. 231 S., Kt., Vandenh. & Ruprecht 1998. **DM 44,-**

M. Ullmann /N. Zimmermann: Mit Träumen arbeiten. 286 S., Lin., Klett-Cotta 1986. **DM 39,80**

Detlev von Uslar: Der Traum als Welt. Sein und Deutung des Traums. 264 S., Kt., Hirzel Vlg. 3., rev. Ed. 1990. **DM 58,-**

Ole Vedfeldt: Dimensionen der Träume. Ein Grundlagenwerk zu Wesen, Funktion und Interpretation. 528 S., Kt., dtv 1999. **DM 32,-**

Ole Vedfelt: Dimensionen der Träume. Umfassende Darstellung der Erkenntnisse zu Wesen, Funktion und Interpretation. 527 S., 16 farb. Abb., Gb., Walter Vlg. 1997. **DM 58,-**

Friedrich Weinreb: Grundriss einer jüdisch-mystischen Traumdeutung. 3 Toncass., 270 min., ISIOM Vlg. f. Tondokumente 1989. **DM 68,-**

Friedrich Weinreb: Kabbala im Traumleben des Menschen. Kt., E. Diederichs Vlg. 1994. **DM 26,-**

Friedrich Weinreb: Traumleben. Bd. 1. 221 S., Gb., Thauros Vlg. 1979. **DM 39,-**

Friedrich Weinreb: Traumleben. Bd. 3. 219 S., Gb., Thauros Vlg. 1980. **DM 39,-**

Friedrich Weinreb: Traumleben. Bd. 4. 215 S., Gb., Thauros Vlg. 1981. **DM 39,-**

Fred A. Wolf: Die Physik der Träume. Von den Traumpfaden der Aboriginals bis ins Herz der Materie. 480 S., Kt., dtv 1997. **DM 29,90**

Fred A. Wolf: Die Physik der Träume. Von den Traumpfaden der Aboriginals bis ins Herz der Materie. 470 S., Byblos Vlg. o.J.. **DM 29,80**

Dieter Wyss: Traumbewußtsein? Grundzüge einer Ontologie des Traumbewußtseins. XII, 335 S., Kt., Vandenh. & Ruprecht 1988. **DM 66,-**

Wahrnehmung

Curare. Kognition - Krankheit - Kultur: Wahrnehmung von Körper und Krankheit in verschiedenen Kulturen. 184 S., zahlr. Fotos u. Abb., Br., VWB 1995. **DM 48,-**

Enid Balint: Bevor ICH war. Imagination und Wahrnehmung in der Psychoanalyse. 333 S., Ln., Klett-Cotta 1997. **DM 52,-**

Endi Balints Hauptinteresse gilt den präverbalen, überwiegend körperlichen Erfahrungsprozessen der frühen Entwicklung und, damit aufs engste verbunden, der Frage, was den Menschen psychisch lebendig werden läßt und am Leben erhält.

Georges Bataille: Die innere Erfahrung. 350 S., Gb., Vlg. Matthes & Seitz 1999. **DM 68,-**

R. Battegay /U. Rauchfleisch (Ed.): Menschliche Autonomie. 259 S., 4 Abb., Kt., Vandenh. & Ruprecht 1990. **DM 39,-**

Joachim E. Berendt: Ich höre - also bin ich. Vom Ziel allen Hörens. Vortrag. 368 S., Kt., Goldmann 1994. **DM 38,-**

Peter A. Berger: Individualisierung. Statusunsicherheit und Erfahrungsvielfalt. 335 S., Kt., Westdt. Vlg. 1996. **DM 58,-**

Norman Bryson: Die Logik des Blicks. Visualität und Bildlichkeit. 200 S., Br., W. Fink Vlg. 2000. **DM 58,-**

Martin Burckhardt: Metamorphosen von Raum und Zeit. Eine Geschichte der Wahrnehmung. 392 S., 10 Abb., Kt., Campus 1997. **DM 39,80**

Luc Ciompi: Außenwelt - Innenwelt. Die Entstehung von Zeit, Raum und psychischen Strukturen. 397 S., 9 Abb., Kt., Vandenh. & Ruprecht 1988. **DM 55,-**

Georges Didi-Huberman: Was wir sehen blickt uns an. Zur Metapsychologie des Bildes. 260 S., 42 Abb., Br., W. Fink Vlg. 1999. **DM 48,-**

Rudolf Dreikurs: Selbstbewußt. Die Psychologie eines Lebensgefühls. 256 S., Kt., dtv 1995. **DM 16,90**

Elke Endert: Über Zusammenhänge von Fühlen und Denken in Wahrnehmungsprozessen und Wissensprozessen. Ein Vergleich der „Affektlogik" von L. Ciompi mit dem wissenssoziologischen Ansatz Ludwig Flecks. 153 S., Kt., Papyrossa 1997. **DM 28,-**

Natalia Erazo: Entwicklung des Selbstempfindens. Verschmelzung, Identität und Wir-Erleben. Psychoanalytische Entwicklungspsychologie. 199 S., 10 Abb., Kt., Kohlhammer Vlg. 1997. **DM 44,-**

Anhand von Phänomenen, bei denen es um die Regulierung von Nähe und Distanz in Beziehungen geht aber auch pathologischer Zustände, beschreibt die Autorin Erfahrungen der Verschmelzung und der Abgrenzung.

Hanna Gagel: Den eigenen Augen trauen. Über weibliche und männliche Wahrnehmung in der Kunst. 264 S., 200 z.T. farb. Abb., Kt., Anabas Vlg. 1995. **DM 68,-**

Howard Gardner: Der ungeschulte Kopf. Wie Kinder denken. 371 S., Lin., Klett-Cotta 3. Ed. 1996. **DM 48,-**

Nelson Goodman: Weisen der Welterzeugung. 179 S., Ln., Suhrkamp 1984. **DM 32,-**

Nelson Goodman: Weisen der Welterzeugung. 179 S., Kt., Suhrkamp 1990. **DM 19,80**

Jürgen Hellbrück: Hören. Physiologie, Psychologie und Pathologie. 292 S., 40 Abb., Kt., Hogrefe 1993. **DM 78,-**

Rudolf Hernegger: Wahrnehmung und Bewusstsein. Ein Diskussionsbeitrag zu den Neuropsychologien. 450 S., Spektrum Vlg. 1995. **DM 98,-**

Günter Kleinen: Die psychologische Wirklichkeit der Musik. Wahrnehmung und Deutung im Alltag. 243 S., Kt., Bosse 1994. **DM 68,-**

Elisabeth Kleinewiese: Kreisgesicht-Symbole. Eine visuelle Darstellung der Funktion der Ich-Zustände. 50 S., Kt., Vlg. G. Kottwitz 1987. **DM 17,80**

Thomas Kleinspehn: Selbst-Sein. 120 S., 11 Abb., Br., Mabuse-Vlg. 1993. **DM 14,-**

Karl H. König: Hinter die Dinge schauen. Impulse zur bewußten Wahrnehmung des Alltags. 148 S., zahlr. Abb., Gb., Kösel Vlg. 1993. **DM 49,90**

Thomas Kornbichler: Wahn und Würde des Menschen. Acht Gespräche mit Josef Rattner. 247 S., Gb., Volk u.Welt 1992. **DM 28,-**

Martin Kunz /G. Dreifuss: Bild & Seele. Phantasie als Lebensgrundlage. Bilder aus der Analyse der Malerin Claire Unna. 115 S., 14 farb. Abb., Br., IKM Vlg. 1986. **DM 29,50**

Ronald D. Laing: Phänomenologie der Erfahrung. 152 S., Kt., Suhrkamp 1998. **DM 16,80**

Maurice Merleau-Ponty: Phänomenologie der Wahrnehmung. XXVIII,535 S., 9 Abb., Kt., de Gruyter Nach d. Ausg. v. 1966. **DM 57,-**

Thomas H. Ogden: Frühe Formen des Erlebens. XIII, 243 S., Kt., Springer 1995. **DM 76,-**

Jean Piaget: Der Aufbau der Wirklichkeit beim Kinde. 372 S., Lin., Klett-Cotta 1974. **DM 66,-**

Jean Piaget: Die Bildung des Zeitbegriffs beim Kinde. 397 S., Ln., Klett-Cotta 1980. **DM 62,-**

Wolfgang Prinz (Ed.): Wahrnehmung. Bd. 1. XVIII, 626 S., 143 Abb., Gb., Hogrefe o.J.. **DM 268,-**

Peter Rusterholz /M. Svilar (Ed.): Welt der Zeichen - Welt der Wirklichkeit. 235 S., Kt., Haupt Vlg. 1993. **DM 38,-**

Ortfried Schaeffter (Ed.): Das Fremde. Erfahrungsmöglichkeiten zwischen Faszination und Bedrohung. 240 S., 13 Abb., Kt., Westdt. Vlg. 1991. **DM 49,-**

Walter Schurian: Psychologie ästhetischer Wahrnehmungen. Selbstorganisation und Vielschichtigkeit von Empfindung, Verhalten und Verlangen. 204 S., Kt., Westdt. Vlg. 1986. **DM 36,-**

Günter H. Seidler: Der Blick des Anderen. Eine Analyse der Scham. Mit einem Geleitwort von Lèon Wurmser. (Rhe.: VIP - Verl. Internat. Psa.) 360 S., Ln., Klett-Cotta 1995. **DM 68,-**

Ronald K. Siegel: Halluzinationen. Expedition in eine andere Wirklichkeit. Kt., Rowohlt 1998. **DM 18,90**

Kurt Singer: Kränkung durch Kranksein. Psychosomatik als Weg zur Selbstwahrnehmung. 244 S., Kt., Piper 3. Ed. 1997. **DM 16,90**

Gabriele Trück: Die Sprache der Einsamkeit. Bulimia Nervosa vor dem Hintergrund der weiblichen Wahrnehmungs- und Gefühlswelt. Diss. 202 S., Br., Centaurus Vlg. 1996. **DM 58,-**

Wolfgang Tunner: Psychologie und Kunst. Vom Sehen zur sinnlichen Erkenntnis. 166 S., 26 Abb., Kt., Springer 1999. **DM 49,-**

Michael Turnheim: Das Andere im Gleichen. Psychoanalytische Reflexionen über Trauer, Witz und Politik. 140 S., Ln., Klett-Cotta 1999. **DM 32,-**

Paul Virilio: Die Sehmaschine. 172 S., Kt., Merve 1989. **DM 20,-**

Thomas Vogel (Ed.): Über das Hören. Einem Phänomen auf der Spur. 255 S., Gb., Attempto Vlg. 2. rev. Ed. 1998. **DM 48,-**

T. Wagner-Simon /G. Benedetti (Ed.): Sich selbst erkennen. Modelle der Introspektion. 254 S., 5 farb. u. 3 s/w Abb., Pb., Vandenh. & Ruprecht 1982. **DM 39,-**

Ulrich Wienbruch: Das bewußte Erleben. Ein systematischer Entwurf. 144 S., Kt., Königshausen & Neumann 1993. **DM 36,-**

KRANKHEITSLEHRE

AUTOAGGRESSION /SUIZID

Raymond Battegay: Autodestruktion. 156 S., Kt., H. Huber Vlg. 1988. **DM 34,80**

Wolfram Dorrmann: Suizid. Therapeutische Intervention bei Selbsttötungsabsichten. (Rhe.: Leben lernen, Bd. 74) 176 S., Br., Klett-Cotta 3. Ed. 1998. **DM 32,-**

Annemarie Dührssen: Zum Problem des Selbstmordes bei jungen Mädchen. 49 S., Kt., Vandenh. & Ruprecht Unveränd. Nachdr. d. 1. Ed. 1980. **DM 18,-**

Emile Durkheim: Der Selbstmord. 485 S., Kt., Suhrkamp 7. Ed. 1999. **DM 29,80**

G. Fiedler /R. Lindner (Ed.): So hab´ich doch was in mir, das Gefahr bringt. Perspektiven suizidalen Erlebens. 190 S., Abb., Kt., Vandenh. & Ruprecht 1999. **DM 29,-**

Johannes R. Gascard: Die Perversion der Erlösung. Eine tiefen- und sozialpsychologische Untersuchung des Massenselbstmordes von Jonestown. 275 S., Pb., Arb.gemeinsch. f. Religions- u. Weltansch.fragen 1983. **DM 36,-**

Benigna Gerisch: Suizidalität bei Frauen. Mythos und Realität. Eine kritische Analyse. (Rhe.: Perspektiven, Bd. 9) 288 S., Br., Ed. diskord 1998. **DM 34,-**

P. Götze /M. Richter (Ed.): Aber mein Inneres überlaßt mir selbst: Verstehen von suizidalem Erleben und Verhalten. (Rhe. Hamburger Beitr. z. Psychotherap. d. Suizidalität, Bd. 2) 205 S., Kt., Vandenh. & Ruprecht 2000. **DM 29,-**

Mit Beitr. v. M. Berger /B. Gerisch /T. Grande /M. Hirsch /J. Kind /R. Klüwer /U. Rauchfleisch /C. Rohde-Dachser.

Tilmann Grande: Suizidale Beziehungsmuster. Eine Untersuchung mit der Strukturalen Analyse sozialen Verhaltens. 343 S., 4 Abb., Kt., Westdt. Vlg. 1997. **DM 69,-**

Heinz Henseler: Narzißtische Krisen. Zur Psychodynamik des Selbstmords. 202 S., Darst., Kt., Westdt. Vlg. 3. Ed. 1990. **DM 29,80**

H. Henseler /C. Reimer: Selbstmordgefährdung. Zur Psychodynamik und Psychotherapie. (Rhe.: problemata, Bd. 93) VIII, 190 S., Kt., frommann-holzboog 1981. **DM 110,-**

H. Henseler /C. Reimer: Selbstmordgefährdung. Zur Psychodynamik und Psychotherapie. (Rhe.: problemata, Bd. 93) VIII, 190 S., Kt., frommann-holzboog 1981. **DM 78,-**

Gerhild Heuer: Selbstmord bei Kindern und Jugendlichen. Ein Beitrag zur Suizidprophylaxe aus pädagogischer Sicht. 152 S., Kt., Klett-Cotta 1979. **DM 32,-**

James Hillman: Selbstmord und seelische Wandlung. Eine Auseinandersetzung. XIV, 163 S., Kt., Daimon Vlg. 3. Ed. 1984. **DM 33,-**

Jürgen Kind: Suizidal. Die Psychoökonomie einer Suche. 203 S., Kt., Vandenh. & Ruprecht 3. Ed. 1998. **DM 39,-**

Gunther Klosinski: Wenn Kinder Hand an sich legen. Selbstzerstörerisches Verhalten bei Kindern und Jugendlichen. 160 S., 2 Abb., Kt., C.H.Beck 1999. **DM 17,90**

Gunther Klosinski gibt einem differenzierten Überblick über die Ursachen, Motive und Erscheinungsformen selbstverletzenden und selbstzerstörerischen Verhaltens und erläutert die wichtigsten Therapieschritte. Er bietet eine erste Hilfeleistellung, selbstzerstörerisches Verhalten von Kin-

dern und Jugendlichen zu verstehen und sich ihm nicht mehr hilflos ausgesetzt zu fühlen.

Joachim Küchenhoff (Ed.): Selbstzerstörung und Selbstfürsorge. 250 S., Kt., Psychosozial Vlg. 1999. **DM 68,-**

Christa Lindner-Braun: Soziologie des Selbstmords. 419 S., Br., Westdt. Vlg. 1990. **DM 68,-**

Reinhard Plassmann: Psychoanalyse artifizieller Krankheiten. Terminologie - Epidemiologie - Klinik - Diagnostik - Psychodynamik - Behandlung. 210 S., 22 Abb., Pb., Shaker Vlg. 1993. **DM 139,-**

Erwin Ringel: Der Selbstmord. Abschluss einer krankhaften psychischen Entwicklung. Eine Untersuchung an 745 getrennten Selbstmördern. 235 S., Kt., Klotz Vlg. 7. Ed. 1999. **DM 36,80**

Ulrich Sachsse: Selbstverletzendes Verhalten. Psychodynamik-Psychotherapie. Das Trauma, die Dissoziation und ihre Behandlung. 209 S., Kt., Vandenh. & Ruprecht 5. Ed. 1999. **DM 39,-**

Peter Schellenbaum: Abschied von der Selbstzerstörung. Befreiung der Lebensenergie. 224 S., Kt., dtv Neuaufl. 1992. **DM 14,90**

Gabriela Signori (Ed.): Trauer, Verzweiflung und Anfechtung. Selbstmord und Selbstmordversuche in spätmittelalterlichen und frühzeitlichen Gesellschaften. (Rhe.: Forum Psychohistorie, Bd. 3) 366 S., Gb., Ed. diskord 1994. **DM 68,-**

Vera Szondi: Selbstmord. Bei Melancholikern und Schizophrenen im Lichte der Psychoanalyse, Schicksalsanalyse und Daseinsanalyse. 99 S., Kt., H. Huber Vlg. 1975. **DM 25,-**

Martin G. Teising: Alt und lebensmüde. Suizidneigung bei älteren Menschen. 196 S., Kt., E. Reinhardt Vlg. 1992. **DM 29,80**

E. Wenglein /A. Hellwig /M. Schoof (Ed.): Selbstvernichtung. Psychodynamik und Psychotherapie bei autodestruktivem Verhalten. 187 S., 9 Abb., 27 Tab., Kt., Vandenh. & Ruprecht 1996. **DM 39,-**

BORDERLINE

S. M. Abend /M. S. Porder /M. S. Willick: Psychoanalyse von Borderline-Patienten. 255 S., Kt., Vandenh. & Ruprecht 1994. **DM 56,-**

Günter Ammon: Das Borderline-Syndrom. Krankheit unserer Zeit. Vorw. v. Ernst Federn. 320 S., Reg., 25 Abb. u. Tab., Pb., Pinel Vlg. 1998. **DM 38,-**

Ulrike Andrèe: Entwicklung und Anwendung eines Kodierschemas zur Erfassung von borderline-typischem Sprachverhalten. Vorw. v. G. Overbeck und Chr. Rohde-Dachser. 175 S., Kt., VAS 1995. **DM 36,-**

D. Beck /H. Dekkers /U. Langerhorst: Borderline-Erkrankungen. 104 S., Kt., Vlg. Freies Geistesleben 1998. **DM 28,-**

Bruno Bettelheim: Die Geburt des Selbst. Erfolgreiche Therapie autistischer Kinder. Vorw. v. Jochen Stork. (Rhe.: Geist u. Psyche, Bd. 42247) 33 Abb., Kt., S. Fischer 7. Ed. 1994. **DM 29,90**

Ragna Cordes: Soziale Interaktion autistischer Kinder. Videogestützte Analyse der Kommunikation zwischen Mutter und Kind. 207 S., Br., Dt. Studien-Vlg. 1994. **DM 48,-**

B. Dulz /A. Schneider: Borderline-Störungen. Theorie und Therapie. Geleitw. v. Otto F. Kernberg. 198 S., Abb., Tab., Kt., Schattauer 3. Ed. 1999. **DM 40,-**

Stefan Dzikowski: Ursachen des Autismus. Eine Dokumentation. IV, 256 S., Br., Dt. Studien-Vlg. 2. Ed. 1996. **DM 58,-**

Das Buch dokumentiert systematisch - erstmals in deutscher Sprache - 60 verschiedene Theorien zu den Ursachen des Autismus und bewertet diese kritisch.

Peter Fiedler: Dissoziative Störungen und Konversion. 405 S., Gb., PVU 1999. **DM 68,-**

Dissoziation und Konversion gelten als wesentliche Merkmale einer innerpsychischen Verarbeitung und Bewältigung traumatischer Erfahrungen. Im chronifizierten Zustand handelt es sich um psychische Störungen, die fast immer mit erheblichem subjektivem Leiden und dem Wunsch nach fachkundiger Behandlung verknüpft sind. Fiedler beschreibt ausführlich die psychischen Störungen, bei denen Dissoziations- und Konversionssymptome auftreten. Die Merkmale und Eigenschaften dissoziativer Erfahrungen stellt er als Kontinuum zwischen normaler und gestörter Traumaverarbeitung dar.. Für Therapeuten gibt er konkrete Hilfen für Klassifikation, Differentialdiagnostik, Behandlung und zur Gestaltung der Beziehung zum Patienten.

Joachim Gneist: Wenn Hass und Liebe sich umarmen. Das Borderline-Syndrom. 242 S., Tb., Piper 2. Ed. 1998. **DM 17,90**

André Green: Geheime Verrücktheit. Grenzfälle der psychoanalytischen Praxis. 240 S., Kt., Psychosozial Vlg. 5/2000. **DM 69,-**

Otto F. Kernberg: Borderline-Störungen und pathologischer Narzißmus. 438 S., Kt., Suhrkamp 10. Ed. 1998. **DM 29,80**

Otto F. Kernberg: Klinische Dimensionen bei der psychodynamischen Behandlung von Patienten mit Borderline-Persönlichkeit. (Rhe.: AudioTorium) 90 min., 1 VHS-Videocass., auditorium-Vlg. o.J.. **DM 49,-**

Otto F. Kernberg: Klinische Dimensionen bei der psychodynamischen Behandlung von Patienten mit Borderline-Persönlichkeit. (Rhe.: AudioTorium) 50 min., 1 Toncass., auditorium-Vlg. o.J.. **DM 23,-**

Otto F. Kernberg: Konzepte der Psychotherapie von Borderline-Störungen. 45. Lindauer Psychotherapiewochen 1995. (Rhe.: Autobahn-Universität) 5 Toncass. iBox, C. Auer Vlg. 1995. **DM 89,-**

Otto F. Kernberg: Narzißtische Persönlichkeitsstörungen. XXI, 304 S., 6 Abb., Kt., Schattauer 1996. **DM 69,-**

Otto F. Kernberg: Neueste Entwicklungen in der psychoanalytischen Therapie von Persönlichkeitsstörungen. (Rhe.: AudioTorium) 50 min., 1 VHS-Videocass., auditorium-Vlg. o.J.. **DM 70,-**

Otto F. Kernberg: Neueste Entwicklungen in der psychoanalytischen Therapie von Persönlichkeitsstörungen. (Rhe.: AudioTorium) 90 min., 1 Toncass., auditorium-Vlg. o.J.. **DM 26,-**

Otto F. Kernberg: New developments in the technique of psychoanalytic psychotherapy. (Rhe.: AudioTorium) 365 min., 4 Toncass., auditorium-Vlg. 1997. **DM 124,-**

Otto F. Kernberg: Psychoanalytische Diagnostik von Persönlichkeitsstörung. (Rhe.: AudioTorium) 450 min., 5 Toncass. iBox, auditorium-Vlg. 1997. **DM 140,-**

Otto F. Kernberg: Schwere Persönlichkeitsstörungen. Theorie, Diagnose, Behandlungsstrategien. 539 S., Ln., Klett-Cotta 5. Ed. 1996. **DM 78,-**

O.F. Kernberg /P. Buchheim /B. Dulz et al. (Ed.): Persönlichkeitsstörung, Theorie und Therapie (PTT) Sonderband:

Grundlagen, Modelle, therapeutische Konzepte. 99 S., Abb., Kt., Schattauer 1999. **DM 49,00**

Otto F. Kernberg et al. (Ed.): Psychodynamische Therapie bei Borderline-Patienten. 192 S., Kt., H. Huber Vlg. Nachdr. 1998. **DM 49,80**

Jerold J. Kreisman: Ich hasse dich - verlass´mich nicht. Die schwarzweisse Welt der Borderline-Persönlichkeit. 278 S., Kt., Kösel Vlg. 8. Ed. 1998. **DM 39,80**

Falk Leichsenring: Borderline-Stile. Denken, Fühlen, Abwehr und Objektbeziehungen von Borderline-Patienten. 173 S., 2 Abb., 6 Tab., Kt., H. Huber Vlg. 1996. **DM 49,80**

James F. Masterson: Psychotherapie bei Borderline-Patienten. 335 S., Kt., Klett-Cotta 3. Ed. 1998. **DM 68,-**

Nicolas Nowack: Alkoholismus und Borderline-Störung. Grundlagen - Zusammenhänge - Forschungsergebnisse. 190 S., 20 Abb., 15 Tab., Gb., Kovac Vlg. 1993. **DM 85,-**

Samuel Pfeifer: Die zerrissene Seele. Borderline-Störungen und Seelsorge. 224 S., Pb., R.Brockhaus 1997. **DM 24,80**

Christa Rohde-Dachser: Das Borderline-Syndrom. 267 S., Kt., H. Huber Vlg. 5. rev. Ed. 1995, Nachdr. 1997. **DM 49,80**

Heinz P Röhr: Weg aus dem Chaos. Das Hans-mein-Igel-Syndrom oder Die Borderline-Störung verstehen. 166 S., Br., Walter Vlg. 3. Ed. 1998. **DM 32,80**

Nathan Schwartz-Salant: Die Borderline-Persönlichkeit. Vom Leben im Zwischenreich. 368 S., Ebr., Walter Vlg. 3. Ed. 1997. **DM 48,-**

Frances Tustin: Autistische Zustände bei Kindern. 341 S., Kt., Klett-Cotta 1989. **DM 42,-**

Vamik D. Volkan /G. Ast: Eine Borderline-Therapie. Strukturelle und Objektbeziehungskonflikte in der Psychoanalyse der Borderline-Persönlichkeitsorganisation. Vorw. v. Ulrich Streeck. 200 S., Kt., Vandenh. & Ruprecht 2. Ed. 1996. **DM 39,-**

Reto Volkart: Fiebriges Drängen, erstarrender Rückzug. Emotionen, Fantasien und Beziehungen bei Borderline-Persönlichkeitsstörung und Depression. XIV, 408 S., Tab. u. Faltbl., Br., P. Lang 1993. **DM 96,-**

Heinz Weiß (Ed.): Ödipuskomplex und Symbolbildung. Ihre Bedeutung bei Borderline-Zuständen und frühen Störungen. Hanna Segal zu Ehren. Beitr. eines Symposiums anläßl. ihres 80. Geburtstages in Würzburg. (Rhe.: Perspekt. Kleinian. Psa., Bd. 5) 140 S., 14 Abb., Kt., Ed. diskord 1999. **DM 28,-**

Beitr. Von H. Beland, H. Lang, H. Schoenhals, H. Segal.

DEPRESSION

S. Arieti /J. Bemporad: Depression. Krankheitsbild, Entstehung, Dynamik und psychotherapeutische Behandlung. 515 S., Ln., Klett-Cotta 2. Ed. 1998. **DM 78,-**

Raymond Battegay: Depression. Psychophysische und soziale Dimension, Therapie. 247 S., Kt., H. Huber Vlg. 3. rev. Ed. 1991. **DM 49,80**

Heinz Böker: Selbstbild und Objektbeziehungen bei Depressionen. Untersuchungen mit der Repertory Grid-Technik und dem Gießen-Test an 139 PatientInnen mit depressiven Erkrankungen. 330 S., Gb., Steinkopff Vlg. 2000. **DM 148,-**

Die Untersuchung knüpft an die Persönlichkeitsforschung bei affektiven Störungen an und eröffnet einen neuen methodischen Zugangsweg zur Klärung der Zusammenhangsfrage von Persönlichkeit und depressiver Erkrankung, indem sie die Analyse des Einzelschicksals mit Gruppenanalyse verbindet.

Heinz Böker (Ed.): Depression, Manie und schizoaffektive Psychosen. Psychodynamische Theorien, einzelfallorientierte Forschung und Psychotherapie. 350 S., Kt., Psychosozial Vlg. 2000. **DM 79,-**

K. Eberhard /G. Eberhard: Typologie und Therapie der depressiven Verstimmungen. 143 S., Pb., Vandenh. & Ruprecht 1998. **DM 36,-**

Andrea M. Hesse: Schatten auf der Seele. Wege aus Angst und Depression - Meine Erfahrungen mit Therapie. 187 S., Kt., Herder 1997. **DM 17,80**

Friedrich W. Heubach: Ein Bild und sein Schatten. Zwei randständige Betrachtungen zum Bild der Melancholie und zur Erscheinung der Depression. 197 S., 22 Abb., Kt., Bouvier Vlg. 1997. **DM 38,-**

Edith Jacobson: Depression. Eine vergleichende Untersuchung normaler, neurotischer und psychotisch-depressiver Zustände. 446 S., Kt., Suhrkamp 4. Ed. 1993; NA iVbr.. **DM 27,80**

Siegfried Kaumeier: Depression und Schilddrüsenüberfunktion. 220 S., 23 Abb., 10 Tab., Gb., Kovac Vlg. 1993. **DM 89,90**

Wolfgang Kleespies: Vom Sinn der Depression. Selbstwertstörungen im Blickwinkel der Analytischen Psychologie. 232 S., Gb., E. Reinhardt Vlg. 1998. **DM 42,-**

Kleespies stellt die verschiedenen tiefenpsychologischen Theorien zur Entstehung von Depressionen vor und erläutert die Depression aus dem Blickwinkel der Psychoanalyse und Archetypenlehre C.G.Jungs.
Rez. in Gruppenpsychother. Gruppendynamik 2/1999, S. 164 von W. Schweizer

Stavros Mentzos: Depression und Manie. Psychodynamik und Psychotherapie affektiver Störungen. 206 S., 5 Abb., Kt., Vandenh. & Ruprecht 2. Ed. 1996. **DM 39,-**

Stavros Mentzos: Psychodynamische Therapie der Depression. 45. Lindauer Psychotherapiewochen 1995 In Kassette. (Rhe.: Autobahn-Universität) 5 Toncass. iBox, C. Auer Vlg. 1996. **DM 89,-**

N. Peseschkian /U. Boessmann: Angst und Depression im Alltag. Eine Anleitung zur Selbsthilfe und positiver Psychotherapie. (Rhe.: Geist u. Psyche, Bd. 13302) Abb., Kt., S. Fischer 1998. **DM 16,90**

Bolko Pfau: Körpersprache der Depression. Atlas depressiver Ausdrucksformen. 93 S., Abb. u. 46 Fotos v. J. Saibou, Kt., Schattauer 2. Ed. 1998. **DM 49,-**

Hannelore Reicher: Depressionen bei Kindern und Jugendlichen. 226 S., Br., Waxmann Vlg. 1998. **DM 49,90**

Andrea Ruppe: Langzeitverlauf von Depressionen. Psychopathologische Faktoren als Risikofaktoren und Prädikatoren. Ergebnisse einer prospektiven 6-Jahreskatamnese. 200 S., Br., Roderer Vlg. 1996. **DM 48,-**

Birgit Sauer: Postpartale Depressionen. Die Geburt eines Kindes als kritisches Lebensereignis bei Frauen. 224 S., Br., Lit Vlg. 1997. **DM 38,80**

Elisabeth Schramm et al. (Ed.): Interpersonelle Psychotherapie. Bei Depressionen und anderen psychischen Störungen. XII, 332 S., 8 Abb., Kt., Schattauer 2. rev. Ed. 1998. **DM 79,-**

Manfred L. Söldner: Depression aus der Kindheit. Familiäre Umwelt und die Entwicklung der depressiven Persönlichkeit. 221 S., Kt., Vandenh. & Ruprecht 1994. **DM 48,-**

Kindheitserlebnisse können, wenn sie von bestimmten Verhaltensmustern der Eltern geprägt sind, entscheidend dazu beitragen, ob ein Mensch anfällig wird für Depressionen, einen depressiven Lebensstil entwickelt und schließlich an akuter Depression erkranken wird. Söldner hat die Faktoren in der Eltern-Kind-Beziehung empirisch erkundet, welche die Entwicklung einer depressiven Persönlichkeit bewirken und fördern.

Dietmar Stiemerling: Zehn Wege aus der Depression. Tiefenpsychologische Erklärungsmodelle und Behandlungskonzepte der neurotischen Depression. (Rhe.: Leben lernen, Bd. 100) 194 S., Br., Klett-Cotta 1995. **DM 34,-**

Serge K. D. Sulz (Ed.): Verständnis und Therapie der Depression. 400 S., Gb., E. Reinhardt Vlg. 1985. **DM 69,80**

H. Will /Y. Grabenstedt /G. Völkl et al.: Depression. Psychodynamik und Therapie. 228 S., Kt., Kohlhammer Vlg. 1998. **DM 44,-**

Aus psa. Sicht erläutern die Autoren die wissenschaftlichen Grundlagen und das praktische Behandlungswissen: Phänomenologie und Diagnostik, Psychogenese und Psychodynamik, Indikation, Setting und Behandlungsverlauf, Übertragung und Gegenübertragung und spezielle behandlungstechnische Fragen wie den Umgang mit Aggression, Negativismus und Suizidalität.

HYSTERIE

Elisabeth Bronfen: Das verknotete Subjekt. Hysterie in der Moderne. 784 S., 56 Abb., Kt., Volk u.Welt 1998. **DM 98,-**

Juana Danis: Hysterie und Zwang. 30 S., 1 Abb., Pb., Ed. Psychosymbolik 1994. **DM 18,-**

Georges Didi-Huberman: Erfindung der Hysterie. Die photographische Klinik von Charcot. 384 S., 108 Abb., Br., W. Fink Vlg. 1997. **DM 58,-**

Sigmund Freud: Bruchstück einer Hysterie-Analyse. Nachw. v. S. Mentzos. 144 S., Kt., S. Fischer 1993. **DM 14,90**

Sigmund Freud: Studienausgabe. Bd. 06: Hysterie und Angst. 359 S., Kt., S. Fischer 9. rev. Ed. 1997. **DM 38,-**

Birgit Hoppe: Das andere Gesicht. Grenzen und Potentiale der Hysterie. X, 152 S., Efal., Centaurus Vlg. 2. Ed. 1989. **DM 28,-**

Lucien Israel: Die unerhörte Botschaft der Hysterie. 270 S., Kt., E. Reinhardt Vlg. 3. Ed. 1993. **DM 42,-**

Gerd Kimmerle (Ed.): Hysterisierungen. (Rhe.: Anschlüsse, Bb. 3) 189 S., Br., Ed. diskord 1998. **DM 28,-**

Elisabeth Kloe: Hysterie im Kindesalter. Zur Entwicklung des kindlichen Hysteriebegriffs. 181 S., Kt., Schulz, Freiburg 1979. **DM 18,60**

György Konràd: Identität und Hysterie. Essays. 320 S., Kt., Suhrkamp 1995. **DM 19,80**

Stavros Mentzos: Hysterie. Zur Psychodynamik unbewußter Inszenierungen. 144 S., Kt., S. Fischer 7. Ed. 1997. **DM 16,90**

Gerhardt Nissen (Ed.): Hysterie und Konversion. Prävention und Therapie. 157 S., Kt., H. Huber Vlg. 1997. **DM 49,80**

Heinz H. Vogel: Zur Krankheitsdisposition. Krankheit und Heilung - Neurasthenie und Hysterie - Das Alter - Die Immunität und der rheumatische Formenkreis. 270 S., Kst., Natur Mensch Medizin 1997. **DM 65,-**

Dorion Weickmann: Rebellion der Sinne. Hysterie - Ein Krankheitsbild als Spiegel der Geschlechterordnung. 194 S., Kt., Campus 1997. **DM 44,-**

NEUROSEN

Hansruedi Ambühl (Ed.): Psychotherapie der Zwangsstörungen. Krankheitsmodelle und Therapiepraxis - störungsspezifisch und schulenübergreifend. (Rhe.: Lindauer Psychotherapie-Module) XII, 178 S, Abb., Kt., Thieme 1998. **DM 49,90**

Raymond Battegay: Psychoanalytische Neurosenlehre. Eine Einführung. (Rhe.: Geist u. Psyche, Bd. 12233) Kt., S. Fischer o.J.. **DM 29,90**

O. Benkert /M. Lenzen-Schulte: Zwangskrankheiten. Ursachen, Symptome, Therapien. 125 S., Abb., Tab., Kt., C.H.Beck 1997. **DM 14,80**

Dörte Binkert: Die Melancholie ist eine Frau. 232 S., 8 s/w Abb., Efal., Hoffmann & Campe 1995. **DM 36,-**

Hans Blüher: Traktat über die Heilkunde. Insbesondere die Neurosenlehre: nebst dem zugehörigen Kapitel „Theophrastus Paracelsus und Samuel Ha. 127 S., Gb., Vlg. Humberg & Fresen 1995. **DM 32,-**

Walter Bräutigam: Reaktionen, Neurosen, abnorme Persönlichkeiten. Seelische Krankheiten im Grundriss. 362 S., 2 Abb., 8 Tab., Thieme 6. rev. Ed. 1994. **DM 39,80**

Robert Burton: Anatomie der Melancholie. Ihr Wesen und Wirken, ihre Herkunft und Heilung philosophisch, medizinisch, historisch offengelegt und seziert. Ausgew. u. übertr. v. Werner von Koppenfels. 351 S. m. Illustr., Ln., Dieterich'sche Vlgsbuchh. 2. Ed. 1995. **DM 32,80**

Janine Chasseguet-Smirgel: Das Ichideal. Psychoanalytischer Essay über die „Krankheit der Idealität". 279 S., Kt., Suhrkamp 2. Ed. 1995. **DM 22,80**

Gion Condrau: Sigmund Freud und Martin Heidegger. Daseinsanalytische Neurosenlehre und Psychotherapie. IX, 372 S., Abb., Gb., H. Huber Vlg. 1992. **DM 69,-**

Juana Danis: Das neurotische Feld. 70 S., Ringb., Ed. Psychosymbolik 1991. **DM 25,-**

Juana Danis: Zwischen Neurose und Sinn. 65 S., Ringb., Ed. Psychosymbolik 1991. **DM 25,-**

Annemarie Dührssen: Psychogene Erkrankungen bei Kindern und Jugendlichen. Eine Einführung in die allgemeine und spezielle Neurosenlehre. 322 S., Kt., Vandenh. & Ruprecht 15. Ed. 1992. **DM 44,-**

Michael Ermann: Grundformen der Neurosen-Pathologie. 46. Lindauer Psychotherapiewochen 1996. (Rhe.: Autobahn-Universität) 5 Toncass. iBox., C. Auer Vlg. 1996. **DM 89,-**

Michael Ermann: Neurose und posttraumatisches Syndrom, Klinische Vorlesung. Aufnahmen von den Lindauer Psychotherapie Wochen 1997. (Rhe.: AudioTorium) 270 min., 5 Toncass. iBox, auditorium-Vlg. 1997. **DM 90,-**

Klemens Färber: Soziokognitive Phänomene früher Störungen und Neurosen. Dargestellt an einem modifizierten Auswertungsverfahren zum Selbstkonzept-Gitter. 200 S., Br., P. Lang 1993. **DM 65,-**

Otto Fenichel: Hysterien und Zwangsneurosen. Psychoanalytische spezielle Neurosenlehre. 193 S., Gb., WBG 1993. **DM 48,-**

Otto Fenichel: Psychoanalytische Neurosenlehre. Bände I, II, III. 338, 361, 272 S., Gb., Psychosozial Vlg. 1996. **DM 138,-**

Otto Fenichel: Psychoanalytische Neurosenlehre. Bd. 1: Einführung in die Methode der Psychoanalyse. 338 S., Ln., Psychosozial Vlg. Neuaufl. 1996. **DM 58,-**

Otto Fenichel: Psychoanalytische Neurosenlehre. Bd. 2: Spezielle Neurosenlehre. 361 S., Ln., Psychosozial Vlg. Neuaufl. 1996. **DM 58,-**

Otto Fenichel: Psychoanalytische Neurosenlehre. Bd. 3: Grundlagen einer psychoanalytischen Charakterkunde. 272 S., Gb., Psychosozial Vlg. 1997. **DM 58,-**

Viktor Frankl: Die Behandlung neurotischer Störungen durch den praktischen Arzt. Vortrag von 1969. (Rhe.: AudioTorium) 40 min., 1 Toncass., auditorium-Vlg. 1997. **DM 19,80**

Viktor Frankl: Theorie und Therapie der Neurosen. Vorlesung im Wintersemester 1966/67 an der Universität Wien. (Rhe.: AudioTorium) 290 min., 6 Toncass. iBox, auditorium-Vlg. 1997. **DM 110,-**

Viktor E. Frankl: Theorie und Therapie der Neurosen. Einführung in Logotherapie und Existenzanalyse. 215 S., 17 Abb., Reg., Kt., UTB 7. akt. Ed. 1993. **DM 29,80**

Wolfgang Giegerich: Der Jungsche Begriff der Neurose. 196 S., Br., P. Lang 1999. **DM 59,-**

"Jungs Begriff der Neurose zeichnet sich von den meisten Neurosenlehren dadurch aus, daß er, als wahrhaft psychologischer Begriff, die Neurose aus der Seele selber - als ein inneres Leben ihrer selbst, als ihr Verhältnis zu ihr selbst - begreift, ohne auf psychologieexterne Begrife wie „Triebe" oder „Konditionierung" zurückgreifen zu müssen. (...)" (Hillmann)

S. Goeppert /H.C. Goeppert: Redeverhalten und Neurose. Kt., Westdt. Vlg. o.J.. **DM 16,80**

Sven O. Hoffmann: Charakter und Neurose. Ansätze zu einer psychoanalytischen Charakterologie. 359 S., Kt., Suhrkamp 1984. **DM 24,80**

S.O. Hoffmann /G. Hochapfel: Neurosenlehre, Psychotherapeutische und Psychosomatische Medizin. XIII, 466 S., 28 Abb., Kt., Schattauer 6. rev. Ed. 1999. **DM 39,-**

Karen Horney: Der neurotische Mensch unserer Zeit. (Rhe.: Geist u. Psyche, Bd. 12570) Kt., S. Fischer Neuausg. 1995. **DM 18,90**

Karen Horney: Neurose und menschliches Wachstum. Das Ringen um Selbstverwirklichung. (Rhe.: Geist u. Psyche, Bd. 42143) Kt., S. Fischer o.J.. **DM 22,90**

Karen Horney: Unsere inneren Konflikte. Neurosen in unserer Zeit. Entstehung, Entwicklung u. Lösung. (Rhe.: Geist u. Psyche, Bd. 42104) Kt., S. Fischer o.J.. **DM 16,90**

Eva Jaeggi: Einführung in die Neurosenlehre I: Ätiologie und Prävention psychischer Störungen. Vorlesung im Sommersemester 1996 an der Universität Berlin. (Rhe.: AudioTorium) 560 min., 8 Toncass. iBox, auditorium-Vlg. o.J.. **DM 178,-**

Eva Jaeggi: Einführung in die Neurosenlehre II: Ätiologie und Prävention psychischer Störungen. Vorlesung im Wintersemester 1996/97 an der Universität Berlin. (Rhe.: AudioTorium) 1050 min., 15 Toncass. iBox, auditorium-Vlg. o.J.. **DM 330,-**

Eduard Jorswieck /G. Wunderlich: Therapie der Neurosen. Psychoanalytische Behandlung der hysterischen Neurose, der Zwangsneurose und der depressiven Neurose. 204 S., Kt., Kohlhammer Vlg. 1997. **DM 44,-**

Der fachlich Erfahrene findet hier Erklärungen und Ergänzungen, mit denen er sein therapeutisches Wissen vertiefen kann, der Lernende profitiert von der verständlichen Zusammenschau.

Helen S. Kaplan: Sexualaversion, sexuelle Phobien und Paniksyndrome. XIV, 138 S, Kt., Enke 1988. **DM 39,80**

Ulrich Knölker: Zwangssyndrome im Kindesalter und Jugendalter. Klinische Untersuchung zum Erscheinungsbild, den Entstehungsbedingungen und zum Verlauf. 185 S., Kt., Vandenh. & Ruprecht 1987. **DM 44,-**

Piet C. Kuiper: Die seelischen Krankheiten des Menschen. Psychoanalytische Neurosenlehre. Schriften zur Psychoanalyse und psychosomatische Medizin. 278 S., Kt., Klett-Cotta 8. Ed. 1997. **DM 36,-**

Gerhard Lenz et al. (Ed.): Spektrum der Zwangsstörungen: Forschung und Praxis. 164 S., 17 Abb., Kt., Springer 1998. **DM 39,-**

Klaus Lieberz: Familienumwelt und Neurose. Ergebnisse einer empirischen Untersuchung. 155 S., Kt., Vandenh. & Ruprecht 1990. **DM 54,-**

Hans Lungwitz: Psychobiologie der Neurosen. 253 S., Ln., Hans-Lungwitz-Stiftung 1980. **DM 27,-**

Hans Lungwitz: Psychobiology and Cognitive Therapy of the Neuroses. Rev. and Ed. by Reinhold Becker. 198 p., 26 figs., Gb., Birkhäuser Vlg. 1993. **DM 68,-**

Stavros Mentzos: Neurotische Konfliktverarbeitung. Einführung in die psychoanalytische Neurosenlehre unter Berücksichtigung neuer Perspektiven. (Rhe.: Geist u. Psyche, Bd. 42239) Kt., S. Fischer 1984. **DM 19,90**

Stavros Mentzos (Ed.): Angstneurose. Psychodynamische und psychotherapeutische Aspekte. (Rhe.: Geist u. Psyche, Bd. 42266) Kt., S. Fischer o.J.. **DM 18,90**

Emmerich Menyhay: Führung - Erziehung - Neurose. 154 S., 20 Abb. u. Tab., Gb., Vlg. W.Maudrich 1985. **DM 42,-**

Monika Miklautz: Hysterisch oder liebeskrank? Übertragungsliebe bei Hysterikerinnen. 250 S., 30 Abb., Gb., E. Reinhardt Vlg. 1998. **DM 49,80**

Gerald von Minden: Der Bruchstück-Mensch. Psychoanalyse des frühgestört-neurotischen Menschen der technokratischen Gesellschaft. 165 S., Gb., E. Reinhardt Vlg. 1988. **DM 33,-**

Gerhardt Nissen (Ed.): Zwangserkrankungen. Prävention und Therapie. 182 S., Kt., H. Huber Vlg. 1996. **DM 49,80**

Hermann Nunberg: Allgemeine Neurosenlehre auf psychoanalytischer Grundlage. Geleitw. v. Sigmund Freud; Vorw. v. Raymond Battegay. 435 S., Kt., H. Huber Vlg. 4. Ed. 1975. **DM 48,-**

Rainer Rehberger: Verlassenheitspanik und Trennungsangst. Bindungstheorie und psychoanalytische Praxis bei Angstneurosen. (Rhe.: Leben lernen, Bd. 128) 273 S., Kt., Klett-Cotta 1999. **DM 42,-**

Stefan Reichard: Wiederholungszwang. Ein psychoanalytisches Konzept im Wandel. 154 S., Kt., Kohlhammer Vlg. 1997. **DM 38,-**

Hans S. Reinecker: Zwänge. Diagnose, Theorien und Behandlung. 189 S., 12 Abb., 11 Tab., Kt., H. Huber Vlg. 2. rev. Ed. 1998. **DM 39,80**

H. Reinecker /M. Zaudig: Langzeiteffekte bei der Behandlung von Zwangsstörungen. 228 S., Br., Pabst Vlg. 1995. **DM 30,-**

H. Reinecker /R. Halla /A. Rothenberger (Ed.): Zwangsstörungen. Grundlagen - Zwänge bei Kindern - Psychotherapie. 110 S., Kt., Pabst Vlg. 1999. **DM 30,-**

Horst E. Richter: Eltern, Kind und Neurose. Psychoanalyse der kindlichen Rolle. Kt., Rowohlt o.J.. **DM 12,90**

Horst E. Richter: Eltern, Kind und Neurose. Psychoanalyse der kindlichen Rolle. 325 S., Ln., Klett-Cotta 3. Ed. 1972. **DM 42,-**

Erwin Ringel: Selbstschädigung durch Neurose. Psychotherapeutische Wege zur Selbstverwirklichung. (Rhe.: Geist u. Psyche, Bd. 13499) Kt., S. Fischer Neuausg. 1997. **DM 18,90**

Christian Heinrich Röder: Neurotische Krankheitsverarbeitung. Ein Beitrag zur interaktionellen und interpersonellen Psychosomatik. 216 S., Br., VAS 1996. **DM 34,-**

Aribert Rothenberger: Wenn Kinder Tics entwickeln. Beginn einer komplexen kinderpsychiatrischen Störung. XII, 295 S., Kt., G. Fischer Vlg. 1991. **DM 68,-**

Anette Schwarz: Melancholie. Figuren und Orte einer Stimmung. 214 S., Kt., Passagen Vlg. 1996. **DM 46,-**

David Shapiro: Neurotische Stile. Vorw. v. Michael B. Buchholz. 204 S., 2 Tab., Kt., Vandenh. & Ruprecht 1991. **DM 48,-**

Uwe Simon: Ekklesiogene Neurosen. Überprüfung des Konzeptes und Vergleich zwischen Theologiestudierenden verschiedener christlicher Konfessionen. 120 S., Vlg. f. Med. u. Theol. 1995. **DM 30,-**

Gerda Volz-Ohlemann: Der natürliche und der neurotische Mensch. Untersuchungen zur impliziten Anthropologie und zur Struktur der Theorie Arthur Janovs. 565 S., Pb., Haag + Herchen 1981. **DM 64,-**

Lutz Walther (Ed.): Melancholie. 260 S., Kt., Reclam 1999. **DM 24,-**

Viktor von Weizsäcker: Gesammelte Schriften. Bd. 6: Körpergeschehen und Neurose; Psychosomatische Medizin. 637 S., Kt., Suhrkamp 1985. **DM 68,-**

Gesa Wunderlich: Neurosen. Ein praktischer Leitfaden zu ihrem Verständnis. 213 S., Kt., Kohlhammer Vlg. 1996. **DM 38,-**

Leon Wurmser: Das Rätsel des Masochismus. Psychoanalytische Untersuchungen von Gewissenszwang und Leidenssucht. Geleitwort von Martha Eicke. XXII, 586 S., Gb., Springer 2., rev. Ed. 1998. **DM 96,-**

Leon Wurmser: Die schwere Neurose - Symptome, Funktion, Persönlichkeit. Vorlesung. (Rhe.: AudioTorium) 300 min., 5 Toncass. iBox, auditorium-Vlg. o.J.. **DM 96,-**

Leon Wurmser: Magische Verwandlung - Tragische Verwandlung. (Rhe.: AudioTorium) 78 min., 1 Toncass., auditorium-Vlg. o.J.. **DM 25,-**

Leon Wurmser: Magische Verwandlung und tragische Verwandlung. Die schwere Neurose - Symptom, Funktion, Persönlichkeit. 450 S., Gb., Vandenh. & Ruprecht 1999. **DM 68,-**

Leon Wurmser: Psychotherapie und Psychoanalyse mit schweren Neurosen. Vortrag. (Rhe.: AudioTorium) 460 min., 5 Toncass. iBox, auditorium-Vlg. 1997. **DM 150,-**

H.G. Zapotoczky: Neurosen - Mythen, Modelle, Fakten. Ein Beitrag zur Genese neurotischer Störungen. VI,111 S., 4 Abb., 13 Tab., No 153, Br., Karger Vlg. 1976. **DM 53,-**

Onkologie

J. Achterberg /C. Simonton: Einstellung, Emotionen und Visualisierung in der Arbeit mit Krebskranken, Vortrag und Seminar mit Übungen. (Rhe.: AudioTorium) 480 min., engl./dt., 5 Toncass. iBox, auditorium-Vlg. 1995. **DM 150,-**

H.P. Bilek et al.: Jahrbuch der Psychoonkologie 1997. 190 S., 7 Abb., Springer 1997. **DM 68,-**

Claus Buddeberg: Brustkrebs. Psychische Verarbeitung und somatischer Verlauf. 154 S., 9 Abb., Kt., Schattauer 1992. **DM 24,-**

F. Meerwein /W. Bräutigam (Ed.): Einführung in die Psycho-Onkologie. 218 S., Kt., H. Huber Vlg. 5. rev. Ed. 1998. **DM 49,80**

Peter Möhring (Ed.): Mit Krebs leben. Maligne Erkrankungen aus therapeutischer und persönlicher Perspektive. 116 S., Kt., Psychosozial Vlg. 2. Ed. 1996. **DM 19,80**

F.A. Muthny /G. Haag (Ed.): Onkologie im psychosozialen Kontext. Spektrum psychoonkologischer Forschung, zentrale Ergebnisse und klinische Bedeutung. 348 S., Abb., Kt., Asanger Vlg. 1993. **DM 84,-**

Österreich. Ges. f. Psychoonkologie (Ed.): Jahrbuch der Psychoonkologie 1993. Red.: H.P. Bilek, O. Frischenschlager, W. König u.a. X, 132 S., 6 Abb., Kt., Springer 1993. **DM 39,-**

Österreich. Ges. f. Psychoonkologie (Ed.): Jahrbuch der Psychoonkologie 1994. Red.: H.P. Bilek, O. Frischenschlager, W. König u.a. VIII, 186 S., 4 Abb., Kt., Springer 1994. **DM 39,-**

Hans Red (Ed.): Psychoanalyse und Krebs. Bemerkungen zur Arzt-Patientenbeziehung bei Krebskranken. 96 S., Althea Vlg. 1993. **DM 35,-**

Reinhold Schwarz: Die Krebspersönlichkeit. Mythos und klinische Realität. (Schriftenreihe der Akademie für Integrierte Medizin) VIII, 128 S., Kt., Schattauer 1994. **DM 45,-**

H. Stierlin /R. Grossarth-Maticek: Krebsrisiken, Überlebenschancen. Wie Körper, Seele und soziale Umwelt zusammenwirken. 222 S., Kt., C. Auer Vlg. 1998. **DM 44,-**

Alfrun von Vietinghoff-Scheel: Seht doch, wie sie leben. Psychosoma-Analysen mit jugendlichen Krebspatienten. 693 S. m. 30 Abb., Kt., Suhrkamp 1991. **DM 28,-**

Perversionen und Charakterstörungen

Alfred Adler: Das Problem der Homosexualität und sexueller Perversionen. Kt., S. Fischer 4. Ed. 1993. **DM 12,90**

Klaus M. Beier: Weiblichkeit und Perversion. Von der Reproduktion zur Reproversion. IX, 127 S., Kt., G. Fischer Vlg. 1994. **DM 58,-**

Wolfgang Bergmann: Fesseln des Eros. Eine Psychologie der Perversionen. 192 S., Gb., Limes Vlg. 1997. **DM 39,80**

Janine Chasseguet-Smirgel: Kreativität und Perversion. 244 S., Br., Stroemfeld 1986. **DM 48,-**

Otto Fenichel: Perversionen, Psychosen, Charakterstörungen. Psychoanalytische spezielle Neurosenlehre. 218 S., Ln., WBG 1992. **DM 59,-**

Peter Fuchs: Einführung in die Charakteranalyse von Wilhelm Reich. Teile I, II und III. 212 S., Br., Vlg. U.Horn 1996. **DM 25,-**

Louise Kaplan: Weibliche Perversionen. Von befleckter Unschuld und verweigerter Unterwerfung. 608 S., Kt., Goldmann 1993. **DM 20,-**

Otto F. Kernberg: Wut und Haß. Über die Bedeutung von Aggression bei Persönlichkeitsstörungen und sexuellen Perversionen. 390 S., Ln., Klett-Cotta 2. Ed. 1998. **DM 68,-**

M. Masud R. Khan: Entfremdung bei Perversionen. 344 S., Kt., Suhrkamp 1989. **DM 22,-**

Richard von Krafft- Ebing: Psychopathia sexualis. Mit Beitr. v. G. Bataille, W. Brede, A. Caraco u. a. 52, XI, 460 S., Gb., Vlg. Matthes & Seitz 1993. **DM 49,80**

Rüdiger Lautmann: Die Lust am Kind. Portrait des Pädophilen. 144 S., Gb., Klein-Vlg. NA unb.. **DM 29,80**

Judith LeSoldat: Freiwillige Knechtschaft. Masochismus als Moral. Kt., S. Fischer o.J.. **DM 24,80**

A. Michels /P. Müller /A. Perner /C.-D. Rath (Ed.): Jahrbuch für klinische Psychoanalyse. Bd. 1: Perversion. 288 S., Gb., Ed. diskord 1998. **DM 56,-**

Fritz Morgenthaler: Homosexualität, Heterosexualität, Perversion. Vorw. v. H.-J. Heinrichs, Nachw. v. P. Parin. 205 S., Kt., Campus 1994. **DM 26,80**

Wilhelm Reich: Charakteranalyse. Mit den Vorworten zur 1.-3. Aufl. von W. Reich. 660 S., Kt., Kiepenheuer & Witsch 6. Ed. 1999. **DM 24,80**

Christa Rhode-Dachser: Leiden am Selbst: Psychoanalyse der Persönlichkeitsstörung. Vorlesung im Sommersemester 1998 an der Universität Frankfurt. (Rhe.: AudioTorium) 990 min., 11 Toncass. iBox, auditorium-Vlg. o.J.. **DM 230,-**

Eberhard Schorsch: Perversion, Liebe, Gewalt. Aufsätze zur Psychopathologie und Sozialpsychologie der Sexualität 1967-1991. (Rhe.: Beitr. z. Sexualforschung, Bd. 68) VIII,191 S., Tab., Kt., Enke 1993. **DM 78,-**

E. Schorsch /G. Galedary /A. Haag et al.: Perversion als Straftat. Dynamik und Psychotherapie. XIV,184 S., 27 Tab., Kt., Enke 2. Ed. 1996. **DM 68,-**

Robert J. Stoller: Perversion. Die erotische Form von Haß. 290 S., Br., Psychosozial Vlg. Nachdr. 1998. **DM 34,-**

PSYCHOSEN

E. Aebi /L. Ciompi /H. Hansen (Ed.): Soteria im Gespräch. Über eine alternative Schizophreniebehandlung. 188 S., Kt., Psychiatrie-Vlg. 3. Ed. 1996. **DM 29,80**

Günter Ammon (Ed.): Psychotherapie der Psychosen. 211 S., Kt., Klotz Vlg. 3. Ed. 1999. **DM 34,80**

Silvano Arieti: Schizophrenie. Ursachen, Verlauf, Therapie. Vorw. A. Finzen. 252 S., Kt., Piper 5. Ed. 1997. **DM 17,90**

Stephan Becker: Objektbeziehungspsychologie und katastrophische Veränderung. Zur psychoanalytischen Behandlung psychotischer Patienten. Vorw. v. Reinhart Lempp. Vorw. v. R. Lempp. 173 S., Kt., Ed. diskord 1990. **DM 18,-**

Stephan Becker (Ed.): Psychose und Grenze. Zur endlichen und unendlichen psychoanalytischen Sozialarbeit mit psychotischen Kindern, Jugendlichen, jungen Erwachsenen und ihren Familien. 200 S., Kt., Ed. diskord 1991. **DM 24,-**

Gaetano Benedetti: Der Geisteskranke als Mitmensch. Kt., Vandenh. & Ruprecht o.J.. **DM 16,80**

"Ein wichtiges Buch, weil es in manchem zeigt, wie der Therapeut seinen Gesprächspartner - statt ihm seine Erfahrungen wegzunehmen - in seinen Verstörungen und Schrecksekunden begleiten kann." (FAZ)

Gaetano Benedetti: Psychotherapie als existentielle Herausforderung. Die Psychotherapie der Psychose als Interaktion zwischen bewußtem und unbewußten psychischen Vorgängen und zwischen imaginativ bildhaften und einschichtig begrifflichem Denken. 277 S., Abb., farb. Fototaf., Kt., Vandenh. & Ruprecht 1992. **DM 74,-**

Gaetano Benedetti: Todeslandschaften der Seele. Psychopathologie, Psychodynamik und Psychotherapie der Schizophrenie. 326 S., Kt., Vandenh. & Ruprecht 5. Ed. 1998. **DM 74,-**

"Keiner, der in irgendeiner Form therapeutisch mit Schizophrenen umzugehen hat, wird an diesem Werk des Verfassers vorbeigehen können." (Ztschr. f. Individualpsychol.)

Gaetano Benedetti /P.M. Furlan (Ed.): The Psychotherapy of Schizophrenia. Effective Clinical Approaches. Controversies, Critiques and Recommendations. XXII, 407 p. w. figs., Gb., Hogrefe & Huber 1993. **DM 64,-**

Gaetano Benedetti et al. (Ed.): Psychosentherapie. Psychoanalytische und existentielle Grundlagen. 330 S., Kst., Hippokrates Vlg. 1983. **DM 112,-**

Eugen Bleuler: Dementia Praecox oder Gruppe der Schizophrenien. Vorw. v. Manfred Bleuler. XX, 420 S., Kst., Ed. diskord 1988. **DM 79,-**

A. Ronald Bodenheimer: Erlebnisgestaltung. Darstellung eines Verfahrens zur Psychotherapie von Psychosen. 192 S., Ln., Schwabe Vlg. 1957. **DM 30,-**

H. Brenner /W. Böker (Ed.): Integrative Therapie der Schizophrenie. Unter Mitarbeit von Ruth Genner. 426 S., 35 Abb., 47 Tab., Kt., H. Huber Vlg. 1996. **DM 69,-**

S. Cirillo /M. Palazzoli et al.: Die psychotischen Spiele in der Familie. 402 S., Ln., Klett-Cotta 2. rev. Ed. 1996. **DM 42,-**

Reinmar DuBois: Junge Schizophrene zwischen Alltag und Klinik. Alterstypisches Erleben, Betreuungsformen und Weichenstellungen am Krankheitsbeginn. Ein Leitfaden für Eltern und helfende Berufe. 157 S., Kt., Hogrefe 1996. **DM 44,80**

Paul Federn: Ichpsychologie und die Psychosen. 366 S., Kt., Suhrkamp 1993. **frP DM 34,-**

P. Hartwich /B. Pflug (Ed.): Schizophrenien: Wege der Behandlung. Br., Wissenschaft & Praxis 1999. **DM 34,-**

Peter Hartwich /M. Grube: Psychosen-Psychotherapie. Tiefenpsychologisch fundiertes psychotherapeutisches Handeln in der Klinik und Praxis. X, 186 S., 14 Abb., Br., Steinkopff Vlg. 1999. **DM 69,80**

Die vielfältigen tiefenpsychologisch fundierten Zugangsweisen zu Psychosen wurden bisher nicht hinreichend systematisch dargestellt. Die Autoren versprechen hier fundiert Abhilfe und bieten eine profunde und praxisnahe Darstellung einer psychodynamisch orientierten Therapie, wobei Pharmako-, Sozio- und Milieutherapie nicht unberücksichtigt bleiben.

Wilhelm P. Hornung: Psychoedukation und Psychopharmakotherapie. Zur Kooperation schizophrener Patienten. XII, 193 S., Kt., Schattauer 1998. **DM 59,-**

Gerd Huber (Ed.): Idiopathische Psychosen. Psychopathologie - Neurobiologie - Therapie. 8. „Weissenauer" Schizophrenie-Symposion am 2. und 3. März 1990 in Bonn mit Verleihung des Kurt-schneider-Preises. XIV,313 S., 35 Abb., 39 Tab., Kt., Schattauer 1991. **DM 78,-**

Renate Hutterer-Krisch (Ed.): Psychotherapie mit psychotischen Menschen. XXVII, 877 S., 24 Abb., Br., Springer 2. rev. Ed. 1996. **DM 160,-**

Christel Kretschmar (Ed.): Psychopharmakologie der Psychosen. Zum Stand der Forschung. IX, 162 S., Kt., Schattauer 1992. **DM 84,-**

Jacques Lacan: Das Seminar. Buch 3: Die Psychosen (1955-1956) Aus d. Franz. von M. Turnheim. 385 S., Kt., Quadriga Vlg. 1997. **DM 78,-**

Hermann Lang (Ed.): Zur Klinik der Psychosen im Lichte der strukturalen Psychoanalyse. 146 S., Br., Königshausen & Neumann 1995. **DM 38,-**

G. Lempa /E. Troje (Ed.): Psychosendiagnostik, Psychodynamisierung versus Operationalisierung. (Rhe.: Forum der psa. Psychosentherapie, Bd. 1) 125 S., 13 Abb., Kt., Vandenh. & Ruprecht 1999. **DM 26,-**

Der theoretische Schwerpunkt dieses ersten Bandes liegt in der Frage der psychodynamischen Diagnostik. Der klinische Teil befaßt sich mit behandlungstechnischem Vorgehen bei chronisch schizophrenen Patienten und stellt eine Fallvignette zur Diskussion.

Reinhart G. E. Lempp: Vom Verlust der Fähigkeit, sich selbst zu betrachten. Eine entwicklungspsychologische Erklärung der Schizophrenie und des Autismus. 138 S., Kt., H. Huber Vlg. 1992. **DM 29,80**

Reinhard G.E. Lempp (Ed.): Therapie der Psychosen im Kindes- und Jugendalter. 213 S., 22 Abb., Kt., H. Huber Vlg. 1990. **DM 49,80**

Hanscarl Leuner: Die experimentelle Psychose. Ihre Pharmakologie, Phänomenologie und Dynamik in Beziehung zur Person. Versuch einer konditional-ge. X, 275 S., 20 Abb., Gb., VWB 2. Ed. 1997. **DM 76,-**

Margaret I. Little: Die Analyse psychotischer Ängste. Zwei unorthodoxe Fallgeschichten. Margaret Littles Analyse bei D. W. Winnicott und Miss Alice und ihr Drache. 157 S., 47 farb. Abb., Ln., Klett-Cotta 1994. **DM 48,-**

W. Machleidt /H. Haltenhof /P. Garlipp (Ed.): Schizophrenie - eine affektive Erkrankung? Grundlagen, Phänomenologie, Psychodynamik und Therapie. 318 S., 37 Abb., 34 Tab., kt., Schattauer 1999. **DM 79,00**

W. Machleidt /H. Haltenhof /P. Garlipp (Ed.): Schizophrenie, eine affektive Erkrankung? Grundlagen, Phänomenologie, Psychodynamik und Therapie. XVII, 318 S., Kt., Schattauer 1999. **DM 79,-**

Margaret S. Mahler: Symbiose und Individuation. Psychosen im frühen Kindesalter. 255 S., Ln., Klett-Cotta 7. Ed. 1998. **DM 58,-**

"Margaret Mahler ist es gelungen, neben einem hervorragendem Beitrag zur Therapie psychoseähnlicher Zustände gleichsam als Nebenprodukt eine Revision der psychoanalytischen Entwicklungstheorie vorzulegen. Dieser Beitrag kann nicht hoch genug eingeschätzt werden, denn er integriert die heute immer wichtiger werdenden Ich-Psychologie und Objektbeziehungstheorie genauso wie die klassische psychoanalytische Theorie der Libidoentwicklung." Praxis der Psychotherapie

A. Marneros /A. Deister /A. Rohde: Affektive, schizoaffektive und schizophrene Psychosen. Eine vergleichende Langzeitstudie. XVIII, 454 S., Gb., Springer 1991. **DM 198,-**

Paul Matussek: Analytische Psychosentherapie. Bd. 2: Anwendungen. X, 117 S., Gb., Springer 1997. **DM 48,-**

Paul Matussek (Ed.): Beiträge zur Psychodynamik endogener Psychosen. XIV, 249 S., 1 Abb., 39 Tab., Gb., Springer 1990. **DM 142,-**

Stavros Mentzos: Psychoanalytisch orientierte Psychotherapie bei Psychosen. (Rhe.: AudioTorium) 95 min., 1 Toncass., auditorium-Vlg. 1997. **DM 26,-**

Stavros Mentzos: Psychosen-Psychotherapie. Aufnahmen von den Lindauer Psychotherapie Wochen 1997. (Rhe.: AudioTorium) 430 min., 5 Toncass. iBox, auditorium-Vlg. o.J.. **DM 140,-**

Stavros Mentzos (Ed.): Psychose und Konflikt. Zur Theorie und Praxis der analytischen Psychotherapie psychotischer Störungen. 259 S., Kt., Vandenh. & Ruprecht 3. Ed. 1997. **DM 44,-**

S. Mentzos /A. Münch (Ed.): Die Bedeutung des psychosozialen Feldes und der Beziehung für Genese, Psychodynamik, Therapie und Prophylaxe der Psychose. (Rhe.: Forum der psa. Psychosentherapie, Bd. 2) 100 S., Kt., Vandenh. & Ruprecht 2000. **DM 26,-**

Erbgenetische und gehirnbiologische Faktoren sind zweifelsohne von großer Bedeutung für die Entstehung von Psychosen. Eine ebenso gewichtige wie zentrale Bedeutung für die spezifische Vulnerabilität und als Auslöser von Psychosen kommt ungünstigen Beziehungserfahrungen mit frühen und auch späteren Objekten zu. Sind Psychosen also dadurch entscheidend mitbedingt, so können sie auch durch therapeutische Einbeziehung von günstigen Beziehungserfahrungen behandelt und positiv beeinflußt werden.

T. Müller /N. Matajek (Ed.): Ätiopathogenese psychotischer Erkrankungen. (Rhe. Forum d. psa. Psychosentherapie) 100 S., Kt., Vandenh. & Ruprecht 4/2000. **DM 26,-**

Gisela Pankow: Schizophrenie und Dasein. Beiträge zur analytischen Psychotherapie der Psychosen. Ln., frommann-holzboog o.J.. **DM 92,-**

Gisela Pankow: Schizophrenie und Dasein. Beiträge zur analytischen Psychotherapie der Psychosen. 234 S., Br., frommann-holzboog 1990. **DM 74,-**

H. Remschmidt /F. Mattejat: Kinder psychotischer Eltern. Mit einer Anleitung zur Beratung von Eltern mit einer psychotischen Erkrankung. 254 S., 26 S., graph. Darst., Kt., Hogrefe 1994. **DM 68,-**

Herbert A. Rosenfeld: Sackgassen und Deutungen. Therapeutische und antitherapeutische Faktoren bei der psychoanalytischen Behandlung von psychotischen, Borderline-Patienten und neurotischen Patienten. Vorw. v. Otto F. Kernberg. (Rhe.: VIP - Verl. Internat. Psa.) 430 S., Ln., Klett-Cotta 2. Ed. 1998. **DM 68,-**

Peter K. Schneider: Die Irren irren nicht, aber wir in ihnen. Tiefenpsychologische und existentielle Aufklärung über Psychosen. 229 S., Kt., Vlg. ars una 1994. **DM 38,-**

Eberhard Schulz: Verlaufsprädikatoren bei schizophrenen Psychosen in der Adoleszenz. Psychopathologische, neurochemische und pharmakologische Aspekte. 240 S., Kt., Hogrefe 1997. **DM 79,-**

John Steiner: Orte des seelischen Rückzugs. Pathologische Organisationen bei psychotischen, neurotischen und Borderline-Patienten. 227 S., Ln., Klett-Cotta 1998. **DM 58,-**

Rainer Strobl (Ed.): Schizophrenie und Psychotherapie. Beitr. v. B. Gaetano, R. Strobl, H.G. Zapotoczky u.a. Br., Edition pro mente 1996. **DM 44,70**

Ulrich Supprian: Endogene Psychosen und ihre Zeitordnung. 10 theoretische und empirische Studien zu einem alten Hauptproblem der Psychiatrie. 505 S., Kt., Springer 1998. **DM 98,-**

Ulrich Supprian: Ordnung und Psychose. Über Ordnungen manisch-depressiver Syndromsequenzen als Funktion der Zeit. 100 S., Kt., Krämer Vlg. 1988. **DM 28,-**

Ulrich Supprian: Zeit und Psychose. Studien zur inneren Ablaufsgestalt des Manisch-Depressiven. 268 S., Abb., Tab., Kt., Krämer Vlg. 1992. **DM 68,-**

PSYCHOSOMATIK

K. A. Bosse/U. Gieler: Seelische Faktoren bei Hautkrankheiten. Beiträge zur psychosomatischen Dermatologie. Vorw. Thure v. Uexküll. 172 S., 2 Abb., 8 Tab., Kt., H. Huber Vlg. 2. Ed. 1996. **DM 39,80**

Rolf H. Adler: Psychosomatik als Wissenschaft. Integrierte Medizin gedacht und erlebt. (Schriftenreihe der Akademie für Integrierte Medizin) Schattauer noch nicht ersch.. **DM**

Günter Ammon: Psychoanalyse und Psychosomatik. 368 S., Kt., Klotz Vlg. 3. Ed. 1999. **DM 39,80**

06 Das vorliegende Buch will als ein psychoanalytischer Beitrag zum Verständnis und zur Behandlung psychosomatischer Erkrankungen verstanden werden. Es beruht auf mehr als zwanzig Jahren Erfahrungen in der psychoanalytischen Erforschung und Behandlung psychosomatisch erkrankter Patienten und versucht, eine zusammenhängende Darstellung der theoretischen Konzepte und der therapeutischen Techniken zu geben. Das Buch wendet sich ebenso an psychoanalytische Fachkräfte wie an alle an der Psychosomatik interessierten Ärzte und Laien.

U. Bahrke /E. Fikentscher /T. Konzag (Ed.): Möglichkeiten und Schwierigkeiten mit psychosomatischen Patienten. 64 S., Br., Pabst Vlg. 1997. **DM 10,-**

H. Becker /H. Lüdeke: Psychosomatische Medizin. 150 S., Kt., Kohlhammer Vlg. 3. erg. Ed. 1997. **DM 30,-**

Clemens de Boor /Erhard Künzler: Die psychosomatische Klinik und ihre Patienten. Schriften zur Psychoanalyse und psychosomatischen Medizin (3) 274 S., 26 Abb., Ln., Klett-Cotta 1963. **DM 36,-**

Karola Brede (Ed.): Einführung in die Psychosomatische Medizin. Klinische und theoretische Beiträge. 477 S., Kt., Beltz-Athenäum 2. rev. Ed. 1993. **DM 34,-**

Dieter Bürgin: Psychosomatik im Kindesalter und Jugendalter. XI, 268 S., 8 Abb., Kt., G. Fischer Vlg. 1993. **DM 64,-**

Halis Çiçek: Psychische und psychosomatische Störungen unter besonderer Berücksichtigung psychosexueller Störungen bei Arbeitsemigranten aus der Türkei. 153 S., Br., VWB 1988. **DM 26,80**

Gerhard Danzer: Psychosomatik, Gesundheit für Körper und Geist. Krankheitsbilder und Fallbeispiele. 327 S., Gb., Primus Vlg. 2. rev. Ed. 1998. **DM 39,80**

U.T. Egle /S.O. Hoffmann: Der Schmerzkranke. Grundlagen, Pathogenese, Klinik und Therapie chronischer Schmerzsymptome aus bio-psycho-sozialer Sicht. XIII, 734 S., 59 Abb., Gb., Schattauer 1993. **DM 98,-**

M. Franz /W. Tress (Ed.): Psychosomatische Medizin - Ankunft in der Praxis. 240 S., Br., VAS 1997. **DM 35,-**

M. Geyer /A. Hessel: Psychosomatische Medizin und Psychotherapie. XII, 290 S., mit Diskette (Dos ab Vers. 3.3), Kt., UTB 1997. **DM 39,80**

M. Geyer /R. Hirsch (Ed.): Psychotherapie in der Psychosomatischen Grundversorgung. Psychotherapeutische Medizin Bd. 1. 151 S., 10 Abb., geb., 1993. **DM 88,00**

M. Helmkamp /H. Paul: Psychosomatische Krebsforschung. Eine kritische Darstellung ihrer Ergebnisse und Methoden. 165 S., 3 Abb., Kt., H. Huber Vlg. 1987. **DM 38,-**

S.O. Hoffmann /R. Liedtke et al. (Ed.): Psychosomatische Medizin und Psychotherapie. Denkschrift zur Lage des Faches an den Hochschulen der Bundesrepublik Deutschland. 77 S., Kt., Schattauer 1999. **DM 39,-**

P. L. Janssen /W. Schneider (Ed.): Diagnostik in der Psychotherapie und Psychosomatik. (Psychotherapeutische Medizin) VI, 235. , 25 Abb., Kt., G. Fischer Vlg. 1994. **DM 62,-**

Paul Janssen et al. (Ed.): Psychosomatische Medizin. Standortbestimming zur Differenzierung der Versorgung psychisch und psychosomatisch Kranker. 288 S. , 20 Abb., Kt., Schattauer 1999. **DM ,-**

Thomas Köhler: Psychosomatische Krankheiten. Eine Einführung in die Allgemeine und Spezielle Psychosomatische Medizin. 320 S., Kt., Kohlhammer Vlg. 3. rev. Ed. 1995. **DM 32,-**

F. Lamprecht /R. Johnen (Ed.): Salutogenese. Ein neues Konzept in der Psychosomatik. 266 S., Br., VAS 3. rev. Ed. 1997. **DM 40,-**

Lawrence LeShan: Psychotherapie gegen den Krebs. Über die Bedeutung emotionaler Faktoren bei der Entstehung und Heilung von Krebs. 210 S., Gb., Klett-Cotta 8. rev. Aufl 1999. **DM 44,-**

"Eine Pionierleistung der psychosomatischen Krebsforschung. Lebendig und überzeugend wird das Buch durch die Fülle von Fallbeispielen. Der Autor macht glaubhaft, daß es gelingen kann, die Patienten emotional in die Lage zu versetzen, für ihr Leben zu kämpfen." (Psyche)

Alfred Lévy et al.: Haut und Seele. Auf dem Weg zu einer psychosomatischen Dermatologie. 242 S., Br., Königshausen & Neumann 1997. **DM 48,-**

Alfred Lévy et al.: Haut und Seele. Auf dem Weg zu einer psychosomatischen Dermatologie. Beitr. v. G. Danzer u. J. Rattner. 260 S., Br., Königshausen & Neumann 2. rev. Ed. 1999. **DM 39,80**

Boris Luban-Plozza (Ed.): Der psychosomatische Zugang - Chancen für Patient und Arzt. 112 S., Br., pmi Vlg. 1998. **DM 14,80**

Anne Maguire: Hauterkrankungen als Botschaften der Seele. 315 S., Kt., Walter Vlg. 3. Ed. 1992. **DM 24,80**

Anne Maguire: Hauterkrankungen als Botschaften der Seele. Kt., Droemer/Knaur 1993. **DM 14,90**

J. Margraf /S. Neumer /W. Rief (Ed.): Somatoforme Störungen. Ätiologie, Diagnose und Therapie. XVIII, 218 S., 16 Abb., Kt., Springer 1998. **DM 98,-**

Joyce McDougall: Theater des Körpers. Ein psychoanalytischer Ansatz für die psychosomatische Erkrankung. (Rhe.: VIP - Verl. Internat. Psa.) 196 S., Ln., Klett-Cotta 2. Ed. 1998. **DM 48,-**

S. Minuchin /B.L. Rosman /L. Baker: Psychosomatische Krankheiten in der Familie. 387 S., Kt., Klett-Cotta 6. Ed. 1995. **DM 46,-**

Konfliktvermeidung, Verstrickung, Überfürsorglichkeit, Starrheit: Unter diesen vier Gesichtspunkten beschreiben S. Minuchin und seine Mitarbeiter auf dem Gebiet familientherapeutischer Forschung psychosomatische Krankheitsbilder. Sie möchten auf diese Weise zu einem profunden Verständnis psychosomatischer Krankheiten im Kontext des familiären Systems beitragen.

Gerd Overbeck (Ed.): Auf dem Wege zu einer poetischen Medizin. Vorträge der Georg-Groddeck-Gesellschaft. 165 S., Kt., VAS 1996. **DM 28,-**

A. Overbeck /G. Overbeck (Ed.): Seelischer Konflikt - körperliches Leiden. Reader zur psychoanalytischen Psychosomatik. 377 S., Kt., Klotz Vlg. 7. Ed. 1998. **DM 34,80**

Nossrat Peseschkian: Psychosomatik und positive Psychotherapie. Transkultureller und interdisziplinärer Ansatz am Beispiel von 40 Krankheitsbildern. (Rhe.: Geist u. Psyche, Bd. 11713) Kt., S. Fischer 1993. **DM 22,90**

Reinhard Plassmann: Psychosomatik im Wandel. Symposien in der Burg-Klinik Stadtlengsfeld 1992. 236 S., Pb., Shaker Vlg. 1993. **DM 129,-**

Winfried Rief: Multiple somatoforme Symptome und Hypochondrie. Empirische Beiträge zu Diagnostik und Behandlung. 208 S., Kt., H. Huber Vlg. 1995. **DM 44,80**

W. Rief /W. Hiller: Somatoforme Störungen. Körperliche Symptome ohne organische Ursache. 186 S., Darst., Gb., H. Huber Vlg. 1992. **DM 49,80**

G. Rudolf /P. Henningsen (Ed.): Somatoforme Störungen. Theoretisches Verständnis und therapeutische Praxis. X, 272 S., 21 Abb., Kt., Schattauer 1998. **DM 69,-**

Wolfgang Schmidbauer: Die Geheimsprache der Krankheit. Bedeutung und Deutung psychosomatischer Leiden. Kt., Rowohlt 1998. **DM 16,90**

Ingeborg Stahr: Essstörungen und die Suche nach Identität. Ursachen, Entwicklungen und Behandlungsmöglichkeiten. 126 S., Br., Juventa Vlg. 1995. **DM 24,-**

S. Stephanos /F. Lamott: Seelenverletzung und Körperleid. Ein psychosomatisches Lesebuch. (Rhe.: Leben lernen, Bd. 116) 158 S., Br., Klett-Cotta 1997. **DM 34,-**

B. Strauß /A.-E. Meyer (Ed.): Psychoanalytische Psychosomatik. Theorie, Forschung und Praxis. XII, 267 S., Gb., Schattauer 1994. **DM 39,-**

H. Willenberg /S.O. Hoffmann (Ed.): Handeln, Ausdrucksform psychosomatischer Krankheit und Faktor der Therapie. 212 S., Abb., Kt., VAS 1997. **DM 39,-**

Thomas Zacharias: Drei Komplexe sind normal. Die für die Allgemeinheit wichtigsten Erkenntnisse der Tiefen-Psychosomatik. 96 S., Pb., Vlg. Th.Zacharias 1986. **DM 9,-**

Hans Zimprich (Ed.): Kinderpsychosomatik. Beitr. v. M. Dunitz, S. Fiala, W. Gadner u.a. VIII,182 S., Kt., Thieme 2. rev. Ed. 1995. **DM 58,-**

Sucht /Eßstörungen

Raymond Battegay: Hunger Diseases. IX,157 p., 5 tab., Hard, Hogrefe & Huber 1991. **DM 49,80**

Raymond Battegay: Vom Hintergrund der Süchte. Zum Problem der Drogenabhängigkeiten, Medikamentenabhängigkeiten, Nikotinabhängigkeiten, Alkoholabhängigkeiten und Triebbefriedigungsabhängigkeiten. 182 S., Kt., Blaukreuz Vlg. 5. rev. Ed. 1993. **DM 24,80**

Klaus W. Bilitza (Ed.): Suchttherapie und Sozialtherapie. Psychoanalytisches Grundwissen für die Praxis. Mit e. Vorw. v. Annelise Heigl-Evers. 326 S., Gb., Vandenh. & Ruprecht 1993. **DM 36,-**

Hilde Bruch: Das verhungerte Selbst. Gespräche mit Magersüchtigen. 224 S., Kt., S. Fischer 3. Ed. 1994. **DM 19,90**

Hilde Bruch: Der goldene Käfig. Das Rätsel der Magersucht. Vorw. v. Helm Stierlin. Kt., S. Fischer 14. Ed. 1997. **DM 16,90**

Hilde Bruch: Eßstörungen. Zur Psycholgie und Therapie von Übergewicht und Magersucht. 400 S., Kt., S. Fischer 6. Ed. 1997. **DM 24,90**

Joan Jacobs Brumberg: Todeshunger. Geschichte der Anorexia Nervosa vom Mittelalter bis heute. 284 S., Kt., Campus 1994. **DM 39,80**

Barbara Buddeberg-Fischer: Früherkennung und Prävention von Eßstörungen. Eßverhalten und Körpererleben bei Jugendlichen. 224 S., 21 Abb., Kt., Schattauer 2000. **DM 59,-**

Wilhelm Burian: Die Rituale der Enttäuschung. Die Psychodynamik der Droge und die psychoanalytische Behandlung der Drogenabhängigkeit. 152 S., Gb., Picus Vlg. 1994. **DM 39,80**

S. Cirillo /M. Selvini /M. Selvini Palazzoli: Anorexie und Bulimie. Neue familientherapeutische Perspektiven. 260 S., Ln., Klett-Cotta 1999. **DM 68,-**

S. Cirillo /R. Berrini /G. Cambiaso et al.: Die Familie des Drogensüchtigen. Eine mehrgenerationale Perspektive. 304 S., Ln., Klett-Cotta 1998. **DM 68,-**

Pia Delesen: Anorexia nervosa. Möglichkeiten und Probleme der Diagnostik, Ätiologie und Intervention. (Rhe.: Aktuelle Frauenforschung, Bd. 25) 328 S., Centaurus Vlg. 1997. **DM 58,-**

Hans C. Deter /W. Herzog: Langzeitverlauf der Anorexia nervosa. Eine 12-Jahres-Katamnese. 264 S., 22 Abb., Kt., Vandenh. & Ruprecht 1995. **DM 58,-**

Hubert Feiereis: Magersucht und Freßsucht (Anorexie und Bulimie) (Sonderausgabe) 368 S., 289 Abb., davon 184 farb., Br., Marseille 2. Ed. 1998. **DM 48,-**

Jörg Fengler: Süchtige und Tüchtige. Begegnung und Arbeit mit Abhängigen. (Rhe.: Leben lernen, Bd. 95) 392 S., Br., Klett-Cotta 1994. **DM 52,-**

Monika Gerlinghoff: Magersucht und Bulimie - Innenansichten. Heilungswege aus der Sicht Betroffener und einer Therapeutin. (Rhe.: Leben lernen, Bd. 109) 212 S., Br., Klett-Cotta 1996. **DM 36,-**

M. Gerlinghoff /H. Backmund: Der heimliche Heißhunger. Wenn Essen nicht satt macht. Bulimie. 184 S., Kt., dtv 1997. **DM 16,90**

M. Gerlinghoff /H. Backmund: Schlankheitstick oder Eßstörung? Ein Dialog mit Angehörigen. Originalausgabe. 176 S., Kt., dtv 1999. **DM 16,90**

M. Gerlinghoff /H. Backmund: Therapie der Magersucht und Bulimie. Anleitung zu eigenverantwortlichem Handeln. 189 S., Br., PVU 1995. **DM 48,-**

M. Gerlinghoff /H. Backmund: Wege aus der Eßstörung. Magersucht und Bulimie. Wie sie entstehen und behandelt werden. 152 S., Kt., Trias Vlg. 3. Ed. 1999. **DM 29,90**

Monika Gerlinghoff /H. Backmund: Magersucht, Anstöße zur Krankheitsbewältigung. 168 S., Kt., dtv 1994. **DM 14,90**

M. Gerlinghoff /H. Backmund /N. Mai: Magersucht und Bulimie. Verstehen und bewältigen. 269 S., Br., Beltz 1999. **DM 19,90**

M. Gerlinghoff /H. Backmund /N. Mai: Magersucht und Bulimie. Verstehen und bewältigen. 319 S., Br., Beltz 2. Ed. 1995. **DM 29,80**

Hans A Glock: Zur Psychodynamik und Wertstruktur der Alkoholiker. Eine klinisch-empirische (Pilot-)Studie zum Alkoholismusphänomen. XXIV,414 S., Br., Dt. Studien-Vlg. 1992. **DM 78,-**

Magret Gröne: Wie lasse ich meine Bulimie verhungern. Ein systemischer Ansatz zur Beschreibung und Behandlung der Bulimie. 296 S., Kt., C. Auer Vlg. 2. Ed. 1997. **DM 44,-**

A. Heigl-Evers /I. Helas /H. Vollmer (Ed.): Die Person des Therapeuten in der Behandlung Suchtkranker. Persönlichkeit und Prozessqualität. 168 S., 14 Abb., Kt., Vandenh. & Ruprecht 1997. **DM 36,-**

Namhafte Vertreter der drei Arbeitsrichtungen Psychoanalyse, Verhaltenstherapie und systemische Familientherapie befassen sich mit der Frage, welche personellen, strukturellen und konzeptionellen Bedingungen erfüllt sein müssen, um eine ganzheitliche, erfolgreiche Suchttherapie anbieten zu können. Um allen Anforderungen von Gesundungsprozessen in der Suchttherapie gewachsen zu sein, müssen Therapeuten fähig sein, sich den Abhänigkeitskranken als kompetente Austausch- und Dialogpartner zur Verfügun zu stellen. Die persönlichen Voraussetzungen werden in diesem Band benannt und in ihrer Problematik diskutiert.

A. Heigl-Evers /I. Helas /H. Vollmer (Ed.): Eingrenzung und Ausgrenzung. Zur Indikation und Kontraindikation für Suchttherapien. 207 S., 14 Abb., 3 Tab., Kt., Vandenh. & Ruprecht 1993. **DM 36,-**

Annelise Heigl-Evers et al. (Ed.): Psychoanalyse und Verhaltenstherapie in der Behandlung von Abhängigkeitskranken - Wege zur Kooperation? 310 S., Pb., Blaukreuz Vlg. 1988. **DM 45,-**

Annelise Heigl-Evers et al. (Ed.): Suchtkranke in ihrer inneren und äusseren Realität. Praxis der Suchttherapie im Methodenvergleich. 241 S., 14 Abb., Kt., Vandenh. & Ruprecht 1995. **DM 36,-**

Beate Herpertz-Dahlmann: Essstörungen und Depression in der Adoleszenz. XVI,202 S., Kt., Hogrefe 1993. **DM 49,80**

W. Herzog /D. Munz /H. Kächele (Ed.): Analytische Psychotherapie bei Eßstörungen. Therapieführer. Vorw. v. Helga Solinger. XIV, 361 S., Kt., Schattauer 1996. **DM 68,-**

Wolfgang Herzog et al. (Ed.): Anorexia und Bulimia nervosa. Ergebnisse und Persepktiven in Forschung und Therapie. 131 S., Kt., VAS 1996. **DM 32,-**

Marya Hornbacher: Alice im Hungerland. Leben mit Bulimie und Magersucht. Eine Autobiographie. 340 S., Gb., Campus 1999. **DM 39,80**

P.L. Janssen /W. Senf /R. Meermann (Ed.): Klinik der Eßstörungen, Magersucht und Bulimie. VIII, 172 S., 28 Abb., 32 Tab., Br., G. Fischer Vlg. Kt.. **DM 78,-**

Burkhard Kastenbutt: Narzissmus und Jugendalkoholismus. Ursachen und Bedingungen des drogenhaften Alkoholkonsums bei männlichen Jugendlichen. 344 S., Br., Lit Vlg. 1998. **DM 39,80**

Cordula Keppler: Bulimie. Wenn Nahrung und Körper die Mutter ersetzen. 176 S., Br., Walter Vlg. 1995. **DM 29,80**

E. Klessmann /H.-A. Klessmann: Heiliges Fasten, Heilloses Fressen. Die Angst der Magersüchtigen vor dem Mittelmaß. 132 S., Kt., H. Huber Vlg. 2. erg. Ed. 1990. **DM 29,80**

Alfried Längle /Ch. Probst (Ed.): Süchtig sein. Entstehung, Formen und Behandlung von Abhängigkeiten. 176 S., Br., Facultas Vlg. 1997. **DM 32,-**

Gerhard Längle /K. Mann /G. Buchkremer (Ed.): „Sucht". Die Lebenswelten Abhängiger. 316 S., Kt., Attempto Vlg. 1996. **DM 44,-**

R. Meermann /S. Zelmanski: Theorie und Praxis der Selbsthilfearbeit bei Eßstörungen. 90 S., Br., Roderer Vlg. 1994. **DM 24,60**

Gerhard Nissen (Ed.): Abhängigkeit und Sucht. Prävention und Therapie. 151 S., 11 Abb., 12 Tab., Kt., H. Huber Vlg. 1994. **DM 39,80**

Hilarion Petzold (Ed.): Drogentherapie. Modelle - Methoden - Erfahrungen. Beitr. v. Neuss, Yablonsky, Casriel u.a. 543 S., Kt., Klotz Vlg. 6. Ed. 1999. **DM 79,80**

G. Reich /M. Cierpka (Ed.): Psychotherapie der Eßstörungen. Krankheitsmodelle und Therapiepraxis, störungsspezifisch und schulenübergreifend. (Lindauer Psychotherapie-Module) XIV, 238 S., 11 Abb., Kt., Thieme 1997. **DM 49,90**

Wolf-Detlef Rost: Psychoanalyse des Alkoholismus. Theorie, Diagnostik, Behandlung. 275 S., Kt., Klett-Cotta 5. Ed. 1999. **DM 44,-**

Lothar Schlüter-Dupont: Alkoholismus-Therapie. Pathogenetische, psychodynamische, klinische und therapeutische Grundlagen. XII, 569 S., Kt., Schattauer 1990. **DM 50,-**

Günter Schmitt et al. (Ed.): Stationäre analytische Psychotherapie. Zur Gestaltung polyvalenter Therapieräume bei der Behandlung von Anorexie und Bulimie. 193 S., Kt., Schattauer 1993 (NA unbest.). **DM 48,-**

Günter H. Seidler (Ed.): Magersucht, öffentliches Geheimnis. 261 S., Kt., Vandenh. & Ruprecht 1993. **DM 44,-**

Mara Selvini Palazzoli: Magersucht. Von der Behandlung einzelner zur Familientherapie. 331 S., Kt., Klett-Cotta 7. Ed. 1998. **DM 42,-**

Giulia Sissa: Die Lust und das böse Verlangen. Die Philosophie der Sucht. 272 S., Ln., Klett-Cotta 1999. **DM 58,-**

Im Rückgriff auf die klassische und zeitgenössische Literatur, auf die Philosophie, Psychoanalyse und Neuropharmakologie arbeitet die Autorin das im Drogenkonsum sich ausdrückende Begehren heraus.

Norbert Spangenberg: Familienkonflikte eßgestörter Frauen. Zur Anwendung der Formaler. Begriffsanalyse in der psychoanalytischen Therapie. 280 S., Kt., Westdt. Vlg. 7/ 2000. **DM 44,-**

Christine J. Thies: Bulimie als soziokulturelles Phänomen. Konsequenzen für Theorie und Praxis. XII, 146 S., 1 Abb., Centaurus Vlg. 1998. **DM 49,80**

Lieselotte Voß: Menstruationsverarbeitung bei Frauen mit Anorexia Nervosa. (Rhe.: Aktuelle Frauenforschung, Bd. 5) 168 S., Centaurus Vlg. 1990. **DM 38,-**

Karen Wise: Wenn essen zum Zwang wird. Wege aus der Bulimie. Kt., PAL 2. Ed. 1992. **DM 24,-**

Leon Wurmser: Die verborgene Dimension. Psychodynamik des Drogenzwangs. 351 S., Kt., Vandenh. & Ruprecht 1997. **DM 68,-**

Luigi Zoja: Sehnsucht nach Wiedergeburt. Ein neues Verständnis der Drogensucht. Vorw. von A. Guggenbühl-Craig. 157 S., Kt., Daimon Vlg. 2. Ed. 1997. **DM 33,-**

Psychoanalyse der Lebensabschnitte

Alter und Tod

Jean Améry: Über das Altern. Revolte und Resignation. 135 S., Ln., Klett-Cotta 6. Ed. 1997. **DM 28,-**

Martin Borner: Alter. Psychotherapie, Beratung und Begleitung älterer Menschen. 166 S., Br., Szondi-Institut 1999. **SFR 30,- DM PaA**

Heinz Bude: Das Altern einer Generation. Die Jahrgänge 1938-1948. 376 S., Gb., Suhrkamp 1995. **DM 48,-**

Heinz Bude: Das Altern einer Generation. Die Jahrgänge 1938-1948. 376 S., Kt., Suhrkamp 1997. **DM 19,80**

Dorle Drackle (Ed.): Alt und zahm? Alter und Älterwerden in unterschiedlichen Kulturen. 203 S., Kt., Reimer Vlg. 1998. **DM 48,-**

Kurt R. Eissler: Der sterbende Patient. Zur Psychologie des Todes. (Rhe.: problemata, Bd. 61) 255 S., Kt., frommann-holzboog 1978. **DM 78,-**

Kurt R. Eissler: Der sterbende Patient. Zur Psychologie des Todes. 256 S., Ln., frommann-holzboog 1978. **DM 106,-**

S.-H. Filipp /A.-K. Mayer: Bilder des Alters. 340 S., Kt., Kohlhammer Vlg. 1999. **DM 49,-**

Wenda Focke (Ed.): Unterwegs zu neuen Räumen. Die Veränderung des Selbstbildes im Alter. 148 S., Kt., Parerga Vlg. 1996. **DM 29,80**

Gerd Göckenjahn: Das Alter würdigen. Altersbild und Bedeutungswandel des Alters. Kt., Suhrkamp 1999. **DM**

Stanislav Grof: Totenbücher. Bilder vom Leben und Sterben. 96 S., 132 SW & 16 Farbabb., Kt., Kösel Vlg. 1994. **DM 37,-**

S. Grof /J. Halifax: Die Begegnung mit dem Tod. Vorw. v. Elisabeth Kübler-Ross. 274 S., Kt., Klett-Cotta 2. Ed. 1992. **DM 38,-**

Arno Gruen: Ein früher Abschied. Objektbeziehungen und psychosomatische Hintergründe beim plötzlichen Kindstod. 211 S., Kt., Vandenh. & Ruprecht 1999. **DM 39,-**

Heinz D. Herbig: Mythos Tod. Eine Provokation. 118 S., Kt, eva 1997. **DM 23,-**

G. Heuft /M. Teising (Ed.): Alterspsychotherapie - Quo vadis? Grundlagen, Anwendungsgebiete, Entwicklungen. 178 S., Kt., Westdt. Vlg. 1999. **DM 38,-**

Arthur E Imhof (Ed.): Erfüllt leben - in Gelassenheit sterben. Geschiche und Gegenwart. 507 S., 9 Bildtaf., Br., Duncker & Humblot 1994. **DM 148,-**

Michaela Jenny: Psychische Veränderung im Alter. Mythos - Realität - Psychologische Intervention. 200 S., Br., Facultas Vlg. 1996. **DM 41,-**

Gerd Kimmerle (Ed.): Zeichen des Todes in der psychoanalytischen Erfahrung. (Rhe. Anschlüsse, Bd. 4) 280 S., Kt., Ed. diskord 2000. **DM 38,-**

Edda Klessmann: Wenn die Eltern Kinder werden und doch die Eltern bleiben. Die Doppelbotschaft der Altersdemenz. 200 S., Kt., H. Huber Vlg. 4. Rev. Ed. 1999. **DM 34,80**

Ursula Lehr: Die Psychologie des Alterns. 384 S., 38 Abb., 1 Foto, 39 Reg., Kt., UTB 8. rev. Ed. 1996. **DM 39,80**

U. Lehr /H. Thomae: Formen seelischen Alterns. Ergebnisse der Bonner Gerontologischen Längsschnittstudie (BOLSA) XII, 324 S, 24 Abb., 89 Tab., Kt., Enke 1987. **DM 68,-**

Robert J. Lifton: Das Ende der Welt. Über das Selbst, den Tod und die Unsterblichkeit. 338 S., Pb., Klett-Cotta 1994. **DM 48,-**

Arnold Mindell: Schlüssel zum Erwachen. Sterbeerlebnisse und Beistand im Koma. 143 S., Kt., Walter Vlg. 3. Ed. 1993. **DM 19,80**

Anne Orbach: Es ist nie zu spät. Psychotherapie im Alter. 160 S., Kt., dtv 1999. **DM 14,90**

Wolf D. Oswald /U. Lehr (Ed.): Altern. Veränderung und Bewältigung. Beitr. v. H. Baumann, E. Lang und U. Lehr. 191 S., 45 Abb., 10 Tab., Kt., H. Huber Vlg. 1991. **DM 44,80**

Jane R. Prétat: Reifezeit des Lebens. Chancen der späteren Jahre. 208 S., Kt., dtv 1998. **DM 16,90**

Hartmut Radebold (Ed.): Altern und Psychoanalyse. (Rhe.: Psa. Blätter, Bd. 06) 163 S., Kt., Vandenh. & Ruprecht 1997. **DM 36,-**

H. Radebold /R. D. Hirsch: Altern und Psychotherapie. Angewandte Alterskunde Bd. 9. 200 S., Abb., Kt., H. Huber Vlg. 1993. **DM 39,80**

H. Radebold /R. Schweizer: Der mühselige Aufbruch. Über Psychoanalyse im Alter. (Rhe.: Geist u. Psyche, Bd. 13071) Kt., S. Fischer 1996. **DM 19,90**

Helga Rasehorn: Reise in die Vergangenheit. Anregungen zur Gestaltung von Gesprächsgruppen mit alten Menschen. 104 S., Kst., Vlg. C.R.Vincentz 1991. **DM 28,-**

Martin Teising (Ed.): Altern: Äußere Realität, innere Wirklichkeiten. Psychoanalytische Beiträge zum Prozeß des Alterns. 294 S., Kt., Westdt. Vlg. 1998. **DM 56,-**

U. Tschirge/A. Grüber-Hrcan: Ästhetik des Alters. Der alte Körper zwischen Jugendlichkeitsideal und Alterswirklichkeit. 140 S., kt., Kohlhammer Vlg. 1999. **DM 29,80**

Maurits Verzele: Der sanfte Tod. Suizidmethoden und Sterbehilfe. Br., Promedia 1995. **DM 19,80**

Erik Wenglein (Ed.): Das dritte Lebensalter. Psychodynamik und Psychotherapie mit älteren Menschen. 195 S., 27 Tab., Kt., Vandenh. & Ruprecht 1997. **DM 39,-**

Mit Beiträgen von R. Battegay, W. Focke, A. Hellwig, R.D. Hirsch, G. Maier, M. Teising, R. Welz, E. Wenglein, M. Wolfersdorf.

Jean Ziegler: Die Lebenden und der Tod. Kt., Goldmann 2000. **DM 16,90**

Erwachsenenalter /Generationen /Familie /Paar

Lotte Adolphs: Der Vater in unserer Zeit. 74 S., Kovac Vlg. 1994. **DM 48,-**

Gerhard Amendt: Wie Mütter ihre Söhne sehen. 208 S., Kt., S. Fischer 1994. **DM 14,90**

Günter Ammon (Ed.): Gruppendynamik der Kreativität. 140 S., Kt., Klotz Vlg. 3. Ed. 1999. **DM 34,80**

Till Bastian: Die Angst der Eltern vor dem Kind. 143 S., 7 Abb., Pb., C.H.Beck 1996. **DM 17,80**

R. Battegay /U. Rauchfleisch (Ed.): Mensch sein als Frau, als Mann. 312 S., E. Reinhardt Vlg. 1994. **DM 32,80**

Yvonne Bernart: Postadoleszenz als Element neuer Biographiemuster. 195 S. auf 2 Mikrofiches, Tectum Vlg. 1996. **DM 68,-**

Gertrude Blanck: Wie sind wir gute Eltern? 171 S., Lin., Klett-Cotta 2. Ed. 1990. **DM 32,-**

Rubin Blanck /Gertrude Blanck: Ehe und seelische Entwicklung. 178 S., Ln., Klett-Cotta 2. rev. Ed. 1992. **DM 48,-**

Peter Blos: Sohn und Vater. Diesseits und jenseits des Ödipuskomplexes. 272 S., Kt., Klett-Cotta 1990. **DM 38,-**

G. Bodenmann /M. Perrez (Ed.): Scheidung und ihre Folgen. Aus der Sicht verschiedener Disziplinen. (Teils in Französ.) 214 S., Abb., Kt., H. Huber Vlg. 1996. **DM 44,-**

C. Borer /K. Ley (Ed.): Fesselnde Familie. Realität - Mythos - Familienroman. 173 S., Br., Ed. diskord 1991. **DM 28,-**

I. Boszormenyi-Nagy /G. Spark: Unsichtbare Bindungen. Die Dynamik familiärer Systeme. 426 S., Kt., Klett-Cotta 5. rev. Ed. 1995. **DM 68,-**

John Bradshaw: Familiengeheimisse. Warum es sich lohnt, ihnen auf die Spur zu kommen. Kt., Goldmann 1999. **DM 16,90**

E. Brähler / S. Goldschmidt (Ed.): Psychosoziale Aspekte von Fruchtbarkeitsstörungen. 190 S., Abb., Kt., H. Huber Vlg. 1998. **DM 49,80**

Dieter Bürgin (Ed.): Triangulierung. Der Übergang zur Elternschaft. 294 S., 11 Abb., 21 Tab., Kt., Schattauer 1998. **DM 69,-**

(Bespr. in AKJP, 103/1999 von B. Friedrich)

A. Burguière /C. Klapisch-Zuber /M. Segalen et al. (Ed.): Geschichte der Familie. Bd. 1: Altertum. Vorw.v.Claude Lèvi-Strauss. 375 S., 100 s/w Abb., Gb., Campus 1996. **DM 88,-**

A. Burguière /C. Klapisch-Zuber /M. Segalen et al.(Ed.): Geschichte der Familie. Gesamtausgabe in 4 Bdn. 4 Bde., Campus 1996. **DM 352,-**

"Die Geschichte der Familie ist ein großes Werk der Analyse. Einer neu definierten Gesellschaft bietet es nur scheinbar altgewordene Abbilder ihrer empfindlichsten Zelle - wie eine Erinnerung, die ein Werk wie dieses zum Sprechen bringt." Frankfurter Rundschau

Janine Chasseguet-Smirgel: Zwei Bäume im Garten. Zur psychischen Bedeutung der Vaterbilder und Mutterbilder. Psychoanalytische Studien. (Rhe.: VIP - Verl. Internat. Psa.) 193 S., Ln., Klett-Cotta 2. Ed. 1992. **DM 44,-**

Guy Corneau: Abwesende Väter, verlorene Söhne. Die Suche nach der männlichen Identität. 239 S., Gb., Walter Vlg. 2. Ed. 1993. **DM 19,80**

Juana Danis: Liebe. Vorträge gehalten am Institut f. Psychosymbolik, München 1989. 49 S., Kt., Ed. Psychosymbolik 1992. **DM 22,-**

Juana Danis: Liebe, Opfer und Wiederkehr. 55 S., Kt., Ed. Psychosymbolik 1995. **DM 28,-**

Juana Danis: Neid der Töchter. 11 S., Pb., Ed. Psychosymbolik 1990. **DM 10,-**

Juana Danis: Vaterschuld. 10 S., Pb., Ed. Psychosymbolik 1995. **DM 12,-**

Ulla Diltsch: Die Verführerin ist regelmäßig die Mutter. Der phantasierte Vater und seine Bedeutung für die psychosexuelle Entwicklung der Tochter aus psychoanalytischer Sicht. 190 S., Kt., Profil Vlg. 1991. **DM 44,-**

Barbara Dobrick: Wenn die alten Eltern sterben. Das endgültige Ende der Kindheit. 195 S., Kt., Kreuz Vlg. 10. Ed. 1998. **DM 28,-**

F. Dolto /C. Dolto-Tolitch /C. Percheminier: Von den Schwierigkeiten, erwachsen zu werden. Mit einem Kapitel „Jugendliche und ihre Rechte" v. L. Salgo. 238 S., zahlr. Photos, Kt., Klett-Cotta 6. Ed. 1999. **DM 24,80**

Jacques Donzelot: Die Ordnung der Familie. 252 S., Kt., Suhrkamp 1990. **DM 18,-**

R. Dreikurs /E. Blumenthal: Eltern und Kinder, Freunde oder Feinde. 384 S., Kt., dtv 1992. **DM 19,90**

R. Dreikurs /E. Blumenthal: Eltern und Kinder, Freunde oder Feinde. 344 S., Kt., Klett-Cotta 2. Ed. 1992. **DM 36,-**

R. Dreikurs /S. Gould /R.J. Corsini: Familienrat. Der Weg zu einem glücklicheren Zusammenleben von Eltern und Kindern. 164 S., Kt., Klett-Cotta 1977. **DM 26,-**

Barbara Drinck (Ed.): Vaterbilder. Eine interdisziplinäre und kulturübergreifende Studie zur Vaterrolle. 236 S., Gb., Bouvier Vlg. 1999. **DM 68,-**

Muna El-Giamal: Wenn ein Paar zur Familie wird. Alltag, Belastungen und Belastungsbewältigungen bei ersten Kind. 400 S., Kt., H. Huber Vlg. 1999. **DM 86,-**

Erik H. Erikson: Kinderspiel und politische Phantasie. Stufen in der Ritualisierung der Realität. 139 S., Kt., Suhrkamp 1978. **DM 28,-**

Hannelore Erzigkeit: Väter und Söhne. Identifikationsprobleme mit dem Vater und Konflikte der psychosozialen und psychosexuellen Identität bei Studenten. 204 S., Pb., R.G.Fischer 1982. **DM 28,-**

Helmuth Figdor: Kinder aus geschiedenen Ehen: Zwischen Trauma und Hoffnung. Bd. 1: Eine psychoanalytische Studie. (Rhe.: Psa. Pädagogik, 06) 245 S., Kt., M. Grünewald Vlg. 6. Ed. 1997. **DM 42,-**

(Besprochen in arbeitshefte kinderpsa. 14 /1991, v. Hilde Kipp)

Helmuth Figdor: Scheidungskinder - Wege der Hilfe. (Rhe.: Psa. Pädagogik, Bd. 3) 270 S., Kt., Psychosozial Vlg. 2. Ed. 1998. **DM 38,-**

H. Friedrich /O. Spoerri /S. Stemann: Mißbildung und Familiendynamik. Kinder mit Spina bifida und Hydrocephalus in ihren Familien. 215 S., Kt., Vandenh. & Ruprecht 1992. **DM 59,-**

Hans-H. Fröhlich: Leben in der Zweierbeziehung. Intakte und gestörte Partnerschaften. 127 S., Kt., Vandenh. & Ruprecht 1997. **DM 19,80**

Erna Furman: Ein Kind verwaist. Untersuchungen über Elternverlust in der Kindheit. 310 S., Kt., Klett-Cotta 1977. **DM 44,-**

Annette Garbrecht: Mütter und Söhne - die längste Liebe der Welt. 240 S., Gb., Klein-Vlg. 1995. **DM 36,-**

Hermann Giesecke: Wenn Familien wieder heiraten. Neue Beziehungen für Eltern und Kinder. (Rhe.: Kinder fordern uns heraus) 234 S., Br., Klett-Cotta 2. rev. Ed. 1997. **DM 24,-**

Rolf Göppel: Eltern, Kinder und Konflikte. 274 S., Kt., Kohlhammer Vlg. 1998. **DM 46,-**

Ausgehend von konkreten Erfahrungen beleuchtet das Buch verschiedene Aspekte des Zusammenlebens und alltäglichen Umgangs von Eltern und Kindern; es stellt die verschiedenen Theorieansätze dieses Verhältnisses anschaulich dar.

Jürgen Grieser: Der phantasierte Vater. Zu Entstehung und Funktion des Vaterbildes beim Sohn. 304 S., Gb., Ed. diskord 1998. **DM 48,-**

Der Autor untersucht die bewußten und unbewußten Aspekte der Vater-Phantasie aus der Perspektive des Sohnes.

Adolf Guggenbühl-Craig: Die Ehe ist tot - lang lebe die Ehe! 142 S., Pb., Kösel Vlg. 1990. **DM 32,-**

Signe Hammer: Töchter und Mütter. Über die Schwierigkeiten einer Beziehung. Kt., S. Fischer **DM 14,90**

T. K. Hareven /M. Mitterauer: Entwicklungstendenzen der Familie. (Rhe.: Wiener Vorlesungen, Bd. 43) 80 S., Gb., Picus Vlg. 1996. **DM 14,80**

E. Harms /B. Strehlow (Ed.): Adoptivkind, Traumkind in der Realität. Psychoanalytische Einblicke in die Probleme von adoptierten Kindern und ihren Familien. 279 S., Kt., Schulz-Kirchner Vlg. 3. Ed. 1999. **DM 48,-**

H. Heimann /D. Hartmann-Lange (Ed.): Psychische Erkrankungen im Erwachsenenalter: Forschung zu Therapie und Rückfallprophylaxe. VII, 166 S, 14 Abb., Kt., G. Fischer Vlg. 1995. **DM 58,-**

Axel Hirsch: Rückerinnerungen von Müttern an ihre Kinder. Eine Studie über Einflussfaktoren auf anamnestische Informationen von Müttern. 334 S., Kt., perspol-Vlg. 1978. **DM 36,-**

Christa Hoffmann-Riem: Das adoptierte Kind. Familienleben mit doppelter Elternschaft. 343 S., zahlr. Abb., Kt., W. Fink Vlg. 4. Ed. 1998. **DM 48,-**

O. Huber /M. Perez /J. Retschitzki et al. (Ed.): Vor dem Ruhestand. Eine psychologische Untersuchung zum Erleben der Zeit vor der Pensionierung. 295 S., 48 Abb., 89 Tab., Br., H. Huber Vlg. 1996. **DM 64,-**

Renate Hudewentz: Gespräche mit Antigone - zur Beziehung von Tochter und Vater. Eine tiefenhermeneutische Untersuchung. (Rhe.: Psychol. Studien, Bd. 1) 96 S., Centaurus Vlg. 1998. **DM 30,-**

Evan Imber-Black: Die Macht des Schweigens. Geheimnisse in der Familie. 380 S., Gb., Klett-Cotta 1999. **DM 39,80**

Evan Imber-Black (Ed.): Geheimnisse und Tabus in Familie und Familientherapie. 272 S., Kt., Lambertus-Vlg. 1995. **DM 56,-**

E. Imber-Black /J. Roberts /R.A. Whiting: Rituale. Rituale in Familien und Familientherapie. 432 S., Kt., C. Auer Vlg. 3. Ed. 1998. **DM 58,-**

M. Jörgensen /P. Schreiner: Kampfbeziehungen. Wenn Kinder gegen Erwachsene kämpfen: Erklärungen und Lösungen. Kt., Rowohlt 1989. **DM 10,90**

Helmut Kaiser: Mein Leben - Ihr Sterben. Bericht über den Tod meiner Mutter. 208 S., Gb., Walter Vlg. 1997. **DM 19,80**

Der Autor, bekannt geworden durch sein Buch „Grenzverletzung - Macht und Machtmißbrauch in meiner psychoanalytishen Ausbildung" dokumentiert hier das langsame Sterben seiner Mutter, den Prozeß des Abschiednehmens und die Dynamik, die sich in dieser letzten Phase zwischen Mutter und Sohn entfaltet.

J. Kardas /A. Langenmayr: Familien in Trennung und Scheidung. Ausgewählte psychologische Aspekte des Erlebens und Verhaltens von Scheidungskindern. 240 S., Abb., Tab., Kt., Enke 1996. **DM 48,-**

Verena Kast: Familienkonflikte im Märchen. Eine psychologische Deutung. 136 S., Kt., dtv 1998. **DM 12,90**

Verena Kast: Familienkonflikte im Märchen. Eine psychologische Deutung. 131 S., Kt., Walter Vlg. 4. Ed. 1993. **DM 24,80**

Verena Kast: Loslassen und sich selber finden. Die Ablösung von den Kindern. Kt., Herder 1991. **DM 12,80**

Trauer und Wut, Zärtlichkeit und Zukunftshoffnung, Versagen und enge Verbundenheit - im Prozeß der Ablösung von den Kindern mischen sich viele Gefühle. Für Eltern und Kinder ist es eine zentrale Aufgabe, einander loslassen zu lernen, um sich selbst zu finden.

Verena Kast: Paare. Beziehungsphantasien oder Wie Götter sich in Menschen spiegeln. 177 S., Kt., Kreuz Vlg. 15. Ed. 1998. **DM 34,-**

Verena Kast: Vater-Töchter, Mutter-Söhne. Wege zu einer eigenen Identität aus Vaterkomplexen und Mutterkomplexen. 286 S., Gb., Kreuz Vlg. 5. Ed. 1998. **DM 39,80**

Janusz Korczak: Das Kind lieben. 292 S., Ln., Suhrkamp 1996. **DM 36,80**

Janusz Korczak: Kinder achten und lieben. 188 S., Kt., Herder 1998. **DM 18,80**

Christiane Kraft Alsop: Dinge, Orte, Paare. Zur Bedeutung von Objekten, Orten und Zeremonien im Leben von Paaren. 286 S., Br., Waxmann Vlg. 1996. **DM 49,90**

Christina Krause: Wie uns die Kinder sehen. 149 S., Br., P. Lang 1996. **DM 54,-**

Marga Kreckel: Macht der Väter, Krankheit der Söhne. (Rhe.: Geist u. Psyche, Bd. 13305) Kt., S. Fischer 1997. **DM 19,90**

Thomas Kühler: Zur Psychologie des männlichen Kinderwunsches. Ein kritischer Literaturbericht. VI, 154 S., Br., Dt. Studien-Vlg. 1989. **DM 38,-**

Sibylle Lacan: Ein Vater. Puzzle. 78 S., Gb., Deuticke Vlg. 1999. **DM 19,80**

Sibylle Lacan über die schwierige Beziehung zu ihrem berühmten Vater.

Gerd Lehmkuhl (Ed.): Chronisch kranke Kinder und ihre Familien. 279 S., Kt., Quintessenz 1996. **DM 34,-**

Gerd u. Ulrike Lehmkuhl (Ed.): Scheidung - Trennung - Kindeswohl: Diagnostische, therapeutische und juristische Aspekte. 192 S., Kt., Dt. Studien-Vlg. 1997. **DM 44,-**

Reinhart G. E. Lempp: Die Ehescheidung und das Kind. Ein Ratgeber für Eltern. 63 S., Kt., Kösel Vlg. 4. rev. Ed. 1989. **DM 14,80**

Reinhart G. E. Lempp: Eltern für Anfänger. Kt., Diogenes o.J.. **DM 9,90**

Reinhart G. E. Lempp: Eltern für Anfänger. Mit Zeichnungen von Loriot. 62 S., Ln., Diogenes 1981. **DM 12,80**

Reinhart G. E. Lempp: Enkel für Anfänger. Mit Zeichnungen von Loriot. 66 S., Gb., Diogenes 1989. **DM 14,90**

Reinhart G. E. Lempp: Kinder für Anfänger. Kt., Diogenes o.J.. **DM 12,90**

Reinhart G. E. Lempp: Kinder für Anfänger. Mit Zeichnungen von Loriot. 104 S., Ln., Diogenes 1984. **DM 14,80**

Reinhart G. E. Lempp: Kinder unerwünscht. Anmerkungen eines Kinderpsychiaters. Kt., Diogenes o.J.. **DM 12,80**

Reinhart G.E. Lempp (Ed.): Reifung und Ablösung. Das Generationenproblem und seine psychopathologischen Randformen in anthropologischer, psychoanalytischer, kinder- und jugendpsychiatrischer und gesellschaftlicher Sicht. 175 S., Kt., H. Huber Vlg. 1987. **DM 48,-**

Sophie von Lenthe (Ed.): Kinder verstehen. Ein psychologisches Lesebuch für Eltern. 272 S., Kt., dtv 1993. **DM 14,80**

Annette Lepenies (Ed.): Alt und Jung: Das Abenteuer der Generationen. Katalog zur Ausstellung im Deutschen Hygiene-Museum Dreden 18.12.1997 -12.05.1998. 196 S., Abb., Kt., Stroemfeld 1998. **DM 29,80**

Betty J. Lifton: Adoption. 410 S., Kt., Klett-Cotta 1982. **DM 46,-**

Betty J. Lifton: Zweimal geboren. Memoiren einer Adoptivtochter. 540 S., zahlr. Abb., Lin., Klett-Cotta 1981. **DM 36,-**

Wielant Machleidt: Vater und Tochter. Gefühlslandschaften einer Beziehung. 112 S., Br., Dt. Studien-Vlg. 3. Ed. 1995. **DM 24,-**

Fritz Mattejat (Ed.): Nicht von schlechten Eltern. Kinder psychisch Kranker. 200 S., Br., Psychiatrie-Vlg. 1998. **DM 24,80**

Gareth Matthews: Die Philosophie der Kindheit. Wenn Kinder weiter denken als Erwachsene. 180 S., Gb., Quadriga Vlg. 1995. **DM 32,-**

Gerard Mendel: Generationskrise. Eine soziopsychoanalytische Studie. (Rhe.: Literatur der Psa.) 270 S., Kt., Suhrkamp 1972. **DM 22,-**

Heiner Meulemann: Die Geschichte einer Jugend. Lebenserfolg und Erfolgsdeutung ehemaliger Gymnasiasten zwischen dem 15. und 30. Lebensjahr. 669 S., Kt., Westdt. Vlg. 1995. **DM 96,-**

M. Michel /T. Spengler (Ed.): Kursbuch. Bd. 132: Unsere Mütter. 172 S., Kt., Rowohlt 1998. **DM 18,-**

Herma Michelsen (Ed.): Über Väter. Skizzen einer wichtigen Beziehung. 204 S., Ktt., M. Grünewald Vlg. 1995. **DM 36,-**

Stefanie Mimra: Adoption. Eine Herausforderung für die Identität. 252 S., Br., Edition pro mente 1997. **DM 34,-**

Margarete Mitscherlich: Ist Partnerschaft überhaupt möglich? 159 S., Kt., Pendo Vlg. 1993. **DM 24,-**

Margarete Mitscherlich: Ist Partnerschaft überhaupt möglich? Kt., Piper 1994. **DM 14,90**

Michael Moeller: Die Wirklichkeit beginnt zu zweit. Das Paar im Gespräch. Vortrag während des 1. Weltkongresses des World Council of Psychotherapy, Wien. 1 Toncass., auditorium-Vlg. 1997. **DM 32,-**

Michael L. Moeller: Die Wahrheit beginnt zu zweit. Das Paar im Gespräch. Kt., Rowohlt 1992. **DM 14,90**

Tilmann Moser: Familienkrieg. Wie Christof, Vroni und Annette die Trennung der Eltern erleben. Kt., Suhrkamp o.J.. **DM 10,-**

Tilmann Moser: Stufen der Nähe. Ein Lehrstück für Liebende. 140 S., Kt., Suhrkamp 1981. **DM 28,-**

Tilmann Moser: Stufen der Nähe. Ein Lehrstück für Liebende. Kt., Suhrkamp 1984. **DM 13,80**

Fritz Müller: Mamas Irrtum. Der ödipale Schaden aus der Sicht eines Betroffenen. 140 S., Pb., Haag + Herchen 1996. **DM 19,80**

Ernst W. Müller et al. (Ed.): Kindheit, Jugend, Familie. Bd. 1: Geschlechtsreife und Legitimation zur Zeugung. (Rhe.: Veröffentlichungen d. Inst. f. Hist. Anthropologie, Bd. 3) 791 S., Ln., Alber Vlg. 1985. **DM 196,-**

Aldo Naouri: Das Drama der perfekten Mutter. 320 S., Gb., Walter Vlg. 1999. **DM 39,80**

Robert Neuburger: Mythos Paar. Was Paare verbindet. 184 S., 13 Abb., Br., Walter Vlg. 1999. **DM 29,80**

Der Autor ist Psychiater und Psychoanalytiker in Paris.

F. Nyssen /L. Janus (Ed.): Psychogenetische Geschichte der Kindheit. Beiträge zur Psychohistorie der Eltern-Kind-Beziehung. 459 S., Kt., Psychosozial Vlg. 1997. **DM 38,-**

In den 70er Jahren begann die Diskussion um die Geschichte der Kindheit als einer neuen Dimension historischer Forschung. Es eröffneten sich Möglichkeiten zu einem vertieften Verständnis des individuellen Gewordenseins. Nun geben neue Befunde zur vorsprachlichen Entwicklung des Kindes, zur Psychobiologie der Anfänge der Menschheitsentwicklung und zur Kindheit in verschiedenen Kulturen der wissenschaftlichen Untersuchung der Geschichte der Kindheit weiterführende Impulse.

Christiane Olivier: Die Söhne des Orest. Ein Plädoyer für Väter. 200 S., Kt., dtv 1997. **DM 16,90**

Christiane Olivier: Die Söhne des Orest. Ein Plädoyer für Väter. 198 S., Gb., Econ 1994. **DM 36,-**

Annegret Overbeck: Psychosoziale Entwicklung in der Familie. Interaktionsstrukturen und Sozialisation. Studienmaterialien. 320 S., Kt., Klotz Vlg. 1994. **DM 34,80**

Das Buch betrachtet die Entwicklung des Kindes im Rahmen seiner mitmenschlichen Lebensbedingungen. Sozialpsychologischen Begriffen wie Interaktion, Kommunikation und Rollenspiel kommt dabei einige Bedeutung zu.

Ingrid Peisker: Die strukturbildende Funktion des Vaters. Beitrag zu einem vernachlässigten Thema. (Rhe.: Psychologie, Bd. 25) VIII, 232 S., Centaurus Vlg. 1991. **DM 38,-**

M. Perrez /G. Bodenmann (Ed.): Scheidung und ihre Folgen - Le Divorce et ses conséquences. 220 S., Br., Univ.-Vlg. Freiburg 1996. **DM 47,-**

Horst Petri: Das Drama der Vaterentbehrung. Chaos der Gefühle, Kräfte der Heilung. 223 S., Gb., Herder 1999. **DM 36,-**

J. Prekop /C. Schweizer: Kinder sind Gäste, die nach dem Weg fragen. Ein Elternbuch. 160 S., Kt., dtv 1999. **DM 14,90**

J. Prekop /C. Schweizer: Unruhige Kinder. Ein Ratgeber für beunruhigte Eltern. 232 S., Kt., dtv 1997. **DM 14,90**

Hartmut Radebold: Psychodynamik und Psychotherapie Älterer. Psychodynamische Sicht und psychoanalytische Psychotherapie 50- bis 75jähriger. IX, 265 S., 4 Abb., Gb., Springer 1992. **DM 96,-**

Udo Rauchfleisch: Alternative Familienformen. Eineltern, gleichgeschlechtliche Paare, Hausmänner. 134 S., Kt., Vandenh. & Ruprecht 1997. **DM 36,-**

Der Autor zeigt auf der Basis aktueller Forschungsergebnissse, daß sich Kinder, die in alternativen Familien aufwachsen, zumindest gleichgut entwickeln wie Kinder in der traditionellen Mutter-Vater-Familie. Rauchfleisch sieht vor dem Hintergrund der üblich gewordenen, quasi deprivatorischen Drei-Personen-Familie vielmehr in „unüblichen" Familienformen eine für die kindliche Entwicklung durchaus positive Alternative..

Horst E. Richter: Patient Familie. Entstehung, Struktur und Therapie von Konflikten in Ehe und Familie. Kt., Rowohlt o.J.. **DM 10,90**

Fritz Riemann: Die Fähigkeit zu lieben. Kt., Ullstein 1999. **DM 14,90**

Fritz Riemann: Die Fähigkeit zu lieben. 186 S., Kt., Kreuz Vlg. 5. Ed. 1991. **DM 24,80**

A.-M. Schlösser /K. Höhfeld (Ed.): Trennungen. 395 S., Gb., Psychosozial Vlg. 1999. **DM 48,-**

Wolfgang Schmidbauer: Du verstehst mich nicht! Die Semantik der Geschlechter. Kt., Rowohlt 1993. **DM 14,90**

Wolfgang Schmidbauer: Du verstehst mich nicht! Die Semantik der Geschlechter. Kt., Rowohlt 1993. **DM 14,90**

Lothar Schon: Entwicklung des Beziehungsdreiecks Vater-Mutter-Kind. Triangulierung als lebenslanger Prozeß. 158 S., Kt., Kohlhammer Vlg. 1995. **DM 29,80**

Michael Schröter: „Wo zwei zusammenkommen in rechter Ehe ...". Soziogenetische und psychogenetische Studie über Eheschließungsvorgänge vom 12.-15. Jahrh. Vorw. v. Norbert Elias. XIV, 454 S., Kt., Suhrkamp 1985. **DM 48,-**

Josef Schu: Kinder als Erzähler - Erwachsene als Zuhörer. 311 S., Abb, 1 Faltbl., Br., P. Lang 1993. **DM 89,-**

Johann A. Schülein: Die Geburt der Eltern. Über die Entstehung der modernen Elternposition und den Prozeß ihrer Aneignung und Vermittlung. 252 S., Kt., Westdt. Vlg. 1990. **DM 39,-**

M. Schulte-Markwort /B. Schimmelmann: Kinderängste - was Eltern wissen müssen. Ursachen erkennen. Auslöser beseitigen. Selbstvertrauen stärken. Mit Fallbeispielen. 128 S., Br., Midena-Vlg. 1999. **DM 19,90**

Ursula Schulz (Ed.): Väter. Es ist, als wüßten sie nichts von ihrer Kraft. 171 S., Kt., Stendel 1997. **DM 24,80**

Väterlichkeit sieht die Autorin nicht als eine Variante oder Kopie des Mutterseins; vielmehr als eine Orientierung bietende, Grenzen setzende und damit strukturierende Aufgabe.

Annemarie Schütt-Baeschlin: Das Adoptivkind und seine Familie. Hrsg. v. H. Herzka. 150 S., Br., Pro Juventute 1990. **DM 32,80**

Bernd Sonntag: Mein Partner ist in Therapie. Wie Sie einen geliebten Menschen unterstützen. Klarkommen mit den eigenen Gefühlen. Wie Sie mit Veränderungen richtig umgehen. 142 S., Kt., Trias Vlg. 1998. **DM 24,80**

Dietmar Stiemerling: Gestörte Zweierbeziehung. Der Hunger nach Verständnis und der Schmerz des Nichtverstandenseins. (Rhe.: Leben lernen, Bd. 61) 230 S., Br., Klett-Cotta 1986. **DM 28,-**

Helm Stierlin: Delegation und Familie. Beiträge zum Heidelberger familiendynamischen Konzept. 190 S., Kt., Suhrkamp o.J.. **DM 16,80**

Helm Stierlin: Eltern und Kinder. Das Drama von Trennung und Versöhnung im Jugendalter. 255 S., Kt., Suhrkamp 6. Ed. 1996. **DM 16,80**

Helm Stierlin: Individuation und Familie. 210 S., Kt., Suhrkamp 1989. **DM 32,-**

Helm Stierlin: Individuation und Familie. Studien zur Theorie und therapeutischen Praxis. 210 S., Kt., Suhrkamp 1994. **DM 19,80**

H. Stierlin/F. Simon/G. Schmidt (Ed.): Familiäre Wirklichkeiten. Der Heidelberger Kongreß. 258 S., Kt., Klett-Cotta 1987. **DM 42,-**

Beate Szypkowski: Die Kontinuität der „guten Mutter". Zur Situation von Frauen, die ihre Kinder zur Adoption freigeben. X, 398 S., Kt., Centaurus Vlg. 1997. **DM 49,80**

Serge Tisseron: Die verbotene Tür. Familiengeheimnisse und wie man mit ihnen umgeht. 180 S., Br., A. Kunstmann Vlg. 1998. **DM 29,80**

"Du sollst nicht merken!": Auch in diesen aufgeklärten Zeiten prägen Familiengeheimnisse Kinder wie Erwachsene oft ein Leben lang. Klar und kompetent geht der Psychoanalytiker Serge Tisseron alten und neuen Familiengeheimnissen auf den Grund, analysiert ihre Auswirkungen und Symptome.

Walter Toman: Familienkonstellationen. Ihr Einfluß auf den Menschen. 270 S., Pb., C.H.Beck 6. Ed. 1996. **DM 19,80**

Klaus Vetter: Kinder - zu welchem Preis ? Was es bedeutet, Kinder zu haben. 190 S., Kt., Westdt. Vlg. 1999. **DM 29,80**

Jürg Willi: Die Zweierbeziehung. Spannungsursachen /Störungsmuster /Klärungsprozesse /Lösungsmodelle. Analyse des unbewußten Zusammenspiels in Partnerwahl und Paakonflikt: das Kollusions-Konzept. 286 S., Br., Rowohlt 1975. **DM 32,-**

Jürg Willi: Die Zweierbeziehung. Spannungsursachen /Störungsmuster /Klärungsprozesse /Lösungsmodelle. Analyse des unbewußten Zusammenspiels in Partnerwahl und Paakonflikt: das Kollusions-Konzept. Kt., Rowohlt 1997. **DM 14,90**

Jürg Willi: Was hält Paare zusammen? Der Prozess des Zusammenlebens in psycho-ökolgischer Sicht. Kt., Rowohlt 1997. **DM 14,90**

Donald W. Winnicott: Familie und individuelle Entwicklung. Hrsg. v. Jochen Stork. (Rhe.: Geist u. Psyche, Bd. 42261) Kt., S. Fischer o.J.. **DM 22,90**

Donald W. Winnicott: Kinder, Gespräche mit Eltern. 146 S., Kt., Klett-Cotta 1994. **DM 28,-**

Lewis Yablonsky: Du bist ich. Die unendliche Vater-Sohn-Beziehung. 220 S., Br., Vlg. EHP 1991. **DM 38,-**

J. Zinnecker /R.K. Silbereisen: Kindheit in Deutschland. Aktueller Survey über Kinder und ihre Eltern. 446 S., Br., Juventa Vlg. 2. Ed. 1998. **DM 58,-**

Geschwister

J. Dunn /R. Plomin: Warum Geschwister so verschieden sind. 248 S., Lin., Klett-Cotta 1996. **DM 39,80**

Rita Haberkorn (Ed.): Als Zwilling geboren. Über eine besondere Geschwisterkonstellation. 216 S., Pb., Kösel Vlg. 3. Ed. 1996. **DM 29,80**

W.E. Hapworth /M. Hapworth /J. Rattner: Einer ist immer Mamas Liebling. Geschwisterbeziehungen bestimmen unser ganzes Leben. Kt., Droemer/Knaur 1996. **DM 14,90**

H. Heckh-MacCarthy /D. Hoff /K. Lay et al.: Geschwisterliches. Jenseits der Rivalität. 144 S., Br., Ed. diskord 1995. **DM 25,-**

Hartmut Kasten: Die Geschwisterbeziehung. Bd. 1. 206 S., 3 Abb., Kt., Hogrefe 1992. **DM 48,-**

Hartmut Kasten: Die Geschwisterbeziehung. Bd. 2: Spezielle Geschwisterbeziehungen. 238 S., Kt., Hogrefe 1993. **DM 48,-**

Hartmut Kasten: Einzelkinder. Aufwachsen ohne Geschwister. 201 S., 22 Abb., Kt., Springer 1995. **DM 29,80**

Hartmut Kasten: Geschwister. Vorbilder, Rivalen, Vertraute. 220 S., 18 Abb., Kt., E. Reinhardt Vlg. 2. rev. Ed. 1998. **DM 33,-**

Francine Klagsbrun: Der Geschwisterkomplex. Liebe und Haß, Rivalität und Zusammenhalt ein Leben lang? Kt., Heyne 1997. **DM 16,90**

Gunther Klosinski (Ed.): Verschwistert mit Leib und Seele: Geschwisterbeziehungen gestern, heute, morgen. 220 S., Kt., Attempto Vlg. 1999. **DM 58,-**

C. Knees /M. Winkelheide (Ed.): Ich bin nicht du, du bist nicht ich: Aus dem Leben mit behinderten Geschwistern. (Lebensspuren) 92 S., Illustr., Gb., Butzon & Bercker 1999. **DM 26,-**

Karl König: Brüder und Schwestern. Geburtenfolge als Schicksal. 92 S., Kt., Vandenh. & Ruprecht Neuaufl. 1999. **DM 16,-**

Kevin Leman: Geschwisterkonstellationen. Die Familie bestimmt Ihr Leben. 192 S., Kt., Vlg. mod. industrie 1998. **DM 14,80**

Birgit Lüscher: Die Rolle der Geschwister. Chancen und Risiken ihrer Beziehung. VII, 138 S., Kt., WissenschaftsVlg. Spiess 1997. **DM 29,80**

Horst Petri: Geschwister, Liebe und Rivalität. Die längste Beziehung unseres Lebens. 219 S., Gb., Kreuz Vlg. 5. Ed. 1998. **DM 34,-**

Wolfgang Roell: Die Geschwister krebskranker Kinder. Eine empirisch-psychoanalytische Untersuchung über Knochenmarkspender und gesunde, nicht-spendende Geschwister. 342 S., Kt., P. Lang 1996. **DM 100,-**

H. Schepank: Zwillingsschicksale. Gesundheit und psychische Erkrankungen bei 100 Zwillingen im Verlauf von drei Jahrzehnten. 258 S., Abb., Tab., Gb., Enke 1996. **DM 78,-**

Frank J. Sulloway: Der Rebell der Familie. Geschwisterrivalität, kreatives Denken und Geschichte. 590 S., Kt., Goldmann 1999. **DM 28,-**

Frank J. Sulloway: Der Rebell der Familie. Geschwisterrivalität, kreatives Denken und Geschichte. 591 S., 40 Abb., Ln., Siedler Vlg. 1997. **DM 59,90**

Körper und Identität /Gender Studies /Geburt

Dorothee Alfermann: Geschlechterrollen und geschlechtstypisches Verhalten. 214 S., 10 Abb., Kt., Kohlhammer Vlg. 1996. **DM 38,-**

Marion Altendorf: Bisexualität. Zweigeschlechtliches Begehren und zweigeteiltes Denken. 164 S., Kt., Centaurus Vlg. 1993. **DM 29,80**

15 Aus dem Inhalt - Der bisexuelle Ursprung des Menschen und die „natürliche" Entwicklung zur Heterosexualität - Der Umbruch von Normalität und Perversion - Bisexualität ist eindeutig das falsche Bewußtsein. Sexuelle Utopie und politischer Alltag - Was geschah mit der Bisexualität?

Eva-Maria Alves (Ed.): Stumme Liebe. Der „lesbische Komplex" in der Psychoanalyse. 222 S., Kt., Kore Ed. 1993. **DM 35,-**

"Eines der wenigen, noch dazu von Frauen geschriebenen Bücher über weibliche Sexualität - es geht um Homoerotik zwischen Frauen, vornehmlich zwischen Mutter und Toch-

ter; es geht um die Homophopie in der Psychoanalyse, es geht um Weiblichkeit und Macht." V. Roggenkamp, Die Zeit

Marie L Angerer (Ed.): The Body of Gender. Körper, Geschlechter, Identitäten. 256 S., mit Photos, Br., Passagen Vlg. 1995. **DM 49,80**

Dirk Ch. Anglowski: Psychosoziale und pädagogische Aspekte im Coming-out Jugend. Eine Studie zu Einstellungen zur Homosexualität und Ansatzpunkte zum Einsatz von Jugendliteratur im. 92 S., 10 Abb. Auf 1 Mikrofiche., Tectum Vlg. 1995. **DM 48,-**

P. Ariès /A. Bejin /M. Foucault et al.: Die Masken des Begehrens und die Metamorphosen der Sinnlichkeit. Zur Geschichte der Sexualität im Abendland. 272 S., Kt., S. Fischer 3. Ed. 1984. **DM 30,-**

P. Ariès /J. Bottèro /G. Chaussinand-Nogaret: Liebe und Sexualität. Vorw. v. Georges Duby. 296 S., 41 Abb., Br., Boer Vlg. 1995. **DM 48,-**

Lieselotte Arnold-Carey: Der mühsame Weg ins Glück. Aspekte des Weiblichen am Beispiel eines Märchens. Hrsg. v. Hildegund Fischle-Carl. 139 S., Br., Bonz Vlg. 1989. **DM 24,-**

A. Assmann/H. Friese (Ed.): Identitäten. Erinnerung, Geschichte, Identität 3. 480 S., Kt., Suhrkamp 1998. **DM 29,80**

Ute Auhagen-Stephanos: Wenn die Seele nein sagt. vom Mythos der Unfruchtbarkeit. Kt., Rowohlt o.J.. **DM 14,90**

Isabelle Azoulay: Die Gewalt des Gebärens. Streitschrift wider den Mythos der glücklichen Geburt. 237 S., Gb., List Vlg. 1998. **DM 39,80**

Paßt die „natürliche" Geburt noch in unser Bild vom selbstbestimmten, zivilisierten Menschen? Isabelle Azoulay gibt eine radikale Antwort auf diese selten gestellte Frage. Sie entlarvt die Verheißung der glücklichen Geburt als trügerisch und fordert die gesellschaftliche Anerkennung eines möglichst schmerzfreien Gebärens.

Elisabeth Badinter: Die Identität des Mannes. Seine Natur, seine Seele, seine Rolle. 300 S., Kt., Piper 1997. **DM 19,90**

Edgar Beckers: Vom Gang des Bewusstseins - und dem Schwinden der Sinne. Mythos, Sinnlichkeit, Körperlichkeit. 248 S., 8 Abb., Br., academia Vlg. 1995. **DM 45,-**

Jessica Benjamin: Der Schatten des Anderen. Intersubjektivität - Gender - Psychoanalyse. (Rhe.: Nexus, Bd. 45) 220 S., Kt., Stroemfeld 6/2000. **DM 38,-**

"Jessica Benjamins neuester Versuch, kritische Theorie und Psychoanalyse in ein fruchtbares Gespräch zu bringen, führt zu vielen erhellenden Einsichten. Sie erklärt ihren Beitrag zur Objekt-Beziehungs-Theorie, und betont, daß es ein Ideal für das Seelenleben sein muß, das Andere im Selbst zu bewahren (...)" Judith Butler

Jessica Benjamin: Die Fesseln der Liebe. Psychoanalyse, Feminismus und das Problem der Macht. Kt., S. Fischer 1993. **DM 18,90**

Jessica Benjamin: Phantasie und Geschlecht. Psychoanalytische Studien über Idealisierung, Anerkennung und Differenz. (Rhe.: Nexus, Bd. 1) 172 S., Kt., Stroemfeld 1993. **DM 38,-**

Jessica Benjamin: Phantasie und Geschlecht. Psychoanalytische Studien über Idealisierung, Anerkennung und Differenz. Kt., S. Fischer 1996. **DM 16,90**

Die hier versammelten Essays der Autorin verstehen sich als Fortsetzung ihres Versuches, „zwischen Problemen der Theorieentwicklung in der Psychoanalyse und im Feminismus Brücken zu schlagen". Sie beschäftigen sich u.a. mit der Herausbildung der Geschlechtsidentität und dem Verhältnis von Sexualität, Aggression und Pornographie.

Jessica Benjamin (Ed.): Unbestimmte Grenzen. Beiträge zur Psychoanalyse der Geschlechter. Kt., S. Fischer 1995. **DM 19,90**

Christa Benölken: Identität und Erfahrung. Zur Rekonstruktion und Weiterentwicklung eines dialektischen Paradigmas. 316 S., Pb., R.G.Fischer 1988. **DM 34,-**

Christa Benölken: Interaktion und Identität. Zur Pathologie stressbedingter Interaktionen. 182 S., Pb., R.G.Fischer 1987. **DM 24,80**

Claudia Benthien: Im Leibe wohnen. Literarische Imagologie und historische Anthroplogie der Haut. Rhe. Körper, Zeichen, Klutur, Bd. 4. 341 S., Kt., Berlin Vlg. 1998. **DM 84,-**

M. Berger /J. Wiesse (Ed.): Geschlecht und Gewalt. (Rhe.: Psa. Blätter, Bd. 04) 167 S., Kt., Vandenh. & Ruprecht 1996. **DM 36,-**

Karin Berghammer /Univ.-Frauenklinik Wien: Gebären & geboren werden. Ein Film über die Physiologie der Geburt. 1 Videocass. VHS, Schattauer 1999. **DM 59,-**

I. Birkhan /E. Mixa /M. Springer-Kremser: Körper, Geschlecht, Geschichte. Historische und aktuelle Debatte in der Medizin. 312 S., Kt., StudienVlg. 1996. **DM 40,80**

Norbert Bischof: Das Rätsel Ödipus. Die biologischen Wurzeln des Urkonfliktes von Intimität und Autonomie. Zeichn. v. Annette Bischof, Kt., Piper 1989. **DM 34,90**

In seiner Studie untersucht der Autor die beiden Grundbedürfnisse des Menschen: das Verlagen nach Wärme und das Streben nach Unabhängigkeit und Selbständigkeit. Er sucht zu belegen, daß die Inzestscheu vor allem biologischen und nicht gesellschaftlichen Ursprungs ist und wendet sich gegen anders lautende Auffassungen hierzu, insbesondere der Psychoanalyse und Kulturanthropologie.

J. Bitzer /M. Rauchfuß /H. Kentenich (Ed.): Mythos Geburt. Beiträge der Jahrestagung Psychosomatische Gynäkologie und Geburtshilfe 1995/96. 247 S., Kt., Psychosozial Vlg. 1996. **DM 38,-**

R. Bodden-Heidrich /I. Rechenberger /H. G. Bender (Ed.): Psychsomatische Gynäkologie und Geburtshilfe. Beiträge der Jahrestagung 1999. 250 S., Kt., Psychosozial Vlg. 2000. **DM 89,-**

Werner Bohleber (Ed.): Im Garten der Lüste. Psyche - Themenheftet 9/10 (1994) 188 S., Kt., Klett-Cotta 1994. **DM 30,-**

Werner Bohleber (Ed.): Variationen des Geschlechts. Psyche - Themenheft 9/10 (Doppelheft) 1995. 207 S., Br., Klett-Cotta 1995. **DM 36,-**

Eberhard Bolay: Verkehrte Subjektivität. Kritik der individuellen Ich-Identität. 238 S., Kt., Campus 1988. **DM 48,-**

B. Boothe /A. Heigl- Evers: Psychoanalyse der frühen weiblichen Entwicklung. 379 S., 41 Abb., Gb., E. Reinhardt Vlg. 1996. **DM 68,-**

Ada Borkenhagen: Dissoziationen des Körpers. Eine Untersuchung der Körper-Selbst-Repräsentanz bei magersüchtigen Patientinnen, die sich einer künstlichen Befruchtung unterziehen. Kt., Psychosozial Vlg. **DM 79,-**

Ada Borkenhagen: Texte aus dem Colloquium Psychoanalyse. Bd. 3: Psychoanalyse und Geschlecht. Beitr. v. Chr. Rohde-Dachser, B. Nitzschke, E. Seifert u.a. 150 S., Br., Ed. Colloquium Psychoan. 1998. **DM 15,-**

Ernest Borneman: Die Zukunft der Liebe. (Rhe.: Geist u. Psyche, Bd. 13232) 128 S., Kt., S. Fischer 1997. **DM 18,90**

Elmar Brähler (Ed.): Körpererleben. Ein subjektiver Ausdruck von Körper und Seele. 268 S., Br., Psychosozial Vlg. 2. Ed. 1995. **DM 38,-**

E. Brähler /H. Felder (Ed.): Weiblichkeit, Männlichkeit und Gesundheit. Medizinpsychologische und psychosomatische Untersuchungen. 235 S., Br., Westdt. Vlg. 2. Ed. 1999. **DM 46,-**

Elmar Brähler /Ulrike Unger (Ed.): Schwangerschaft, Geburt und der Übergang zur Elternschaft. Empirische Studien. 267 S., Kt., Westdt. Vlg. 1996. **DM 48,-**

F. Braun /U. Pasero (Ed.): Konstruktion von Geschlecht. 223 S., Abb., Kt., Centaurus Vlg. 1995. **DM 39,80**

Chr. Brecht /W. Fink: Unvollständig, krank und halb? Zur Archäologie moderner Identität. 221 S., Br., Aisthesis Vlg. 1996. **DM 58,-**

Franz Breuer (Ed.): Abseits!? Marginale Personen - prekäre Identitäten. 208 S., Br., Lit Vlg. 1998. **DM 34,80**

Elisabeth Bronfen (Ed.): Die schöne Seele oder Die Entdekkung der Weiblichkeit. Ein Lesebuch. 416 S., Kt., Goldmann 1996. **DM 18,-**

P. Bucheim /K. Heer /U. Rauchfleisch et al.: Spielarten der Sexualität. 5 Toncass. iSch., C. Auer Vlg. 1996. **DM 89,-**

Claus Buddeberg et al.: Sexualität zwischen Phantasie und Realität. 46. Lindauer Psychotherapiewochen 1996. 7 Cass., C. Auer Vlg. 1996. **DM 128,-**

Judith Butler: Das Unbehagen der Geschlechter. Gender Studies. 220 S., Kt., Suhrkamp 1991. **DM 16,80**

Judith Butler: Körper von Gewicht. Die diskursiven Grenzen des Geschlechts. 367 S., Kt., Suhrkamp 1997. **DM 27,80**

Caroline Walker Bynum: Fragmentierung und Erlösung. Geschlecht und Körper im Glauben des Mittelalters. 302 S., Kt., Suhrkamp 1996. **DM 24,80**

Mireille Calle (Ed.): Über das Weibliche. 181 S., Kt., Parerga Vlg. 1996. **DM 29,80**

Janine Chasseguet-Smirgel (Ed.): Psychoanalyse der weiblichen Sexualität. 292 S., Kt., Suhrkamp 1976. **DM 19,80**

Nancy Chodorow: Das Erbe der Mütter. Psychoanalyse und Soziologie der Geschlechter. 317 S., Kt., Vlg. Frauenoffensive 4. Ed. 1994. **DM 34,-**

U. Clement /W. Senf (Ed.): Transsexualität. Behandlung und Begutachtung. VIII, 118 S., Kt., Schattauer 1996. **DM 59,-**

Juana Danis: Sexualität und Angst. 146 S., Kt., Ed. Psychosymbolik 1995. **DM 35,-**

Juana Danis: Symbiose. 70 S., Pb., Ed. Psychosymbolik 1995. **DM 22,-**

Martin Dannecker: Vorwiegend homosexuell. Aufsätze, Kommentare, Reden. 182 S., Kt., Männerschwarmskript 1997. **DM 30,-**

O. Decker /A. Borkenhagen (Ed.): Psychoanalyse und Körper. Texte aus dem Colloquium Psa. 6. 120 S., Kt., Argument Vlg. 2000. **DM 19,80**

Teresa DeLauretis: Die andere Szene. Psychoanalyse und lesbische Sexualität. 320 S., Kt., Suhrkamp 1999. **DM 24,80**

Teresa de Lauretis nimmt eine Neudeutung der lesbischen Sexualität vor. Auf der Grundlage von literarischen und filmischen Texten skizziert sie ein Modell des nicht-normativ heterosexuellen Begehrens, das auf Freuds Sexualtheorien aufbaut. Im Mittelpunkt dieses streitbaren und anregenden Buches steht die Untersuchung der Fallgeschichten und der Theoriebeiträge zum Thema.

Karin Désirat: Die transsexuelle Frau. Zur Entwicklung und Beeinträchtigung weiblicher Geschlechtsidentität. (Rhe.: Beitr. z. Sexualforschung, Bd. 60) 140 S., Kt., Enke 1985. **DM 44,-**

Cyrus Dethloff: Jungenpaare - Mädchenpaare. Der humanwissenschaftliche Diskurs um die „Homosexualität" und sein Einfluß auf die Darstellung in erzählenden Kinder- und Jugendbüchern. 378 S., Abb., Br., Igel Vlg. 1995. **DM 58,-**

I. Dölling /B. Krais (Ed.): Ein alltägliches Spiel. Geschlechterkonstruktion in der sozialen Praxis. (Gender Studies) Nr.1732. 332 S., Kt., Suhrkamp 1997. **DM 24,80**

Françoise Dolto: Weibliche Sexualität. (Original: Sexualité féminine. La Libido génitale et son destin féminine. Gallimard, 1996) 400 S., Ln., Klett-Cotta 2000. **DM 68,-**

Die an Praxis- und Lebenserfahrung reiche Psychoanalytikerin beschreibt, wie sich die weibliche Libido manifestiert: von der Geburt bis ins Alter, in allen Spielarten der Erotik und Leidenschaft, in der Beziehung zum anderen. Sie schreibt von den Ausprägungen des weiblichen Orgasmus, der Frigidität, dem Vaginismus, der Schwangerschaft. Immer kreist das Buch um die unbewußten Schicksale der weiblichen Libido; Doltos Sichtweise unterläuft dabei nicht selten gewohnte Denkschablonen und Rollenklischees.

Reinmar DuBois: Körper-Erleben und psychische Entwicklung. Phänomenologie, Psychopathologie und Psychodynamik des Körpererlebens, mit Beobachtungen an gesunden und schizophrenen Jugendlichen. X, 150 S., Darst., Kt., Hogrefe 1990. **DM 44,80**

G. Duby /M. Perrot (Ed.): Geschichte der Frauen im Bild. 189 S., zahlr. Abb., Ln., Campus 1995. **DM 98,-**

Hans P. Duerr: Der Mythos vom Zivilisationsprozeß. Bd. 1: Nacktheit und Scham. 516 S. m. 222 Abb., Ln., Suhrkamp 4. Ed. 1992. **DM 68,-**

Hans P. Duerr: Der Mythos vom Zivilisationsprozeß. Bd. 4: Der erotische Leib. 670 S., Kt., Suhrkamp 1999. **DM 29,80**

Hans P. Duerr: Der Mythos vom Zivilisationsprozeß. Bd. 4: Der erotische Leib. 669 S., 211 Abb., Ln., Suhrkamp 1997. **DM 78,-**

Hans P. Duerr: Der Mythos vom Zivilisationsprozeß. Bd.1: Nacktheit und Scham. Mit 222 Abb., Kt., Suhrkamp 2. Ed. 1997. **DM 26,80**

S. Düring /M. Hauch (Ed.): Heterosexuelle Verhältnisse. (Rhe.: Beitr. z. Sexualforschung, Bd. 71) X, 178 S., Kt., Enke 1995. **DM 29,80**

Günter Dux: Die Spur der Macht im Verhältnis der Geschlechter. Über den Ursprung der Ungleichheit zwischen Mann und Frau. 482 S., Gb., Suhrkamp 1992. **DM 68,-**

Ingelore Ebberfeld: Botenstoffe der Liebe. Über das innige Verhältnis von Geruch und Sexualität. 252 S., 45 Abb., Kt., Campus 1998. **DM 39,80**

Thomas Eckes: Geschlechterstereotype. Frau und Mann in sozialpsychologischer Sicht. VIII, 239 S., Kt., Centaurus Vlg. 1997. **DM 48,-**

Raimund Erger: Der kleine Unterschied. Frauen und Männer in Supervision. Kt., Vlg. U.Busch 1991. **DM 26,80**

Erik H. Erikson: Der vollständige Lebenszyklus. 143 S., Kt., Suhrkamp 4. Ed. 1998. **DM 18,80**

Kristine L. Falco: Lesbische Frauen. Lebenswelt - Beziehungen - Psychotherapie. 266 S., Kt., M. Grünewald Vlg. 1993. **DM 48,-**

Irene Fast: Von der Einheit zur Differenz. Psychoanalyse der Geschlechtsidentität. (Rhe.: Geist u. Psyche, Bd. 12682) Kt., S. Fischer 1996. **DM 18,90**

Hannelore Faulstich-Wieland (Ed.): Weibliche Identität. Dokumentation der Fachtagung der AG Frauenforschung in der Deutschen Gesellschaft für Erziehungswissenschaft. 160 S., Pb., Kleine Vlg. 1989. **DM 23,50**

Dominique Fernandez: Der Raub des Ganymed. Eine Kulturgeschichte der Homosexualität. 358 S., 16 Abb., Ln., Beck & Glückler 2. Ed. 1992. **DM 48,-**

Elke Fietzek: Sexualität als Entwicklungschance. Eine qualitative Längsschnittstudie über die sexuelle Entwicklung von Mädchen zu jungen Frauen. 240 S., Br., Roderer Vlg. 1996. **DM 46,-**

Reuben Fine: Der vergessene Mann. Männliche Psyche und Sexualität aus psychoanalytischer Sicht. XII, 376 S., Kt., PVU 1990. **DM 58,-**

Esther Fischer-Homberger: Hunger - Herz - Schmerz - Geschlecht. Brüche und Fugen im Bild von Leib und Seele. 224 S., Br., efef 1997. **DM 36,-**

"Je ängstlicher wir den Schmerz bekämpfen, so wäre zu folgern, je weniger wir mit Schmerzen leben können, desto traumatischer und bedrohlicher wirken die, die uns dann doch noch erreichen, und desto wehleidiger werden wir - als ob wir nur noch an der Schmerzgrenze wahrnehmungsfähig wären."

K. Flaake /V. King (Ed.): Weibliche Adoleszenz. Zur Sozialisation junger Frauen. 281 S., Kt., Campus 4. Ed. 1998. **DM 38,-**

Egon Flaig: Ödipus. Tragischer Vatermord im klassischen Athen. 151 S., Kt., C.H.Beck 1998. **DM 29,80**

Carl F. Forberg: Hermaphroditus. Mit e. Kommentar v. Wolfgang Körner. 500 S., Gb.iSch., Vlg. Müller & Kiepenheuer 1986. **DM 78,-**

Edgar J. Forster: Unmännliche Männlichkeit. Melancholie „Geschlecht" Verausgabung. 496 S., 28 Abb., Br., Böhlau Vlg. 1998. **DM 98,-**

Geneviève Fraisse: Geschlechterdifferenz. 141 S., Br., Ed. diskord 1996. **DM 24,-**

Waltraud Freese: Weibliche Sexualität im Lebenskontext. Biographische und sexuelle Lebenswelten von Frauen der Jahrgänge 1911-1932. 460 S., Br., Centaurus Vlg. 1997. **DM 88,-**

Erich Fromm: Liebe, Sexualität und Matriarchat. Beiträge zur Geschlechterfrage. 256 S., Kt., dtv 1994. **DM 19,90**

Marjorie Garber: Die Vielfalt des Begehrens. Bisexualität und die Vielfalt des Begehrens. 768 S., Gb., S. Fischer 1999. **DM 78,-**

Marjorie Garber: Die Vielfalt des Begehrens. Bisexualität von Sappho bis Madonna. Kt., S. Fischer 2000. **DM 24,90**

Peter Geissler: Psychoanalyse und Körper. 144 S., Br., Psychosozial Vlg. 1998. **DM 32,-**

Ulfried Geuter: Homosexualität in der deutschen Jugendbewegung. Jungenfreundschaft und Sexualität im Diskurs von Jugendbewegung, Psychoanalyse und Jugendpsychologie am Beginn des 20. Jahrhunderts. 373 S., Kt., Suhrkamp 1994. **DM 24,80**

Barbara Gissrau: Die Sehnsucht der Frau nach der Frau. Psychoanalyse und weibliche Homosexualität. Kt., dtv 1997. **DM 18,90**

Gabriele Glässing: ... weil ich ein Mädchen bin. Biographien, weibliche Identität und Ausbildung. 316 S., Abb., Pb., Oberstufen-Kolleg NRW 1994. **DM 19,80**

Ulrich Gooß: Sexualwissenschaftliche Konzepte der Bisexualität von Männern. (Rhe.: Beitr. z. Sexualforschung, Bd. 72) 162 S., Kt., Enke 1995. **DM 39,80**

Gudrun Görlitz: Körper und Gefühl in der Psychotherapie. Aufbauübungen. (Rhe.: Leben lernen, Bd. 121) 315 S., Br., Klett-Cotta 1998. **DM 52,-**

Gudrun Görlitz: Körper und Gefühl in der Psychotherapie. Basisübungen. (Rhe.: Leben lernen, Bd. 120) 277 S., Br., Klett-Cotta 1998. **DM 48,-**

Wilfried Gottschalch: Männlichkeit und Gewalt. Eine psychoanalytisch und historisch soziologische Reise in die Abgründe der Männlichkeit. 260 S., Kt., Juventa Vlg. 1997. **DM 36,80**

Esther R. Greenglass: Geschlechterrolle als Schicksal. Soziale und psychologische Aspekte weiblichen und männlichen Rollenverhaltens. Vorw. v. Hans Aebli. 280 S., Gb., Klett-Cotta 1986. **DM 49,80**

Jessica Groß: Kinderwunsch und Sterilität. Zur Motivation des Kinderwunsches bei Sterilitätspatientinnen. 387 S., Br., Psychosozial Vlg. 1999. **DM 68,-**

Arno Gruen: Identität und Unmenschlichkeit. (Rhe.: Audio-Torium) 80 min., 1 Toncass., auditorium-Vlg. o.J.. **DM 24,-**

Allan Guggenbühl: Männliche Sexualität. Flucht vor dem Beziehungsterror? Vortrag und Seminar. (Rhe.: AudioTorium) 1 Toncass., 45 min., auditorium-Vlg. 1996. **DM 19,80**

Andrea Gysling: Der grenzenlose Mann. Über wahre und fragwürdige Männlichkeit. 258 S., Kt., Kreuz Vlg. 7. Ed. 1994. **DM 29,80**

Tilmann Habermas: Geliebte Objekte. Symbole und Instrumente der Identitätsbildung. 520 S., Kt., Suhrkamp 1999. **DM 34,80**

Tilmann Habermas: Geliebte Objekte. Symbole und Instrumente der Identitätsbildung. XII, 506 S., Ln., de Gruyter 1996. **DM 298,-**

C. Hagemann-White /B. Kavemann /D. Ohl: Parteilichkeit und Solidarität. Praxiserfahrungen und Streitfragen zur Gewalt im Geschlechterverhältnis. 260 S., Kt., Kleine Vlg. 1997. **DM 38,-**

Frieka Happel: Der Einfluß des Vaters auf die Tochter. Zur Psychoanalyse weiblicher Identitätsbildung. Vorw. v. Peter Kutter. 320 S., Kt., Klotz Vlg. 1996. **DM 39,80**

Hans-Christian Harten: Sexualität, Mißbrauch, Gewalt. Das Geschlechterverhältnis und die Sexualisierung von Aggressionen. 287 S., Kt., Westdt. Vlg. 1995. **DM 54,-**

S. Hawig-Knapstein /G. Schönefuss et al.: Psychosomatische Gynäkologie und Geburtshilfe. Beiträge der Jahrestagung 1998. 290 S., Br., Psychosozial Vlg. 1999. **DM 68,-**

Sharon Hays: Die Identität der Mütter. Zwischen Selbstlosigkeit und Eigennutz. 320 S., Ln., Klett-Cotta 1998. **DM 58,-**

A. Heigl-Evers /B. Boothel: Der Körper als Bedeutungslandschaft. Die unbewusste Organisation der weiblichen Geschlechtsidentität. Nachw. v. Bernd Nitzschke. 214 S., Abb., Kt., H. Huber Vlg. 2. rev.Ed.1997. **DM 49,80**

Die Analyse des Mädchens in der Psychoanalyse scheint

besiegelt als das eines Selbst-in-Beziehungen. Dieses Bild ähnelt der traditionellen Einbindung des Weiblichen ins Reich der Familie. Eine ganz andere Perspektive entwirft dieses Buch: Entwicklung entfaltet sich von Beginn an in triadischen Konstellationen mit den Eltern, bleibt aber zentral in der Welt der Liebes- und Größenwünsche verankert.

A. Heiliger /C. Engelfried: Sexuelle Gewalt. Männliche Sozialisation und potentielle Täterschaft. 240 S., Kt., Campus 1995. **DM 34,-**

Christa M. Heilmann (Ed.): Frauensprechen - Männersprechen. Geschlechtsspezifisches Sprechverhalten. 137 S., Kt., E. Reinhardt Vlg. 1995. **DM 32,-**

Hans-Jürgen Heinrichs: Der Körper und seine Sprachen. Ein Reader. 162 S., 22 Abb., Kt., Anton Hain Vlg. 1989. **DM 16,80**

Elke Heitmüller: Zur Genese sexueller Lust. Perverse Mutationen: Von Sade zum Sad(e)ismus. 272 S., 40 Abb., Br., konkursbuch 1994. **DM 19,80**

Martina Herrmann: Identität und Moral. Zur Zuständigkeit von Personen für ihre Vergangenheit. VI,193 S., Pb., Akademie-Vlg. 1995. **DM 120,-**

M. Herzer /A. Schmitt: Verzeichnis Homosexualität, 1466 - 1975. Bibliographie. Gb., Vlg. rosa Winkel NE unb.. **DM 46,-**

R. Hettlage /L. Vogt (Ed.): Identitäten in der modernen Welt. 400 S., Kt., Westdt. Vlg. 1999. **ca. DM 64,-**

B. Hey /R. Pallier /R. Roth (Ed.): Que(e)rdenken. Weibliche/ männliche Homosexualität und Wissenschaft. 293 S., Kt., StudienVlg. 1997. **DM 44,90**

Matthias Hirsch (Ed.): Der eigene Körper als Objekt. Zur Psychodynamik selbstdestruktiven Körperagierens. (Rhe.: Bibliothek der Psa.) X, 310 S., Kt., Psychosozial Vlg. Nachdr. 1998. **DM 48,-**

Magnus Hirschfeld: Die Homosexualität des Mannes und des Weibes. Nachdruck d. Erstaufl. v. 1914 mit einer komment. Einl. v. E. Haeberle. XXXII, XVII, 1067 S., Ln., de Gruyter 1984. **DM 298,-**

Rainer Hoffmann: Die Lebenswelt der Pädophilen. Rahmen, Rituale und Dramaturgie ihrer Interaktionen. 236 S., Kt., Westdt. Vlg. NA unb.. **DM 44,-**

Die Untersuchung analysiert außerfamiliale, nicht manifest gewaltsame Sexualkontakte und fragt, „was eigentlich vor sich geht", wenn Mann und Junge einander begegnen. Sie hebt von der Figur des Mißbrauchs ab und versucht eine symbolische Sinnwelt nachzuzeichnen, die in ihren internen Strukturen und Relevanzen weitgehend unbekannt ist.

Dietrich Hoffmann (Ed.): Auf der Suche nach Identität. Pädagogische und politische Erörterungen eines gegenwärtigen Problems. 342 S., Br., Dt. Studien-Vlg. 1997. **DM 58,-**

Dagmar Hoffmann-Axthelm (Ed.): Der Körper in der Psychotherapie. (Körper und Seele, Bd. 2) 211 S., Br., Schwabe Vlg. 1996. **DM 48,-**

Beate Hofstadler /Ulrike Körbitz: Stielaugen oder scheue Blicke. Psychoanalytische Erhebungen zum Verhältnis von Frauen zu Pornographie. 200 S., Pb., Vlg. Brandes & Apsel 1996. **DM 32,-**

Walter Hollstein: Männerdämmerung. Von Tätern, Opfern, Schurken und Helden. 140 S., Pb., Vandenh. & Ruprecht 1999. **DM 29,-**

Birgit Hoppe: Körper und Geschlecht. Körperbilder in der Psychotherapie. VIII, 244 S., Br., Reimer Vlg. 1991. **DM 42,-**

Karen Horney: Die Psychologie der Frau. (Rhe.: Geist u. Psyche, Bd. 42246) Kt., S. Fischer o.J.. **DM 16,90**

Margarethe Hubart (Ed.): Geschlechter-Räume. Konstruktion von „gender" in Geschichte, Literatur und Alltag. Böhlau Vlg. **DM**

M. Hurni /G. Stoll: Der Haß auf die Liebe. Die Logik der perversen Paarbeziehung. (Rhe.: Bibliothek d. Psa.) 350 S., Kt., Psychosozial Vlg. 1999. **DM 48,-**

Siegmund Hurwitz: Lilith. Die erste Eva. Eine historische und psychologische Studie über dunkle Aspekte des Weiblichen. Vorw. von M.-L. v. Franz. 302 S., 4 Abb., Kt., Daimon Vlg. 3. Ed. 1993. **DM 33,-**

Luce Irigaray: Das Geschlecht, das nicht eins ist. 224 S., Kt., Merve 1979. **DM 20,-**

Luce Irigaray: Der Atem von Frauen. Weibliche Credos. 248 S., Kt., Vlg. Göttert 1997. **DM 38,90**

Luce Irigaray: Die Zeit der Differenz. Für eine friedliche Revolution. Kt., Campus o.J.. **DM 16,80**

Luce Irigaray: Ethik der sexuellen Differenz. 254 S., Kt., Suhrkamp 1995. **DM 17,80**

Luce Irigaray: Fünf Texte zur Geschlechterdifferenz. 164 S., Pb., Milena Vlg. 1986. **DM 34,-**

Luce Irigaray: Genealogie der Geschlechter. 322 S., Gb., Kore Ed. 1989. **DM 38,-**

Luce Irigaray: Speculum. Spiegel des anderen Geschlechts. 472 S., Kt., Suhrkamp 1996. **DM 29,80**

Susanna Jäger: Doppelaxt oder Regenbogen? Zur Genialogie lesbisch-feministischer Identität. Reihe Perspektiven Band 11. 160, Br., Ed. diskord 1998. **DM 28,-**

Constanze Kaiser: Körpersprache der Schüler. 160 S., Kt., Luchterhand Vlg. 1998. **DM 29,80**

Sudhir Kakar: Kamasutra oder die Kunst des Begehrens. Roman. 330 S., Gb., C.H.Beck 1999. **DM 44,-**

Verena Kast: Die beste Freundin. Was Frauen aneinander haben. Kt., dtv 1995. **DM 14,90**

Verena Kast: Die beste Freundin. Was Frauen aneinander haben. 220 S., Gb., Kreuz Vlg. 4. Ed. 1994. **DM 36,-**

Verena Kast: Die Nixe im Teich. Gefahr und Chance erotischer Leidenschaft. 125 S., Gb., Kreuz Vlg. 1995. **DM 24,80**

Verena Kast: Mann und Frau im Märchen. Eine psychologische Deutung. 128 S., Kt., dtv 1992. **DM 12,90**

Verena Kast: Mann und Frau im Märchen. Eine psychologische Deutung. 123 S., Kt., Walter Vlg. 8. Ed. 1992. **DM 24,80**

Hartmut Kasten: Weiblich, männlich. Geschlechterrollen und ihre Entwicklung. XI, 286 S., 25 Abb., Kt., Springer 1996. **DM 36,-**

Otto F. Kernberg: Liebesbeziehungen. Normalität und Pathologie. 299 S., Ln., Klett-Cotta 1998. **DM 68,-**

H. Keupp/R. Höfer (Ed.): Identitätsarbeit heute. Klassische und aktuelle Perspektiven der Identitätsforschung. 312 S., Kt., Suhrkamp 1997. **DM 22,80**

N. Kluge/G. Jansen: Körperentwicklung in der Pubertät. Einführung in den Gegenstandsbereich und Bilddokumentation. Studien zur Sozialpädagogik Bd. 8. 156 S., 140 Abb., Br., P. Lang 1996. **DM 39,-**

Volker Koch-Burghardt: Intimität und Identität. Eine biographische Rekonstruktion männlich-homosexueller Handlungsstile. 264 S., Br., Vlg. rosa Winkel 1997. **DM 39,80**

W. Köpp/G. E. Jacobi (Ed.): Beschädigte Weiblichkeit: Eßstörungen, Sexualität und sexueller Mißbrauch. 144 S., Kt., Asanger Vlg. 1996. **DM 34,-**

T. Kornbichler /W. Maaz (Ed.): Variationen der Liebe. Historische Psychologie der Geschlechterbeziehung, Forschungsansätze, Standpunkte, Perspektiven. (Rhe.: Forum Psychohistorie, Bd. 6) 430 S., Gb., Ed. diskord 1994. **DM 56,-**

Julia Kristeva: Fremde sind wir uns selbst. 213 S., Kt., Suhrkamp 1995. **DM 16,80**

Joachim Küchenhoff: Körper und Sprache. Theoretische und klinische Beiträge zur Psychopathologie und Psychosomatik von Körpersymptomen. 203 S., Kt., Asanger Vlg. 1992. **DM 48,-**

H. Lahme-Gronostaj /M. Leuzinger-Bohleber (Ed.): Identität und Differenz: Zur Psychoanalyse des Geschlechterverhältnisses in der Spätmoderne. 350 S., Kt., Westdt. Vlg. 2000. **DM 59,80**

Marie Langer: Mutterschaft und Sexus. Körper und Psyche der Frau. 380 S., Kt., Kore Ed. 1988. **DM 19,80**

Daniel K. Lapsley (Ed.): Self, Ego, and Identity. Integrative Approaches. 7 figs., 13 tab. XIV,294 pages., Hard, Springer 1988. **DM 98,-**

Thomas Laqueur: Auf den Leib geschrieben. Die Inszenierung der Geschlechter von der Antike bis Freud. 348 S., 63 Abb., Gb., Campus 1992. **DM 48,-**

E. List /E. Fiala (Ed.): Leib Maschine Bild. Körperdiskurse der Moderne und Postmoderne. 157 S., Kt., Passagen Vlg. 1997. **DM 42,-**

Sabine Maasen: Genealogie der Unmoral. Zur Therapeutisierung sexueller Selbste. 517 S., Kt., Suhrkamp 1998. **DM 29,80**

Sabine Maasen: Vom Beichtstuhl zur psychotherapeutischen Praxis. Zur Therapeutisierung der Sexualität. 155 S., Pb., Kleine Vlg. 1988. **DM 21,-**

Cloé Madanes: Sex, Liebe und Gewalt. Therapeutische Strategien zur Veränderung. 290 S., Kt., C. Auer Vlg. 1997. **DM 54,-**

Karin Mahr: Bewegungsstudien. Eine analytische Betrachtung der körperlichen Bewegung. Vorw. v. Pierre Passett. 140 S., Kt., Ed. diskord 1998. **DM 28,-**

Max Marcuse: Sexual-Probleme 4 (1908) - 10 (1914) Frankfurt am Main. 4 (1908): Der Zeitschrift „Mutterschutz" neue Folge. Ab 5 (1909): Zeitschrift für Sexualwissenschaft und Sexualpolitik. Die „Sexual-Probleme" bilden die neue Folge der Zeitschrift „Mutterschutz" und von Januar 1909 an auch die Fortsetzung der „Zeitschrift 6400 S. auf 68 Mikrofiches, iKass., Vlg. H.Fischer 1992. **DM 560,-**

Odo Marquard (Ed.): Identität. Br., W. Fink Vlg. 2. unveränd. Ed. 1996. **DM 98,-**

Joyce McDougall: Die Couch ist kein Prokrustesbett. Zur Psychoanalyse der menschlichen Sexualität. (Rhe.: VIP - Verl. Internat. Psa.) 354 S., Ln., Klett-Cotta 1997. **DM 48,-**

Wolfgang Mertens: Entwicklung der Psychosexualität und der Geschlechtsidentität. Bd. 1: Geburt bis 4. Lebensjahr. 184 S., Kt., Kohlhammer Vlg. 3. rev. Ed. 1997. **DM 42,-**

Das aus zwei Bänden bestehende Werk gilt inzwischen als Standardliteratur zum Thema.

Wolfgang Mertens: Entwicklung der Psychosexualität und der Geschlechtsidentität. Bd. 2: Kindheit und Adoleszenz. 239 S., Kt., Kohlhammer Vlg. 2. rev. Ed. 1996. **DM 39,80**

Dieser Band beleuchtet das Thema vom Beginn des ödipalen Konflikts, also etwa ab dem 5. Lebensjahr, bis zum Erwachsenenalter. Der Autor legt besonderes Gewicht auf die geschlechtsspezifischen Unterschiede zwischen Jungen und Mädchen, da gerade auf diesem Gebeit neue Befunde der letzten Jahre eine modifizierte Sichtweise der klassischen psychoanalytischen Theorie zu erfordern scheinen.

M. Michel /T. Spengler (Ed.): Kursbuch. Bd. 119: Verteidigung des Körpers. 186 S., Kt., Rowohlt 1995. **DM 15,-**

Margarete Mitscherlich: Die friedfertige Frau. Eine psychoanalytische Untersuchung zur Aggression der Geschlechter. Kt., S. Fischer 8. Ed. 1999. **DM 16,90**

Samy Molcho: Körpersprache der Kinder. 192 S., 200 s/w Fotos, Kt., Mosaik Vlg. 1996. **DM 29,90**

Ashley Montagu: Körperkontakt. Die Bedeutung der Haut für die Entwicklung des Menschen. 265 S., Kt., Klett-Cotta 9. Ed. 1997. **DM 42,-**

Peter Moraw /Matthias Werner (Ed.): Identität und Geschichte. 224 S., Br., Vlg. Böhlau Nachf. 1997. **DM 48,-**

Gitta Mühlen Achs: Geschlecht bewußt gemacht. Körpersprachliche Inszenierungen - ein Bilder- und Arbeitsbuch. 142 S., 200 Abb., Br., Vlg. Frauenoffensive 1998. **DM 34,-**

Christa Nebenführ (Ed.): Die Möse. Frauen über ihr Geschlecht. 188 S., Abb., Kt., Promedia 1998. **DM 29,80**

Klaus Neubeck: Atem-Ich. Körperliche Erfahrungen, gesellschaftliches Leid und die Heilkraft des inneren Dialogs. 320 S., Br., Stroemfeld 1992. **DM 68,-**

Bernd Nitzschke: Der eigene und der fremde Körper. Bruchstücke einer psychoanalytischen Gefühls- und Beziehungstheorie. 380 S., Gb., konkursbuch 1985. **DM 38,-**

Christiane Olivier: F wie Frau. Psychoanalyse und Sexualität. Kt., Econ o.J.. **DM 14,80**

Peter Petersen: Schwangerschaftsabbruch, unser Bewußtsein vom Tod im Leben. Tiefenpsychologische und anthropologische Aspekte der Verarbeitung. 386 S., 5 Abb., Kt., Urachhaus-Vlg. 1986. **DM 48,-**

Horst Petri: Guter Vater, Böser Vater. Psychologie der männlichen Identität. 251 S., Gb., Scherz Vlg. 1997. **DM 36,90**

F. Pfäfflin /A. Junge: Geschlechtsumwandlung. Abhandlungen zur Transsexualität. IX, 457 S., Gb., Schattauer 1992. **DM 128,-**

Friedemann Pfäfflin et al. (Ed.): Klinische Aspekte der Sexualität, 4 Cassetten. In Kassette. (Rhe.: Autobahn-Universität) Toncass. iBox, C. Auer Vlg. 1996. **DM 69,-**

Dinora Pines: Der weibliche Körper. Eine psychoanalytische Perspektive. 224 S., Ln., Klett-Cotta 1997. **DM 48,-**

Udo Porsch: Der Körper als Selbst und Objekt. Studie zur inneren Repräsentanz des erkrankten Körpers. 277 S., zahlr. Abb., Tab., Kt., Vandenh. & Ruprecht 1997. **DM 64,-**

Psychoanalyt. Seminar, Zürich (Ed.): Sexualität. Beitr. v. P. Parin, M. Erdheim, G. Amendt, R. Reiche, R. Jacoby, P. Passett, V. Sigusch. 208 S., Kt., eva 1986. **DM 24,-**

Helmut Puff (Ed.): Lust, Angst und Provokation. Homosexualität in der Gesellschaft. Vorw. v. M. Dannecker. 216 S., 5 Abb., Pb., Vandenh. & Ruprecht 1993. **DM 36,-**

Otto Rank: Das Trauma der Geburt und seine Bedeutung für die Psychoanalyse. 229 S., Abb., Gb., Psychosozial Vlg. 1998. **DM 48,-**

Reimut Reiche: Geschlechterspannung. Eine psychoanalytische Untersuchung. 208 S., Gb., Psychosozial Vlg. 2000. **DM 49,90**

Neuausgabe des ursprünglich im Fischer-Tb Verlag erschienenen Titels.

Der von Reiche entwickelte Begriff der Geschlechterspannung steht im Kontrast zu Rollenkonzepten, die alles an Frau und Mann in „soziosexuellen Rollen" aufgehen lassen. Reiche zufolge erscheint das Geschlecht vielmehr in zwei Gestalten, deren soziale Erscheinungsform die Geschlechterspannung ist., Diese hebt gleichermaßen ab auf eine Spannung zwischen den Geschlechtern und auf eine Spannung im einzelnen Individuum. Beide Formen werden unter psychoanalytischen Gesichtspunkten dargestellt und an Beispielen erläutert.

Tekla Reimers: Die Natur des Geschlechterverhältnisses. Biologische Grundlagen und soziale Folgen sexueller Unterschiede. 444 S., Kt., Campus 1994. **DM 88,-**

Barbara Rendtorff: Geschlecht und symbolische Kastration. Über Körper, Matrix, Tod und Wissen. 200 S., Pb., Helmer Vlg. 1996. **DM 39,80**

Christa Rhode-Dachser: Männliche und weibliche Homosexualität. Vorlesung im Wintersemester 1998/99 an der Universität Frankfurt. (Rhe.: AudioTorium) 50 min., 1Toncass., auditorium-Vlg. o.J.. **DM 22,-**

Christa Rohde-Dachser: Expedition in den dunklen Kontinent. Weiblichkeit im Diskurs der Psychoanalyse. (Rhe.: Psa. d. Geschlechterdifferenz) XVI, 340 S., Kt., Springer 1991. **DM 42,-**

B. Rommelspacher (Ed.): Weibliche Beziehungsmuster. Psychlogie und Therapie von Frauen. 247 S., Abb., Kt., Campus 1987. **DM 34,-**

Jacqueline Rose: Sexualität im Feld der Anschauung. 270 S., Br., Turia & Kant 1996. **DM 42,-**

Doris Ruhe (Ed.): Geschlechterdifferenz im interdisziplinären Gespräch. 220 S., Br., Königshausen & Neumann 1998. **DM 48,-**

Urs Schällibaum: Geschlechterdifferenz und Ambivalenz. Ein Vergleich zwischen Luce Irigaray und Jacques Derrida. 256 S., Br., Passagen Vlg. 1991. **DM 55,-**

Ulrike Schmauch: Kindheit und Geschlecht. Anatomie und Schicksal. Zur Psychoanalyse der frühen Geschlechtersozialisation. (Rhe.: Nexus, Bd. 12) XIV, 319 S., Kt., Stroemfeld 2. Ed. 1993. **DM 48,-**

C. Schmauser/T. Noll (Ed.): Körperbewegungen und ihre Bedeutungen. Rhe. Körper, Zeichen, Kultur, Bd. 2. 179 S., Berlin Vlg. 1998. **DM 49,-**

Wolfgang Schmidbauer: Der hysterische Mann. Eine PsychoAnalyse. 254 S., Gb., Nymphenburger Vlg. 1999. **DM 36,-**

Bettina Schmitz: Psychische Bisexualität und Geschlechterdifferenz. Weiblichkeit in der Psychoanalyse. 153 S., Kt., Passagen Vlg. 1996. **DM 38,-**

Gerhard Schneider: Affirmation und Anderssein. Eine dialektische Konzeption personaler Identität. 247 S., Kt., Westdt. Vlg. 1995. **DM 48,-**

Hanne Seemann: Freundschaft mit dem eigenen Körper schließen. (Rhe.: Leben lernen, Bd. 115) 208 S., Br., Klett-Cotta 2. Ed. 1999. **DM 39,-**

Sexualberatungsstelle Salzburg (Ed.): Trieb, Hemmung, Begehren. Psychoanalyse und Sexualität. 150 S., Kt., Vandenh. & Ruprecht 1998. **DM 34,-**

Elaine V. Siegel: Weibliche Homosexualität. Psychoanalytische und therapeutische Praxis. 253 S., Gb., E. Reinhardt Vlg. 1992. **DM 48,-**

Marlene Stein-Hilbers: Sexuell werden. Sexuelle Sozialisation und Geschelchterverhältnisse. 200 S., Kt., Leske + Budrich 2000. **DM 29,-**

Susanne Stemann-Acheampong: Der phantastische Unterschied. Zur psychoanalytischen Theorie der Geschlechtsidentität. 308 S., Kt., Vandenh. & Ruprecht 1996. **DM 48,-**

Die Sage vom Phallus: Stolz aufgerichtet soll er die Angst verdecken, die tiefer sitzt.

Hermann Strehle: Miene, Gesten, Gebärden. Analyse des Gebarens. 198 S., 23 Bildtaf., Ln., E. Reinhardt Vlg. 5. Ed. 1974. **DM 33,-**

Anette M. Stross: Ich-Identität. Zwischen Fiktion und Konstruktion. X,174 S., Br., Reimer Vlg. 1991. **DM 32,-**

Kristin Teuber: „Ich blute, also bin ich". Eine sozialpsychologische Analyse des Hautritzens bei Mädchen und jungen Frauen. 176 S., Centaurus Vlg. 1998. **DM 49,80**

Janneke van Mens-Verhulst et al. (Ed.): Töchter und Mütter: Weibliche Identität, Sexualität und Individualität. Vorw. v. W. Mertens u. Chr. Rohde-Dachser. 238 S., Kt., Kohlhammer Vlg. 1996. **DM 54,-**

Bärbel Wardetzki: Weiblicher Narzissmus. Der Hunger nach Anerkennung. 269 S., Kt., Kösel Vlg. 6. Ed. 1995. **DM 32,-**

Klaus Weber: Was ein rechter Mann ist ... Subjektive Konstruktionen rechter Männer. XII, 120 S., Centaurus Vlg. 1997. **DM 39,80**

Otto Weininger: Geschlecht und Charakter. Eine prinzipielle Untersuchung. 667 S., Gb., Vlg. Matthes & Seitz 1980. **DM 58,-**

Gisela Wiegand: Selbstveränderung von Müttern aus subjektiver Sicht. Ein Beitrag zur psychoanalytischen Frauenforschung. 282 S., Kt., Psychosozial Vlg. 1998. **DM 48,-**

J. Wiesse /P. Joraschky (Ed.): Psychoanalyse und Körper. (Rhe.: Psa. Blätter, Bd. 07) 162 S., Abb., Kt., Vandenh. & Ruprecht 1998. **DM 36,-**

Joanna Wilheim: Unterwegs zur Geburt. Eine Brücke zwischen dem Biologischen und dem Psychischen. VIII, 160 S., Kt., Mattes Vlg. 1995. **DM 35,-**

Reinhard Winter: Stehversuche. Sexuelle Jungensozialisation und männliche Lebensbewältigung durch Sexualität. 260 S., Br., 1993. **DM 35,-**

Luise Winterhager-Schmid (Ed.): Konstruktionen des Weiblichen. Ein Reader zur Einführung in die pädagogische Frauenforschung Bd 2. VI, 218 S., Kt., Dt. Studien-Vlg. 2. Ed. 1998. **DM 32,-**

LATENZ /PRÄADOLESZENZ /ADOLESZENZ

Manfred Affeldt: Jugendliche im Spannungsfeld von Autonomie und Bindung. Bd. 9: Identitäts-Therapie mit Jugendlichen. 204 S., 36 Abb., Gb., Kovac Vlg. 1995. **DM 59,80**

Ute Andresen: So dumm sind sie nicht. Von der Würde der Kinder in der Schule. 256 S., Br., Quadriga Vlg. 8. Ed. 1996. **DM 24,-**

Wulf Aschoff (Ed.): Pubertät. Erregungen um ein Lebensalter. 163 S., Pb., Vandenh. & Ruprecht 1996. **DM 29,-**

Susanne Augenstein: Funktionen von Jugendsprachen. Studien zu verschiedenen Gesprächstypen des Dialogs Jugendlicher mit Erwachsenen. XI, 284 S., Kt., Niemeyer Vlg. 1998. **DM 132,-**

Ursula Ave-Lallemant: Graphologie des Jugendlichen. Eine Dynamische Graphologie. 279 S., 341 Abb., Ln., E. Reinhardt Vlg. 1988. **DM 68,-**

Ursula Ave-Lallemant: Graphologie des Jugendlichen. Längsschnitt-Analyse. 203 S., Beil.: zahlr. Abb. auf 33 Taf., Ln., E. Reinhardt Vlg. 1970. **DM 49,50**

Ursula Ave-Lallemant: Graphologie des Jugendlichen. Straftäter im Selbstausdruck. 194 S., 150 Abb., Gb., E. Reinhardt Vlg. 1993. **DM 56,-**

Ursula Ave-Lallemant: Notsignale in Schülerschriften. 96 S. m. 105 Abb., Kt., E. Reinhardt Vlg. 1982. **DM 26,80**

Ursula Ave-Lallemant: Pubertätskrise und Handschrift. 122 S., 195 Schriftproben, Kt., E. Reinhardt Vlg. 1983. **DM 26,80**

Virginia M. Axline: Kinder-Spieltherapie im nicht-direktiven Verfahren. (Rhe.: Beitr. zur Kinderpsychotherapie, Bd. 11) 341 S., Gb., E. Reinhardt Vlg. 9. Ed. 1997. **DM 44,-**

Anna J. Ayres: Bausteine der kindlichen Entwicklung. Die Bedeutung der Integration der Sinne für die Entwicklung des Kindes. XVI, 338 S., 4 Abb., Gb., Springer 3. rev. Ed. 1998. **DM 49,90**

Susan Bach: Das Leben malt seine eigene Wahrheit. Über die Bedeutung spontaner Malereien schwerkranker Kinder. 208 S., 56 S. , 200 Abb., Gb., Daimon Vlg. 1995. **DM 73,-**

Helen I. Bachmann: Die Spur zum Horizont. Malen als Selbstausdruck von der Latenz bis zur Adoleszenz. 152 S., 91 Abb., Beiheft, Kt., Klett-Cotta 1998. **DM 38,-**

Helen I. Bachmann: Kinderfreundschaften, Start ins Leben. 187 S., Kt., Herder 1996. **DM 28,-**

R. Battegay /U. Rauchfleisch (Ed.): Das Kind in seiner Welt. 285 S., 11 Abb., Kt., Vandenh. & Ruprecht 1991. **DM 39,-**

Gretel Bechtold: Ein deutsches Kindertagebuch in Bildern 1933 - 1945. 189 S., zahlr. Abb., Kt., Kore Ed. 1998. **DM 30,-**

Berthold Beck: Übergangsobjektentwicklung und deren Bedeutung. Empirische Studien zur Übergangsobjektentwicklung bei kinder- und jugendpsychiatrischen Krankheitsbildern. VIII,244 S., Br., Waxmann Vlg. 1995. **DM 59,-**

Ute Benz: Jugend, Gewalt und Fernsehen. Der Umgang mit bedrohlichen Bildern. 283 S., 20 Abb., Kt., Vlg. Metropol 1997. **DM 38,-**

Ute Benz: Warum sehen Kinder Gewaltfilme? 14 Abb., Kt., C.H.Beck 1998. **DM 19,80**

Christ Berg (Ed.): Kinderwelten. 336 S., Kt., Suhrkamp 1994. **DM 19,80**

Jacques Berna: Liebe zu Kindern. Aus der Praxis eines Analytikers. (Rhe.: Geist u. Psyche, Bd. 12670) Kt., S. Fischer 1996. **DM 18,90**

In eindrucksvollen Falldarstellungen werdent zentrale Themen und Problemen der kinderanalytischen Arbeit - Indikation, Methodik, Symptomatologie und Therapieverlaufdargestellt.

Bruno Bettelheim: So können sie nicht leben. Die Rehabilitierung emotional gestörter Kinder. 477 S., Kt., Klett-Cotta 1973. **DM 48,-**

Bruno Bettelheim: Zeiten mit Kindern. Kt., Herder 1994. **DM 14,80**

B. Bettelheim /A. A. Rosenfeld: Kinder brauchen Liebe. Gespräche über Psychotherapie. Kt., Droemer/Knaur 1995. **DM 14,90**

Bruno Bettelheim /Alvin A. Rosenfeld: Kinder brauchen Liebe. Gespräche über Psychotherapie. 256 S., Gb., DVA 1993. **DM 39,80**

(Besprochen in arbeitshefte kinderpsa. 19/1994, v. Achim Perner)

Gerd Biermann: Autogenes Training mit Kindern und Jugendlichen. (Rhe.: Beitr. zur Kinderpsychotherapie, Bd. 21) 245 S., Gb., E. Reinhardt Vlg. 3. rev. Ed. 1996. **DM 48,-**

Gerd Biermann (Ed.): Das ärztliche Gespräch um Kinder und Jugendliche. 196 S., Gb., E. Reinhardt Vlg. 1986. **DM 34,-**

Günther Bittner: Problemkinder. Zur Psychoanalyse kindlicher und jugendlicher Verhaltensauffälligkeiten. 260 S., Kt., Vandenh. & Ruprecht 1994. **DM 44,-**

Margarete Blank-Mathieu: Jungen im Kindergarten. 127 S., Photos, Pb., Vlg. Brandes & Apsel 1996. **DM 19,80**

Peter Blos: Adoleszenz. Eine psychoanalytische Interpretation. 296 S., Ln., Klett-Cotta 6. Ed. 1995. **DM 68,-**

Werner Bohleber (Ed.): Adoleszenz und Identität. (Rhe.: VIP - Verl. Internat. Psa.) 322 S., Pb., Klett-Cotta 1996. **DM 38,-**

Ernest Borneman: Reifungsphasen der Kindheit. (Rhe.: Sexuelle Entwicklungspsychol., Bd. 1) 300 S., Ln., Vlg. Sauerländer 1981. **DM 54,-**

G. Bovensiepen /M. Sidoli (Ed.): Inzestphantasien und selbstdestruktives Handeln. Psychoanalytische Therapie von Jugendlichen. (Rhe.: Schriften zur Psychother. u. Psa. v. Kindern u. Jugendlichen, Bd. 1) 356 S., Gb., Vlg. Brandes & Apsel 1999. **DM 56,-**

"... daß mit dem vorliegenden Werk der Versuch geglückt ist, aufgrund einer breit abgestützten klinischen Erfahrung die psychotherapeutische Behandlung schwer gestörter Jugendlicher darzustellen, ... ein konstruktiver Brückenschlag und eine wesentliche Ergänzung moderner Konzepte... Das Buch wird damit weit über Jungsche Kreise hinaus zu einer Grundlage des psychotherapeutischen Verstehens." (Kinderanalyse 4/96)

G. Bovensiepen /R. Höhfeld: Hilfe, mein Kind wird erwachsen. Psychiche Probleme von Jugendlichen. Kt., Ullstein 2000. ca. **DM 14,90**

Elisabeth Brainin /G. Kral (Ed.): Spielerische Lösungen. Das Kind als Mittelpunkt psychotherapeutischen Denkens. Festschrift für Ruth Naske. 237 S., Gb., Picus Vlg. 1998. **DM 39,80**

Thomas Berry Brazelton: Kleine Schritte, große Sprünge. Ein Kind wächst auf. (Rhe.: Kinder fordern uns heraus) 333 S., Br., Klett-Cotta 1998. **DM 24,-**

E. Brech /K. Bell /C. Marahrens-Schürg (Ed.): Weiblicher und männlicher Ödipuskomplex. 231 S., Kt., Vandenh. & Ruprecht 1999. **DM 39,-**

Mit Beiträgen von O.F. Kernberg, H. Deserno, V. King, J. McDougall, E.S. Person, U. Rupprecht-Schampera, C. Sies

Christiane Buhmann: Kind - Körper - Subjekt. Therapie, Erziehung und Prävention im Werk von Francoise Dolto. (Rhe.: Forschung Psychosozial) 403 S., Kt., Psychosozial Vlg. 1997. **DM 39,80**

Athanasios Chasiotis: Kindheit und Lebenslauf. Untersuchungen zur evolutionären Psychologie der Lebensspanne. 248 S., Abb., Tab., Kt., H. Huber Vlg. 1999. **DM 59,-**

Manfred Cierpka (Ed.): Kinder mit aggressivem Verhalten. Ein Praxismanual für Schulen, Kindergärten und Beratungsstellen. 366 S., Kt., Hogrefe 1998. **DM 59,-**

Psychotherapeutisch und pädagogisch orientierte Berfusgruppen sind immer häufiger mit Kindern konfrontiert, die aggressives Verhalten zeigen. Dieses Buch enthält Leitfäden und Materialien, die unmittelbar für die Durchführung von Elternseminaren und interkollegialen Fallsupervisionen sowie von Familienberatung und -therapie eingesetzt werden können.

Larry Clark: Die perfekte Kindheit. 200 S., 140 farb. u. s/w Abb., Gb., Großformat, Scalo Vlg. 1993. **DM 78,-**

Das Buch der jugendlichen Sexualität - erlaubte und verbotene Phantasien.

Frank Dammasch: Die innere Erlebniswelt von Kindern alleinerziehender Mütter. Eine Studie über Vaterlosigkeit anhand einer psychoanalytischen Interpretation zweier Erstinterviews. 264 S., Kt., Vlg. Brandes & Apsel 2000. **DM 36,-**

William Damon: Die soziale Welt des Kindes. 315 S., Kt., Suhrkamp 1990. **DM 20,-**

William Damon: Die Welt des Kindes. 315 S., Kt., Suhrkamp 1987. **DM 28,-**

Lloyd de Mause (Ed.): Hört ihr die Kinder weinen? Eine psychogenetische Geschichte der Kindheit. 626 S., Kt., Suhrkamp 9. Ed. 1997. **DM 32,80**

Ingrid Derra-Wippich: Rituale mit Kindern und Jugendlichen. Vortrag und Seminar. 3 Toncass., 183 min., auditorium-Vlg. 1995. **DM 60,-**

Joseph H. DiLeo: Die Deutung der Kinderzeichnung. 224 S., 125 Abb., Br., Geradi Vlg. 1992. **DM 42,-**

Peter Dold: Maske und Kinderpsychotherapie. Phänomenologie - Tiefenpsychologie - Psychotherapie. 152 S., 12 Abb., Kt., W. Fink Vlg. 1979. **DM 44,-**

Françoise Dolto: Wenn die Kinder älter werden. Alltagsprobleme in Schule, Familie und Freizeit. 272 S., Kt., Beltz 4. Ed. 1998. **DM 19,90**

Françoise Dolto: Alltagsprobleme mit Kindern und Jugendlichen. Die ersten fünf Jahre. Wenn die Kinder älter werden. 608 S., Gb., Beltz 1992. **DM 38,-**

Françoise Dolto: Das Unbewußte und das Schicksal des Kindes. 241 S., Ln., Klett-Cotta 1995. **DM 44,-**

Françoise Dolto: Praxis der Kinderanalyse. Ein Semimar. 256 S., Kt., Klett-Cotta 1985. **DM 42,-**

Françoise Dolto: Scheidung, Wie ein Kind sie erlebt. (Rhe.: Kinder fordern uns heraus) 152 S., Br., Klett-Cotta 1996. **DM 20,-**

Manfred Döpfner /J. Frölich /G. Lehmkuhl: Hyperkinetische Störungen. Rhe. Leitfaden Kinder- und Jugendpsychotherapie Bd. 1. 150 S., Kt., Hogrefe 2000. **DM 44,80**

Martin Dornes: Die emotionale Welt des Kindes. (Rhe. Geist u. Psyche) Kt., S. Fischer 8/2000. **DM 19,90**

Dorle Drackle (Ed.): Jung und wild. Zur kulturellen Konstruktion von Kindheit und Jugend. 296 S., Kt., Reimer Vlg. 1996. **DM 48,-**

Reinmar DuBois: Kinderängste. Erkennen, verstehen, helfen. 227 S., Kt., C.H.Beck 2. Ed. 1996. **DM 19,80**

A. Dührssen /K. Lieberz: Der Risiko-Index. Ein Verfahren zur Einschätzung und Gewichtung von psychosozialen Belastungen in Kindheit und Jugend. 250 S., Kt., Vandenh. & Ruprecht 1999. **DM 68,-**

Das Buch befaßt sich mit dem Spannungsfeld zwischen biologischer und sozialer Vererbung und gibt Auskunft über psychosoziale Belastungsfaktoren in der Kindheit und Jugend, die die Entwicklung neurotisch-psychosomatischer Störungen begünstigen.

Sonja Düring: Wilde und andere Mädchen. Die Pubertät. 192 S., Br., Kore Ed. 1993. **DM 19,80**

Christian Eggers et al. (Ed.): Kinderpsychiatrie und Jugendpsychiatrie. XIII, 669 S., 104 Abb., Gb., Springer 7. rev. Ed. 1994. **DM 428,-**

Angela Engelbert-Michel: Das Geheimnis des Bilderbuches. Ein Leitfaden für Familie, Kindergarten und Grundschule. 128 S., Abb., Pb., Vlg. Brandes & Apsel 1999. **DM 24,80**

Erik H. Erikson: Jugend und Krise. Die Psychodynamik im sozialen Wandel. 344 S., Ln., Klett-Cotta 4. Ed. 1998. **DM 48,-**

Helmut Fend: Der Umgang mit Schule in der Adoleszenz. Aufbau und Verlust von Lernmotivation, Selbstachtung und Empathie. (Rhe.: Entwicklungspsychol. d. Adoleszenz i. d. Moderne, Bd. 4) XII, 399 S., 51 Abb., 39 Tab., Kt., H. Huber Vlg. 1997. **DM 59,-**

Helmut Fend: Die Entdeckung des Selbst und die Verarbeitung der Pubertät. (Rhe.: Entwicklungspsychol. d. Adoleszenz i. d. Moderne, Bd. 3) 240 S., 31 Abb., 26 Tab., Kt., H. Huber Vlg. 1994. **DM 49,80**

Helmut Fend: Eltern und Freunde. Soziale Entwicklung im Jugendalter. (Rhe.: Entwicklungspsychol. d. Adoleszenz i. d. Moderne, Bd. 5) 400 S., 52 Abb., Tab., Kt., H. Huber Vlg. 1998. **DM 59,-**

Helmut Fend: Entwicklungspsychologie des Jugendalters. Ein Lehrbuch in pädagogischer Absicht. 450 S., Kt., UTB 1999. **DM 49,-**

Helmut Fend: Sozialgeschichte des Aufwachsens. Bedingungen des Aufwachsens und Jugendgestalten im 20. Jahrhundert. 321 S., Kt., Suhrkamp 1996. **DM 26,80**

Helmut Fend: Vom Kind zum Jugendlichen. Der Übergang und seine Risiken. (Rhe.: Entwicklungspsychol. d. Adoleszenz i. d. Moderne, Bd. 1) 320 S., 78 Abb., 36 Tab., Kt., H. Huber Vlg. NA unb.. **DM 49,80**

Wilfried Ferchhoff /U. Sander /R. Vollbrecht (Ed.): Jugendkulturen - Faszination und Ambivalenz. Einblicke in jugendliche Lebenswelten. Festschrift für Dieter Baacke zum 60. Geburtstag. 246 S., Br., Juventa Vlg. 1995. **DM 32,-**

H.-V. Findeisen /J. Kersten: Der Kick und die Ehre. Vom Sinn jugendlicher Gewalt. 240 S., Br., A. Kunstmann Vlg. 1999. **DM 29,80**

In Nahaufnahmen ganz unterschiedlicher Jugendszenen erkunden die Autoren den Kollektivcharakter von Straftaten und bieten dabei eine fundierten, über die üblichen eindimensionalen sozialpädagogischen Ansätze hinausweisende Diskussionsgrundlage zum Themenkomplex „Jugendkriminalität".

U. Finger-Trescher /H. G. Trescher (Ed.): Aggression und Wachstum. Theorie, Konzepte und Erfahrungen aus der Arbeit mit Kindern, Jugendlichen und jungen Erwachsenen. (Rhe.: Psa. Pädagogik, 11) 172 S., Kt., M. Grünewald Vlg. 3. Ed. 1995. **DM 38,-**

M. Fölling-Albers /A. Hopf: Der Weg vom Kleinkind zum Schulkind. Eine Langzeitstudie zum Aufwachsen in verschiedenen Lebensräumen. (Rhe.: Kindheitsforschung, Bd. 6) 200 S., Kt., Leske + Budrich 1995. **DM 36,-**

Anna Freud: Kranke Kinder. Ein psychoanalytischer Beitrag zu ihrem Verständnis. 144 S., Br., S. Fischer 1972. **DM 18,-**

I. Füchtenschnieder /H. Witt (Ed.): Adoleszenz und Glücksspielsucht. 128 S., Kt., Neuland Vlg. 1998. **DM 58,-**

Annette Füchtmeier: Hoffnung auf Erfolg und Furcht vor Misserfolg bei psychisch kranken Jugendlichen. 101 S. auf 2 Mikrofiches, Tectum Vlg. 1995. **DM 68,-**

Ulrich Gebhard: Kind und Natur. Die Bedeutung der Natur für die psychische Entwicklung. 267 S., Kt., Westdt. Vlg. 1994. **DM 52,-**

Elisabeth R Geleerd /Lene Keppler (Ed.): Kinderanalytiker bei der Arbeit. 258 S., Kt., Klett-Cotta 1972. **DM 42,-**

Gerd Groothus: Kindheitsvergiftung. Nachw. v. L. Lütkehaus. 98 S., Kt., Kore Ed. 2. Ed. 1995. **DM 20,-**

Benno Hafeneger: Jugend-Gewalt. Zwischen Erziehung, Kontrolle und Repression. Ein historischer Abriss. 168 S., Kt., Westdt. Vlg. 1994. **DM 22,-**

B. Hafeneger /M. Jansen /C. Klose (Ed.): Mit fünfzehn hat es noch Träume ... Lebensgefühl und Lebenswelten in der Adoleszenz. 168 S., Kt., Leske + Budrich 1998. **DM 28,-**

Jutta Hartmann: Zappelphilipp, Störenfried. Hyperaktive Kinder und ihre Therapie. 124 S., Kt., C.H.Beck 6. Ed. 1997. **DM 14,80**

Heinz S. Herzka: Kinderpsychopathologie. Ein Lehrgang mit 74 tabellarischen Übersichten. 272 S., 74 Tab., Ln., Schwabe Vlg. 3. erg. Ed. 1991. **DM 78,-**

I. Hesse /H. Wellershoff (Ed.): „Es ist eine Vogel. Er kann fliegen im Text.". Kinder schreiben sich ihre Geschichten von der Seele. Vorw. v. Peter Härtling. 220 S., Br., Attempto Vlg. 1997. **DM 32,-**

Eine gänzlich eigen-sinnige Welt tut sich einem auf mit diesen seltsamen, merk-würdigen Geschichten und Bildern voller Wunder. Sie stammen von Kindern einer psychiatrischen Klinik. Liest man dazu die nacherzählten Lebensläufe dieser schreibenden Mädchen und Jungen, erschließt sich die Durchsichtigkeit, Fantasie und Brillanz der Texte mit allergrößter Tiefenschärfe.

H. Hetzer /E. Todt /I. Seiffge-Krenke et al. (Ed.): Angewandte Entwicklungspsychologie des Kindesalters und Jugendalters. 496 S., Abb. u. Darst., Kt., UTB 3. Ed. 1995. **DM 39,80**

Das Buch behandelt die Entwicklung der Wahrnehmung, der Motorik, des Spiels, des Denkens, der Sprache, der Interessen, der Werthaltungen, der Emotionen, des sozialen Verhaltens und der Persönlichkeit. Nach einer Darstellung typischer Entwicklungsphänomene, grundlegender Begriffe und Theorien werden Anwendungsbeispiele aus Erziehung und Unterricht, Diagnostik und Intervention erörtert.

Heiner Hirblinger: Pubertät und Schülerrevolte. Gruppenphantasien und Ich-Entwicklung in einer Schulklasse, eine Falldarstellung. (Rhe.: Psa. Pädagogik) 145 S., Kt., M. Grünewald Vlg. 1992. **DM 34,-**

M.-S. Honig /H.R. Leu /A. Lange (Ed.): Aus der Perspektive von Kindern ? Zur Methodologie der Kindheitsforschung. 180 S., Kt., Juventa Vlg. 1999. **DM 32,-**

Hans Hopf: Aggression in der analytischen Therapie mit Kindern und Jugendlichen. Theoretische Annahmen und behandlungstechnische Konsequenzen. 210 S., Kt., Vandenh. & Ruprecht 1998. **DM 44,-**

Der Autor stell psa. Theorien zur Aggression dar und leitet daraus behandlungstechnische Überlegungen zu Settings und Umgangsweisen in der Kinder- und Jugendlichenpsychotherapie her.

Günther Horn: Kindheit und Phantasie. Entwicklungsphasen im Spiegel innerer Bilder. 352 S., Br., Pabst Vlg. 1998. **DM 50,-**

Klaus Hurrelmann (Ed.): The Social World of Adolescents. International Perspectives. X,406 pages, Cloth, de Gruyter 1989. **DM 154,-**

U. Jongbloed-Schurig /A. Wolff (Ed.): „Denn wir können die Kinder nach unserem Sinne nicht formen". Beiträge zur Psychoanalyse des Kindesalters und Jugendalters. 275 S., 8 vierf. Bildseiten, Pb., Vlg. Brandes & Apsel 1998. **DM 48,-**

Bespr. in AKJP 103, 3/1999), S. 443-447, von A. Arp-Trojan

Louise J. Kaplan: Abschied von der Kindheit. Eine Studie über die Adoleszenz. 451 S., Lin., Klett-Cotta 3. Ed. 1993. **DM 48,-**

Hartmut Kasten: Pubertät und Adoleszenz. Wie Kinder heute erwachsen werden. 200 S., Kt., E. Reinhardt Vlg. 1999. **DM 33,-**

J. S. Kestenberg /J. Kestenberg- Amighi: Kinder zeigen, was sie brauchen. Wie Eltern kindliche Signale richtig deuten. Kt., Herder 1993. **DM 16,80**

J. S. Kestenberg /J. Kestenberg- Amighi: Kinder zeigen, was sie brauchen. Wie Eltern kindliche Signale richtig deuten. Hrsg. v. Anna Sieberer-Kefer. 232 S., Kt., Pustet Vlg. 1991. **DM 41,-**

Linde v. Keyserlingk: Ordnung im Chaos. Die bewegte Natur des Kinderzimmers. 136 S., 20 Abb., Br., Patmos Vlg. 1996. **DM 29,80**

Gunther Klosinski (Beitr.): Pubertät und Adoleszenz. Psychodynamik des Aufbruchs - Psychotherapie der Reifungskrisen. 54. Psychotherapie-Seminar Freudenstadt. X,112 S., Kt., Mattes Vlg. 1998. **DM 25,-**

Gunther Klosinski (Ed.): Macht, Machtmißbrauch, Machtverzicht im Umgang mit Jugendlichen. 130 S., Kt., H. Huber Vlg. 1994. **DM 39,80**

In acht Beiträgen von Psychiatern, Pädagogen und Juristen wird über die Wechselwirkung von Macht und Ohnmacht sowohl in der Eltern-Kind- als auch in der Arzt-Patient-Beziehung berichtet. Es geht um die Gefahren des Machtmißbrauchs bei Strafverfolgung und -vollstreckung, Sekundärtraumatisierungen von mißhandelten Kindern vor Gericht und deren Vermeidung. Thesen zur Entstehung der Jugendszene der neuen Bundesländer werden ebenso erörtert wie entwicklungspsychologische Aspekte der Macht-Ohnmachtproblematik im Umgang mit Kindern und Jugendlichen.

Gunther Klosinski et al. (Ed.): Psychotherapeutische Zugänge zum Kind und zum Jugendlichen. 184 S., Kt., H. Huber Vlg. 2. Ed. 1998. **DM 49,80**

Einen ungewöhnlichen Einblick in die psychotherapeutische Arbeit vermittelt dieses Buch: Zur Sprache kommen u.a. psychoanalytische Zugangsweisen, kunsttherapeutische Aspekte, das Katathyme Bilderleben, körperzentrierte Psychotherapie, Psychodrama, Familientherapie und Musiktherapie, jeweils mit den klinischen Beispielen.

Rita Kohnstamm: Praktische Psychologie des Jugendalters. In Kassette. Kt., H. Huber Vlg. 1999. **DM 88,-**

Christian König (Ed.): Gestörte Sexualentwicklung im Kindes- und Jugendalter. Begutachtung, Straffälligkeit, Therapie. 132 S., Kt., E. Reinhardt Vlg. 1989. **DM 32,-**

H. Krebs /A. Eggert-Schmid Noerr /H. Messer et al. (Ed.): Lebensphase Adoleszenz. Junge Frauen und Männer verstehen. 229 S., Kt., M. Grünewald Vlg. 1997. **DM 48,-**

Armin Krenz: Kinderfragen gehen tiefer. Hören und verstehen, was sich hinter Kinderfragen verbirgt. 155 S., Kt., Herder 3. Ed. 1996. **DM 14,80**

A. Lapierre /B. Aucouturier: Die Symbolik der Bewegung. Psychomotorik und kindliche Entwicklung. 129 S., Kt., E. Reinhardt Vlg. 1998. **DM 29,80**

M.- Laufer /M. Egle Laufer: Adoleszenz und Entwicklungskrise. 284 S., Kt., Klett-Cotta 2. rev. Ed. 1994. **DM 42,-**

W. Lauth /P. Schlottke et al.: Rastlose Kinder, ratlose Eltern. Hilfen bei Überaktivität und Aufmerksamkeitsstörungen. Orginalausgabe. 208 S., Kt., dtv 1998. **DM 16,90**

Angelika Lebus: Wenn Kinder malen. Bildersprache und Ich-Entwicklung. 141 S., Kt., Beltz 2. Ed. 1997. **DM 19,90**

Jürgen Mansel (Ed.): Glückliche Kindheit - schwierige Zeit? Über die veränderten Bedingungen des Aufwachsens. (Rhe.: Kindheitsforschung, Bd. 7) 274 S., Abb., Kt., Leske + Budrich 1996. **DM 39,80**

Isolde Mehringer-Sell: Mama, glaub mir, ich habe schon einmal gelebt. Neue Wege in der Kindertherapie. Ein Praxisbuch nicht nur für Eltern. 315 S., Gb., Schirner Vlg. 1997. **DM 59,80**

Erika Meili-Schneebeli: Kinderbilder - innere und äußere Wirklichkeit. Bildhafte Prozesse in Entwicklung, Lebenswelt und Psychotherapie des Kindes. 224 S., 78 Abb., Kt., Schwabe Vlg. 2000. **DM 58,-**

Luise Merkens: Aggressivität im Kindes- und Jugendalter. Entstehung, Ausdrucksformen, Interventionen. 113 S., 9 Abb., Kt., E. Reinhardt Vlg. 2. Ed. 1993. **DM 24,80**

Norbert Myschker: Verhaltensstörungen bei Kindern und Jugendlichen. Erscheinungsformen - Ursachen - Hilfreiche Maßnahmen. 468 S., Kt., Kohlhammer Vlg. 3. rev. Ed. 1999. **DM 48,90**

Ruth Naske (Ed.): Tiefenpsychologische Konzepte der Kinderpsychotherapie. 5. Arbeitstagung der Wiener Child Guidance Clinic (Institut für Erziehungshilfe), Juni 1992. 158 S., 25 Abb., Kt., Hollinek Vlg. 1994. **DM**

Markus P. Neuenschwander: Entwicklung und Identität im Jugendalter. 220 S., 10 Abb., 35 Tab., Kt., Haupt Vlg. 1996. **DM 54,-**

Gerhardt Nissen (Ed.): Endogene Psychosyndrome und ihre Therapie im Kinder- und Jugendalter. 200 S., 20 Abb., 27 Tab., Kt., H. Huber Vlg. 1992. **DM 49,80**

Gerhardt Nissen (Ed.): Psychogene Psychosyndrome und ihre Therapie im Kindes- und Jugendalter. Psychiatriehistorische, humangenetische, soziale, zerebralorganische, psychotherapeutische, heilpädagogische, familien-, verhaltens-, psychotherapeutische, psychopharmakologische, biologische und prognostische Aspekte. 207 S., Kt., H. Huber Vlg. 1991. **DM 54,-**

G. Nissen /G.-E. Trott: Psychische Störungen im Kindesalter und Jugendalter. Mit zahlreichen Fallbeispielen. 324 S., 61 Abb., Gb., Springer 3. rev. Ed. 1995. **DM 128,-**

Österr. Studienges. f. Kinderpsychoanalyse (Ed.): Studien zur Kinderpsychoanalyse XVI. 150 S., Kt., Vandenh. & Ruprecht 2000. **DM 39,-**

Österreichische Studienges. f. Kinderpsychoanalyse (Ed.): Studien zur Kinderpsychoanalyse. Bd. XV. 153 S., 8 Abb., Kt., Vandenh. & Ruprecht 1999. **DM 39,-**

Österreichische Studienges. f. Kinderpsychoanalyse (Ed.): Studien zur Kinderpsychoanalyse. Bd. XIII. 182 S., Kt., Vandenh. & Ruprecht 1996. **DM 39,-**

Österreichische Studienges. f. Kinderpsychoanalyse (Ed.): Studien zur Kinderpsychoanalyse. Bd. XIV. 188 S., 7 Abb., Kt., Vandenh. & Ruprecht 1997. **DM 39,-**

Österreichische Studienges. f. Kinderpsychoanalyse (Ed.): Studien zur Kinderpsychoanalyse. Bd. XII. 168 S., Kt., Vandenh. & Ruprecht 1995. **DM 39,-**

Ulrike Petermann: Kinder und Jugendliche besser verstehen. Ein Ratgeber bei seelischen Problemen. Kt., Bastei-Lübbe 1994. **DM 12,90**

F. Petermann /U. Petermann (Ed.): Angst und Aggression bei Kindern und Jugendlichen. Ursachen, Förderung und Therapie. (Rhe.: Kindheit u. Entwicklung, Bd. 1) 175 S., Abb., Gb., Quintessenz 1993. **DM 58,-**

Hilarion G. Pezold et al. (Ed.): Schulen der Kinderpsychotherapie. 513 S., Kt., Junfermann Vlg. 3. Ed. 1995. **DM 59,-**

J. Piaget /B. Inhelder: Die Psychologie des Kindes. 176 S., Kt., dtv Neuaufl. 1993. **DM 14,90**

Xavier Pommereau: Was ist eigentlich los mit dir? Jugendliche und ihre Krisen verstehen. 200 S., Br., Walter Vlg. 1998. **DM 32,80**

Günter Ramachers: Die Synthese von Todeskonzept und eigener Lebenszeitperspektive beim Adoleszenten. 152 S., zahlr. Tab., 2 Graf., Br., P. Lang 1996. **DM 54,-**

Günter Ramachers: Entwicklung und Bedingungen von Todeskonzepten beim Kind. 161 S., 4 Abb., 5 Tab., Br., P. Lang o.J.. **DM 54,-**

David Ransom (Ed.): Kindheit. 127 S., Photos, Gb., Marino Vlg. 1998. **DM 49,80**

Helmut Remschmidt: Adoleszenz. Entwicklung und Entwicklungskrisen im Jugendalter. XIV, 310 S., 53 Abb., Kt., Thieme 1992. **DM 39,-**

Helmut Remschmidt (Ed.): Praxis der Psychotherapie mit Kindern und Jugendlichen. Störungsspezifische Behandlungsformen und Qualitätssicherung. 172 S., Abb., Kt., Dt. Ärzte-Vlg. 1998. **DM 68,-**

Helmut Remschmidt (Ed.): Psychotherapie im Kindesalter und Jugendalter. XII, 491 S., 76 Abb., Gb., Thieme 1997. **DM 78,-**

Umsetzbare Therapiekonzepte werden anhand von Fallbeispielen vermittelt. Ein umfassender Überblick über die gesamte Breite des Themas wird durch die Darstellung aller psychotherapeutischen Verfahren und ihrer Differential-Indikationen gegeben.

Helmut Remschmidt (Ed.): Psychotherapie mit Kindern, Jugendlichen und Familien. Bd. 1: Allgemeine Aspekte, Familientherapie, Imaginative Methoden, stationäre Psychotherapie. X, 245 S., 30 Abb., Kt., Enke 1984. **DM 58,-**

Wolf Reukauf: Kinderpsychotherapien. Schulenbildung - Schulenstreit - Integration. 168 S., Br., Schwabe Vlg. 2. Ed. 1985. **DM 39,-**

Dieter Richter: Pinocchio oder Vom Roman der Kindheit. 189 S., Ln., S. Fischer 1996. **DM 39,80**

Gerhard Rudnitzki et al. (Ed.): Adoleszente in Psychotherapie und beruflicher Rehabilitation. 169 S., Kt., Mattes Vlg. 1998. **DM 26,-**

Heike Rusch: Suchen nach Identität. Kinder zwischen Acht und Zwölf. VII,126 S., Kt., Schneider Vlg. 1998. **DM 22,-**

Johanna Schäfer: Vergessene Sehnsucht. Der negative weibliche Ödipuskomplex in der Psychoanalyse. 208 S., Kt., Vandenh. & Ruprecht 1999. **DM 44,-**

Martin H. Schmidt: Langzeitverlauf kinder- und jugendpsychiatrischer Erkrankungen. X,105 S., 29 Abb., 20 Tab., Kt., Enke 1986. **DM 39,-**

Hartmut Schneider (Ed.): Mitte der Kindheit - Kreativitätsentwicklung - Kreativität in der Psychotherapie. 53. Psychotherapie-Seminar Freudenstadt. X,153 S., Kt., Mattes Vlg. 1997. **DM 25,-**

Heidi Schoenmackers: Die Menschzeichnung dreijähriger Kinder. Ein Beitrag zur anglo-amerikanischen Kinderzeichnungsforschung. 233 S., zahlr. Abb., 7 Tab., Kt., P. Lang 1996. **DM 69,-**

Aus dem Inhalt: Aktueller Forschungsstand zur Kinderzeichnung - Der kognitionspsychologische Ansatz - Zeichnerische Entwicklung in den drei ersten Lebensjahren - Frühe graphische Repräsentationsweisen des Motivs „Mensch" - Empirische Untersuchung zur Menschdarstellung dreijähriger Kindergartenkinder

Angela Schorr: Gefühlserkennung und Empathie in der Kindheit. 240 S., Kt., Hogrefe 1999. **DM 48,-**

Achim Schröder: Jugendgruppe und Kulturwandel. Die Bedeutung von Gruppenarbeit in der Adoleszenz. Vorw. v. Mario Erdheim. 308 S., Kt., Vlg. Brandes & Apsel 2. Ed. 1993. **DM 39,80**

A. Schröder /U. Leonhardt: Jugendkulturen und Adoleszenz. Verstehende Zugänge zu Jugendlichen in ihren Szenen. X, 252 S., Photos, Kt., Luchterhand Vlg. 1998. **DM 29,80**

Das Buch dokumentiert den Forschungsstand über Jugendkulturen und verknüpft ihn mit den Erkenntnissen über Adoleszenzprozesse. Dabei greifen die Autoren insbesondere auf ethnopsychoanalytische Methoden zurück. An sieben beispielhaften Gruppen wird gezeigt, wie mit Hilfe von Interviews und deren Deutung ein verstehender Zugang zu den Bedürfnissen, zu den Vorstellungen und zu den Befindlichkeiten der Jugendlichen gefunden werden kann.

Sigrid Schröer: Jugendliche Suizidalität als Entwicklungschance. Eine empirische Studie. 200 S., 53 Abb., 12 Tab., Br., Quintessenz 1995. **DM 68,-**

Inge Seiffge-Krenke: Gesundheitspsychologie des Jugendalters. X, 250 S., Kt., Hogrefe 1994. **DM 58,-**

Rainer K. Silbereisen (Ed.): Adolescence in Context. The Interplay of Family, School, Peers, and Work in Adjustment. XVI,431 pp. 50 figs., Hard, Springer 1994. **DM 168,-**

O. Speck /F. Peterander /P. Innerhofer (Ed.): Kindertherapie. Interdisziplinäre Beiträge aus Forschung und Praxis. 301 S., Gb., E. Reinhardt Vlg. 1987. **DM 49,80**

Susanne Stöcklin-Meier: Kinder brauchen Geheimnisse. Über Zwerge, Engel und andere unsichtbare Freunde. 160 S., Gb., Kösel Vlg. 3. Ed. 1997. **DM 34,-**

Reinhard Voß (Ed.): Das Recht des Kindes auf Eigensinn. Die Paradoxien von Störung und Gesundheit. 120 S., 5 Abb., Kt., E. Reinhardt Vlg. 2. Ed. 1995. **DM 27,80**

Jürgen W. Wagner: Freundschaften und Freundschaftsverständnis bei dreijährigen Kindern. Sozialpsychologische und entwicklungspsychlogische Aspekte. IX, 228 S., Kt., Springer 1991. **DM 142,-**

Donald W. Winnicott: Vom Spiel zur Kreativität. 193 S., Kt., Klett-Cotta 9. Ed. 1998. **DM 36,-**

Hanna Wintsch: Gelebte Kindertherapie. Kinderpsychotherapeuten und Jugendpsychotherapeuten des 20. Jahrhunderts im Gespräch. (Rhe.: Beitr. zur Kinderpsychotherapie, Bd. 31) 303 S., 12 Photos, Gb., E. Reinhardt Vlg. 1998. **DM 49,80**

Was ist eine therapeutische Beziehung? Was ist heilsam in dieser Beziehung? Welches sind die Wirkfaktoren? Diese Fragen stellt die Autorin ins Zentrum ihrer Gespräche mit zwölf bedeutenden Persönlichkeiten der Kinder- und Jugendpsychotherapie des 20. Jahrhunderts.

Hanna Wintsch: Gelebte Kindertherapie. Kinderpsychotherapeuten und Jugendpsychotherapeuten des 20. Jahrhunderts im Gespräch. 303 S., 12 Photos, Gb., E. Reinhardt Vlg. 1998. **DM 49,80**

J. Zauner /G. Biermann (Ed.): Klinische Psychosomatik von Kindern und Jugendlichen. 327 S., 18 Abb., Gb., E. Reinhardt Vlg. 1986. **DM 39,80**

PÄDAGOGIK/DIDAKTIK

Erik Adam: Siegfried Bernfeld - Ein Wegbereiter der modernen Erlebnispädagogik? 24 S., 4 Fotos, Br., Vlg. Inst. f. Erlebnispäd 1993. **DM 6,-**

Alfred Adler: Kindererziehung. Kt., S. Fischer 9. Ed. 1997. **DM 16,90**

Bernd Ahrbeck: Konflikt und Vermeidung. Psychoanalytische Überlegungen zu aktuellen Erziehungsfragen. 104 S., Kt., Luchterhand Vlg. 1998. **DM 29,80**

Verhaltensauffälligkeiten- und Störungen, Destruktivität und Selbstbezogenheit, Disziplinlosigkeit und Lernprobleme resultieren nicht unwesentlich aus einem weit verbreiteten Erziehungsverständnis, das Konflikte so weit wie möglich zu vermeiden sucht. Kinder und Jugendliche sind aber dringend auf eine konflikthafte Auseinandersetzung mit Personen der Erwachsenenwelt angewiesen, um reife innere Strukturen auszubilden und die innere und äußere Realität zu bewältigen. Der Autor behandelt vor diesem Hintergrund u.a. das Thema Aggressivität als pädagogisches Problem, Gewalt durch Erziehung ohne Grenzen und er diskutiert das Für und Wider einer geschlossene Unterbringung für gefährdete Kinder und Jugendliche.

August Aichhorn: Verwahrloste Jugend. Die Psychoanalyse in der Fürsorgeerziehung. Zehn Vorträge zur ersten Einführung. Geleitw. v. Sigm. Freud. 211 S., Kt., H. Huber Vlg. 10. Ed. 1997. **DM 34,80**

Dieses Buch von August Aichhorn gilt bis heute als Klassiker einer Pädagogik und Heilerziehung auf psychoanalyti-

scher Grundlage.

Ferdinand Barth (Ed.): Fördernder Dialog. Psychoanlytische Pädagogik als Handlungstheorie. Beitr. v. A. Eggert-Schmid, W. Datler, B. Müller. 102 S., Kt., Bogen Vlg. 1995. **DM 14,80**

Walter Benjamin: Über Kinder, Jugend und Erziehung. Kt., Suhrkamp 1970. **DM 12,-**

Manfred Berger: Nelly Wolffheim - Eine Wegbereiterin der modernen Erlebnispädagogik? Nelly Wolffheim: Psychoanalyse und Kindergarten (Wien, 1930) 96 S., 4 Fotos, Br., Vlg. Inst. f. Erlebnispäd. 1996. **DM 14,-**

Manfred Berger: Sexualerziehung im Kindergarten. 128 S., Pb., Vlg. Brandes & Apsel 4. akt. Ed.. **DM 19,80**

Siegfried Bernfeld: Sisyphos oder die Grenzen der Erziehung. 155 S., Kt., Suhrkamp 1973. **DM 32,-**

Siegfried Bernfeld: Sisyphos oder die Grenzen der Erziehung. 155 S., Kt., Suhrkamp 7. Ed. 1994. **DM 16,80**

Bruno Bettelheim: Die Kinder der Zukunft. Gemeinschaftserziehung als Weg einer neuen Pädagogik. 314 S., Kt., Klotz Vlg. 2000. **DM 36,-**

Bruno Bettelheim: Kinder brauchen Bücher. Lesen lernen durch Faszination. 296 S., Kt., dtv 1993. **DM 16,90**

Bruno Bettelheim: Kinder brauchen Märchen. Kt., dtv 1999. **DM 19,90**

"Bettelheims Deutungen sind wie ein plötzliches Scheinwerferlicht auf eine im Dunkel liegende Landschaft. Wer bis dahin nur unbewußt ahnend dem Märchen die Treue gehalten hat, sieht sich bestätigt. All jene aber, die das Märchen abzumildern, umzumodeln oder neu zu deuteln versuchen, sollten sich mit diesem Buch auseinander setzen." (AZ, München)

Bruno Bettelheim: Liebe allein genügt nicht. Die Erziehung emotional gestörter Kinder. 378 S., Kt., Klett-Cotta 11. Ed. 1997. **DM 32,-**

Bruno Bettelheim /Karen Zelan: Kinder brauchen Bücher. Lesen lernen durch Faszination. 288 S., Gb., DVA 2. Ed. 1982. **DM 38,-**

Gerd Biermann: Nelly Wolffheim und die Psychoanalytische Pädagogik. (Rhe.: Psa. Pädagogik) 257 S., Kt., Psychosozial Vlg. 1997. **DM 38,-**

Rez. in „Kinderanalyse" 2/1998 von R. Kaufhold

Günther Bittner: Kinder in die Welt, die Kinder in die Welt setzen. Eine Einführung in die pädagogische Aufgabe. 295 S., Abb., Kt., Kohlhammer Vlg. 1996. **DM 48,-**

Günther Bittner (Ed.): Biographien im Umbruch: Lebenslaufforschung und vergleichende Erziehungswissenschaft. 166 S., Kt., Königshausen & Neumann 1994. **DM 36,-**

G. Bittner /V. Fröhlich (Ed.): Lebens-Geschichten: Über das Autobiographische im pädagogischen Denken. 293 S., Ln., Die graue Ed. 1997. **DM 34,-**

Christian Büttner: Jahrbuch für Psychoanalytische Pädagogik. Bd. 08: Themenschwerpunkt: Arbeiten in heilpädagogischen Settings. 216 S., Kt., Psychosozial Vlg. 1997. **DM 38,-**

Christian Büttner: Kinder und Krieg. Zum pädagogischen Umgang mit Haß und Feindseligkeit. Diss. (Rhe.: Psa. Pädagogik, 08) 127 S., Kt., M. Grünewald Vlg. 2. Ed. 1993. **DM 24,80**

C. Büttner /U. Finger-Trescher (Ed.): Psychoanalyse und schulische Konflikte. (Rhe.: Psa. Pädagogik, 07) 188 S., Kt., M. Grünewald Vlg. 2. Ed. 1993. **DM 38,-**

C. Büttner /U. Finger-Treschner /H. Grebe (Ed.): Brücken und Zäune. Interkulturelle Pädagogik zwischen Fremdem und Eigenem. (Rhe.: Psa. Pädagogik) 243 S., Kt., Psychosozial Vlg. 1998. **DM 38,-**

Erstmals befassen sich hier Vertreter der Psa. Pädagogik in einer größer angelegten Arbeit mit dem Themenkomplex der Interkulturellen Erziehung und leiten aus dem szenischen Verständnis von Beziehungsprozessen fruchtbare Ansätze für eine fundierte pädagogische Alltagspraxis her.

W. Datler /U. Finger-Trescher (Ed.): Jahrbuch für Psychoanalytische Pädagogik. Bd. 09: Themenschwerpunkt: Jugendhilfe und Psychoanalytische Pädagogik. 231 S, Br., Psychosozial Vlg. 1998. **DM 38,-**

R. Dreikurs /L. Grey: Kinder lernen aus den Folgen. Wie man sich Schimpfen und Strafen sparen kann. Kt., Herder 1991. **DM 14,80**

R. Dreikurs /P. Cassel: Disziplin ohne Tränen. 114 S., Kt., Oldenbourg Vlg. 6. Ed. 1995.. **DM 28,-**

R. Dreikurs /V. Soltz: Kinder fordern uns heraus. Wie erziehen wir sie zeitgemäß? (Rhe.: Kinder fordern uns heraus) 365 S., Kt., Klett-Cotta 5. Ed. 1999. **DM 26,-**

Mittlerweile zu Eltern gewordene Kinder greifen zurück auf diesen modernen Klassiker. „Kinder fordern uns heraus" ist ein kompetenter, demokratischer Ratgeber bei ganz konkreten Alltagsproblemen. Der der Individualpsychologie Alfred Adlers verpflichtete Autor ermutigt dazu, weniger direkten Einfluß auf Kinder und Jugendliche zu nehmen und ihnen mehr Autonomie zuzubilligen. Kinder sollen die Konsequenzen ihres Handelns selbst spüren - je älter sie werden, desto direkter.

Reinhard Fatke /H. Scarbath (Ed.): Pioniere Psychoanalytischer Pädagogik. 128 S., Br., P. Lang 1995. **DM 36,-**

M. Fölling-Albers /W. Fölling: Erziehung im Kibbuz. Kollektiverziehung zwischen Utopie und Realität. (Rhe.: Kindheitsforschung, Bd. 13) 200 S., Kt., Leske + Budrich 04/2000. **DM 36,-**

Anna Freud: Heimatlose Kinder. Zur Anwendung psychoanalytischen Wissens auf die Kindererziehung. Br., S. Fischer o.J.. **DM 20,-**

Anna Freud: Psychoanalyse für Pädagogen. Eine Einführung. 105 S., Kt., H. Huber Vlg. 5. Ed. 1971. **DM 19,80**

Volker Fröhlich: Psychoanalyse und Behindertenpädagogik. Dissertation. 240 S., Kt., Königshausen & Neumann 1994. **DM 58,-**

V. Fröhlich /R. Göppel (Ed.): Paradoxien des Ich. Beiträge zu einer subjektorientierten Pädagogik. Festschrift für Günther Bittner zum 60. Geburtstag. 420 S., Br., Königshausen & Neumann 1997. **DM 86,-**

Volker Fröhlich /R. Göppel (Ed.): Sehen, Einfühlen, Verstehen. Psychoanalytisch orientierte Zugänge zu pädagogischen Handlungsfeldern. 192 S., Kt., Königshausen & Neumann 1992. **DM 39,80**

A. Garlichs /M. Leuzinger-Bohleber: Erziehung im Wandel. Bd. 2: Identität und Bindung. Die Entwicklung von Beziehungen in Familie, Schule und Gesellschaft. 211, 17 Abb., Kt., Juventa Vlg. 1999. **DM 28,-**

Hermann Giesecke: Das Ende der Erziehung. Neue Chancen für Familie und Schule. (Rhe.: Kinder fordern uns heraus) 159 S., Kt., Klett-Cotta 1996. **DM 20,-**

Manfred Grösche: Zur Bedeutung der Psychoanalyse für die Pädagogik. Exemplarische Zugänge zur Psychoanalytischen Pädagogik oder besser: psychoanalytisch orientierten Pädagogik - eine Rekonstruktion unter aktuellen Gesichtspunkten. 136 S., Vlg. an der Lottbek 1994. **DM 29,80**

Christian Hantschk (Ed.): Ueber die Fehler in der Erziehung vorzüglich in Hinsicht auf die gesellschaftlichen Uebel. Reprint der EA mit einer Einleitung von P. Gstettner. 392 S., Br., Böhlau Vlg. Repr. 1994. **DM 84,-**

E. Heinemann /U. Rauchfleisch /T. Grüttner: Gewalttätige Kinder. Psychoanalyse und Pädagogik in Schule, Heim und Therapie. (Rhe.: Geist u. Psyche, Bd. 10760) Kt., S. Fischer o.J.. **DM 18,90**

Bodo Hildebrand (Ed.): Erziehung und kulturelle Identität. Beiträge zur Differenz pädagogischer Traditionen und Konzepte in Europa. 180 S., Br., Waxmann Vlg. 1995. **DM 29,80**

K. Himmelstein /W. Keim: Eine langsame Schärfung des Blicks: Pädagogik 50 Jahre nach dem Holocaust. Beitr. von D. Bar-On, G. Rosenthal u.a. Kt., Campus 1996. **DM 49,80**

Helmut Jaschke: Böse Kinder - böse Eltern? Erziehung zwischen Ohnmacht und Gewalt. 120 S., Kt., M. Grünewald Vlg. 1990. **DM 24,80**

Friedrich Koch: Das wilde Kind. Die Geschichte einer gescheiterten Dressur. Mit einem Excurs über den Film „L'Enfant sauvage" von F. Truffaut. 165 S., Abb., Gb., eva 1997. **DM 32,-**

J. Körner /C. Ludwig- Körner: Psychoanalytische Sozialpädagogik. Eine Einführung in vier Fallgeschichten. 167 S., Kt., Lambertus-Vlg. 1997. **DM 26,-**

Charlotte Köttgen (Ed.): Wenn alle Stricke reissen. Kinder und Jugendliche zwischen Erziehung, Therapie und Strafe. 220 S., Br., Psychiatrie-Vlg. 1998. **DM 34,-**

Volker Kraft: Pestalozzi oder Das pädagogische Selbst. Eine Studie zur Psychoanalyse pädagogischen Denkens. Habil.-Schr. 398 S., Kt., Klinkhardt Vlg. 1996. **DM 39,80**

Franz-Joseph Krumenacker (Ed.): Liebe und Haß in der Pädagogik: Zur Aktualität Bruno Bettelheims. 226 S., Kt., Lambertus-Vlg. 1997. **DM 36,-**

Reinhart G. E. Lempp: Lernerfolg und Schulversagen. Eine Kinderpsychiatrie und Jugendpsychiatrie für Pädagogen. 192 S., Kt., Kösel Vlg. 3. Ed. 1978. **DM 29,80**

M. Leuzinger-Bohleber /A. Garlichs: Früherziehung West-Ost. Zukunftserwartungen, Autonomieentwicklung und Beziehungsfähigkeit von Kindern und Jugendlichen. Vorw. v. H.E. Richter. 240 S., Kt., Juventa Vlg. 1993. **DM 38,-**

Michael Maas: Leben lernen in Freiheit und Selbstverantwortung. Eine psychoanalytische Interpretation der Alternativschulpädagogik. (Rhe.: Psa. Pädagogik, Bd. 7) 250 S., Kt., Psychosozial Vlg. 1999. **DM 48,-**

Sabina Manes: Mama ist ein Schmetterling, Papa ein Delphin. Kinderzeichnungen verstehen. mit 76 s/w- und 36 Farbabb., Kt., Piper 1998. **DM 16,90**

Jutta Menschik (Ed.): Beziehungsprobleme im Schulalltag. Ein Dialog zwischen Pädagogik und Psychoanalyse. Hauptbd. 175 S., Kt., Klett-Cotta 1994. **DM 28,-**

Jutta Menschik (Ed.): Beziehungsprobleme im Schulalltag, 2 Tle. Ein Dialog zwischen Pädagogik und Psychoanalyse. Hauptbd.; Studientexte u. Materialien. 175, 80 S., Kt., Klett-Cotta 1994. **DM 46,-**

Jutta Menschik (Ed.): Beziehungsprobleme im Schulalltag, Studientexte u. Materialien. Ein Dialog zwischen Pädagogik und Psychoanalyse Perforiert. Gelocht. 80 S., Kt., Klett-Cotta 1994. **DM 22,-**

Alice Miller: Das Drama des begabten Kindes und sie Suche nach dem wahren Selbst. Eine Um- und Fortschreibung. 176 S., Kt., Suhrkamp 1997. **DM 14,80**

Alice Miller: Das verbannte Wissen. 260 S., Kt., Suhrkamp 1990. **DM 16,80**

Alice Miller: Der gemiedene Schlüssel. 191 S., Kt., Suhrkamp 1991. **DM 14,80**

Alice Miller: Du sollst nicht merken. Variationen über das Paradies-Thema. 320 S., Ln., Suhrkamp 1981. **DM 48,-**

Alice Miller: Du sollst nicht merken. Variationen über das Paradies-Thema. 391 S., Kt., Suhrkamp 1983. **DM 19,80**

Maria Montessori: Kinder sind anders. 224 S., Kt., dtv 1992. **DM 14,90**

K. P. Moritz /W. Erlbruch: Neues ABC-Buch - welches zugleich eine Anleitung zum Denken ist. 64 S., Pappbd., A. Kunstmann Vlg. 2000. **DM 24,80**

M. Muck /H.-G. Trescher (Ed.): Grundlagen der Psychoanalytischen Pädagogik. (Rhe.: Psa. Pädagogik, 12) 355 S., Kt., M. Grünewald Vlg. 2. Ed. 1994. **DM 52,-**

Burkhard Müller: Aussensicht - Innensicht. Beiträge zur einer analytisch orientierten Sozialpädagogik. 220 S., Kst., Lambertus-Vlg. 1995. **DM 34,-**

Kurt Müller: Kinderpsychologie und Jugendpsychologie für Erziehungsberufe und Sozialberufe. Unter Mitwirkung v. Elke Natorp. 253 S., Kt., TR Vlg.sunion 8. rev. Ed. 1992. **DM 29,80**

Jirina Prekop: Der kleine Tyrann. Welchen Halt brauchen Kinder? 192 S., Kt., dtv 1998. **DM 14,90**

Jirina Prekop: Der kleine Tyrann. Welchen Halt brauchen Kinder? 192 S., Kt., dtv 1999. **DM 14,90**

Rainer Randolph: Psychotherapie, Heilung oder Bildung. Pädagogische Aspekte psychoanalytischer Praxis. 177 S., Kt., Univ.-Vlg. Winter 1990. **DM 32,-**

H. Reiser /H.-G. Trescher (Ed.): Wer braucht Erziehung? Impulse der psychoanalytischen Pädagogik. Festschrift für Aloys Leber. 233 S., Kt., M. Grünewald Vlg. 3. Ed. 1987. **DM 32,-**

Gerd E. Schäfer: Riß im Subjekt. Pädagogisch-psychoanalytische Beiträge zum Bildungsgeschehen. 141 S., Kt., Königshausen & Neumann 1992. **DM 36,-**

Martin Schuster: Psychologie der Kinderzeichnung. 200 S., Kt., Hogrefe 3. rev. Ed. 2000. **DM 59,-**

Celia Stendler-Lavatelli: Früherziehung nach Piaget. Wie Kinder Wissen erwerben - ein Programm zur Förderung der kindlichen Denkoperationen. 146 S., Kt., E. Reinhardt Vlg. 1976. **DM 26,80**

G.J. Suess /W.-K.P. Pfeifer: Frühe Hilfen. Die Anwendung von Bindungs- und Kleinkindforschung in Erziehung, Beratung und Therapie. 287 S., Kt., Psychosozial Vlg. 1999. **DM 68,-**

Hans Trescher: Theorie und Praxis der Psychoanalytischen Pädagogik. (Rhe.: Psa. Pädagogik, 04) 224 S., Kt., M. Grünewald Vlg. 3. Ed. 1993. **DM 42,-**

Prä- und postnatale Entwicklung / Säuglingsforschung

Doris Bischof-Köhler: Spiegelbild und Empathie. Die Anfänge der sozialen Kognition. 184 S., 35 Abb., Kt., H. Huber Vlg. 1993. **DM 49,80**

Christopher Bollas: Der Schatten des Objekts. Das ungedachte Bekannte. Zur Psychoanalyse der frühen Entwicklung. 312 S., Ln., Klett-Cotta 1997. **DM 78,-**

Thomas Berry Brazelton: Die Hürden der ersten Lebensjahre - Ein Kind wächst auf. 352 S., Br., Klett-Cotta 1999. **DM 24,-**

T.B. Brazelton /B.G. Gramer: Die frühe Bindung. Die erste Beziehung zwischen dem Baby und seinen Eltern. 288 S., Kt., Klett-Cotta 2. rev. Ed. 1994. **DM 42,-**

Wilhelm Burian (Ed.): Der beobachtete und der rekonstruierte Säugling. (Rhe.: Psa. Blätter, Bd. 10) 130 S., Kt., Vandenh. & Ruprecht 1998. **DM 36,-**

David Chamberlain: Woran Babys sich erinnern. Die Anfänge unseres Bewusstseins im Mutterleib. 279 S., Gb., Kösel Vlg. 2. Ed. 1991. **DM 39,80**

W. Datler /C. Büttner /U. Finger-Trescher (Ed.): Jahrbuch für psychoanalytische Pädagogik 10: Die frühe Kindheit. 200 S., Kt., Psychosozial Vlg. 2000. **DM 39,80**

Werner Disler: Am Anfang war Beziehung. Ergebnisse der modernen Kleinkindforschung und ihre Folgen für die Psychoanalyse. 108 S., Br., Institut für Kritische Theorie und Praxis Werner D 1992. **DM 20,-**

A. Dittrich /A. Hofmann /H. Leuner (Ed.): Welten des Bewußtseins. Bd. 10: Pränatale Psychologie und Psychoanalytische Therapie. 190 S., Kt., VWB 2000. **DM 34,-**

Françoise Dolto: Alltagsprobleme mit Kindern und Jugendlichen. Die ersten fünf Jahre. 608 S., Gb., Beltz 1992. **DM 38,-**

Françoise Dolto: Die ersten fünf Jahre. Alltagsprobleme mit Kindern. 600 S., Kt., Heyne 1997. **DM 16,90**

Françoise Dolto: Fallstudien zur Kinderanalyse. 275 S., Kt., Klett-Cotta 1989. **DM 42,-**

Françoise Dolto: Kinder stark machen. Die ersten Lebensjahre. 309 S., Kt., Beltz 1997. **DM 24,80**

Martin Dornes: Der kompetente Säugling. Die präverbale Entwicklung des Menschen. (Rhe.: Geist u. Psyche, Bd. 11263) Kt., S. Fischer 1993. **DM 19,90**

Martin Dornes: Die frühe Kindheit. Entwicklungspsychologie der ersten Lebensjahre. (Rhe.: Geist u. Psyche, Bd. 13548) Kt., S. Fischer 1997. **DM 18,90**

Martin Dornes: Die frühe Kindheit. Vortragsreihe während der Lindauer Psychotherapie Wochen 1998. (Rhe.: Audio-Torium) 300 min., 5 Toncass., auditorium-Vlg. 1998. **DM 95,-**

Caroline Eliacheff: Das Kind, das eine Katze sein wollte. Psychoanalytische Arbeit mit Säuglingen und Kleinkindern. (dtv-Tb. 35135) 200 S., Kt., dtv 1997. **DM 14,90**

In diesem Buch gibt Caroline Eliacheff einen Einblick in ihre Arbeit und macht ihren analytischen Ansatz an ausgewählten Beispielen extrem traumatisierter Säuglinge und Kleinkinder nachvollziehbar.
Komment. in „Kinderanalyse" 4/1995 von C. Krückemeyer-Lehmann

Werner Gross: Was erlebt ein Kind im Mutterleib? Ergebnisse und Folgerungen der pränatalen Psychologie. 192 S., Kt., Herder 3. Ed. 1997. **DM 16,80**

Andreas Hamburger: Entwicklung der Sprache. 254 S., Kt., Kohlhammer Vlg. 1995. **DM 39,80**

Christiane Hämmerling: Die Geburt der Psyche. 96 S., Pb., R.G.Fischer Vlg. 1996. **DM 19,80**

Michael Hertl: Die Welt des ungeborenen Kindes. Unser Leben vor der Geburt. Entwicklung, Verhalten, Gefühle. 172 S., 43 Abb., 2 Tab., Kt., Piper 1994. **DM 29,80**

Klaus V. Hinrichsen: Realisationsstufen in der vorgeburtlichen Entwicklung des Menschen. 40 S., Gb., Ruhr-Univ. Bochum 1990. **DM 10,-**

Ludwig Janus: Wie die Seele entsteht. Unser psychisches Leben vor und nach der Geburt. 268 S., Kt., Mattes Vlg. Nachdr. 1997. **DM 29,-**

L. Janus /S. Haibach (Ed.): Seelisches Erleben vor und während der Geburt. 294 S., farb. Abb., Vlg. LinguaMed 1997. **DM 49,90**

Louise J. Kaplan: Die zweite Geburt. Die ersten Lebensjahre des Kindes. Nachw. von Margaret Mahler. 256 S., Kt., Piper 10. Ed. 1998. **DM 16,90**

Kai von Klitzing (Ed.): Psychotherapie in der frühen Kindheit. 191 S., Kt., Vandenh. & Ruprecht 1998. **DM 36,-**

L. Koch-Kneidl /J. Wiesse (Ed.): Frühkindliche Interaktion und Psychoanalyse. (Rhe.: Psa. Blätter, Bd. 13) 155 S., Kt., Vandenh. & Ruprecht 2000. **DM 36,-**

Die Beiträge dieses Bandes stellen einen fruchtbaren Austausch dar, der aus den unterschiedlichen Ansprüchen von psychoanalytischer Theorie und empirischer Säuglingsforschung hervorgeht.

Erika Krejci: Psychogenese im ersten Lebensjahr. (Rhe.: Perspekt. Kleinian. Psa., Bd. 6) 120 S., Kt., Ed. diskord 1999. **DM 28,-**

Marianne Krüll: Die Geburt ist nicht der Anfang. Die ersten Kapitel unseres Lebens, neu erzählt. 327 S., Abb., Kt., Klett-Cotta 4. rev. Ed. 1997. **DM 38,-**

Aloys Leber et al. (Ed.): Reproduktion der frühen Erfahrung. Psychoanalytisches Verständnis alltäglicher und nicht alltäglicher Lebenssituationen. 211 S., Kt., Asanger Vlg. 1983. **DM 22,-**

Monika Moll (Ed.): Säuglingsforschung und therapeutischer Dialog. 120 S., Br., Votum Vlg. 1997. **DM 28,80**

Tilmann Moser: Grammatik der Gefühle. Mutmaßungen über die ersten Lebensjahre. 128 S., Kt., Suhrkamp 1979. **DM 28,-**

Ruth Naske (Ed.): Triebentwicklung und Konflikte in der analen Phase. Arbeitstagung der Wiener Child Guidance Clinic (Inst. f. Erziehungshilfe), 1988. 164 S., Kt., Hollinek Vlg. 1990. **DM 38,-**

Elizabeth Noble: Primäre Bindungen. Über den Einfluß pränataler Erfahrungen. (Rhe.: Geist u. Psyche, Bd. 12798) Kt., S. Fischer 1996. **DM 22,90**

Israel Orbach: Kinder, die nicht leben wollen. 243 S., Pb., Vandenh. & Ruprecht 2. Ed. 1997. **DM 39,-**

Alessandra Piontelli: Vom Fetus zum Kind. Über den Ursprung des psychischen Lebens. Eine psychoanalytische Beobachtungsstudie. 350 S., Ln., Klett-Cotta 1996. **DM 68,-**

Howard Schatz: Newborn. Photoband. 80 S, 40 Abb., Duotone, Br., Chronicle Books 1996. **DM 34,-**

René A. Spitz: Vom Säugling zum Kleinkind. Naturgeschichte der Mutter-Kind-Beziehungen im ersten Lebensjahr. 404 S., Ln., Klett-Cotta 11. Ed. 1996. **DM 58,-**

Sabine Stengel-Rutkowski (Ed.): Frühe pränatale Diagnostik /Early prenatal Diagnostics. Proceedings über das Abschlusskolloquium des deutschen Gemeinschaftsprojekts „Pränatale Diagnostik an Chorionzotten" unterstützt durch das Bundesministerium für Forschung und Technologie (BMFT) 1993 im Kinderzentrum München. 220 S., 55 Abb., Gb., Kovac Vlg. 1995. **DM 49,80**

Daniel Stern: Die Bedeutung der Kinderbeobachtung für die klinische Theorie und Praxis. (Rhe.: AudioTorium) 78 min., Vorders.: engl., Rücks.: dt., 1 Toncass., auditorium-Vlg. o.J.. **DM 24,-**

Daniel N. Stern: Die Lebenserfahrung des Säuglings. 420 S., Ln., Klett-Cotta 6. Ed. 1998. **DM 58,-**

Daniel N. Stern: Mutter und Kind, Die erste Beziehung. 172 S. m. 8 Abb., Kt., Klett-Cotta 3. Ed. 1997. **DM 29,80**

Daniel N. Stern: Tagebuch eines Babys. Was ein Kind sieht, spürt, fühlt und denkt. 172 S., Kt., Piper 6. Ed. 1998. **DM 14,90**

Joachim Stork (Ed.): Neue Wege im Verständnis der allerfrühesten Entwicklung des Kindes. Erkenntnisse der Psychopathologie des Säuglingsalters. 278 S., Kt., frommann-holzboog 1990. **DM 105,-**

Jochen Stork (Ed.): Zur Psychologie und Psychopathologie des Säuglings. Neue Ergebnisse in der psychoanalytischen Reflexion. (Rhe.: problemata, Bd. 112) 211 S., Br., frommann-holzboog 1986. **DM 74,-**

Myriam Szejer: Platz für Anne. Die Arbeit einer Psychoanalytikerin mit Neugeborenen. 223 S., Kt., A. Kunstmann Vlg. 1998. **DM 36,-**

Mit der Entbindung setzt ein Symbolisierungsprozeß ein, der erst dem Neugeborenen seine „zweite Geburt" als ein von den Eltern zunehmend unabhängiges soziales Wesen ermöglicht. Plötzlich auftretende, mitunter dramatische Symptome in diesem Prozeß deuten auf einen latenten Konflikt hin, den es in der psychoanalytischen Behandlung mit den Eltern zu entziffern gilt.

Alfred Tomatis: Klangwelt Mutterleib. Die Anfänge der Kommunikation zwischen Mutter und Kind. 254 S., Kt., Kösel Vlg. 2. Ed. 1996. **DM 39,80**

Alfred A. Tomatis: Der Klang des Lebens. Vorgeburtliche Kommunikation - die Anfänge der seelischen Entwicklung. Kt., Rowohlt 1990. **DM 12,90**

Ursula Wegener: Das erste Gespräch. Kommunikationsformen zwischen Mutter und Kind unmittelbar nach der Geburt. 280 S., Br., Waxmann Vlg. 1996. **DM 49,90**

Donald W. Winnicott: Babys und ihre Mütter. 116 S., Kt., Klett-Cotta 1990. **DM 36,-**

Hans Zulliger: Kinderfehler im Frühalter. Kt., Vlg. W.Classen 5. Ed. 1973. **DM 9,80**

TRAUMA /MIßHANDLUNG /INZEST

Louise Armstrong: Kiss Daddy Goodnight. Aussprache über Inzest. Nachw. v. Alice Miller. Kt., Suhrkamp 1985. **DM 14,00**

K. Bachmann /W. Böker (Ed.): Sexueller Mißbrauch in Psychotherapie und Psychiatrie. 168 S., 3 Abb., Kt., H. Huber Vlg. 1994. **DM 39,80**

Beate Balzer: Gratwanderung zwischen Skandal und Tabu. Sexueller Mißbrauch von Kindern in der Bundesrepublik. (Rhe. Beiträge zur gesellschaftswiss. Forschung Bd. 19) 160 S., Centaurus Vlg. 1998. **DM 49,80**

D. Bange/G. Deegener: Sexueller Mißbrauch an Kindern. Ausmaß, Hintergründe, Folgen. 220 S., Kt., PVU 1996. **DM 58,-**

Andreas Benz: Der Überlebenskünstler. Drei Inszenierungen zur Überwindung eines Traumas. 100 S., Gb., eva 1997. **DM 22,-**

R. Berna-Glantz /P. Dreyfus (Ed.): Trauma - Konflikt - Deckerinnerung. Arbeitstagung der Mitteleuropäischen Psychoanalytischen Vereinigungen vom 4.-8. April 1982 in Murten. (Rhe.: Jahrb. der Psa., Beiheft 8) 144 S., Ln., frommann-holzboog 1984. **DM 82,-**

Monika Born: Sexueller Mißbrauch, ein Thema für die Schule? Präventionsmöglichkeiten und Interventionsmöglichkeiten aus schulischer Perspektive. (Rhe. Pädagogik Bd. 7) 165 S., Kt., Centaurus Vlg. 1994. **DM 39,80**

Andrea Bramberger: Verboten Lieben. Bruder-Schwester-Inzest. VIII, 110 S., Br., Centaurus Vlg. 1998. **DM 39,80**

Eva Breitenbach: Mütter mißbrauchter Mädchen. Eine Studie über sexuelle Verletzung und weibliche Identität. (Rhe.: Forschungsberichte des BIS, Bd. 3) 174 S., Br., Centaurus Vlg. 1992. **DM 32,-**

Klaus J. Bruder et al. (Ed.): Monster oder liebe Eltern? Sexueller Mißbrauch in der Familie. 222 S., Kt., Vandenh. & Ruprecht 2. rev. Ed. 1997. **DM 36,-**

Romuald G. Brunner: Sexuelle Traumatisierung und psychoanalytischer Prozess. Eine empirische Untersuchung psychoanalytischer Langzeitbehandlungen. 240 S., Kt., H. Huber Vlg. 8/2000. **DM 49,80**

Wie häufig ist sexueller Mißbrauch in der Vorgeschichte von Patienten, die sich in einer psychoanalytischen Langzeitbehandlung befanden, und welche Belastungen resultieren daraus?

Knud E Buchmann (Ed.): Trauma und Katastrophe. 127 S., FH Villingen Nachdr. 1997. **DM 12,-**

Willi Butollo: Traumatherapie. Die Bewältigung schwerer posttraumatischer Störungen. Pb., CIP-Medien 1997. **DM 49,-**

W. Butollo /M. Hagl /M. Krüsmann: Kreativität und Destruktion posttraumatischer Bewältigung. Forschungsergebnisse und Thesen zum leben nach dem Trauma. (Rhe.: Leben lernen, Bd. 132) 208 S., Br., Klett-Cotta 1999. **DM 36,-**

Hiermit liegt erstmals ein ausführlicher und kritischer Überblick über den derzeitigen Stand der psychotraumatologischen Forschung vor.

W. Butollo /M. Hagl /M. Krüsmann: Leben nach dem Trauma. Über den psychotherapeutischen Umgang mit dem Entsetzen. (Rhe.: Leben lernen, Bd. 125) 339 S., Br., Klett-Cotta 1998. **DM 56,-**

Joel Covitz: Der Familienfluch. Seelische Kindesmißhandlung. 196 S., Kt., Walter Vlg. 2. Ed. 1993. **DM 19,80**

W. S. De Loos /W. Op den Velde (Ed.): Psychotrauma. 2nd European conference on Traumatic Stress, Noordwijkerhout, The Netherlands 1990 Vol.57/4. S. 138-208, 5 graph. Darst., Kt., Karger Vlg. 1992. **DM 31,-**

Günther Deegener (Ed.): Sexuelle und körperliche Gewalt. Therapie jugendlicher und erwachsener Täter. 300 S., Br., PVU 1999. **ca. DM 78,-**

Internationale Experten stellen in diesem Reader ihre jeweiligen therapeutischen und institutionellen Ansätze sowie Probleme bei der Durchführung in der Arbeit mit gewalttätigen Jugendlichen und Erwachsenen anschaulich vor: Der Bogen spannt sich dabei von der kognitiv-behavioralen, der systemischen bis zur tiefenpsychologisch-psychodynamischen Gruppen- und Einzeltherapie.

Ulrike Dierkes: Meine Schwester ist meine Mutter. Inzest-Kinder im Schatten der Gesellschaft. 168 S., Br., Patmos Vlg. 1997. **DM 29,80**

Bernd Dimmek (Ed.): Vom ungeliebten Kind zum psychisch kranken Rechtsbrecher? Delinquenz als Reinszenierung eigener früher Gewalterfahrung. 230 S., Br., Pabst Vlg. 1998. **DM 30,-**

Renate Dohmen-Burk: Gestörte Interaktion und Behinderung von Lernen. Fallstudien zum Verhältnis von affektiver und kognitiver Entwicklung bei früh traumatisierten Kindern. 202 S., Kt., Asanger Vlg. 1992. **DM 48,-**

Daniele Dombrowski: Sexueller Mißbrauch in der Kindheit bei einer klinischen Population. Angaben zur Prävalenz von sexuellem Missbrauch bei stationären Psychotherapiepatienten und -patientinnen. 215 S., Auf 3 Mikrofiches, Tectum Vlg. 1996. **DM 88,-**

Alfred Drees: Das Trauma: Folter, Opfer, Therapeuten. Vortrag gehalten während der 47. Lindauer Psychotherapiewochen 1997. (Rhe.: AudioTorium) 55 min., 1 Toncass., auditorium-Vlg. 1997. **DM 23,-**

Alfred Drees: Folter: Opfer, Täter, Therapeuten. Neue Konzepte der psychotherapeutischen Behandlung von Gewaltopfern. 270 S., Br., Psychosozial Vlg. 2. rev. Ed. 1997. **DM 38,-**

U.T. Egle /S.-O. Hoffman /P. Joraschky (Ed.): Sexueller Mißbrauch, Mißhandlung, Vernachlässigung. Erkennung und Behandlung psychischer und psychosomatischer Folgen früher Traumatisierungen. XV, 582 S., Abb., Tab., Gb., Schattauer 2. erw. Ed. 2000. **DM 89,-**

Sexueller Mißbrauch, Mißhandlung und Vernachlässigung von Kindern einschließlich ihrer Folgen im Erwachsenenalter sind emotional hoch besetzte Themen, deren Diskussion zwischen Überbewertung und Verleugnung oszilliert. Auf der Grundlage des neuesten Forschungsstandes bietet das Handbuch aus psychosomatischer, schulenübergreifender psychodynamischer und psychiatrischer Sicht die differenzierte Darstellung der entsprechenden Grundlagen, Krankheitsbilder und therapeutischen Interventionsmöglichkeiten.

M. Endres /G. Biermann (Ed.): Traumatisierung in Kindheit und Jugend. (Rhe.: Beitr. zur Kinderpsychotherapie, Bd. 32) 260 S., 5 Abb., Gb., E. Reinhardt Vlg. 1998. **DM 39,80**

Heute wird zur Traumatisierung im Kindesalter vor allem sexueller Mißbrauch assoziiert. Dieses Buch greift jedoch eine Vielfalt von weiteren Aspekten auf: den Verlust von Bezugspersonen durch Tod oder Scheidung, schwere Erkrankungen im Kindesalter, Kriegsereignisse, Flucht, Vertreibung, politische Verfolgung und Fremdenfeindlichkeit.

Christof T. Eschenröder (Ed.): EMDR - Eine neue Methode zur Verarbeitung traumatischer Erinnerungen. 192 S., Br., DGVT Vlg. 1997. **DM 36,-**

Gottfried Fischer: Psychotraumatologie - Wissenschaftliche Grundlagen und Prinzipien der Therapie. Vortrag. (Rhe.: AudioTorium) 1 Toncass., Laufzeit 45 min., auditorium-Vlg. 1996. **DM 19,80**

Gottfried Fischer: Trauma als Folge von Gewaltverbrechen. Vortrag während der 47. Lindauer Psychotherapiewochen 1997. (Rhe.: AudioTorium) 1 Toncass., Laufzeit 55 min., auditorium-Vlg. 1997. **DM 23,-**

Karin Gässler: Extremtraumatisierung in der Pubertät. Grundlagen spezifischer Erziehungs- und Bildungskonzeptionen für die nachfolgenden Generationen von jüdischen Verfolgten während des deutschen Nationalsozialismus. 356 S., Br., P. Lang 1993. **DM 98,-**

Ute Gerwert: Sexueller Missbrauch bei Mädchen aus der Sicht der Mütter. VI, 286 S., 1 Graf., Br., P. Lang 1996. **DM 79,-**

Georg K. Glaser: Geheimnis und Gewalt. Ein Bericht. 592 S., Ln., Stroemfeld 1989. **DM 48,-**

David J. Grove: Das Trauma heilen. Metaphern und Symbole in der Psychotherapie. 305 S., 7 Abb. u. Tab., Pb., VAK Vlg. 1992. **DM 39,80**

Hildegund Heinl: Das Trauma: Trauma und Schmerz. Vortrag während der 47. Lindauer Psychotherapiewochen 1997. (Rhe.: AudioTorium) 60 min., 1 Toncass., auditorium-Vlg. 1997. **DM 23,-**

T. Hensch /G. Teckentrup (Ed.): Schreie lautlos. Mißbraucht in Therapien. 240 S., Br., Kore Ed. 1993. **DM 25,-**

H.v. Hentig /T. Viernstein: Untersuchungen über den Inzest. (Nachdruck der Ausgabe 1925) IV, 222 S., Br., Univ.-Vlg. Winter 1989. **DM 50,-**

Judith Lewis Herman: Die Narben der Gewalt. Traumatische Erfahrungen verstehen und überwinden. 384 S., Gb., Kindler Vlg. 2. Ed. o.J.. **DM 44,-**

Claudia Heyne: Tatort Couch. Sexueller Mißbrauch in der Therapie. Ursachen, Fakten, Folgen und Möglichkeiten der Verarbeitung. 260 S., Kt., Kreuz Vlg. 1991. **DM 28,-**

W. Hilweg /E. Ullmann (Ed.): Kindheit und Trauma. Trennung, Missbrauch, Krieg. 251 S., 5 Abb., Kt., Vandenh. & Ruprecht 2. Ed. 1998. **DM 29,-**

Psychotherapeuten aus acht Ländern beschreiben in ihren Beiträgen verschiedene Aspekte der Entstehung und Wirkung kindlicher Traumata und zeigen, welche Behandlungsansätze sich bewährt haben.
Rez. in Ps.ther. u. Soz.wiss. 3/1999, S.231 von K. Platt

Mathias Hirsch: Bearbeitung des Traumas in der therapeutischen Beziehung. Aufnahmen von den Lindauer Psychotherapie Wochen 1997. (Rhe.: AudioTorium) 57 min., 1 Toncass., auditorium-Vlg. 1997. **DM 20,-**

Mathias Hirsch: Realer Inzest. Psychodynamik des sexuellen Mißbrauchs in der Familie. 280 S., Gb., Psychosozial Vlg. 1999. **DM 68,-**

Mathias Hirsch: Schuld und Schuldgefühl. Zur Psychoanalyse von Trauma und Introjekt. 341 S., Kt., Vandenh. & Ruprecht 2. Ed. 1998. **DM 58,-**

Ein kulturgeschichtlich breit angelegtes Grundlagenwerk zu einem Menschheitsthema; nutzbar gemacht für das therapeutische Verständnis in psychoanalytisch-psychodynamisch orientierten Behandlungen.

Markus Hochgerner /E. Wildberger (Ed.): Frühe Schädigungen, späte Störungen. Bd. 1: Psychotherapeutische Theorie und Praxis. 284 S., Br., Facultas Vlg. 2. rev. Ed. 1998. **DM 51,-**

Dagmar Hoffmann-Axthelm (Ed.): Verführung in Kindheit und Psychotherapie. (Körper und Seele, Bd. 3) 169 S., Kt., Schwabe Vlg. 2. Ed. 1996. **DM 48,-**

Arne Hofmann: EMDR in der Therapie psychotraumatischer Belastungssyndrome. 160 S., 19 Abb., Kt., Thieme 1999. **DM 59,-**

Hans Holderegger: Der Umgang mit dem Trauma. 154 S., Ln., Klett-Cotta 2. Ed. 1998. **DM 48,-**

Hildegard Horie: Befreiung aus dem Labyrinth. Trauma und Traumabewältigung. 160 S., Pb., R.Brockhaus 1997. **DM 22,80**

David P. Jones: Sexueller Mißbrauch von Kindern. Gesprächsführung und körperliche Untersuchung. 152 S., 7 Abb., Kt., Thieme 1996. **DM 39,90**

Helmut Kaiser: Grenzverletzung. Macht und Mißbrauch in meiner psychoanalytischen Ausbildung. Vorw. v. Tilmann Moser, Nachw. v. Johannes Cremerius. 198 S., Gb., Walter Vlg. 1996. **DM 17,80**

Anne Karedig: Weh dem, der mich berührt. Bewältigung eines Inzesttraumas. 128 S., Kt., S. Fischer 1994. **DM 9,90**

Hans Keilson: Sequentielle Traumatisierung bei Kindern. Deskriptiv-klinische u. quantifizierend-statistische follow-up Untersuchung zum Schicksal d. jüd. Kriegswaisen in d. Niederlanden. XVI, 463 S., Kt., Enke 1979. **DM 68,-**

Otto F. Kernberg: Persönlichkeitsentwicklung und Trauma. (Rhe.: AudioTorium) 83 min., 1 Toncass., auditorium-Vlg. 1997. **DM 25,-**

Ahmad Khatibi: Kinder unter Bedrohung. 316 S., Br., P. Lang 1994. **DM 89,-**

Gewalt - Stress - Krieg

Walter Kiefl: Das Inzest-Thema in der Mythologie. Überlegungen zur Systematisierung verschiedener Ansätze der Mytheninterpretation. 50 S., Br., Roderer Vlg. 1991. **DM 18,-**

Theo Kleber: Das Kind als Inzest-Opfer. Umfeld in Geschichte und Gegenwart - Wo bleibt die Psychoanalyse? 456 S., Br., Glücksmann Vlg. 1992. **DM 45,-**

F. Koch /S. Ritter: Lebenswut - Lebensmut. Sexuelle Gewalt in der Kindheit - Biographische Interviews. 492 S., Br., Centaurus Vlg. 1995. **DM 88,-**

Petra Koch-Knöbel: Sexueller Mißbrauch von Kindern innerhalb des Familiensystems. (Rhe. Beiträge zur gesellschaftswiss. Forschung Bd. 16) 104 S., Br., Centaurus Vlg. 1995. **DM 29,80**

Rainer Krause: Trauma und Gedächtnis. Aufnahmen von den Lindauer Psychotherapie Wochen 1997. (Rhe.: AudioTorium) 60 min., 1 Toncass., auditorium-Vlg. 1997. **DM 23,-**

Lars Kuntzag: Traumatisierte Vorschulkinder. Diagnostische Grundlagen und Methoden. 288 S., zahlr. Abb., Kt., Junfermann Vlg. 1998. **DM 49,80**

Friedhelm Lamprecht: Praxis der Traumatherapie. Was kann EMDR leisten? 240 S., Kt., Klett-Cotta 2000. **DM 39,-**

Marga Löwer-Hirsch: Sexueller Mißbrauch in der Psychotherapie. Zwölf Fallgeschichten: elf Frauen und ein Therapeut. 176 S., Kt., Vandenh. & Ruprecht 1998. **DM 39,-**

Andreas Maercker: Posttraumatische Belastungsstörungen. Psychologie der Extrembelastungsfolgen bei Opfern politischer Gewalt. 248 S., Br., Pabst Vlg. 1998. **DM 30,-**

Andreas Maercker (Ed.): Therapie der posttraumatischen Belastungsstörungen. XV,391 S., 16 Abb., 70 Tab., Br., Springer 1997. **DM 58,-**

Philip Manfield (Ed.): Innovative EMDR-Ansätze. 300 S., Junfermann Vlg. 1999. **DM 36,-**

J. Martinius/R. Frank: Vernachlässigung, Mißbrauch und Mißhandlung von Kindern. Erkennen, bewußtmachen, helfen. 167 S., Kt., H. Huber Vlg. 1990 (NA unbest.). **DM 39,80**

Ursula Mayr: Ohnmacht und Bewältigung - Gesichter des Inzests. Diagnose und Behandlung im psychoanalytischen Kontext. 200 S., Kt., Klett-Cotta 2000. **DM 36,-**

Jörg Maywald: Zwischen Trauma und Chance. Trennungen von Kindern im Familienkonflikt. 416 S., Kst., Lambertus-Vlg. 1997. **DM 72,-**

Ursula Nuber: Der Mythos vom frühen Trauma. Über Macht und Einfluss der Kindheit. 240 S., Br., S. Fischer 1995. **DM 32,-**

Ursula Nuber: Der Mythos vom frühen Trauma. Über Macht und Einfluss der Kindheit. (Rhe.: Geist u. Psyche, Bd. 14271) Kt., S. Fischer 1999. **DM 22,90**

Ingrid Olbricht: Das Trauma: Folgen sexueller Traumatisierung für die weitere Lebensgestaltung. Vortrag während der 47. Lindauer Psychotherapiewochen 1997. (Rhe.: AudioTorium) 57 min., 1 Toncass., auditorium-Vlg. 1997. **DM 23,-**

Laurel Parnell: EMDR - der Weg aus dem Trauma. Über die Heilung von Traumata und emotionalen Verletzungen. 280 S., Kt., Junfermann Vlg. 1999. **DM 39,80**

Karl Peltzer et al. (Ed.): Gewalt und Trauma. Psychopathologie und Behandlung im Kontext von Flüchtlingen und Opfern organisierter Gewalt. 245 S., Br., Vlg. IKO 1995. **DM 52,80**

Gisela Perren-Klinger (Ed.): Trauma. From Individual Helplessness to Group Resources. 255 S., 9 Tab., Kt., Haupt Vlg. 1996. **DM 65,-**

Gisela Perren-Klingler (Ed.): Trauma. Vom Schrecken des Einzelnen zu den Ressourcen der Gruppe. 298 S., 1 Abb., 9 Taf., Kt., Haupt Vlg. 1995. **DM 54,-**

Hilarion Petzold: Body Narratives - die Bedeutung von traumatischen Vergangenheitserfahrungen für die persönliche Zukunft. (Rhe.: AudioTorium) 1 Toncass., Laufzeit 90 min., auditorium-Vlg. 1997. **DM 26,-**

Ilka Quindeau: Trauma und Geschichte. Interpretationen autobiographischer Erzählungen von Überlebenden des Holocaust. Vorw. v. Judith S. Kestenberg. 284 S., Pb., Vlg. Brandes & Apsel 1995. **DM 39,80**

Luise Reddemann: Eine Behandlungsstrategie für in der Kindheit traumatisierte Patienten. Vorlesung während der 47. Lindauer Psychotherapiewochen 1997. (Rhe.: AudioTorium) 270 min., 5 Toncass. iBox, auditorium-Vlg. 1997. **DM 90,-**

L. Reddemann /H.U. Sachse: Behandlungsstrategie bei Patienten mit Traumatisierungen - neueste Ergebnisse. Aufnahmen von den Lindauer Psychotherapie Wochen 1998. (Rhe.: AudioTorium) 171 min., Toncass., auditorium-Vlg. o.J.. **DM 51,-**

Hans-Günther Richter: Sexueller Mißbrauch im Spiegel von Zeichnungen. Interpretationsansätze - Interpretationsversuche. 341 S., Br., P. Lang 1999. **DM 59,-**

Hertha Richter-Appelt (Ed.): Verführung - Trauma - Missbrauch (1896-1996) 261 S., Kt., Psychosozial Vlg. 1997. **DM 38,-**

Ausgehend von seiner 1896 veröffentlichten Arbeit „Zur Ätiologie der Hysterie", in der Freud die Hypothese formulierte, daß konversionsneurotische Symptome auf reale sexuelle Verführung im Kindesalter zurückzuführen seien, wird in der Arbeit die sich daran anschließende konrovers geführte Diskussion der vergangenen 100 Jahre beschrieben und schließlich die aktuellen Forschungsergebnisse zum Themenkpmplex „sexueller Mißbrauch und Trauma erörtert.

Katharina Rutschky: Erregte Aufklärung. Kindesmißbrauch - Fakten und Fiktionen. 128 S., Kt., Goldmann 1994. **DM 9,90**

Philip A. Saigh /M. Wengenroth (Ed.): Posttraumatische Belastungsstörung. Diagnose und Behandlung psychischer Störungen bei Opfern von Gewalttaten und Katastrophen. 218 S., 7 Abb., 5 Tab., Kt., H. Huber Vlg. 1995. **DM 49,80**

Joseph Sandler (Ed.): Psychisches Trauma. Ein psychoanalytisches Konzept im Theorie-Praxis-Zusammenhang. (Rhe.: Materialien a.d. SFI, 05) 115 S., Br., Lit Vlg. 2. Ed. 1995. **DM 24,80**

Mit Beiträgen von J. Sandler, QA. Dreher, S. Drews, R. Fischer, R. Klüwer, M. Muck, H. Vogel, Chrr. Will.

A. Schlösser /K. Höhfeld (Ed.): Trauma und Konflikt. 526 S., Gb., Psychosozial Vlg. 1998. **DM 48,-**

Käthe Schmid: Die Bedeutung der Aufdeckung von sexuellem Missbrauch für Mädchen und Frauen. 350 S., Br., Waxmann Vlg. 1998. **DM 59,-**

Oliver Schubbe (Ed.): Therapeutische Hilfen gegen sexuellen Mißbrauch an Kindern. Vorw. v. Andrew Vachss. 272 S., Kt., Vandenh. & Ruprecht 1994. **DM 44,-**

Almuth Sellschopp: Das Trauma: Zur Geschichte und Psychodynamik des Traumas. Vortrag während der 47. Lindauer Psychotherapiewochen 1997. (Rhe.: AudioTorium) Laufzeit 55 min., 1 TonCass.ette, auditorium-Vlg. 1997. **DM 23,-**

Jonathan Shay: Achill in Vietnam. Kampftrauma und Persönlichkeitsverlust. 319 S., Gb., Hamburger Ed. 1998. **DM 58,-**

Leonhard Shengold: Soul Murder. Seelenmord - Die Auswirkungen von Mißbrauch und Vernachlässigung in der Kindheit. 448 S., Hard, Vlg. Brandes & Apsel 1994. **DM 68,-**

"Dieses Buch [ist] mit seinem beeindruckenden klinischen Material und dem psychoanalytischen Verstehen des Seelenmordes und seiner Psychodynamik eins der wichtigsten" (AKJP)

Elaine V. Siegel: Inzest. Die psychoanalytische Behandlung eines frühen Traumas. 221 S., Ln., Klett-Cotta 1999. **DM 58,-**

Eliane Silva-Zürcher: Sexueller Missbrauch an Kindern in der Familie und im vertrauten Umfeld. Eine vergleichende sozialpsychologische Studie Deutschland - Brasilien. 180 S., Br., Roderer Vlg. 1997. **DM 42,-**

Anke Spies: „Wer war ich eigentlich?". Erinnerung und Verarbeitung sexueller Gewalt. 270 S., Kt., Campus 5/2000. **DM 64,-**

Annette Streeck-Fischer (Ed.): Adoleszenz und Trauma. 259 S., 4 Abb., Kt., Vandenh. & Ruprecht 1997. **DM 48,-**

L.M. Tas /J. Wiesse (Ed.): Ererbte Traumata. (Rhe.: Psa. Blätter, Bd. 02) 140 S., Kt., Vandenh. & Ruprecht 1995. **DM 36,-**

Undine Thurm: Bilder vom Ende des Schweigens. Eine kommentierte Zusammenstellung von Filmen zum sexuellen Mißbrauch von Kindern. (Rhe. Frauen, Gesellschaft, Kritik, Bd. 29) 364 S., Kt., Centaurus Vlg. 1997. **DM 48,-**

C. Thurn /E. Wils: Therapie sexuell mißbrauchter Kinder. Erfahrungen, Konzepte, Wege. (Rhe. Berlin Forschung Bd. 32) 160 S., Kt., Berlin Vlg. 1998. **DM 29,80**

R. H. Tinker /S. A. Wilson: Mit Kinderaugen betrachtet. 350 S., Kt., Junfermann Vlg. 2000. **DM 48,-**

Wolfgang Tress: Das Rätsel der seelischen Gesundheit. Traumatische Kindheit und früher Schutz gegen psychogene Störungen. Eine retrospektive epidemiologische Studie an Risikopersonen. 172 S., zahlr. Tab., 3 Abb., Kt., Vandenh. & Ruprecht 1986. **DM 36,-**

Elisabeth Weber: Verfolgung und Trauma. Zu Emmanuel Lévinas "Autrement qu'âtre ou au-delà de l'essence". 264 S., Br., Passagen Vlg. 1990. **DM 52,80**

Kerstin Wenninger: Langzeitfolgen sexuellen Kindesmißbrauchs. Dysfunktionale Kognitionen, psychophysiologische Reagibilitäten und ihr Zusammenhang mit der Symptomatik. V, 224 S., 7 Abb., Gb., Cuvillier 1994. **DM 52,-**

Peter Wetzels: Gewalterfahrungen in der Kindheit. Sexueller Mißbrauch, körperliche Mißhandlung und deren langfristige Konsequenzen. (Rhe. Interdisziplinäre Beiträge zur kriminologischen Forschung Bd. 8) 279 S., Kt., Nomos Vlg. 1997. **DM 40,-**

Waltraud Wirtgen (Ed.): Trauma, Wahrnehmen des Unsagbaren. Psychopathologie und Handlungsbedarf. 101 S., Kt., Asanger Vlg. 1997. **DM 28,-**

Ursula Wirtz: Seelenmord. Inzest und Therapie. 240 S., Kt., Kreuz Vlg. 10. Ed. 1997. **DM 32,-**

Leon Wurmser: Trauma, doppelte Wirklichkeit und „Teufelskreis", 4 Toncassetten. 45. Lindauer Psychotherapiewochen 1995 In Kassette. (Rhe.: Autobahn-Universität) 4 Toncass., C. Auer Vlg. o.J.. **DM 69,-**

Leon Wurmser: Trauma, Konflikt und Wiederholungszwang. (Rhe.: AudioTorium) 100 min., 1 Toncass., auditorium-Vlg. 1997. **DM 32,-**

Dongshu Zhang: Seelentrauma. 238 S., Br., P. Lang 1994. **DM 69,-**

Technik - Behandlung

Abwehr und Widerstand

R. Britton /M. Feldman /J. Steiner: Identifikation als Abwehr. Beiträge der Westlodge-Konferenz II. (Rhe.: Perspekt. Kleinian. Psa., Bd. 4) 140 S., Br., Ed. diskord 1998. **DM 28,-**

Helmut Buck: Elternbilder und Abwehrmechanismen. Eine empirische Untersuchung anhand des Gießen-Tests und des Abwehr-Compter-Tests. 215 S., zahlr. Abb., Br., P. Lang 1999. **DM 65,-**

Focus der Arbeit ist das Verhältnis zwischen Objektbeziehungen und Abwehrmechanismen, zwei zentrale Konzepte psychoanalytischen Therapie, die bislang kaum empirisch erforscht wurden. Untersucht werden dabei die Selbst- und Elternbilder sowie die Abwehrmechanismen von 46 Patientinnen und deren Veränderungen nach stationärer analytisch orientierter Psychotherapie.

Anna Freud: Das Ich und die Abwehrmechanismen. (Rhe.: Geist u. Psyche, Bd. 42001) Kt., S. Fischer 19. Ed. 1997. **DM 16,90**

Reinhard Herold: Übertragung und Widerstand. Rekonstruktion und Evaluation einer Methode zur Untersuchung von Übertragungswiderständen in psychoanalytischen Therapien. 351 S., 34 Abb., Pb., Univ. Ulm 1995. **DM 45,-**

Karl König: Abwehrmechanismen. 139 S., Kt., Vandenh. & Ruprecht 2. Ed. 1997. **DM 36,-**

Karl König: Widerstandsanalyse. 124 S., Kt., Vandenh. & Ruprecht 1995. **DM 34,-**

Jürgen Körner: Der konstruktive Umgang mit der Abwehr. Aufnahmen von den Lindauer Psychotherapie Wochen 1998. (Rhe.: AudioTorium) 300 min., 5 Toncass. iBox, auditorium-Vlg. o.J.. **DM 140,-**

Stavros Mentzos: Interpersonale und institutionalisierte Abwehr. 173 S., Kt., Suhrkamp 1988. **DM 16,80**

J. Sandler /A. Freud: Die Analyse der Abwehr. 395 S., Gb., Klett-Cotta 1989. **DM 90,-**

Ulrich Streeck (Ed.): Erinnern, Agieren und Inszenieren. Enactments und szenische Darstellungen im therapeutischen Prozeß. 220 S., Kt., Vandenh. & Ruprecht 4/2000. **DM 39,-**

Léon Wurmser: Flucht vor dem Gewissen. Analyse von Über-Ich und Abwehr bei schweren Neurosen. 500 S., Gb., Vandenh. & Ruprecht 4/2000. **DM 78,-**

Beziehung

Thea Bauriedl: Auch ohne Couch. Psychoanalyse als Beziehungstheorie und ihre Anwendungen. 394 S., 7 Abb., Gb., Klett-Cotta 3. Ed. 1999. **DM 58,-**

Thea Bauriedl: Wege aus der Gewalt. Analyse von Beziehungen. 186 S., Kt., Herder 5. Ed. 1997. **DM 18,80**

Alice Bernhard-Hegglin: Die therapeutische Begegnung. Verinnerlichung von Ich und Du. Vorw. v. Gaetano Benedetti. 174 S., Kt., Vandenh. & Ruprecht 1999. **DM 36,-**

Franz Caspar: Beziehungen und Probleme verstehen. Eine Einführung in die psychotherapeutische Plananalyse. 213 S., Kt., H. Huber Vlg. 2. rev. Ed. 1996. **DM 44,-**

Willy Dreyfuß: Kindergesichter. Begegnungen, Zeichnungen, Deutungen. 134 S., 95 Taf., Ln., Schwabe Vlg. 2. Ed. 1978. **DM 45,50**

M. H. Erickson /S. Rosen: Der richtige Therapeut. Eine Auswahl aus den Lehrgeschichten von Milton H. Erickson. Toncass., 1 Tonkass., Laufz.: 72 min., iskopress Vlg. 1993. **DM 38,-**

Michael Ermann (Ed.): Die hilfreiche Beziehung in der Psychoanalyse. 162 S., 10 Abb., Kt., Vandenh. & Ruprecht 2. Ed. 1996. **DM 36,-**

Jobst Finke: Beziehung und Intervention. Interaktionsmuster, Behandlungskonzepte und Gesprächstechnik in der Psychotherapie. VIII, 156 S., 4 Abb., Kt., Thieme 1999. **DM 39,90**

Matthias Franz: Der Weg in die psychotherapeutische Beziehung. Monographien zur „Zeitschrift für Psychosomatische Medizin und Psa.". 248 S, Kt., Vandenh. & Ruprecht 1998. **DM 58,-**

D. Görlitz /J.-J. Harloff /G. Mey et al. (Ed.): Children, Cities, and Psychological Theories. Developing Relationships. XI, 688 S., Abb., Gb., de Gruyter 1998. **DM 228,-**

J. Hardt /A. Vaihinger (Ed.): Wissen und Autorität in der psychoanalytischen Beziehung. Beitr. d. Themenheftes d. „Psychoanalytic Quarterly" v. 1996. (Rhe.: Bibliothek d. Psa.) 288 S., Kt., Psychosozial Vlg. 1999. **DM 68,-**

Onno v. d. Hart: Abschiednehmen. Abschiedsrituale in der Psychotherapie. (Rhe.: Leben lernen, Bd. 52) 100 S., Br., Klett-Cotta 1982. **DM 27,-**

Daniela Heisig: Wandlungsprozesse durch die therapeutische Beziehung. Die Konstellation und Neuorganisation von Komplexmustern. 422 S., 48 Abb., Kt., Psychosozial Vlg. 1999. **DM 68,-**

F. Herberth /J. Maurer (Ed.): Die Veränderung beginnt im Therapeuten. Anwendungen der Beziehungsanalyse in der psychoanalytischen Theorie und Praxis. 325 S., Pb., Vlg. Brandes & Apsel 2. Ed. 1998. **DM 49,80**

Mit zahlreichen Fallbeispielen aus der Einzel- und Paartherapie, der Familientherapie und der Therapie mit Adoleszenten, der Supervision und Institutionenberatung.

Eva Jaeggi: Psychotherapie zwischen Abstinenz und Bemutterung. (Rhe.: AudioTorium) 1 Toncass., Laufzeit 60 min., auditorium-Vlg. 1997. **DM 23,-**

Martina Kaminski: Hunger nach Beziehung. Wirkfaktoren in der Psychoanalyse Frühgestörter. (Rhe.: Leben lernen, Bd. 126) 126 S., Br., Klett-Cotta 1998. **DM 32,-**

Stanley Keleman: Körperlicher Dialog in der therapeutischen Beziehung. 158 S., Pb., Kösel Vlg. 1990. **DM 34,-**

John Klauber: Schwierigkeiten in der analytischen Begegnung. (Rhe.: Literatur der Psa.) 245 S., Kt., Suhrkamp 1980. **DM 38,-**

Sirko Kupper: Partizipationsstrukturen im psychotherapeutischen Prozeß. (Europ. Hochschulschriften 6605) 220 S., Br., P. Lang 1998. **DM 65,-**

Robert Langs: Die psychotherapeutische Verschwörung. 344 S., Kt., Klett-Cotta 1987. **DM 42,-**

B. Luban-Plozza /H. Otten /U. Petzold et al.: Grundlagen der Balintarbeit: Beziehungsdiagnostik und Beziehungstherapie. 206 S., Gb., Bonz Vlg. 1998. **DM 54,00**

David Mann: Psychotherapie: Eine erotische Beziehung. 342 S., Ln., Klett-Cotta 1999. **DM 68,-**

Wolfgang Reiss: Kinderzeichnungen. Wege zum Kind durch seine Zeichnung. 212 S., Kt., Luchterhand Vlg. 1995. **DM 48,-**

B. Rippe /R. Ratchev: Beziehung in Sprache und Bildern. Eindrücke aus psychoanalytischen Therapien. 24 S., Gb., Transform-Vlg. 1992. **DM 28,-**

C. R. Rogers /P. F. Schmid: Person-zentriert. Grundlagen von Theorie und Praxis. Mit einem kommentierten Beratungsgespräch. 305 S., Kt., M. Grünewald Vlg. 3. Ed. 1998. **DM 44,-**

C. R. Rogers /R. L. Rosenberg: Die Person als Mittelpunkt der Wirklichkeit. 226 S., Kt., Klett-Cotta 1980. **DM 38,-**

Peter Schellenbaum: Nimm deine Couch und geh! Heilung mit Spontanritualen. 288 S., Kt., dtv 1994. **DM 16,90**

F. Sedlak /G. Gerber (Ed.): Beziehung als Therapie - Therapie als Beziehung. Michael Balints Beitrag zur heilenden Begegnung. 196 S., Kt., E. Reinhardt Vlg. 1992. **DM 39,80**

Renate Stingl: Auf der Couch. Frauen und Männer berichten von ihrer Analyse. 214 S., Kt., Campus 1992. **DM 29,80**

Leo Stone: Die psychoanalytische Situation. Entwicklung und Bedeutung. (Rhe.: Geist u. Psyche, Bd. 11693) Kt., S. Fischer 1993. **DM 16,90**

Vamik D. Volkan: Psychoanalyse der frühen Objektbeziehungen. Zur psychoanalytischen Behandlung psychotischer, präpsychotischer und narzißtischer Störungen. Vorw. v. O.F. Kernberg. 261 S., Kt., Klett-Cotta 2 Ed. 1999. **DM 44,-**

Stefanie Wilke: Die erste Begegnung. Eine konversationsanalytische und inhaltsanalytische Untersuchung der Interaktion im psychoanalytischen Erstgespräch. Diss. 384 S., Kt., Asanger Vlg. 1992. **DM 74,-**

Lewis Yablonsky: Die Therapeutische Gemeinschaft. Ein erfolgreicher Weg aus der Drogenabhängigkeit. 252 S., Br., Beltz 1990. **DM 42,-**

DIAGNOSTIK

A. Andronikof-Sanglade: Rorschachiana. Yearbook of the Rorschach Society, Bd. 23. 152 S., 6 Abb., 35 Tab., Gb., Hogrefe & Huber 1999. **DM**

Das neue Jahrbuch der Internationalen Rorschach-Gesellschaft gewährt Einblick in Theorie und Praxis dieses etablierten und international weit verbreiteten psychodiagnostischen Verfahrens.

A. Andronikof-Sanglade (Ed.): Rorschachiana. Yearbook of the International Rorschach Society, Vol. 24. 160 S., Gb., Hogrefe & Huber 1999. **ca. DM 62,-**

Hermann Argelander: Das Erstinterview in der Psychotherapie. 112 S., Kt., WBG 6. unv. Ed. 1999. **DM 36,-**

Ursula Avé-Lallemant: Baum-Tests. Mit einer Einführung in die symbolische und graphologische Interpretation. 255 S., 91 Abb., Kt., E. Reinhardt Vlg. 4. rev. Ed. 1996. **DM 49,80**

Ursula Avé-Lallemant: Der Sterne-Wellen-Test. 232 S., 150 Abb., Gb., E. Reinhardt Vlg. 2. rev. Ed. 1994. **DM 45,-**

Dieter Beckmann (Ed.): Erfahrungen mit dem Giessen-Test (GT) Praxis, Forschung und Tabellen. 242 S., 26 Abb., 58 Tab., Kt., H. Huber Vlg. 1979. **DM 44,80**

Cécile Beizmann: Leitfaden der Rorschach-Deutungen. 241 S., 244 Abb., Gb., E. Reinhardt Vlg. 1975. **DM 48,-**

Ewald Bohm: Lehrbuch der Rorschach-Psychodiagnostik. Für Psychologen, Ärzte und Pädagogen. XXVII, 499 S., Beil.: 1 Mappe, Gb., H. Huber Vlg. 7. Ed. 1996. **DM 128,-**

Ewald Bohm: Traité du psychodiagnostic de Rorschach. 538 S., 10 farb. Taf., Gb., H. Huber Vlg. 1985. **DM 86,-**

Beate Burk: Psychosoziale Belastungen von Kindern und Jugendlichen in Ost und West. Anwendung, Reliabilität und Quasi-Validität der Achse 5 des MAS. 232 S., 37 Abb., 48 Tab., Kt., Klotz Vlg. 1997. **DM 39,80**

Lothar Busch: Unbewußte Selbstbilder. Grundlagen und Methodik der psychodiagnostischen Bildanalyse. 257 S., zahlr. Abb., Kt., Westdt. Vlg. 1997. **DM 62,-**

Louis Corman: Schwarzfuß-Test. Grundlagen, Durchführung, Deutung und Auswertung. 152 S., 16 Abb., Gb., E. Reinhardt Vlg. 3. Ed. 1995. **DM 46,80**

Louis Corman: Der Schwarzfuß-Test-Testmappe. 18 Bildkarten, iM., E. Reinhardt Vlg. 3. Ed. 1996. **DM 24,80**

Carina Coulacoglou: Märchentest-Testmappe (FTT) 21 Bildkarten, E. Reinhardt Vlg. 1996. **DM 29,80**

Carina Coulacoglou: Märchentest. Fairy Tale Test - FTT. Ein projektiver Persönlichkeitstest für Kinder. 142 S., 22 Abb., 9 Tab., Gb., E. Reinhardt Vlg. 1996. **DM 46,-**

Carina Coulacoglou: Testbogen zum Märchentest (FTT) 8 S., 10 Stück, Format Din A4, E. Reinhardt Vlg. 1996. **DM 24,-**

J.F. Danckwardt /E. Gattig: Die Indikation zur hochfrequenten analytischen Psychotherapie in der vertragsärztlichen Versorgung. Ein Manual. 84 S., Br., frommann-holzboog 1996. **DM 28,-**

Horst Dilling et al. (Ed.): Von der ICD-9 zur ICD-10. Neue Ansätze der Diagnostik psychischer Störungen in der Psychiatrie, Psychosomatik und Kinder- u. Jugendpsychotherapie. XIV, 285 S., 16 Abb., 70 Tab., Kt., H. Huber Vlg. 1994. **DM 49,80**

Manfred Döpfner (Ed.): Psychopathologisches Befund-System für Kinder und Jugendliche (CASCAP-D). X,112 S., Kt., Hogrefe 1999. **DM 39,80**

Annemarie Dührssen: Die biographische Anamnese unter tiefenpsychologischem Aspekt. 159 S., Kt., Vandenh. & Ruprecht 4. Ed. 1997. **DM 38,-**

A. Eckstaedt /R. Klüwer (Ed.): Zeit allein heilt keine Wunden. Psychoanalytische Erstgespräche mit Kindern und Eltern. Vorw. v. Hermann Argelander. 216 S., Kt., Suhrkamp 4. Ed. 1999. **DM 19,80**

Bereits in den Worten Moses", daß „der Herr die Frevel der Väter heimsucht an den Kindern bis ins dritte und vierte Glied" wird die eng verlötete und fortwirkende Bindung zwischen Eltern und Kindern als schicksalhaft gekennzeichnet. Diese Bindung ist mit keiner anderen zwischenmenschlichen Beziehung vergleichbar, weil in keiner anderen Phase seines Lebens der junge Mensch den unbewußt wirkenden Einflüssen der Eltern so weitgehend ausgeliefert ist. Wie maligne Bindungsverläufe in der Psychoanalyse von Kindern und Erwachsenen behandelt werden, schildern die in dem Bändchen versammelten Falldarstellungen.

Ulrich Fox: Zeichnerische Aussagen im Wartegg-Zeichentest. Ein Vergleich zwischen Inhaftierten und Berufsschülern gleichen Alters. 300 S., Br., Lit Vlg. 1989. **DM 48,80**

Jörg Frommer: Qualitative Diagnostikforschung. Inhaltsanalytische Untersuchungen zum psychotherapeutischen

Erstgespräch. VIII, 165 S., 2 Abb., Gb., Springer 1996. **DM 98,-**

W. Gaebel /F. Müller-Spahn (Ed.): Diagnostik und Therapie psychischer Störungen. 1100 S., Gb., Kohlhammer Vlg. 2000. **DM 220,-**

Franz Heigl: Indikation und Prognose in Psychoanalyse und Psychotherapie. Für die Praxis des Arztes, Psychotherapeuten und klinischen Psychologen. Unter Mitarb. v. Anneliese Heigl-Evers. 284 S., Kt., Vandenh. & Ruprecht 3. Ed. 1987. **DM 49,-**

Roderich Hohage: Analytisch orientierte Psychotherapie in der Praxis. Diagnostik, Behandlungsplanung, Kassenanträge. 204 S., Kt., Schattauer 2. rev.1997. **DM 59,-**

J.G. Howells /J.R. Lickorish: Familien-Beziehungs-Test (FBT) Testmappe. 16 Seiten Handanweisung, 16 Auswertungsblätter. 40 Abb. auf 24 Testkarten, Gb., E. Reinhardt Vlg. 5. Ed. 1994. **DM 49,80**

Jürgen Hoyer: Intrapsychischer Konflikt und psychopathologische Symptombelastung. Quantitative Konfliktdiagnostik bei klinischen Gruppen. 215 S., Br., Roderer Vlg. 1992. **DM 42,-**

Urs Imoberdorf et al. (Ed.): Psychodiagnostik von Individuen, Gruppen und Organisationen. Die Beiträge des Zweiten Zürcher Diagnostik-Kongresses vom 21./22. August 1997 an der Universität Zürich. 319 S., Abb., Kt., Hirzel Vlg. 1998. **DM 58,-**

E. Keil-Kuri /G. Görlitz: Vom Erstinterview zum Kassenantrag. Seelische Krankheit im Sinne der Psychotherapie-Richtlinien; Erstinterview, Probatische Sitzungen, der Kassenantrag. 182 S., Kt., G. Fischer Vlg. 3. rev. Ed. 1998. **DM 58,-**

Bodo Klemenz: Plananalytisch orientierte Kinderdiagnostik. 236 S., 30 Abb., Kt., Vandenh. & Ruprecht 1999. **DM 58,-**

B. Klopfer /H.H. Davidson: Das Rorschach-Verfahren. Eine Einführung. 275 S., Abb., Kt., H. Huber Vlg. 3. Ed. 1974.. **DM 48,-**

Karl König: Indikation. Entscheidungen vor und während einer psychoanalytischen Therapie. 206 S., Kt., Vandenh. & Ruprecht 1994. **DM 52,-**

Peter Kornbichler: Wann hilft eine Psychotherapie? Symptome, Methoden, Kosten, Qualitätskontrolle. 96 S., Kt., Urania 1998. **DM 19,90**

Rudolf Köster: Was kränkt, macht krank. Seelische Verletzungen erkennen und vermeiden. 127 S., Kt., Herder 4. Ed. 1997. **DM 14,80**

Bettina Krey: Kinderzeichnungen in Diagnostik und Therapie. Was eine Kinderzeichnung verrät. 496 S., Br., Vlg. G.Mainz 1996. **DM 59,80**

Annemarie Laimböck: Das psychoanalytische Erstgespräch. 120 S., Br., Ed. diskord 2000. **DM 24,-**

A.-R. Laireiter (Ed.): Diagnostik in der Psychotherapie. 550 S., Gb., Springer 2000. **DM 128,-**

Kurt Laufs: Der apperzeptive Situationstest AST. Ein Beitrag zur psychoanalytischen Theorienbildung. 66 S., Br., Vless Vlg. 1991. **DM 36,-**

Heidi Mußigbrodt et al.: Psychische Störungen in der Praxis. Leitfaden zur Diagnostik und Therapie in der Primärversorgung nach dem Kap. V(F) der ICD-10. 160 S., Kt., H. Huber Vlg. 2. rev. Ed. 2000. **DM 29,80**

Peter Osten: Die Anamnese in der Psychotherapie. Ein integratives Konzept. 238 S., Gb., E. Reinhardt Vlg. 1995. **DM 49,80**

Udo Rauchfleisch: Der Thematische Apperzeptionstest (TAT) in Diagnostik und Therapie. Eine psychoanalytische Interpretationsmethode. XI, 199 S., Kt., Enke 1989. **DM 68,-**

Udo Rauchfleisch: Kinderpsychologische Tests. Ein Kompendium für Kinderärzte. VIII, 91 S., 41 Abb., Kt., Enke 2. rev. Ed. 1993. **DM 48,-**

Udo Rauchfleisch: Testpsychologie. Eine Einführung in die Psychodiagnostik. 250 S., Kt., UTB 3. Ed. 1994. **DM 29,80**

H. Remschmidt /F. Mattejat (Ed.): Familiendiagnostisches Lesebuch. Fallbeschreibungen zum Verlauf psychischer Erkrankungen im Jugendalter. VIII, 185 S., Kt., Enke 1998. **DM 58,-**

H. Remschmidt /R. Walter: Psychische Auffälligkeiten bei Schulkindern. Eine epidemologische Untersuchung. Mit deutschen Normen für die Child Behavior Checklist im Anhang. X, 198 S., Kt., Hogrefe 1999. **DM 49,80**

Hermann Rorschach: Psychodiagnostics. A Diagnostic Test Based on Perception. 228 S., Gb., H. Huber Vlg. 10. Ed. 1998. **DM 79,-**

Hermann Rorschach: Psychodiagnostik. Methodik und Ergebnisse eines wahrnehmungsdiagnostischen Experiments. Hrsg. v. Walter Morgenthaler. 249 S., Gb., H. Huber Vlg. 11. Ed. 1992. **DM 79,-**

Wilhelm Salber: Der psychische Gegenstand. Untersuchung zur Frage des psychologischen Erfassens und Klassifizierens. 234 S., Gb., Bouvier Vlg. 6 Ed. 1988. **DM 48,-**

R. Saller /H. Feiereis (Ed.): Erweiterte Schulmedizin: Anwendungen in Diagnostik und Therapie. Bd. 2: Psychosomatische Medizin und Psychotherapie. Ein Lesebuch für alle Fachgebiete. 743 S., Gb., Marseille 1995. **DM 98,-**

H. Saß /H.-U. Wittchen /M. Zaudig (Ed.): Diagnostisches und Statistisches Manual Psychischer Störungen DSM IV. CD-ROM-Version für Windows 95, 98, NT. 1 CD-ROM, Hogrefe 2000. **DM 298,-**

Henning Schauenburg (Ed.): OPD in der Praxis. Konzepte, Anwendungen und Ergebnisse der Operationalisierten Psychodynamischen Diagnostik. 184 S., Kt., H. Huber Vlg. 1998. **DM 49,80**

W. Schneider /H. Freyberger /A. Muhs (Ed.): Diagnostik und Klassifikation nach ICD-10 Kap. V. Eine kritische Auseinandersetzung. Ergebnisse der ICD-10-Forschungskriterienstudie aus dem Bereich Psychosomatik / Psychotherapie. 274 S., Kt., Vandenh. & Ruprecht 1993. **DM 54,-**

W. Schneider /H.J. Freyberger: Was leistet die OPD? Empirische Befunde und klinische Erfahrungen. 250 S., Kt., H. Huber Vlg. 1999. **DM 49,80**

In diesem dritten Band zur OPD werden sowohl konzeptionelle als auch neueste empirische Beiträge vorgestellt.

Traudel Simon-Wundt: Märchendialoge mit Kindern, ein psychodiagnostisches Verfahren. (Rhe.: Leben lernen, Bd. 117) 157 S., Br., Klett-Cotta 1997. **DM 32,-**

Gerhild von Staabs: Der Sceno-Test. Beitrag zur Erfassung unbewußter Problematik und charakterologischer Struktur in Diagnostik und Therapie. 170 S., 42 Abb., davon 4 farb., Kt., H. Huber Vlg. 8.Ed. 1992. **DM 58,-**

R.-D. Stieglitz /U. Baumann: Psychodiagnostik psychischer Störungen. XIV, 315 S., Kt., Enke 1994. **DM 98,-**

Christian Waser: Der Dreibaumtest. Ein projektiver Zeichentest zur Beziehungsdiagnostik. 183 S., Kt., Klotz Vlg. 2. Ed. 2000. **DM 36,80**

I.B. Weiner (Ed.): Rorschachiana - Yearbook of the International Rorschach Society. Vol. 22. 224 S., 38 Abb., 3 Tab., Gb., Hogrefe & Huber 1997. **DM 62,-**

Daniel Widlöcher: Was eine Kinderzeichnung verrät. Methode und Beispiele psychoanalytischer Deutung. (Rhe.: Geist u. Psyche, Bd. 42254) Abb., Kt., S. Fischer o.J.. **DM 18,90**

Jürg Willi: Der gemeinsame Rorschach-Versuch. Diagnostik von Paar- und Gruppenbeziehungen. 191 S., 7 Abb., 31 Tab., Kt., H. Huber Vlg. 1973. **DM 51,-**

M.-E. Wollschläger /G. Wollschläger: Der Schwan und die Spinne. Das konkrete Symbol in Diagnostik und Psychotherapie. Geleitw. v. Edda Klessmann. 230 S., Kt., H. Huber Vlg. 1998. **DM 49,80**

Arne Wrobel: Kommunikation im psychoanalytischen Interview. Pragmalinguistische und gesprächsanalytische Untersuchungen zum Erstinterview mit psychosomatischen Kranken. 400 S., Efal., Centaurus Vlg. 1985. **DM 44,-**

Marina Zulauf-Logoz: Die desorganisierte Mutterbindung bei einjährigen Kindern. Die motivationspsychologische Bedeutung der D-Klassifikation in „Fremde-Situations-Test". (Rhe.: Psa. im Dialog, 6) 235 S., Br., P. Lang 1997. **DM 66,-**

Hans Zulliger: Der Zulliger-Tafeln-Test (Tafeln-Z-Test) Ein Rorschach-Verfahren mit 3 Tafeln für individuelle psychologische Untersuchungen. 308 S., Kt., H. Huber Vlg. 4. rev. Ed. 1977. **DM 64,-**

Ergebnisforschung /Ziele /Konzepte

Kriterien für die Beurteilung der Wissenschaftlichkeit von Psychotherapieverfahren. 160 S., Kt., DGVT Vlg. ersch. FR 2000. **DM 24,80**

C. Adler /E. Brähler (Ed.): Quantitative Einzelfallanalysen und qualitative Verfahren. 209 S., Br., Psychosozial Vlg. 1995. **DM 38,-**

H. Ambrühl /B. Strauß (Ed.): Therapieziele. 336 S., Kt., Hogrefe 1999. **DM 59,-**

Enid Balint /J.-S. Norell (Ed.): Fünf Minuten pro Patient. Eine Studie über die Interaktionen in der ärztlichen Allgemeinpraxis. Kt., Suhrkamp 1978. **DM 14,80**

Hinrich Bents et al. (Ed.): Erfolg und Mißerfolg in der Psychotherapie. VIII, 263 S., Br., Roderer Vlg. 1996. **DM 39,80**

W. Berner /R. Danzinger /A. Haynal: Heilt die Psychoanalyse? 168 S., Br., Orac Vlg. 1993. **DM 75,-**

U. Brucks /B. Wahl /W. Schüffel: Die epikritische Fallbetrachtung. Prozeßentwicklung und Qualitätssicherung in therapeutischen Beziehungen. 100 S. mit 5 Arbeitsbl., Gb., Asanger Vlg. 2. Ed. 2000. **DM 48,-**

Johannes Cremerius: Arbeitsberichte aus der psychoanalytischen Praxis. 256 S., Gb., Ed. diskord 1998. **DM 42,-**

Johannes Cremerius: Vom Handwerk des Psychoanalytikers. Bd. 1. 211 S., Kt., frommann-holzboog 2. rev. Ed. 1990. **DM 24,-**

Johannes Cremerius: Vom Handwerk des Psychoanalytikers. Bd. 2. S. 217-448, Kt., frommann-holzboog 2. rev. Ed. 1990. **DM 24,-**

Anna U. Dreher: Empirie ohne Konzept? Einführung in die psychoanalytische Konzeptforschung. (Rhe.: VIP - Verl. Internat. Psa.) 215 S., Ln., Klett-Cotta 1998. **DM 48,-**

Um die therapeutisch angewandte Psychoanalyse der Gefahr zu entheben, ihre konzeptualen Verlaufsprozesse nicht hinreichend empirisch darstellen zu können, muß -so die These der Arbeit- systematische Konzeptforschung innerhalb der klinischen Psychoanalyse ebenso selbstverständlich werden wie auch die Beforschung psychoanalytischer Konzepte mittels empirischer Verfahren.

Annemarie Dührssen: Analytische Psychotherapie in Theorie, Praxis und Ergebnissen. 440 S., Ln., Vandenh. & Ruprecht 1972. **DM 63,-**

H. Faller /J. Frommer (Ed.): Qualitative Psychotherapieforschung. Grundlagen und Methoden. 395 S., Zeichn. u. graph. Darst., Kt., Asanger Vlg. 1994. **DM 68,-**

Gottfried Fischer: Dialektik der Veränderung in Psychoanalyse und Psychotherapie. Modell, Theorie und systematische Fallstudie. XIII,315 S., Kt., Asanger Vlg. 2. Ed. 1996. **DM 68,-**

Erich Franzke: Zuviel des Guten, zuwenig des Nötigen? Balance von Ich-Stützung und Ich-Stärkung in der Psychotherapie. 228 S., 26, Kt., H. Huber Vlg. 1991. **DM 58,-**

Steven Friedman: Effektive Psychotherapie. Wirksam handeln bei begrenzten Ressourcen. 359 S., Gb., Vlg. Mod. Lernen 1999. **DM 44,-**

Peter Fürstenau: Entwicklungsförderung durch Therapie. Grundlagen psychoanalytisch-systemischer Psychotherapie. (Rhe.: Leben lernen, Bd. 81) 232 S., Br., Klett-Cotta 2. Ed. 1994. **DM 36,-**

A. Heigl-Evers /J. Ott (Ed.): Die psychoanalytisch-interaktionelle Methode. Theorie und Praxis. 282 S., Kt., Vandenh. & Ruprecht 3. rev. Ed. 1998. **DM 44,-**

Edgar Heim /M. Perrez (Ed.): Krankheitsverarbeitung. 262 S., Kt., Hogrefe 1994. **DM 78,-**

Markus Hochgerner /E. Wildberger (Ed.): Was wirkt in der Psychotherapie? (Rhe.: Psychother. Theorie u. Praxis, Bd. 5) 300 S., Br., Facultas Vlg. iVbr., 2000. **DM 55,-**

Markus Hochgerner et al. (Ed.): Anwendungen der Psychotherapie. Propädeutikum - Band 3. 187 S., Br., Facultas Vlg. 1996. **DM 41,-**

Wolfgang H. Hollweg: Von der Wahrheit, die frei macht. Erfahrungen mit der Tiefenpsychologischen Basis-Therapie. XV, 415 S., Kt., Mattes Vlg. 1995. **DM 45,-**

Wolfgang H. Hollweg: Was verborgen ist im Menschen. Vorträge und Aufsätze zur ganzheits-medizinisch orientierten psychoanalytisch-psychosomatischen Therapie. 206 S., Kt., Centaurus Vlg. 1991. **DM 29,80**

M. Homm /M. Kierein /R. Popp et al.: Rahmenbedingungen der Psychotherapie. 336 S., Br., Facultas Vlg. 1996. **DM 59,-**

Andrea Huf: Psychotherapeutische Wirkfaktoren. 264 S., Br., PVU 1992. **DM 54,-**

G. Jüttemann /H. Thomae (Ed.): Biographische Methoden in den Humanwissenschaften. XI, 417 S., Kt., PVU 1998. **DM 98,-**

H. Kächele /E. Mergenthaler /R. Krause: Psychoanalytic Process Research Strategies II. 20th Ulm Workshop of Empirical Research in Psychoanalysis, 1997. 1 CD-ROM, Univ. Ulm 1999. **DM 35,-**

Ernst Kern: Entwicklung als Ziel von Psychotherapie. Ein salutogenetisches Modell über Veränderungen im innermoralischen Selbstbezug von Suchtkranken im Verlauf einer stationären Entwöhnungstherapie. 456 S., Gb., Kovac Vlg. 1999. **DM 209.-**

Gerd Kimmerle (Ed.): Konstruktionen (in) der Psychoanalyse. (Rhe.: Anschlüsse, Bd. 2) 128 S., Br., Ed. diskord 1998. **DM 25,-**

Karl König: Wem kann Psychotherapie helfen? 126 S., Kt., Vandenh. & Ruprecht 1993. **DM 19,80**

D. W. Meichenbaum /D. C. Turk: Therapiemotivation des Patienten. Ihre Förderung in Medizin und Psychotherapie. 240 S., Kt., H. Huber Vlg. 1992. **DM 49,80**

Theo Payk: Checkliste Psychiatrie und Psychotherapie. XIII,534 S., 19 Abb., 131 Tab., Kst., Thieme 3. rev. Ed. 1998. **DM 54,-**

Hilarion G. Petzold /M. Märtens (Ed.): Wege zu effektiven Psychotherapien. Psychotherapieforschung und Praxis. 400 S., Kt., Leske + Budrich 2000. **DM 68,-**

G. Schneider /G. Seidler: Internalisierung und Strukturbildung. Theoretische Perspektiven und klinische Anwendungen in Psychoanalyse und Psychotherapie. 331 S., Kt., Westdt. Vlg. 1995. **DM 72,-**

Dietmar Schulte: Therapieplanung. 342 S., 13 Abb., Kt., Hogrefe 1996. **DM 48,-**

H. Stierlin /P. Watzlawick: Die Zeitperspektive in der Psychotherapie, 1 Cassette. 2. Europäischer Kongreß für Hypnose und Psychotherapie nach Milton H. Erickson 1995. J., Toncass., C. Auer Vlg. 1995. **DM 19,80**

R.D. Stolorow /B. Brandchaft /G.E. Atwood: Psychoanalytische Behandlung. Ein intersubjektiver Ansatz. (Rhe.: Geist u. Psyche, Bd. 12565) Kt., S. Fischer 1996. **DM 19,90**

Eva Stoltzenberg: Wann ist eine Psychoanalyse beendet? Vom idealistisch-normativen zum systemischen Ansatz. Nachw. v. Peter Fürstenau. 119 S., Kt., Vandenh. & Ruprecht 1986. **DM 29,-**

Ulrich Stuhr: Therapieerfolg als Prozeß. Leitlinien für eine künftige Psychotherapieforschung. 205 S., 6 Graph., Kt., Asanger Vlg. 1997. **DM 48,-**

Andreas Veith: Therapiemotivation. Zur Spezifizierung einer unspezifischen Therapievariablen. 362 S., Kt., Westdt. Vlg. 1997. **DM 69,-**

Erzählen /Gespräch

Renate Bida-Winter: Das Gespräch im Jugendzentrum. Eine pädagogisch-psychoanalytische Intervention. 192 S., Pb., Vlg. Brandes & Apsel 1991. **DM 29,80**

Brigitte Boothe: Der Patient als Erzähler in der Psychotherapie. 224 S., zahlr. Zeichn., Kt., Vandenh. & Ruprecht 1994. **DM 39,-**

Brigitte Boothe et al.: Psychisches Leben im Spiegel der Erzählung. Eine narrative Psychotherapiestudie. 253 S., 26 Abb., Kt., Asanger Vlg. 1998. **DM 48,-**

Elmar Brähler: Die automatische Analyse des Sprechverhaltens im psychoanalytischen Erstinterview mit der Giessener Beschwerdeliste. 180 S., Br., VAS 1994. **DM 30,-**

Juana Danis: Das Wort in der Psychotherapie. 34 S., Pb., Ed. Psychosymbolik 1992. **DM 15,-**

W. Deutsch /M. Wenglorz et al.: Sprache. Sprachentwicklung - Sprache im psychotherapeutischen Prozeß. 52. Psychotherapie-Seminar Freudenstadt. XII, 127 S., Kt., Mattes Vlg. 1996. **DM 25,-**

Barbara Eisenmann: Erzählen in der Therapie. Eine Untersuchung aus handlungstheoretischer und psychoanalytischer Perspektive. 225 S., Kt., Westdt. Vlg. 1995. **DM 42,-**

Claudia Frank (Ed.): Wege zur Deutung. Verstehensprozesse in der Psychoanalyse. 218 S., Kt., Westdt. Vlg. 1994. **DM 46,-**

Die psychoanalytische Behandlung wirkt durch das Verstehen der krankheitsverursachenden unbewußten Konflikte. Dabei muß der Analytiker Zugang zu den stets persönlichen, determinierenden Bedeutungen aktueller und lebensgeschichtlicher Erfahrungen in der äußeren und inneren Welt finden. Es ist ein Anliegen der Autoren dieses Bandes, zentrale Facetten dieses komplexen interaktiven Geschehens herauszuarbeiten.

Maurice Friedman: Der heilende Dialog in der Psychotherapie. 331 S., Kt., Vlg. EHP 1987. **DM 44,-**

Erich Fromm: Von der Kunst des Zuhörens. Therapeutische Aspekte der Psychoanalyse. 246 S., Kt., Beltz 1994. **DM 38,-**

Erich Fromm: Von der Kunst des Zuhörens. Therapeutische Aspekte der Psychoanalyse. Hrsg. u. Vorw. v. Rainer Funk. Kt., Heyne 1994. **DM 14,90**

H. S. Herzka /W. Reukauf /H. Wintsch: Dialogik in Psychologie und Medizin. 365 S., 12 Abb., Br., Schwabe Vlg. 1999. **DM 78,-**

Verena Kast: Erzählen und zuhören: Das Narrativ im therapeutischen Dialog. „Ich hab so vieles zu erzählen". (Rhe.: AudioTorium) 60 min., 1 Toncass., auditorium-Vlg. o.J.. **DM 23,-**

Eva Keil-Kuri: Praxisgespräche, Gesprächspraxis. Verbale Interventionstechnik im Arzt-Patienten-Gespräch mit psychosomatisch Kranken. 128 S.182 S., Kt., G. Fischer Vlg. 1996. **DM 39,80**

Jürgen Körner: Behandlungsgeschichten erzählen. (Rhe.: AudioTorium) 54 min., 1 Toncass., auditorium-Vlg. o.J.. **DM 23,-**

Jürgen Körner: Vom Erklären zum Verstehen in der Psychoanalyse. Untersuchungen zur psychoanalytischen Methode. (Rhe.: Material z. Psa. u. analyt. orientierten Psychoth., Bd. 8) 164 S., Kt., Vandenh. & Ruprecht 1985. **DM 48,-**

Rudolf Köster: Das gute Gespräch. Gesunden und Wohlbefinden im Dialog. 124 S., Kt., Vandenh. & Ruprecht 1996. **DM 19,80**

J. Küchenhoff /R.-P. Warsitz: Labyrinthe des Ohres. Vom therapeutischen Sinn des Zuhörens in Psychopathologie und Psychoanalyse. 194 S., Kt., Königshausen & Neumann 1992. **DM 39,80**

Frieda Kurz: Zur Sprache kommen. Psychoanalytisch orientierte Sprachtherapie mit Kindern. 176 S., 85 Abb., Kt., E. Reinhardt Vlg. 1993. **DM 36,-**

(Besprochen in arbeitshefte kinderpsa. 20/1995 v. W. Datler)

C.H. Lankton /S.R. Lankton: Geschichten mit Zauberkraft. Die Arbeit mit Metaphern in der Psychotherapie. (Rhe.: Leben lernen, Bd. 76) 371 S., Br., Klett-Cotta 3. Ed. 1999. **DM 52,-**

Elisabeth Lukas: Wie Leben gelingen kann. Geschichten mit logotherapeutischer Heilkraft. 198 S., Gb., Quell-Vlg. 3. Auf. 1988. **DM 29,80**

Paul Mecheril: Wie und worüber gesprochen wird. Entwicklung und Anwendung einer Beschreibungssprache zur Untersuchung psychotherapeutischer Gespräche. XII, 338 S., Br., Waxmann Vlg. 1992. **DM 59,-**

Erhard Mergenthaler: Emotions- /Abstraktions-Muster in Verbatimprotokollen. Ein Beitrag zur computergestützten lexikalischen Beschreibung des psychotherapeutischen Prozesses. Vorw. v. Horst Kächele. 75 S., Br., VAS 1997. **DM 25,-**

Dieter Ohlmeier: Erzählung und Erzählen in der Psychoanalyse. Aufnahmen von den Lindauer Psychotherapie Wochen 1997. (Rhe.: AudioTorium) 58 min., 1 Toncass., auditorium-Vlg. 1997. **DM 23,-**

Annegret Overbeck: Kommunikationserleben und Rede-Schweige-Verhalten in familientherapeutischen Interviews. Beziehungsstruktur und Interaktion. Vorw v. Elmar Brähler. 250 S., Br., VAS 1993. **DM 35,-**

Christian Reimer (Ed.): Ärztliche Gesprächsführung. 109 S., 3 Abb., Kt., Springer 2. rev. Ed. 1994. **DM 36,-**

Roy Schafer: Erzähltes Leben. Narration und Dialog in der Psychoanalyse. (Rhe.: Leben lernen, Bd. 97) 448 S., Br., Klett-Cotta 1995. **DM 64,-**

Die Frage nach dem Status und den „Techniken" der Selbst-Erzählung sind so zentral für das Geschehen in der Psychoanalyse, daß es verwundert, wie wenig Aufmerksamkeit ihm bisher geschenkt wurde.

I. Stengel /L. Hude /V. Meiwald: Sprachschwierigkeiten bei Kindern. Wie Eltern helfen können. (Rhe.: Kinder fordern uns heraus) 170 S., Kt., Klett-Cotta 10. Ed. 1998. **DM 22,-**

I. Stengel /T. Strauch: Stimme und Person. Personale Stimmentwicklung, Personale Stimmtherapie. 231 S., Kt., Klett-Cotta 3. Ed. 1999. **DM 38,-**

E. Weber /G.C. Tholen (Ed.): Das Vergessene. Anamnesen des Undarstellbaren. Mit Beitr. v. J.F. Lyotard, J. Derrida, S. Weber u.a. 285 S., Br., Turia & Kant 1997. **DM 48,-**

Res Wepfer: Schweigen in der Psychotherapie. Zum Umgang der Psychoanalyse mit dem Widerspenstigen. Vorw. v. Brigitte Boothe. 194 S., 25 Abb., Br., VAS 1998. **DM 36,-**

FALLBERICHTE

Berit Anders: Ich heiße Berit und habe eine Borderline-Störung. Protokoll einer Selbstfindung. 136 S., Br., Walter Vlg. 1999. **DM 24,80**

Ulrich Clement: HIV-positiv. Psychische Verarbeitung, subjektive Infektionstheorien und psychosexuelle Konflikte HIV-Infizierter. Eine komparativ-kasuistische Studie. 222 S. m. 4 Abb., Kt., Enke 1992. **DM 36,-**

Horst Dilling: Die vielen Gesichter psychischen Leids. Das offizielle Fallbuch der WHO zur ICD-10 Kap. V(F) 200 S., Kt., H. Huber Vlg. 2000. **DM 44,80**

J. Federspiel /I. Karger: Kursbuch Seele. Was tun bei psychischen Problemen? Beratung, Selbsthilfe, Medikamente. 120 Psychotherapien auf dem Prüfstand. 544 S., Illustr., Gb., Kiepenheuer & Witsch 1996. **DM 58,-**

E. Heinemann /J. de Groef (Ed.): Psychoanalyse und geistige Behinderung. Fallstudien aus Belgien, Deutschland, England, Frankreich und den USA. 143 S., Kt., M. Grünewald Vlg. 1997. **DM 36,-**

H. Henseler /P. Wegner (Ed.): Psychoanalysen, die ihre Zeit brauchen. Zwölf klinische Darstellungen. 238 S., Kt., Westdt. Vlg. 3., rev. Ed. 2000. **DM 58,-**

G. Hörmann /M.R. Textor: Praxis der Psychotherapie. Fünf Therapien - fünf Fallbeispiele. Beitäge v. H. Deserno, B. Müller, K. Winkelhog u.a. 273 S., Kt., Klotz Vlg. 2. Ed. 1998. **DM 39,80**

Gerd Jüttemann (Ed.): Komparative Kasuistik. VII, 395 S., Kt., Asanger Vlg. 1990. **DM 78,-**

Gerd Kimmerle (Ed.): Zur Theorie der psychoanalytischen Fallgeschichte. (Rhe.: Anschlüsse, Bd. 1) 139 S., Br., Ed. diskord 1998. **DM 28,-**

Ronald A. Knox: Psychoanalyse des Struwwelpeters. 10 Fallgeschichten. Nachw. v. Rolf-Peter Baacke. 24 S., 10 Abb., Br., eva 1993. **DM 16,-**

Clara Lehben: Ganz geboren werden. Tagebuch einer Psychoanalyse. 400 S., Pb., Haag + Herchen 1997. **DM 39,80**

M. Leuzinger-Bohleber /U. Stuhr (Ed.): Psychoanalysen im Rückblick. Methoden, Ergebnisse und Perspektiven der neuen Katamneseforschung. 499 S., Abb., Kt., Psychosozial Vlg. 1997. **DM 48,-**

Ernest Pickworth Farrow: Bericht einer Selbstanalyse. Eine Methode, unnötige Ängste und Depressionen abzubauen. 166 S., Lin., Klett-Cotta 1984. **DM 34,-**

Ulrike S. /G. Crombach /H. Reinecker: Der Weg aus der Zwangserkrankung. Bericht einer Betroffenen für ihre Leidensgefährten. 122 S., Kt., Vandenh. & Ruprecht 1996. **DM 19,80**

C. Schmidt /K. Viola: Unsichtbare Fesseln lösen. Zwei Berichte über eine Psychoanalyse, von der Therapeutin und ihrer Patientin. 192 S., Gb., E. Reinhardt Vlg. 1997. **DM 39,80**

Das Buch zeigt exemplarisch den Entwicklungsprozeß einer psychoanalytischen Behandlung aus der Sicht von Patientin und ihrer Therapeutin; die beiden schildern den vielschichtigen Prozeß aus ihrer je eigenen Sicht.

Daniel P. Schreber: Denkwürdigkeiten eines Nervenkranken. Mit einem Nachw. v. Martin Burckhardt. 288 S., Kt., Vlg. W. Burckhardt 1995. **DM 38,-**

Gisela Steinlechner: Fallgeschichten. Krafft-Ebing / Panizza / Freud / Tausk. 257 S., 11 Abb., Br., WUV 1995. **DM 48,-**

Harry Stroeken: Tochter sein und Frau werden. Bericht von einer geglückten Psychoanalyse. Kt., Vandenh. & Ruprecht 1995. **DM 19,80**

U. Stuhr /F.-W. Deneke (Ed.): Die Fallgeschichte: Beiträge zu ihrer Bedeutung als Forschungsinstrument. 205 S., 6 Graph., Kt., Asanger Vlg. 1997. **DM 48,-**

Anneliese Ude-Pestel: Betty. Protokoll einer Kinderpsychotherapie. 27 Farbabb., Kt., dtv Neuausg. 1998. **DM 16,90**

Donald W. Winnicott: Blick in die analytische Praxis. Piggle. Eine Kinderanalyse. Bruchstück einer Psychoanalyse. 508 S., Kt., Klett-Cotta 1996. **DM 48,-**

Modifizierte Settings
Beratung und Krisenintervention

Y. Ahren /W. Wagner: Analytische Intensivberatung. Bericht über die Tagung „Theorie und Praxis psychologischer Intensivberatung." Beitr. v. W. Salber /. 112 S., Kt., AK. Morpholog. Psychol. 1984. **DM 9,80**

Ursula Avé-Lallemant: Der Wartegg-Zeichentest in der Jugendberatung. Mit systematischer Grundlegung von August Vetter. 160 S., 21 Abb., Kt., E. Reinhardt Vlg. 1978. **DM 32,-**

Ursula Avé-Lallemant: Der Wartegg-Zeichentest in der Lebensberatung. Mit systematischer Grundlegung von August Vetter. 189 S., 69 Abb., Gb., E. Reinhardt Vlg. 2. rev. Ed. 1994. **DM 45,-**

Manfred Beck (Ed.): Krisenintervention: Konzepte und Realität. 100 S., Br., DGVT Vlg. 1994. **DM 19,80**

Claus Buddeberg: Sexualberatung. Eine Einführung für Ärzte, Psychotherapeuten und Familienberater. 219 S., 11 Tab., Kt., Enke 3. rev. Ed. 1996. **DM 44,-**

W. Datler /H. Figdor /J. Gstach (Ed.): Die Wiederentdeckung der Freude am Kind. Psychoanalytisch-pädagogische Erziehungsberatung heute. (Rhe.: Psa. Pädagogik, Bd. 5) 225 S., Kt., Psychosozial Vlg. 1999. **DM 39,80**

Die Autoren gehen davon aus, daß Erziehungsberatung zu kurz greift, ließe sie die unbewußte Bedeutung von Erziehungsproblemen außer Acht. Das Buch zeigt, in welcher Weise die unbewußte Bedeutung von Eltern-Kind- Problemen erschlossen und in die Beratungspraxis Eingang finden kann.

Emmy van Deurzen: Paradox and Passion in Psychotherapy. An Existential Approach to Therapy and Counselling. XIV, 182 S., Gb., Wiley & Sons 1999. **DM 108,-**

B. Eckstein /B. Fröhlig: Praxishandbuch der Beratung und Psychotherapie. Eine Arbeitshilfe für den Alltag. 360 S., Kt., Klett-Cotta 2000. **DM 48,-**

Karin Egidi (Ed.): Systemische Krisenintervention. 224 S., Br., DGVT Vlg. 1996. **DM 36,-**

Hans M. Engelbrecht: Erfahrungsräume und ihre Deutungssysteme. Untersucht am Beispiel beratender Literatur zwischen Christentum und Tiefenpsychologie. 230 S., Vlg. G.Olzog 1995. **DM 79,-**

L. Everstine /D.S. Everstine: Krisentherapie. Vorw. v. P.Watzlawick. 322 S., Kt., Klett-Cotta 3. Ed. 1997. **DM 44,-**

Regula Freytag (Ed.): Leitlinien für die Organisation von Krisenintervention. Eine Standortbestimmung. 100 S., Br., Roderer Vlg. 1992. **DM 22,-**

R. Freytag /M. Witte (Ed.): Wohin in der Krise? Orte der Suizidprävention. 233 S., Kt., Vandenh. & Ruprecht 1997. **DM 29,-**

Indikationen und Angebote für einen angemessenen und professionellen Umgang mit Suizidgefährdeten.

Christina Grof /Stanislav Grof: Die stürmische Suche nach dem Selbst. Praktische Hilfen für spirituelle Krisen. 382 S., Gb., Kösel Vlg. 1991. **DM 46,-**

Verena Kast: Der schöpferische Sprung. Vom therapeutischen Umgang mit Krisen. 220 S., Kt., Walter Vlg. 6. Ed. 1994. **DM 28,-**

Verena Kast: Der schöpferische Sprung. Vom therapeutischen Umgang mit Krisen. 192 S., Kt., dtv 1993. **DM 14,90**

Rudolf Klussmann (Ed.): Psychosomatische Beratung. 111 S., 2 Abb., Kt., Vandenh. & Ruprecht 1992. **DM 24,-**

Reinhart G.E. Lempp: Die seelische Behinderung bei Kindern und Jugendlichen als Aufgabe der Jugendhilfe. Praxis der Jugendhilfe. 60 S., Kt., Boorberg Vlg. 4. rev. Ed. 1999. **DM 18,-**

H.W. Linster /M. Härter /R.-D. Stieglitz (Ed.): Qualitätsmanagement in der Psychotherapie und Beratung: Grundlagen, Methoden, Anwendungen. 350 S., Kt., Hogrefe iVbr., 2000. **DM 69,-**

Meinrad Perrez (et al.): Erziehungspsychologische Beratung und Intervention. Als Hilfe zur Selbsthilfe in Familie und Schule. 191 S., Kt., H. Huber Vlg. 1985. **DM 38,-**

Die Autoren stellen in systematischer Weise psychologische Beratung als Hilfe zur Selbsthilfe dar. Eltern und Lehrer werden als primäre Adressaten der psychologschen Hilfeleistungen betrachtet. Dabei wird gezielt an die Alltagsthorien der Betroffenen angeknüpft.

Martina Plümacher: Identität in Krisen. 455 S., Br., P. Lang 1995. **DM 108,-**

Carl R. Rogers: Die nicht-direktive Beratung. Counseling and Psychotherapy. (Rhe.: Geist u. Psyche, Bd. 42176) Kt., S. Fischer o.J.. **DM 24,90**

Manuel Rupp: Notfall Seele. Methodik und Praxis der ambulanten psychiatrisch-psychotherapeutischen Notfallintervention und Krisenintervention. XI, 251 S., Kt., Thieme 1996. **DM 58,-**

Emil Schmalohr: Klären statt Beschuldigen. Beratungspsychologie mit Eltern, Kindern und Lehrern. 386 S., 8 Abb., Ln., Klett-Cotta 1995. **DM 48,-**

Hartwig Schubert et al.: Von der Seele reden. Eine empirisch-qualitative Studie über psychotherapeutische Beratung in kirchlichem Auftrag. 280 S., Pb., Neukirchener Vlg. 1998. **DM 68,-**

Gernot Sonneck (Ed.): Krisenintervention und Suizidverhütung. Ein Leitfaden für den Umgang mit Menschen in Krisen. 312 S., Br., Facultas Vlg. 4. rev. Ed. 1997. **DM 55,-**

Hans Josef Tymister (Ed.): Individualpsychologisch-pädagogische Beratung. Grundlagen und Praxis. (Rhe.: Beitr. z. Individualpsych., Bd. 13) 111 S., Kt., E. Reinhardt Vlg. 1990. **DM 26,80**

R. Welter-Enderlin /B. Hildenbrand (Ed.): Gefühle und Systeme. Die emotionale Rahmung beraterischer und therapeutischer Prozesse. (Rhe.: AudioTorium) 304 S., Kt., C. Auer Vlg. 1998. **DM 54,-**

Modifizierte Settings
Familientherapie /Paartherapie /Systemtherapie

R. Bandler /J. Grindler /V. Satir: Mit Familien reden. Gesprächsmuster und therapeutische Veränderung. (Rhe.: Leben lernen, Bd. 30) 160 S., Br., Klett-Cotta 5. Ed. 1999. **DM 32,-**

Thea Bauriedl: Beziehungsanalyse. Das dialektisch-emanzipatorische Prinzip der Psychoanalyse und seine Konsequenzen für die psychoanalytische Familientherapie. 255 S., Kt., Suhrkamp 5. Ed. 1998. **DM 24,80**

L. Boscolo /P. Bertrando: Die Zeiten der Zeit. Eine neue Perspektive in systemischer Therapie und Konsultation. 439 S., Gb., C. Auer Vlg. 1994. **DM 68,-**

Michael B. Buchholz: Die unbewußte Familie. Lehrbuch der psychoanalytischen Familientherapie. (Rhe.: Leben lernen, Bd. 104) 489 S., Kt., Klett-Cotta 1995. **DM 49,-**

Michael B. Buchholz: Dreiecksgeschichten. Eine klinische Theorie psychoanalytischer Familientherapie. 264 S., Kt., Vandenh. & Ruprecht 1993. **DM 48,-**

W. Butollo /R. Rosner /A. Wentzel: Integrative Psychotherapie bei Angststörungen. 251 S, Kt., H. Huber Vlg. 1999. **DM 49,80**

Michael Cöllen: Paartherapie und Paarsynthese. Lernmodell Liebe. 350 S., 9 Abb., Br., Springer 1997. **DM 68,-**

Der methodische Ansatz der „Paarsynthese" als tiefenpsychologisches Verfahren baut auf der Integrativen Gestaltpsychotherapie auf.

Peter Dold: Sceno-Familientherapie. 116 S., 9 Abb., Kt., E. Reinhardt Vlg. 1989. **DM 29,80**

A. Eiguer /A. Ruffiot: Das Paar und die Liebe. Psychoanalytische Paartherapie. 223 S., Ln., Klett-Cotta 1991. **DM 48,-**

Eerdmuthe Fikentscher et al. (Ed.): Integrative Psychotherapie - ausgewählte Methoden. 120 S., Br., Pabst Vlg. 1997. **DM 20,-**

H.R. Fischer /G. Weber (Ed.): Individuum und System. Für Helm Stierlin. 235 S., Kt., Suhrkamp 2000. **DM 19,80**

Klaus Heer: Sie würden sich lieber die Zunge abbeißen ... Über die Sprachlosigkeit im Sexuellen. (Rhe.: AudioTorium) 105 min., 1 Toncass., auditorium-Vlg. o.J.. **DM 32,-**

G. Hörmann /W. Körner /F. Buer (Ed.): Familie und Familientherapie. Probleme - Perspektiven - Alternativen. 298 S., Pb., Westdt. Vlg. 1988. **DM 29,80**

K. König /R. Kreische: Psychotherapeuten und Paare. 156 S., Kt., Vandenh. & Ruprecht 1991. **DM 38,-**

M. Kos /G. Biermann: Die verzauberte Familie. Ein tiefenpsychologischer Zeichentest. 320 S., 127 Abb., Gb., E. Reinhardt Vlg. 4. Ed. 1995. **DM 49,80**

Jürgen Kriz: Systemtheorie für Psychotherapeuten, Psychologen und Mediziner. Eine Einführung. 208 S., zahlr. Abb., Br., UTB 1999. **DM 27,-**

Almuth Massing /G. Reich et al.: Die Mehrgenerationen-Familientherapie. 265 S., Kt., Vandenh. & Ruprecht 3. Ed. 1994. **DM 48,-**

Frank Matakas: Neue Psychiatrie. Integrative Behandlung, psychoanalytisch und systemisch. 234 S., Kt., Vandenh. & Ruprecht 1992. **DM 44,-**

P. Möhring /T. Neraal (Ed.): Psychoanalytisch orientierte Familientherapie und Sozialtherapie. Das Gießener Konzept in der Praxis. 432 S., Gb., Psychosozial Vlg. 1996. **DM 48,-**

Ricarda Müssig: Familien-Selbst-Bilder. Gestaltende Verfahren in der Paar- und Familientherapie. 379 S., Gb., E. Reinhardt Vlg. 1991. **DM 78,-**

M.S. Palazzoli /L. Boscolo /G. Cecchin et al.: Paradoxon und Gegenparadoxon: Ein neues Therapiemodell für die Familie mit schizophrener Störung. 167 S., Kt., Klett-Cotta 10. Ed. 1999. **DM 32,-**

Virginia Satir: Selbstwert und Kommunikation. Familientherapie für Berater und zur Selbsthilfe. (Rhe.: Leben lernen, Bd. 18) 362 S., Br., Klett-Cotta 13. Ed. 1998. **DM 44**

G. Schmidt /G. Arentewicz (Ed.): Sexuell gestörte Beziehungen. Konzept und Technik in der Paartherapie. 206 S., Kt., Enke 3. Ed. 1993. **DM 78,-**

Richard C. Schwartz: Systemische Therapie mit der inneren Familie. (Rhe.: Leben lernen, Bd. 114) 343 S., Br., Klett-Cotta 1997. **DM 62,-**

Elaine V. Siegel: In der Familie verwaist. Behandlung affektiv gestörter Kinder. (Rhe.: Geist u. Psyche, Bd. 12564) 320 S., Kt., S. Fischer 1995. **DM 19,90**

Fritz B. Simon: Lebende Systeme. Wirklichkeitskonstruktionen in der systemischen Therapie. 195 S., Kt., Suhrkamp 1998. **DM 19,80**

Daniel N. Stern: Die Mutterschaftskonstellation. Eine vergleichende Darstellung verschiedener Formen der Mutter-Kind-Psychotherapie. 279 S., Ln., Klett-Cotta 1998. **DM 68,-**

Helm Stierlin: Grundkonzepte der Familientherapie - heute betrachtet. 3. Kindertagung „Hypotherapeutische und systemische Konzepte f. d. Arbeit mit Kindern und Jugendlichen", Heidelberg 1997. (Rhe.: AudioTorium) 150 min., 2 Toncass., auditorium-Vlg. o.J.. **DM 49,80**

H. Stierlin/I. Rücker-Embden /N. Wetzel et al.: Das erste Familiengespräch. Theorie - Praxis - Beispiele. 225 S., Kt., Klett-Cotta 7. Ed. 1997. **DM 38,-**

Martin R. Textor (Ed.): Das Buch der Familientherapie: Sechs Schulen in Theorie und Praxis. 299 S., Kt., Klotz Vlg. 5. Ed. 1998. **DM 34,-**

M. Walters /B. Carter /P. Papp et al.: Unsichtbare Schlingen. Die Bedeutung der Geschlechterrollen in der Familientherapie. Eine feministische Perspektive. 595 S., Kt., Klett-Cotta 3. rev. Ed. 1995. **DM 42,-**

G. Weber /H. Stierlin: In Liebe entzweit. Ein systematischer Ansatz zum Verständnis und zur Behandlung der Magersuchtsfamilie. Kt., Rowohlt o.J.. **DM 14,90**

Sabine Wesely: Die Milieutherapie Bruno Bettelheims. 232 S., Br., P. Lang 1997. **DM 69,-**

Theoretischer Hintergrund und Konzept der Milieutherapie werden in der Arbeit fundiert aufgearbeitet und dargestellt; dabei werden dem Leben und Lebenswerk Bruno Bettelheims besondere Aufmerksamkeit geschenkt.

J. Will /M. L. Moeller /M. Menzel et al:: Partnertherapie und Sexualtherapie. Vorträge auf dem 3. Kongreß für Paartherapie, 1996. (Rhe. Autobahn-Universität) ca. 260 min., 6 Toncass. iBox, C. Auer Vlg. 1997. **DM 119,-**

Jürg Willi: Therapie der Zweierbeziehung. Analytisch orientierte Paartherapie. Anwendung des Kollusions-Konzeptes. Handhabung der therapeutischen Dreiecksbeziehung. Kt., Rowohlt 1991. **DM 16,90**

MODIFIZIERTE SETTINGS GESTALTENDE THERAPIEN

Die neuen Kreativitätstherapien. Handbuch für klinische Kunsttherapie und Psychotherapie mit kreativen Medien, Bd. I. 534 S., Kt., Junfermann Vlg. 2. Ed. 1991. **DM 54,00**

Die neuen Kreativitätstherapien. Handbuch für klinische Kunsttherapie und Psychotherapie mit kreativen Medien, Bd. II. 712 S., Kt., Junfermann Vlg. 2. Ed. 1991. **DM 69,-**

Ruth Ammann: Heilende Bilder der Seele. Das Sandspiel - der schöpferische Weg der Persönlichkeitsentwicklung. 190 S., 47 Fotos u. Abb., Kt., Kösel Vlg. 1989. **DM 39,80**

Ursula Baumgardt: Kinderzeichnungen - Spiegel der Seele. Kinder zeichnen Konflikte ihrer Familie. 124 S., 15 farb. Taf., 14 Zeichn., Kt., Kreuz Vlg. 8. Ed. 1996. **DM 26,80**

Hans Becker: Konzentrative Bewegungstherapie. Integrationsversuch von Körperlichkeit und Handeln in den psychoanalytischen Prozeß. 163 S., Kt., Psychosozial Vlg. 1997. **DM 28,-**

Eberhard M. Biniek: Psychotherapie mit gestalterischen Mitteln. Eine Einführung in die Gestaltungstherapie. VIII, 169 S., Kt., WBG 2. erg. Ed. 1992. **DM 49,80**

Anneliese Budjuhn: Die psycho-somatischen Verfahren. Konzentrative Bewegungstherapie und Gestaltungstherapie in Theorie und Praxis. 279 S., Kt., Vlg. Mod. Lernen 2., rev. Ed. 1997. **DM 54,-**

E. Burkard /E. Garstick /M. Mögel (Ed.): Spielräume. Begegnungen zwischen Kinder- und Erwachsenenanalyse. Vorw. v. Fernanda Pedrina. 198 S., Br., Ed. diskord 1994. **DM 28,-**

Wilfried Datler: Bilden und Heilen. Auf dem Weg zu einer pädagogischen Theorie psychoanalytischer Praxis. Zugleich ein Beitrag zur Diskussion um das Verhältnis zwischen Psychotherapie und Pädagogik. (Rhe.: Psa. Pädagogik, Bd. 15) 290 S., Kt., M. Grünewald Vlg. 2. Ed. 1997. **DM 64,-**

Erich Franzke: Der Mensch und sein Gestaltungserleben. Psychotherapeutische Nutzung kreativer Arbeitsweisen. Geleitw. v. R. Battegay. 351 S., 85 Abb., Kt., H. Huber Vlg. Nachdr. 1994. **DM 69,-**

Erich Franzke: Märchen und Märchenspiel in der Psychotherapie. Der kreative Umgang mit alten und neuen Geschichten. 153 S., 15 Abb., Kt., H. Huber Vlg. 2. Ed. 1991. **DM 29,80**

Suzy Gubelmann-Kull: Ein Ich wächst aus Bewußtseinsinseln. Reifungsschritte in der Sandspieltherapie. 149 S., Br., Walter Vlg. 1995. **DM 26,80**

Peter Hain: Therapeutische Arbeit mit Metaphern. Seminar während des 1. Weltkongress des WCP, Wien 1996. (Rhe.: AudioTorium) 1 Toncass., 110 min., auditorium-Vlg. o.J.. **DM 32,-**

Dora M. Kalff: Sandspiel. Seine therapeutische Wirkung auf die Psyche. 166 S., 79 Abb., Gb., E. Reinhardt Vlg. 3. Ed. 1996. **DM 45,-**

Wolfgang Krucker: Spielen als Therapie. Ein szenisch-analytischer Ansatz zur Kinderpsychotherapie. (Rhe.: Leben lernen, Bd. 113) 164 S., Kt., Klett-Cotta 1997. **DM 34,-**

Die hier vorgestellte - analytisch orientierte - Methode ist ein praxisnaher Ansatz, der von verschiedenen psychotherapeutischen Schulen adaptiert werden kann. Szenisch wird die Methode deshalb genannt, weil die Konflikte vom Kind selbst auf der Spielebene dargestellt und - mit Hilfe des Therapeuten - hier nach Möglichkeit gelöst werden können.

Erika Meili-Schneebeli: Wenn Kinder zeichnen. Bedeutung, Entwicklung und Verlust des bildnerischen Ausdrucks. 208 S., 81 Abb., Kt., Pro Juventute 3. Ed. 1998. **DM 32,80**

R.R. Mitchell /H. Friedman: Konzepte und Anwendungen des Sandspiels. Mit Beitr. v. M. Lowenfeld, E.H. Erickson, C.B. Bühler u.a. 208 S., 9 Abb., Gb., E. Reinhardt Vlg. 1996. **DM 46,-**

E. Polster /M. Polster: Gestalttherapie. Theorie und Praxis der integrativen Gestalttherapie. (Rhe.: Geist u. Psyche, Bd. 42150) Kt., S. Fischer o.J.. **DM 24,90**

Madeleine L. Rambert: Das Puppenspiel in der Kinderpsychotherapie. Geleitw. v. Jean Piaget. (Rhe.: Beitr. zur Kinderpsychotherapie, Bd. 6) 194 S., Kt., E. Reinhardt Vlg. 3. Ed. 1988. **DM 34,80**

Alfons Reiter (Ed.): Gestaltungstherapie Almanach 86. Psychoanalytischer Beitrag zur Gestaltungstherapie. 305 S., 75 farb. Abb., Br., Vlg. H. Kurz 1988. **DM 36,-**

Monika Rentz: Zwischen Urangst und Urvertrauen. Therapie früher Störungen über Musik, Symbol und spirituelle Erfahrungen. Referat während des 1. Weltgkongresses des World Council of Psychotherapy, Wien 1996. (Rhe.: AudioTorium) 1. Toncass (37 min.), auditorium-Vlg. 1997. **DM 19,80**

M. Schröder /S. Schröder: Spiegel der Seele. Was gestaltende Psychotherapie sein kann. 141 S., farb. Abb., Pb., Klett-Cotta 1992. **DM 44,-**

Uwe Wieland: Identitätsbildung im Spiegel der Jugendzeichnung. (Rhe.: Päd. in d. Blauen Eule) 312 S., 20 Abb., Br., Vlg. Die Blaue Eule 1995. **DM 76,-**

Modifizierte Settings
Gruppentherapie /Balintgruppen

Günter Ammon (Ed.): Gruppenpsychotherapie. Beiträge zur Theorie und Technik der Schulen einer psychoanalytischen Gruppentherapie. 393 S., Kt., Klotz Vlg. 4. Ed. 1999. **DM 48,-**

06 Günter Ammon legt mit diesem Band eine Auswahl grundlegender Arbeiten führender Vertreter der psychoanalytischen Gruppentherapie vor, die einen umfassenden Überblick über den derzeitigen Stand der gruppenpsychotherapeutischen Theorie und Technik vermitteln.

M. Andolfi /C. Angelo /M. de Nichilo: Der Mythos von der Last auf den Schultern. Spiel und Provokation in der Familientherapie. 232 S., Kt., C. Auer Vlg. 1997. **DM 48,-**

Mohammad E. Ardjomandi et al. (Ed.): Jahrbuch für Gruppenanalyse und ihre Anwendungen. Intimität und Öffentlichkeit in analytischer Gruppenpsychotherapie. VIII,189 S., Kt., Mattes Vlg. 1996. **DM 26,-**

Mohammad E. Ardjomandi et al. (Ed.): Jahrbuch für Gruppenanalyse und ihre Anwendungen. Leitung und Autorität im gruppenanalytischen Prozess. VIII,202 S., Kt., Mattes Vlg. 1997. **DM 28,-**

Mohammad E. Ardjomandi et al. (Ed.): Jahrbuch für Gruppenanalyse und ihre Anwendungen. Psychoanalytische Gruppenpsychotherapie bei psychisch schwerer Kranken. 134 S., Kt., Mattes Vlg. 1995. **DM 26,-**

Mohammad E. Ardjomandi et al. (Ed.): Jahrbuch für Gruppenpsychoanalyse und ihre Anwendungen. Neid und Eifersucht in der Gruppenanalyse. VIII, 174 S., Kt., Mattes Vlg. 1999. **DM 28,-**

Michael Balint: Der Arzt, sein Patient und die Krankheit. 521 S., Ln., Klett-Cotta 9. Ed. 1996. **DM 58,-**

Raymond Battegay: Der Mensch in der Gruppe. Bd. 2: Allgemeine und spezielle gruppenpsychotherapeutische Aspekte. 320 S., Kt., H. Huber Vlg. 4. rev. Ed. 1973. **DM 58,-**

Raymond Battegay: Der Mensch in der Gruppe. Bd. 3: Gruppendynamik und Gruppenpsychotherapie. 225 S., Kt., H. Huber Vlg. 3. rev. Ed. 1979. **DM 48,-**

Ulrike Becker-Beck: Soziale Interaktion in Gruppen. Struktur- und Prozeßanalyse. 311 S., Kt., Westdt. Vlg. 1997. **DM 64,-**

Heinz Benkenstein (Ed.): Die Gruppe - eine verlorene Utopie? Gruppenpsychotherapie im Ost-West-Dialog. 128 S., Br., Pabst Vlg. 1995. **DM 30,-**

Tobias Brocher: Gruppenberatung und Gruppendynamik. Eif. v. Walter Rosenberger. 187 S., 5 Abb., Tab., Gb., Rosenberger Vlg. 1999. **DM 55,-**

Christian Büttner: Gruppenarbeit. Eine psychoanalytisch-pädagogische Einführung. Vorw. v. Karl König. 240 S., Gb., M. Grünewald Vlg. 1995. **DM 56,-**

Jakob Christ /Ulrike Hoffmann-Richter: Therapie in der Gemeinschaft. Gruppenarbeit, Gruppentherapie und Gruppenpsychotherapie im psychiatrischen Alltag. 230 S., Kt., Psychiatrie-Vlg. 1997. **DM 34,-**

Ruth C. Cohn: Von der Psychoanalyse zur themenzentrierten Interaktion. Von der Behandlung einzelner zu einer Pädagogik für alle. 256 S., Kt., Klett-Cotta 13. rev. Ed. 1999. **DM 38,-**

Ruth C. Cohn /Irene Klein: Großgruppen gestalten mit Themenzentrierter Interaktion. Ein Weg zur lebendigen Balance zwischen Einzelnen, Aufgaben und Gruppe. 155 S., Kt., M. Grünewald Vlg. 1993. **DM 32,-**

Sigrid Damm (Ed.): Patchworkfamilien. Stieffamilien im Alltag und multimodaler Psychotherapie. 184 S., 24 Abb., Br., Universitas Tübingen 1998. **DM 34,-**

Juana Danis: Die Gruppe. 102 S., Ringb., Ed. Psychosymbolik 1989. **DM 25,-**

Renate Dill: Ökosystemische Balintarbeit. Psychotherapeutische Weiterbildung für Ärzte, Psychologen und sozialpädagogische Berufe. 120 S., Pb., R.G.Fischer Vlg. 1999. **DM 28,-**

Jörg Fengler: Konkurrenz und Kooperation in Gruppe, Team und Partnerschaft. (Rhe.: Leben lernen, Bd. 108) 272 S., Br., Klett-Cotta 1996. **DM 42,-**

Urte Finger-Trescher: Wirkfaktoren der Einzel- und Gruppenanalyse. Vorw. v. Dieter Ohlmeier. 328 S., Br., frommann-holzboog 1991. **DM 120,-**

Siegmund H. Foulkes: Gruppenanalytische Psychotherapie. Nachw. v. Georg R. Gfäller. (Rhe.: Leben lernen, Bd. 80) 294 S., Br., Klett-Cotta 1992. **DM 36,-**

Siegmund H. Foulkes: Praxis der Gruppenanalytischen Psychotherapie. 159 S., Kt., E. Reinhardt Vlg. 1978. **fPr DM 26,80**

Elisabeth Fuchs-Brüninghoff (Beitr.): Psychotherapie und Beratung in Gruppen. VIII. Delmenhorster Fortbildungstage für Individualpsychologie e.V. 1988 und Alfred-Adler-Preis 1988. (Rhe.: Beitr. z. Individualpsych., Bd. 11) 191 S., Kt., E. Reinhardt Vlg. 1989. **DM 39,80**

Hans-Günter Garz: Wege zum schwierigen Kind. Die Balint-Gruppe im Schulalltag. Eine empirische Studie. (Rhe.: Psa. Pädagogik, Bd. 17) 206 S., 19 Abb., Kt., M. Grünewald Vlg. 1996. **DM 44,-**

Ziel von Balint-Gruppen im Schulalltag ist es, verhaltensauffällige Kinder und ihre Probleme besser verstehen zu können. In dieser Studie zeigt der Autor, wie die aus der Medizin bekannte Praxis der Balint-Gruppen gestreßte LehrerInnen im Umgang mit schwierigen Kindern unterstützt.

Annelise Heigl-Evers: Konzepte der analytischen Gruppenpsychotherapie. 103 S., Kt., Vandenh. & Ruprecht 2. rev. Ed. 1978. **DM 26,-**

Rolf D. Hirsch: Balintgruppe und Supervision in der Altenarbeit. 308 S., 46 z.T. farb. Abb., Kt., E. Reinhardt Vlg. 1993. **DM 43,80**

Barbara Jeuther: Gruppentherapie für Kinder und Jugendliche. Ein Leittext-Lern-Programm für Kinder- und Jugendtherapeuten, Erlebnispädagogen, ausserschulische soziale Helfer... RinGb., Vlg. Inst. f. Erziehungstherapie 1999. **DM**

A.L. Kadis /S.H. Foulkes et al.: Praktikum der Gruppenpsychotherapie. Vorw. v. Peter Kutter. 320 S., Br., frommann-holzboog 1981. **DM 94,-**

A.L. Kadis /S.H. Foulkes et al.: Praktikum der Gruppenpsychotherapie. 320 S., Ln., frommann-holzboog 1982. **DM 125,-**

Karl König /Wulf-Volker Lindner: Psychoanalytische Gruppentherapie. 244 S., Kt., Vandenh. & Ruprecht 2. Ed. 1992. **DM 52,-**

Peter Kutter (Ed.): Methoden und Theorien der Gruppenpsychotherapie. Psychoanalytische und tiefenpsychologische Perspektiven. 255 S., Ln., frommann-holzboog 1985. **DM 112,-**

Peter Kutter (Ed.): Methoden und Theorien der Gruppenpsychotherapie. Psychoanalytische und tiefenpsychologische Perspektiven. 255 S., Br., frommann-holzboog 1985. **DM 80,-**

Hanscarl Leuner (Ed.): Entspannungstherapie mit dem Respiratorischen Feedback. Gruppentherapie mit dem Katathymen Bilderleben. 160 S., 5 Abb., Gb., H. Huber Vlg. iVorb.. **DM 39,-**

H. Leuner /L. Kottje-Birnbacher /U. Sachsse /M. Wächter: Gruppenimagination. Gruppentherapie mit dem Katathymen Bilderleben. 216 S., Abb., 2 Tab., Kt., H. Huber Vlg. 1986. **DM 39,-**

M. Majce-Egger (Ed.): Gruppentherapie, Gruppendynamik, Dynamische Gruppenpsychotherapie. Theoretische Grundlagen, Entwicklungen und Methoden. 350 S., Br., Facultas Vlg. 1999. **DM 62,-**

Michael Moeller: Gruppensupervision (Tandem-Modell) in der Weiterbildung zum Gruppenanalytiker. (Rhe.: AudioTorium) 46 min., 1 Toncass., auditorium-Vlg. 1997. **DM 19,80**

Michael L. Moeller: Selbsthilfegruppen. Anleitungen und Hintergründe. Kt., Rowohlt 1996. **DM 16,90**

Monika Moll (Ed.): Gruppenanalytische Weiterbildung. Konzepte und Kriterien. 108 S., Br., Votum Vlg. 1996. **DM 24,80**

Monika Moll (Ed.): Setting und Unbewusstes in der Gruppe. 130 S., Br., Votum Vlg. 1995. **DM 24,80**

Tilmann Moser: Eine fast normale Familie. Über Theater und Gruppentherapie. Kt., Suhrkamp o.J.. **PaA**

C. Nedelmann /H. Ferstl (Ed.): Die Methode der Balint-Gruppe. Konzepte der Humanwissenschaft. 276 S., Kt., Klett-Cotta 1989. **DM 42,-**

Barbara Nordmeyer: Lebenskrisen und ihre Bewältigung. Psychoanalyse, Gruppentherapie, Seelsorge. 33 S., Kt., Urachhaus-Vlg. 2. Ed. 1982. **DM 10,-**

Petar Opalic: Untersuchungen zur Gruppenpsychotherapie. 350 S., 8 Abb., 23 Tab., Br., Psychosozial Vlg. 1999. **DM 68,-**

Ernst Petzold (Ed.): Klinische Wege zur Balint-Arbeit. Die Zugänge zur Balint-Arbeit aus der inneren Medizin und Chirugie. VIII, 95 S., Kt., G. Fischer Vlg. 1984. **DM 32,-**

A. Pritz /E. Vykoukal (Ed.): Gruppenpsychoanalyse. Theorie, Technik, Anwendung. (Rhe. Bibl. Psychotherapie, Bd. 10) 250 S., Kt., Facultas Vlg. 5/2000. **DM 48,-**

Dorothea Rahm: Integrative Gruppentherapie mit Kindern. 222 S., Kt., Vandenh. & Ruprecht 1997. **DM 39,-**

Horst E. Richter: Die Gruppe. Hoffnung auf einen neuen Weg, sich selbst und andere zu befreien. Psychoanalyse in Kooperation mit Gruppeninitiativen. Vorw. v. Hans-Jürgen Wirth. 366 S., Kt., Psychosozial Vlg. Neuaufl. 1995. **DM 29,80**

Dieter Sandner (Ed.): Analytische Gruppentherapie mit Schizophrenen. 198 S., 5 Tab., Kt., Vandenh. & Ruprecht 1986. **DM 49,-**

Stefan de Schill (Ed.): Psychoanalytische Therapie in Gruppen. 397 S., Ln., Klett-Cotta 1971. **DM 46,-**

Hartmut Schneider (Ed.): Therapie in der Gruppe. 50. Psychotherapie-Seminar Freudenstadt. X,99 S., Kt., Mattes Vlg. 1994. **DM 25,-**

Christoph Seidler: Gruppenpsychotherapie bei Persönlichkeits- und Entwicklungsstörungen im Jugendalter. 248 S., Br., Pabst Vlg. 1995. **DM 30,-**

Berthold Simons (Ed.): Gruppentherapie bei Aphasie. Probleme und Lösungen. 139 S., Br., P. Lang 1996. **DM 49,-**

Werner Struck: Die Leitung von Balint-Gruppen. Ein Leitfaden. 146 S., Br., Dt. Ärzte-Vlg. 1991. **DM 58,-**

Volker Tschuschke: Wirkfaktoren stationärer Gruppenpsychotherapie. Prozeß, Ergebnis, Relationen. 234 S., 15 Abb., Kt., Vandenh. & Ruprecht 1993. **DM 46,-**

M. Vogt /E. Winizki: Ambulante Gruppentherapie mit Jugendlichen. Ein integratives Modell. 128 S., Pb., Vlg. Brandes & Apsel 1995. **DM 24,80**

Modifizierte Settings
Hypnose

Walter Bongartz: Hypnosetherapie. 336 S., Gb., Hogrefe 1998. **DM 69,-**

Werner Eberwein: Die Kunst der Hypnose. Dialoge mit dem Unbewußten. Mit Übungen zur Selbsthypnose. 272 S., zahlr. Abb., Kt., Junfermann Vlg. 1996. **DM 34,80**

Milton H. Erickson /E. L. Rossi: Hypnotherapie. Aufbau - Beispiele - Forschungen. (Rhe.: Leben lernen, Bd. 49) 554 S., Br., Klett-Cotta 5. Ed. 1999. **DM 58,-**

Milton H. Erickson /Ernest L. Rossi /Sheila L. Rossi: Hypnose. Induktion, Psychotherapeutische Anwendung, Beispiele. (Rhe.: Leben lernen, Bd. 35) 359 S., Kt., Klett-Cotta 5. Ed. 1998. **DM 52,-**

John Grinder /R. Bandler: Therapie in Trance. Hypnose: Kommunikation mit dem Unbewußten. Neurolinguistische Programme. 331 S., Kt., Klett-Cotta 9. Ed. 1998. **DM 48,-**

Claus Haring: Einführung in die Hypnosetherapie. X, 170 S., Kt., Enke 1995. **DM 39,80**

Jeannot Hoareau: Klinische Hypnose. 243 S., Kt., Kohlhammer Vlg. 1996. **DM 49,80**

H. Leuner /E. Schroeter: Indikationen und spezifische Anwendungen der Hypnosebehandlung. Ein Überblick. 215 S., Kt., H. Huber Vlg. 2. rev. Ed. 1997. **DM 49,80**

Dirk Revenstorf: Hypnose und die Nutzung der Träume in der Psychotherapie. Referat während des 1.Weltkongress des World Council of Psychotherapy, Wien 1996. (Rhe.: AudioTorium) 2 Toncass., 180 min., auditorium-Vlg. 1997. **DM 55,-**

Modifizierte Settings
KIP /Imaginative Psychotherapie

Albert Erlanger: Katathym-Imaginative Psychotherapie mit älteren Menschen. (Reinhardts Gerontologische Reihe Bd. 15) 170 S., Kt., E. Reinhardt Vlg. 1997. **DM 36,-**

Gisela Gerber /F. Sedlak (Ed.): Katathymes Bilderleben innovativ. Motive und Methoden. Einf. v. Hanscarl Leuner. 210 S., Abb., Kt., E. Reinhardt Vlg. 1994. **DM 45,-**

H. Hennig /W. Rosendahl (Ed.): Katathym-imaginative Psychotherapie als analytischer Prozess. 234 S., Br., Pabst Vlg. 1999. **DM 30,-**

Hanscarl Leuner: Katathym-Imaginative Psychotherapie (K.I.P.) Katathymes Bilderleben - Einführung in die Psychotherapie mit der Tagtraumtechnik: Ein Seminar. VI, 241 S., 5 Abb., 1 Tab., Thieme 5. rev. Ed. 1994. **DM 49,90**

Hanscarl Leuner: Lehrbuch der Katathym-imaginativen Psychotherapie. Grundstufe - Mittelstufe - Oberstufe. 589 S., 31 Abb., 15 Tab., Gb., H. Huber Vlg. 3. rev. u. erw. Ed. 1994. **DM 98,-**

H. Leuner /G. Horn /E. Klessmann: Katathymes Bilderleben mit Kindern und Jugendlichen. (Rhe.: Beitr. zur Kinderpsychotherapie, Bd. 25) 286 S., Gb., E. Reinhardt Vlg. 4. rev. Ed. 1997. **DM 45,-**

Das Katathyme Bilderleben (KB) ist eine von dem Göttinger Psychiater und Psychoanalytiker Hanscarl Leuner entwikkelte erlebnisorientierte, tiefenpsychologisch fundierte Therapieform, die das kreative Potential von Tagträumen in den Mittelpunkt des therapeutischen Geschehens stellt.

H. Leuner /H. Henning /E. Fikentscher (Ed.): Katathymes Bilderleben in der therapeutischen Praxis. X, 163 S., 28 Abb., Kt., Schattauer 1993. **DM 48,-**

H. Leuner /O. Lang (Ed.): Psychotherapie mit dem Tagtraum: Fallanalysen, Theorie. (Katathymes Bilderleben, Ergebn., 2) 325 S., Abb., Kt., H. Huber Vlg. 1982. **DM 58,-**

Luise Reddemann: Die imaginative Psychotherapie des Traumas. Vortrag während der 47. Lindauer Psychotherapiewochen 1997. (Rhe.: AudioTorium) 50 min., 1 Toncass., auditorium-Vlg. 1997. **DM 23,-**

Jutta-Juliane Rudolph: Imaginationstherapie bei Patienten mit primärem Kopfschmerz. Eine Analyse der Wirkkomponenten bei imaginativer Transformation von Gedächtnisinhalten. 236 S., zahlr. Abb., Br., P. Lang 1999. **DM 69,-**

J. L. Singer /K. S. Pope (Ed.): Imaginative Verfahren in der Psychotherapie. (Innovative Psychotherapie und Humanwiss. Bd. 24) 479 S., Kt., Junfermann Vlg. 1986. **DM 48,-**

Eberhard Wilke: Katathyme Imagnative Psychotherapie bei der Behandlung psychosomatisch Kranker: Diagnostische und therapeutische Erfahrung. (Rhe.: AudioTorium) 180 min., 2 Toncass., auditorium-Vlg. o.J.. **DM 55,-**

E. Wilke /H. Leuner (Ed.): Das Katathyme Bilderleben in der Psychosomatischen Medizin. 351 S., 29 Abb. im Text u. 16 Taf., Kt., H. Huber Vlg. 1990. **DM 74,-**

Das Buch befaßt sich mit der klinischen Darstellung der Behandlung psychosomatischer Erkrankter mit dem Katathy-

men Bilderleben. Das zentrale klinische Kapitel wird eingerahmt von einführenden und theroretischen Abschnitten, therapeutischen Anleitungen und Einzelfallanalysen.

MODIFIZIERTE SETTINGS
KÖRPERTHERAPIE

Autogenes Training für Kinder. Entspannungs- und Konzentrationstraining ab 6 Jahren. m. Begleitheft, 1 VHS-Videocass., 60 min., Falken-Vlg. 1998. **DM 49,95**

Jahrbuch für Transkulturelle Medizin und Psychotherapie. 1996: Tanztherapie, Transkulturelle Perspektiven. 400 S., Kt., VWB 1999 (noch nicht ersch.). **DM 68,-**

H. Binder /K. Binder: Autogenes Training, Basispsychotherapeutikum. Wirkungsweise, Psychodynamik, Vorsatzbildung. 172 S., Abb., Kt., Dt. Ärzte-Vlg. 3. rev. Ed. 1998. **DM 58,-**

B. Bocian /M. Staemmler (Ed.): Gestalttherapie und Psychoanalyse. Berührungspunkte - Grenzen - Verknüpfungen. 250 S., Kt., Vandenh. & Ruprecht 2000. **DM 44,-**

Die Begründer der Gestalttherapie, Fritz und Lore Perls, waren Psychoanalytiker. Ihr Abschied von der orthodoxen Psychoanalyse hta dazu geführt, daß Trennendes zwischen den beiden Therapieschulen gegenüber Gemeinsamem überbetont wurde. Die Beiträge des Buches schlagen Brücken zwischen Gestalttherapie und Psychoanalyse und historischen und aktuellen Perspektiven.

Gerda Boyesen: Über den Körper die Seele heilen. Biodynamische Psychologie und Psychotherapie. 198 S., Kt., Kösel Vlg. 1997. **DM 39,90**

Wolf Büntig: Körperpsychotherapie mit Krebskranken. Vortrag. 1 Toncass., Laufzeit 72 min., auditorium-Vlg. 1996. **DM 23,-**

Marianne Frostig: Bewegungserziehung. Neue Wege der Heilpädagogik. (Rhe.: Beitr. zur Kinderpsychotherapie, Bd. 16) 246 S., Gb., E. Reinhardt Vlg. 6. rev. Ed. 1999. **DM 25,-**

Das Buch vermittelt Grundwissen zur kritischen Beurteilung von verschiedenen Praktiken und Theorien der Körpererziehung. Zahlreiche Beispiele zur praktischen Anwendung bei Vorschulkindern und Schulkindern machen diesen Klassiker nicht nur für Sport- und Sonderschullehrer interessant, sondern für alle Pädagogen, die mit der Bewegungserziehung zu tun haben.

Marianne Fuchs (Ed.): Funktionelle Entspannung. Theorie und Praxis eines körperbezogenen Psychotherapieverfahrens. 196 S., Kt., Hippokrates Vlg. 6. rev. Ed. 1997. **DM 69,-**

Die Beiträge von E. Wiesenhütter, R. Johnen und H. Müller-Braunschweig informieren umfassend über die Methode der Funktionellen Entsprannung. Das Buch enthält einen ausgührlichen Kasuistik-Teil mit Erläuterungen am Beispiel der Kindertherapie, zur Therapie von Asthma bronchiale und zur Therapie von Sprechstörungen.

M. Fuchs /G. Elschenbroich (Ed.): Funktionelle Entspannung in der Kinderpsychotherapie. (Rhe.: Beitr. zur Kinderpsychotherapie, Bd. 30) 246 S., Gb., E. Reinhardt Vlg. 2. Ed. 1996. **DM 49,80**

Peter Geissler: Analytische Körperpsychotherapie. Bioenergetische und Psychoanalytische Grundlagen und aktuelle Trends. 160 S., Br., Facultas Vlg. 1997. **DM 41,-**

Peter Geissler: Neue Entwicklungen in der bioenergetischen Analyse. 291 S., Br., P. Lang 1996. **DM 84,-**

Peter Geissler: Psychoanalyse und Bioenergetische Analyse. Mit Beiträgen v. Tilmann Moser. 225 S., Br., P. Lang 2. rev. Ed. 1995. **DM 69,-**

Peter Geißler (Ed.): Analytische Körperpsychotherapie in der Praxis. (Rhe.: Leben lernen, Bd. 127) 268 S., Br., Klett-Cotta 1998. **DM 49,-**

Vivian Heitmann: Unverbindliche Welten? Die Wiedervereinigung aus der Sicht von psychisch Kranken und ihrem sozialen Umfeld. 176 S., Kt., Ed. diskord 1999. **DM 28,-**

Rolf D. Hirsch: Autogenes Training mit älteren Menschen. Basistherapie, Störfaktoren, Progressive Relaxation. 200 S., Kt., E. Reinhardt Vlg. 1998. **DM 35,-**

Dagmar Hoffman-Axthelm (Ed.): Schock und Berührung. (Körper und Seele, Bd. 4) 219 S., Br., Schwabe Vlg. 2. Ed. 1996. **DM 48,-**

Edmund Jacobson: Entspannung als Therapie. Progressive Relaxation in Theorie und Praxis. (Rhe.: Leben lernen, Bd. 69) 213 S., Br., Klett-Cotta 3. Ed. 1996. **DM 36,-**

Egon Kayser: Objektbeziehungen und Körperselbst in der Ergotherapie. Neugestaltung der Beziehungen zur Objektwelt durch ergotherapeutische Angebote. 87 S., Darst., Kt., Schulz-Kirchner Vlg. 1999. **DM 19,-**

Hartmut Kraft: Autogenes Training. Methodik, Didaktik und Psychodynamik. Wirksamsnachweise, Autogene Imagination, Transpersonale Aspekte. 196 S., 8 Abb., Kt., Hippokrates Vlg. 3. rev. Ed. 1996. **DM 59,-**

Waltraut Kruse: Einführung in das Autogene Training mit Kindern. 117 S., 40 Abb., 2 Tab., Br., Dt. Ärzte-Vlg. 2. rev. Ed. 1992. **DM 36,-**

Waltraut Kruse: Entspannung. Autogenes Training für Kinder. 70 S., 21 z.T. farb. Abb., Br., Dt. Ärzte-Vlg. 6. rev. Ed. 1994. **DM 28,-**

Susanne Kupper-Heilmann: Getragenwerden und Einflußnehmen. Aus der Praxis des psychoanalytisch orientierten heilpädagogischen Reitens. (Rhe.: Psa. Pädagogik, Bd. 6) 190 S., 10 Abb., Kt., Psychosozial Vlg. 1999. **DM 38,-**

Tilmann Moser: Der Erlöser der Mutter auf dem Weg zu sich selbst. Eine Körperpsychotherapie. 146 S., Kt., Suhrkamp 1996. **DM 12,80**

Tilmann Moser: Körpertherapeutische Phantasien. Psychoanalytische Fallgeschichten neu betrachtet. Kt., Suhrkamp 1991. **DM 14,-**

Tilmann Moser: Ödipus in Panik und Triumph. Eine Körperpsychotherapie. 182 S., Kt., Suhrkamp 1994. **DM 28,-**

Tilmann Moser: Ödipus in Panik und Triumph. Eine Körperpsychotherapie. 182 S., Kt., Suhrkamp 1997. **DM 14,80**

Tilmann Moser: Stundenbuch. Protokolle aus der Körperpsychotherapie. 205 S., Kt., Suhrkamp 1992. **DM 29,80**

Tilmann Moser: Stundenbuch. Protokolle aus der Körperpsychotherapie. Kt., Suhrkamp 1994. **DM 14,80**

Albert Pesso: Dramaturgie des Unbewußten. Eine Einführung in die psychomotorische Therapie. Einl. v. Tilman Moser. 215 S., Br., Klett-Cotta 2. Ed. 1998. **DM 38,-**

Karin Schreiber-Willnow: Körper-, Selbst- und Gruppenerleben in der stationären Konzentrativen Bewegungstherapie. Kt., Psychosozial Vlg. **DM 79,-**

Dagmar C. Walter: Autogenes Training für Kinder. Phantasiereisen zum Entspannen. 208 S., Kt., dtv 1998. **DM 14,90**

Modifizierte Settings
Kunst /Musik /Tanz

Beiträge zur kunsttherapeutischen Theoriebildung. (Rhe.: Kunst & Therapie 22) 116 S., 43 Abb., Pb., Vlg. C.Richter 1994. **DM 19,90**

Grenzen und Überwindungen der Kunsttherapie. (Rhe.: Kunst & Therapie 23) 124 S., 31 Abb., Pb., Vlg. C.Richter 1994. **DM 19,80**

Helen I. Bachmann: Malen als Lebensspur. Die Entwicklung kreativer bildlicher Darstellung. Ein Vergleich mit den kindlichen Loslösungs- und Individuationsprozessen. 176 S., 52 farb. Abb., Br., Klett-Cotta 6. Ed. 1997. **DM 39,80**

P. Baukus /J. Thies: Kunsttherapie. X, 338 S., 163 Abb., G. Fischer Vlg. 2. rev. Ed. 1997. **DM 68,-**

Max P. Baumann (Ed.): Jahrbuch für Transkulturelle Medizin und Psychotherapie. 1998: Musiktherapie (z.T. in engl. Sprache) Kt., VWB ersch. FR 2000. **DM 68,-**

Susanne Bloch: Kunsttherapie mit Kindern. Pädagogische Chancen, Didaktik, Realisationsbeispiele. 144 S., 14 Abb., Kt., E. Reinhardt Vlg. 2. rev. Ed. 1999. **DM 29,80**

Susanne Bloch-Aupperle: Kunsttherapie mit Kindern. Pädagogische Chancen - Didaktik - Realisationsbeispiele. 130 S., 5 Abb., Kt., E. Reinhardt Vlg. 2. rev. Ed. 1999. **DM 29,80**

Das vorliegende Buch präsentiert in neuer Bearbeitung theoretische Grundlagen aus Pädagogik, Psychoanalyse und Kunstpädagogik. In einem ausführlichen Praxisteil versammelt es Fallbeispiele, die illustrieren, wie die kindliche Entwicklung mit den verschiedenen Methoden der Kunsttherapie gefördert werden kann.

Volker Bolay (Ed.): Grundlagen zur Musiktherapieforschung. 86 S., 15 Abb., 6 Tab., Kt., G. Fischer Vlg. 1996. **DM 42,-**

Leslie Bunt: Musiktherapie. Eine Einführung für psychosoziale und medizinische Berufe. 220 S., Br., Beltz 1998. **DM 49,80**

Susanne Burger: Bild-Sprache. Sprachstruktur im Bild. Ein Beitrag zur Kunsttherapie. 170 S., 109 Abb., Pb., Ed. Psychosymbolik 1997. **DM 50,-**

Karin Dannecker: Kunst, Symbol und Seele. Thesen zur Kunsttherapie. 218 S., Br., P. Lang 2. Ed. 1996. **DM 65,-**

Heinrich Deest: Heilen mit Musik. Musiktherapie in der Praxis. 320 S., Kt., dtv 1997. **DM 19,90**

Esther Dreifuss-Kattan: Praxis der Klinischen Kunsttherapie. Mit Beispielen aus der Psychiatrie und aus der Onkologie. 136 S., 50 Abb., Kt., H. Huber Vlg. 1986. **DM 38,-**

Ingo Engelmann: Manchmal ein bestimmter Klang. Analytische Musiktherapie in der Gemeindepsychiatrie. 240 S., Kt., Vandenh. & Ruprecht 1999. **DM 48,-**

Ingo Engelmanns psychotherapeutischer Ansatz ist verortet in einem Geflecht aus gemeindepsychiatrischer Arbeit, psychoanalytischer Entwicklungspsychologie und dem subjektiven Erleben von Patienten in der Musiktherapie. Er macht deutlich, wie wichtig es gerade für die häufig unter frühen Störungen leidenden psychiatrischen Patienten ist, Musik als psychotherapeutisches Medium nutzen zu können. Eindrücklich belegen die Aussagen der Patienteninteviews die besonderen Möglichkeiten der Musiktherapie bei der Behandlung dieser Patientengruppe. In der musikalischen Improvisation werden verschüttete Gefühle hör- und spürbar, so daß es gelingen kann, sie in Worte zu fassen.

Isabelle Frohne-Hagemann: Musik und Gestalt: Klinische Musiktherapie als integrative Psychotherapie. 385 S., 14 Abb., Kt., Vandenh. & Ruprecht 2. Ed. 1999. **DM 48,-**

Das Standardwerk zu Theorie und Praxis psychotherapeutisch orientierter Musiktherapie.

U. Haffa-Schmidt /D. v. Moreau (Ed.): Musiktherapie mit psychisch kranken Jugendlichen: Grundlagen und Praxisfelder. 182 S., Kt., Vandenh. & Ruprecht 1999. **DM 39,-**

Barbara Irle: Raum zum Spielen - Raum zum Verstehen. Musiktherapie mit Kindern. 192 S., Br., Lit Vlg. 1996. **DM 39,80**

Edith Kramer: Kunst als Therapie mit Kindern. (Rhe.: Beitr. zur Kinderpsychotherapie, Bd. 15) 211 S., 66 Abb., Gb., E. Reinhardt Vlg. 4. rev. Ed. 1997. **DM 42,-**

E. Kramer /J. Rhyne /A. Robbins et al.: Richtungen und Ansätze der Kunsttherapie. Theorie und Praxis. 356 S., 67 Abb., Br., Geradi Vlg. 1991. **DM 72,-**

Werner Kraus (Ed.): Die Heilkraft des Malens. Einführung in die Kunsttherapie. 180 S., 46 Abb., Pb., C.H.Beck 2. rev. Ed. 1998. **DM 22,-**

Helen B. Landgarten: Klinische Kunsttherapie. Ein umfassender Leitfaden. 400 S., 148 Abb., Br., Geradi Vlg. 1990. **DM 58,-**

Helen B. Landgarten: Kunsttherapie als Familientherapie. Ein klinischer Leitfaden mit Falldarstellungen. 304 S., 137 Abb, Br., Geradi Vlg. 1991. **DM 52,-**

Penny Lewis: Schöpferische Prozesse. Kunst in der therapeutischen Praxis. 288 S., 50 Abb., Gb., Walter Vlg. 1999. **DM 49,80**

In ganz eigener Weise verbindet die Autorin Kunsttherapie (Malen, Tanzen, Sandspiel, Schreiben, Psychodrama) mit Jungscher Psychologie und mit Ansätzen der Objektbeziehungstheorie.

Renate Limberg: Kunsttherapie bei frühen Störungen. Strukturbildung und Identitätsentwicklung mit den Mitteln der Kunst. 187 S., 22 Abb., Pb., Shaker Vlg. 1998. **DM 59,-**

Gertrud Loos: Meine Seele hört im Sehen. Spielarten der Musiktherapie. 45 min, VHS-Cass., Vandenh. & Ruprecht 1996. **DM 98,-**

Der Film zeigt die vielfältigen Mittel der Musiktherapie, setzt sie in Beziehung zur Klangwelt der Menschen von der Zeugung an und entwirft das weite therapeutische Aufgabenfeld der Krankheitsbilder und Störungen mit den jeweils heilsamen Wirkungen der Musiktherapie.

Beate Mahns: Musiktherapie bei verhaltensauffälligen Kindern. Praxisberichte, Bestandsaufnahme und Versuch einer Neuorientierung. XIV, 142 S., 2 Abb., Kt., G. Fischer Vlg. o.J.. **DM 54,-**

Matthias Marschik: Poesietherapie. Therapie durch Schreiben? 411 S., Br., Turia & Kant 1993. **DM 49,-**

Susanne Metzner: Tabu und Turbulenz. Gruppenmusiktherapie mit psychiatrischen Patienten. 141 S., Kt., Vandenh. & Ruprecht 1999. **DM 34,-**

Die psychoanalytisch orientierte Musiktherapie in Gruppen dient in besonderer Weise der Reinszenierung triadischer Strukturen, wie die Autorin anhand der Behandlung psychiatrischer Patienten eindrucksvoll belegt.

Wolfgang Müller-Thalheim: Kunsttherapie bei neurotisch Depressiven. Vorw. u. hrsg. v. W. Pöldinger. 96 S., 37 Abb., Gb., Arcis-Vlg. 1991. **DM 56,-**

D. Petersen /E. Thiel: Tonarten, Spielarten, Eigenarten. Kreative Elemente in der Musiktherapie mit Kindern und Jugendlichen. 120 S., Kt., Vandenh. & Ruprecht 2000. **DM 29,-**

Wolfgang Pilz: Widerstand. Konstruktion eines Begriffes für die improvisatorische Musiktherapie nach Nordoff/Robbins mit psychiatrischen Patienten. X, 278 S., Br., P. Lang 1999. **DM 84,-**

Die Arbeit bietet eine umfassende begriffs- und forschungsgeschichtliche Recherche zu Widerstand in der Psychotherapie. Erkenntnistheoretisch vom Konstruktivismus beeinflußt, erarbeitet der Autor eine für die improvisatorische Musiktherapie brauchbare Definition von Widerstand.

Wolfgang Pittrich /G. Seidenberg (Ed.): Impulse der Kunst. Innovation in kunst- und kreativtherapeutischer Praxis. 258 S., Br., Pabst Vlg. 1995. **DM 70,-**

Peter Rech: Methodik der psychoanalytischen Kunsttherapie. (Rhe.: Kunst & Therapie 6) 130 S., Pb., Vlg. C.Richter 1989. **DM 24,-**

P. Rech /P.U. Hein: Kunsttherapeutische Ausbildung. (Rhe.: Kunst & Therapie 10) 140 S., Br., Lit Vlg. 1986. **DM 29,80**

P. Rech /P.U. Hein (Ed.): Praxis der Kunsttherapie. (Rhe.: Kunst & Therapie 3) 140 S., 4 Abb., Br., Lit Vlg. 1983. **DM 29,80**

P. Rech /P.U. Hein (Ed.): Psychologie und Kunsttherapie. Empirische Grundlagen der Kunsttherapie, kunsttherapeutische Anwendungen in der Psychologie. (Rhe.: Kunst & Therapie 9) 140 S., Br., Lit Vlg. 1986. **DM 29,80**

P. Rech /P.U. Heine (Ed.): Theorie und Praxis der Kunsttherapie. Aktuelle Trends der Fachdiskussion. (Rhe.: Kunst & Therapie 8) 120 S., Br., Lit Vlg. 1985. **DM 29,80**

Fe Reichelt: Atem, Tanz und Therapie. Schlüssel des Erkennens und Veränderns. 208 S., 34 Photos, Br., Vlg. Brandes & Apsel 2. rev. Ed. 1993. **DM 32,80**

Fe Reichelt: Atemübungen - Wege in die Bewegung. Yin und Yang im Tanz entdecken. 80 S., zahlr. Abb., Vlg. Brandes & Apsel 1993. **DM 19,80**

Fe Reichelt: Ausdruckstanz und Tanztherapie. Theoretische Grundlagen und ein Modellversuch. 136 S., Photos u. Tfl., Pb., Vlg. Brandes & Apsel 5. Ed. 1997. **DM 24,80**

Frank Rotter: Sozialpsychiatrie und Kunsttherapie. Therapeutische Inszenierungen im Vergleich. 249 S., Kt., Westdt. Vlg. 1994. **DM 44,-**

Judith A. Rubin: Kunsttherapie als Kindertherapie. Kinderbilder zeigen Wege zu Verständigung und Wachstum. 384 S., 154 Abb., Br., Geradi Vlg. 1993. **DM 68,-**

Gisela Schmeer: Das Ich im Bild. Ein psychodynamischer Ansatz in der Kunsttherapie. (Rhe.: Leben lernen, Bd. 79) 214 S., Abb., Kt., Klett-Cotta 2. Ed. 1995. **DM 69,-**

Mehr als Worte verdeutlichen oft Bilder den Konflikt, die Störung, aber auch die Ressourcen eines Patienten. An zahlreichen, spontan gemalten Patientenbildern macht die Autorin ihr Verfahren einer psychoanalytisch-systemisch geschulten unterrichteten Bild-Analyse deutlich. Die Deutungen konzentrieren sich auf die Ich-Position im Bild.

Gisela Schmeer: Krisen auf dem Lebensweg. Psychoanalytisch-systemische Kunsttherapie. (Rhe.: Leben lernen, Bd. 96) 296 S., Abb., Br., Klett-Cotta 1994. **DM 84,-**

Gertraud Schottenloher: Kunst- und Gestaltungstherapie. Eine praktische Einführung. 141 S., Abb., Kt., Kösel Vlg. 4. Ed. 1989. **DM 38,-**

G. Schottenloher /H. Schnell (Ed.): Wenn Worte fehlen, sprechen Bilder. Bildnerisches Gestalten und Therapie. 3 Bände. zus. 716 S., zahlr. Abb., iSch., Kösel Vlg. 1994. **DM 78,-**

Helena Schrode: Klinische Kunst- und Gestaltungstherapie. Regression und Progression im Verlauf einer tiefenpsychologisch fundierten Therapie. 189 S., 70 Abb., Ln., Klett-Cotta 1995. **DM 68,-**

Karin Schumacher: Musiktherapie und Säuglingsforschung. Zusammenspiel. Einschätzung der Beziehungsqualität am Beispiel des instrumentalen Ausdrucks eines autistischen Kindes. 260 S., Br., P. Lang 1999. **DM 79,-**

Martin Schuster: Kunsttherapie. Die heilende Kraft des Gestaltens. 240 S., 66 Abb., Register, Kt., DuMont 2.1996. **DM 24,80**

Elaine V. Siegel: Tanztherapie. Seelische und körperliche Entwicklung im Spiegel der Bewegung. Ein psychoanalytisches Konzept. 259 S., Kt., Klett-Cotta 4. rev. Ed. 1997. **DM 48,-**

E.V. Siegel /S. Trautmann-Voigt /B. Voigt: Analytische Bewegungs- und Tanztherapie. 315 S., Kt., E. Reinhardt Vlg. 1999. **DM 33,-**

Das Buch beschreibt die Verbindung von Psychoanalyse und Psychotherapie mit Bewegung, Tanz, und Körperarbeit und illustriert sie anschaulichen Fallbeispielen.
Die Erstauflage dieses Buches ist 1997 als Fischer Taschebuch unter dem Titel „Tanz- und Bewegungstherapie in Theorie und Praxis" erschienen.

Henk Smeijsters: Musiktherapie als Psychotherapie. Grundlagen, Ansätze, Methoden. 177 S., Kt., G. Fischer Vlg. 1994. **DM 58,-**

Elisabeth Tomalin: Interaktionelle Kunst- und Gestaltungstherapie. 286 S., Pb., Vlg. C.Richter 1989. **DM 46,-**

S. Trautmann-Voigt /B. Voigt (Ed.): Bewegung ins Unbewußte. Beiträge zur Säuglingsforschung und analytischen Körperpsychotherapie. 200 S., 20 Abb., Pb., Vlg. Brandes & Apsel 1998. **DM 39,80**

Mit den Beiträgen von J. Lichtenberg und Daniel Stern sowie E. Siegel und M. Dornes bietet der Band grundlegende Gedanken zu Entwicklungen der Psychoanalyse aus der Sicht der Selbstpsychologie sowie Säuglingsforschung.

S. Trautmann-Voigt /B. Voigt (Ed.): Freud lernt laufen. Herausforderungen analytischer Tanztherapie und Bewegungstherapie für Psychoanalyse und Psychotherapie. 248 S., Photos, Pb., Vlg. Brandes & Apsel 1997. **DM 39,80**

Rosemarie Tüpker: Konzeptentwicklung musiktherapeutischer Praxis und Forschung. 120 S., Kt., Lit Vlg. 1996. **DM 29,80**

Eva Weißmann: TanzTheaterTherapie. Szene und Bewegung in der Psychotherapie. 190 S., 25 Abb., Gb., E. Reinhardt Vlg. 1998. **DM 39,80**

Barbara Wichelhaus: Kunsttheorie, Kunstpsychologie, Kunsttherapie. Festschrift für Prof. H.G. Richter. 304 S., Br., Cornelsen /CVK 1993. **DM 25,-**

Walther Zifreund (Ed.): Therapien im Zusammenspiel der Künste. 349 S., 89 Abb., Br., Attempto Vlg. 1996. **DM 34,-**

Modifizierte Settings
Psychoanalytische Kurztherapie /Fokaltherapie

Yizhak Ahren: Psychoanalytische Behandlungsformen. Untersuchungen zur Geschichte und Konstruktion der analytischen Kurzpsychotherapie. 162 S., Kt., Bouvier Vlg. 1996. **DM 42,-**

Michael F. Basch: Kurzpsychotherapie in der Praxis. (Rhe.: Leben lernen, Bd. 111) 240 S., Br., Klett-Cotta 1997. **DM 48,-**

Birgit Collmann: Zur Rolle des Fokus in der psychoanalytischen Fokaltherapie. 280 S., Gb., Kovac Vlg. 1999. **DM 157,10**

Habib Davanloo: Der Schlüssel zum Unbewussten. Die intensive psychodynamische Kurztherapie. (Rhe.: Leben lernen, Bd. 103) 450 S., Br., Klett-Cotta 1995. **DM 68,-**

Steve DeShazer: Der Dreh. Überraschende Wendungen und Lösungen in der Kurzzeittherapie. 213 S., Kt., C. Auer Vlg. 6. Ed. 1999. **DM 38,-**

Steve DeShazer: Muster familientherapeutischer Kurzzeit-Psychotherapie. Ein ökosystemischer Ansatz. 288 S., Kt., Junfermann Vlg. 2. Ed. 1997. **DM 44,-**

Steve DeShazer: Wege der erfolgreichen Kurztherapie. 244 S., Kt., Klett-Cotta 6. Ed. 1997. **DM 42,-**

W. Dryden /C. Feltham: Psychologische Kurzberatung und Kurztherapie. Einführung in die praktischen Techniken. 186 S., Kt., E. Reinhardt Vlg. 1994. **DM 36,-**

Eugene T. Gendlin: Focusing. Selbsthilfe bei der Lösung persönlicher Probleme. Kt., Rowohlt 1998. **DM 14,90**

Eugene T. Gendlin: Focusing. Technik der Selbsthilfe bei der Lösung persönlicher Probleme. 154 S., Br., Otto Müller Vlg. 7. Ed. 1981. **DM 29,80**

Eugene T. Gendlin: Focusing-orientierte Psychotherapie. Ein Handbuch der erlebnisbezogenen Methode. (Rhe.: Leben lernen, Bd. 119) 430 S., Br., Klett-Cotta 1998. **DM 69,-**

E. Gendlin /J. Witschko: Focusing in der Praxis. Eine schulenübergreifende Methode für Psychotherapie und Alltag. (Rhe.: Leben lernen, Bd. 131) 230 S., Br., Klett-Cotta 1999. **DM 39,-**

H. Hennig /E. Fikentscher /W. Rosendahl (Ed.): Kurzzeitpsychotherapie. 1200 S., Br., Pabst Vlg. erw. 2. Ed. 1999. **DM 80,-**

Rolf Klüwer: Die verschenkte Puppe. Darstellung und Kommentierung einer psychoanalytischen Fokaltherapie. 127 S., Gb., Suhrkamp 1995. **DM 32,-**

Rolf Klüwer: Studien zur Fokaltherapie. 193 S., Kt., Suhrkamp 1995. **DM 18,80**

Rolf Lachauer: Der Fokus in der Psychotherapie. Fokalsätze und ihre Anwendung in Kurztherapie und anderen Formen analytischer Psychotherapie. (Rhe.: Leben lernen, Bd. 82) 256 S., Br., Klett-Cotta 2. Ed. 1999. **DM 38,-**

David H. Malan: Psychoanalytische Kurztherapie. Eine kritische Untersuchung. 370 S., Ln., H. Huber Vlg. 1965. **DM PaA**

Edeltrud Meistermann-Seeger: Kurztherapie Fokaltraining. Die Rückkehr zum Lieben. 208 S., Gb., Akademie Vlg. 2. Ed. 1989. **DM 48,-**

F. Shapiro /M. Silk: EMDR in Aktion. Die neue Kurzzeittherapie in der Praxis. 341 S., Kt., Junfermann Vlg. 1998. **DM 44,-**

H. H. Strupp /J. L. Binder: Kurzpsychotherapie. 360 S., Br., Klett-Cotta 2. Ed. 1993. **DM 42,-**

S.K. Sulz /P. Fürstenau /F. Kanfer (Ed.): Kurz-Psychotherapien. Wege in die Zukunft der Psychotherapie. Pb., CIP-Medien 1998. **DM 49,-**

Rolf Wahl: Kurzpsychotherapie bei Depressionen. Interpersonelle Psychotherapie und kognitive Therapie im Vergleich. 283 S., 29 Abb., Kt., Westdt. Vlg. 1999 NA, noch nicht ersch.. **DM 49,-**

T. Weiss /G. Haertel-Weiss: Familientherapie ohne Familie. Kurztherapie mit Einzelpatienten. 222 S., Kt., Piper 4. Ed. 1997. **DM 14,90**

Modifizierte Settings
Psychodrama

Jahrbuch für Psychodrama, psychosoziale Praxis & Gesellschaftspolitik 1994. 222 S., Kt., Leske + Budrich 1994. **DM 39,-**

A. Aichinger /H. Holl: Psychodrama, Gruppentherapie mit Kindern. (Edition Psychologie und Pädagogik) 192 S., Kt., M. Grünewald Vlg. 1997. **DM 42,-**

Rainer Bosselmann /E. Lüffe-Leonhardt (Ed.): Variationen des Psychodramas. Ein Praxis-Handbuch - nicht nur für Psychodramatiker. 440 S., 3 Abb., Kt., Vlg. Limmer 2. rev. Ed. 1996. **DM 54,-**

Ferdinand Buer (Ed.): Morenos therapeutische Philosophie. Grundideen von Psychodrama und Soziometrie. 270 S., Kt., Leske + Budrich 3. rev. Ed. 1999. **DM 44,-**

Ernst Engelke: Psychodrama in der Praxis. Anwendung in Therapie, Beratung und Sozialarbeit. (Rhe.: Leben lernen, Bd. 51) 238 S., Kt., Klett-Cotta 1981. **DM 35,-**

B. Erlacher-Farkas/C. Jorda: Monodrama: Heilende Begegnung. Vom Psychodrama zur Einzeltherapie. 254 S., Kt., Springer 1996. **DM 69,-**

Chris Farmer: Psychodrama und systemische Therapie. Ein intergrativer Ansatz. Vorw. v. Zerka T. Moreno. 146 S., Abb., Ln., Klett-Cotta 1998. **DM 48,-**

Daniel Feldhendler: Psychodrama und Theater der Unterdrückten. 146 S., Pb., Vlg. Nold 2. Ed. 1992. **DM 29,80**

Hans W. Gessmann: Humanistisches Psychodrama. Bd. 2. 243 S., Psychoth. Inst. Bergerhausen 1994. **DM 29,80**

Hans W. Gessmann: Methoden des Humanistischen Psychodramas. Tl. 1: Interview, Doppel und Hilfs - Ich. Psychoth. Inst. Bergerhausen 1994. **DM 69,-**

Reinhard T. Krüger: Kreative Interaktion. Tiefenpsychologische Theorie und Methoden des klassischen Psychodramas. 277 S., 16 Abb., 2 Tab., Kt., Vandenh. & Ruprecht 1997. **DM 54,-**

Der Autor stellt das tiefenpsychologisch fundierte, methodische Konzept der Psychodramatherapie vor. Dabei werden die Grundbegriffe der tiefenpsychologisch orientierten Therapie, der Theorie des Spiels und kreative Prozesse anschaulich erläutert.

Klaus Lammers: Verkörpern und Gestalten. Psychodrama und Kunsttherapie in der psychosozialen Arbeit. 227 S., Kt., Vandenh. & Ruprecht 1998. **DM 48,-**

Eva Leveton: Mut zum Psychodrama. 240 S., Br., iskopress Vlg. 3. Ed. 1996. **DM 48,-**

Jacob Moreno: Gruppenpsychotherapie und Psychodrama. Einleitung in die Theorie und Praxis. XII, 327 S, 20 Abb., Gb., Thieme 5. Ed. 1997. **DM 99,-**

Jacob L. Moreno: Psychodrama und Soziometrie. Schriften zu Psychodrama, Gruppenmethode und Spontaneität. 322 S., 15 Abb., Kt., Vlg. EHP 1989. **DM 48,-**

Hilarion G. Petzold: Psychodrama-Therapie. Theorie, Methoden, Anwendung in der Arbeit mit alten Menschen. 553 S., Kt., Junfermann Vlg. 2. Ed. 1985. **DM 44,-**

H. Petzold /J. Moreno /S. Lebovici et al.: Angewandtes Psychodrama in Therapie, Pädagogik und Theater. Vorw. v. H. Petzold und J. Moreno. 468 S., 15 Diagr., Kt., Junfermann Vlg. 4. Ed. 1993. **DM 39,80**

Andreas Ploeger: Tiefenpsychologisch fundierte Psychodramatherapie. 256 S., 7 Abb., Kt., Kohlhammer Vlg. 1983. **DM 39,80**

Eckhard Roch: Psychodrama. Richard Wagner im Symbol. 640 S., 34 Abb., Gb., Metzler 1995. **DM 85,-**

Roland Springer: Grundlagen einer Psychodrama-Pädagogik. 266 S., Br., Vlg. inScenario 1995. **DM 58,-**

Frank-M. Staemmler: Der „leere Stuhl". Ein Beitrag zur Technik der Gestalttherapie. (Rhe.: Leben lernen, Bd. 99) 179 S., Br., Klett-Cotta 1995. **DM 34,-**

M. Vorwerg /T. Alberg (Ed.): Psychodrama. 140 S., 5 Abb, 3 Tab., Br., 1991. **DM 38,-**

Lewis Yablonsky: Psychodrama. Die Lösung emotionaler Probleme durch das Rollenspiel. 258 S., Kt., Klett-Cotta 3. rev. Ed. 1998. **DM 42,-**

Modifizierte Settings
Sexualtherapie

Wolfgang Berner: Verlaufsformen der Sexualkriminalität. 5-Jahres-Katamnesen bei 326 Sexualdelinquenten unter Berücksichtigung von Frühsozialisation. XII, 200 S., 7 Abb., 41 Tab., Enke 1986. **DM 48,-**

W. Bräutigam /U. Clement: Sexualmedizin im Grundriß. Eine Einführung in Klinik, Theorie und Therapie der sexuellen Konflikte und Störungen. IX, 346 S., Kt., Thieme 3.rev. Ed. 1989. **DM 39,80**

Claus Buddeberg: Sexualstörungen - Abklärung und Behandlung. (Rhe. Autobahn-Universität) 5 Toncass., C. Auer Vlg. 1996. **DM 89,-**

Helen S. Kaplan: Hemmungen der Lust. Neue Konzepte der Psychosexualtherapie. X, 186 S., Kt., Enke 1981. **DM 39,80**

Helen S. Kaplan: Sexualtherapie. Ein bewährter Weg für die Praxis. XX, 76 S., Abb., Kt., Enke 4. rev. Ed. 1995. **DM 49,90**

Helen S. Kaplan: Sexualtherapie bei Störungen des sexuellen Verlangens. 272 S., 2 Abb., Kt., Thieme 2000. **DM 99,-**

G. Kockott /E.-M. Fahrner: Sexualstörungen beim Mann. 90 S., Kt., Hogrefe 2000. **DM 39,80**

D. Langer /U. Hartmann: Psychosomatik der Impotenz. Bestandsaufnahme und integratives Konzept. VII, 341 S., Kt., Enke 1992. **DM 68,-**

Volkmar Sigusch (Ed.): Sexuelle Störungen und ihre Behandlung. 352 S., Gb., Thieme 2. Ed. 1997. **DM 69,-**

Bernhard Strauß (Ed.): Psychotherapie der Sexualstörungen. Krankheitsmodelle und Therapiepraxis, störungsspezifisch und schulenübergreifend. (Lindauer Psychotherapie-Module) VIII, 199 S., Kt., Thieme 1998. **DM 49,90**

W. Weidner /W. Krause et al. (Ed.): Erektionsstörungen. Organbefund und Psychodynamik. VIII, 233 S., 75 Abb., Gb., Karger Vlg. 1988. **DM 130,-**

Hermann Wendt: Integrative Sexualtherapie. Am Beispiel von Frauen mit Orgasmusstörungen. 320 S., Kt., Pfeiffer 1979. **DM 36,-**

S. Zettl /J. Hartlapp: Sexualstörungen durch Krankheit und Therapie. Ein Kompendium für die ärztliche Praxis. X, 189 S., Gb., Springer 1997. **DM 76,-**

Modifizierte Settings
Supervision /Institutionsanalyse

Supervision. Hilfe für die Helfer. 1 Videocass., VHS, 30 min., Vlg. C.R.Vincentz 1993. **DM 158,-**

E. Ammann /R. Borens /H.-D. Gondek et al. (Ed.): Psychoanalyse in der Institution. Br., Turia & Kant o.J.. **DM 29,-**

Günter Ammon: Dynamische Psychiatrie. 293 S., Kt., Klotz Vlg. 4. Ed. 1999. **DM 39,80**

Herman C Andriessen: Praxis der Supervision. Beispiel: Pastorale Supervision. 226 S., Kt., Asanger Vlg. 3. rev. Ed. 1993. **DM 49,80**

Anna Auckenthaler: Supervision psychotherapeutischer Praxis. Organisation - Standards - Wirksamkeit. 214 S., Kt., Kohlhammer Vlg. 1995. **DM 59,80**

Anna Auckenthaler (Ed.): Supervision. In Handlungsfeldern der psychosozialen Versorgung. 136 S., Br., DGVT Vlg. 1992. **DM 19,80**

Hansjörg Becker (Ed.): Psychoanalytische Teamsupervision. 232 S., Kt., Vandenh. & Ruprecht 1995. **DM 49,-**

Nando Belardi: Supervision. Eine Einführung für soziale Berufe. 232 S., Kst., Lambertus-Vlg. 2. Ed. 1998. **DM 36,-**

Nando Belardi: Supervision - Von der Praxisberatung zur Organisationsentwicklung. 353 S., Kt., Junfermann Vlg. 2. Ed. 1994. **DM 44,-**

G. Bergmann /C. Hennch /A. Werner (Ed.): Formen der Supervision. Supervisionskonzepte und Praxis im Klinikkontext. 145 S., Br., VAS 1998. **DM 35,-**

Mit Beitr. Von H. Becker, J. Fengler, P. Fürstenau, J. Schweizer, A. Trenkel

G. Bernler /L. Johnsson: Supervision in der psychosozialen Arbeit. Integrative Methodik und Praxis. 238 S., Br., Beltz 1993. **DM 38,-**

Hannes Brandau (Ed.): Supervision aus systemischer Sicht. 280 S., Br., Otto Müller Vlg. 3. Ed. 1996. **DM 39,80**

Holger Brandes (Ed.): Supervision. 128 S., Br., Votum Vlg. 1996. **DM 24,80**

M. B. Buchholz /N. Hartkamp (Ed.): Supervision im Fokus. Polyzentrische Analysen einer Supervision. VIII, 217 S., Kt., Westdt. Vlg. 1997. **DM 58,-**

Was geschieht in einer Team-Supervision? Wie handelt ein guter Supervisor? In dem Buch wird das Transkript einer Supervision mit unterschiedlichen Methoden (ZBKT, SASB, Metaphernanalyse, psychoanalytischer Hermeneutik) analysiert. Die Arbeit möchte einen Beitrag dazu leisten, die

Kluft zwischen Forschungsmethoden und klinisch-therapeutischer Praxis zu überwunden.

Kurt Buchinger: Die Zukunft der Supervision. Aspekte eines neuen „Berufs". 178 S., Kt., C. Auer Vlg. 1999. **DM 48,-**

Kurt Buchinger: Supervision in Organisationen. Den Wandel begleiten. 166 S., Kt., C. Auer Vlg. 1997. **DM 48,-**

K. Buchinger /A. Ebbecke-Nohlen et al.: Supervision. Vorträge 1994, Heidelberg. (Rhe. Autobahn-Universität) 6 Toncass. iBox, C. Auer Vlg. o.J.. **DM 119,-**

Ferdinand Buer: Lehrbuch der Supervision. Der pragmatisch-psychodramatische Weg zur Qualitätsverbesserung professionellen Handelns. Grundlegung, Einstiege, Begriffslexikon. 304 S., Abb., Kt., Votum Vlg. 1999. **DM 38,-**

Dietrich Eck (Ed.): Supervision in der Psychiatrie. 330 S., Br., Psychiatrie-Vlg. 1998. **DM 39,80**

Ulrike L Eckardt (Ed.): System Lehrsupervision. 224 Abb., Kt., Vlg. H. Kersting 1997. **DM 48,-**

Gerhard Fatzer (Ed.): Organisationsentwicklung und Supervision: Erfolgsfaktoren bei Veränderungsprozessen. Trias-Kompass 1. 256 S., Br., Vlg. EHP 1995. **DM 48,-**

Adrian Gaertner: Gruppensupervision. Theoriegeschichtliche und fallanalytische Untersuchungen. 300 S., Gb., Ed. diskord 1999. **DM 56,-**

Michael Giesecke: Supervision als Medium kommunikativer Sozialforschung. Die Integration von Selbsterfahrung und distanzierter Betrachtung in Beratung und Wissenschaft. 480 S., Kt., Suhrkamp 1997. **DM 39,80**

S. Graf-Deserno /H. Deserno: Entwicklungschancen in der Institution. Psychoanalytische Teamsupervision. (Rhe.: Geist u. Psyche, Bd. 13151) Kt., S. Fischer 1998. **DM 19,90**

Rudolf Heltzel (Ed.): Supervision in der psychiatrischen Klinik. 144 S., Br., Psychosozial Vlg. 1998. **DM 32,-**

Elisabeth Holloway: Supervision in psychosozialen Feldern. Ein praxisbezogener Supervisionsansatz. 252 S., Abb., Kt., Junfermann Vlg. 1998. **DM 44,-**

Renate John: Ein Bild sagt mehr als tausend Worte. Symbole in der Supervision und Beratungsarbeit. 163 S., Kt., Vlg. U.Busch 1995. **DM 20,60**

Renate John: Handlungsmodell Supervision. Beratung, Theoretische Grundlegung und praktische Anwendung. Kt., Vlg. U.Busch 3. Ed. 1993. **DM 28,60**

Gert Jugert: Zur Effektivität Pädagogischer Supervision. Eine Evaluationsstudie schulinterner Gruppen-Supervision mit Lehrern. 199 S., Br., P. Lang 1998. **DM 65,-**

Heinz J Kersting: Kommunikationssystem Supervision. Unterwegs zu einer konstruktivistischen Beratung. 184 S., 1 Abb., Kt., Vlg. H. Kersting 1992. **DM 28,-**

H. J. Kersting (Beitr.): Systemische Perspektiven in der Supervision und Organisationsentwicklung. 222 S., Ill., graf. Darst., Kt., Vlg. H. Kersting 1996. **DM 38,50**

Wolfgang Kühl (Ed.): Supervision und das Ende der Wende. 331 S., Kt., Leske + Budrich 1999. **DM 54,-**

Ingeborg Luif (Ed.): Supervision. Tradition, Ansätze und Perspektiven in Österreich. 392 S., Br., Orac Vlg. 1997. **DM 94,50**

S. Minuchin /W.-J. Lee /G. Simon: Supervision und familientherapeutisches Können. 298 S., Kt., Lambertus-Vlg. 1998. **DM 48,-**

Hermann Müller: Suchttherapie und Supervision. 364 S., Br., P. Lang 1995. **DM 95,-**

N.N.: Themenzentrierte Supervision. 324 S., Kt., M. Grünewald Vlg. 1998. **DM 34,-**

M. El Nachimi /L. Stephan: SpielArt. Konzepte systemischer Supervision und Organisationsberatung. Instrumente für Trainer und Berater. Mappe 1: Unterbrecher. 30 Karten, Vandenh. & Ruprecht 1999. **DM 19,80**

M. El Nachimi /L. Stephan: SpielArt. Konzepte systemischer Supervision und Organisationsberatung. Instrumente für Trainer und Berater. Mappe 2: Beginnings und Endings. 30 Karten, Vandenh. & Ruprecht 1999. **DM 19,80**

M. El Nachimi /L. Stephan: SpielArt. Konzepte systemischer Supervision und Organisationsberatung. Instrumente für Trainer und Berater. Mappe 3: Kreative Kommunikation. 30 Karten, Vandenh. & Ruprecht 1999. **DM 19,80**

Österr. Vereinigung f. Supervision (Ed.): Supervision, eine kritische Dienstleistung. 134 S., Kt., StudienVlg. 1997. **DM 27,-**

Franz Petermann (Ed.): Pädagogische Supervision. 168 S., Br., Otto Müller Vlg. 1995. **DM 29,80**

Harald Pühl: Team-Supervision. Von der Subversion zur Institutionsanalyse. 177 S., Kt., Vandenh. & Ruprecht 1998. **DM 39,-**

Harald Pühl (Ed.): Supervision in Institutionen. Eine Bestandsaufnahme. (Rhe.: Geist u. Psyche, Bd. 12698) Kt., S. Fischer 1996. **DM 18,90**

Kornelia Rappe-Giesecke: Supervision. Gruppensupervision und Teamsupervision in Theorie und Praxis. XI, 210 S., 5 Abb., 12 Tab., Br., Springer 2. rev. Ed. 1994. **DM 78,-**

Walter A Scobel: Was ist Supervision? Mit einem Beitr. v. Christian Reimer. 207 S., Kt., Vandenh. & Ruprecht 4. Ed. 1997. **DM 39,-**

Walter Spiess (Ed.): Gruppen- und Teamsupervision in der Heilpädagogik. Konzepte, Erfahrungen. 131 S., 2 Tab., 15 Abb., Kt., Haupt Vlg. 1991. **DM 23,-**

Verein für Psa. Sozialarbeit (Ed.): Supervision in der psychoanalytischen Sozialarbeit. 272 S., Kt., Ed. diskord 1994. **DM 28,-**

Herbert Walther (Ed.): Supervision - den beruflichen Alltag professionell reflektieren. 126 S., Kt., StudienVlg. 1998. **DM 29,80**

H. Wyrwa (Beitr.): Supervision in der Postmoderne. Systemische Ideen und Interventionen in der Supervision und Organisationsberatung. 248 S., 1 Abb., Kt., Vlg. H. Kersting 1998. **DM 42,-**

PSYCHOPATHOLOGIE

Helmut Barz: Psychopathologie und ihre psychologischen Grundlagen. 198 S., Kt., H. Huber Vlg. 4. erg. Ed. 1997. **DM 44,-**

G. Condrau /W. Dogs et al. (Ed.): Haut. Ganzheitlich verstehen und heilen. 222 S., 44 Abb., 2 Tab., Kt., Haug Vlg. 1997. **DM 29,80**

B.L. Duncan /M. Hubble /S.D. Miller: „Aussichtslose Fälle". Die wirksame Behandlung von Therapie-Veteranen. 259 S., Ln., Klett-Cotta 1998. **DM 58,-**

Peter Hartwich et al. (Ed.): Persönlichkeitsstörungen: Psychotherapie und Pharmakotherapie. 144 S., Abb., Br., Wissenschaft & Praxis 1997. **DM 34,-**

Karl Jaspers: Allgemeine Psychopathologie. XV, 748 S., 3 Abb., Gb., Springer 9. Ed. 1973. **DM 248,-**

Karl Jaspers: Gesammelte Schriften zur Psychopathologie. VIII, 421 S., Gb., Springer Nachdr. 1990. **DM 194,-**

Michael Karle: Kommunikation als ein neues Paradigma der Psychopathologie. Ein Vergleich der Konzepte von Watzlawick et al. und Wyss. 372, LIV S, Kt., Königshausen & Neumann 1984. **DM 78,-**

Zeno Kupper: Dynamische Modelle für chronische psychische Störungen. 300 S., Br., Pabst Vlg. 1999. **DM 40,-**

Christian Müller (Ed.): Die Gedanken werden handgreiflich. Eine Sammlung psychopathologischer Texte. 160 S., Gb., Springer 2. rev. Ed. 1993. **DM 54,-**

W. Rief /W. Hiller: Somatisierungsstörung und Hypochondrie. Fortschritte der Psychotherapie Bd. 1. 88 S., Kt., Hogrefe 1998. **DM 39,80**

H. Saß /S. Herpertz (Ed.): Psychotherapie von Persönlichkeitsstörungen. Beiträge zu einem schulenübergreifenden Vorgehen. V,187 S., 15 Abb., Kt., Thieme 1999. **DM 59,80**

Marguerite A. Sechehaye: Eine Psychotherapie der Schizophrenen. 292 S., Ebr., Klett-Cotta 1992. **DM 32,-**

Marguerite A. Sechehaye: Eine Psychotherapie der Schizophrenen. XV,273 S., Ln., Klett-Cotta 1986. **DM 64,-**

Marguerite A. Sechehaye: Tagebuch einer Schizophrenen. Selbstbeobachtungen einer Schizophrenen während der psychotherapeutischen Behandlung. Kt., Suhrkamp 1973. **DM 15,80**

Alfrun von Vietinghoff-Scheel: Aufzeichnungen eines seelischen Nacktflitzers. 499 S., 19 Abb., Kt., Suhrkamp 1991. **DM 26,-**

Paul Watzlawick: Wenn die Lösung das Problem ist. (Rhe.: AudioTorium) 53 min., 1 Toncass., auditorium-Vlg. o.J.. **DM 22,-**

Mechthild Zeul (Ed.): Krankengeschichte als Lebensgeschichte. (Rhe.: VIP - Verl. Internat. Psa.) 252 S., Pb., Klett-Cotta 1996. **DM 38,-**

PSYCHOTHERAPIE

B. Barde /D. Mattke (Ed.): Therapeutische Teams. Theorie, Empirie, Klinik. 306 S., Kt., Vandenh. & Ruprecht 1993. **DM 49,-**

Till Bastian: Der Traum von der Deutung. Einhundert Jahre Psychoanalyse zwischen Via regia und Holzweg. 145 S., Kt., Vandenh. & Ruprecht 1999. **DM 36,-**

F. Beese /K.Grawe /O.F. Kernberg et al.: Erinnern und Entwerfen im psychotherapeutischen Handeln. Toncassetten. (Rhe.: Autobahn-Universität) 9 Toncass. iBox, C. Auer Vlg. o.J.. **DM 159,-**

Claus Blickhan: Was schiefgehen kann, geht schief. Murphys Gesetz in der Wunderwelt der Psychotherapie. 144 S., Gb., C. Auer Vlg. 2000. **DM 19,80**

Michael B. Buchholz (Ed.): Psychotherapeutische Interaktion. Qualitative Studien zu Konversation und Metapher, Plan und Geste. XI, 230 S., Kt., Westdt. Vlg. 1995. **DM 52,-**

Franz Caspar (Ed.): Psychotherapeutische Problemanalyse. 348 S., Kt., DGVT Vlg. 1996. **DM 48,-**

Sigrid R. Damm: Mehrphasentherapie. Eine Methodenkombination für die psychotherapeutische Praxis. Vorw. v. Peter Kutter. (Rhe.: Leben lernen, Bd. 102) 383 S., Br., Klett-Cotta 1995. **DM 52,-**

Udo Derbolowsky: Psychoanalyse ohne Geheimnis. Grundregeln und Heilungsschritte am Beispiel von AGMAP. 168 S., Kt., Birkhäuser Vlg. 1990. **DM 34,-**

George Downing: Körper und Wort in der Psychotherapie. Leitlinien für die Praxis. 451 S., Gb., Kösel Vlg. 1996. **DM 58,-**

Sabine Dührsen: Handlung und Symbol. Ambulante analytisch orientierte Therapie mit Psychosepatienten. 160 S., Kt., Vandenh. & Ruprecht 1999. **DM 39,-**

Anita Eckstaedt: Die Kunst des Anfangs. Psychoanalytische Erstgespräche. 285 S., Kt., Suhrkamp 3. Ed. 1998. **DM 24,80**

Viktor E. Frankl: Die Psychotherapie in der Praxis. Eine kasuistische Einführung für Ärzte. 303 S., Kt., Piper 4. Ed. 1997. **DM 19,90**

Merton M. Gill: Psychoanalyse im Übergang. Eine persönliche Betrachtung. (Rhe.: VIP - Verl. Internat. Psa.) 259 S., Ln., Klett-Cotta 1997. **DM 48,-**

M. McClure Goulding /R. L. Goulding: Neuentscheidung. Ein Modell der Psychotherapie. 359 S., Kt., Klett-Cotta 3. Ed. 1989. **DM 42,-**

J.P. Haas /G. Jappe (Ed.): Deutungs-Optionen. Für Wolfgang Loch. Beitr. v. I. Biermann, F.W. Eickhoff, J. Dantlgraber. 475 S., Gb., Ed. diskord 1995. **DM 70,-**

Christel Hafke: Vertrauen und Versuchung. Über Machtmißbrauch in der Therapie. 254 S., Kt., Rowohlt 1998. **DM 36,-**

Armin Hartmann: Therapie zwischen den Stunden. Explorationen von Intersessions-Prozessen. XV, 159 S., 35 Abb., Kt., P. Lang 1997. **DM 65,-**

Die empirische Psychotherapieforschung beschäftigt sich im Rahmen der Prozeß-Ergebnisforschung vorwiegend mit Prozessen, die während der Therapiesitzungen stattfinden. Orlinski et al. (1993) lenkten erstmals die Aufmerksamkeit psychodynamisch orientierter Forscher auf einen bislang nicht untersuchten Gegenstand: Die Verarbeitung von Therapie durch den Patienten zwischen den Stunden. Vor dieser Fragestellung untersucht der Autor in seiner Arbeit 63 Therapien hinsichtlich Gestalt und Verlauf von Intersessionsprozessen.

Peter Hartwich (Ed.): Videotechnik in Psychiatrie und Psychotherapie. Tagungsbericht. 124 S., Abb., Br., Wissenschaft & Praxis 1999. **DM 49,80**

Markus Hochgerner et al. (Ed.): Psychotherapie in der Psychosomatik. 278 S., Br., Facultas Vlg. 1995. **DM 41,-**

Klaus Hocker (Ed.): Methodenintegration in der psychosomatischen Rehabilitation. 156 S., zahlr. Abb., 4 Tab., Br., P. Lang 1996. **DM 54,-**

Ingo Jahrsetz: Spiritualität und Psychotherapie. Vortrag. (Rhe.: AudioTorium) 1 Toncass., Laufzeit 80 min., auditorium-Vlg. 1996. **DM 24,-**

Ingo Benjamin Jahrsetz: Holotropes Atmen - Psychotherapie und Spiritualität. (Rhe.: Leben lernen, Bd.129) 260 S., Br., Klett-Cotta 1999. **DM 42,-**

Wolfgang Kämmerer (Ed.): Körpersymptom und Psychotherapie. Der Umgang mit dem Symptom: Zur Spannung zwischen krankem Körper und Person. 207 S., Br., VAS 1997. **DM 38,-**

Verena Kast: Unausgeschöpfte Potentiale im psychotherapeutischen Prozeß. (Rhe.: AudioTorium) 45 min., 1 Toncass., auditorium-Vlg. o.J.. **DM 19,80**

Lisa Kessler: Eruption aus dem Unbewußten oder ein Mädchen überlebt. Ein psychologischer Bericht. 132 S., Pb., Haag + Herchen 1992. **DM 12,80**

M. Masud R. Khan: Erfahrungen im Möglichkeitsraum. Psychoanalytische Wege zum verborgenen Selbst. 323 S., Kt., Suhrkamp 1993. **DM 22,80**

M. Masud R. Khan: Erfahrungen im Möglichkeitsraum. Psychoanalytische Wege zum verborgenen Selbst. 323 S., Gb., Suhrkamp 2. Ed. 1991. **DM 48,-**

M. Masud R. Khan: Selbsterfahrung in der Therapie. Theorie und Praxis. 424 S., Kt., Klotz Vlg. 3. Ed. 1997. **DM 48,-**

Klaus Kießling: Psychotherapie, ein chaotischer Prozeß? Unterwegs zu einer postcartesianischen Psychologie. 494 S., 72 Abb., Kt., Radius Vlg. 1998. **DM 68,-**

Rudolf Klussmann: Psychotherapie. Psychoanalytische Entwicklungspsychologie, Neurosenlehre, psychosomatische Grundversorgung, Behandlungsverfahren, Aus- und Weiterbildung. XV, 363 S., 46 Abb., 29 Tab., Kt., Springer 3., rev. Ed. 2000. **DM 89,-**

Karl König: Einzeltherapie ausserhalb des klassischen Settings. 230 S., Kt., Vandenh. & Ruprecht 1993. **DM 54,-**

Karl König: Praxis der psychoanalytischen Therapie. 319 S., Kt., Vandenh. & Ruprecht 2. Ed. 1997. **DM 66,-**

Karl König: Selbstanalyse. Hinweise und Hilfen. 117 S., Kt., Vandenh. & Ruprecht 1994. **DM 34,-**

Karl König: Therapien in Gang bringen und konzentrieren. 138 S., Kt., Vandenh. & Ruprecht 1997. **DM 36,-**

Hanscarl Leuner (Ed.): Psychotherapie und religiöses Erleben: Ein Symposium über religiöse Erfahrungen unter Einfluß von Halluzinogenen. 146 S., Kt., VWB Nachdr. 1996. **DM 29,80**

Wolfgang Loch: Deutungs-Kunst. Dekonstruktion und Neuanfang im psychoanalytischen Prozeß. 112 S., Gb., Ed. diskord 1993, NA iVbr.. **DM 25,-**

W. Lotz /U. Koch /B. Stahl: Psychotherapeutische Behandlung geistig behinderter Menschen. Bedarf, Rahmenbedingungen, Konzepte. 278 S., 3 Abb., 5 Tab., Kt., H. Huber Vlg. 1995. **DM 39,80**

Hans J. Maaz (Ed.): Psychodynamische Einzeltherapie. 232 S., Br., Pabst Vlg. 1997. **DM 30,-**

Yvonne Maurer: Der ganzheitliche Ansatz in der Psychotherapie. XIV, 195 S., 23 Abb., Kt., Springer 1999. **DM 48,-**

A. Michels /P. Müller /P. Widmer (Ed.): Eine Technik für die Psychoanalyse? 179 S., Kt., Königshausen & Neumann 1993. **DM 38,-**

W. E. Milch /H.-P. Hartmann (Ed.): Die Deutung im therapeutischen Prozeß. (Rhe. Bibliothek der Psychoanalyse) 159 S., Kt., Psychosozial Vlg. 1999. **DM 48,-**

Fritz Morgenthaler: Technik. Zur Dialektik der psychoanalytischen Praxis. 150 S., Kt., eva 1991. **DM 20,-**

Tilmann Moser: Das erste Jahr. Eine psychoanalytische Behandlung. 200 S., Ebr., Suhrkamp 1986. **DM 24,-**

Tilmann Moser: Das erste Jahr. Eine psychoanalytische Behandlung. Nachw. v. Niklaus Roth. Kt., Suhrkamp o.J.. **DM 12,80**

Jürgen Müller-Hohagen: Psychotherapie mit behinderten Kindern. Wege der Verständigung für Familien und Fachleute. 209 S., Kt., Asanger Vlg. 2. rev. Ed. 1993. **DM 38,-**

Gerhard Nissen (Ed.): Aggressivität und Gewalt. Prävention und Therapie. 160 S., 22 Abb., 8 Tab., Kt., H. Huber Vlg. 1995. **DM 44,80**

Gerhardt Nissen (Ed.): Verfahren der Psychotherapie. 280 S., Abb., Kt., Kohlhammer Vlg. 1999. **DM 48,90**

Vor dem Hintergrund der gesetzlichen Neuregelung stellt der Autor übersichtlich die Grundzüge der wichtigsten psychotherapeutischen Therapieverfahren vor und erläutert ihre jeweiligen Voraussetzungen, Indikationen und Behandlungstechniken.

Rüdiger Nübling: Psychotherapiemotivation oder Psychosomatische Klinik. 600 S., Br., VAS 1991. **DM 69,-**

Violet Oaklander: Gestalttherapie mit Kindern und Jugendlichen. 409 S., Abb., Kt., Klett-Cotta 11. Ed. 1999. **DM 48,-**

Frederick S. Perls: Das Ich, der Hunger und die Aggression. Die Anfänge der Gestalt-Therapie. 329 S., Kt., Klett-Cotta 5. Ed 1995. **DM 42,-**

W. Pöldinger /H. G. Zapotoczky (Ed.): Der Erstkontakt mit psychisch kranken Menschen. XII, 245 S., Kt., Springer 1997. **DM 56,-**

Erwin Ringel (Ed.): Selbstmordverhütung. 225 S., Kt., Klotz Vlg. 6. Ed. 1999. **DM 36,80**

Klaus Rodewig (Ed.): Der kranke Körper in der Psychotherapie. 168 S., Kt., Vandenh. & Ruprecht 1997. **DM 39,-**

Carl R. Rogers: Der neue Mensch. 209 S., Kt., Klett-Cotta 6. Ed. 1997. **DM 32,-**

Carl R. Rogers: Die klientenzentrierte Gesprächspsychotherapie. (Rhe.: Geist u. Psyche, Bd. 42175) Kt., S. Fischer o.J.. **DM 29,90**

R. Rohner /W. Köpp (Ed.): Das Fremde in uns, die Fremden bei uns. Ausländer in Psychotherapie und Beratung. 136 S., Abb., Kt., Asanger Vlg. 1993. **DM 29,80**

Remo F. Roth: Hat AIDS einen Sinn? Behandlungsmöglichkeiten der HIV-Infektion auf der Grundlage tiefenpsychologischer Imaginationsmethoden. 120 S., 8 S. s/w Abb., Br., IKOS-Vlg. 1994. **DM 20,-**

C. J. Schmidt-Lellek /B. Heimannsberg (Ed.): Macht und Machtmißbrauch in der Psychotherapie. 308 S., Kt., Vlg. EHP 1995. **DM 44,-**

Gerhard Schüßler: Bewältigung chronischer Krankheiten. Konzepte und Ergebnisse. 212 S., 10 Abb., Kt., Vandenh. & Ruprecht 1993. **DM 48,-**

M. Titze /C. T. Eschenröder: Therapeutischer Humor. Grundlagen und Anwendungen. (Rhe.: Geist u. Psyche, Bd. 12650) Kt., S. Fischer 1998. **DM 19,90**

Walter Toman: Notrufe. Zehn Geschichten aus der psychotherapeutischen Praxis. Kt., C.H.Beck 1994. **DM 19,80**

Walter Toman: Psychotherapie im Alltag. Vierzehn Episoden. 178 S., Kt., C.H.Beck 1991. **DM 17,80**

W. Tress /C. Sies (Ed.): Subjektivität in der Psychoanalyse. 228 S., Kt., Vandenh. & Ruprecht 1995. **DM 39,-**

Thure von Uexküll et al. (Ed.): Subjektive Anatomie. Theorie und Praxis körperbezogener Psychotherapie. 264 S., Br., Schattauer 2. Ed. 1997. **DM 40,-**

Paul L. Wachtel: Psychoanalyse und Verhaltenstherapie. Ein Plädoyer für ihre Integration. 392 S., Kt., Klett-Cotta 1981. **DM 48,-**

Paul Watzlawick: Aktive therapeutische Interventionen. Vortrag München 1995. (Rhe.: AudioTorium) 2 Toncass., C. Auer Vlg. 1996. **DM 38,-**

Paul Watzlawick: Die Möglichkeit des Andersseins. Zur Technik der therapeutischen Kommunikation. 131 S., 5 Abb., Kt., H. Huber Vlg. 4. Ed. 1991. **DM 24,80**

Martha G. Welch: Die haltende Umarmung. 191 S., Kt., E. Reinhardt Vlg. 2. Ed. 1996. **DM 36,80**

Lutz v. Werder: Erinnern, Wiederholen, Durcharbeiten. Die eigene Lebensgeschichte kreativ schreiben. 232 S., Abb., Gb., Vlg. M.Schibri 1996. **DM 24,80**

Lutz v. Werder: Schreiben als Therapie. Ein Übungsbuch für Gruppen und zur Selbsthilfe. (Rhe.: Leben lernen, Bd. 64) 294 S., Br., Klett-Cotta 1988. **DM 34,-**

Lutz v. Werder: Übungen zur Psychoanalyse. Ein selbstanalytischer Weg. 72 S., Gb., Vlg. M.Schibri 1996. **DM 15,-**

L. v. Werder /J. Peter (Ed.): Die Selbstanalyse in Therapie und Selbsthilfe. X, 299 S., Abb., Br., Dt. Studien-Vlg. 1992. **DM 58,-**

Jürg Willi: Ökologische Psychotherapie. Theorie und Praxis. XX, 306 S., Gb., Hogrefe 1996. **DM 59,-**

J. Willi /H. Enke /H.Eibach u.a.: Spiel und Zusammenspiel in der Psychotherapie. (Rhe.: Autobahn-Universität) 9 Toncass. iSch., C. Auer Vlg. 1996. **DM 159,-**

STATIONÄRE PSYCHOTHERAPIE /PSYCHIATRIE /MEDIZIN

M. Balint /E. Balint: Psychotherapeutische Techniken in der Medizin. 289 S., Kt., Klett-Cotta 5. Ed. 1995. **DM 42,-**

M. Balint /J. Hunt et al.: Das Wiederholungsrezept. Behandlung oder Diagnose? 189 S., Kt., Klett-Cotta 1975. **DM 42,-**

Arnd Barocka et al.: Psychopharmakotherapie. In Klinik und Praxis. 272 S., 72 Abb., 63 Tab., Kt., Schattauer 1998. **DM 59,-**

Markus Bassler (Ed.): Werkstatt stationäre Psychotherapie. 250 S., Kt., Psychosozial Vlg. 2000. **DM 69,-**

M. Bautz-Holzherr /M. Pohlen: Klinische Psychodynamik. Ein Programm für die stationäre Psychotherapie. 250 S., Kt., H. Huber Vlg. 2000. **DM 49,80**

Die psychotherapeutische Arbeit leidet nicht selten unter einem Mangel an Professionalität und zugleich unter einer gewissen methodischen Beliebigkeit. Das hier vorliegende Psychotherapieprogramm liefert Mittel zur Gestaltung des psychotherapeutischen Prozesses und zu dessen Kontrolle auf psychodynamischer Grundlage.

N. H. Brockmeyer et al. (Ed.): HIV-Infekt. Epidemiologie. Prävention. Pathogenese. Diagnostik. Therapie. Psychosoziologie. XXXIII, 918 S., Gb., Springer 2000. **DM 198,-**

Peter Buchheim (Ed.): Psychotherapie und Psychopharmaka. Störungsorientierte Behandlungsansätze, kombinierte Therapie. 193 S., 6 Abb., Kt., Schattauer 1997. **DM 49,-**

M. B. Buchholz /C. v. Kleist: Szenarien des Kontakts. Eine metaphernanalytische Untersuchung stationärer Psychotherapie. 308 S., Kt., Psychosozial Vlg. 1997. **DM 48,-**

Rainer Danzinger (Ed.): Psychodynamik der Medikamente. Interaktion von Psychopharmaka mit modernen Therapieformen. (Schriftenreihe der wiss. Landesakad. f. Niederösterr.) 107 S., Abb., Kt., Springer 1991. **DM 39,-**

H. Dilling /C. Reimer: Psychiatrie und Psychotherapie. Mit 57 Fallbeispielen. XIII, 351 S., Kt., Springer 3. rev. Ed. 1997. **DM 36,-**

Volker Faust: Medikament und Psyche. Bd.1: Neuroleptika - Antidepressiva - Beruhigungsmittel - Lithiumsalze. 325 S., Kt., Wiss. Vlg.sgesell. 1995. **DM 68,-**

Peter Hofmann et al. (Ed.): Klinische Psychotherapie. X, 392 S., Kt., Springer 1997. **DM 98,-**

Paul L. Janssen: Psychoanalytische Therapie in der Klinik. 264 S., Abb., Kt., Klett-Cotta 1987. **DM 42,-**

Gunther Klosinski (Ed.): Stationäre Behandlung psychischer Störungen im Kindes- und Jugendalter. Brennpunkte und Entwicklungen. 220 S., Abb., Kt., H. Huber Vlg. 1997. **DM 59,-**

Karl König: Einführung in die stationäre Psychotherapie. 250 S., Kt., Vandenh. & Ruprecht 1995. **DM 58,-**

Joachim Küchenhoff: Teilstationäre Psychotherapie. Theorie und Praxis. Erfahrungen d. psychiatr. Universitätsklinik Basel. XII, 255 S., 9 Abb., Kt., Schattauer 1998. **DM 59,-**

Stavros Mentzos: Psychodynamische Modelle in der Psychiatrie. 141 S., Kt., Vandenh. & Ruprecht 4. Ed. 1996. **DM 36,-**

H.J. Möller /H.P. Kapfhammer (Ed.): Interaktion von medikamentöser und psychosozialer Therapie in der Psychiatrie. Beitr. v. M. Ermann, G. Buchkremer, R. Danzinger u.a. 184 S., Br., Edition pro mente 1996. **DM 27,-**

H.-J. Möller /W.E. Müller et al.: Psychopharmakotherapie. Ein Leitfaden für Klinik und Praxis. 500 S., 80 Tab., 40 Abb., Kt., Kohlhammer Vlg. 2. rev. Ed. 2000. **DM 44,-**

W. Rosendahl /H. Hennig /M. Saarma (Ed.): Entwicklungen und Tendenzen in der Medizinischen Psychologie. Ein Leitfaden. 320 S., Br., Pabst Vlg. 1997. **DM 50,-**

W. Ruff /S. Leikert: Therapieverläufe im stationären Setting. Eine psychoanalytische Untersuchung zur Prozeßqualität. (Rhe.: Forschung Psychosozial) 252 S., Kt., Psychosozial Vlg. 1999. **DM 68,-**

Günter H. Seidler: Stationäre Psychotherapie auf dem Prüfstand. Intersubjektivität und gesundheitliche Besserung. 268 S., 6 Abb., Kt., H. Huber Vlg. 1999. **DM 59,-**

Fritz B. Simon: Unterschiede, die Unterschiede machen. Klinische Epistemologie, Grundlage einer systemischen Psychiatrie und Psychosomatik. 500 S., Kt., Suhrkamp 3. Ed. 1999. **DM 36,80**

Wolfgang Tress et al. (Ed.): Psychotherapeutische Medizin im Krankenhaus. 275 S-, Kt., VAS 2000. **DM 39,80**

Thure von Uexküll: Integrierte Medizin als Beziehungsmedizin. (Rhe.: AudioTorium) 1 Toncass., Laufzeit 37 min., auditorium-Vlg. 1997. **DM 19,80**

R. Vandieken /E. Häckl et al. (Ed.): Was tut sich in der stationären Psychotherapie? Standorte und Entwicklungen. 381 S., Br., Psychosozial Vlg. 1998. **DM 68,-**

Übertragung - Gegenübertragung

Siegfried Bettighofer: Übertragung und Gegenübertragung im therapeutischen Prozeß. 157 S., Kt., Kohlhammer Vlg. 1998. **DM 38,-**

Der Autor entwickelt ein umfassendes Modell der Übertragung und untersucht ihr komplexes Zusammenspiel insbesondere mit der Person und der Gegenübertragung seitens des Psychoanalytikers.

Werner Bohleber (Ed.): Therapeutischer Prozeß als schöpferische Beziehung: Übertragung, Gegenübertragung, Intersubjektivität. Psyche - Themenheft 9/10 (Themenheft) 1999. 230 S., Br., Klett-Cotta 1999. **DM 38,-**

Heinrich Deserno: Die Analyse und das Arbeitsbündnis. Eine Kritik des Arbeitsbündniskonzepts. (Rhe.: VIP - Verl. Internat. Psa.) 163 S., Ln., Klett-Cotta 1990. **DM 38,-**

Heinrich Deserno: Die Analyse und das Arbeitsbündnis. Kritik eines Konzepts. (Rhe.: Geist u. Psyche, Bd. 12131) Kt., S. Fischer 1994. **DM 16,90**

Michael Ermann: Ressourcen in der Übertragung. Aufnahmen von den Lindauer Psychotherapie Wochen 1998. (Rhe.: AudioTorium) 63 min., 1 Toncass., auditorium-Vlg. 1999. **DM 24,-**

Merton M. Gill: Die Übertragungsanalyse. Theorie und Technik. (Rhe.: Geist u. Psyche, Bd. 12528) Kt., S. Fischer 1996. **DM 19,90**

Otto F. Kernberg: Übertragungsliebe im analytischen Setting. (Rhe.: AudioTorium) 82 min., 1 Toncass., auditorium-Vlg. 1997. **DM 24,-**

O. Knellessen /P. Passett /P. Schneider (Ed.): Übertragung und Übertretung. 107 S., Br., Ed. diskord 1998. **DM 25,-**

Karl König: Gegenübertragungsanalyse. 235 S., Kt., Vandenh. & Ruprecht 2. Ed. 1995. **DM 42,-**

Karl König: Übertragungsanalyse. 185 S., Kt., Vandenh. & Ruprecht 1998. **DM 39,-**

Almuth Massing: Übertragung und Gegenübertragung aus weiblicher Sicht. (Rhe.: AudioTorium) 1 Toncass., Laufzeit 44 min., auditorium-Vlg. 1997. **DM 19,80**

Heinrich Racker: Übertragung und Gegenübertragung. Studien zur Psychoanalytischen Technik. 227 S., Gb., E. Reinhardt Vlg. 5. Ed. 1997. **DM 39,80**

K. Spengler /S. Wagner: Wenn der Spiegel lebt. Psychoanalytiker sprechen über Gegenübertragung. 203 S., Kt., Wissenschaft & Praxis 1995. **DM 79,-**

Zu Beginn ihres Unternehmens begegneten die Autorinnen einhelliger Skepsis: Welcher Analytiker würde sich wohl von einem Fremden zu seinem Erleben während der Behandlungen befragen lassen. Herausgekommen ist gleichwohl eine sehr lebendige und anschauliche Schilderung der Arbeitsweise, die jeder der zehn interviewten Analytiker mit der Gegenübertragung entwickelte und davon ausgehend eine anregende Diskussion, in der vieles be- und hinterfragt wird.

Heinz Weiß: Der Andere in der Übertragung. Untersuchung über die analytische Situation und die Intersubjektivität in der Psychoanalyse. (Rhe.: Jahrb. der Psa., Beiheft 11) 263 S., Ln., frommann-holzboog 1988. **DM 114,-**

Ralf Zwiebel: Der Schlaf des Analytikers. Die Müdigkeitsreaktion in der Gegenübertragung. (Rhe.: VIP - Verl. Internat. Psa.) 152 S., Ln., Klett-Cotta 2. Ed. 1997. **DM 38,-**

Psychoanalyse interdisziplinär

Digitale Kommunikation

Bernard Batinic (Ed.): Internet für Psychologen. 530 S., Abb., Gb., Hogrefe Neuaufl. 1999. **DM 69,-**

B. Batinic /A. Werner /L. Gräf (Ed.): Online-Research: Methoden, Anwendungen und Ergebnisse. Bd. 1: Internet und Psychologie. 324 S., Abb., Kt., Hogrefe 1999. **DM 69,-**

M. Böhler /B. Suter (Ed.): Hyperfiction: Zum digitalen Diskurs über Internet und Literatur. (Rhe.: Nexus, Bd. 50) m. CD-ROM, Kt., Stroemfeld 1999. **DM 38,-**

M. Brüderlin /A. Franke /R. Hohl et al. (Texte): Face to Face to Cyberspace. Katalog zur Ausstellung in der Fondation Beyeler 1999. 140 S., zus. 105 Abb., Kt., Hatje Cantz 1999. **DM 78,-**

Nina Degele: Informiertes Wissen. Eine Wissenssoziologie der computerisierten Gesellschaft. 350 S., Kt., Campus 5/2000. **DM 68,-**

Mark Dery: Cyber. Die Kultur der Zukunft. 448 S., 62 Abb., Gb., Volk u.Welt 1997. **DM 46,-**

Nicola Döring: Sozialpsychologie des Internet. 516 S., Kt., Hogrefe 1999. **DM 69,-**

Stefan Düssler: Computer-Spiel und Narzißmus. Pädagogische Probleme eines neuen Mediums. Vorw. v. Edgar Weiss. 154 S., Kt., Klotz Vlg. 1989. **DM 19,80**

W. Frindte /T. Köhler (Ed.): Kommunikation im Internet. 235 S., 13 Abb., Br., P. Lang 1999. **DM 65,-**

Ludwig Janssen (Ed.): Auf der virtuellen Couch: Selbsthilfe, Beratung und Therapie im Internet. 228 S., Abb., Br., Psychiatrie-Vlg. 1998. **DM 26,80**

K. Karmasin /R. Ribing: Die formale Gestaltung wissenschaftlicher Arbeiten. Ein Leitfaden mit Beispielen und Hinweisen für die Gestaltung mit Word (Windows) 100 S., Br., WUV 1999. **DM 14,-**

A. Krafft /G. Ortmann: Computer und Psyche. Angstlust am Computer. 331 S., 9 Abb., Kt., Stroemfeld 1988. **DM 38,-**

T. Leithäuser /E. Löchel /B. Scherer et al.: Der alltägliche Zauber einer digitalen Technik. Wirklichkeitserfahrung im Umgang mit dem Computer. 299 S., Kt., Ed. Sigma 1995. **DM 39,-**

Elfriede Löchel: Inszenierungen einer Technik. Psychodynamik und Geschlechterdifferenz in der Beziehung zum Computer. 409 S., Kt., Campus 1997. **DM 68,-**

Klaus Mainzer: Computernetze und virtuelle Realität. Leben in der Wissensgesellschaft. VIII, 300 S., 71 Abb., Kt., Springer 1999. **DM 59,-**

Klaus Mainzer: Gehirn, Computer, Komplexität. VIII, 246 S., 73 Abb., Kt., Springer 1997. **DM 39,80**

Klaus Mainzer: Zeit. Von der Urzeit zur Computerzeit. Kt., C.H.Beck 1995. **DM 14,80**

R. F. Pior /P. Tiedemann: Internet für Psychologen. Eine praxisorientierte Einführung. 160 S., Kt., Primus Vlg. 2000. **DM 39,90**

Oliver Seemann: Internet Guide Medizin - Zahnmedizin. Fortsetzungswerk. 656 S., Loseblatts. im Ringordner, Wiss. Vlg.sgesell. 1999. **DM 89,-**

Ingo Steinhaus: Online recherchieren. Ökonomische Wege zu Informationen. 200 Abb., Kt., Rowohlt 1997. **DM 18,90**

Martin Stingelin: Das Netzwerk von Gilles Deleuze. Immanenz auf Video und im Internet. 160 S., Kt., Merve 1999. **ca. DM 20,-**

Sherry Turkle: Leben im Netz. Identität in Zeiten des Internet. 544 S., Gb., Rowohlt 1998. **DM 48,-**

Constantin von Barloewen: Der Mensch im Cyberspace. Vom Verlust der Metaphysik und dem Aufbruch in den virtuellen Raum. 211 S., Gb., E. Diederichs Vlg. 1998. **DM 36,-**

Joseph Weizenbaum: Die Macht der Computer und die Ohnmacht der Vernunft. 369 S., Kt., Suhrkamp 9. Ed. 1994. **DM 24,80**

Kimberly S. Young: Caught in the Net. Suchtgefahr Internet. 311 S., Kt., Kösel Vlg. 1999. **DM 36,-**

Entwicklungspsychologie /-Theorie

Doris Bischof-Köhler: Kinder auf Zeitreise. Theory of Mind, Zeitverständnis und Handlungsorganisation. 240 S., Kt., H. Huber Vlg. 2000. **DM 59,-**

John Bowlby: Elternbindung und Persönlichkeitsentwicklung. Therapeutische Aspekte der Bindungstheorie. 220 S., Gb., Dexter-Vlg 1994. **DM 35,-**

John Bowlby: Mutterliebe und kindliche Entwicklung. (Rhe.: Beitr. zur Kinderpsychotherapie, Bd. 13) 218 S., Gb., E. Reinhardt Vlg. 3. Ed. 1995. **DM 42,-**

Fran Buggle: Die Entwicklungspsychologie Jean Piagets. 124 S., Kt., Kohlhammer Vlg. 3. Ed. 1997. **DM 26,-**

Françoise Dolto: Über das Begehren. Die Anfänge der menschlichen Kommunikation. 442 S., Kt., Klett-Cotta 2. Ed. 1996. **DM 44,-**

Erik H. Erikson: Identität und Lebenszyklus. Drei Aufsätze. 223 S., Kt., Suhrkamp 17. Ed. 1998. **DM 17,80**

Eugenio Gaddini: „Das Ich ist vor allem ein körperliches". Beiträge zur Psychoanalyse der ersten Strukturen. Hrsg. v. G. Jappe u. B. Strehlow. 300 S., Photos, Gb., Ed. diskord 1998. **DM 56,-**

Detlef Garz: Lawrence Kohlberg zur Einführung. 180 S., Br., Junius Vlg. 1996. **DM 24,80**

Detlef Garz: Sozialpsychologische Entwicklungstheorien. Von Mead, Piaget und Kohlberg bis zur Gegenwart. 283 S., Kt., Westdt. Vlg. 2. Ed. 1994. **DM 27,80**

Dieter Geulen: Das vergesellschaftete Subjekt. Zur Grundlegung der Sozialisationstheorie. 611 S., Kt., Suhrkamp 1989. **DM 28,-**

H. Ginsburg /S. Opper: Piagets Theorie der geistigen Entwicklung. 370 S., Kt., Klett-Cotta 8. rev. Ed. 1998. **DM 48,-**

D. Goldschmidt /T. Schöfthaler (Ed.): Soziale Struktur und Vernunft. Jean Piagets Modell entwickelten Denkens in der Diskussion kulturvergleichender Bildungsforschung. 529 S., Kt., Suhrkamp 1984. **DM 28,-**

Stefan Granzow: Das autobiographische Gedächtnis. Kognitionspsychologische und psychoanalytische Perspektiven. XII, 212 S., Kt., PVU 1994. **DM 74,-**

Stephan Grätzel: Organische Zeit. Zur Einheit von Erinnerung und Vergessen. 188 S., Kt., Alber Vlg. 1993. **DM 78,-**

Eva-Maria Heinrich: Verstehen und Intervenieren. Psychoanalytische Methode und genetische Psychologie Piagets in einem Arbeitsfeld psychoanalytischer Pädagogik. Diss. 202 S., Kt., Asanger Vlg. 1994. **DM 44,-**

M.S. Honig /H.R. Leu /U. Nissen (Ed.): Kinder und Kindheit. Soziokulturelle Muster - sozialisationstheoretische Perspektiven. 200 S., Br., Juventa Vlg. 1996. **DM 29,80**

Verena Kast: Wir sind immer unterwegs. Gedanken zur Individuation. 135 S., Gb., Walter Vlg. 2. Ed. 1998. **DM 24,80**

Verena Kast: Zäsuren und Krisen im Lebenslauf. Vortrag am 26. Nov. 1997. Vorw. v. Hubert Chr. Ehalt. 55 S., Gb., Picus Vlg. 1998. **DM 14,80**

F. Klix /K. Lanius: Wie wir wurden, wer wir sind. 300 S., Kt., Kohlhammer Vlg. 1999. **DM 39,-**

Joachim König: Bücher erleben lernen. Ansätze einer entwicklungspsychologischen Erwerbsbiographieforschung. 181 S., 56 Abb., Br., Dt. Studien-Vlg. 1993. **DM 42,-**

Karl König: Kleine Entwicklungspsychologie des Erwachsenenalters. 128 S., Kt., Vandenh. & Ruprecht 1995. **DM 19,80**

Rainer Krause: Entwicklungspsychologie. Aufnahmen von den Lindauer Psychotherapie Wochen 1998. (Rhe.: Audio-Torium) 5 Toncass., auditorium-Vlg. o.J.. **DM 140,-**

Erwin Lemche: Das Körperbild in der psychoanalytischen Entwicklungspsychologie. 120 S., 4 Abb., Kt., Klotz Vlg. 2. Ed. 1999. **DM 27,80**

Das vorliegende Buch gibt einen umfassenden und erschöpfenden Überblick über die verschiedenen Ansätze zu Körper-Ich, Körperschema, Körperbild und Körperselbst in der Psychoanalyse.

M. Leuzinger-Bohleber /E. Mahler (Ed.): Phantasie und Realität in der Spätadoleszenz. Gesellschaftliche Veränderungen und Entwicklungsprozesse bei Studierenden. 344 S., Kt., Westdt. Vlg. 1993. **DM 68,-**

Karin Maier: Entwicklungspsychophysiologie. Körperliche Indikatoren psychischer Entwicklung. 267 S., Br., PVU 1994. **DM 68,-**

Patricia H. Miller: Theorien der Entwicklungspsychologie. 434 S., Gb., Spektrum Vlg. 1993. **DM 78,-**

Ashley Montagu: Zum Kind reifen. 403 S., Kt., Klett-Cotta 1991. **DM 26,-**

Ashley Montagu: Zum Kind reifen. 403 S., Lin., Klett-Cotta 1984. **DM 48,-**

Klaus Mund: Psychoanalytische Entwicklungspsychologie. Oder die Schwierigkeit erwachsen zu werden. VI, 200 S., Pb., Haag + Herchen 1987. **DM 24,-**

Erich Neumann: Das Kind. Struktur und Dynamik der werdenden Persönlichkeit. (Rhe.: Geist u. Psyche, Bd. 14479) Kt., S. Fischer 1999. **DM 26,90**

Horst Nickel (Ed.): Psychologie der Entwicklung und Erziehung. Zwanzig Jahre empirische Forschung unter ökopsychologischer Perspektive. 350 S., Br., Centaurus Vlg. 1993. **DM 49,80**

Bernd Nicolaisen: Die Konstruktion der sozialen Welt. Piagets Interaktionsmodell und die Entwicklung kognitiver und sozialer Strukturen. 271 S., Kt., Westdt. Vlg. 1994. **DM 49,-**

Georg W. Oesterdiekhoff: Traditionales Denken und Modernisierung. Jean Piaget und die Theorie der sozialen Evolution. 435 S., Kt., Westdt. Vlg. 1992. **DM 68,-**

Jean Piaget: Das moralische Urteil beim Kinde. 478 S., Lin., Klett-Cotta 2. rev. Ed. 1983. **DM 62,-**

Jean Piaget: Das Weltbild des Kindes. Einf. v. Hans Aebli. 311 S., Lin., Klett-Cotta 1978. **DM 56,-**

Jean Piaget: Das Weltbild des Kindes. Einf. v. Hans Aebli. 352 S., Kt., dtv 1992. **DM 19,90**

Jean Piaget: Die Äquilibration der kognitiven Strukturen. 182 S., Kt., Klett-Cotta 1976. **DM 36,-**

Jean Piaget: Intelligenz und Affektivität in der Entwicklung des Kindes. 192 S., Gb., Suhrkamp 1995. **DM 38,-**

J. Piaget /A. Szeminiska: Die Entwicklung des Zahlbegriffs beim Kinde. 318 S., Lin., Klett-Cotta 3. Ed. 1972. **DM 58,-**

J. Piaget /B. Inhelder: Die Entwicklung des inneren Bildes beim Kind. 518 S., 53 Abb., Gb., Suhrkamp 1979. **DM 64,-**

J. Piaget /B. Inhelder: Von der Logik des Kindes zur Logik des Heranwachsenden. Essay über die Ausformung der formalen operativen Strukturen. 338 S., Ln., Klett-Cotta 1980. **DM 74,-**

Jean Piaget /B. Inhelder: Die Entwicklung der physikalischen Mengenbegriffe beim Kinde. 386 S., Lin., Klett-Cotta 1969. **DM 62,-**

Jean Piaget /B. Inhelder: Die Entwicklung des räumlichen Denkens beim Kinde. 565 S., Lin., Klett-Cotta 1971. **DM 75,-**

J. Piaget/ B. Inhelder: Die Entwicklung des inneren Bildes beim Kind. 519 S., Kt., Suhrkamp 1989. **DM 28,-**

Franz Riffert: Whitehead und Piaget. 408 S., Br., P. Lang 1994. **DM 98,-**

Jürgen Seewald: Leib und Symbol. Ein sinnverstehender Zugang zur kindlichen Entwicklung. 560 S., Gb., W. Fink Vlg. 2. Ed. 1999. **DM 128,-**

Aus dem Inhalt: Leiblichkeit und symbolische Entwicklung in systematischer Sicht: Zur Leib- und Wahrnehmungsphänomenologie Merleau-Pontys - Cassirers Lehre der symbolischen Formen - Logisch-systematische Aspekte der Symboltheorie am Beispiel Langers - Der Symbolbegriff der Psychoanalyse u.a.

Christoph Seidler et al. (Ed.): Individuation contra Bezogenheit. Habsucht und Neid. 88 S., Br., Pabst Vlg. 1997. **DM 20,-**

René A. Spitz: Die Entstehung der ersten Objektbeziehungen. 132 S., Ln., Klett-Cotta 5. Ed. 1992. **DM 42,-**

René A. Spitz: Nein und Ja. Die Ursprünge der menschlichen Kommunikation. 142 S., Ln., Klett-Cotta 4. rev. Ed. 1992. **DM 48,-**

Kirsten von Sydow: Psychosexuelle Entwicklung im Lebenslauf. Eine biographische Studie bei Frauen der Geburtsjahrgänge 1895 - 1936. 360 S., Br., Roderer Vlg. 1991. **DM 54,-**

Jürg Willi: Die ökologisch-koevolutive Dimension der persönlichen Entwicklung als therapeutischer Fokus. Vorlesung 47. Lindauer Psychotherapiewochen 1997. (Rhe.: AudioTorium) 370 min., 4 Toncass., auditorium-Vlg. 1997. **DM 125,-**

ETHNOPSYCHOANALYSE /KULTURANTHROPOLOGIE

: Curare: Zeitschrift für Ethnomedizin. H. 17/94-1: Psychiatrie im Kulturvergleich. 128 S., Kt., VWB 1994. **DM 48,-**

Regina Abt-Baechi: Der Heilige und das Schwein. Ein psychologischer Beitrag. Vorw. Von M.-L. v. Franz. 130 S., Abb., Br., Daimon Vlg. 1983. **DM 31,-**

Matthias Adler: Ethnopsychoanalyse. Über das Unbewusste in Wissenschaft und Kultur. XIV,193 S., Sonderpreis, Kt., Schattauer 1993. **DM 30,-**

B. Adler /U. Hoffmann-Richter /U. Plog (Ed.): Die Psychotherapeutin. Psychotherapie und Sozialpsychiatrie. Heft 9: Das Böse. (Edition das Narrenschiff) 137 S., Br., Psychiatrie-Vlg. 1998. **DM 25,-**

Das Themenheft bietet im Angang eine Auswahlbibliographie zum Thema.

E. Adunka /A. Brandstätter (Ed.): Das Jüdische Lehrhaus als Modell lebensbegleitenden Lernens. 200 S., Kt., Passagen Vlg. 1999. **DM 46,-**

Ullrich Ahrens: Fremde Träume. Eine ethnopsychologische Studie. (Rhe.: Krankheit und Kultur Bd. 8) 465 S., Kt., Reimer Vlg. 1996. **DM 68,-**

Tilman Allert: Die Familie. Fallstudien zur Unverwüstlichkeit einer Lebensform. 320 S., Br., de Gruyter 1997. **DM 48,-**

Fallstudien (die Familien Max Webers, Albert Einsteins, der Kempowskis, eines Autocrashers und eines Inzests) bilden die Datenbasis für eine soziologische Analyse der Familie. Die Liebe des Paares, die Ästhetik des Gesprächs, die Sinnlichkeit des Begehrens zwischen Mann und Frau bilden dabei die Ausgangspunkte einer strukturtheoretischen Familiensoziologie, die Freud, Parsons, Simmel und Lèvi-Strauss verpflichtet ist.

A. Altmann /G. Bittner /W. Henckmann et al.: Phantasie als anthropologisches Problem. 232 S., Efal., Königshausen & Neumann 1981. **DM 24,80**

Abdul F. Ammar: Die Araber und die westliche Kultur. Psychoanalytische Überlegungen am Beispiel der libanesischen Hochschulausbildung. Diss. VI, 187 S., Kt., Böhlau Vlg. 1991. **DM 48,-**

Günter Ammon: Kultur - Identität - Kommunikation. 363 S., Kt., Eberhard-Vlg. 1988. **DM 29,80**

Günter Ammon: Kultur - Identität - Kommunikation, 2. Versuch. 380 S., Ebr., Eberhard-Vlg. 1993. **DM 48,-**

S. Anselm /C. Neubaur (Ed.): talismane: Klaus Heinrich zum 70. Geburtstag. 534 S., Abb., Kt., Stroemfeld 1998. **DM 58,-**

R,G. Appell (Ed.): Der verwundete Heiler. Homöopathie und Psychoanalyse im Gespräch. 239 S., Abb., Kst., Haug Vlg. 1995. **DM 72,-**

Roland Apsel (Ed.): Ethnopsychoanalyse. Bd. 5: Jugend und Kulturwandel. 224 S., Pb., Vlg. Brandes & Apsel 1997. **DM 39,-**

Der interkulturelle Vergleich bei der Ausgestaltung der Adoleszenz eröffnet neue Erkenntnismöglichkeiten und läßt den Antagonismus von Familie und Kultur plastisch werden.

Roland Apsel et al. (Ed.): Ethnopsychoanalyse. Bd. 1: Glaube, Magie, Religion. 256 S., Pb., Vlg. Brandes & Apsel 3. Ed. 1997. **DM 39,-**

Roland Apsel et al. (Ed.): Ethnopsychoanalyse. Bd. 2: Herrschaft, Anpassung, Widerstand. 248 S., Fotos, Pb., Vlg. Brandes & Apsel 1991. **DM 36,-**

Roland Apsel et al. (Ed.): Ethnopsychoanalyse. Bd. 3: Körper, Krankheit und Kultur. 272 S., Pb., Vlg. Brandes & Apsel 1993. **DM 39,-**

Roland Apsel et al. (Ed.): Ethnopsychoanalyse. Bd. 4: Arbeit, Alltag und Feste. 256 S., Pb., Vlg. Brandes & Apsel 1995. **DM 39,-**

Jan Assmann: Moses der Ägypter. 336 S., Ln., Hanser 1998. **DM 49,80**

Der Autor bietet eine umfassende Deutungsgeschichte dieser gewaltigen Person und setzt sich dabei nicht zuletzt auch ausführlich mit Freuds Arbeit „Der Mann Moses" auseinander.

Jan Assmann: Moses der Ägypter. Entzifferung einer Gedächtnisspur. Kt., S. Fischer 2000. **DM 28,90**

Die Geschichte der Moses-Figur: Vom Stifter der monotheistischen Religion über die mittelalterliche Verkörperung ursprünglicher Weisheit zur Lichtgestalt der Aufklärer und zum ägyptischen Würdenträger, der - nach der Version Sigmund Freuds - einem „Vatermord" zum Opfer fällt.

Johann J. Bachofen: Das Mutterrecht. Eine Untersuchung über die Gynaikokratie der alten Welt nach ihrer religiösen und rechtlichen Natur. Eine Auswahl hrsg. v. Hans-Jürgen Heinrichs. 461 S., Kt., Suhrkamp 9. Ed. 1997. **DM 32,80**

Michel Baeriswyl: Chillout. Wege in eine neue Zeitkultur. 260 S., Kt., dtv 8/2000. **DM 28,-**

Michel Baeriswyl (Beitr.): Leidenschaft und Rituale. Was Leben gelingen lässt. 283 S., Ebr., Walter Vlg. 1997. **DM 39,80**

Der Band versammelt die Vorträge der Lindauer Tagung der Internat. Gesllschaft für Tiefenpsychologie von 1996, die sich mit der Frage

Mansour Bakhtiar: Das Schamgefühl in der persisch-islamischen Kulur. Eine ethnopsychoanalytische Untersuchung. 164 S., Pb., Vlg. Klaus-Schwarz 1994. **DM 48,-**

Etienne Balibar /I. Wallerstein: Rasse, Klasse, Nation. Ambivalente Identitäten. 250 S., Br., Argument Vlg. 2. Ed. 1998. **DM 39,80**

Herculine Barbin: Über Hermaphrodismus. Hrsg. v. Michel Foucault. 247 S., Kt., Suhrkamp 1998. **DM 19,80**

Constantin von Barloewen: Der Tod in den Weltkulturen und Weltreligionen. 500 S., Pb., E. Diederichs Vlg. 1996. **DM 68,-**

Gregory Bateson: Geist und Natur. Eine notwendige Einheit. 284 S., Kt., Suhrkamp 6. Ed. 2000. **DM 22,80**

Hermann Baumann: Das doppelte Geschlecht. Studien zur Bisexualität in Ritus und Mythos. X, 430 S., Br., Reimer Vlg. 1986. **DM 48,-**

G. Becher /E. Treptow (Ed.): Vom Frieden der Seele. Botschaften von Laotse bis Freud. 300 S., Br., E. Diederichs Vlg. 1996. **DM 28,-**

G. Becker /S. Bovenschen /H. Brackert et al.: Aus der Zeit der Verzweiflung: Zur Genese und Aktualität des Hexenbildes. (es 840) 19 Abb., Kt., Suhrkamp 1977. **DM 24,80**

A. Belliger /D.J. Krieger (Ed.): Ritualtheorien. Ein einführendes Handbuch. 485 S., Kt., Westdt. Vlg. 1998. **DM 49,80**

G. Benedetti /L. Wiesmann (Ed.): Ein Inuk sein. Interdisziplinäre Vorlesungen zum Problem der Identität. 297 S., Kt., Vandenh. & Ruprecht 1986. **DM 39,-**

Ezra BenGershom: Der Esel des Propheten. Eine Kulturgeschichte des jüdischen Humors. 360 S., Gb., Primus Vlg. 2000. **DM 78,-**

J. M. Benoist /G. Pfeffer (Ed.): Identität. Ein interdisziplinäres Seminar unter Leitung von Claude Lévi-Strauss. 285 S., Kt., Klett-Cotta 1980. **DM 56,-**

Eric Berne: Was sagen Sie, nachdem Sie Guten Tag gesagt haben? Psychologie des menschlichen Verhaltens. (Rhe.: Geist u. Psyche, Bd. 42192) Kt., S. Fischer o.J.. **DM 29,90**

Wolfgang Beutin: Anima. Untersuchungen zur Frauenmystik des Mittelalters. 261 S., Br., P. Lang 1999. **DM 65,-**

Maurice Blanchot: Das Tier von Lascaux. Mit Texten von Georges Bataille u. Renè Char. 56 S., 7 Abb., Kt., Kleinheinrich, M. 1997. **DM 36,-**

Ernst E. Boesch: Das lauernde Chaos. Alltagsmythen in kulturpsychologischer Sicht. 160 S., Kt., H. Huber Vlg. 2000. **DM 29,80**

Kultur besteht aus dem Bestreben des Menschen, Chaos zu vermeiden und Glück zu gestalten. Doch was Glück sei und vor welchem Chaos wir uns fürchten, entscheiden wir selten rational. Imaginationen und Mythen prägen unsere Kultur und begründen unsere Freiheit: Sie erlauben uns, alternativen zu bilden und so dem Wirklichen die Dimension des Möglichen anzufügen. Fiktionen durchdringen unser Handeln - den Traum, die Sprache, Zuneigungen und Abscheu, bis hin zu Kunst, Religion oder gar Wissenschaft. Die Energie unseres Handelns stammt nicht aus seiner Rationalität, sondern aus den Erfüllungen und Zielen, die wir imaginieren. Nach einem Jahrhundert des Chaos ist es notwendig geworden, die destruktive und konstruktive Funktion des Fiktiven, der Mythen zu durchschauen.

Hans Bosse: Der fremde Mann. Jugend, Männlichkeit, Macht - Gruppengespräche mit jungen Sepiks in Papua-Neuguinea. Kt., S. Fischer **DM 22,90**

Silvia Bovenschen: Die imaginierte Weiblichkeit. Exemplarische Untersuchungen zu kulturgeschichtlichen Präsentationsformen des Weiblichen. 280 S., Kt., Suhrkamp 1979. **DM 19,80**

Malcolm Bowie: Zur Theorie des Zukünftigen in der Psychoanalyse. 192 S., Gb., Steidl Vlg. (erscheint nicht). **DM 38,-**

Rolf W Brednich (Ed.): Symbole. Zur Bedeutung der Zeichen in der Kultur. 30. Deutscher Volkskundekongress in Karlsruhe vom 25. bis 29. September1995. 570 S., 90 Abb., Br., Waxmann Vlg. 1997. **DM 68,-**

Jan Bremmer: Götter, Mythen und Heiligtümer im antiken Griechenland. X,163 S., 17 Abb., Gb., Primus Vlg. 1996. **DM 39,80**

Jan N. Bremmer: Götter, Mythen und Heiligtümer im antiken Griechenland. 163 S., Br., Ullstein 1998. **DM 19,90**

Richard Brütting (Ed.): Dialog und Divergenz. Interkulturelle Studien zu Selbst- und Fremdbildern in Europa. 343 S., Br., P. Lang 1997. **DM 78,-**

C. Caduff /J. Pfaff-Czarnecka: Rituale heute. Theorien, Kontroversen, Entwürfe. 230 S., Kt., Reimer Vlg. 1999. **DM 48,-**

Joseph Campbell: Die Masken Gottes, 4 Bde. Mythologie der Urvölker; Mythologie des Ostens; Mythologie des Westens; Schöpferische Mythologie. Kt., dtv 1996. **DM 128,-**

Joseph Campbell: Mythen der Menschheit. 254 S., zahlr. Abb., Gb., Kösel Vlg. 1993. **DM 49,80**

Joseph Campbell: Mythologie der Urvölker. 568 S., Gb., Vlg. Hugendubel 1991. **DM 88,-**

Joseph Campbell: Mythologie des Ostens. 656 S., Gb., Vlg. Hugendubel 1991. **DM 92,-**

Joseph Campbell: Mythologie des Westens. 653 S., Gb., Vlg. Hugendubel 1992. **DM 92,-**

Joseph Campbell: Schöpferische Mythologie. 862 S., Gb., Vlg. Hugendubel 1992. **DM 98,-**

Georg F. Creuzer: Symbolik und Mythologie der alten Völker. XVI,3022 S., zahlr. Taf., Ln., Olms Vlg. (2. Reprint d. Ausg. Leipzig u. Darmstadt 1837). **DM 998,-**

Juana Danis: Masken. 20 S., Pb., Ed. Psychosymbolik 2. Ed. 1988. **DM 15,-**

Juana Danis: Massenbewegung und Mythos. 76 S., Ringb., Ed. Psychosymbolik 1990. **DM 25,-**

Juana Danis: Psychoanalyse und Meditation. Vorträge 1991. 70 S., Ringb., Ed. Psychosymbolik 1992. **DM 25,-**

Juana Danis: Psychoanalyse und Meditation. Vorträge gehalten am Institut f. Psychosymbolik, München 1991. 62 S., Kt., Ed. Psychosymbolik 1992. **DM 22,-**

Juana Danis: Psychosymbolik der Zeit. Vorträge gehalten am Inst. f. Psychosymbolik, München 1992. 225 S., Ln., Ed. Psychosymbolik 1993. **DM 45,-**

Juana Danis: Schicksal und Mythos. 76 S., Pb., Ed. Psychosymbolik 1982. **DM 18,-**

Hans Deidenbach: Begegnung und Heilung. Psychologie und Pädagogik in biblischen Geschichten. (Rhe.: Geist u. Psyche, Bd. 13421) Kt., S. Fischer 1998. **DM 19,90**

Kurt Derungs: Der psychologische Mythos. Frauen, Märchen und Sexismus. Manipulation und Indoktrination durch populärpsychologische Märcheninterpretation: Freud, Jung & Co. 206 S., Kt., Ed. amalia 1996. **DM 39,-**

Georges Devereux: Angst und Methode in den Verhaltenswissenschaften. 407 S., Kt., Suhrkamp 4. Ed. 1998. **DM 32,80**

Georges Devereux: Ethnopsychoanalyse. Die komplementaristische Methode in den Wissenschaften vom Menschen. 317 S., Kt., Suhrkamp 1978. **DM 48,-**

Georges Devereux: Frau und Mythos. 382 S., Ln., W. Fink Vlg. 1986. **DM 48,-**

Georges Devereux: Realität und Traum. Psychotherapie eines Prärie-Indianers. Vorw. v. Margaret Mead. 704 S., 13 Abb. auf Taf., Ln., Suhrkamp 1985. **DM 98,-**

Steffen Dietzsch: Kleine Kulturgeschichte der Lüge. 156 S., Kt., Reclam 1998. **DM 18,-**

Adolf Dittrich (Ed.): Ethnopsychotherapie. Psychotherapie mittels aussergewöhnlicher Bewusstseinszustände in westlichen und indigenen Kulturen. VIII,277 S., Abb., Tab., Kt., Enke 1987. **DM 48,-**

Mary Douglas: Reinheit und Gefährdung. Eine Studie zu Vorstellungen von Verunreinigung und Tabu. 244 S., Ln., Reimer Vlg. 1985. **DM 44,-**

Mary Douglas: Reinheit und Gefährdung. Eine Studie zu Vorstellungen von Verunreinigung und Tabu. 240 S., Kt., Suhrkamp 1987. **DM 18,-**

Mary Douglas: Ritual, Tabu und Körpersymbolik. Sozialantropologische Studien in Industriegesellschaft und Stammeskultur. Kt., S. Fischer 3. Ed. 1998. **DM 16,90**

Hans P. Duerr: Traumzeit. Über die Grenze zwischen Wildnis und Zivilisation. 26 Abb., Kt., Suhrkamp o.J.. **DM 32,80**

Hans P. Duerr (Ed.): Authentizität und Betrug in der Ethnologie. 377 S., Kt., Suhrkamp 1984. **DM 22,-**

Hans P. Duerr (Ed.): Die wilde Seele. Aufsätze zur Ethnopsychoanalyse Georges Devereux'. 498 S., Kt., Suhrkamp 1987. **DM 28,-**

Richard van Dülmen (Ed.): Die Erfindung des Menschen. Schöpfungsträume und Körperbilder 1500 - 2000. 682 S., 8 Faltaf., 350 s/w u. 30 farb. Abb., Gb., Böhlau Vlg. 1998. **DM 98,-**

G. Eifler /O. Saame (Ed.): Das Fremde, Aneignung und Ausgrenzung. Eine interdisziplinäre Erörterung. 195 S., 8 Abb., Kt., Passagen Vlg. 1991. **DM 56,-**

Mircea Eliade: Mephistopheles und der Androgyn. Das Mysterium der Einheit. 100 S., Gb, Insel Vlg. 1999. **ca. DM 32,-**

Eliade weist auf, wie in Äußerungen von Dichtung, Religion und Mythos die anfängliche Ganzheit der Welt und ihre späteren polaren Aufspaltungen thematisch immer auch das Begehren eines Wieder-Zueinander erkennbar wird.

Mircea Eliade: Schamanen, Götter und Mysterien. Die Welt der alten Griechen. 256 S., Bibliogr., zahlr. Quellentexte, Kt., Herder 1992. **DM 19,80**

Mircea Eliade: Schamanismus und archaische Ekstasetechnik. 480 S., Kt., Suhrkamp 197510. Ed. 1999. **DM 32,80**

Mircea Eliade: Schmiede und Alchemisten. 221 S., Ln., Klett-Cotta 2. rev. Ed. 1980. **DM 36,-**

Norman Elrod: 500 Years of Deception. A Classic Case in the 20th Century. Erik H. Erikson´s Portrayal of the Native American. 108 S., Althea Vlg. 1992. **DM 23,-**

Mario Erdheim: Die gesellschaftliche Produktion von Unbewußtheit. Eine Einführung in den ethnopsychoanalytischen Prozeß. XVII, 474 S., Abb., Kt., Suhrkamp 5. Ed. 1997. **DM 32,80**

Mario Erdheim: Psychoanalyse und Unbewußtheit in der Kultur. Aufsätze 1980-1987. 384 S., Kt., Suhrkamp 1994. **DM 24,80**

M. Erdheim /G. Krauss (Ed.): Beiträge zur Ethnopsychoanalyse. Der Spiegel des Fremden. 148 S., Pb., ISKA-Vlg. 1992. **DM 25,-**

Karl Fallend: Sonderlinge, Träumer, Sensitive. Psychoanalyse auf dem Weg zur Institution und Profession. 440 S., Gb., Jugend & Volk 1995. **DM 19,80**

Frantz Fanon: Schwarze Haut, weiße Masken. 184 S., Kt., Suhrkamp 1985. **DM**

Jeanne Favret-Saada: Die Wörter, der Tod, die Schicksale. Eine Feldstudie über zeitgenössischen Volksglauben (Arbeitstitel) Suhrkamp 1979. **DM 13,-**

H. Finter /G. Maag (Ed.): Bataille lesen - Die Schrift und das Unmögliche. 138 S., Kt., W. Fink Vlg. 1992. **DM 42,-**

Jerome D. Frank: Die Heiler. Wirkungsweisen psychotherapeutischer Beeinflussung. Vom Schamanismus bis zu den modernen Therapien. 509 S., Kt., Klett-Cotta Neuauflage 1997. **DM 42,-**

Gerhard Fröhlich (Ed.): Symbolische Anthropologie der Moderne. Kulturanalysen nach Clifford Geertz. 240 S., Kt., Campus 1998. **DM 58,-**

Max Fuchs: Mensch und Kultur. Zu den anthropologischen Grundlagen von Kulturarbeit und Kulturpolitik. 267 S., Kt., Westdt. Vlg. 1999. **DM 48,-**

Johannes R Gascard: Medea-Morphosen. Eine mytho-psychohistorische Untersuchung zur Rolle des Mann-Weiblichen im Kulturprozess. 393 S., Br., Duncker & Humblot 1993. **DM 198,-**

Karlheinz A. Geißler: Zeit leben. Vom Hasten und Rasten, Arbeiten und Lernen, Leben und Sterben. Aspekte des Menschen. 184 S., Kt., Quadriga Vlg. 6., rev. Ed. 1997. **DM 28,-**

Karlheinz A. Geißler: Zeit. „Verweile doch, du bist so schön". Aspekte des Menschen. 265 S., Gb., Quadriga Vlg. 4. Ed. 1998. **DM 36,-**

Carl F. Geyer: Mythos. Formen - Beispiele - Deutungen. 100 S., Pb., C.H.Beck 1996. **DM 14,80**

Sander Gilman (Ed.): Der schejne Jid. Das Bild des jüdischen Körpers in Mythos und Ritual. 164 S., 66 schw., Ln., Picus Vlg. 1998. **DM 39,80**

Carlo Ginzburg: Holzaugen. Über Nähe und Distanz. 288 S., Gb., Wagenbach Vlg. 1999. **DM 58,-**

Was ist uns fremd, was nahe? - In seinem neuesten Buch, für das er den italienischen Literaturpreis

Gisela Gniech: Essen und Psyche. Über Hunger und Sattheit, Genuß und Kultur. XII, 260 S., Kt., Springer 1995. **DM 29,80**

Güner Gödde: Traditionslinien des „Unbewußten". Schopenhauer, Nietzsche, Freud. 655 S., Gb., Ed. diskord 1999. **DM 78,-**

S. Golowin /M. Eliade /J. Campbell: Die grossen Mythen der Menschheit. 304 S., durchg. farb. Abb., Gb., Herder 1998. **DM 128,-**

Der mit 800 Abb. opulent illustrierte Band bietet in reicher Fülle eine auf Vollständigkeit angelegte Übersicht der Mythen und Mythologien, mit denen alle Völker und Kulturen zu allen Zeiten ihr Dasein und ihre Lebenswelt erklärt haben.

Ernst H. Gombrich: Jüdische Identität und jüdisches Schicksal. Eine Diskussionsbemerkung. 77 S., Kt., Passagen Vlg. 1997. **DM 24,-**

Karl-Heinz Göttert: Geschichte der Stimme. 210, Br., W. Fink Vlg. 1998. **DM 98,-**

C.E. Gottschalk-Batschkus /J. Schuler et al. (Ed.): Curare. Zeitschrift für Ethnomedizin. Bd. 9/96: Ethnomedizinische Perspektiven zur frühen Kindheit. 470 S., Abb., Gb., VWB 1996. **DM 88,-**

Robert von Ranke Graves: Die weiße Göttin. Sprache des Mythos. Kt., Rowohlt o.J.. **DM 22,90**

Robert von Ranke Graves: Griechische Mythologie. Quellen und Deutung. Kt., Rowohlt 1986. **DM 24,90**

W. Greve /J. Roos: Der Untergang des Ödipuskomplexes. Argumente gegen einen Mythos. 160 S., Kt., H. Huber Vlg. 1996. **DM 44,80**

Ina M. Greverus: Die Anderen und Ich. Vom Sich Erkennen, Erkannt- und Anerkanntwerden. Kulturanthropologische Texte. VII, 315 S., 30 Abb., Kt., WBG 1995. **DM 64,-**

Ina M. Greverus: Kultur und Alltagswelt. Eine Einführung in Fragen der Kulturanthropologie. 320 S., Pb., Univ. Frankfurt a.M. 1987. **DM 20,-**

R. Groh /D. Groh: Die Außenwelt der Innenwelt. Zur Kulturgeschichte der Natur, II. 150 S., Kt., Suhrkamp 1996. **DM 17,80**

R. Groh /D. Groh: Weltbild und Naturaneigung. Zur Kulturgeschichte der Natur, I. 180 S., Kt., Suhrkamp 1991. **DM 19,80**

Monika Gsell: Die Bedeutung der Baubo. Zur Repräsentation weiblichen Genitales. (Rhe.: Nexus, Bd. 47) 584 S., 115 Abb., Kt., Stroemfeld 1. Halbj. 2000. **DM 98,-**

A. Guggenbühl /M. Kunz (Ed.): Prahlerei, Lug und Trug. Beiträge von S. Golowin, G. Kaiser, A. Ziegler. 300 S., 16 Abb., Br., IKM Vlg. 1990. **DM 29,50**

Helga Haase (Ed.): Ethnopsychoanalyse. Wanderungen zwischen den Welten. (Rhe.: VIP - Verl. Internat. Psa.) 279 S., Pb., Klett-Cotta 1996. **DM 38,-**

Ian Hacking: Multiple Persönlichkeit. Zur Geschichte der Seele in der Moderne. 416 S., Gb., Hanser 1996. **DM 58,-**

Ruth Hampe: Frau und Geburt im Kulturvergleich. 246 S., Br., P. Lang 1995. **DM 69,-**

Marvin Harris: Wohlgeschmack und Widerwillen. Die Rätsel der Nahrungstabus. 324 S., Lin., Klett-Cotta 3. Ed. 1990. **DM 42,-**

Gisele Harrus- Revidi: Die Lust am Essen. Eine psychoanalytische Studie. 208 S., Kt., dtv 1998. **DM 19,90**

Elisabeth Haselauer: Die Mitte der Seele. Zur Kultursoziologie des kybernetischen Zeitalters. 232 S., Br., Böhlau Vlg. 1991. **DM 53,50**

V. Hasselmann /E. Jensen: Lebenszeit und Ewigkeit. Gespräche über Altern und Sterben. 320 S., Kt., Scherz Vlg. 2000. **DM 39,90**

Rolf Haubl: Unter lauter Spiegelbildern. Zur Kulturgeschichte des Spiegels. 2 Bände. 980 S., Abb., Br. iKass., Stroemfeld 1991. **DM 98,-**

Brigitta Hauser-Schäublin /B. Röttger-Rössler (Ed.): Neue Ansätze in der ethnologischen Forschung. (Rhe.: Ethnologische Paperbacks) 279 S., Kt., Reimer Vlg. 1998. **DM 44,-**

Evelyn Heinemann: Das Erbe der Sklaverei. Ethnopsychoanalytische Studie in Jamaika. (Rhe.: Geist u. Psyche, Bd. 13423) Kt., S. Fischer 1997. **DM 16,90**

Evelyn Heinemann: Geschlecht und Kultur. Beiträge zur Ethnopsychoanalyse. 208 S., Gb., ISKA-Vlg. o.J.. **DM 29,-**

Evelyn Heinemann: Hexen und Hexenangst. Eine psychoanalytische Studie des Hexenwahns der frühen Neuzeit. 151 S., Pb., Vandenh. & Ruprecht 2. rev. Ed. 1998. **DM 34,-**

Hexenangst wird als Ausdruck unbewußter seelischer Konflikte verstanden, die auf dem Wege der projektiven Identifizierung mit den als Hexen beschuldigten Frauen zu lösen gesucht werden. Mit der Darstellung der psychischen Situation von Menschen in der frühen Neuzeit werden eindrucksvolle Beispiele für die Zerstörungskraft menschlicher (Auto-)Aggression gegeben.

Hans-Jürgen Heinrichs: Das Fremde verstehen. Gespräche über Alltag, Normalität und Anormalität. XII, 191 S., Kt., Psychosozial Vlg. 1997. **DM 38,-**

Hans-Jürgen Heinrichs: Die Djemma el-Fna geht durch mich hindurch. Oder wie sich Poesie, Ethnologie und Politik durchdringen. 126 S., Kt., 1991. **DM 28,-**

Hans-Jürgen Heinrichs: Die fremde Welt, das bin ich. Leo Frobenius: Ethnologe, Forschungsreisender, Abenteurer. 262 S., Photos, Gb., P.Hammer Vlg. 1998. **DM 38,-**

Hans-Jürgen Heinrichs: Wilde Künstler. Über Primitivismus, art brut und die Trugbilder der Identität. Kt., eva 1995. **DM 24,-**

Hans-Jürgen Heinrichs (Ed.): Das Mutterrecht von Johann Jakob Bachofen in der Diskussion. Materialien zu Bachofens „Mutterrecht". 464 S., Kt., Campus 1987. **DM 48,-**

Thomas Heise (Ed.): Transkulturelle Psychotherapie. Hilfen im ärztlichen und therapeutischen Umgang mit ausländischen Mitbürgern. 224 S., Br., VWB 1998. **DM 42,-**

Sigrid Hellbusch (Ed.): Tier und Totem. Naturverbundenheit in archaischen Kulturen. Texte zum Totemismus. 208 S., Br., Ed. amalia 1998. **DM 42,-**

Rudolf Hernegger: Der Mensch auf der Suche nach Identität. Kulturanthropologische Studien über Totemismus, Mythos, Religion. 480 S., Ln., Vlg. R.Habelt 1978. **DM 39,80**

Neil Hertz: Die Spiegelung des Unsichtbaren. Die Psychoanalyse und das Erhabene. 360 S., Kt., Suhrkamp 5/2000. **DM 27,80**

Wilhelm Hertz: Der Werwolf. Ein Beitrag zur Sagengeschichte. 134 S., Br., Sändig Reprint Vlg. (Neudr. d. Ausg. 1862). **DM PaA**

Hans J. Hildebrandt: Selbstwahrnehmung und Fremdwahrnehmung. Ethnologisch-soziologische Beiträge zur Wissenschaftsgeschichte und Theorienbildung. VIII,294 S., Br., Vlg. E.-M. Smolka 1996. **DM 38,-**

Franz J Hinkelammert: Der Glaube des Abraham und der Ödipus des Westens. Opfermythen im christlichen Abendland. 224 S., Kt., Ed. liberación 1989. **DM 27,80**

Franz J Hinkelammert: Luzifer und die Bestie. Opfermythen im christlichen Abendland. 220 S., Br., Ed. Exodus 1996. **DM 36,-**

Klaus Hödl (Ed.): Der Umgang mit dem „Anderen". Juden, Frauen, Fremde ... 205 S., Br., Böhlau Vlg. 1996. **DM 58,-**

Fritz E. Hoevels: Jude, Hexe, Sekte - projektive Feindbilder in Geschichte und Gegenwart. 156 min. VHS, Ahrimann Vlg. 1993. **DM 40,-**

Karl Hölz: Das Fremde, das Eigene, das Andere. Die Inszenierung kultureller und geschlechtlicher Identität in Lateinamerika. 248 S., Kt., Vlg. E.Schmidt 1998. **DM 68,-**

K. Holz /C. Zahn: Rituale und Psychotherapie. Transkulturelle Perspektiven. Forschungsberichte zur Transkulturellen Medizin und Psychotherapie Bd. 1. 142 S., Kt., VWB 1995. **DM 32,-**

A. Honold /M. Köppen (Ed.): „Die andere Stimme". Das Fremde in der Kultur der Moderne. 368 S., Br., Böhlau Vlg. 1999. **DM 78,-**

H. Honolka /I. Götz: Deutsche Identität und Umgang mit Fremden. 265 S., Kt., Westdt. Vlg. 1999. **DM 49,80**

R. Husmann /J. Rühe /M. Taureg et al.: A Bibliography of Ethnographic Films. Eine Bibliographie des Ethnologischen Films. 300 S., Br., Lit Vlg. 1993. **DM 40,-**

Thilo Illgner: Schöpfungsmythen der Erde. 32 S., durchg. farb. Ill., Gb., Michaels Vlg. 1992. **DM 28,-**

J. S. Jellinek: Per Fumum. Semiotik und Psychodynamik des Parfums. 149 S., 30, meist farb. Abb., Gb., Hüthig Vlg. 1997. **DM 58,-**

Tatjana Jesch: Das Subjekt in Märchenraum und Märchenzeit. Eine struktural-psychoanalytische Textstudie vor der Folie antipädagogischen Denkens. 332 S., Kt., Passagen Vlg. 1998. **DM 72,-**

Buffie Johnson: Die Grosse Mutter in ihren Tieren. Göttinnen alter Kulturen. 402 S., 50 farb. u. 332 schw., Gb., Walter Vlg. 1990. **DM 39,80**

Michael Jordan: Mythen der Welt. 400 S., Gb., Scherz Vlg. 1997. **DM 59,90**

Emma Jung: Die Graalslegende in psychologischer Sicht. 456 S., 16 S. schw., Br., Walter Vlg. 1997. **DM 39,80**

Friedrich G Jünger: Griechische Mythen. 336 S., Ln., Klostermann 4. Ed. 1994. **DM 58,-**

Hartwig Kalverkämper: Körpersprache - Interdisziplinäre und interkultutrelle Aspekte. Einführung und Überblick. Rhe. Körper, Zeichen, Kultur, Bd. 5. Berlin Vlg. i.Vorb.. **DM**

Katharina Kaminski-Knorr: Zur Problematik der psychoanalytischen Symbol- und Mythentheorie. Eine Auseinandersetzung mit dem Narziß-Mythus. 301 S., Br., Vlg. Inst. f. Tiefenpsych. 1990. **DM 30,-**

Annette Kämmerer (Ed.): Medeas Wandlungen. Studien zur einem Mythos in Kunst und Wissenschaft. 240 S., 50 Abb., Kt., Mattes Vlg. o.J.. **DM 44,-**

D. Kamper /C. Wulf (Ed.): Anthropologie nach dem Tode des Menschen. 320 S., Kt., Suhrkamp 1994. **DM 29,80**

Ernst Karpf: Filmmythos Volk. Zur Production kollektiver Identitäten im Film. 160 S., Kt., Vlg. Evang. Publizistik 1992. **DM 19,80**

Wolfgang Kaschuba (Ed.): Kulturen - Identitäten - Diskurse. Perspektiven Europäischer Ethnologie. 250 S., 2 Abb., Br., Akademie-Vlg. 1995. **DM 64,-**

Verena Kast: Wege zur Autonomie. Märchen psychologisch gedeutet. 160 S., Kt., dtv 1993. **DM 12,90**

Verena Kast: Wege zur Autonomie. Märchen psychologisch gedeutet. 159 S., Kt., Walter Vlg. 4. Ed. 1989. **DM 24,80**

Karl Kerènyi: Die Mythologie der Griechen. Bd. 1: Die Göttergeschichten und Menschheitsgeschichten. 360 S., Kt., dtv o.J.. **DM 14,90**

Karl Kerènyi: Die Mythologie der Griechen. Bd. 2: Die Heroengeschichte. 360 S., Kt., dtv o.J.. **DM 14,90**

Karl Kerènyi: Töchter der Sonne. Betrachtungen über griechische Gottheiten. 179 S., Gb., Klett-Cotta 1997. **DM 28,-**

Doron Kiesel (Ed.): Gestörte Übertragung. Ethno-kulturelle Dimensionen im psychotherapeutischen Prozess. 140 S., Pb., Haag + Herchen 1996. **DM 32,80**

D. Kiesel /S. Kriechhammer-Yagmur /H. v. Lüpke (Ed.): Bittersüsse Herkunft. Zur Bedeutung ethnisch-kultureller Aspekte bei Erkrankungen von Migrantinnen und Migranten. 124 S., Pb., Haag + Herchen 1995. **DM 28,80**

Jörg Klein: Inzest, kulturelles Verbot und natürliche Schranken. 204 S., Kt., Westdt. Vlg. 1991. **DM 36,-**

Gunther Klosinski (Ed.): Pubertätsriten. Äquivalente und Defizite in unserer Gesellschaft. 197 S., Kt., H. Huber Vlg. 1991. **DM 49,80**

Psychische Auffälligkeiten von Jugendlichen - z.B. manche Suizidversuche und Selbstverstümmelungen - wirken nicht selten wie selbst inszenierte „Auto-Initiationen"; Aggressivität in Jugendgruppen zeigt oft Züge ritueller Mutproben. Fehlt es an gesellschaftlich verankerten und sanktionierten Pubertätsriten? Was läßt sich aus der Sicht der Volks- und Völkerkunde, der Tiefen- und Entwicklungspsychologie sowie der Sozial- und Religionswissenschaften im Dialog mit Kinder- und Jugenspsychiatrie zu diesem Problembereich sagen?

Pierre Klossowski: Die lebende Münze. 96 S., Gb., Vlg. W. Burckhardt 1998. **DM 29,80**

Hubert Alfons Knoblauch (Ed.): Kommunikative Lebenswelten. Zur Ethnographie einer geschwätzigen Gesellschaft. 272 S., Br., Univ.-Vlg. Konstanz 1996. **DM 68,-**

Anastassios Kodakos: Menschen brauchen Mythen. Eine Studie zum Bildungswert des Mythos. 268 S., Br., Vlg. J. Kuolt-Steuer 1993. **DM 64,-**

Tanja Kodisch: Fremdheitserfahrungen am Tisch des europäischen Märchens. Ein Beitrag zur Kulturthemenforschung Interkultureller Germanistik. 350 S., Gb., P. Lang 1997. **DM 98,-**

Sarah Kofman: Die lachenden Dritten. Freud und der Witz. (Rhe.: VIP - Verl. Internat. Psa.) VIII, 177 S., Ln., Klett-Cotta 1990. **DM 38,-**

Karl-Heinz Kohl: Abwehr und Verlangen. Der Umgang mit dem Fremden. 176 S., 17 Abb., Kt., Campus 1987. **DM 28,-**

Karl H. Kohl (Ed.): Mythen im Kontext. Ethnologische Perspektiven. 164 S., Kt., Campus 1991. **DM 28,-**

Josef Kohler: Zur Urgeschichte der Ehe. Totemismus, Gruppenehe, Mutterrecht. Neudr. d. Ausg. 1897. 167 S., Kt., Scientia Vlg. 1984. **DM 47,-**

Hans J. König (Ed.): Der europäische Beobachter aussereuropäischer Kulturen. 169 S., Br., Duncker & Humblot 1989. **DM 68,-**

Sheldon B. Kopp: Triffst du Buddha unterwegs . . . Psychotherapie und Selbsterfahrung. (Rhe.: Geist u. Psyche, Bd. 23374) Kt., S. Fischer 1978. **DM 14,90**

Brigitte Kossek (Ed.): Verkehren der Geschlechter. Reflexionen und Analysen von Ethnologinnen. 316 S., 29 Abb., Br., Milena Vlg. 1989. **DM 34,-**

Hartmut Kraft: Über innere Grenzen. Initiation in Schamanismus, Kunst, Religion und Psychoanalyse. Kt., E. Diederichs Vlg. 1995. **DM 28,-**

Werner Krawietz (Ed.): Sprache, Symbole und Symbolverwendung in Ethnologie, Kulturanthropologie, Religion und Recht. Festschrift für Rüdiger Schott zum 65. Geburtstag. XV, 542 S., Ln., Duncker & Humblot 1993. **DM 248,-**

Stanley Krippner (Ed.): Jahrbuch für Transkulturelle Medizin und Psychotherapie. 1997: Mythologie und Heilen (z.T. in engl. Sprache) Kt., VWB 9/2000. **DM 68,-**

Bernhard Kytzler: Mythologische Frauen der Antike. Von Acca Larentia bis Zeuxippe. 242 S., 20 Abb., Gb., Artemis & Winkler 1999. **DM 39,80**

Elisabeth Laborde-Nottale: Das zweite Gesicht. Eine psychoanalytische Studie über Hellsehen, Telepathie und Präkognition. 222 S., Ln., Klett-Cotta 1995. **DM 48,-**

Wilhelm Laiblin (Ed.): Märchenforschung und Tiefenpsychologie. Vorw. von Verena Kast. XXVI,485 S., Kt., Primus Vlg. 5. rev. Ed. 1995. **DM 39,80**

Marie Langer: Das gebratene Kind und andere Mythen. Die Macht unbewußter Phantasien. 120 S., Kt., Kore Ed. 1987. **DM 19,80**

Burkhart Lauterbach (Ed.): Volkskundliche Fallstudien. Profile empirischer Kulturforschung heute. 222 S., 55 Abb., Br., Waxmann Vlg. 1998. **DM 33,-**

Michel Leiris: Alphabet. Gestaltung v. Klaus Detjen. 96 S., , Vierfarbdruck, Hl.iSch., Steidl Vlg. 1998. **DM 58,-**

„Alphabet, das ist alles in allem ein Ding, das man im Munde führt, wenn man es wirklich oder in Gedanken ausspricht, etwas, das man ein konkretes Wort heißt und das den von Gurgel, Zunge, den Zähnen und dem Gaumen umschriebenen Hohlraum mit einem wahrnehmbaren Inhalt füllt."

Michel Leiris: Ethnologische Schriften. Bd. 1: Die eigene und die fremde Kultur. 252 S., Kt., Suhrkamp 1985. **DM 16,-**

Michel Leiris: Ethnologische Schriften. Bd. 2: Das Auge des Ethnographen. 301 S., Kt., Suhrkamp 1985. **DM 16,-**

Dieter Lenzen: Melancholie als Lebensform: Über den Umgang mit kulturellen Verlusten. (Rhe.: Historische Anthropologie) 155 S., Kt., Reimer Vlg. 1989. **DM 34,-**

Dieter Lenzen: Mythologie der Kindheit. Die Verewigung des Kindlichen in der Erwachsenenkultur. Versteckte Bilder und vergessene Geschichten. 380 S., 60 Abb., Kt., Rowohlt 1985. **DM 18,80**

Rudolf Leubuscher: Wehrwölfe und Tierverwandlungen im Mittelalter. Ein Beitrag zur Geschichte der Psychologie. IV,68 S., Kt., Vlg. d. Melusine (Nachdr. d. Ausg. Berlin 1850. **DM 18,-**

Claude Lèvi-Strauss: Das Ende des Totemismus. 141 S., Kt., Suhrkamp 1997. **DM 12,80**

Claude Lévi-Strauss: Die elementaren Strukturen der Verwandtschaft. 730 S., Kt., Suhrkamp 1993. **DM 38,-**

Claude Lévi-Strauss: Mythologica I. Das Rohe und das Gekochte. 436 S., Kt., Suhrkamp 1978. **DM 29,80**

Claude Lévi-Strauss: Mythologica I. Das Rohe und das Gekochte. 493 S., Ln., Suhrkamp 1971. **DM 78,-**

Claude Lévi-Strauss: Mythologica II. Vom Honig zur Asche. 566 S., Ln., Suhrkamp 1972. **DM 78,-**

Claude Lévi-Strauss: Mythologica II. Vom Honig zur Asche. 566 S., Kt., Suhrkamp 1990. **DM 28,-**

Claude Lévi-Strauss: Mythologica III. Der Ursprung der Tischsitten. 601 S., Ln., Suhrkamp 1973. **DM 78,-**

Claude Lévi-Strauss: Mythologica III. Der Ursprung der Tischsitten. 601 S., Kt., Suhrkamp 1997. **DM 32,80**

Claude Lévi-Strauss: Mythologica IV. Der nackte Mensch, 2 Bde. 885 S., Kt., Suhrkamp 1976. **DM 38,-**

Claude Lèvi-Strauss: Mythologica IV. Tl. 1 u. 2: Der nackte Mensch. 855 S., iKass, Ln., Suhrkamp 1975. **DM 120,-**

Claude Lévi-Strauss: Traurige Tropen. 416 S., Kt., Suhrkamp 10. Ed. 1995. **DM 27,80**

Claude Lévi-Strauss: Traurige Tropen. 413 S., Ln., Suhrkamp 1978. **DM 58,-**

Robert Levine: Eine Landkarte der Zeit. Wie Kulturen mit der Zeit umgehen. 320 S., Kt., Piper 1999. **DM 16,90**

Robert Levine: Eine Landkarte der Zeit. Wie Kulturen mit der Zeit umgehen. 320 S., Gb., Piper 1998. **DM 39,80**

Elke Liebs: Kindheit und Mythos. Der Rattenfänger-Mythos als Beitraf zu einer Kulturgeschichte der Kindheit. 284 S., 17 Abb., Kt., W. Fink Vlg. 1986. **DM 68,-**

M.J. van Loo /M. Reinhardt (Ed.): Kinder. Ethnologische Forschungen in fünf Kontinenten. 384 S., 60 s/w Abb., Kt., P.Hammer Vlg. 1993. **DM 49,-**

Rafael López-Pedraza: Hermes and His Children. 220 S., Illustr., Br., Daimon Vlg. 1989. **DM 37,40**

Elmar M. Lorey: Henrich der Werwolf. Eine Geschichte aus der Zeit der Hexenprozesse mit Dokumenten und Analysen. 352 S. , Abb. u. Dok. 24,5 cm, Gb., Anabas Vlg. 1998. **DM 58,-**

Peter Lücke: Der imaginierte Mythos: Joyce - Adorno. Ein Beitrag zu Theorie und Praxis mythischen Denkens in der Moderne. 131 S., 3 Abb., Kt., WVT 1992. **DM 30,-**

Gudrun Ludwar-Ene (Ed.): Gender and Identity in Africa. 240 S., Br., Lit Vlg. 1995. **DM 48,80**

Manfred Lurker: Die Botschaft der Symbole. In Mythen, Kulturen und Religionen. 344 S., Gb., Kösel Vlg. 2. Ed. 1992. **DM 52,-**

Hyam Maccoby: Der Heilige Henker. Die Menschenopfer und das Vermächtnis der Schuld. 320 S., 15 Abb., Gb., Thorbecke 2000. **DM 45,-**

Thomas Macho: Weihnachten. Der gescheiterte Kindsmord. 320 S., Gb., W. Fink Vlg. 1999. **DM 48,-**

Weihnachten ist kein Fest, sondern ein Symptom. Aber dieses Symptom ist vieldeutig und paradox; es kann nicht auf eine einzige Geschichte, einen einzigen Ursprung zurückgeführt werden. Die Geschichte des Weihnachtsfestes ist die Geschichte vielgestaltiger kultureller Manifestationen; in ihr verschränken sich kalendermathematische Probleme mit psychischen Motivhorizonten, astronomische Rituale mit sozialen Utopien und Ängsten. Weihnachten ist ein ambivalentes, ein „unheimliches" Fest geblieben. Seinen widersprüchlichen Funktionen, Praktiken und Verkörperungen - zwischen „Kindleinfresser" und Christkind - will das vorliegende Buch gerecht werden: nicht unter Verzicht auf polemische Untertöne, auch und gerade angesichts der Geschichte wissenschaftlicher Analysen des Weihnachtsfestes.

Bronislaw Malinowski: Eine wissenschaftliche Theorie der Kultur. Und andere Aufsätze. Einl. v. Paul Reiwald „Malinowski und die Ethnologie". 268 S., Kt., Suhrkamp 3. Ed. 1988. **DM 18,-**

Bronislaw Malinowski: Geschlecht und Verdrängung in primitiven Gesellschaften. 280 S., Kt., Klotz Vlg. 7. Ed. 1997. **DM 29,80**

Bronislaw Malinowski: Schriften zur Anthropologie. Mit einem Essay v. Fritz Kramer. 276 S., Kt., Klotz Vlg. 2. Ed. 1999. **ca. DM 39,80**

Cornelia Mansfeld: Fremdenfeindlichkeit und Fremdenfreundlichkeit bei Frauen. Eine Studie zur Widersprüchlichkeit weiblicher Biographien. 288 S., Pb., Vlg. Brandes & Apsel 1998. **DM 39,80**

Marcelo Marques (Ed.): Foucault und die Psychoanalyse. Zur Geschichte einer Auseinandersetzung. 159 S., Kt., Ed. diskord 1990. **DM 24,-**

Brigitte Marschall: Die Droge und ihr Double. Zur Theatralität anderer Bewußtseinszustände. 320 S., Kt., Böhlau Vlg. 5/2000. **DM 94,-**

Wolfgang Marschall (Ed.): Klassiker der Kulturanthropologie. Von Montaigne bis Margaret Mead. 380 S., 17 Abb., Ln., C.H.Beck 1990. **DM 29,80**

J. Martin /A. Nitschke (Ed.): Kindheit, Jugend, Familie. Bd. 2: Zur Sozialgeschichte der Kindheit. (Rhe.: Veröffentlichungen d. Inst. f. Hist. Anthropologie, Bd. 4) 728 S., Ln., Alber Vlg. 1986. **DM 178,-**

J. Martin /R. Zoepffel et al. (Ed.): Kindheit, Jugend, Familie. Bd. 3: Aufgaben, Rollen und Räume von Frau und Mann. (Rhe.: Veröffentlichungen d. Inst. f. Hist. Anthropologie, Bd. 5) XXIV, 1013 S., 2 Bde., Ln., Alber Vlg. 1989. **DM 298,-**

Abraham H. Maslow: Psychologie des Seins. Ein Entwurf. (Rhe.: Geist u. Psyche, Bd. 42195) Kt., S. Fischer o.J.. **DM 19,90**

Humberto R. Maturana /Gerda Verden- Zöller: Liebe und Spiel. Die vergessenen Grundlagen des Menschseins. Matristische und patriarchale Lebensweisen. 201 S., Kt., C. Auer Vlg. 3. Ed. 1997. **DM 48,-**

Marcel Mauss: Die Gabe. Form und Funktion des Austauschs in archaischen Gesellschaften. 188 S., Kt., Suhrkamp 1988. **DM 19,80**

Marcel Mauss: Soziologie und Anthropologie. Bd. 1: Theorie der Magie, Soziale Morphologie. Einl. v. Claude Lèvi-Strauss. 280 S., Kt., S. Fischer 1989. **DM 16,80**

Marcel Mauss: Soziologie und Anthropologie. Bd. 2: Gabentausch, Soziologie und Psychologie, Todesvorstellungen, Körpertechniken, Begriff der Person. 256 S., Kt., S. Fischer 1989. **DM 18,90**

Wim Meeus (Ed.): Adolescence, Careers and Cultures. X,428 pages, numerous ills. and tab., Cloth, de Gruyter 1992. **DM 193,-**

Ute Meiser: Sie leben mit den Ahnen. Krankheit, Adoption und Tabukonflikt in der polynesisch-tonganischen Kultur. (Rhe. Schriften zur Ethnopsa., 1) 216 S., Fotos, Pb., Vlg. Brandes & Apsel 1995. **DM 36,-**

Gerald Messadie: Teufel, Satan, Luzifer. Universalgeschichte des Bösen. 448 S., Kt., dtv 1999. **DM 26,90**

Hans Meurer: Der dunkle Mythos. Blut, Sex und Tod: Die Faszination des Volksglaubens an Vampyren. 102 S., 17 Abb., Ebr., Vlg. U.Schmitt-Langelott 1996. **DM 28,-**

Eva Meyer: Die Autobiographie der Schrift. 137 S., Stroemfeld 1989. **DM 28,-**

Marianne Mischke: Der Umgang mit dem Tod. Vom Wandel in der abendländischen Geschichte. (Rhe.: Historische Anthropologie Bd. 25) 373 S., Gb., Reimer Vlg. 1996. **DM 68,-**

P. Möhring /R. Apsel (Ed.): Interkulturelle psychoanalytische Therapie. 256 S., Pb., Vlg. Brandes & Apsel 1995. **DM 39,80**

Serge Moscovici: Versuch über die menschliche Geschichte der Natur. 572 S., Kt., Suhrkamp 1982. **DM 38,-**

Werner Muensterberger: Sammeln. Eine unbändige Leidenschaft. Psychologische Perspektiven. 412 S., Kt., Suhrkamp 1999. **DM 22,80**

Cornelia Müller: Redebegleitende Gesten. Kulturgeschichte, Theorie, Sprachvergleich. Rhe. Körper, Zeichen, Kultur, Bd. 1. 314 S., Kt., Berlin Vlg. 1998. **DM 79,-**

Klaus E. Müller /A. K. Treml (Ed.): Ethnopädagogik: Sozialisation und Erziehung in traditionellen Gesellschaften. Eine Einführung. (Rhe.: Ethnologische Paperbacks) 292 S., Kt., Reimer Vlg. 2. Ed. 1996. **DM 44,-**

L. Müller /D. Knoll: Ins Innere der Dinge schauen. Mit Symbolen schöpferisch leben. 280 S., 41 Abb., Kt., Walter Vlg. 1998. **DM 44,80**

(Bespr. in AKJP, 103/1999, v. W. Gekeler)

U. Müller /W. Wunderlich (Ed.): Dämonen, Monster, Fabelwesen. 600 S., 80 SW, Ln., Univ.-Vlg. Konstanz 1998. **DM 138,-**

Maya Nadig: Die verborgene Kultur der Frau. Kt., S. Fischer 1997. **DM 19,90**

John Neubauer (Ed.): Cultural History after Foucault. XIII, 246 S., Pb., de Gruyter 1999. **DM 52,-**

Erich Neumann: Die Große Mutter. Eine Phänomenologie der weiblichen Gestaltung des Unbewußten. XV, 350 S., 243 S., 77 Illustr., Kt., Walter Vlg. 1997. **DM 56,-**

Karin Norman: Kindererziehung in einem deutschen Dorf. Erfahrungen einer schwedischen Ethnologin. 254 S., 10 Abb., Kt., Campus 1997. **DM 48,-**

Herwig Oberlerchner: Der Kaspar-Hauser-Mythos. Psychoanalytisch orientierte Assoziation auf den Spuren des rätselhaften Findlings. 148 S., 5 Tfln., Kt., Wissenschaft & Praxis 1999. **DM 32,-**

Horst Obleser: Gilgamesch. Ein Weg zum Selbst. 286 S., Kt., Stendel 1998. **DM 29,80**

Horst Obleser: Odin. Psychologischer Streifzug durch die germanische Mythologie. 340 S., Abb., Kt., Stendel 2. Ed. 1997. **DM 29,80**

Paul Parin: Der Widerspruch im Subjekt. Ethnopsychoanalytische Studien. 260 S., Kt., eva o.J.. **DM 28,-**

Paul Parin: Es ist Krieg und wir gehen hin. 180 S., Kt., eva Neuausg. 1997. **DM 25,-**

Das Buch von Goldy und Paul Parin ist eine Erinnerung an „den besten Teil unseres Lebens" und zugleich Zeugnis dafür, wie eine Utopie lebendig geblieben ist und ein Lebenswerk geprägt hat, der Unterdrückung und Ausbeutung entgegenzutreten, wo immer sie sich erheben: als Partisanen im Geiste.

Paul Parin: Heimat, eine Plombe. Rede am 16. November 1994 beim 5. Symposion der Internationalen Erich Fried Gesellschaft für Literatur und Sprache in Wien zum Thema „Wieviel Heimat braucht der Mensch und wieviel Fremde verträgt er?". 69 S., Gb., eva 1996. **DM 26,-**

Paul Parin: Zu viele Teufel im Land. Aufzeichnungen eines Afrikareisenden. 190 S., Kt., eva 1993. **DM 22,-**

P. Parin /F. Morgenthaler /G. Parin- Matthey: Die Weißen denken zuviel. Psychoanalytische Untersuchungen bei den Dogon in Westafrika. 634 S., Kt., eva 1993. **DM 29,-**

P. Parin /F. Morgenthaler /G. Parin- Matthey: Fürchte deinen Nächsten wie dich selbst. Psychoanalyse und Gesellschaft am Modell der Agni in Westafrika. 581 S., 6 Abb., 16 Phototaf., Kt., Suhrkamp 2. Ed. 1991. **DM 28,-**

F. Pedrina /V. Saller /R. Weiss (Ed.): Kultur, Migration, Psychoanalyse: Therapeutische Konsequenzen, theoretische Konsequenzen. Vortragsreihe des Psa. Seminars Zürich. Beitr. v. S. Kakar, I. Kohte-Meyer, V. Saller, R. Weiss u.a. 272 S., Kt., Ed. diskord 1999. **DM 48,-**

Nossrat Peseschkian: Das Geheimnis des Samenkorns. (Rhe.: Geist u. Psyche, Bd. 14569) Kt., S. Fischer 1999. **DM 19,90**

Nossrat Peseschkian: Der nackte Kaiser. Oder: Wie man die Seele der Kinder versteht und heilt. 176 S., 10 schw., Br., Pattloch Vlg. 1997. **DM 29,90**

Beatrix Pfleiderer et al.: Ritual und Heilung. Eine Einführung in die Ethnomedizin. 260 S., Kt., Reimer Vlg. 1995. **DM 39,80**

M. Pygmalion: Die Geschichte des Mythos in der abendländischen Kultur. 733 S., 50 s/w-Abb., Pb., Rombach Vlg. 1997. **DM 148,-**

Renaud van Quekelberghe: Klinische Ethnopsychologie. Einführung in die transkulturelle Psychologie, Psychopathologie und Psychotherapie. 224 S., Kt., Asanger Vlg. 1991. **DM 48,-**

Renaud van Quekelberghe: Wege zum Selbst. Eine vergnügliche Einführung in moderne Psychotherapie und östliche Weisheitslehren. 270 S., Kt., Klotz Vlg. 1990. **DM 29,80**

Renaud Quekelberghe et al. (Ed.): Schriftenreihe des Internationalen Instituts für Kulturvergleichende Therapieforschung. Trance, Besessenheit, Heilrituale und Psychotherapie. Beitr. z. Tl. in engl. Sprache. 315 S., Photos., Kt., VWB 1996. **DM 68,-**

Gert Raeithel: Go West. Ein psychohistorischer Versuch über die Amerikaner. 140 S., Kt., eva NA 1993. **DM 28,-**

Hartmut Raguse: Psychoanalyse und biblische Interpretation. Eine Auseinandersetzung mit Eugen Drewermanns Auslegung der Johannes-Apokalypse. 272 S., Kt., Kohlhammer Vlg. 1993. **DM 49,80**

Karl W. Ramler: Kurzgefasste Mythologie oder Lehre von den fabelhaften Göttern, Halbgöttern und Helden des Altertums. Nebst einem Anhang, welcher die Allegorie und Register enthält. 572 S., Kt., P. Wald Vlg. (Reprint d. 3. Ed. 1808) 1996. **DM 148,-**

Otto Rank: Der Mythos von der Geburt des Helden. Versuch einer psychologischen Mythendeutung. 160 S., Kt., Turia & Kant 1999. **DM 36,-**

Christian Rätsch: Pflanzen der Liebe. Aphrodisiaka in Mythos, Geschichte und Gegenwart. Mit Rezepten und praktischen Anwendungen. 208 S., 272 farb. u. 48 s/w Abb., Gb., AT-Verlag 1995. **DM 48,-**

Christian Rätsch: Pflanzen der Venus. Aphrodisiaka und Liebestränke. 160 S., 70 farb. u. 4 s/w Abb., Br., Ellert & Richter 1995. **DM 19,80**

Johannes Reichmayr: Einführung in die Ethnopsychoanalyse. Geschichte, Theorien und Methoden. (Rhe.: Geist u. Psyche, Bd. 10650) Kt., S. Fischer 1995. **DM 22,90**

Victor A. Reko: Magische Gifte. Rausch- und Betäubungsmittel. Vorw. v. Ch. Rätsch. 214 S., Br., VWB 2. rev. Ed. 1996. **DM 46,-**

Erich Renner: Kinderwelten. Pädagogische, ethnologische und literaturwissenschaftliche Annäherungen. 228 S., Br., Dt. Studien-Vlg. 1995. **DM 39,-**

Ingrid Riedel: Die verlassene Mutter. Mütter und Töchter im Demeter-Mythos. 165 S., Kt., Kreuz Vlg. 1995. **DM 24,80**

Der griechische Mythos erzählt, wie Kore beim Blumenpflücken plötzlich von Hades, dem Gott der Unterwelt, entführt wird. Ihre Mutter Demeter ist untröstlich über den Verlust der Tochter und macht sich auf die Suche nach ihr. Ihre zornige Trauer erzwingt die Rückkehr Kores. Ingrid Riedel zeigt, auf welch vielfältige Weise dieser antike Mythos im heutigen Erleben von Müttern und Töchtern wiederkehrt.

Ingrid Riedel: Die weise Frau in uralt-neuen Erfahrungen. Der Archetyp im Märchen. 185 S., Kt., dtv 1995. **DM 14,90**

Ingrid Riedel: Farben. In Religion, Gesellschaft, Kunst und Psychotherapie. 260 S., 30 Abb., Gb., Kreuz Vlg. 1999. **DM 49,90**

Ingrid Riedel: Tabu im Märchen. Die Rache der eingesperrten Natur. 208 S., Kt., Walter Vlg. 4. Ed. 1994. **DM 14,80**

Ingrid Riedel: Tabu im Märchen. Die Rache der eingesperrten Natur. 208 S., Kt., dtv 1996. **DM 14,90**

Hedwig Röckelein (Ed.): Kannibalismus und europäische Kultur. (Rhe.: Forum Psychohistorie, Bd. 8) 252 S., Abb., Gb., Ed. diskord 1996. **DM 48,-**

Heinz Rölleke (Ed.): Wiegen- und Kinderlieder. Gesammelt durch die Gebrüder Grimm. 160 S., 12 Abb., 3 Faks., Gb., Vlg. Böhlau Nachf. 1999. **DM 39,80**

Brigitte Romankiewicz: Urbilder des Vaters. 243 S., 22 Abb., Kt., Stendel 1998. **DM 29,80**

Friedrich Rost: Theorien des Schenkens. Zur kultur- und humanwissenschaftlichen Bearbeitung eines anthropologischen Phänomens. 316 S., Br., Vlg. Die Blaue Eule 1994. **DM 48,-**

J. Ruffiè /J.-C. Sournia: Die Seuchen in der Geschichte der Menschheit. 273 S., Lin., Klett-Cotta 3. rev. Ed. 1989. **DM 48,-**

Katharina Rutschky (Ed.): Hänsel und Gretel. Geschichten von guten und bösen Kindern, ein Lesebuch. Kt., Goldmann NE unb.. **DM 17,-**

Annette Sabban (Ed.): Sprichwörter und Redensarten im interkulturellen Vergleich. 226 S., Kt., Westdt. Vlg. 1991. **DM 44,-**

Giorgio Samorini: Halluzinogene im Mythos. Von Ursprung psychoaktiver Pflanzen. Vorw. v. Chr. Rätsch. 215 S., Br., Nachtschatten Vlg. 1998. **DM 30,-**

Gert Sauer: Traumbild Schlange. Von der Vereinigung der Gegensätze. 87 S., Pb., Walter Vlg. 3. Ed. 1992. **DM 16,80**

Regina Schaps: Hysterie und Weiblichkeit. Wissenschaftsmythen über die Frau. 212 S., Kt., Campus 1992. **DM 24,80**

Rivkah Schärf-Kluger: Gilgamesh. The Archetypal Significance of a Modern Ancient Hero. Vorw. v. C.A. Meier. 240 S., Abb., Br., Daimon Vlg. 1991. **DM 30,-**

Walter Scherf: Die Herausforderung des Dämons. Form und Funktion grausiger Kindermärchen. Eine volkskundliche und psychoanalytische Darstellung der Struktur, Motivik und Rezeption von 27 untereinander verwandten Erzähltypen. 394 S., Ln., K.G.Saur Vlg. 1987. **DM 98,-**

Werner Schiffauer: Fremde in der Stadt. Zehn Essays über Kultur und Differenz. 220 S., Kt., Suhrkamp 1997. **DM 14,80**

H. Schipperges /K. Hemmerle (Ed.): Krankheit und Kultur - Zur Pathologie der Ich-Fixierung. 110 S., Pb., Kath.Verb. Aachen 1992. **DM 12,80**

Wolfgang Schivelbusch: Das Paradies, der Geschmack und die Vernunft. Eine Geschichte der Genußmittel. Kt., S. Fischer **DM 22,90**

Klaus Schlagmann: Zur Rehabilitation der Könige Laios und Ödipus. oder: Die Lüge der lokaste. 200 S., Kt., Vlg. K.Schlagmann 1997. **DM 24,80**

Renate Schlesier: Kulte, Mythen und Gelehrte. Anthropologie der Antike seit 1800. Kt., S. Fischer 1994. **DM 28,90**

Renate Schlesier: Mythos und Weiblichkeit bei Sigmund Freud. Zum Problem von Entmythologisierung und Remythologisierung in der psychoanalytischen Theorie. Kt., Anton Hain Vlg. o.J.. **DM 24,80**

Renate Schlesier (Ed.): Faszination des Mythos. Studien zu antiken und modernen Interpretationen. 434 S., zahlr. Abb., Br., Stroemfeld 2. Ed. 1991. **DM 68,-**

Renate Schlesier (Ed.): Humanisierte Natur. Perspektiven der Kulturanthropologie. Kt., S. Fischer 1999. **DM 24,90**

Gary Bruno Schmid: Tod durch Vorstellungskraft. Das Geheimnis psychogener Todesfälle. Springer **DM**

Wolfgang Schmidbauer: Mythos und Psychologie. Diss. v. 1968. 298 S., Ln., E. Reinhardt Vlg. 2. aktualis. Ed. 1999. **DM 44,-**

Wolfgang Schmidbauer: Vom Umgang mit der Seele. Therapie zwischen Magie und Wissenschaft. 424 S., Gb., Nymphenburger Vlg. 1998. **DM 48,-**

P. Schmitt-Pantel (Ed.): Geschichte der Frauen. Bd. 1: Antike. 620 S., Abb., Gb., Campus 1993. **DM 88,-**

Peter Schneider: Alltag und Exotik. Aspekte einer Psychoanalyse der Ästhetik. 174 S., Pb., Stroemfeld 1988. **DM 28,-**

Alfred Schöpf (Ed.): Bedürfnis, Wunsch, Begehren. Probleme einer philosophischen Sozialanthropologie. 168 S., Kt., Königshausen & Neumann 1987. **DM 28,-**

Ariane Schorn: Scham und Öffentlichkeit. Genese und Dynamik von Scham- und Identitätskonflikten in der Kulturarbeit. 280 S., Br., Roderer Vlg. 1996. **DM 52,-**

A. Schuller /J.A. Kleber (Ed.): Gier. Zur Anthropologie der Sucht. 283 S., Kt., Vandenh. & Ruprecht 1993. **DM 36,-**

Regina Schulte: Die verkehrte Welt des Krieges. Studien zu Geschlecht, Religion und Tod. 151 S., Abb., Kt., Campus 1998. **DM 39,80**

Rolf Schwendter: Tag für Tag. Eine Kulturgeschichte und Sittengeschichte des Alltags. 321 S., Gb., eva 1996. **DM 48,-**

Rolf Schwendter: Theorie der Subkultur. 442 S., Pb., eva 1993. **DM 26,-**

Otto Seemann: Die Götter und Heroen der Griechen. 462 S., 153 Abb., Gb., Reprint-Vlg. Leipzig (Reprint d. Ausg. Leipzig 1896. **DM 39,80**

Rien T Segers (Ed.): Kultur, Identität, Europa. Über die Möglichkeiten einer Konstruktion. 340 S., Suhrkamp 1998. **DM 24,80**

P. Seidel /M. Sack /K. Klemp: Unterwelten. Orte im Verborgenen /Sites of Concealment (Dt. /Engl.) 144 S., 93 Abb., Kt., 1998. **DM 68,-**

Edward Shorter: Von der Seele in den Körper. Die kulturellen Ursprünge psychosomatischer Erkrankungen. Kt., Rowohlt 1999. **DM 24,90**

Dorothea Sich (Ed.): Medizin und Kultur. Eine Propädeutik für Studierende der Medizin und der Ethnologie mit 4 Seminaren in Kulturvergleichender Medizinischer Anthropologie (KMA) VII,207 S., zahlr. Graf., Br., P. Lang 2. Ed. 1995. **DM 40,-**

Claudia Sies: Der Verlust von Ritualen in der Liebe. (Rhe.: AudioTorium) 53 min., 1 Toncass., auditorium-Vlg. o.J.. **DM 22,-**

David Signer: Fernsteuerung. Kulturrassismus und unbewußte Abhängigkeiten. 301 S., Kt., Passagen Vlg. 1997. **DM 68,-**

David Signer: Konstruktionen des Unbewußten. Die Agni in Westafrika aus ethnopsychoanalytischer und poststrukturalistischer Sicht. 224 S., Abb., Br., Passagen Vlg. 1994. **DM 46,-**

Mona Singer: Fremd. Bestimmung. Zur kulturellen Verortung von Identität. (Rhe.: Perspektiven, Bd. 6) 172 S., Kt., Ed. diskord 1997. **DM 28,-**

Peter Sloterdijk: Ödipus oder Das zweite Orakel. Beil.: Booklet, 2 CDs, 120 min., Suppose mixed media Vlg. 1999 (noch nicht ersch.). **DM PaA**

Wilhelm Solms: Die Moral von Grimms Märchen. 256 S., Gb., Primus Vlg. 1999. **DM 49,80**

Gabriele Sorgo: Gnosis und Wollust. Zur Mythologie des Pierre Klossowski. 206 S., Br., Turia & Kant 1994. **DM 36,-**

Friedrich Stadler (Ed.): Wissenschaft als Kultur. Österreichs Beitrag zur Moderne. 328 S., 6 Abb., Br., Springer 1997. **DM 66,-**

Volker Steenblock: Theorie der kulturellen Bildung. Zur Philosophie und Didaktik der Geisteswissenschaften. 476 S., Kt., W. Fink Vlg. 1999. **ca. DM 88,-**

Gunther Stephenson (Ed.): Leben und Tod in den Religionen. Symbol und Wirklichkeit. II,XIV,351 S., 1 Zeichn., 24 S. Kunstdr. m.26 Abb., Kt., WBG Nachdr. d. 3. Ed. 1994. **DM 39,80**

Jochen Stork (Ed.): Das Märchen - ein Märchen? Psychoanalytische Betrachtungen zu Wesen, Deutung und Wirkung der Märchen. 160 S., Ln., frommann-holzboog 1987. **DM 90,-**

Jochen Stork (Ed.): Das Märchen - ein Märchen? Psychoanalytische Betrachtungen zu Wesen, Deutung und Wirkung des Märchen. 160 S., Br., frommann-holzboog 1987. **DM 74,-**

Anna I. Streissler: Jugendliche in Bogotá. Eine ethnologische Studie zu Lebenswelt und Zukunftsangst. 220 S., Kt., Vlg. Brandes & Apsel 1999. **DM 36,80**

H. Stroeken /J. Smit: Biblische Schicksale in psychoanalytischem Blick. Kt., Vandenh. & Ruprecht 1994. **DM 19,80**

Hannes Stubbe (Ed.): Kölner Beiträge zur Ethnopsychologie und transkultureller Psychologie. Jg 2/1996. 140 S., 2 Abb., Br., Holos Vlg. 1997. **DM 55,-**

Anton Szanya (Ed.): Elektra und Ödipus. Zwischen Penisneid und Kastrationsangst. 215 S., Gb., Picus Vlg. 1995. **DM 34,-**

Gerhard Szonn: Entwicklung und Reife im Märchen. Einige Märchen der Brüder Grimm tiefenpsychologisch gedeutet. 126 S., Br., Bonz Vlg. 1989. **DM 26,-**

Maria Tatar: Von Blaubärten und Rotkäppchen. Grimms grimmige Märchen psychoanalytisch gedeutet. Mit 18 Abb., Kt., Heyne 1995. **DM 16,90**

Franz Tenigl (Ed.): Märchen, Mythen und Symbole. Vorträge und Aufsätze. Klages-Bibliographie. 202 S., 1 Abb., Ebr., Bouvier Vlg. 1985. **DM 48,-**

Hermann Tertilt: Turkish Power Boys. Ethnographie einer Jugendbande. 220 S., Kt., Suhrkamp 1996. **DM 16,80**

Han J. Teuteberg (Ed.): Essen und kulturelle Identität. Europäische Perspektiven. 589 S., 67 Abb., 5 Tab., Gb., Akademie-Vlg. 1997. **DM 128,-**

Laine Thom: Becoming brave. The Path to Native American Manhood. 120 S., Br., Chronicle Books o.J.. **DM 45,-**

Diana Treiber: Lech Lecha. Jüdische Identität der zweiten und dritten Generation im heutigen Deutschland. IV, 152 S., Br., Centaurus Vlg. 1997. **DM 39,80**

Gerburg Treusch-Dieter: Mythen der Rationalität. Denken mit Klaus Heinrich. 244 S., Turia & Kant 1990. **DM 28,-**

Lise Tripet: Wo steht das verlorene Haus meines Vaters? Afrikanische Analysen. Vorw. v. Goldy Parin-Matthèy. 200 S., Gb., Kore Ed. 1990. **DM 19,80**

Gisela Trommsdorff (Ed.): Kindheit und Jugend in verschiedenen Kulturen. Entwicklung und Sozialisation in kulturvergleichender Sicht. 332 S., Br., Juventa Vlg. 1995. **DM 58,-**

Gisela Trommsdorff (Ed.): Sozialisation im Kulturvergleich. VIII, 288 S., Kt., Enke 1989. **DM 68,-**

Gerhard Vinnai: Jesus und Ödipus. Kt., S. Fischer 1999. **DM 29,90**

Burkhard Vollmers: Das Werden der Person. Psychologie als dialektische Kulturwissenschaft. 120 S., Kt., Vandenh. & Ruprecht 1999. **DM 29,-**

Menschen leben in kontinuierlichem Austausch mit der sozialen Umwelt. Daraus formt sich die Person - ein lebenslanger Prozeß. Die individuellen psychischen Funktionen (Bewußtsein, Denken, Wahrnehmen, Motivation) verändern sich mit dem Wandel der Zeiten und Kulturen. So begriffen wird Psychologie, die Wissenschaft vom Erleben und Verhalten der Person, eine historische Anthropologie.

Constatin von Barloewen (Ed.): Der Tod in den Weltkulturen und Weltreligionen. 500 S-, Kt., Insel Vlg. 1999. **ca. DM 27,80**

Frans de Waal: Der gute Affe. Der Ursprung von Recht und Unrecht bei Menschen und anderen Tieren. 336 S., 19 Abb., Kt., dtv 8/2000. **DM 26,50**

Gabriele Wasserziehr: Märchen für Erwachsene. Symbolische Lektüren. (Rhe.: Geist u. Psyche, Bd. 13449) Kt., S. Fischer 1997. **DM 16,90**

Paul Watzlawick: Münchhausens Zopf oder Psychotherapie und „Wirklichkeit". 208 S., 5 Abb., Kt., H. Huber Vlg. 1988. **DM 29,80**

Paul Watzlawick: Vom Unsinn des Sinns oder vom Sinn des Unsinns. 80 S., Gb., Picus Vlg. 1992. **DM 14,80**

Hartwig Weber: Die besessenen Kinder. Teufelsglaube und Exorzismus in der Geschichte der Kindheit. 360 S., 40 Abb., Gb., Thorbecke 2000. **DM 48,-**

Ingeborg Weber-Kellermann: Die Kindheit. Eine Kulturgeschichte. Abb., Kt., Insel Vlg. 1997. **DM 24,80**

Reiner Weidmann: Rituale im Krankenhaus. Eine ethnopsychoanalytische Studie zum Leben in einer Institution. 285 S., Kt., Ullstein Medical 2. Ed. 1996. **DM 48,-**

Florence Weiss: Die dreisten Frauen. Eine Begegnung in Papua-Neuguinea. 292 S., Kt., S. Fischer 1996. **DM 16,90**

Wolf R. Wendt: Ritual und rechtes Leben. Studien zwischen den Kulturen. 363 S., Kt., Enke 1994. **DM 68,-**

Luise Winterhager-Schmid: Kulturgeschichte der Jugend. 200 S., Kt., Kohlhammer Vlg. 5/2000. **DM 42,-**

Die epochenübergreifende Darstellung beleuchtet die unterschiedlichen Erscheinungs- und Ausdrucksformen der Lebensphase „Jugend" vom Mittelalter bis in unsere Zeit. Die Geschichte der Jugend wird dabei als eine solche der Veränderungen im Umgang mit Generationskonflikten betrachtet. Der Autor zeigt, in welchen Formen sich die Ablösung der Heranwachsenden von der Elterngeneration vollzog und vollzieht.

Renate Wittern: Die psychische Erkrankung in der klassischen Antike. 20 S., Kt., Palm & Enke 1989. **DM 12,-**

Peter Wunderli (Ed.): Herkunft und Ursprung. Historische und mythische Formen der Legitimation. 250 S., 11 Abb., davon 1 farb., Ln., Thorbecke 1994. **DM 78,-**

Dieter Wyss: Kain. Eine Phänomenologie und Psychopathologie des Bösen. Dokumente und Interpretation. XI, 514 S., Br., Königshausen & Neumann 1997. **DM 78,-**

Alfred J. Ziegler: Wirklichkeitswahn. Die Menschheit auf der Flucht vor sich selbst. 131 S., Br., IKM Vlg. 1983. **DM 33,-**

Heinrich Zimmer: Abenteuer und Fahrten der Seele. Ein Schlüssel zu den indogermanischen Mythen. 328 S., Kt., E. Diederichs Vlg. 2. Ed. 1992. **DM 22,-**

Slavoj Zizek: Metastasen des Genießens. Sechs erotisch-politische Versuche. 229 S., Kt., Passagen Vlg. 1998. **DM 49,80**

KOMMUNIKATION

Roland Barthes: Die Rauheit der Stimme. Interviews 1962-1980. 162 S., Kt., Suhrkamp 2000. **ca. DM 14,00**

Jean Baudrillard: Illusionen ohne Ende - Der Baudrillard-Reader. Zu Kommunikation und Medien, Simulation und Verführung. 240 S., Br., Bollmann Vlg. 1998. **DM 24,80**

Das Buch versammelt die zentralen Texte Baudrillards aus den letzten 25 Jahren - von der Beschreibung der Agonie des Realen in der Ekstase der Kommunikation über die Kritik an der kybernetischen Illusion bis hin zu den Reizwörtern der kulturkritischer Debatte: Simulation und Verführung.

Jean Baudrillard: Kool Killer oder der Aufstand der Zeichen. 128 S., Kt., Merve 1978. **DM 14,-**

Uwe Baumann: Techno, Internet, Cyberspace. Jugend und Medien heute. Zum Verhältnis von Mensch und Maschine. 166 S., Kt., Vlg. Freies Geistesleben 1998. **DM 16,80**

J. Bergmann /T. Luckmann (Ed.): Kommunikative Konstruktion von Moral. Bd. 1: Struktur und Dynamik der Formen moralischer Kommunikation. 428 S., Gb., Westdt. Vlg. 1999. **DM 49,80**

Norbert Bolz: Ende der Gutenberg-Galaxis. Die neuen Kommunikationsverhältnisse. 249 S., Br., W. Fink Vlg. 2. Ed. 1995. **DM 28,-**

C. von Braun /G. Dietze (Ed.): Multiple Persönlichkeitsstörungen. Medialisierte Krankheit oder Krankheit der neuen Medien. 220 S., Br., Vlg. Neue Kritik 1998. **DM 38,-**

Mit der generellen Weiterung des Themas auf „Multiplizität als Konzept der Postmoderne" schneiden die Autorinnen Fragen der Aufspaltung und Multiplikation von Identitäten in neuen Medien, Internet, interaktiven Spielen etc. an.

G. Brünner /R. Fiehler /W. Kindt (Ed.): Angewandte Diskursforschung. Kommunikation untersuchen und lehren. Bd. 1: Grundlagen und Beispielanalysen. 240 S., Kt., Westdt. Vlg. 1999. **DM 49,80**

G. Brünner /R. Fiehler /W. Kindt (Ed.): Angewandte Diskursforschung. Kommunikation untersuchen und lehren. Bd. 2: Methoden und Anwendugsbereiche. 280 S., Kt., Westdt. Vlg. 1999. **DM 59,80**

K. Ehlich /A. Koerfer /A. Redder et al. (Ed.): Medizinische und therapeutische Kommunikation. Diskursanalytische Untersuchungen. 349 S., Kt., Westdt. Vlg. 1990. **DM 58,-**

Reinhard Fiehler (Ed.): Verständigungsprobleme und gestörte Kommunikation. 304 S., Kt., Westdt. Vlg. 1998. **DM 59,-**

Vilem Flusser: Gesten. Versuch einer Phänomenologie. Kt., S. Fischer 1994. **DM 19,90**

D. Foellesdal /L. Walloee /J. Elster: Rationale Argumentation. Ein Grundkurs in Argumentationstheorie und Wissenschaftstheorie. Grundlagen der Kommunikation. 371 S., Kt., de Gruyter 1988. **DM 58,-**

Michel Foucault: Botschaften der Macht. Der Foucault-Reader Diskurs und Medien. 227 S., Kt., DVA 1999. **DM 29,80**

Siegfried Frey: Die Macht des Bildes. Der Einfluß der nonbverbalen Kommunikation auf Kultur und Politik. 173 S., 18 Abb., Kt., H. Huber Vlg. 1999. **ca. DM 39,80**

Erving Goffman: Interaktionsrituale. Über Verhalten in direkter Kommunikation. 292 S., Kt., Suhrkamp 5. Ed. 1999. **DM 24,80**

Anton Hahne: Kommunikation in der Organisation. Grundlagen und Analysen - ein kritischer Überblick. 536 S., Kt., Westdt. Vlg. 1998. **DM 98,-**

Dell Hymes: Soziolinguistik. Zur Ethnographie der Kommunikation. 350 S., Kt., Suhrkamp 1979. **DM 5,95**

Andrè Kieserling: Kommunikation unter Anwesenden. Studien über Interaktionssysteme. 420 S., Gb., Suhrkamp 1999. **DM 56,-**

Jacques Lacan: Radiophonie, Television. Aus d. Franz. v. H.J. Metzger, J. Prasse, H. Lühmann. 98 S., Br., Quadriga Vlg. 1988. **DM 36,-**

Gerhard Maletzke: Interkulturelle Kommunikation. Zur Interaktion zwischen Menschen verschiedener Kulturen. 226 S., Kt., Westdt. Vlg. 1998. **DM 42,-**

Georg Meggle (Ed.): Handlung, Kommunikation, Bedeutung. 520 S., Kt., Suhrkamp 1993. **DM 29,80**

Georg Meggle (Ed.): Handlung, Kommunikation, Bedeutung. 400 S., Kt., Suhrkamp 1979. **DM 40,-**

Peter A. Menzel: Fremdverstehen und Angst. Fremdenangst als kulturelle und psychische Disposition und die daraus entstehenden interkulturellen Kommunikationsprobleme. XIII,396 S., 21 Abb., Lit., Br., Holos Vlg. 1993. **DM 58,-**

K.L. Pfeiffer /M. Walter (Ed.): Kommunikationsformen als Lebensformen. (Rhe.: Materialität d. Zeichen 4) 309 S., Gb., W. Fink Vlg. 1990. **DM 48,-**

Wolfgang Raible (Ed.): Symbolische Formen, Medien, Identität. 350 S., Kt., G. Narr Vlg. 1991. **DM 68,-**

Detlev Schöttker: Von der Stimme zum Internet. Texte aus der Geschichte der Medienanalyse. Mit Beitr. v. Platon, P. Virilio, F. Kittler, T.W. Adorno, W. Benjamin, J. Derrida, N. Postmann, E.A. Havelock, T. Mann, R. Kapuscinski u.a. 250 S., Kt., UTB 1999. **DM 32,80**

Thure von Uexküll: Gedanken über Geschichten und Zeichen. 32 S., Br., Erker Vlg. 1997. **DM 26,80**

Wolfgang Walker: Abenteuer Kommunikation. Bateson, Perls, Satir, Erickson und die Anfänge des Neurolinguistischen Programmierens (NLP) 307 S., Kt., Klett-Cotta 2. rev. Ed. 1998. **DM 38,-**

P. Watzlawick /J. Beavin /D. Jackson: Menschliche Kommunikation. Formen, Störungen, Paradoxien. 271 S., Kt., H. Huber Vlg. 9. Ed. 1996. **DM 29,80**

Gernot Wersig: Fokus Mensch. Bezugspunkte postmoderner Wissenschaft: Wissen, Kommunikation, Kultur. 249 S., Br., P. Lang 1993. **DM 79,-**

Slavoj Zizek: Die Pest der Phantasmen. Die Effizienz des Phantasmatischen in den neuen Medien. 212 S., Kt., Passagen Vlg. Neuaufl. 2000. **DM 48,-**

Slavoj Zizek: Liebe Dein Symptom wie Dich selbst! Jacques Lacans Psychoanalyse und die Medien. 139 S., Kt., Merve 1991. **DM 18,-**

Neurowissenschaften /Hirnforschung

Alan D. Baddeley: Die Psychologie des Gedächtnisses. Einf. v. Hans Aebli. 474 S., Kt., Klett-Cotta 1979. **DM 64,-**

Konstantin V Baev: Biological Neural Networks. Hierarchical Concept of Brain Function. 312 S., 71 Abb., Gb., Birkhäuser Vlg. 1998. **DM 198,-**

Josef Dudel (Ed.): Neurowissenschaft. Vom Molekül zur Kognition. XII,587 S. 352 meist farb. Abb., 32 Tab., Gb., Springer 1996. **DM 118,-**

Ernst Florey (Ed.): Das Gehirn - Organ der Seele? Zur Ideengeschichte der Neurobiologie. 446 S., 30 Abb., Pb., Akademie-Vlg. 1993. **DM 84,-**

Detlev Ganten et al. (Ed.): Gene, Neurone, Qubits & Co. Unsere Welten der Information. 320 S., 186 Abb., Kt., Hirzel Vlg. 1999. **DM 58,-**

Klaus Giel (Ed.): Geist und Gehirn. (Rhe.: Geist u. Psyche, Bd. 13424) Kt., S. Fischer 1997. **DM 18,90**

S. Grof /H.Z. Bennett: Die Welt der Psyche. Die neuen Erkenntnisse der Bewußtseinsforschung. Kt., Rowohlt 1997. **DM 16,90**

Marina Hohl: Linke Hirnhälfte und Zensur. Eine experimentelle Untersuchung zur funktionellen Hemisphärenasymmetrie aus psychoanalytischer Theoriesicht. 170 S., Br., P. Lang 1995. **DM 51,-**

M. Koukkou /M. Leuzinger-Bohleber /W. Mertens (Ed.): Erinnerung von Wirklichkeiten. Psychoanalyse und Neurowissenschaften im Dialog. Bd. 1: Bestandsaufnahme. (Rhe.: VIP - Verl. Internat. Psa.) 550 S., Ln., Klett-Cotta 1998. **DM 78,-**

Die beiden Bände machen auf überzeugende Weise deutlich, daß die Psychoanalyse einerseits gut beraten ist, den interdisziplinären Dialog mit den Neuro- und Kognitionswissenschaften zu forcieren, daß sie andererseits keinen Grund hat, ihren eigenen Beitrag zur Gedächtnisforschung kleiner zu machen, als er ist.

M. Koukkou /M. Leuzinger-Bohleber /W. Mertens (Ed.): Erinnerung von Wirklichkeiten. Psychoanalyse und Neurowissenschaften im Dialog. Bd. 2: Folgerungen für die psychoanalytische Praxis. (Rhe.: VIP - Verl. Internat. Psa.) 328 S., Ln., Klett-Cotta 1998. **DM 68,-**

In Diskussionen mit den Neurowissenschaften wird eine umfassende Beschreibung einer Anatomie des Unbewußten versucht.

Ulrich Kropiunigg /A. Stacher (Ed.): Ganzheitsmedizin und Psychoneuroimmunologie. Vierter Wiener Dialog. 415 S., Br., Facultas Vlg. 1997. **DM 69,-**

Thomas Krüger: Die Erfassung bewußter und unbewußter Gedächtnisprozesse. Die „Prozess-Dissoziations-Prozedur" - Probleme und Perspektiven einer neuen Methode. 196 S., Br., Pabst Vlg. 1999. **DM 30,-**

J. Kugler et al. (Ed.): Psychoeuroimmunology. How the brain and the immune system comunicate with each other. 224 S., Br., Pabst Vlg. 1995. **DM 40,-**

Bonnie E. Litowitz /Ph.S. Epstein (Ed.): Semiotic Perspectives on Clinical Theory and Practice. Medicine, Neuropsychiatry and Psychoanalysis. XIV, 205 p., Ln., de Gruyter 1991. **DM 118,-**

Aleksandr R. Lurija: Romantische Wissenschaft. Forschung im Grenzbezirk von Seele und Gehirn. Kt., Rowohlt 1993. **DM 16,90**

Gaby Miketta: Netzwerk Mensch. Den Verbindungen von Körper und Seele auf der Spur. 187 S., 28 Abb., Gb., Trias Vlg. 2. Ed. 1993. **DM 39,80**

K. Popper /J.C. Eccles: Das Ich und sein Gehirn. 699 S., Kt., Piper 6. Ed. 1996. **DM 34,90**

J.J. Ratey /C. Johnson: Das Schattensyndrom. Neurobiologie und leichte Formen psychischer Störungen. 444 S., Ln., Klett-Cotta 1999. **DM 78,-**

Thomas Reuster: Gehirn, Bewußtsein, Unbewußtes. Psychophysiologische Aspekte der Ich-Identität. Toncass., Vlg. Emde 1993. **DM 18,-**

Thomas Zoglauer: Geist und Gehirn. Das Leib-Seele-Problem in der aktuellen Diskussion. 243 S., Kt., UTB 1998. **DM 26,80**

Pädagogik/Didaktik

Jahrbuch für Psychoanalytische Pädagogik. Bd. 1. 216 S., Kt., M. Grünewald Vlg. 1989. **DM 38,-**

Jahrbuch für Psychoanalytische Pädagogik. Bd. 2. 216 S., Kt., M. Grünewald Vlg. 1990. **DM 38,-**

Jahrbuch für Psychoanalytische Pädagogik. Bd. 3. 252 S., Kt., M. Grünewald Vlg. 1991. **DM 38,-**

Jahrbuch für Psychoanalytische Pädagogik. Bd. 4. 304 S., Kt., M. Grünewald Vlg. 1992. **DM 38,-**

Jahrbuch für Psychoanalytische Pädagogik. Bd. 5. 224 S., Kt., M. Grünewald Vlg. 1993. **DM 38,-**

Jahrbuch für Psychoanalytische Pädagogik. Bd. 6. 232 S., Kt., M. Grünewald Vlg. 1994. **DM 42,-**

Jahrbuch für Psychoanalytische Pädagogik. Bd. 7. 228 S., Kt., M. Grünewald Vlg. 1995. **DM 48,-**

Hans Aebli: Grundlagen des Lehrens. Band 2: Eine Allgemeine Didaktik. Umfelder und Motive des Lernens, Lernenlernen, Gesprächsführung, das Disziplinproblem, Prüfen und Benoten. 427 S., Kt., Klett-Cotta 4. Ed. 1998. **DM 39,80**

Hans Aebli: Psychologische Didaktik. Didaktische Auswertung der Psychologie von Jean Piaget. 180 S., 4 Abb., Lin., Klett-Cotta 7. Ed. 9/2000. **DM 34,-**

Hans Aebli: Zwölf Grundformen des Lehrens. Bd. 1: Eine Allgemeine Didaktik. Medien und Inhalte didaktischer Kommunikation, der Lernzyklus. 409 S., Br., Klett-Cotta 10. Ed. 1998. **DM 39,80**

Hans Jürgen Apel: Die Vorlesung. Einführung in eine akademische Lehrform. 140 S., Br., Böhlau Vlg. 1999. **ca. DM 29,80**

Gut vorbereitete und vorgetragene Vorlesungen sind über die Fächergrenzem hinweg vielerorts überhaupt keine Selbstverständlichkeit. Hinsichtlich des gebotenen Niveaus, der Strukturiertheit des Themas und seiner didaktischen Aufbereitung, nicht zuletzt im Vortrag selbst liegen nicht selten Welten zwischen den gebotenen Vorlesungsstilen. Der hier erstmals vorgelegte Leitfaden, bietet dem mit der Aufgabe eines Vortrages oder der Konzeption einer Vorlesung Befaßten eine profunde Hilfestellung, sein gutes Fachwissen auch adäquat „überzubringen".

Erik H. Erikson: Kindheit und Gesellschaft. 426 S., Ln., Klett-Cotta 13. rev. Ed. 1999. **DM 58,-**

Wilfried Gottschalch: Mit anderem Blick. Grundzüge einer skeptischen Pädagogik. (Rhe. Psa. Pädagogik) 210 S., Kt., Psychosozial Vlg. 2000. **DM 49,90**

Matthias Heyl: Erziehung nach Auschwitz. Eine Bestandsaufnahme. Deutschland, Niederlande, Israel, USA. 436 S., Kt., Krämer Vlg. 1998. **DM 98,-**

Maria Montessori: Erziehung zum Menschen. Montessori-Pädagogik heute. Kt., S. Fischer **DM 14,90**

Tilmann Moser: Verstehen, Urteilen, Verurteilen. Psychoanalytische Gruppendynamik mit Jurastudenten. Kt., Suhrkamp o.J.. **DM 6,-**

Ulric Neisser: Kognition und Wirklichkeit. Prinzipien und Implikationen der kognitiven Psychologie. Einf. v. Hans Aebli. 176 S., Kt., Klett-Cotta 2. Ed. 1996. **DM 36,-**

Jean Piaget: Theorien und Methoden der modernen Erziehung. Kt., S. Fischer NA unb.. **DM 19,90**

Jean Piaget: Über Pädagogik. Bd. 1. Kt., Beltz 1999. **DM 28,-**

Elisabeth Schlemmer: Unterricht und Psychoanalyse. Psychodynamische Aspekte einer allgemeinen Didaktik. 148 S., Br., Vlg. ars una 1992. **DM 38,-**

G. Siebenhüner /H. Siebenhüner: Man muß viel lernen, um ein Mensch zu sein. Tiefenpsychologische Beiträge zur Theorie und Praxis von Lernen und Lehren. 276 S., Kt., Königshausen & Neumann 2000. **DM 39,80**

Birgit Warzecha (Ed.): Hamburger Vorlesung über Psychoanalyse und Erziehung. 208 S., Br., Lit Vlg. 1999. **DM 29,80**

Susanne Zimmermann: Sexualpädagogik in der BRD und in der DDR im Vergleich. 238 S., Kt., Psychosozial Vlg. 1999. **DM 48,-**

Persönlichkeitstheorien

Martin Bartels: Selbstbewusstsein und Unbewusstes. Studien zu Freud und Heidegger. X,201 S., Ln., de Gruyter 1976. **DM 145,-**

Thomas Bauer-Wittmund: Lebensgeschichte und subjektive Krankheitstheorien. 194 S., Br., VAS 1996. **DM 40,-**

Günter Baumann: Die Evolution des Bewußtseins. Vom religiösen zum tiefenpsychologischen Weltbild. 150 S., Pb., Vlg. Böhner 1995. **DM 24,80**

Christopher Bollas: Genese der Persönlichkeit. Psychoanalyse und Selbsterfahrung. 280 S., Gb., Klett-Cotta 2000. **DM 58,-**

Christopher Bollas: Vom Werden der Persönlichkeit. Psychoanalyse und Selbsterfahrung. 352 S., Gb., Steidl Vlg. iVbr., Termin unbestimmt. **DM 44,-**

Klaus Bort: Personalität und Selbstbewußtsein. Grundlagen einer Phänomenologie der Bezogenheit. 323 S., Kt., Attempto Vlg. 1993. **DM 78,-**

Olaf Breidbach: Die Materialisierung des Ichs. Zur Geschichte der Hirnforschung im 19. und 20. Jahrhundert. 476 S., Kt., Suhrkamp 1997. **DM 29,80**

Olaf Breidbach (Ed.): Interne Repräsentationen. DELFIN 1996. Neue Konzepte der Hirnforschung. Zum Dialog von Konstruktivismus und Neurowissenschaften. 200 S., Kt., Suhrkamp 1996. **DM 19,80**

Mario von Cranach (Ed.): Freiheit des Entscheidens und Handelns. Ein Problem der nomologischen Psychologie. 352 S., Kt., Asanger Vlg. 1996. **DM 68,-**

Klaus Düsing: Selbstbewußtseinsmodelle. Moderne Kritiken und systematische Entwürfe zur konkreten Subjektivität. 287 S., Br., W. Fink Vlg. 1997. **DM 48,-**

Manfred Frank (Ed.): Analytische Theorien des Selbstbewußtseins. 740 S., Kt., Suhrkamp 1994. **DM 36,80**

James Hillman: Charakter und Bestimmung. Eine Entdekkungsreise zum individuellen Sinn des Lebens. 415 S., Gb., Goldmann 1998. **DM 42,90**

Wolfram Hogrebe: Subjektivität. 240 S., Kt., W. Fink Vlg. 1998. **DM 88,-**

Eva Huber (Ed.): Technologien des Selbst. Zur Konstruktion des Subjekts. Stroemfeld 1. H. 2000. **DM 38,-**

Rüdiger Jacob: Krankheitsbilder und Deutungsmuster. Wissen über Krankheit und dessen Bedeutung für die Praxis. 340 S., Kt., Westdt. Vlg. 1995. **DM 58,-**

Karl-Heinz Joepen: Die Psychofalle. Über die Verdrängung der Wirklichkeit bei der Suche nach dem wahren Selbst. 170 S., Kt., Rotbuch Vlg. 1997. **DM 18,90**

Stephen M. Johnson: Der narzißtische Persönlichkeitsstil. 330 S., Kt., Vlg. EHP 1988. **DM 48,-**

Otto F. Kernberg: Ideologie, Konflikt und Führung. Psychoanalyse von Gruppenprozessen und Persönlichkeitsstruktur. 380 S., Gb., Klett-Cotta 2000. **DM 68,-**

B. Kienzle /H. Pape (Ed.): Dimensionen des Selbst. Selbstbewußtsein, Reflexivität und die Bedingungen von Kommunikation. 453 S., Kt., Suhrkamp 1991. **DM 28,-**

Ludwig Klages: Handschrift & Charakter. Gemeinverständlicher Abriss der graphologischen Technik. 360 S., Kt., Bouvier Vlg. 29. Ed. 1989. **DM 48,-**

Karl König: Kleine psychoanalytische Charakterkunde. 144 S., Ln., Vandenh. & Ruprecht 1999. **DM 44,-**

Karl König: Kleine psychoanalytische Charakterkunde. 144 S., Kt., Vandenh. & Ruprecht 5. Ed. 1999. **DM 28,-**

Ernst Kretschmer: Körperbau und Charakter. Untersuchungen zum Konstitutionsproblem und zur Lehre von den Temperamenten. XIII, 387 S., 92 Abb., 83 Tab., Springer 26. rev. Ed. 1977. **DM 184,-**

Fritz Künkel: Charakter, Leiden und Heilung. VIII, 235 S., Kt., Hirzel Vlg. 3. Ed. 1976. **DM 29,-**

Fritz Künkel: Einführung in die Charakterkunde. 201 S., 2 Abb., 2 Tab., Kst., Hirzel Vlg. 17. Ed. 1982. **DM 29,-**

Kristin Linklater: Die persönliche Stimme entwickeln. Ein ganzheitliches Übungsprogramm zur Befreiung der Stimme. 240 S., Abb., Kt., E. Reinhardt Vlg. 1997. **DM 44,-**

Carl R. Rogers: Eine Theorie der Psychotherapie, der Persönlichkeit und der zwischenmenschlichen Beziehungen. Entwickelt im Rahmen des klientenzentrierten Ansatzes. 82 S., Kt., Ges. f. wiss. Gesprächspsych. 3. Ed. 1991. **DM 15,-**

Robert Spaemann: Personen. Versuch über den Unterschied zwischen „etwas" und „jemand". 260 S., Ln., Klett-Cotta 1996. **DM 48,-**

Tim Tisdale: Selbstreflexion, Bewußtsein und Handlungsregulation. 221 S., Abb., Br., PVU 1998. **DM 78,-**

PROFESSION

Kathrin Asper: Schritte im Labyrinth. Tagebuch einer Psychotherapeutin. 288 S., Ebr., Walter Vlg. 1992. **DM 29,80**

M. Becker-Fischer /G. Fischer: Sexuelle Übergriffe in Psychotherapie und Psychiatrie. VIII,171 S., 2 Abb., 21 Tab., Kt., Kohlhammer Vlg. 1997. **DM 28,-**

M. Becker-Fischer /G. Fischer: Sexueller Missbrauch in der Psychotherapie - was tun? Orientierungshilfen für Therapeuten und interessierte Patienten. 145 S., Kt., Asanger Vlg. 1996. **DM 34,-**

P. Buchheim /M. Cierpka /T. Seifert (Ed.): Psychotherapeutinnen und Psychotherapeuten im beruflichen Kontext. Erfahrungen - Konflikte - Perspektiven. 2 Teile. VIII, 215 S., Abb., Br., Springer 1997. **DM 48,-**

Michael B. Buchholz: Psychotherapie als Profession. (Rhe. Forschung Psychosozial) 373 S., Abb., Kt., Psychosozial Vlg. 1999. **DM 68,-**

B. Buddeberg-Fischer /M. von Rad /R. Welter-Enderlin: Psychotherapeutinnen und Psychotherapeuten im beruflichen Kontext. Erfahrungen - Konflikte - Perspektiven. Vorträge. (Rhe. Autobahn-Universität) 3 Toncass. ISch., C. Auer Vlg. 1996. **DM 52,-**

Jürgen von Dall 'Armi: Psychotherapeutenprüfung. Wissenskontrollen, Amtsfragen, Prüfungstips. 175 S., Kt., Urban & Fischer 1997. **DM 39,80**

Zoltan E. Erdely: Und die Wirklichkeit, es gibt sie doch. 199 S., Kt., Psychosozial Vlg. 1998. **DM 38,-**

F. R. Faber/R. Haarstrick: Kommentar Psychotherapie-Richtlinien. Gutachterverfahren in der Psychotherapie. Psychosomatische Grundversorgung. 210 S., Kt., G. Fischer Vlg. 5. aktual. Ed. 1999. **DM 58,-**

Ernst Federn: Zur Psychoanalyse der Psychotherapien. 125 S., Kt., Ed. diskord 1997. **DM 28,-**

Jörg Fengler: Helfen macht müde. Zur Analyse und Bewältigung von Burnout und beruflicher Deformation. (Rhe.: Leben lernen, Bd. 77) 283 S., Br., Klett-Cotta 5. rev. Ed. 1998. **DM 42,-**

Karin Gässler: Psychotherapeuten als Experten. Gedächtnis und Informationsverarbeitung. 180 S., Br., Roderer Vlg. 1994. **DM 46,-**

M. Geyer /R. Hirsch (Ed.): Ärztliche psychotherapeutische Weiterbildung in Deutschland. Auszüge aus der Weiterbildungsordnung der Bundesärztekammer und den Richtlinien. 53 S., Br., 1994. **DM 12,80**

Ralph Glücksmann: Kommentar zum Psychotherapeutengesetz. Approbation und Kassenzulassung. Glücksmann Vlg. 2. rev. Ed. 1999. **DM 32,-**

B. Grossmann-Garger /W. Parth (Ed.): Die leise Stimme der Psychoanalyse ist beharrlich. 350 S., Kt., Psychosozial Vlg. 1999. **DM 68,-**

Adolf Guggenbühl-Craig: Macht als Gefahr beim Helfer. VI, 106 S., Br., Karger Vlg. 5. Ed. 1987. **DM 23,-**

Christel Hafke: Macht, Ohnmacht, Machtmißbrauch in therapeutischen Beziehungen. 367 S., Kt., Leske + Budrich 1996. **DM 48,-**

R. Haubl /W. Mertens: Der Psychoanalytiker als Detektiv. Eine Einführung in die psychoanalytische Erkenntnistheorie. 157 S., Kt., Kohlhammer Vlg. 1996. **DM 36,-**

Eva Jaeggi: Der Psychotherapeut und sein Menschenbild. (Rhe.: AudioTorium) 1 Toncass., Laufzeit 60 min., auditorium-Vlg. 1997. **DM 23,-**

P.L. Janssen /P. Buchheim /M. Cierpka (Ed.): Psychotherapie als Beruf. 241 S., Kt., Vandenh. & Ruprecht 1997. **DM 48,-**

P. L. Janssen /W. Gehlen: Neurologie und Psychiatrie, Psychosomatik und Psychotherapie. In Frage und Antwort für Fachberufe im Gesundheitswesen. 320 S., 36 Abb., Thieme 4. rev. Ed. 1994. **DM 29,90**

Karl Jaspers: Der Arzt im technischen Zeitalter. Technik und Medizin. Arzt und Patient. Kritik der Psychotherapie. 128 S., Kt., Piper 1999. **DM 16,90**

Christian Korunka (Ed.): Begegnungen: Psychotherapeutische Schulen im Gespräch. Dialoge der Person-Centred Association (PCA) in Austria. 352 S., Br., Facultas Vlg. 1997. **DM 55,-**

W. Köthke /H.-W. Rückert /J. Sinram: Psychotherapie? Psychoszene auf dem Prüfstand. Incl. Wortlaut d. neuen Psychotherapeutengesetzes. 214 S., Kt., Hogrefe 1999. **DM 49,80**

Ronald D. Laing: Knoten. Kt., Rowohlt o.J.. **DM 8,80**

Harald Leupold-Löwenthal: Ein unmöglicher Beruf. Über die schöne Kunst, ein Analytiker zu sein. Hrsg. v. I. Scholz-Strasser. X, 280 S., Br., Böhlau Vlg. 1997. **DM 69,80**

Klaus Lieberz (Ed.): Hausarzt und Psychotherapeut: Wege der Zusammenarbeit. 151 S., Kt., Urban & Fischer 1996. **DM 39,-**

Boris Luban-Plozza: Krankheit und Lebensgeschichte. Der Arzt als Arznei? Vortrag. (Rhe.: AudioTorium) 1 Toncass, 45 min., auditorium-Vlg. 1995. **DM 19,80**

B. Luban-Plozza /K. Laederach-Hofmann /L. Knaak et al. (Ed.): Der Arzt als Arznei. Das therapeutische Bündnis mit dem Patienten. 200 S., Kt., Dt. Ärzte-Vlg. 7. rev. Ed. 1998. **DM 44,-**

Janet Malcolm: Fragen an einen Psychoanalytiker. Zur Situation eines unmöglichen Berufs. 206 S., Kt., Klett-Cotta In d. Ausst. veränd. Ed. 1992. **DM 44,-**

Martha Manning: Am eigenen Leibe. Von der Psychotherapeutin zur Patientin. Kt., Droemer/Knaur 1996. **DM 14,90**

Joyce McDougall: Plädoyer für eine gewisse Anormalität. 469 S., Kt., Suhrkamp 1989. **DM 24,-**

Wolfgang Mertens (Ed.): Der Beruf des Psychoanalytikers. Beitr. v. Th. Bauriedl, K. Bell, M. Leuzinger-Bohleber u.a. 220 S., Ln., Klett-Cotta 1997. **DM 48,-**

Adolf-Ernst Meyer: Zwischen Wort und Zahl. Psychosomatische Medizin und Psychotherapie als Wissenschaft. 241 S., Kt., Vandenh. & Ruprecht 1998. **DM 44,-**

Frank Meyer: Persönliche Ziele von Psychotherapeuten. Determinante von Therapieprozeß und Therapieerfolg. Diss. XIII, 227 S., 23 Abb., Kt., Dt. Univ.Vlg. 1998. **DM 52,-**

Hans Möller (Ed.): Kritische Stichwörter zur Psychotherapie. 439 S., Kt., W. Fink Vlg. 1981. **DM 38,-**

Eckhart H. Müller: Psychotherapeuten - Risiken und Nebenwirkungen. Wie Therapien hilfreich werden. 159 S., Kt., Herder 1996. **DM 14,80**

Erwin Parfy: Psychotherapie: Eine Profession am Weg zur Integration. Psychoanalytische Teiltheorien im Kontext der Verhaltenstherapie. 168 S., Kt., Facultas Vlg. 1998. **DM 34,-**

Silke von Polenz: Und er bewegt sich doch. Ketzerisches zur Körperabstinenz der Psychoanalyse. 300 S., Kt., Suhrkamp 1994. **DM 22,80**

G. H. Portele /K. Roessler: Macht und Psychotherapie. Ein Dialog. 203 S., Gb., Vlg. EHP 1994. **DM 34,-**

Gerd Pulverich: Psychotherapeutengesetz, Kommentar. Mit kommentierten Änderungen des SGB V sowie anderer Gesetze. 206 S., Kt., Dt. Psych.Vlg. 3. rev. Ed. 1999. **DM 79,-**

Udo Rauchfleisch: Nach bestem Wissen und Gewissen. Die ethische Verantwortung in Psychologie und Psychotherapie. 114 S., Kt., Vandenh. & Ruprecht 1982. **DM 29,-**

Claudia Reiser: Die kinder- und jugendpsychotherapeutische Ausbildung. Möglichkeiten und Institutionen in Deutschland, Österreich und der Schweiz. Vorw. v. Heinz St. Herzka. 167 S., Kt., E. Reinhardt Vlg. 1993. **DM 36,-**

Besprochen in arbeitshefte kinderpsa. 18/1994, v. Achim Perner und in „Kinderanalyse" 3/1995 von P. Möhring

Thomas Resch (Ed.): Psychoanalyse, Grenzen und Grenzöffnung. Festschrift zu Ehren von Prof. Dr. Hans-Volker Werthmann. Beitr. v. P. Döring, K. Hoffmann, P. Kutter, N. Matejek, I. Quindeau, W.-D. Rost, U. Streeck, B. Waldvogel u.a. 215 S., Kt., Vlg. Brandes & Apsel 1999. **DM 39,80**

Horst E. Richter: Engagierte Analysen. Über den Umgang des Menschen mit dem Menschen. Reden, Aufsätze, Essays. 325 S., Kt., Psychosozial Vlg. Neuaufl. 2000. **DM 29,80**

Inge Rieber-Hunscha: Zerreißproben. Zwischen Ausbildung und Praxis der psychoanalytischen Therapie. 273 S., Kt., Psychosozial Vlg. 1996. **DM 38,-**

In diesem lebendig geschriebenen Buch schildert eine Ausbildungskandidatin ihre Erfahrungen im Zusammenhang mit den Stationen ihrer psychoanalytischer Ausbildung.

Carl R. Rogers: Entwicklung der Persönlichkeit. Psychotherapie aus der Sicht eines Therapeuten. 409 S., Kt., Klett-Cotta 12. Ed. 1998. **DM 44,-**

Carl R. Rogers: Therapeut und Klient. Grundlagen der Gesprächspsychotherapie. (Rhe.: Geist u. Psyche, Bd. 42250) Kt., S. Fischer o.J.. **DM 19,90**

C. R. Rogers /B. Stevens: Von Mensch zu Mensch. Möglichkeiten, sich und anderen zu begegnen. 313 S., Kt., Junfermann Vlg. 1984. **DM 34,-**

Christa Rohde-Dachser: Im Schatten des Kirschbaums. Psychoanalytische Dialoge. 240 S., Abb., Kt., H. Huber Vlg. 1994, Nachdr. 1995. **DM 44,80**

Berthold Rothschild (Ed.): Selbstmystifizierung der Psychoanalyse. (Rhe.: Psa. Blätter, Bd. 05) 166 S., Kt., Vandenh. & Ruprecht 1996. **DM 36,-**

Gerd Rudolf: Psychotherapiepraxis und Psychotherapieforschung heute. Vortrag. (Rhe.: AudioTorium) 60 min., 1 Toncass., auditorium-Vlg. 1996. **DM 22,-**

S. Priebe /M. Heinze /G. Danzer (Ed.): Die Spur des Unbewußten in der Psychiatrie. 175 S., Kt., Königshausen & Neumann 1995. **DM 39,80**

Moustafa Safouan: Die Übertragung und das Begehren des Analytikers. Vorw., hrsg. u. aus d. Franz v. Geerd Schnedermann. 168 S., Br., Königshausen & Neumann 1997. **DM 39,80**

Safouan untersucht zunächst das Übertragungskonzept Freuds in seiner Entwicklung. Das Problem der Aporie der Übertragung hinterläßt Freud ungelöst: Da sie das Unbewußte gleichermaßen öffnet und verschließt, Enthüllung und Widerstand gleichzeitig ist, ist sie kein Beobachtungsgegenstand für den Theoretiker: Als solcher muß sie unaufgelöst bleiben. Die Auflösung der Übertragung bleibt damit auch das Hauptproblem der Nachfolger Freuds.

"Der theoretische Grund, aus dem diese Versuche (die von Freud hinterlassenen Probleme zu lösen) gescheitert sind und zu einer psychologischen Reduktion der Analyse geführt haben, liegt in der naiven und unkritischen Überzeugung, daß die Psychoanalyse eine Erfahrung ist, die zwei Personen umfaßt ..., eine sowenig glaubhaft, wie die andere." - Freuds Wort „Wo Es war, soll Ich werden", erhält in der Ich-Psychologie den Sinn: „Das Ich soll das Es ausquartieren."

Safouan verlangt von einer Übertragungstheorie, daß sie „nach dem Vorbild der Sexualtheorie mit der Tinte des Phänomens selbst geschrieben ist, das sie beschreibt".

Kurzbiographie: Safouan begann seine Studien der Philosophie an der Universität von Alexandria (Ägypten). Sein Lehrer M. Ziwat war Mitglied der Sociètè Psychanalytique de Paris; Analyse bei Marc Schlumberger, Kontrollanalysen bei J. Lacan und D. Lagache. Während einer fünfjährigen Dozentur an der Universität Heliopolis (1953-58) übersetzte er die „Traumdeutung" ins Arabische. Nach Frankreich zurückgekehrt, begab er sich erneut in Kontrollanalyse bei J. Lacan. Dieser bezeichnete ihn als einen seiner bedeutendsten Schüler. Als exzellenter Kenner der Schriften Freuds, intimer Zeuge und Mitarbeiter an der Ausarbeitung der lacanische Psychoanalyse und erfahrener Praktiker der Analyse zeigte sich Safouan in seinen Schriften durchgängig einem Konzept der Wahrheit verpflichtet, das allein auf die psychische Realität des Diskurses gegründet ist.

Karl Salzl /Reinhard Steege: Psychotherapeutengesetz. Eine systematische Einführung in das neue Berufsrecht und das Vertrauensrecht der gesetzlichen Krankenversicherung. 245 S, Gb., Vlg. E.Schmidt 1999. **DM 49,80**

J. Sandler /A.U. Dreher: Was wollen die Psychoanalytiker? Das Problem der Ziele in der psychoanalytischen Behandlung. 253 S., Ln., Klett-Cotta 1999. **DM 58,-**

Ist die Psychoanalyse lediglich eine Therapieform oder ist sie vielmehr ein wissenschaftliches Verfahren mit dem Nebeneffekt einer therapeutischen Wirkung? In diesem Buch gehen die Autoren der Frage nach, welche Überlegungen Psychoanalytiker über die Ziele und Grenzen analytischer Behandlung anstellen.

Doris Schaeffer: Psychotherapie zwischen Mythologisierung und Entzauberung. Therapeutisches Handeln im Anfangsstadium der Professionalisierung. 249 S., Kt., Westdt. Vlg. 1990. **DM 46,-**

S. de Schill /S. Lebovici /H. Kächele (Ed.): Psychoanalyse und Psychotherapie. Herausforderungen und Lösungen für die Zukunft. IX, 238 S., Gb., Thieme 1997. **DM 49,90**

Unter dem Aspekt gesellschaftlicher und gesundheitsökonomischer Veränderungen schildern renommierte Psychoanalytiker und Psychotherapeuten zukünftige Herausforderungen und erfolgversprechende Lösungen zur Weiterentwicklung der Psychotherapie. Diese Zusammenfassung internationaler Beiträge stellt die unterschiedlichen Perspektiven in einem Buch zusammen, so daß die verschiedenen Denkansätze unmittelbar vergleichbar werden.

A. Schlösser /K. Höhfeld (Ed.): Psychoanalyse als Beruf. Die Beitr. der DGPT-Tagung Hamburg 1999. 400 S., Gb., Psychosozial Vlg. 6/2000. **DM 69,-**

Wolfgang Schmidbauer: Die hilflosen Helfer. Über die seelische Problematik der helfenden Berufe. 251 S., Kt., Rowohlt 1998. **DM 34,-**

Wolfgang Schmidbauer: Helfen als Beruf. Die Ware Nächstenliebe. Kt., Rowohlt o.J.. **DM 14,90**

Wolfgang Schmidbauer: Hilflose Helfer. Über die seelische Problematik der helfenden Berufe. Kt., Rowohlt 1992. **DM 14,90**

Wolfgang Schmidbauer: Liebeserklärung an die Psychoanalyse. Kt., Rowohlt o.J.. **DM 12,90**

Wolfgang Schmidbauer: Wenn Helfer Fehler machen. Kt., Rowohlt 1999. **DM 16,90**

Wolfgang Schmidbauer: Wenn Helfer Fehler machen. Liebe, Missbrauch und Narzissmus. 320 S., Br., Rowohlt 1997. **DM 36,-**

Kurt W. Schmidt: Therapieziel und Menschenbild. Zur ethischen Problematik therapeutischer Eingriffe und deren Zielsetzungen. Eine Auseinandersetzung. 392 S., Br., Lit Vlg. 1996. **DM 48,-**

Peter Schramme: Patienten und Personen. (Rhe.: Geist u. Psyche, Bd. 14692) Kt., S. Fischer 4/2000. **DM 26,90**

Erich Schröder /R. Glücksmann: Das Kassengutachten in der psychotherapeutischen Praxis. Technik und beispielhafte Fälle. IV, 204 S., Br., Glücksmann Vlg. 4. Ed. 1997. **DM 48,-**

P. Schuster /M. Springer-Kremser: Anwendungen der Psychoanalyse. Gesundheit und Krankheit aus psychoanalytischer Sicht. 175 S., Kt., WUV 2. rev. Ed. 1998. **DM 30,-**

F. Sedlak /G. Gerber (Ed.): Dimensionen integrativer Psychotherapie. Vom Gefangensein in Erkenntnisgrenzen zur wahrheitssuchenden Begegnung. 296 S., Br., Facultas Vlg. 1998. **DM 55,-**

Edward Shorter: Das Arzt-Patient-Verhältnis in der Geschichte und heute. (Rhe.: Wiener Vorlesungen, Bd. 10) 64 S., Gb., Picus Vlg. 1991. **DM 14,80**

S. Siegel /E. Lowe: Der Patient, der seinen Therapeuten heilte. Einblicke in die Psychotherapie. 195 S., Gb., Vlg. Hugendubel 1995. **DM 28,-**

Gernot Sonneck: Das Berufsbild des Psychotherapeuten. Kosten und Nutzen der Psychotherapie. Tagungsband des Dachverbandes der Österr. Psychotherapeutischen Vereinigung, 1998 1990. 85 S., Br., Facultas Vlg. 1990. **DM 24,-**

Roger Spenner: Die Strafbarkeit des „sexuellen Mißbrauchs" in der Psychotherapie gem. den §§ 174 ff. StGB. XVII, 148 S., Br., P. Lang 1999. **DM 69,-**

B. Strauß /M. Geyer (Ed.): Psychotherapie in Zeiten der Veränderung. Historische, kulturelle und gesellschaftliche Hintergründe einer Profession. 500 S., Kt., Westdt. Vlg. 2000. **DM 98,-**

U. Streek /H.V. Werthmann (Ed.): Lehranalyse und psychoanalytische Ausbildung. 173 S., Kt., Vandenh. & Ruprecht 1992. **DM 36,-**

Jürgen Thorwart: Berufliche Verschwiegenheit. Juristische, beziehungsdynamische und praktische Aspekte der innerinstitutionellen Schweigepflicht in psychosozialen Institutionen. 218 S., Kt., Profil Vlg. 1998. **DM 44,-**

U. Trenckmann /B. Bandelow: Psychiatrie und Psychotherapie. Empfehlung zur Patienteninformation. 168 S., Br., Steinkopff Vlg. 1999. **DM 68,-**

Hans Trüb: Vom Selbst zur Welt. Der zwiefache Auftrag der Psychotherapie. 75 S., Pb., Speer 1947. **DM 8.80**

V. Tschuschke /C. Heckrath /W. Tress: Zwischen Konfusion und Makulatur. Zum Wert der Berner Psychotherapie-Studie von Grawe, Donati und Bernauer. 177 S., 5 Abb., 3 Tab., Kt., Vandenh. & Ruprecht 1997. **DM 39,-**

Serge Viderman: Die Psychoanalyse und das Geld. (Rhe.: Ed. Pandora, Bd. 32) 200 S., Kt., Campus 1996. **DM 38,-**

K. Westhoff /M.-L. Kluck: Psychologische Gutachten schreiben und beurteilen. X, 266 S., Gb., Springer 3. akt. Ed. 1998. **DM 89,-**

U. Wirtz /J. Zöbeli: Hunger nach Sinn. Menschen in Grenzsituationen, Grenzen der Psychotherapie. 359 S., Gb., Kreuz Vlg. 2. Ed. 1997. **DM 49,80**

Heike Zafar: Du kannst nicht fließen, wenn dein Geld nicht fließt. Macht und Mißbrauch in der Psychotherapie. Kt., Rowohlt 2000. **DM 14,90**

Psychoanalyse und Geschichte

Kinder des Holocaust sprechen ... Lebensberichte. (RBL 1511) 347 S., Kt., Reclam 1994. **DM 22,-**

Günther Anders: Wir Eichmannsöhne. Offener Brief an Klaus Eichmann. Kt., C.H.Beck 1964. **DM 12,80**

Berndt Anwander: Unterirdisches Wien. Ein Führer in den Untergrund Wiens. Die Katakomben, der Dritte Mann und vieles mehr. Ill. v. T. Rein. 352 S., 165 Abb., Ebr., Falter Vlg. 1993. **DM 44,-**

E. Bamberger /A. Ehmann (Ed.): Kinder und Jugendliche als Opfer des Holocaust. Dokumentation einer internationalen Tagung in der Gedenkstätte Haus der Wannseekonferenz 12. bis 14. Dezember 1994. 189 S., Kt., Dokumentations- u. Kulturzentrum Dt. Sinti u. Roma 1995. **DM 16,80**

Dan Bar-On: Furcht und Hoffnung. Von den Überlebenden zu den Enkeln. Drei Generationen des Holocaust. 480 S., Gb., eva 1997. **DM 48,-**

Furcht und Hoffnung, auch in ihrer symbolischen Bedeutung, sind die Gefühle, in denen die Spannung zwischen Erinnern und Vergessen sich ausdrückt, zwischen dem Bewahren der Vergangenheit und dem Blick in die Zukunft, um ein „neues Leben auszubauen".

Zygmunt Bauman: Dialektik der Ordnung. Die Moderne und der Holocaust. 256 S., Gb., eva 1992. **DM 58,-**

Wolfgang Benz: Der Holocaust. 126 S., Kt., C.H.Beck 4. Ed. 1999. **DM 14,80**

Ute Benz (Ed.): Frauen im Nationalsozialismus. Dokumente und Zeugnisse. Kt., C.H.Beck 1993. **DM 19,80**

U. Benz /W. Benz (Ed.): Sozialisierung und Traumatisierung. Kinder in der Zeit des Nationalsozialismus. Kt., S. Fischer o.J.. **DM 18,90**

M.S. Bergmann /M. E. Jucovy /J.S. Kestenberg (Ed.): Kinder der Opfer, Kinder der Täter. Psychoanalyse und Holocaust. 432 S., Kt., S. Fischer 1998. **DM 26,90**

H. Bernhardt /R. Lockot (Ed.):: Mit ohne Freud. Zur Geschichte der Psychoanalyse in Ostdeutschland. 350 S., Br., Psychosozial Vlg. 6/2000. **DM 69,-**

Der Titel ist ungenau und müßte eigentlich lauten „Zur Geschichte der Psychoanalyse auf dem Territorium der ehemaligen DDR". Zwei der drei Abschnitte des Buches widmen sich dem Zeitraum vor 1933 sowie den 12 Jahren der Nazidiktatur dort (und das war zu dieser Zeit geographisch Mitteldeutschland); in einem ausführlichen dritten Abschnitt gehen die beitragenden Autoren sodann auf die Situation der Psychoanalyse zu DDR-Zeiten ein.

Peter Beyersdorf: Wissen Sie, wer Adolf Eichmann war...? Eine Einführung in die Geschichte des 3. Reiches. 108 S., Gb., Vlg. Beyer 2000. **DM 14,80**

Michael Brenner: Nach dem Holocaust. Juden in Deutschland 1945-1950. 254 S., 16 Abb., Kt., C.H.Beck 1995. **DM 24,-**

H. Buchheim /M. Brozat et al. (Ed.): Anatomie des SS- Staates. 688 S., Kt., dtv 1994. **DM 26,90**

H.-J. Busch /A. Krovoza (Ed.): Subjektivität und Geschichte. Perspektiven politischer Psychologie. 197 S., 20 Abb., Kt., Psychosozial Vlg. 1999. **DM 29,80**

Roy C. Calogeras: Die Krupp-Dynastie und die Wurzeln des deutschen Nationalcharakters. (Rhe.: VIP - Verl. Internat. Psa.) 288 S., Ln., Klett-Cotta 1989. **DM 58,-**

Luciano Canfora: Die verschwundene Bibliothek. Das Wissen der Welt und der Brand von Alexandria. 210 S., Kt., Rotbuch Vlg. 1998. **DM 18,90**

"Canforas Buch führt in unaufwendiger Weise vor Augen, wie sehr Willkür bei der Herausbildung dessen eine Rolle gespielt hat, was zum intellektuellen Kanon des Abendlandes wurde." FAZ

Friedrich A. Carus: Geschichte der Psychologie. 45, IV, 771 S., Gb., Hüthig Vlg. 1990 (Repr. der Ed. v. 1808). **DM 98,-**

Sigrid Chamberlain: Adolf Hitler, die deutsche Mutter und ihr erstes Kind. Über zwei NS-Erziehungsbücher. 229 S., Abb., Kt., Psychosozial Vlg. 2. rev. Ed. 1998. **DM 38,-**

"Chamberlain arbeitet den latenten Haß in der NS-Gesellschaft auf die Kinder heraus, der vermutlich von Neid durchzogen ist. ... Höchst lesenswert ist die Auseinandersetzung mit den tiefenpsychologischen Hitler-Deutungen im furiosen Schlußkapitel." Tilmann Moser, Süddeutsche Zeitung

H. Dahmer/B. Danneberg et al. (Ed.): Die 68er. Eine Generation und ihr Erbe. 392 S., 80 Abb., Gb., Döcker Vlg. 1998. **DM 54,-**

Johannes Dirschauer: Tagebuch gegen den Untergang. Zur Faszination Victor Klemperers. 229 S., Abb., Kt., Psychosozial Vlg. 1997. **DM 38,-**

F.W. Eickhoff /R. Moses (Ed.): Die Bedeutung des Holocaust für nicht direkt Betroffene. (Rhe.: Jahrb. der Psa., Beiheft 14) 320 S., Ln., frommann-holzboog 1992. **DM 131,-**

Henry F. Ellenberger: Die Entdeckung des Unbewußten. Geschichte und Entwicklung der dynamischen Psychiatrie von den Anfängen bis zu Janet, Freud, Adler und Jung. 1240 S., 45 Abb., Kt., Diogenes 2. rev. Ed. 1996. **DM 49,-**

Alexander Etkind: Eros des Unmöglichen. Die Geschichte der Psychoanalyse in Rußland. 496 S., Gb., Kiepenheuer 1996. **DM 58,-**

Iring Fetscher: Josef Goebbels im Berliner Sportpalast 1943. „Wollt ihr den totalen Krieg?". 277 S., Abb., Br., mit einer CD, eva 1998. **DM 58,-**

Iring Fetscher: Josef Goebbels im Berliner Sportpalast 1943. „Wollt ihr den totalen Krieg?". 250 S., Abb., Br., eva 1998. **DM 38,-**

Die erste umfassende, detaillierte und dokumentierte Analyse der verhängnisvollsten Rede des 20. Jahrhunderts.

E. von Feuchtersleben /A. Meinong /O. Rank /W. Stekel: Wegbereiter der Österreichischen Psychologie. Erstdrucke aus der Universitätsbibliothek Wien. Mikrofiche-Edition (Volltext). 11.600 S., 90 Mikrofiches, Belser Wiss. Dienst 1997. **DM 980,-**

W. Fischer-Rosenthal /P. Alheit (Ed.): Biographien in Deutschland. Soziologische Rekonstruktionen gelebter Gesellschaftsgeschichte. 478 S., Br., Westdt. Vlg. 1995. **DM 79,-**

Henry T. Friedlander: Der Weg zum NS-Genozid. Von der Euthanasie zur Endlösung. 640 S., Gb., Berlin Vlg. 1997. **DM 58,-**

Erich Fromm: Arbeiter und Angestellte am Vorabend des Dritten Reiches. Eine sozialpsychologische Untersuchung. 315 S., Pb., DVA 1980. **DM 38,-**

Erich Fromm: Arbeiter und Angestellte am Vorabend des Dritten Reiches. Eine sozialpsychologische Untersuchung. Kt., dtv 1983. **DM 12,80**

Solly Ganor: Das andere Leben. Kindheit im Holocaust. 224 S., Abb., Kt., S. Fischer 1997. **DM 18,90**

Yonassan Gershom: Kehren die Opfer des Holocaust wieder? 431 S., Kt., Verlag am Goetheanum 1997. **DM 42,-**

C. Geulen /K. Tschuggnall (Ed.): Aus einem deutschen Leben. Lesarten eines biographischen Interviews. 190 S., Kt., Ed. diskord 9/2000. **DM 28,-**

Thomas Geve: Es gibt hier keine Kinder. Auschwitz, Großrosen, Buchenwald. Zeichnungen eines kindlichen Historikers. 151 S., Gb., Wallstein-Vlg. 1997. **DM 34,-**

Thomas Geve: Es gibt hier keine Kinder. Nichts als das Leben. 1 Videocass., 38 min.; 151 S., Gb., Wallstein-Vlg. 1997. **DM 64,-**

Thomas Geve: Nichts als das Leben. Ein Film von Wilhelm Rösing u.a. 1 Videocass., 38 min., Wallstein-Vlg. 1997. **DM 30,-**

Tim N. Gidal: Die Juden in Deutschland von der Römerzeit bis zur Weimarer Republik. Sonderausgabe. 440 S., 974 Abb., Gb., Könemann 1997. **DM 19,90**

Hermann Giesecke: Hitlers Pädagogen. Theorie und Praxis nationalsozialistischer Erziehung. 303 S., Kt., Juventa Vlg. 1993. **DM 38,-**

E. Glück /D. Vyssoki /A. Friedmann: Überleben der Shoah - und danach. Spätfolgen der Verfolgung aus wissenschaftlicher Sicht. Gb., Picus Vlg. 1999. **DM 39,80**

Daniel J. Goldhagen: Hitlers willige Vollstrecker. Ganz gewöhnliche Deutsche und der Holocaust. 736 S., Ln., Siedler Vlg. 10. Ed. 1996. **DM 59,80**

Daniel J. Goldhagen: Hitlers willige Vollstrecker. Ganz gewöhnliche Deutsche und der Holocaust. 736 S., Kt., Goldmann 1998. **DM 25,-**

Kurt Grünberg: Liebe nach Auschwitz. Die Zweite Generation. (Psa. Beiträge aus dem SFI Bd. 5) 280 S., Br., Ed. diskord 5/2000. **DM 38,-**

Hamburger Inst. f. Sozialf. (Ed.): Vernichtungskrieg. Verbrechen der Wehrmacht 1941 bis 1944. Ausstellungskatalog. 222 S., 801 Abb., Br., Hamburger Ed. 1998. **DM 40,-**

M. Hassler /J. Wertheimer (Ed.): Der Exodus aus Nazideutschland und die Folgen: Jüdische Wissenschaftler im Exil. 347 S., m. Abb., Kt., Attempto Vlg. 1997. **DM 49,80**

Barbara Heimannsberg (Ed.): Das kollektive Schweigen. Nationalsozialistische Vergangenheit und gebrochene Identität in der Psychotherapie. 315 S., Br., Vlg. EHP Erw. Neuausg. 1992. **DM 38,-**

Manfred Heinermann (Ed.): Erziehung und Schulung im Dritten Reich. Teil 1: Kindergarten, Schule, Jugend, Berufserziehung. 348 S., Ln., Klett-Cotta 1980. **DM 96,-**

Manfred Heinermann (Ed.): Erziehung und Schulung im Dritten Reich. Teil 2: Hochschule, Erwachsenenbildung. 326 S., Ln., Klett-Cotta 1981. **DM 86,-**

Bert Hellinger: Das Überleben überleben. Nachkommen von jüdischen Überlebenden des Holocaust stellen ihre Familien. 1 Videocass., C. Auer Vlg. 1998. **DM 98,-**

Ulrich Herbert et al. (Ed.): Die nationalsozialistischen Konzentrationslager, Entwicklung, Struktur. 2 Bde. 1192 S., Kt. iKass., Wallstein-Vlg. 1999. **DM 84,-**

Viktoria Hertling (Ed.): Mit den Augen eines Kindes. Children in the Holocaust /Children in Exile /Children under Fascism. 317 S., Br., 1998. **DM 91,-**

Roman Herzog (Ed.): Was bleibt von der Vergangenheit? Die junge Generation im Dialog über den Holocaust. 288 S., Br., Ch.Links Vlg. 1999. **DM 24,80**

Raul Hilberg: Die Vernichtung der europäischen Juden. 3 Bde. iKass., Kt., S. Fischer o.J.. **DM 39,90**

Raul Hilberg: Sonderzüge nach Ausschwitz. Vorw. v. Adalbert Rückerl. 276 S., Photos, Faks., Ktn., Skizzen, Kt., Vlg. Dumjahn 1981. **DM 42,-**

Helge U. Hyams: Jüdische Kindheit in Deutschland. Eine Kulturgeschichte. 199 S., 111 Abb., Gb., W. Fink Vlg. 1995. **DM 48,-**

Gerd Jüttemann (Ed.): Die Geschichtlichkeit des Seelischen. Der historische Zugang zum Gegenstand der Psychologie. 332 S., Kt., PVU 1986. **DM 58,-**

Wolfgang Keim: Erziehung unter der Nazi-Diktatur. 2 Bde. zus. 554 S., Kt., Primus Vlg. 1997. **DM 49,80**

Wolfgang Keim: Erziehung unter der Nazi-Diktatur. Bd. 1: Antidemokratische Potentiale, Machtantritt und Machtdurchsetzung. IX, 218 S., Kt., Primus Vlg. 1995. **DM 26,80**

Wolfgang Keim: Erziehung unter der Nazi-Diktatur. Bd. 2: Kriegsvorbereitung, Krieg und Holocaust. 336 S., Kt., Primus Vlg. 1997. **DM 29,80**

J.S. Kestenberg /V. Koorland (Illustr.): Als Eure Großeltern jung waren. Mit Kindern über den Holocaust sprechen ab 3 J. zahlr. Illustrationen, Kt., Krämer Vlg. 2. Ed. 1998. **DM 48,-**

Rez. in Arbeitshefte Kinderpsychoanalyse 7/1994 von F. Samson
Mit einem Nachwort „Warum und wie sollen wir Kleinkindern von der Nazizeit in Deutschland erzählen?" von Judith Kestenberg

Michael Kissener (Ed.): Judenverfolgung und Widerstand. Jüdische Widerständigkeit und „Judenretter" im Südwesten. 344 S., schw., Br., Univ.-Vlg. Konstanz 1996. **DM 28,-**

Jürgen Kleindienst (Ed.): Gebrannte Kinder, Kindheit in Deutschland 1939-1945. 61 Geschichten und Berichte von Zeitzeugen. 367 S., 20 Abb., Kt., Vlg. JKL 3. Ed. 1998. **DM 34,80**

D. Klose/u. Uffelmann (Ed.): Vergangenheit, Geschichte, Psyche. Ein interdisziplinäres Gespräch. 224 S., Kt., Schulz-Kirchner Vlg. 1993. **DM 39,80**

Ernest Koenig: Im Vorhof der Vernichtung. Als Zwangsarbeiter in den Außenlagern von Auschwitz. Kt., S. Fischer 2000. **DM 19,90**

Ilany Kogan: Der stumme Schrei der Kinder. Die zweite Generation der Holocaust-Opfer. Vorw. v. Janine Chasseguet-Smirgel. Nachw. v. M. Mitscherlich u. C. Schneider. 287 S., Gb., S. Fischer 1998. **DM 44,-**

Wolfgang Küttler et al. (Ed.): Geschichsdiskurs. Bd. 3: Die Epoche der Historisierung. Kt., S. Fischer **DM 34,90**

Wolfgang Küttler et al. (Ed.): Geschichtsdiskurs. Bd. 2: Anfänge modernen historischen Denkens. Kt., S. Fischer **DM 29,90**

Wolfgang Küttler et al. (Ed.): Geschichtsdiskurs. Bd. 4: Krisenbewußtsein, Katastrophenerfahrungen und Innovationen 1880-1945. Kt., S. Fischer **DM 29,90**

Wolfgang Küttler et al. (Ed.): Geschichtsdiskurs. Bd. 5: Globale Konflikte, Erinnerungsarbeit und Neuorientierungen seit 1945. Kt., S. Fischer **DM 29,90**

Deborah E. Lipstadt: Betr.: Leugnen des Holocaust. 320 S., Gb., Rio Vlg. 1994. **DM 44,-**

Hanno Loewy (Ed.): Pogromnacht und Holocaust. Frankfurt, Weimar, Buchenwald ... Die schwierige Erinnerung an die Stationen der Vernichtung. XII, 200 S., Br., Böhlau Vlg. 1994. **DM 38,-**

Helmut E. Lück: Geschichte der Psychologie. Strömungen, Schulen, Entwicklungen. (Grundriß der Psychologie Bd. 1) 196 S., Kt., Kohlhammer Vlg. 2. rev. Ed. 1996. **DM 26,-**

H. J. Maaz et al. (Ed.): Analytische Psychotherapie im multimodalen Ansatz. Zur Entwicklung der Psychoanalyse in Ostdeutschland. 150 S., Br., Pabst Vlg. 1997. **DM 30,-**

Walter Manoschek (Ed.): Es gibt nur eines für das Judentum: Vernichtung. Das Judenbild in deutschen Soldatenbriefen 1939-1944. 80 S., Br., Hamburger Ed. o.J.. **DM 10,-**

Michael R. Marrus (Ed.): The End of the Holocaust. The Nazi Holocaust. Historical Articles on the Destruction of European Jews. IX, 734 S., Gb., K.G.Saur Vlg. 1989. **DM 228,-**

Michael R. Marrus (Ed.): The Origins of the Holocaust. The Nazi Holocaust. Historical Articles on the Destruction of European Jews. IX, 734 S., Gb., K.G.Saur Vlg. 1989. **DM 228,-**

Michael R. Marrus (Ed.): The Victims of the Holocaust. The Nazi Holocaust. Historical Articles on the Destruction of European Jews. X, 1259 S., Gb., K.G.Saur Vlg. 1989. **DM 456,-**

Almuth Massing: Das Trauma: Unheimliche Geschichten - Geschichten, die verheimlichten Spätfolgen von NS-Zeit und tabuisierten Ereignissen. (Rhe.: AudioTorium) 60 min., 1 Toncass., auditorium-Vlg. 1997. **DM 23,-**

Roswitha Matwin-Buschmann (Übers.): Das Ghettotagebuch des Dawid Sierakowiak. Aufzeichnungen eines Siebzehnjährigen 1941/1942. 199 S., 7 Abb., Kt., Reclam 1993. **DM 16,-**

Hans Medick (Ed.): Mikro-Historie. Neue Pfade in die Sozialgeschichte. Kt., S. Fischer 1999. **DM 16,90**

Perry Meisel /W. Kendrick (Ed.): Kultur und Psychoanalyse in Bloomsbury und Berlin. Die Briefe von James und Alix Strachey 1924-1925. (Rhe.: VIP - Verl. Internat. Psa.) 494 S., Ln., Klett-Cotta 1995. **DM 88,-**

Wolfgang Mertens: Psychoanalyse. Geschichte und Methoden. 125 S., Kt., C.H.Beck 1997. **DM 14,80**

A. Mitscherlich /F. Mielke (Ed.): Medizin ohne Menschlichkeit. Dokumente des Nürnberger Ärzteprozesses. Kt., S. Fischer 14. Ed. 1997. **DM 19,90**

Margarete Mitscherlich-Nielsen: Überlegungen einer Psychoanalytikerin zum Hitlerreich - männliche und weibliche Werte - damals und heute. Wie können wir voneinander lernen? (Rhe.: AudioTorium) 110 min., 2 Toncass., auditorium-Vlg. 1996. **DM 39,80**

B. Moltmann /D. Kiesel et al. (Ed.): Erinnerung. Zur Gegenwart des Holocaust in Deutschland-West und Deutschland-Ost. 236 S., Kt., Haag + Herchen 1993. **DM 39,80**

Tilmann Moser: Dabei war ich doch sein liebstes Kind. Eine Psychotherapie mit der Tochter eines SS-Mannes. 191 S., Kt., Kösel Vlg. 1997. **DM 32,-**

Der Autor diskutiert anhand eines ausführlich vorgestellten Fallbeispiels die Probleme einer psychoanalytischen Diagnostik, die oszillieret zwischen der individuellen Störung der Patientin und einer pathologischen Zeitgeschichte.

Tilmann Moser: Dämonische Figuren. Wiederkehr des Dritten Reiches in der Psychotherapie. 347 S., Gb., Suhrkamp 2. Ed. 1997. **DM 48,-**

Tilmann Moser: Mutterkreuz und Hexenkind. Eine Gewissensbildung im Dritten Reich. 144 S., Kt., Suhrkamp 1999. **DM 34,-**

J. Moysich /M. Heyl (Ed.): Der Holocaust - ein Thema für Kindergarten und Grundschule? 332 S., Kt., Krämer Vlg. 1998. **DM 48,-**

Elisabeth Nicol: 50 Jahre danach. Psychisches Trauma aus der Zeit des Nationalsozialismus und dessen Folgen am Beispiel nordostdeutscher Frauen der damaligen Zivilbevölkerung. 307 S., Br., P. Lang 1999. **DM 89,-**

Lutz Niethammer (Ed.): Lebenserfahrungen und kollektives Gedächtnis. Die Praxis der "Oral History". 509 S., Kt., Suhrkamp 1985. **DM 28,-**

L. Orbach /V. Orbach-Smith: Soaring Underground. Autobiographie eines jüdischen Jugendlichen im Berliner Untergrund. 334 S., Photos, Ln., Vlg. Kowalke 1998. **DM 52,-**

Martina Parge: Holocaust und autoritärer Charakter. Amerikanische Studien der vierziger Jahre vor dem Hintergrund der „Goldhagen-Debatte". VIII+178 S., 3 Abb., 5 Tab., Br., Dt. Univ.Vlg. 1997. **DM 42,-**

Uwe H. Peters: Psychiatrie im Exil. Die Emigration der dynamischen Psychiatrie aus Deutschland 1933-1939. 424 S., Ln., Vlg. H.W.Kupka 1992. **DM 68,-**

Alice Platen-Hallermund (Ed.): Die Tötung Geisteskranker in Deutschland. Aus der Deutschen Ärztekommission beim Amerikanischen Militärgericht (Leiter PD Dr. Alexander Mitscherlich) Reprint der Ausgabe von 1948. 131 S., Br., Psychiatrie-Vlg. 3. Ed 1998. **DM 29,80**

Michael Pollak: Wien 1900 - Eine verletzte Identität. Mit einem Nachruf von Pierre Bourdieu. 286 S., Br., Univ.-Vlg. Konstanz 1997. **DM 58,-**

Lisl Ponger: Fremdes Wien. Bilder und Porträts. Mit einem Essay v. Elfriede Jelinek. 300 S., 1 CD, Gb.iSch., Wieser 1993. **DM 100,-**

Peter Priskil: Mit Feuer das Gelüst legen. Zur Psychoanalyse der Hexenverfolgung. 2 Toncass., Gesamtlaufzeit 120 min., Ahriman Vlg. 1988. **DM 15,-**

Johannes Reichmayr: Spurensuche in der Geschichte der Psychoanalyse. Vorw. v. Paul Parin. 256 S., Abb., Kt., Stroemfeld 1990. **DM 38,-**

Johannes Reichmayr: Spurensuche in der Geschichte der Psychoanalyse. Vorw. v. Paul Parin. (Rhe.: Geist u. Psyche, Bd. 11727) Kt., S. Fischer 1994. **DM 19,90**

Helmut Reiff (Ed. u. Vorw.): Quo vadis Psychoanalyse? Festschrift für Johannes Cremerius. 159 S., 6 Abb., Kt., Kore Ed. 1998. **DM 30,-**

Ulla Roberts: Spuren der NS-Zeit im Leben der Kinder und Enkel. Drei Generationen im Gespräch. 236 S., Kt., Kösel Vlg. 1998. **DM 29,90**

Hedwig Röckelein (Ed.): Biographie als Geschichte. (Rhe.: Forum Psychohistorie, Bd. 1) 351 S., Gb., Ed. diskord 1993. **DM 48,-**

Peter Roos: Hitler lieben. Roman einer Krankheit. 382 S., Gb., Klöpfer & Meyer Vlg. 1998. **DM 44,-**

Alle haben sie ihren Führer geliebt! Fast alle. Unsere Eltern, Lehrer, Pfarrer. Und haben das Zwangserbe sprachlos hinterlassen. Peter Roos erzählt und will wissen, wie die Nachgeborenen mit dieser Hypothek leben können. Er schickt ein hitlerkrankes Ich durch die familiaren Schweigemauern in die Archive des Verdrängten.

Gabriele Rosenthal (Ed.): Der Holocaust im Leben von drei Generationen. Familien von Überlebenden der Shoah und von Nazi-Tätern. 461 S., Br., Psychosozial Vlg. 3. Ed. 1999. **DM 48,-**

Die hier vorliegende Arbeit untersucht, wie sich der familiale Dialog über die Familienvergangenheit während der Nazi-Zeit in Familien von Verfolgten und Ermorderten des Nazi-Regimes und in Familien von Mitläufern und vorgeblich Ahnungslosen gestaltet. Welchen Einfluß hat die jeweilige Vergangenheit der Großeltern auf das Leben ihrer Kinder und Enkel; wo und wie unterscheidet sich der Diskurs?

Gabriele Rosenthal et al. (Ed.): Als der Krieg kam, hatte ich mit Hitler nichts mehr zu tun: Zur Gegenwärtigkeit des „Dritten Reiches" in Biographien. 256 S., Kt., Leske + Budrich 1990. **DM 39,-**

Gerhard Roth: Eine Reise in das Innere von Wien. Essays. 288 S., Kt., S. Fischer 1993. **DM 16,90**

Elke Rottgardt: Elternhörigkeit - Nationalsozialismus in der Generation danach. Eltern-Kind-Verhältnisse vor dem Hintergrund der nationalsozialistischen Vergangenheit. 338 S., 20 Abb., 10 Tab., Gb., Kovac Vlg. 1993. **DM 110,-**

Jörn Rüsen (Ed.): Psychologie des Geschichtsbewußtseins. Grundlagen und Fallstudien. 416 S., Kt., Böhlau Vlg. 2000. **DM 88,-**

J. Rüsen /J. Straub (Ed.): Die dunkle Spur der Vergangenheit. Psychoanalytische Zugänge zum Geschichtsbewußtsein. 460 S., Kt., Suhrkamp 1998. **DM 29,80**

Wilhelm Salber: Seelenrevolution. Die komische Geschichte des Seelischen und der Psychologie. 211 S., Gb., Bouvier Vlg. 1993. **DM 38,-**

I. Schäfer /S. Klockmann: Mutter mochte Himmler nie. Die Geschichte einer SS-Familie. 221 S., Gb., Rowohlt 1999. **DM 36,-**

Frank Schirrmacher (Ed.): Die Walser-Bubis-Debatte. Eine Dokumentation. 500 S., Kt., Suhrkamp 2000. **DM 34,-**

Cornelia Schmitz-Berning: Vokabular des Nationalsozialismus. XLII, 710 S., Gb., de Gruyter 1998. **DM 128,-**

Der Nationalsozialismus entwickelte sein eigenes Vokabular. Wie sah dieses aus, wie wurde es benutzt, woher kam es und - lebt es womöglich weiter?

Julius H. Schoeps (Ed.): Ein Volk von Mördern? Die Dokumentation zur Goldhagen-Kontroverse um die Rolle der

Deutschen im Holocaust. 256 S., Br., Hoffmann & Campe 1996. **DM 25,-**

Carl E. Schorske: Wien. Geist und Gesellschaft im Fin-de-Siècle. 387 S., 16 farb. Taf., 63 Abb., Ln. i. Kass., S. Fischer 1985. **DM 86,-**

H. Schreier /M. Heyl (Ed.): Das Echo des Holocaust. Pädagogische Aspekte des Erinnerns. 276 S., Kt., Krämer Vlg. 2. Ed. 1994. **DM 38,-**

Dietmar Sedlaczek: Das Lager läuft Dir hinterher. Leben mit nationalsozialistischer Verfolgung. 404 S., Kt., Reimer Vlg. 1996. **DM 58,-**

A. Silbermann /M. Stoffers: Auschwitz, nie davon gehört? Erinnern und Vergessen in Deutschland. 208 S., Gb., Rowohlt 2000. **DM 36,-**

Winfried Speitkamp: Jugend in der Neuzeit. Deutschland vom 16. bis zum 20. Jahrhundert. 322 S., Pb., Vandenh. & Ruprecht 1998. **DM 49,-**

C. Staffa /K. Klinger (Ed.): Die Gegenwart der Geschichte des Holocaust: Intergenerationelle Tradierung und Kommunkation der Nachkommen. Br., Vlg. Inst. f. vergl. Geschichtswiss. 1998. **DM PaA**

Mit Beiträgen von G. Rosenthal, K. Grünberg, D. Bar-On u.a.

Annalena Staudte-Lauber: Stichwort Holocaust. Kt., Heyne 1997. **DM 12,90**

Rolf Steininger (Ed.): Der Umgang mit dem Holocaust. Europa - USA - Israel. 498 S., Br., Böhlau Vlg. 2. Ed. 1994. **DM 88,-**

Wilhelm von Sternburg: Warum wir? Die Deutschen und der Holocaust. 110 S., Kt., Aufbau-Vlg. 1996. **DM 12,-**

Stiftung für die Rechte zukünftiger Generationen (Ed.): Die 68er. Warum wir Jungen sie nicht mehr brauchen. 320 S., Kt., Kore Ed. 1998. **DM 29,80**

Eine fällige kritische Auseinandersetzung der Jungen mit der erfolgreich durch die Institutionen marschierten oder von diesen assimilierten Elterngeneration, die heute vorwiegend mit rückwärtsgewandter Pfründeverwaltung beschäftigt zu sein scheint.

Adolf Josef Storfer: Die Gelbe Post. Reprint der Shanghaier Exilzeitschrift von 1939. 160 S. + Beiheft, 16 S., Kt., Turia & Kant 1999. **DM 42,-**

Storfer, langjähriger Leiter des Internat. Psychoanalytischen Verlages, emigrierte 1938 nach Shanghai. Er gründete dort die deutschsprachige Exilzeitung „Die Gelbe Post", die insbesondere wegen fehlender Finanzen und Unterstützung schon bald wieder eingestellt werden mußte. Seine Berichte über China, die Flüchtlingssituation, aber auch die Fachartikel zur Theorie und Praxis der Psychoanalyse belegen, welch bereites intellektuelles Spektrum Storfer aufrecht zu erhalten suchte. Das Beiheft versammelt einige der wenigen erhalten gebliebenen Briefe und Dokumente zu A.J. Storfer.

Jürgen Straub (Ed.): Erzählung, Identität und historisches Bewusstsein. Die psychologische Konstruktion von Zeit und Geschichte. Erinnerung, Geschichte, Identität 1. (Rhe. Erinnerung, Geschichte, Identität Bd. 1) 380 S., Kt., Suhrkamp 1998. **DM 27,80**

Làszló Tengelyi: Der Zwitterbegriff der Lebensgeschichte. 504 S., Gb., W. Fink Vlg. 1998. **DM 98,-**

Ausgehend von den neueren Arbeiten Paul Ricoeurs stellt der Autor die Frage nach dem Zusammenhang von gelebter und erzählter Geschichte.

Bastian Till: Von der Eugenik zur Euthanasie. Ein verdrängtes Kapitel aus der Geschichte der Deutschen Psychiatrie. 128 S., Kt., Mabuse-Vlg. 1981. **DM 14,80**

Hans J. Walter (Ed.): 50 Jahre Innsbrucker Arbeitskreis für Psychoanalyse. 160 S., Kt., StudienVlg. 1996. **DM 29,80**

Dina Wardi: Siegel der Erinnerung. Das Trauma des Holocaust. Psychotherapie mit den Kindern der Überlebenden. 353 S., Ln., Klett-Cotta 1997. **DM 48,-**

Das Buch führt die Diskussion um den Holocaust in zweifacher Weise weiter: durch die Ausführlichkeit der Therapieprotokolle - die faßbar werden lassen, was bisher verdrängt wurde - und durch die Erweiterung des psychoanalytischen Blickwinkels auf die zweite Generation nach der Katastrophe.

James R. Watson: Die Auschwitz Galaxy. Reflexionen zur Aufgabe des Denkens. 296 S., Turia & Kant o.J.. **DM 42,-**

Kaspar Weber: „Es geht ein mächtiges Sehnen durch unsere Zeit". Reformbestrebungen der Jahrhundertwende und Rezeption der Psychoanalyse am Beispiel der Biografie von Ernst Schneider, 1878-1957. 447 S., 17 Abb., Br., Peter Lang 1999. **SFR 89,- DM 111,-**

Ernst G. Wehner: Geschichte der Psychologie. Eine Einführung. VII, 224 S., Kt., WBG 1990. **DM 54,-**

John Weiss: Der lange Weg zum Holocaust. Dei Geschichte der Judenfeindschaft in Deutschland und Österreich. 544 S., Gb., Hoffmann & Campe 1997. **DM 58,-**

John Weiss: Der lange Weg zum Holocaust. Die Geschichte der Judenfeindschaft in Deutschland und Österreich. 544 S., Kt., Ullstein 1998. **DM 32,90**

Nea Weissberg-Bob: Als man Juden alles, sogar das Leben raubte ... Über die nachträgliche Wirksamkeit der nationalsozialistischen Zerstörung. Gespräche mit den Nachkommen der Täter und Opfer. Ein Interviewbuch. Br., Weisberg Vlg. 1996. **DM 38,-**

Harald Welzer: Verweilen beim Grauen. Essays zum wissenschaftlichen Umgang mit dem Holocaust. 155 S., Kt., Ed. diskord 1997. **DM 28,-**

Harald Welzer (Ed.): Auf den Trümmern der Geschichte. Gespräche mit Zygmunt Bauman, Raul Hilberg, Hans Mommsen. 140 S., Kt., Ed. diskord 1999. **DM 28,-**

H. Welzer /R. Montau /C. Plaß: Was wir für böse Menschen sind. Der Nationalsozialismus im Gespräch zwischen den Generationen. 224, Br., Ed. diskord 1998. **DM 32,-**

Irmgard Weyrather: Muttertag und Mutterkreuz. Der Kult um die „deutsche Mutter" im Nationalsozialismus. Kt., S. Fischer **DM 18,90**

Karin Wolff (Bearb.): Schwarze Jahre. Zeugen des Holocaust erinnern sich. 328 S., Kt., Reclam 1997. **DM 24,-**

Yosef H. Yerushalmi: Ein Feld für Anatot. Versuch über jüdische Geschichte. Kl. kulturwiss. Bibl. Bd. 44. 94 S., Kt., Wagenbach Vlg. 1993. **DM 27,-**

Yosef H. Yerushalmi: Zachor - Erinnere Dich! Jüdische Geschichte und jüdisches Gedächtnis. 144 S., Kt., Wagenbach Vlg. 1996. **DM 17,80**

James E. Young: Formen des Erinnerns. Gedenkstätten des Holocaust. 576 S., Ln., Passagen Vlg. 1997. **DM 98,-**

Wolfgang Zander: Zerrissene Jugend. Ein Psychoanalytiker erzählt von seinen Erlebnissen in der Nazizeit von 1933-1945. Mit Beitr. v. Wolfgang Benz u. Andreas Hamburger. 154 S., Kt., VAS 1999. **DM 26,-**

Moshe Zuckermann: Zweierlei Holocaust. Der Holocaust in den politischen Kulturen Israels und Deutschlands. 184 S., Kt., Wallstein-Vlg. 1999. **DM 38,-**

Psychoanalyse und Gesellschaft

Die selbstbewußte Nation und ihr Geschichtsbild. Geschichtslegenden der Neuen Rechten - Faschismus /Holocaust /Wehrmacht. 222 S., Br., Papyrossa 1997. **DM 28,-**

Schnelle Eingreiftruppe „Seele". Auf dem Weg in die therapeutische Weltgesellschaft. medico-Report 20. 96 S., Br., Vlg. medico internat. 1997. **DM 10,-**

J.S. Ach /A. Gaidt: Herausforderung der Bioethik. (Rhe.: problemata, Bd. 130) 280 S., Br., frommann-holzboog 1993. **DM 59,-**

J.S. Ach /A. Gaidt: Herausforderung der Bioethik. (Rhe.: problemata, Bd. 130) 280 S., Br., frommann-holzboog 1993. **DM 90,-**

Hubertus Adam: Terror und Gesundheit. Ein medizinischer Ansatz zum Verständnis von Folter, Flucht und Exil. Diss. 223 S., Kt., Dt. Studien-Vlg. 1993. **DM 44,-**

B. Adler /U. Hoffmann-Richter /U. Plog (Ed.): Die Psychotherapeutin. Psychotherapie und Sozialpsychiatrie. Heft 10: Geschichten und Zeichen. (Edition das Narrenschiff) 120 S., Br., Psychiatrie-Vlg. 1999. **DM 25,-**

Theodor W. Adorno: Erziehung zur Mündigkeit. Vorträge und Gespräche mit Hellmut Becker 1959-1969. 148 S., Kt., Suhrkamp 1971. **DM 12,80**

Theodor W. Adorno: Studien zum autoritären Charakter. Vorrede von Ludwig v. Friedeburg. 483 S., Kt., Suhrkamp 2. Ed. 1995. **DM 29,80**

Urs Aeschenbacher: Faschismus und Begeisterung. Psychologische Neuvermessung eines Jahrhunderttraumas. 171 S., Br., Vlg. Die Blaue Eule 1992. **DM 42,-**

Heinrich W. Ahlemeyer: Prostitutive Intimkommunikation. Zur Mikrosoziologie heterosexueller Prostitution. (Rhe.: Beitr. z. Sexualforschung, Bd. 74) VIII, 279 S., Kt., Enke 1996. **DM 48,-**

Günter Albrecht et al. (Ed.): Handbuch soziale Probleme. 1035 S., Gb., Westdt. Vlg. 1999. **DM 98,-**

Hans J. Andress et al.: Leben in Armut. Analysen der Verhaltensweisen armer Haushalte mit Umfragedatei. 350 S., Kt., Westdt. Vlg. 1998. **DM 68,-**

Emil Angehrn: Geschichte und Identität. X,398 S., Ln., de Gruyter 1985. **DM 169,-**

Hannah Arendt: Elemente und Ursprünge totaler Herrschaft. Antisemitismus, Imperialismus, totale Herrschaft. 1015 S., Kt., Piper 6. Ed. 1998. **DM 39,90**

C. Argyris /D.A. Schön: Die Lernende Organisation. Grundlagen, Methode, Praxis. 350 S., Gb., Klett-Cotta 1999. **DM 78,-**

P. Ariès /G. Duby (Ed.): Geschichte des privaten Lebens. 5 Bde. zus. 3308 S., zahlr. Abb., Ln. iKass., S. Fischer 1995. **DM 448,-**

P. Ariès /G. Duby (Ed.): Geschichte des privaten Lebens. 5 Bde. zus. 3308 S., zahlr. Abb., Br. iKass., S. Fischer 1995. **DM 248,-**

P. Ariès /G. Duby (Ed.): Geschichte des privaten Lebens, 5 Bde. 5 Bde. iKass., Kt., Bechtermünz Vlg. 1999. **DM 98,-**

Jerrold Atlas: Was in Deutschland passieren wird ... Das kollektive Unbewußte der Deutschen. 400 S., zahlr. Abb., Gb., Econ 1992. **DM 39,80**

Christopher Badcock: Psychodarwinismus. Die Synthese von Darwin und Freud. 286 S., Gb., Hanser 1999. **DM 49,80**

Alain Badiou /J. Rancière et al.: Politik der Wahrheit. 254 S., Turia & Kant 1997. **DM 42,-**

Ulrich Baer (Ed.): Niemand zeugt für den Zeugen. Erinnerungskultur und historische Verantwortung nach der Shoah. es 2141. 250 S., Kt., Suhrkamp 1999. **ca. DM 22,80**

Die Formen der Auseinandersetzung im Umgang mit dem Holocaust führen die Autoren des Bandes auf eine „Krise der Zeugschaft" zurück. Die Beiträge setzten sich mit insbesondere mit der Frage auseinander, wie man sich einem Ereignis annähern kann, das möglicherweise das Begriffs- und Deutungsvermögen der „Nachgeborenen" übersteigt.

Dan Bar-On: Die Last des Schweigens. Gespräche mit Kindern von Nazi-Tätern. (rororo-Tb. 9941) Kt., Rowohlt 1996. **DM 18,90**

Dan Bar-On /K. Brendler (Ed.): „Da ist etwas kaputtgegangen an den Wurzeln ...". Identitätsformation deutscher und israelischer Jugendlicher im Schatten des Holocaust. 306 S., Kt., Campus 1997. **DM 68,-**

Herbert Bareuther (Ed.): Medizin und Antisemitismus. Historische Aspekte des Antisemitismus in der Ärzteschaft. (Rhe.: Materialien a.d. SFI, 17) 160 S., Br., Lit Vlg. 1998. **DM 34,80**

Roland Barthes: Mythen des Alltags. 162 S., Kt., Suhrkamp 1964. **DM 14,80**

Wolfgang Bassler: Psychiatrie des Elends oder Das Elend der Psychiatrie. Karl Jaspers und sein Beitrag zur Methodenfrage in der klinischen Psychologie und Psychopathologie. 220 S., Br., Königshausen & Neumann 1990. **DM 39,80**

Christiane Bassyouni: Macht oder Mündigkeit. Über den Zwang zum Gehorsam und die Sehnsucht nach Autonomie. 50 Jahre nach Kriegsbeginn. Wenn der Wille nicht mehr gebrochen werden muß. 206 S., Kt., VAS 1990. **DM 39,-**

Till Bastian: Herausforderung Freud. Ökologie, Psychotherapie und politisches Handeln. Kt., Wiss. Vlg.sgesell. 1989. **DM 29,-**

Georges Bataille: Die Erotik. Neuübers. und mit einem Essay versehen v. Gerd Bergfleth. 415 S., zahlr. Bildtaf., Gb., Vlg. Matthes & Seitz Neuaufl. 1998. **DM 78,-**

Georges Bataille: Die psychologische Struktur des Faschismus. Ed. v. Elisabeth Lenk. Nachw. v. Rita Bischof. 119 S., Kt., Vlg. Matthes & Seitz 1978. **DM 39,80**

Georges Bataille: Die Tränen des Eros. Mit einer Einführung v. Lo Duca u. unveröffentl. Briefen Batailles. 258 S., zahlr. Abb., Gb., Vlg. Matthes & Seitz 1981. **DM 68,-**

Georges Bataille: Gilles de Rais. Leben und Prozeß eines Kindermörders. 381 S., Kt., Merlin Vlg. 7. Ed. 2000. **DM 48,-**

Gregory Bateson: Geist und Natur. Eine notwendige Einheit. 310 S., Ln., Suhrkamp 1982. **DM 56,-**

M. Bauer /H. Mayer /U. Wittstock (Ed.): Neue Rundschau. Bd. 2 (1997): Unsere Therapiegesellschaft. Die süße Sorge um das Selbst. 173 S., Kt., S. Fischer 1997. **DM 16,-**

Zygmunt Bauman: Postmoderne Ethik. 380 S., Gb., Hamburger Ed. 1995. **DM 58,-**

Zygmunt Bauman: Unbehagen in der Postmoderne. 400 S., Gb., Hamburger Ed. 1999. **DM 58,-**

Birgit Baumgartl: Altersbilder und Altenhilfe. Zum Wandel der Leitbilder von Altenhilfe seit 1950. 268 S., Br., Westdt. Vlg. 1997. **DM 58,-**

Ulrich Beck (Ed.): Kinder der Freiheit. 403 S., Kt., Suhrkamp 4. Ed. 1998. **DM 30,-**

Ulrich Beck (Ed.): Perspektiven der Weltgesellschaft. 435 S., Kt., Suhrkamp 1998. **DM 34,-**

Ulrich Beck /E. Beck-Gernsheim (Ed.): Riskante Freiheiten. Zur Individualisierung von Lebensformen in der Moderne. 320 S., Kt., Suhrkamp 1994. **DM 29,80**

D. Beck /H. Meine: Wasserprediger und Weintrinker. Wie Reichtum vertuscht und Armut verdrängt wird. 240 S., Gb., Steidl Vlg. 1997. **DM 34,-**

U. Beck /W. Vossenkuhl u. a.: Eigenes Leben. Ausflüge in die unbekannte Gesellschaft, in der wir leben. Aufn. v. Timm Rautert. 215 S. m. zahlr. Fotos., Kt., C.H.Beck 1995. **DM 48,-**

David Becker: Ohne Haß keine Versöhnung. Das Trauma der Verfolgten. Vorw. von Paul Parin. 282 S., Kt., Kore Ed. NA iVbr.. **ca. DM 35,-**

Stephan Becker: Helfen statt Heilen. Beiträge der ersten Fachtagung des Vereins für Psychoanalyt. Sozialarbeit Berlin u. Brandenburg e.V. - Ernst Federn zum 80. Geb. 222 S., Br., Psychosozial Vlg. 1995. **DM 28,-**

Stephan Becker (Ed.): Setting, Rahmen, therapeutisches Milieu in der psychoanalytischen Sozialarbeit. Beiträge zur 2. Fachtagung des Vereins für Psychoanalytische Sozialarbeit Berlin und Brandenburg e.V. 164 S., Br., Psychosozial Vlg. 1996. **DM 38,-**

U. Becker /A. Hermann /M. Stanek (Ed.): Chaos und Entwicklung. Theorie und Praxis psychoanalytisch orientierter sozialer Arbeit. 200 S., Br., Psychosozial Vlg. 1999. **DM 39,80**

H. Becker-Toussaint /C. de Boor /O. Goldschmidt et al. (Ed.): Aspekte der psychoanalytischen Begutachtung im Strafverfahren. 99 S., Br., Nomos Vlg. 1981. **DM 29,-**

D. Beckmann /G. Beckmann: Vom Ursprung der Familie. 318 S., Br., Psychosozial Vlg. 1996. **DM 48,-**

Der Titel dieses Buches spielt auf die berühmte Arbeit von Friedrich Engels „Der Ursprung der Familie, des Privateigentums und des Staates" aus dem Jahre 1884 an. Die Autoren setzen sich kritisch mit den von ihnen als sozialdarwinistisch charakterisierten Auffassung Engels auseinander und entwickeln eine originäre Sicht des Begriffs der Familie. Als Grundlage dienen ihnen die Erkenntnisse aus einer intensiven Auseinandersetzung mit den Strukturen menschlicher Gemeinschaften in unterschiedlichen Kulturen.

Hans Behrendt: Die Unterlassung im Strafrecht. Entwurf eines negativen Handlungsbegriffs auf psychoanalytischer Grundlage. 231 S., Gb., Nomos Vlg. 1979. **DM 59,-**

Jürgen Belgrad /H. Busch et al. (Ed.): Sprache, Szene, Unbewußtes. Sozialisationstheorie in psychoanalytischer Perspektive. Vorw. v. Alfred Lorenzer. 276 S., Kt., Psychosozial Vlg. 1998. **DM 38,-**

Jaron Bendkower: Psychoanalyse zwischen Politik und Religion. 320 S., Kt., Campus 1991. **DM 58,-**

Wolfgang Benz: Feindbild und Vorurteil. Beiträge über Ausgrenzung und Verfolgung. 224 S., Kt., dtv 1996. **DM 24,90**

Wolfgang Benz: Legenden, Lügen, Vorurteile. Ein Wörterbuch der Zeitgeschichte. 248 S., Kt., dtv 1992. **DM 14,90**

Wolfgang Benz (Ed.): Antisemitismus in Deutschland. Zur Aktualität des Vorurteils. 240 S., Kt., dtv 1995. **DM 19,90**

Wolfgang Benz (Ed.): Dimension des Völkermords. Die Zahl der jüdischen Opfer des Nationalsozialismus. 694 S., Kt., dtv 1996. **DM 39,-**

Wolfgang Bergmann: Computerkids. Die neue Generation verstehen lernen. Vom Gameboy zur Techno-Party. 218 S., Kt., Kreuz Vlg. 1996. **DM 19,90**

Hans Bertram (Ed.): Gesellschaftlicher Zwang und moralische Autonomie. 359 S., Kt., Suhrkamp 1986. **DM 24,-**

Bruno Bettelheim: Aufstand gegen die Masse. Die Chance des Individuums in der modernen Gesellschaft. (Rhe.: Geist u. Psyche, Bd. 42217) Kt., S. Fischer o.J.. **DM 19,90**

Thomas Betten (Ed.): Psychoanalyse, Psychiatrie, Institution. 134 S., Pb., Materialis Vlg. 1995. **DM 26,90**

Burkhard Bierhoff: Das bedrängte Subjekt. Eine Einführung in die kritische Theorie der Erziehung und Sozialisation. 250 S., Br., Westdt. Vlg. 1999. **DM 48,-**

Diese verständliche Einführung in die Erziehungs- und Sozialisationstheorie findet in der Kritischen Theorie ihren Bezugsrahmen und thematisiert die Situation des Subjekts in der Gegenwart.

Karl-Heinz Bloch: Die Bekämpfung der Jugendmasturbation im 18. Jahrhundert. Ursachen - Verlauf - Nachwirkungen. 666 S., Gb., P. Lang 1998. **DM 89,-**

Reinhard Blomert: Psyche und Zivilisation. Zur theoretischen Konstruktion bei Norbert Elias. 149 S., Gb., Lit Vlg. 1990. **DM 48,80**

Harald Bloom: Die heiligen Wahrheiten stürzen. Dichtung und Glauben von der Bibel bis zur Gegenwart. 207 S., Gb., Suhrkamp 1991. **DM 38,-**

M. Blum /T. Nesseler (Ed.): Psychische Umwelt - körperliche Gesundheit. 132 S., Pb., Rombach Vlg. 1997. **DM 14,80**

W. Blumenthal /H. Keilson /F. Posen: Die Erfahrung des Exils. Exemplarische Reflexionen. 188 S., Gb., Vlg. Metropol 1997. **DM 30,-**

A. Ronald Bodenheimer: Plädoyer für die Unordnung. 360 S., Br., Haux 1994. **DM 44,-**

Ernst E. Boesch: Das Magische und das Schöne. Zur Symbolik von Objekten und Handlungen. 335 S., Ln., frommann-holzboog 1983. **DM 106,-**

Ernst E. Boesch: Das Magische und das Schöne. Zur Symbolik von Objekten und Handlungen. 335 S., Kt., frommann-holzboog 1983. **DM 76,-**

Ernst E. Boesch: Kultur und Handlung. Einführung in die Kulturpsychologie. 270 S., 4 Abb., Kt., H. Huber Vlg. 1980. **DM 34,-**

Ernst E. Boesch: Psychopathologie des Alltags. Zur Ökopsychologie des Handelns und seiner Störungen. 525 S., 9 Abb., Kt., H. Huber Vlg. 1976. **DM 44,-**

Ernst E. Boesch: Sehnsucht. Von der Suche nach Glück und Sinn. 278 S., Kt., H. Huber Vlg. 1998. **DM 44,80**

Ernst E. Boesch: Zwischen Angst und Triumph. Über das Ich und seine Bestätigungen. 87 S., H. Huber Vlg. 1975. **DM 11,-**

Ernst E. Boesch: Zwischen zwei Wirklichkeiten. Prolegomena zu einer ökologischen Psychologie. Kt., H. Huber Vlg. 1971. **DM 58,-**

Werner Bohleber (Ed.): Das Unbewußte in der Kultur. Psyche - Themenheft 9/10 (Doppelheft) 1996. 205 S., Br., Klett-Cotta 1996. **DM 36,-**

Werner Bohleber (Ed.): Psychoanalyse, Kognitionsforschung, Neurobiologie. Psyche - Themenheft 9/10 (Doppelheft) 1998. S. 798-1048., Abb., Kt., Klett-Cotta 1998. **DM 38,-**

W. Bohleber /J.S. Kafka (Ed.): Antisemitismus. 208 S., Kt., Aisthesis Vlg. 1992. **DM 29,80**

Hartmut Böhme: Natur und Subjekt. Versuche zur Geschichte der Verdrängung. 300 S., Kt., Suhrkamp 1988. **DM 22,-**

Wolfgang de Boor: Wahn und Wirklichkeit. Psychiatrische Grenzfälle vor Gericht. VIII, 86 S., Kt., C.H.Beck 1997. **DM 29,80**

Friedhelm Böpple/R. Knüfer: Generation XTC. Techno und Ekstase. 208 S., Kt., dtv 1998. **DM 16,90**

A. Borkenhagen /O. Decker: Texte aus dem Colloquium Psychoanalyse. Bd. 5: Politische Psychologie und Psychoanalyse. Beitr. v. M. Schwandt, O. Decker, N. Nitzschke, E. Modena, W. Köhler u.a. 150 S., Br., Ed. Colloquium Psychoan. 1999. **DM 15,-**

Ernest Bornemann: Psychoanalyse des Geldes. Eine kritische Untersuchung psychoanalytischer Geldtheorien. 465 S., Gb., Suhrkamp 1977. **DM**

Bodo v. Borries: Vom Gewaltexzess zum Gewissensbiß? Autobiographische Zeugnisse zu Formen und Wandlungen elterlicher Strafpraxis im 18. Jahrhundert. (Rhe.: Forum Psychohistorie, Bd. 5) 304 S., Gb., Ed. diskord 1996. **DM 38,-**

Arno Borst: Computus. Zeit und Zahl in der Geschichte Europas. 144 S., Kt., dtv 1999. **DM 19,90**

Pierre Bourdieu et al.: Das Elend der Welt. Zeugnisse und Diagnosen alltäglichen Leidens an der Gesellschaft. 848 S., Br., Univ.-Vlg. Konstanz 1997. **DM 68,-**

Elmar Brähler /H.-J. Wirth (Ed.): Entsolidarisierung. Die Westdeutschen am Vorabend der Wende - und danach. IV, 220S., Kt., Westdt. Vlg. 1995. **DM 49,80**

Elmar Brähler /J. Schuhmacher (Ed.): Psychologie und Soziologie in der Medizin. Kongressbeiträge. 240 S., Br., Psychosozial Vlg. 1996. **DM 58,-**

Elmar Brähler /M. Geyer et al. (Ed.): Psychotherapie in der Medizin. Beiträge zur psychosozialen Medizin in ost- und westeuropäischen Ländern. 353 S., Kt., Westdt. Vlg. 1991. **DM 49,-**

Elisabeth Brainin /V. Ligeti /S. Teicher: Vom Gedanken zur Tat. Zur Psychoanalyse des Antisemitismus. 176 S., Pb., Vlg. Brandes & Apsel 1993. **DM 29,80**

Carlchristian v. Braunmühl et al. (Ed.): Versuche, die Geschichte der RAF zu verstehen. Das Beispiel Birgit Hogefeld. 157 S., Br., Psychosozial Vlg. 3., erw. Ed. 1997. **DM 24,80**

Karola Brede: Wagnisse der Anpassung im Arbeitsalltag. Ich, Selbst und soziale Handlung in Fallstudien. Beitr. v. R. Schweikard, M. Zeul. 281 S., Kt., Westdt. Vlg. 1995. **DM 52,-**

Stefan Breuer: Die Gesellschaft des Verschwindens. Von der Selbstzerstörung der technischen Zivilisation. 220 S., Br., Junius Vlg. 1992. **DM 38,-**

Elisabeth Bronfen: Die schöne Leiche. Weibliche Todesbilder in der Moderne. 448 S., Kt., Goldmann 1992. **DM 15,-**

Elisabeth Bronfen: Nur über ihre Leiche. Tod, Weiblichkeit und Ästhetik. 647 S. m. Abb., Ln., A. Kunstmann Vlg. 2. Ed. 1994. **DM 78,-**

Elisabeth Bronfen: Nur über ihre Leiche. Tod, Weiblichkeit und Ästhetik. Mit Abb., Kt., dtv 1996. **DM 39,-**

E. Bronfen /B.R. Erdle /S. Weigel et al. (Ed.): Trauma: Zwischen Psychoanalyse und kulturellem Deutungsmuster. VIII,220 S., 5 Abb., Kt., Böhlau Vlg. 1999. **DM 35,-**

Der Band bietet Beiträge von A. Assmann, D. Bar-On, E. Bronfen, A. García Düttmann, B. R. Erdle, D. Liebeskind, S. Weigel, M. Weinberg und S. Zizek.

Urie Bronfenbrenner: Ökologische Sozialisationsforschung. 234 S., Kt., Klett-Cotta 1997. **DM 42,-**

R. Broschki /F.-M. Konrad (Ed.): Ist die Vergangenheit noch ein Argument? Aspekte einer Erziehung nach Auschwitz. 177 S., Kt., Attempto Vlg. 1997. **DM 34,-**

Die Autoren möchten mit ihrem Buch beitragen zu einer anstachelnden „Kultur der Erinnerung". Die Beschäftigung mit der Vergangenheit vermag nur dann Bildungs- und Erziehungsprozesse in Gang zu setzen, wenn es ihr gelingt, jene

H. G. Brose /M. Wohlrab-Sahr /M. Corsten: Soziale Zeit und Biographie. Über die Gestaltung von Alltagszeit und Lebenszeit. 337 S., Kt., Westdt. Vlg. 1993. **DM 56,-**

Cedric Brown (Ed.): Cultural Negotiations - Sichtweisen des Anderen. 308 S., Gb., Francke Vlg. 1998. **DM 68,-**

Pascal Bruckner: Ich leide, also bin ich. Die Krankheit der Moderne. Eine Streitschrift. 333 S., Gb., Quadriga Vlg. 1996. **DM 38,-**

Pascal Bruckner: Ich leide, also bin ich. Die Krankheit der Moderne. Eine Streitschrift. 333 S., Gb., Aufbau-Vlg. 1997. **DM 17,90**

Peter Brückner: Zerstörung des Gehorsams. Aufsätze zur politischen Psychologie. 264 S., Br., Wagenbach Vlg. 1983. **DM 34,-**

P. Brückner /E. Fried /W. Pohrt (Ed.): ... wurde denn überhaupt Theorie gemacht? Sonderheft zu Peter Brückner. 142 S., Pb., Vlg. Krit.Psychol. 1980. **DM 6,50**

Georg Bruns (Ed.): Psychoanalyse im Kontext. Soziologische Ansichten der Psychoanalyse. 240 S., Kt., Westdt. Vlg. 1996. **DM 48,-**

P. Buchheim /M. Cierpka /T. Seifert (Ed.): Neue Lebensformen und Psychotherapie; Zeitkrankheiten; Leiborientiertes Arbeiten. 310 S., Abb., Kt., Springer 1994. **DM 42,-**

P. Buchheim et al. (Ed.): Lindauer Texte 1999. Symptom und Persönlichkeit im Kontext, Ressourcen, Aspekte der Wirklichkeit. X, 165 S., 1 Abb., Br., Springer 1999. **DM 49,-**

Walter L. Bühl: Verantwortung für soziale Systeme. Grundzüge einer globalen Gesellschaftsethik. 526 S., Ln., Klett-Cotta 1998. **DM 128,-**

Judith Butler: Haß spricht. Zur Politik des Performativen. 255 S., Gb., Berlin Vlg. 1998. **DM 39,80**

J. Butler /S. Critchley /E. Laclau et al.: Das Undarstellbare der Politik. Zur Hegemonietheorie Ernesto Laclaus. 284 S., Kt., Turia & Kant 1998. **DM 42,-**

Christoph Butterwegge (Ed.): Kinderarmut in Deutschland. Ursachen, Erscheinungsformen und Gegenmaßnahmen. 280 S., Kt., Campus 3/2000. **DM 38,-**

Christian Büttner: Gewalt vermeiden in gesellschaftlichen Konflikten. Erwachsenenbildung zur Auseinandersetzung zwischen Institutionen und „neuen Protestbewegungen". (Rhe.: Psa. Pädagogik, 01) 212 S., Kt., M. Grünewald Vlg. 1989. **DM 29,80**

Christian Büttner et al. (Ed.): Psychoanalyse und soziale Arbeit. (Rhe.: Psa. Pädagogik, 05) 184 S., Kt., M. Grünewald Vlg. 2. Ed. 1993. **DM 38,-**

Robert Castel: Die psychiatrische Ordnung. Das goldene Zeitalter des Irrenwesens. 380 S., Gb., Suhrkamp 1979. **DM 48,-**

Robert Castel: Die psychiatrische Ordnung. Das goldene Zeitalter des Irrenwesens. 360 S., Kt., Suhrkamp 1983. **DM 28,-**

Cornelius Castoriadis: Durchs Labyrinth. Seele. Vernunft. Gesellschaft. 305 S., Kt., Suhrkamp 1983. **DM 18,-**

Michel de Certeau: Theoretische Fiktionen. Geschichte und Psychoanalyse. 208 S., Kt., Turia & Kant 1997. **DM 42,-**

Luc Ciompi (Ed.): Sozialpsychiatrische Lernfälle. Aus der Praxis, für die Praxis. 158 S., 11 Abb., Kt., Psychiatrie-Vlg. 2. Aufl 1994. **DM 24,80**

L. Ciompi /H.-P. Dauwalder (Ed.): Zeit und Psychiatrie. Sozialpsychiatrische Perspektiven. 234 S., Abb., Kt., H. Huber Vlg. 1990. **DM 49,80**

Emile M. Cioran: Vom Nachteil, geboren zu sein. 166 S., Kt., Suhrkamp 1996. **DM 12,80**

Manfred Clemenz: Identitätsbrüche. Lebensgeschichte zwischen Ost- und Westdeutschland. (Arbeitstitel) 250 S., Br., Westdt. Vlg. 1999. **DM 36,-**

Manfred Clemenz: Psychoanalytische Sozialpsychologie. Grundlagen und Probleme. 180 S., Kt., Psychosozial Vlg. 1998. **DM 34,-**

Das Buch entfaltet und reflektiert die Bedeutung und den erkenntnistheoretischen Hintergrund des szientistischen Paradigmas und des Sinnparadigmas in den Sozialwissenschaften. Obwohl die Vertreter beider Paradigmen methodisch-methodoligisch einen unterschiedlichen Blick auf ihren Gegenstand besitzen und so in gewisser Weise in zwei verschiedenen „wissenschaftlichen Welten" leben, ist der Dialog zwischen den beiden Positionen wissenschaftliche unabdingbar. Die Explikation und Anwendung des Sinnparadigmas erfolgt vor allem am Beispiel der Freudschen Theorie, der szientistischen Kritik an der Psychoanalye sowie der Entwicklungslinien strukturalistischen und poststrukturalistischen Denkens. Im Mittelpunkt steht dabei jeweils die Kategorie des Unbewußten. Das Buch wendet sich besonders an Sozialwissenschaftler, Therapeuten, Psychoanalytiker und Studenten.
Rez. in Gruppenpsychother. Gruppendynamik 2/1999, S. 167 von C. Seidler

Manfred Clemenz /C. Beier et al. (Ed.): Psychoanalyse in der Weiterbildung: Zur Professionalisierung sozialer Arbeit. 220 S., Kt., Westdt. Vlg. 1991. **DM 49,-**

Johannes Cremerius (Ed.): Die Zukunft der Psychoanalyse. 260 S., Kt., Suhrkamp 1995. **DM 18,80**

Mihaly Csikszentmihalyi: Dem Sinn des Lebens eine Zukunft geben. Eine Psychologie für das 3. Jahrtausend. 453 S., Gb., Klett-Cotta 1995. **DM 48,-**

Mihran Dabag et al. (Ed.): Gewalt: Strukturen, Formen, Repräsentationen. 320 S., Kt., W. Fink Vlg. 1999. **DM 48,-**

M. Dabag/K. Platt: Genozid und Moderne. Bd. 2: Erinnern, Verarbeiten, Weitergeben. 320 S., Kt., Leske + Budrich ersch. 2000. **DM 48,-**

M. Dabag/K. Platt (Ed.): Genozid und Moderne. Bd. 1: Strukturen kollektiver Gewalt im 20. Jahrhundert. 410 S., Kt., Leske + Budrich 1998. **DM 68,-**

Helmut Dahmer: Pseudonatur und Kritik. Freud, Marx und die Gegenwart. 437 S., Kt., Suhrkamp 1994. **DM 27,80**

Ann Dally: Die Macht unserer Mütter. Warum sie unser Leben prägen. (Rhe.: Kinder fordern uns heraus) 288 S., Br., Klett-Cotta 1996. **DM 22,-**

Peter Dammann: „Wir sind klüger als ihr denkt". Straßenkinder in St. Petersburg. Fotoreportagen. 96 S., 28 s/w Abb., Br., Dölling & Galitz 1995. **DM 29,80**

I. Dammer /P. Franzkowiak (Ed.): Lebensentwurf und Verwandlung. Ein kulturwissenschaftlicher Blick auf das Verhältnis von Lebens-Geschichte und Gesundheit. 200 S., Kt., Bouvier Vlg. 1997. **DM 46,-**

Juana Danis: Krieg und Frieden. Triangulierung der Gegensätze. Vorträge gehalten am Institut für Psychosymbolik, München. 141 S., Kt., Ed. Psychosymbolik 1996. **DM 35,-**

Juana Danis: Symbiose und Krieg. 68 S., Ringb., Ed. Psychosymbolik 1991. **DM 25,-**

Juana Danis: Vorträge 1991. Symbiose und Krieg /Das ödipale Missverstehen /Psychoanalyse und Meditation. 210 S., Pb., Ed. Psychosymbolik o.J.. **DM 40,-**

M. Dannecker /V. Sigusch (Ed.): Sexualtheorie und Sexualpolitik. Ergebnisse einer Tagung. (Rhe.: Beitr. z. Sexualforschung, Bd. 59) VIII, 129 S., Kt., Enke 1984. **DM 38,-**

Gerhard Danzer: Forschen und Denken. Wege in der Psychiatrie. Vorw. Stefan Priebe. 170 S., Br., Königshausen & Neumann 1993. **DM 38,-**

G. Debus / G. Erdmann / K.W. Kallus (Ed.): Biopsychologie von Streß und emotionalen Reaktionen: Ansätze interdisziplinärer Forschung. 356 S., Abb., Kt., Hogrefe 1995. **DM 49,80**

Lloyd DeMause: Reagans Amerika. Eine psychohistorische Studie (Fantasy Wars) 282 S., zahlr. Abb., Kt., Stroemfeld 2. rev. Ed. 1987. **DM 28,-**

Lloyd deMause: Was ist Psychohistorie? Eine Grundlegung. Hrsg. v. A.R. Boelderl u. L. Janus. 450 S., Kt., Psychosozial Vlg. 2000. **DM 68,-**

Der Weg zum Verständnis historischer Ereignisse führt nicht über das Sammeln und Anhäufen von Daten aus Politik, Wirtschaft und Gesellschaft; er führt über die methodische Ergründung bewußter und unbewußter Motive der geschichtlich Handelnden.

Friedrich Wilhelm Deneke: Psychische Struktur und Gehirn. Die Gestaltung subjektiver Wirklichkeiten. XVI, 264 S., 38 Abb., Kt., Schattauer 1999. **DM 69,-**

M.L. Dertourzos: What will be. Die Zukunft des Informationszeitalters. 460 S., Br., Springer 1999. **DM 68,-**

H.-C. Deter /H.H. Studt (Ed.): Psychotherapeutische Medizin und ihr Kontext. Gesundheitspolitische, historische und fachübergreifende Aspekte eines neuen ärztlichen Gebietes. 140 S., Br., VAS 1997. **DM 35,-**

Georges Didi-Hubermann: Charcot, die Kunst, die Geschichte. Die Imitation des Kreuzes und der Dämon der Imitation. 196 S., 60 Abb., Br., Vlg. der Kunst 2000. **DM 54,-**

Peter Diederichs (Ed.): Psychoanalyse in Ostdeutschland. (Rhe.: Psa. Blätter, Bd. 11) 140 S., Kt., Vandenh. & Ruprecht 1998. **DM 36,-**

Gertraud Diem-Wille: Karrierefrauen und Karrieremänner. Eine psychoanalytisch orientierte Untersuchung ihrer Lebensgeschichte und Familiendynamik. IV. 226 S., Kt., Westdt. Vlg. 1996. **DM 56,-**

Gertraut Diem-Wille: Verstehen der inneren Welt des Kindes. Vortrag während des 1. Weltkongress des World Council of Psychotherapy, Wien 1996. 1 Toncass., Laufzeit 45 min., auditorium-Vlg. 1997. **DM 19,80**

B. Diepold /M. Cierpka: Der Gewaltzirkel: Wie das Opfer zum Täter wird. (Rhe.: AudioTorium) 50 min., 1 Toncass., auditorium-Vlg. 1997. **DM 23,-**

E. Domansky /H. Welzer (Ed.): Eine offene Geschichte: Über die kommunikative Tradierung der nationalsozialistischen Vergangenheit. 160 S., Kt., Ed. diskord 1999. **DM 28,-**

Douwe Draaisma: Die Metaphernmaschine. Eine Geschichte des Gedächtnisses. 272 S., 63 Fotos, Gb., Primus Vlg. 1999. **DM 58,-**

C. Drabner /T. Pawelleck: Qualitätsmanagement in sozialen Einrichtungen am Beispiel der Jugendhilfe. Ein Leitfaden für die Praxis. 69 S., Abb., Kt., Lambertus-Vlg. 1997. **DM 18,-**

Alfred Drees: Innovative Wege in der Psychiatrie. Sozialstrategien und poetische Kommunikation. 228 S., Br., Psychosozial Vlg. 1997. **DM 38,-**

Hans P. Duerr: Der Mythos vom Zivilisationsprozeß. Bd. 2: Intimität. 630 S., Kt., Suhrkamp 1994. **DM 27,80**

Hans P. Duerr: Der Mythos vom Zivilisationsprozeß. Bd. 3: Obszönität und Gewalt. 741 S., 216 Abb., Ln., Suhrkamp 2. Ed. 1993. **DM 78,-**

Hans P. Duerr: Der Mythos vom Zivilisationsprozeß. Bd. 3: Obszönität und Gewalt. Kt., Suhrkamp 1995. **DM 29,80**

Hans Peter Duerr: Die Zukunft ist ein unbetretener Pfad, Bedeutung und Gestaltung eines ökologischen Lebensstils. (Rhe.: AudioTorium) 380 min., 4 VHS-Videocass., auditorium-Vlg. o.J.. **DM 330,-**

Hans Peter Duerr: Objektivität und das Beobachtungsproblem. Herbstakademie 96, „Gesundheit, Beziehung und Entwicklung". (Rhe.: AudioTorium) 67 min., 1 Toncass., auditorium-Vlg. o.J.. **DM 23,-**

Hans P. Duerr (Ed.): Die Mitte der Welt. Aufsätze zu Mircea Eliade. 377 S., Kt., Suhrkamp 1984. **DM 16,-**

Emile Durkheim: Die elementaren Formen des religiösen Lebens. 604 S., Kt., Suhrkamp 1994. **DM 34,80**

Emile Durkheim: Die elementaren Formen des religiösen Lebens. 607 S., Ln., Suhrkamp 1981. **DM 88,-**

Emile Durkheim: Die Regeln der soziologischen Methode. 247 S., Kt., Suhrkamp 1995. **DM 19,80**

Emile Durkheim: Erziehung, Moral und Gesellschaft. Vorlesung an der Sorbonne 1902/1903. 339 S., Kt., Suhrkamp 3. Ed. 1999. **DM 24,80**

Emile Durkheim: Physik der Sitten und des Rechts. Vorlesungen zur Soziologie der Moral. 351 S., Ln., Suhrkamp 1991. **DM 32,-**

Nicola Ebers: Individualisierung. Georg Simmel - Norbert Elias - Ulrich Beck. 380 S., Br., Königshausen & Neumann 1995. **DM 68,-**

Angelika Ebrecht /A. Wöll (Ed.): Psychoanalyse, Politik und Moral. (Rhe.: Perspektiven, Bd. 8) 253 S., Br., Ed. diskord 1998. **DM 32,-**

Georg Eckardt (Ed.): Völkerpsychologie - Versuch einer Neuentdeckung. Texte von Lazarus, Steinthal und Wundt. 284 S., Br., PVU 1997. **DM 68,-**

R. Eckes-Lapp /J. Körner (Ed.): Psychoanalyse im sozialen Feld. Prävention, Supervision. 372 S., Kt., Psychosozial Vlg. 1998. **DM 38,-**

Annelinde Eggert-Schmid Noerr: Geschlechtsrollenbilder und Arbeitslosigkeit. Eine gruppenanalytische Studie. 238 S., Kt., M. Grünewald Vlg. 1991. **DM 38,-**

Irmgard Eisenbach-Stangl: Unbewußtes in Organisationen. Zur Psychoanalyse von sozialen Systemen. 216 S., Br., Facultas Vlg. 1997. **DM 45,-**

I. Eisenbach-Stangl /W. Stangl (Ed.): „Das äußere und das innere Ausland". Fremdes in soziologischer und psychoanalytischer Sicht. 200 S., Kt., WUV 4/2000. **DM 41,-**

Mircea Eliade: Die Sehnsucht nach dem Ursprung. Von den Quellen der Humanität. 250 S., Kt., Suhrkamp 1997. **DM 16,80**

Mircea Eliade: Geschichte der religiösen Ideen. Bd.1-4: Von der Steinzeit bis zur Gegenwart; Bd.5: Quellentexte. Zus. 2175 S., Kt. i.Kass., Herder 3. Ed. 1997. **DM 198,-**

Norbert Elias: Die Gesellschaft der Individuen. 316 S., Ln., Suhrkamp 1988. **DM 38,-**

Norbert Elias: Die Gesellschaft der Individuen. 316 S., Kt., Suhrkamp 4. Ed. 1999. **DM 24,80**

Norbert Elias: Studien über die Deutschen. Machtkämpfe und Habitusentwicklung im 19. und 20. Jahrhundert. Hrsg. v. Michael Schröter. 555 S., Kt., Suhrkamp 3. Ed. 1998. **DM 29,80**

Norbert Elias: Studien über die Deutschen. Machtkämpfe und Habitusentwicklung im 19. und 20. Jahrhundert. Hrsg. v. Michael Schröter. 555 S., Ln., Suhrkamp 3. Ed. 1990. **DM 48,-**

Norbert Elias: Über den Prozeß der Zivilisation. Soziogenetische und psychogenetische Untersuchungen. Bd. 1: Wandlungen des Verhaltens in den weltlichen Oberschichten der Abendlandes. 502 S., Kt., Suhrkamp 22. Ed. 1998. **DM 24,80**

Norbert Elias: Über den Prozeß der Zivilisation. Soziogenetische und psychogenetische Untersuchungen. Bd. 1: Wandlungen des Verhaltens in den weltlichen Oberschichten der Abendlandes. 334 S., Ln., Suhrkamp 1997. **DM 56,-**

Norbert Elias: Über den Prozeß der Zivilisation. Soziogenetische und psychogenetische Untersuchungen. Bd. 1: Wandlungen des Verhaltens in den weltlichen Oberschichten des Abendlandes. Bd. 2: Wandlungen der Gesellschaft, Entwurf zu einer Theorie der Zivilisation. 826 S., Ln., 2 Bde., Suhrkamp 1997. **DM 98,-**

Norbert Elias: Über den Prozeß der Zivilisation. Soziogenetische und psychogenetische Untersuchungen. Bd. 1: Wandlungen des Verhaltens in den weltlichen Oberschichten des Abendlandes. Bd. 2: Wandlungen der Gesellschaft, Entwurf zu einer Theorie der Zivilisation. 502, 601 S., Kt., 2 Bde. iKass., Suhrkamp 22. Ed. 1998. **DM 39,80**

Norbert Elias: Über den Prozeß der Zivilisation. Soziogenetische und psychogenetische Untersuchungen. Bd. 2: Wandlungen der Gesellschaft. Entwurf zu einer Theorie der Zivilisation. 492 S., Kt., Suhrkamp 22. Ed. 1999. **DM 24,80**

Norbert Elias: Über den Prozeß der Zivilisation. Soziogenetische und psychogenetische Untersuchungen. Bd. 2: Wandlungen der Gesellschaft. Entwurf zu einer Theorie der Zivilisation. 601 S., Ln., Suhrkamp 22. Ed. 1999. **DM 56,-**

Norbert Elias: Über die Einsamkeit der Sterbenden in unseren Tagen. 99 S., Gb., Suhrkamp 8. Ed. 1995. **DM 18,80**

Norbert Elias: Was ist Soziologie ? Grundfragen der Soziologie. 207 S., Kt., Juventa Vlg. 8. Ed. 1996. **DM 19,80**

N. Elias /J.L. Scotson: Etablierte und Außenseiter. 315 S., Kt., Suhrkamp 1993. **DM 16,-**

N. Elias /J.L. Scotson: Etablierte und Außenseiter. 315 S., Ln., Suhrkamp 1990. **DM 38,-**

Rudolf Erhardt: Unser alltäglicher Narzissmus. Lebensprobleme der (Post-)Moderne aus psychoanalytischer Sicht. 300 S., Pb., TRIGA 2. rev. Ed. 1999. **DM 29,80**

Michael Ermann: Verstrickung und Einsicht. Nachdenken über die Psychoanalyse in Deutschland. 160 S., Gb., Ed. diskord 1996. **DM 32,-**

Alexander Etkind: Sodom i Psicheja. Sodom und Psyche. Russische Ausgabe. 413 S., Kt., Vlg. Der Kurier der Zarin 1995. **DM 28,-**

Albert Eulenburg et al. (Ed.): Zeitschrift für Sexualwissenschaft 1 (1914/15) - 18 (1931/32) A. Marcus und E. Webers Verlag Bonn, ab 14 (1927/28) Berlin und Köln. 8200 S. auf 96 Mikrofiches, iKass., Vlg. H.Fischer 1992. **DM 780,-**

Frantz Fanon: Die Verdammten dieser Erde. 267 S., Kt., Suhrkamp 1994. **DM 16,80**

G. Fara /P. Cundo: Psychoanalyse, ein bürgerlicher Roman. 168 S., Ebr., Stroemfeld 1983. **DM 28,-**

A. Farge/M. Foucault: Familiäre Konflikte: Die „Lettres de cachet". Aus den Archiven der Bastille im 18. Jahrhundert. 292 S., Kt., Suhrkamp 1989. **DM 16,-**

Ernst Federn: Versuche zur Psychologie des Terrors. 225 S., Abb., Kt., Psychosozial Vlg. 1999. **DM 39,80**

Das Buch stellt erstmals die gesammelten Studien des Psychoanalytikers und Sozialtherapeuten Ernst Federn zur Psychologie des Terrors vor. Federn, 1914 in Wien geboren, wurde von 1938 bis 1945 als politischer Häftling jüdischer religionszugehörigkeit in den Konzentrationslagern Dachau und Buchenwald inhaftiert. Weiterhin enthält dieser Band mehrere Begleitstudien über Federns Analysen zum nationalsozialistischen Terror sowie eine Dokumentation seines Briefwechsels mit Bruno Bettelheim aus den Jahren 1945 bis 1989, mit dem Federn gemeinsam in Buchenwald interniert war.

Klaus Feldmann /W. Fuchs-Heinritz (Ed.): Der Tod ist ein Problem der Lebenden. Beiträge zu einer Soziologie des Todes. 240 S., Kt., Suhrkamp 1995. **DM 19,80**

Alain Finkielkraut: Verlust der Menschlichkeit. Versuch über das 20. Jahrhundert. 176 S., Gb., Klett-Cotta 1998. **DM 29,80**

G. Fischer /N. Martin /K. Gruber et al. (Ed.): Die Erfindung der Gegenwart. Daedalus. 408 S., Abb., Ln., Stroemfeld 1990. **DM 98,-**

H.R. Fischer /S.J. Schmidt (Ed.): Wirklichkeit und Welterzeugung. In memoriam Nelson Goodman. 320 S., Kt., C. Auer Vlg. 1999. **DM 58,-**

Wie sind verschiedene Wirklichkeiten, verschiedene Welten möglich ? Wie werden sie erzeugt ? Wie sind sie zu kommunizieren und zu verstehen? Welche Rolle spielen Gehirn, Sprache und Kultur bei der Konstitution geistiger Prozesse? Und welche Rolle spielen geistige Prozesse bei der Konstitution von Gehirn, Sprache und Kultur ?

Gvozden Flego et al. (Ed.): Herbert Marcuse - Eros und Emanzipation. Marcuse-Syposium 1988 in Dubrovnik. 372 S., Br., Germinal Vlg. 1989. **DM 38,-**

Vilem Flusser: Nachgeschichte. Eine korrigierte Geschichtsschreibung. Kt., S. Fischer 1997. **DM 24,90**

Vilèm Flusser: Die Geschichte des Teufels. 200 S., Ebr., Ed. Europ. Photography 2. Ed. 1996. **DM 38,-**

Vilèm Flusser: Kommunikologie. Kt., S. Fischer 1998. **DM 24,90**

Michel Foucault: Die Geburt der Klinik. Eine Archäologie des ärztlichen Blicks. Kt., S. Fischer o.J.. **DM 18,90**

Michel Foucault: Die Ordnung des Diskurses. Kt., S. Fischer Sonderausg. 1998. **DM 14,-**

Michel Foucault: Die Ordnung des Diskurses. 96 S., Kt., S. Fischer 6. Ed. 1997. **DM 15,90**

Michel Foucault: In Verteidigung der Gesellschaft. Vorlesungen am Collège de France (1975 - 1976) 350 S., Gb., Suhrkamp 1999. **DM 48,-**

Wie weit reicht das Modell des Krieges, um die Erscheinungsformen von Macht zu beschreiben? Foucault geht dieser Frage nach, indem er zwei Grundfiguren der Macht unterscheidet: Die Disziplinarmacht und die Biomacht.

Michel Foucault: Machtspiele. Der Foucault- Reader zu Wissen, Wahrheit und Subjekt. Nachw. v. Friedrich Kittler. 240 S., Br., Bollmann Vlg. 1999. **DM 24,80**

Michel Foucault: Mikrophysik der Macht. Über Strafjustiz, Psychiatrie und Medizin. 135 S., Kt., Merve 1976. **DM 15,-**

Michel Foucault: Psychologie und Geisteskrankheit. 131 S., Kt., Suhrkamp 1994. **DM 14,80**

Michel Foucault: Sexualität und Wahrheit. Bd. 1: Der Wille zum Wissen. 189 S., Ln., Suhrkamp 1986. **DM 38,-**

Michel Foucault: Sexualität und Wahrheit. Bd. 1: Der Wille zum Wissen. 189 S., Kt., Suhrkamp 10. Ed. 1998. **DM 16,80**

Michel Foucault: Sexualität und Wahrheit. Bd. 2: Der Gebrauch der Lüste. 326 S., Ln., Suhrkamp 2. Ed. 1990. **DM 48,-**

Michel Foucault: Sexualität und Wahrheit. Bd. 2: Der Gebrauch der Lüste. 326 S., Kt., Suhrkamp 5. Ed. 1997. **DM 24,80**

Michel Foucault: Sexualität und Wahrheit. Bd. 3: Die Sorge um sich. 315 S., Kt., Suhrkamp 5. Ed. 1997. **DM 24,80**

Michel Foucault: Sexualität und Wahrheit. Bd. 3: Die Sorge um sich. 315 S., Ln., Suhrkamp 1986. **DM 48,-**

Michel Foucault: Überwachen und Strafen. Die Geburt des Gefängnisses. 396 S., Kt., Suhrkamp 12. Ed. 1998. **DM 24,80**

Michel Foucault: Überwachen und Strafen. Die Geburt des Gefängnisses. 396 S., Kt., Suhrkamp 1994. **DM 19,80**

Michel Foucault: Wahnsinn und Gesellschaft. Eine Geschichte des Wahns im Zeitalter der Vernunft. 561 S., Kt., Suhrkamp 12. Ed. 1996. **DM 29,80**

Michel Foucault et al. (Ed.): Technologien des Selbst. 188 S., Gb., S. Fischer 1993. **DM 34,-**

M. Frank /A. Haverkamp (Ed.): Individualität. (Rhe.: Poetik u. Hermeneutik 13) 698 S., Abb., Kt., W. Fink Vlg. 1988. **DM 68,-**

C. Frank /H. Weiß (Ed.): Stillstand, Veränderung und die Angst vor einer Katastrophe. Klinische Beiträge. (Rhe.: Perspekt. Kleinian. Psa., Bd. 7) 128 S., Kt., Ed. diskord 1999. **DM 28,-**

Wilfried R. Bion beschrieb Stadien der Katastrophe und prägte dafür den Terminus „katastrophische Veränderung". Die Beiträge des Bändchens stellen entsprechende klinisch-analytische Kasuistiken vor und diskutieren die professionelle Handhabung und den psychoanalytisch geleiteten Umgang mit diesen schwierigen Prozessen.

Viktor Frankl: Der Mensch vor der Frage nach Sinn. 9.10 1979 - Audimax Wien. (Rhe.: AudioTorium) 76 min., 1 VHS-Videocass., auditorium-Vlg. o.J.. **DM 65,-**

Viktor Frankl: Sinnfrage und Psychotherapie. (Rhe.: AudioTorium) 90 min., 1 VHS-Videocass., auditorium-Vlg. o.J.. **DM 77,-**

Viktor Frankl: Technik und Wissenschaft in einer sinnlos werdenden Welt. Vortrag, 1980. (Rhe.: AudioTorium) 82 min., 1 Toncass., auditorium-Vlg. o.J.. **DM 26,-**

Viktor E. Frankl: Die Sinnfrage in der Psychotherapie. 202 S., Kt., Piper 4. Ed. 1997. **DM 18,90**

Viktor E. Frankl: Zeiten der Entscheidung. 16 Abb., Kt., Herder 1996. **DM 19,80**

Joachim Freimuth (Ed.): Die Angst der Manager. 312 S., Gb., Hogrefe 1999. **DM 79,-**

Anna Freud: Anstaltskinder. Bd. 3: Berichte aus den Kriegskinderheimen „Hampstead Nurseries" 1943-1945. Kt., S. Fischer 1987. **DM 14,80**

Sophie Freud: Neubestimmung von Normalität. (Rhe.: AudioTorium) 40 min., 1 Toncass., auditorium-Vlg. o.J.. **DM 19,80**

T. Freyer /R. Schenk (Ed.): Emmanuel Levinas, Fragen an die Moderne. 177 S., Kt., Passagen Vlg. 1996. **DM 38,-**

Eckhard Frick: Wer ist schuld? Das Problem der Kausalität in Psychiatrie und Psychoanalyse. Eine Untersuchung zu Martin Heideggers Zollikoner Seminaren. 220 S., Kt., Olms Vlg. 1993. **DM 35,80**

Wolfgang Frindte (Ed.): Mythen der Deutschen. Deutsche Befindlichkeiten zwischen Geschichte und Geschichten. 287 S., Kt., Leske + Budrich 1994. **DM 49,-**

Erich Fromm: Analytische Sozialpsychologie und Gesellschaftstheorie. 232 S., kt., Suhrkamp 1982. **DM 9,-**

Erich Fromm: Das jüdische Gesetz. Zur Soziologie des Diaspora-Judentums. Dissertation v. 1922. 202 S., Kt., Beltz 1989. **DM 28,-**

Erich Fromm: Der moderne Mensch und seine Zukunft. Vortrag. (Rhe.: AudioTorium) 54 min., 1 Toncass., auditorium-Vlg. o.J.. **DM 24,-**

Erich Fromm: Die Gesellschaft als Gegenstand der Psychoanalyse. Frühe Schriften zur Analytischen Sozialpsychologie. 235 S., Kt., Suhrkamp 1993. **DM 20,-**

Erich Fromm: Die Kunst des Liebens. Nachw. v. Rainer Funk. 191 S., Gb., Manesse Vlg. Neuaufl. 1998. **DM 24,80**

Erich Fromm: Die Kunst des Liebens. 224 S., Kt., dtv 1998. **DM 12,90**

Erich Fromm: Die Revolution der Hoffnung. Für eine Humanisierung der Technik. 220 S., Kt., dtv NA iVbr.. **DM 12,80**

Erich Fromm: Die Seele des Menschen. Ihre Fähigkeit zum Guten und zum Bösen. 184 S., Kt., dtv 1992. **DM 12,90**

Erich Fromm: Es geht um den Menschen. Tatsachen und Fiktionen in der Politik. 248 S., Kt., dtv 1992. **DM 16,80**

Erich Fromm: Ethik und Politik. Antworten auf aktuelle politische Fragen. Hrsg. v. Rainer Funk. 270 S., Kt., Beltz 1990. **DM 28,-**

Erich Fromm: Gesellschaft und Seele. Sozialpsychologie und psychoanalytische Praxis. Kt., Heyne 1996. **DM 12,90**

Erich Fromm: Haben oder Sein. Die seelischen Grundlagen einer neuen Gesellschaft. 224 S., Kt., dtv 1998. **DM 14,90**

Erich Fromm: Haben oder Sein. Die seelischen Grundlagen einer neuen Gesellschaft. 220 S., Gb., DVA 1996. **DM 34,-**

Erich Fromm: Humanismus als reale Utopie. Der Glaube an den Menschen. 214 S., Kt., Beltz 1992. **DM 26,-**

Erich Fromm: Leben zwischen Haben und Sein. Kt., Herder 1993. **DM 16,80**

Erich Fromm: Psychoanalyse und Ethik. Bausteine zu einer humanistischen Charakterologie. 208 S., Kt., dtv 1992. **DM 15,90**

Erich Fromm: Psychologie für Nichtpsychologen. Vorlesungen. (Rhe.: AudioTorium) 85 min., 1 Toncass., auditorium-Vlg. o.J.. **DM 26,-**

Erich Fromm: Überdruß und Überfluß. Vorlesungen. (Rhe.: AudioTorium) 160 min., 6 Toncass. iBox, auditorium-Vlg. o.J.. **DM 49,90**

E. Fröschl /S. Löw: Über Liebe, Macht und Gewalt. Vorw. v. Erwin Ringel. 214 S., Gb., Jugend & Volk 1995. **DM 10,70**

Peter Fuchs: Das Unbewußte in Psychoanalyse und Systemtheorie. Die Herrschaft der Verlautbarung und die Erreichbarkeit des Bewußtseins. 240 S., Kt., Suhrkamp 1998. **DM 18,80**

Peter Fuchs: Liebe, Sex und solche Sachen. Zur Konstruktion moderner Intimsysteme. 200 S., Kt., Univ.-Vlg. Konstanz 1999. **DM 24,80**

Peter Fuchs (Ed.): Der Mensch, das Medium der Gesellschaft. 607 S., Kt., Suhrkamp 1995. **DM 27,80**

E. Fuchs-Brüninghoff /H. Gröner (Ed.): Arbeit und Arbeitslosigkeit: Zum Wert von Arbeit heute. (Rhe.: Beitr. z. Individualpsych., Bd. 17) 96 S., Kt., E. Reinhardt Vlg. 1993. **DM 24,80**

Hans Füchtner: Unbewußtes Deutschland. Zur Psychoanalyse und Sozialpsychologie einer „Vereinigung". 170 S., Kt., Asanger Vlg. 1995. **DM 34,-**

Hans Füchtner: Vaterlandssyndrom. Zur Sozialpsychologie von Nationalismus, Rechtsradikalismus und Fremdenhass. 147 S., Kt., Asanger Vlg. 1995. **DM 29,80**

U. Fuhrer /I.E. Josephs (Ed.): Persönliche Objekte, Identität und Entwicklung. Ecological action as a social process. 236 S., Kt., Vandenh. & Ruprecht 1999. **DM 39,-**

Gregory Fuller: Das Ende. Von der heiteren Hoffnungslosigkeit im Angesicht der ökologischen Katastrophe. (Rhe.: Geist u. Psyche, Bd. 12998) Kt., S. Fischer 1996. **DM 12,90**

Hajo Funke: Die andere Erinnerung. Gespräche mit jüdischen Wissenschaftlern im Exil. 417 S, 21 Photos, Br., Psychosozial Vlg. 1998. **DM 38,-**

Hans G. Gadamer: Über die Verborgenheit der Gesundheit. Aufsätze und Vorträge. 150 S., Kt., Suhrkamp 1993. **DM 24,80**

Kurt Gahleitner: Leben am Rand. Zur subjektiven Verarbeitung benachteiligter Lebenslagen. 216 S., Br., P. Lang 1996. **DM 65,-**

Giuseppe Galli: Psychologie der sozialen Tugenden. 214 S., Gb., Böhlau Vlg. 1999. **DM 39,80**

Gerhard Gamm /G. Kimmerle (Ed.): Vorschrift und Autonomie. Zur Zivilisationsgeschichte der Moral. 192 S., Br., Ed. diskord 1989. **DM 25,-**

Peter Gay: Die Macht des Herzens. Das 19. Jahrhundert und die Erforschung des Ich. 571 S., Ln., C.H.Beck 1997. **DM 98,-**

Peter Gay: Die Macht des Herzens. Das 19. Jahrhundert und die Erforschung des Ich. Kt., Goldmann 1999. **DM 25,-**

Peter Gay: Die zarte Leidenschaft. Liebe im bürgerlichen Zeitalter. Kt., Goldmann 1999. **DM 25,-**

Peter Gay: Kult der Gewalt. Aggression im bürgerlichen Zeitalter. 864 S., Kt., Goldmann 2000. **DM 28,-**

"Gay entwirft in ebenso unkonventioneller wie inspirierender Weise das Sittenbild einer Epoche." (Der Standard, Wien)

Peter Gay: Kult der Gewalt. Aggression im bürgerlichen Zeitalter. 861 S., Ln., C.H.Beck 1996. **DM 98,-**

H. Geigenmüller (Ed.): Das Menschenbild der Gegenwart. Beitr. v. Th. Uexküll, E. Cioran, R. König, P. Parin, E. Ionesco. 84 S., Br., Erker Vlg. 1985. **DM 37,50**

Irmgard Geiger: Ist Krieg heilbar? Anregungen für ein tiefenpsychologisch inspiriertes Politikverständnis. 236 S., Kt., Wissenschaft & Praxis 1998. **DM 29,80**

Rudolf Gelpke: Vom Rausch im Orient und Okzident. 250 S., Ln., Klett-Cotta Neuaufl. 1995. **DM 48,-**

Josef Gemassmer: Tiefenpsychologie und Politik. Mit Betrachtungen über das Schicksal des deutschen Volkes und der Welt. 199 S., Kt., Vlg. Der Leuchter 1965. **DM 29,80**

Uta Gerhardt: Gesellschaft und Gesundheit. Begründung der Medizinsoziologie. 320 S., Kt., Suhrkamp 1991. **DM 24,-**

Wolfgang Giegerich: Psychoanalyse der Atombombe. Bd. 1: Die Atombombe als seelische Wirklichkeit. Ein Versuch über den Geist des christlichen Abendlandes. (Psychoanalyse der Atombombe, Bd.1) XI, 327 S., Kt., IKM Vlg. 1988. **DM 38,80**

Wolfgang Giegerich: Psychoanalyse der Atombombe. Bd. 2: Drachenkampf oder Initiation ins Nuklearzeitalter. 274 S., Kt., IKM Vlg. 1989. **DM 34,-**

T. Giernalczyk /R. Freytag (Ed.): Qualitätsmanagement von Krisenmanagement und Suizidprävention. Grundlagen, Methoden, Anwendungen. 257 S., 8 Abb., Kt., Vandenh. & Ruprecht 1998. **DM 44,-**

Bernhard Giesen (Ed.): Nationale und kulturelle Identität. Studien zur Entwicklung des kollektiven Bewusstseins in der Neuzeit. 420 S., Kt., Suhrkamp 1991. **DM 29,80**

Sander L. Gilman: Die schlauen Juden. Über ein dummes Vorurteil. 319 S., Gb., Claassen Vlg. 1998. **DM 36,-**

Rolf Gindorf (Ed.): Sexualität als sozialer Tatbestand. Theoretische und empirische Beiträge zu einer Soziologie. VI, 295 S., Kt., de Gruyter 1986. **DM 98,-**

R. Gindorf /E. Haeberle (Ed.): Sexualwissenschaft und Sexualpolitik. Spannungsverhältnisse in Europa, USA und Asien. XII, 434 S, Br., de Gruyter 1992. **DM 228,-**

Shoham S. Giora: Verbrechen als Heilsweg. Seelische Entwicklung durch asoziales Verhalten. 196 S., zahlr. Zeichn., Br., IKM Vlg. 1982. **DM 26,-**

Maurice Godelier: Wird der Westen das universelle Modell der Menschheit? Die vorindustrielle Gesellschaften zwischen Veränderung und Auflösung. (Rhe.: Wiener Vorlesungen, Bd. 5) 64 S., Gb., Picus Vlg. 1991. **DM 14,80**

Erving Goffman: Asyle. Über die soziale Situation psychiatrischer Patienten und anderer Insassen. 367 S., Kt., Suhrkamp 1997. **DM 22,80**

Erving Goffman: Das Individuum im öffentlichen Austausch. Mikrostudien zur öffentlichen Ordnung. 511 S., Kt., Suhrkamp 1982. **DM 32,-**

Erving Goffman: Interaktion und Geschlecht. 195 S., Kt., Campus 1994. **DM 34,-**

Erving Goffman: Rahmen-Analyse. Ein Versuch über die Organisation von Alltagserfahrungen. 620 S., Kt., Suhrkamp 4. Ed. 1996. **DM 32,80**

Erving Goffman: Stigma. Über Techniken der Bewältigung beschädigter Identität. 179 S., Kt., Suhrkamp 13. Ed. 1998. **DM 17,80**

Erving Goffman: Wir alle spielen Theater. Die Selbstdarstellung im Alltag. Vorw. v. Ralf Dahrendorf. Kt., Piper o.J.. **DM 19,90**

J. Goldstein /A. Freud /A.J. Solnit: Diesseits des Kindeswohls. Mit Beiträgen v. Spiros Simitis. 259 S., Kt., Suhrkamp NA unb.. **DM 16,-**

J. Goldstein /A. Freud /A.J. Solnit: Jenseits des Kindeswohls. Mit einerm Beitrag von Spiros Simitis. 171 S., Kt., Suhrkamp NA unb.. **DM 14,-**

J. Goldstein /I. Lukoff /H. Strauss: Individuelles und kollektives Verhalten in Konzentrationslagern. Einl. v. M. Pollak. 220 S., Br., Campus 1990. **DM 38,-**

B. Görlich /A. Lorenzer: Der Stachel Freud. Beiträge zur Kulturismus-Kritik. 192 S., Kt., zu Klampen 2. Ed. 1994. **DM 38,-**

Albrecht Göschel: Kontrast und Parallele. Kulturelle und politische Identitätsbildung ostdeutscher Generationen. 358 S., Kt., Kohlhammer Vlg. 1999. **DM 58,-**

G. Grandt/M. Grandt/P. van der Let: Ware Kind. Mißbrauch und Prostitution. ca. 220 S., Br., Patmos Vlg. 1999. **DM ca. 29,80**

Ernesto Grassi: Das Gespräch als Ereignis. Ein semiotisches Problem. 232 S., Ln., W. Fink Vlg. 1982. **DM 28,-**

Ernesto Grassi /H. Schmale (Ed.): Arbeit und Gelassenheit. Zwei Grundformen des Umgangs mit Natur. 295 S., Ln., W. Fink Vlg. 1994. **DM 48,-**

L. Gravenhorst /C. Tatschmurat (Ed.): Töchter-Fragen. NS-Frauen-Geschichte. 416 S., Br., Kore Ed. 2. Ed. 1995. **DM 19,80**

R. Greco /R.A. Pittenger: Ein Hausarzt und seine Praxis. Vorwort von Michael Balint. 240 S., Kt., Klett-Cotta 1968. **DM 18,50**

Stephen Greenblatt: Schmutzige Riten. Betrachtungen zwischen Weltbildern. 128 S., Kt., S. Fischer 1995. **DM 19,90**

Wolfgang Greive (Ed.): Narzissmus und Religion. 136 S., Pb., Evang. Akad. Loccum 1991. **DM 10,-**

M. Grenfell /M. Kelly (Ed.): Pierre Bourdieu: Language, Culture and Education. 333 S., Br., Peter Lang, Bern 1999. **DM 84,-**

Lerke Grevenhorst: Moral und Geschlecht. Die Aneignung der NS-Erbschaft. Ein soziologischer Beitrag zu Selbstverständigungen vor allem in Deutschland. 403 S., Gb., Kore Ed. 1997. **DM 52,-**

Die dieser mutigen Studie zugrunde liegenden Interviews „machen in dem beständigen Perspektivenwechsel von Töchtern und Söhnen deutlich, wie wenig bis heute die NS-Schuld der Eltern zu einer einheitlichen Bürde geworden ist. Das Trauma der Nachgeborenen (...) und die verfehlte Verständigung zwischen den Generationen prägen das kollektive Gedächtnis." K.v. Soden, DLF

Angelika Groterath: An der Sprache liegt es nicht. Interkulturelle Erfahrungen in der Therapie. 136 S., Kt., M. Grünewald Vlg. 1994. **DM 42,-**

Arno Gruen: Der Wahnsinn der Normalität. Realismus als Krankheit. Eine Theorie der menschlichen Destruktivität. 216 S., Kt., dtv 7. Ed. 1996. **DM 16,90**

Bèla Grunberger /Pierre Dessuant: Narzißmus, Christentum, Antisemitismus. Eine psychoanalytische Untersuchung. 450 S., Ln., Klett-Cotta 2000. **DM 68,-**

Die Studie von Bela Grunberger und Pierre Dessuant, möchte anhand der psychoanalytischen Narzismustheorie herausarbeiten, worin das Besondere des christlich inspirierten Antisemtismus liegen könnte.

H. Gudjons /R. Teske et al. (Ed.): Psychische Erkrankungen in unserer Zeit. Beitr. v. C. Finzen, J. Rattner, K. Dörner, F. Simon u.a. 107 S., 9 Abb., Br., Vlg. Bergmann + Helbig 1986. **DM 15,80**

Allan Guggenbühl: Dem Dämon in die Augen schauen. Gewaltprävention in Schulen. 224 S., Kt., IKM Vlg. 1996. **DM 38,80**

Allan Guggenbühl: Männer, Mythen, Mächte. Ein Versuch Männer zu verstehen. 320 S., Br., IKM Vlg. 1998. **DM 29,90**

A. Guggenbühl /M. Kunz (Ed.): Das Schreckliche. Mythologische Betrachtungen zum Abgründigen im Menschen. Von Giegerich, W. / Guggenbühl-Craig, A. /Ziegler, A.J. u.a. Vorw. v. Kunz, M. 300 S., Br., IKM Vlg. 1990. **DM 29,50**

Adolf Guggenbühl-Craig: Seelenwüsten. Betrachtungen über Unmoral und Psychopathie. 128 S., Br., IKM Vlg. 1980. **DM 26,50**

Adolf Guggenbühl-Craig (Ed.): Die närrischen Alten. Betrachtungen über moderne Mythen. 112 S., Br., IKM Vlg. 2. Ed. 1993. **DM 31,-**

Rainer Guldin: Körpermetaphern. Zum Verhältnis von Politik und Medizin. 230 S., Br., Königshausen & Neumann 1999. **DM 58,-**

J. Gutwinski-Jeggle /J. Rotmann (Ed.): Die klugen Sinne pflegend. Psychoanalytische und kulturkritische Beiträge. Hermann Beland zu Ehren. 479 S., 6 Abb., Gb., Ed. diskord 1993. **DM 64,-**

Jürgen Habermas: Moralbewußtsein und kommunikatives Handeln. 207 S., Kt., Suhrkamp 7. Ed. 1999. **DM 17,80**

Jürgen Habermas: Strukturwandel der Öffentlichkeit. Untersuchungen zu einer Kategorie der bürgerlichen Gesellschaft. 391 S., Kt., Suhrkamp 1996. **DM 24,80**

Jürgen Habermas: Strukturwandel der Öffentlichkeit. Untersuchungen zu einer Kategorie der bürgerlichen Gesellschaft. 391 S., Ln., Suhrkamp 1990. **DM 54,-**

Jürgen Habermas: Theorie des kommunikativen Handelns, 2 Bde. Handlungsrationalität und gesellschaftliche Rationalisierung; Zur Kritik der funktionalistischen Vernunft. 533, 640 S., Kt., Suhrkamp 3. Ed. 1999. **DM 46,80**

Jürgen Habermas: Theorie des kommunikativen Handelns, in 2 Bdn. Handlungsrationalität und gesellschaftliche Rationalisierung; Zur Kritik der funktionalistischen Vernunft. 533, 640 S., Ln., Suhrkamp 1991. **DM 98,-**

Jürgen Habermas: Vorstudien und Ergänzungen zur Theorie des kommunikativen Handelns. 606 S., Ln., Suhrkamp 1984. **DM 64,-**

Jürgen Habermas: Vorstudien und Ergänzungen zur Theorie des kommunikativen Handelns. 605 S., Kt., Suhrkamp 3. Ed. 1989. **DM 38,-**

Jürgen Habermas: Vorstudien und Ergänzungen zur Theorie des kommunikativen Handelns. 607 S., Kt., Suhrkamp 1995. **DM 29,80**

Friedrich Hacker: Das Faschismus-Syndrom. Psychoanalyse eines aktuellen Phänomens. Kt., S. Fischer 1992. **DM 12,80**

Erwin J. Haeberle: Anfänge der Sexualwissenschaft. Historische Dokumente. Auswahl, Kommentar und Vorw. v. W. Kewenig. VIII, 45 S., 88 Abb., Br., de Gruyter 1983. **DM 12,-**

Ludwig Haesler: Auf der Suche nach einer erträglichen Welt. Über den Umgang des Menschen mit der Wirklichkeit. VI, 207 S., Kt., WBG 1995. **DM 24,90**

Carol Hagemann-White: Frauenbewegung und Psychoanalyse. 321 S., Gb., Stroemfeld 2. Ed. 1986. **DM 38,-**

Carol Hagemann-White: Frauenforschung, der Weg in die Institution. Ideen, Persönlichkeiten und Strukturbedingungen am Beispiel Niedersachsens. 176 S., Kt., Kleine Vlg. 1995. **DM 26,-**

Carol Hagemann-White (Ed.): Sozialisation: Weiblich - männlich ? 112 S., Kt., Leske + Budrich 1984. **DM 16,80**

T. Haland-Wirth /N. Spangenberg /H.-J. Wirth (Ed.): Unbequem und engagiert. Neue Wege in Psychoanalyse und Politik. Festschrift aus Anlaß des 75. Geburtstag Horst-Eberhard Richters im April 1998. 568 S., Kt., Psychosozial Vlg. 1998. **DM 39,80**

Rez. in „Gruppenpsychotherapie und Gruppendynamik" 1/ 2000, S. 109 ff. von R. Franke

Volker Halstenberg: Integrierte Marken-Kommunikation. Psychoanalyse und Systemtheorie im Dienste erfolgreicher Markenführung. XI, 313 S., Kt., Dt. FachVlg. 1996. **DM 128,-**

Gerhard J. Hammerschmied: „Milde Gabe". Bruchstücke einer Philosophie der Spender. 202 S., Kt., Passagen Vlg. 1998. **DM 48,-**

Gerhard J. Hammerschmied: Väter. Sonne. Kapital. Philosophische Variationen über Armut, Herrschaft und Entwicklung. 135 S., Abb., Kt., Passagen Vlg. 1996. **DM 38,-**

Gertrud Hardtmann (Ed.): Spuren der Verfolgung. Seelische Auswirkungen des Holocaust auf die Opfer und ihre Kinder. 288 S., Pb., Bleicher Vlg. 1992. **DM 28,-**

H.A. Hartmann /R. Haubl (Ed.): Freizeit in der Erlebnisgesellschaft: Amüsement zwischen Selbstverwirklichung und Kommerz. 312 S., Kt., Westdt. Vlg. 1996. **DM 56,-**

Weber Hartwig: Die besessenen Kinder. Teufelsglaube und Exorzismus in der Geschichte der Kindheit. 360 S., Gb., Thorbecke 1999. **DM 48,-**

Das anschaulich geschriebene, auf solider Quellenbasis beruhende Buch schlägt ein neues, weithin bislang unbekanntes Kapitel aus der Geschichte der Kindheit auf.

Elisbeth Hau-Oelkers: Der Mensch in Geschichtlichkeit. Beiträge zur Psychoanalyse der Soziokultur. 316 S., Pb., Haag + Herchen 1987. **DM 48,-**

Rolf Haubl: Geld, Geschlecht und Konsum. Zur Psychopathologie ökonomischen Alltagshandelns. 234 S., Kt., Psychosozial Vlg. 1998. **DM 38,-**

Die heutige Leistungsgesellschaft stellt sich dar als Kollektiv des forcierten Konsumzwangs. Für den Großteil ihrer Mitglieder sind ihre in Geld bemessbaren Konsumchancen Maßstab eines lebenswerten Lebens. Während früher Sexualität das vorrangige Tabuthema gewesen ist, scheinen heute Geld und Konsum diesen Platz einzunehmen. In dieser Perspektive diskutiert das Buch ausgewählte Probleme der Alltagsökonomie, die durch Protokolle aus Tiefeninterviews veranschaulicht werden.

Anselm Haverkamp (Ed.): Die Sprache der Anderen. Kt., S. Fischer 1995. **DM 19,90**

Anselm Haverkamp (Ed.): Gewalt und Gerechtigkeit. Derrida - Benjamin. 444 S., Kt., Suhrkamp 1997. **DM 27,80**

Susann Heenen-Wolff (Ed.): Psychoanalytischer Rahmen, Ethik, Krisis - französische Perspektiven. (Rhe.: Psa. Blätter, Bd. 08) 112 S., Kt., Vandenh. & Ruprecht 1998. **DM 36,-**

Ludger Heidbrink (Ed.): Entzauberte Zeit. Der melancholische Geist der Moderne. 324 S., Br., Hanser 1997. **DM 45,-**

Beitr. V. K. Bohrer, M. Brummlik, P. Bürger u.a.

Nikolaus Heim: Operation „Triebtäter": Kastration als ultima ratio. Gespräche mit kastrierten Sexualtätern. 183 S., Kovac Vlg. 1998. **DM 78,-**

Robert Heim: Utopie und Melancholie der vaterlosen Gesellschaft. Psychoanalytische Studien zu Gesellschaft, Geschichte und Kultur. (Rhe.: Bibliothek d. Psa.) 450 S., Kt., Psychosozial Vlg. 1999. **DM 68,-**

Sabine Heimers: Tabu und Faszination. Über die Einstellung zu Toten. XII, 349 S, Br., Reimer Vlg. 1989. **DM 48,-**

Peter Heinl: Maikäfer flieg, dein Vater ist im Krieg ... Seelische Wunden aus der Kriegskindheit. 120 S., Kt., Kösel Vlg. 1994. **DM 28,-**

Klaus Heinrich: der gesellschaft ein bewußtsein ihrer selbst zu geben. 100 S., Kt., Stroemfeld 1998. **DM 28,-**

Hans-Jürgen Heinrichs: Grenzgänger der Moderne. Essays. Kt., eva 1994. **DM 30,-**

Hans-Jürgen Heinrichs (Ed.): Die Geschichte ist nicht zu Ende. 352 S., Kt., Passagen Vlg. 1999. **DM 78,-**

Heide Heinz: Wunsches Mädchen, Mädchens Wunsch. Rückblick auf die Unmöglichkeit des Feminismus. 183 S., Kt., Passagen Vlg. 1994. **DM 38,-**

Rudolf Heinz /D. Kamper /U. Sonnemann (Ed.): Wahnwelten im Zusammenstoß: Die Psychose als Spiegel der Zeit. Acta humaniora. 296 S., 16 Abb., Gb., Akademie-Vlg. 1992. **DM 48,-**

M. Heinze /S. Priebe (Ed.): Störenfried Subjektivität. Subjektivität und Objektivität als Begriffe psychiatrischen Denkens. Beiträge u.a. von K.F. Wessels, A. Finzen, H. Lang, B. Görlich. 224 S., Br., Königshausen & Neumann 1996. **DM 48,-**

H. Hengst et al.: Kindheit als Fiktion. 242 S., Kt., Suhrkamp 1981. **DM 10,-**

E. Henscheid /G. Henschel /B. Kronauer: Kulturgeschichte der Mißverständnisse. Studien zum Geistesleben. 589 S., Gb., Reclam, Ditzingen 1997. **DM 49,80**

Rudolf Hernegger: Gesellschaft ohne Kollektiv-Identität. 180 S., Br., Vlg. M.Holler 1982. **DM 22,90**

Rachel Herweg: Die jüdische Mutter. Das verborgene Matriarchat. XIV, 252 S, Gb., WBG 1994. **DM 49,80**

A. Hessel /M. Geyer /E. Brähler (Ed.): Gewinne und Verluste sozialen Wandels. Globalisierung und deutsche Wiedervereinigung aus psychosozialer Sicht. 256 S., Abb., Kt., Westdt. Vlg. 1999. **DM 49,80**

V. von Heyden-Rynsch /O. Wiener: Riten der Selbstauflösung. 328 S, Abb., Gb., Vlg. Matthes & Seitz 1998. **DM 36,-**

Ein aufregendes Lesebuch über die heimtückischen Besonderheiten der Gesellschaft und die Unterwürfigkeit der Vielen.

Raul Hilberg: Täter, Opfer, Zuschauer. Die Vernichtung der Juden 1933-1945. Kt., S. Fischer 1999. **DM 18,00**

Raul Hilberg: Täter, Opfer, Zuschauer. Die Vernichtung der Juden 1933-1945. 367 S., Gb., S. Fischer 4. Ed. 1992. **DM 39,80**

Raul Hilberg: Täter, Opfer, Zuschauer. Die Vernichtung der Juden 1933-1945. Kt., S. Fischer 1996. **DM 18,90**

Micha Hilgers: Das Ungeheure in der Kultur. Psychoanalytische Aufschlüsse zum Alltagsleben. 110 S., Kt., Vandenh. & Ruprecht 1999. **DM 29,-**

Das vorliegende Buch basiert auf einer Artikelserie der Frankfurter Rundschau; die Beiträge sind in journalistischem Stil gehalten und möchten insbesondere den interessierten Laien ansprechen.
Micha Hilgers greift aktuelle Themen und Fragestellungen mit gesellschaftspolitischem Bezug auf, die er in allgemeinverständlicher Form erläutert: die Dynamik von Jugendgewalt und Rechtsradikalismus; Psychotherapie von Kindern und von alten Menschen; zwanghafter Drogenkonsum, psychische Probleme und Chancen bei Migration; die Fähigkeit, sich zu verlieben; der Umgang mit Zeit und Muße; Möglichkeiten und Grenzen der Therapie Pädophiler und die Motive ihres Handelns; Gewaltkriminalität; die kriegerische Dynamik despotischer Regime und andere Themen.

Micha Hilgers: Total abgefahren. Psychoanalyse des Autofahrens. 5 Abb., Kt., Herder o.J.. **DM 14,80**

J. Hillmann /M. Ventura: Hundert Jahre Psychotherapie. Und der Welt geht's immer schlechter. 280 S., Gb., Walter Vlg. Neuaufl. 1999. **DM 29,80**

Lewis W. Hine: Children at Work. Photoband. Eng. Originalausgabe. Hrsg.: Vicki Goldberg. 104 S., 80 Duoton-Abb., Gb., Prestel Vlg. 1999. **DM 68,-**

Mathias Hirsch (Ed.): Arbeit und Identität. Kreativität, Leistung, Arbeitsstörungen, Arbeitslosigkeit. (Rhe.: Psa. Blätter, Bd. 14) 150 S., Kt., Vandenh. & Ruprecht 2000. **DM 36,-**

Mit Beitr. v. K. Buchinger /A. Eggert-Schmid Noerr /D. v. Ekesparre /M. Hirsch /R. Hohage /K. Ottomeyer.
Arbeit gilt als Leitwert unserer Gesellschaft. Stellung und Zugehörigkeit des Individuums innerhalb der Gesellschaft werden primät über seine Arbeit definiert. Für Identität und Selbstgefühl des einzelnen ist die daher von zentraler Bedeutung. Die Einteilung der Lebensphasen erfolgt im großen und ganzen in Relation zur Arbeit im reifen Erwachsenenalter. Die Zeit davor dient der Vorbereitung, die Zeit danach ist der wohlverdiente Ruhestand.
Wert und Bedeutung von Arbeit befinden sich in einer Krise, die den latenten Widerspruch in unserer Arbeitsgesellschaft zutage fördert: Einerseits haben wir die Bestimmung des Menschen in die Arbeit gelegt und streben Vollbeschäftigung an; andererseits sind wir auf eine Freizeitgesell-

schaft aus, in der die Arbeit durch ihre Perfektionierung und Produktivitätssteigerung tendenziell abgeschafft werden soll.

Psychische Probleme durch Arbeitslosigkeit sowie Arbeitsstörungen verschiedenster Ausformungen sind beklagenswerte „Nebenprodukte" dieses Dilemmas. Sie haben immerhin neben ihrer destruktiven individuellen Wirkung eine gesellschaftspolitische Relevanz, die zum Nachdenekn über den zukünftigen Wert von Arbeit als allgemein identitätsbildende Kraft zwingt.

Fritz E Hoevels: Der Ödipuskomplex und seine politischen Folgen. Grundfragen der Psychoanalyse. Mit einem Anhang: Freud lesen, Reich lesen. 70 S., Bibliogr., Pb., Ahriman Vlg. 5. rev. Ed. 1990. **DM 6,-**

Fritz E Hoevels: Die politische Dimension der Psychoanalyse. 2 Toncass., Laufzeit 120 min., Ahriman Vlg. 1989. **DM 15,-**

Fritz E. Hoevels: Die Lage der Psychoanalyse heute - oder: Wie tot sind Freud und Reich? 2 Toncass., Gesamtlaufzeit 104 min., Ahriman Vlg. 1992. **DM 15,-**

Fritz E. Hoevels: Marxismus, Psychoanalyse, Politik. 311 S., Kt., Ahriman Vlg. 1983. **DM 19,80**

Dagmar Hoffmann-Axthelm: Wenn Narziss Athena küsst. Über die Verachtung. 240 S., Kt., Suhrkamp 1998. **DM 18,80**

Ulrike Hoffmann-Richter et al. (Ed.): Sozialpsychiatrie vor der Enquete. 268 S., Br., Psychiatrie-Vlg. 1997. **DM 34,-**

A. Hofmann /E. Hoffmann /S. Stengel-Rutkowski (Ed.): Kinder mit Down-Syndrom. (Rhe.: Kinder fordern uns heraus) 120 S., Kt., Klett-Cotta 2. rev. Ed. 1998. **DM 22,-**

M. Hofmann /M. List (Ed.): Psychoanalysis and Management. XII, 392 p., 4 figs., Kt., Physica Vlg. 1994. **DM 132,-**

Marie G. zu Hohenlohe: Die vielen Gesichter des Wahns. Patientenportraits aus der Psychiatrie der Jahrhundertwende. 156 S., 42 Fotos, 9 Abb., Gb., H. Huber Vlg. 1988. **DM 48,-**

Elmar Holenstein: Menschliches Selbstverständnis. Ichbewußtsein - Intersubjektive Verantwortung - Interkulturelle Verständigung. 220 S., Kt., Suhrkamp 1985. **DM 14,-**

Bernhard Hölzl: Die rhetorische Methode. Theorien und Modelle zur Pragmatik argumentativer Diskurse. 192 S., Br., Königshausen & Neumann 1987. **DM 38,-**

Michael-Sebastian Honig: Entwurf einer Theorie der Kindheit. Die generationale Ordnung. 276 S., Gb., Suhrkamp 1999. **DM 49,80**

Michael-Sebastian Honig: Verhäuslichte Gewalt. Sozialer Konflikt, wissenschaftliche Konstrukte, Alltagswissen, Handlungssituationen. Eine Explorativstudie über Gewalthandeln von Familien. Nachw.: Sexuelle Ausbeutung von Kindern. 438 S., Kt., Suhrkamp 1992. **DM 28,-**

Rainer Horbelt (Ed.): Die Kinder von Buchenwald. Texte und Zeichnungen von Überlebenden. 160 S., zahlr. Abb., Gb., eva 1999. **DM 29,80**

Klaus Horn: Schriften zur kritischen Theorie des Subjekts. Bd. 1: Politische Psychologie. 236 S., Kt., Psychosozial Vlg. 1998. **DM 38,-**

Klaus Horn: Schriften zur kritischen Theorie des Subjekts. Bd. 2: Subjektivität, Demokratie und Gesellschaft. 278 S., Kt., Psychosozial Vlg. 1998. **DM 38,-**

Klaus Horn: Schriften zur kritischen Theorie des Subjekts. Bd. 3: Sozialisation und strukturelle Gewalt. 307 S., Br., Psychosozial Vlg. 1996. **DM 38,-**

Klaus Horn: Schriften zur kritischen Theorie des Subjekts. Bd. 4: Psychoanalyse und gesellschaftliche Widersprüche. 341 S., Br., Psychosozial Vlg. 1998. **DM 38,-**

Klaus Horn: Schriften zur kritischen Theorie des Subjekts. Bd. 5: Soziopsychosomatik. 237 S., Kt., Psychosozial Vlg. 1998. **DM 38,-**

Klaus Horn: Schriften zur kritischen Theorie des Subjekts, 5 Bde. Politische Psychologie; Subjektivität, Demokratie und Gesellschaft; Sozialisation und strukturelle Gewalt; Psychoanalyse und gesellschaftliche Widersprüche; Soziopsychosomatik. Kt., Psychosozial Vlg. 1998. **DM 158,-**

K. Horn /C. Beier /M. Wolf: Krankheit, Konflikt und soziale Kontrolle. Eine empirische Untersuchung subjektiver Sinnstrukturen. XIV, 220 S, Kt., Westdt. Vlg. 1984. **DM 29,80**

J. Huber /A. Müller (Ed.): Die Wiederkehr des Anderen. Interventionen. Beitr. v. E. Bronfen, M. Frank, W. v.Reijen u.a. 296 S., Br., Stroemfeld 1996. **DM 28,-**

Benno Hübner: Der de-projizierte Mensch. Metaphysik der Langeweile. 176 S., Br., Passagen Vlg. 1991. **DM 37,80**

Sigrid Hunke: Das nach-kommunistische Manifest. Gedanken zu Marx und Freud, Unitarismus und Verantwortungsdemokratie. 232 S., Br., Arun-Vlg. 2. Ed. 1995. **DM 29,80**

Herbert M. Hurka: Phantasmen der Gewalt. Die mediale Konstruktion des Opfers. 179 S., Kt., Passagen Vlg. 1997. **DM 39,80**

K. Hurrelmann /A. Klocke (Ed.): Kinder und Jugendliche in Armut. Umfang, Auswirkungen und Konsequenzen. 372 S., Kt., Westdt. Vlg. Neuaufl. 1999. **DM 68,-**

Der Band vermittelt ein fundiertes und umfassendes Bild über das Ausmaß der Kinderarmut, die psychosoziale Situation der Kinder und Jugendlichen in Armut, er zeigt Konsequenzen für die Familienpolitik auf, und er reflektiert den Zusammenhang von Kinderarmut und gesellschaftlicher Entwicklung.

J. Hutter /V. Koch-Burghardt /R. Lautmann: Ausgrenzung macht krank. Homosexuellenfeindlichkeit und HIV-Infektion. 220 S., Kt., Westdt. Vlg. 1999. **DM 42,-**

R. Hutterer-Krisch /V. Pfersmann /I. Farag (Ed.): Psychotherapie, Lebensqualität und Prophylaxe: Beiträge zur Gesundheitsvorsorge in Gesellschaftspolitik, Arbeitswelt und beim Individuum. XI, 421 S., 7 Abb., Kt., Springer 1996. **DM 120,-**

Renate Hutterer-Krisch et al.: Psychotherapie als Wissenschaft - Fragen der Ethik. 374 S., Br., Facultas Vlg. 1996. **DM 69,-**

Evan Imber-Black: Familien und größere Systeme. Im Gestrüpp der Institutionen. 290 S., Kt., C. Auer Vlg. 4. Ed. 1997. **DM 39,80**

Inst. für analytische Psychoth. Zürich-Kreuzlingen: Psychoanalyse im Rahmen der Demokratischen Psychiatrie. Bd. I: Zur Bestimmung der Psychoanalyse im Rahmen der demokratischen Psychiatrie. 202 S., Br., Althea Vlg. 1987. **DM 27,-**

Inst. für analytische Psychoth. Zürich-Kreuzlingen: Psychoanalyse im Rahmen der Demokratischen Psychiatrie. Bd. III: Einige Aspekte der Psychitrie aud der Sicht der Psa. im Rahmen der demokratischen Psychiatrie. 267 S., Br., Althea Vlg. 1987. **DM 27,-**

Inst. für analytische Psychoth. Zürich-Kreuzlingen: Psychoanalyse im Rahmen der Demokratischen Psychiatrie. Bd. IV: Zur Erläuterung des Einsatzes für die Unterdrückten. 352 S., Br., Althea Vlg. 1989. **DM 27,-**

Internationale Erich-Fromm-Ges. (Ed.): Die Charaktermauer. Zur Psychoanalyse des Gesellschafts-Charakters in Ostdeutschland und Westdeutschland. Eine Pilotstudie bei Primarschullehrerinnen u. -lehrern. 276 S., Kt., Vandenh. & Ruprecht 1995. **DM 29,-**

Rainer Isak (Ed.): Sicherheit. Ein mißbrauchtes Bedürfnis. Beitr. v. Th. Bauriedl, I. Bubis, P. Eicher u.a. 112 S., Br., Kath. Akad. Frbg. 1994. **DM 15,-**

Bibó Istvàn: Die deutsche Hysterie. Ursachen und Geschichte. ca. 200 S., Gb., Insel Vlg. 1991. **DM 28,-**

Russel Jacoby: Die Verdrängung der Psychoanalyse oder Der Triumph des Konformismus. 230 S., Kt., S. Fischer 1990. **DM 16,80**

Eva Jaeggi: Ist die Psychoanalyse die richtige Therapie für das „Postmoderne Subjekt"? (Rhe.: AudioTorium) 50 min., 1 Toncass., auditorium-Vlg. 1997. **DM 22,-**

H. Jäger /E. Schorsch (Ed.): Sexualwissenschaft und Strafrecht. (Rhe.: Beitr. zur Sexualforschung, Bd. 62) X, 157 S., Kt., Enke 1987. **DM 58,-**

Marie Jahoda: Sozialpsychologie der Politik und Kultur. Ausgewählte Schriften. 390 S., Gb., Vlg. Nausner 1995. **DM 80,-**

Dieter Janz (Ed.): Krankengeschichte. Biographie, Geschichte, Dokumentation. (Rhe.: Beitr. z. Medizin. Anthropologie, 2) 190 S., Br., Königshausen & Neumann 1999. **DM 48,-**

Karl Jaspers: Heimweh und Verbrechen. Mit Essays v. E. Bronfen u. Ch. Pozsar. 184 S., Br., Ed. belleville 1996. **DM 34,-**

G. Jerouschek /I. Marßolek /H. Röckelein (Ed.): Denunziation. Historische, juristische und psychologische Aspekte. (Rhe.: Forum Psychohistorie, Bd. 7) 302 S., Gb., Ed. diskord 1997. **DM 38,-**

Steven Johnson: Interface Culture. Wie neue Technologien Kreativität und Kommunikation verändern. 296 S., Gb., Klett-Cotta 1999. **DM 39,80**

Hans Jonas: Technik, Medizin und Ethik. Zur Praxis des Prinzips Verantwortung. 350 S., Ln., Insel Vlg. 1985. **DM 42,-**

Hans Jonas: Technik, Medizin und Ethik. Zur Praxis des Prinzips Verantwortung. 324 S., Kt., Suhrkamp 1987. **DM 16,80**

Eike Jost: Kulturelles Spiel - gespielte Kultur. Bewegungsspiel als Dramatisierung des Lebens. Br., Afra Vlg. 1990. **DM 38,50**

Dierk Jülich (Ed. u. Vorw.): Geschichte als Trauma. Festschrift für Hans Keilson zu seinem 80. Geburtstag. 192 S., Br., Psychosozial Vlg. Nachdr. 1997. **DM 38,-**

Peter Jüngst: Psychodynamik und Stadtgestaltung. Zum Wandel präsentativer Symbolik und Territorialität von der Moderne zur Postmoderne. (Rhe.: Erdkundliches Wissen; Bd. 120) 175 S., 12 Abb., Kt., Steiner 1995. **DM 68,-**

Peter Jüngst: Territorialität und Psychodynamik. Eine Einführung in die Psychogeographie. 365 S., Kt., Psychosozial Vlg. 2000. **DM 99,-**

W. Jürg/E. Heim: Psychosoziale Medizin. Gesundheit und Krankheit in bio-psychosozialer Sicht. Teil 1: Grundlagen. XV, 291 S., 48 Abb., 8 Tab., Br., Springer 1986. **DM 68,-**

Gerd Jüttemann: Persönlichkeitspsychologie. Perspektiven einer wirklichkeitsgerechten Grundlagenwissenschaft. 171 S., Kt., Asanger Vlg. 1995. **DM 39,80**

Sudhir Kakar: Die Gewalt der Frommen. Zur Psychologie religiöser und ethnischer Konflikte. 312 S., Kt., C.H.Beck 1997. **DM 39,80**

Sudhir Kakar: Kindheit und Gesellschaft in Indien. Eine psychoanalytische Studie. 292 S., Kt., Stroemfeld 1988. **DM 48,-**

Sudhir Kakar: Kindheit und Gesellschaft in Indien. Eine psychoanalytische Studie. 292 S., Br., Stroemfeld 1988. **DM 48,-**

Anni Kammerlander (Ed.): Das Persönliche ist politisch. Psychosoziale Zentren - Therapie mit Folterüberlebenden im Spannungsfeld zwischen menschlichem Einzelschicksal und Politik. 114 S., 5 Abb., Br., Vlg. IKO 1998. **DM 29,80**

Isolde Karle: Seelsorge in der Moderne. Eine Kritik der psychoanalytisch orientierten Seelsorgelehre. X, 261 S., Kt., Neukirchener Vlg. 1996. **DM 48,-**

Maria Kassel (Ed.): Feministische Theologie. Perspektiven zur Orientierung. 320 S., Kt., Kreuz Vlg. 2. veränd. Ed. 1988. **DM 29,80**

Verena Kast: Abschied von der Opferrolle. Das eigene Leben leben. 189 S., Gb., Herder 4. Ed. 1999. **DM 34,-**

Verena Kast: Ali Baba und die vierzig Räuber. Wie man wirklich reich wird. 124 S., Gb., Kreuz Vlg. 1989. **DM 24,80**

L. Katz /N. Watanabe (Ed.): Die Morita-Therapie im Gespräch. Psychotherapeutische und transkulturelle Aspekte zwischen Ost und West. 220 S., Br., Psychosozial Vlg. 1997. **DM 38,-**

Angela Keppler: Tischgespräche. Über Formen kommunikativer Vergemeinschaftungen am Beispiel der Konversation in Familien. 299 S., Kt., Suhrkamp 1994. **DM 22,80**

Jutta Kern: Single. Identität, Biographie und Lebensführung. 300 S., Kt., Westdt. Vlg. 1998. **DM 58,-**

Otto F. Kernberg (Ed.): Persönlichkeitsstörung und Gesellschaft. 52 S., Kt., Schattauer 1999. **DM 39,50**

I. Kerz-Rühling /T. Plänkers (Ed.): Sozialistische Diktatur und psychische Folgen. (Psa. Beiträge aus dem SFI, Bd. 4) 230 S., Br., Ed. diskord 2000. **DM 36,-**

Manfred F. R. Kets de Vries: Führer, Narren und Hochstapler. Essays über die Psychologie der Führung. (Rhe.: VIP - Verl. Internat. Psa.) 212 S., Ln., Klett-Cotta 1998. **DM 48,-**

Das Aufdecken und Benennen unbewußter Motive, die ihrerseits in der frühkindlichen Entwicklung wurzeln, kann helfen, das Handeln von Führungspersonen besser zu erkennen und dessen möglicherweise irrationalen Kern zu durchschauen.

Heiner Keupp: Riskante Chancen. Das Subjekt zwischen Psychokultur und Selbstorganisation. 165 S., Kt., Asanger Vlg. 1988. **DM 34,-**

D. Kiesel /H. von Lüpke (Ed.): Die Erfindung der Fremdheit. Zur Kontroverse um Gleichheit und Differenz im Sozialstaat. 208 S., Pb., Vlg. Brandes & Apsel 1998. **DM 36,-**

D. Kiesel /H. von Lüpke (Ed.): Vom Wahn und vom Sinn. Krankheitskonzepte in der multikulturellen Gesellschaft. 160 S., Pb., Vlg. Brandes & Apsel 1998. **DM 29,80**

Eva Kimminich (Ed.): Erfundene Wirklichkeiten. Ausgewählte Beiträge zum Deutschen Romanistentag Jena 1997. 300 S., Kt., Schäuble Vlg. 1998. **DM 92,-**

Rüdiger Kipke (Ed.): Identität, Integrität, Integration. Beiträge zur politischen Ideengeschichte Tschechiens. 160 S., Br., Lit Vlg. 1998. **DM 39,80**

Flavia Kippele: Was heißt Individualisierung? Die Antworten soziologischer Klassiker. 261 S., Br., Westdt. Vlg. 1998. **DM 49,80**

Roger Kirchner (Ed.): Psychosoziale Medizin im vereinigten Deutschland. 120 S., Br., Pabst Vlg. 1994. **DM 20,-**

C. Klapisch-Zuber (Ed.): Geschichte der Frauen. Bd. 2: Mittelalter. 584 S., 67 Abb., Gb., Campus 1993. **DM 88,-**

Ernst Klee /W. Dreßen /V. Rieß (Ed.): Schöne Zeiten. Judenmord aus der Sicht der Täter und Gaffer. 276 S., 80 Fotos, Br., S. Fischer 6. Ed. 1997. **DM 39,80**

Johannes Kleinstück: Verfaulte Wörter. Demokratie - Modernität - Fortschritt. 90 S., Kt., Klett-Cotta 1974. **DM 32,-**

Hans M. Klinkenberg: Homo Faber Mentalis. Über den Zusammenhang von Technik, Kunst, Organisation und Wissenschaft. XXIV, 812 S., Gb., Böhlau Vlg. 1995. **DM 148,-**

Gunther Klosinski: Psychokulte. Was Sekten für Jugendliche so attraktiv macht. 118 S., Kt., C.H.Beck 1996. **DM 14,80**

"Der Autor hat ein sehr kenntnisreiches, gut lesbares kleines Buch vorgelegt, das jeder, der mit Jugendlichen psychotherapeutisch arbeitet oder als Berater in der Jugend- und Sozialarbeit tätig ist, in seine Handbibliothek aufnehmen sollte."
(Besprochen in Gruppenpsychotherpie u. Gruppendynamik, Heft 3/1999, v. Ulrich Knölker)

Gunther Klosinski (Ed.): Religion als Chance oder Risiko. Entwicklungsfördernde und entwicklungshemmende Aspekte religiöser Erziehung. Vorw. v. Hans Küng. 222 S., Kt., H. Huber Vlg. 1994. **DM 49,80**

Rudolf Klussmann: Gicht - Gier - Größe - Macht. Herrscher im Spannungsfeld von Lust und Leiden. 188 S., Kt., Psychosozial Vlg. 1998. **DM 48,-**

Axel Knoblich (Ed.): Auf dem Weg zu einer gesamtdeutschen Identität? 108 S., Pb., Vlg. H.Pflug 1993. **DM 18,-**

M.-L. Knopp /B. Heubach: Irrwege, eigene Wege. Junge Menschen erzählen von ihrem Leben nach der Psychiatrie. 200 S., Gb., Psychiatrie-Vlg. 1999. **DM 24,80**

M-L. Knopp /K. Napp (Ed.): Reif für die Klapse? Über die Arbeit in der Kinderpsychiatrie und Jugendpsychiatrie. Einl. v. Campino („Die toten Hosen„) Kt., S. Fischer 1997. **DM 16,90**

M.L. Knopp /K. Napp (Ed.): Wenn die Seele überläuft. Kinder und Jugendliche erleben die Psychatrie. 216 S., Br., Psychiatrie-Vlg. 3. Ed. 1996. **DM 24,80**

Ulrich Kobbé: Zwischen gefährlichem Irresein und gefahrvollem Irrtum. Eine theoretisch-textkritische Analyse und empirisch-explorative Untersuchung. 360 S., Br., Pabst Vlg. 1996. **DM 60,-**

Manfred Koch-Hillebrecht: Homo Hitler. Psychogramm des deutschen Diktators. 448 S., Kt., Goldmann 1999. **DM 25,-**

"Der Bursche ist eine Katastrophe; das ist kein Grund, ihn als Charakter und Schicksal nicht interessant zu finden." Thomas Mann

Klaus M Kodalle (Ed.): Das Verschwinden des Subjekts. XII,293 S., Br., Königshausen & Neumann 1994. **DM 68,-**

Herlinde Koelbl /M. Sack: Das deutsche Wohnzimmer. Vorw. v. Alexander Mitscherlich. 144 S., Br., List Vlg. 1995. **DM 38,-**

Oliver König: Macht in Gruppen. Gruppendynamische Prozesse und Interventionen. (Rhe.: Leben lernen, Bd. 106) 315 S., Br., Klett-Cotta 2. Ed. 1998. **DM 44,-**

Oliver König: Nacktheit. Soziale Normierung und Moral. 400 S., Kt., Westdt. Vlg. 1990. **DM 48,-**

René König: Soziologe und Humanist. Texte aus vier Jahrzehnten. 309 S., Kt., Leske + Budrich 1998. **DM 24,80**

Oliver König (Ed.): Gruppendynamik. Geschichte, Theorien, Methoden, Anwendungen, Ausbildung. 345 S., Kt., Profil Vlg. 2. Ed. 1997. **DM 46,-**

Sheldon B. Kopp: Das Ende der Unschuld. Ohne Illusionen leben. (Rhe.: Geist u. Psyche, Bd. 11375) Kt., S. Fischer 1993. **DM 16,90**

Dieter Korczak: Lebensqualität-Atlas. Umwelt, Kultur, Wohlstand, Sicherheit und Gesundheit in Deutschland. 242 S., Br., Westdt. Vlg. 1995. **DM 72,-**

Thomas Kornbichler: Die Sucht, ganz oben zu sein. Zur Psychoanalyse des Machtstrebens. (Rhe.: Geist u. Psyche, Bd. 13113) Kt., S. Fischer 1996. **DM 18,90**

Hermann Korte (Ed.): Gesellschaftliche Prozesse und individuelle Praxis. Bochumer Vorlesungen zu Norbert Elias "Zivilisationstheorie. Hg. v. Inst. f. Sozialforschung, Ffm. 280 S., Kt., Suhrkamp 1990. **DM 20,-**

Albrecht Koschorke: Die Heilige Familie und ihre Folgen. Kt., S. Fischer 2000. **DM 24,90**

P. Koslowski /F. Hermanni (Ed.): Die Wirklichkeit des Bösen. 250 S., Kt., W. Fink Vlg. 1998. **DM 48,-**

Helga Kotthoff (Ed.): Das Gelächter der Geschlechter. Humor und Macht in Gesprächen von Frauen und Männern. 394 S., Br., Univ.-Vlg. Konstanz 2. Ed. 1996. **DM 38,-**

Siegfried Kracauer: Das Ornament der Masse. Essays. 354 S., Kt., Suhrkamp 1994. **DM 19,80**

Lothar Krappmann: Soziologische Dimensionen der Identität. Strukturelle Bedingungen für die Teilnahme an Interaktionsprozessen. 231 S., Ln., Klett-Cotta 8. Ed. 1993. **DM 65,-**

Rudolf Kreis: Antisemitismus und Kirche. In den Gedächtnislücken deutscher Geschichte mit Heine, Freud, Kafka und Goldhagen. 332 S., 12 Abb., Kt., Rowohlt 2000. **DM 22,90**

Helmut Kretz (Ed.): Lebendige Psychohygiene. Beitr. v. T. Plänkers, W. Bräutigam, H. Stierlin. 245 S., 18 Abb., Ebr., Eberhard-Vlg. 1996. **DM 25,-**

Hinter dem wenig glücklich gewählten Titel finden sich lesenswerte Beiträge von Analytikern, Psychiatern und syst. Familientherapeuten zum Themenkoplex „seelische Gesundheit".

Bernd Krewer: Kulturelle Identität und menschliche Selbsterforschung. Die Rolle von Kultur in der positiven und reflexiven Bestimmung des Menschseins. VII,430 S., Kt., Vlg. für Entw.pol. Saarbr. 1992. **DM 55,-**

Jürgen Kritz: Chaos, Angst und Ordnung. Wie wir unsere Lebenswelt gestalten. 125 S., Kt., Vandenh. & Ruprecht 1997. **DM 19,80**

Jürgen Kriz: Chaos und Struktur. 176 S., 85 s/w Abb., Br., PVU 1992. **DM 32,-**

Wolfgang Krohn (Ed.): Selbstorganisation - Aspekte einer wissenschaftlichen Revolution. VI, 332 S., Gb., Vieweg 1990. **DM 78,-**

Alfred Krovoza (Ed.): Politische Psychologie. Ein Arbeitsfeld der Psychoanalyse. (Rhe.: VIP - Verl. Internat. Psa.) 298 S., Pb., Klett-Cotta 1996. **DM 38,-**

A. Kruse /E. Schmitt: Wir haben uns als Deutsche gefühlt. Lebensrückblick und Lebenssituation jüdischer Emigranten und Lagerhäftlinge. 260 S., Gb., Steinkopff Vlg. 1999. **DM 49,-**

Wie setzen sich ehemalige jüdische Lagerhäftlinge und Emigranten im Alter mit ihren Erinnerungen an Deportation, Lagerhaft und Vertreibung sowie mit vielfältigen anderen Verlusten auseinander, in einer Lebensphase, in der die Intesität dieser Erinnerungen wieder deutlich zunimmt ?
Das Buch bemüht sich auf solider wissenschaftlicher Grundlage, Antworten auf diese Fragen zu geben.

Joachim Küchenhoff (Ed.): Familienstruktur im Wandel. 286 S., Kt., E. Reinhardt Vlg. 1998. **DM 42,-**

Hans Küng: Freud und die Zukunft der Religion. 160 S., Kt., Piper 1987. **DM 9,80**

Fritz Künkel: Charakter, Einzelmensch und Gruppe. 185 S., Kt., Hirzel Vlg. 2. Ed. 1976. **DM 29,-**

Fritz Künkel: Charakter, Krisis und Weltanschauung. Die vitale Dialektik als Grundlage der angewandten Charakterkunde. 191 S., Kst., Hirzel Vlg. 3. Ed. 1976. **DM 29,-**

Fritz Künkel: Charakter, Wachstum und Erziehung. VIII, 223 S., Kt., Hirzel Vlg. 3. Ed. 1976. **DM 29,-**

Kunst- und Ausstellungshalle der BRD (Ed.): Das Böse: Jenseits von Absichten und Tätern oder: Ist der Teufel ins System ausgewandert? Schriftenreihe Forum Bd. 3. 373 S., Kt., Steidl Vlg. 1995. **DM 38,-**

Günter Küppers (Ed.): Chaos und Ordnung: Formen der Selbstorganisation in Natur und Gesellschaft. m. Abb., Kt., Reclam, Ditzingen 1996. **DM 16,-**

P. Kutter /R. Paramo-Ortega /Thomas Müller (Ed.): Weltanschauung und Menschenbild. Einflüsse auf die psychoanalytische Praxis. 288 S., Kt., Vandenh. & Ruprecht 1998. **DM 48,-**

Helmut Kuzmics /I. Mörth: Der unendliche Prozess der Zivilisation. Zur Kultursoziologie der Moderne nach Norbert Elias. 304 S., Kt., Campus 1991. **DM 38,-**

Eva Labouvie: Andere Umstände. Eine Kulturgeschichte der Geburt. VI, 393 S., 29 Abb., Gb., Böhlau Vlg. 1999. **DM 68,-**

Ronald D. Laing: Das geteilte Selbst. Eine existentielle Studie über geistige Gesundheit und Wahnsinn. Kt., Kiepenheuer & Witsch 1994. **DM 18,80**

Georg Landenberger /R. Trost: Lebenserfahrungen im Erziehungsheim. 280 S., Pb., Vlg. Brandes & Apsel o.J.. **DM 34,80**

H. Lang /H. Faller: Medizinische Psychologie und Soziologie. XI, 380 S., 77 Abb., Kt., Springer 1998. **DM 49,90**

Christopher Lasch: Das Zeitalter des Narzißmus. 368 S., Br., Hoffmann & Campe 1995. **DM 28,-**

Ervin Laszlo: Das dritte Jahrtausend. Zukunftsvisionen. Vorw. v. Peter Ustinov. 180 S., Kt., Suhrkamp 1998. **DM 14,80**

Thomas Laubach (Ed.): Ethik und Identität. Festschrift für Gerfried W. Hunold zum 60. Geburtstag. 276 S., Kt., Francke Vlg. 1998. **DM 78,-**

Uwe Laucken: Individuum, Kultur, Gesellschaft. Eine Begriffsgeschichte der Sozialpsychologie. 149 S., Kt., H. Huber Vlg. 1994. **DM 49,80**

Rupert Lay: Das Bild des Menschen. Psychoanalyse für die Praxis. Kt., Ullstein o.J.. **DM 14,80**

Rupert Lay: Die Ketzer. Über Thomas Müntzer, Galileo Galilei, Sigmund Freud u.a. Kt., Econ 1997. **DM 16,90**

Pierre Legendre: Die Fabrikation des abendländischen Menschen. Zwei Essays. 70 S., Turia & Kant 1999. **DM 20,-**

Jacques LeGoff: Die Intellektuellen im Mittelalter. 216 S., Lin., Klett-Cotta 3. Ed. 1991. **DM 34,-**

Edmund Leites: Puritanisches Gewissen und moderne Sexualität. 232 S., Gb., Suhrkamp 1988. **DM 36,-**

T. Leithäuser /B. Volmerg: Psychoanalyse in der Sozialforschung. Eine Einführung am Beispiel der Sozialpsychologie der Arbeit. 298 S., Kt., Westdt. Vlg. 1988. **DM 32,-**

T. Leithäuser /E. Löchel /K. Schütt et al. (Ed.): Lust und Unbehagen an der Technik. 237 S., Kt., Psychosozial Vlg. Neuaufl. 1999. **DM 44,-**

Reinhart G. E. Lempp: Die autistische Gesellschaft. Geht die Verantwortlichkeit für andere verloren? 175 S., Kt., Kösel Vlg. 3. Ed. 1997. **DM 34,-**

Karl Lenz: Soziologie der Zweierbeziehung. Eine Einführung. 334 S., Br., Westdt. Vlg. 1998. **DM 39,80**

Dieter Lenzen: Krankheit als Erfindung. Medizinische Eingriffe in die Kultur. 224 S., Kt., S. Fischer 2. Ed. 1993. **DM 19,90**

Dieter Lenzen: Vaterschaft. Vom Patriarchat zur Alimentation. 45 Abb., Kt., Rowohlt o.J.. **DM 22,80**

Gerda Lerner: Die Entstehung des Patriarchats. 374 S., Kt., Campus 1995. **DM 39,80**

Rudolf Leu /L. Krappmann (Ed.): Zwischen Autonomie und Verbundenheit. Bedingungen und Formen der Behauptung von Subjektivität. Kt., Suhrkamp 1999. **DM 27,80**

Michael Ley: Die Zeit heilt keine Wunden. Gespräche mit jüdischen KZ-Überlebenden. 180 S., Pb., Löcker Vlg. 1995. **DM 37,-**

K. Ley /C. Borer: Und sie paaren sich wieder. Über Fortsetzungsfamilien. (Rhe.: Soziopsychoanalyt. u. ethnopsa. Forsch., Bd. 1) 293 S., Gb., Ed. diskord 1992. **DM 42,-**

Theodore Lidz /Stephen Fleck: Die Familienumwelt der Schizophrenen. 272 S., Kt., Klett-Cotta 1979. **DM 42,-**

Katharina Liebsch: Vom Weib zur Weiblichkeit. Psychoanalytische Konstruktionen in feministischer Theorie. 288 S., Kt., Kleine Vlg. 1994. **DM 35,-**

R. J. Lifton /E. Markusen: Die Psychologie des Völkermordes. Atomkrieg und Holocaust. 358 S., Lin., Klett-Cotta 1992. **DM 48,-**

Jürgen Link: Versuch über den Normalismus. Wie Normalismus produziert wird. 460 S., Kt., Westdt. Vlg. 2. rev. Ed. 1997. **DM 74,-**

Rudolf zur Lippe: Anatomie als Selbstzerstörung. Zur bürgerlichen Subjektivität. 240 S., Kt.., eva 1997. **DM 25,-**

Rudolf zur Lippe: Neue Betrachtung der Wirklichkeit. Wahnsystem Realität. 250 S., Abb., Gb., eva 1997. **DM 44,-**

Rudolf zur Lippe: Wie real ist die Realität? (Rhe.: Wiener Vorlesungen, Bd. 57) 50 S., Gb., Picus Vlg. o.J.. **DM 14,80**

Christa Lippmann: Aspekte einer psychoanalytisch orientierten Betriebspsychologie unter Berücksichtigung des Begriffs „Arbeit" bei Sigmund Freud. 136 S., Br., Duncker & Humblot 1978. **DM 56,-**

Ursula Lischke (Bearb.): Intimität. Bedeutungen von Nähe im Kontext der Identität. Dokumentation eines Forschungssymposions, Gmünden, Oktober 1996. 54 S., Br., Vlg. Inst. f. Bewegungsanalyse 1998. **DM 34,-**

Hans-Martin Lohmann (Ed.): Das Unbehagen in der Psychoanalyse. Eine Streitschrift. Nachw. v. Hans-Jürgen Heinrichs. VII, 116 S., Kt., Psychosozial Vlg. 1997. **DM 19,80**

Maren Lorenz: Kriminelle Körper - Gestörte Gemüter. Die Normierung des Individuums in Gerichtsmedizin und Psychiatrie der Aufklärung. 450 S., Gb., Hamburger Ed. 1999. **DM 58,-**

Alfred Lorenzer: Das Konzil der Buchhalter. Die Zerstörung der Sinnlichkeit. Eine Religionskritik. Kt., S. Fischer o.J.. **DM 19,90**

Alfred Lorenzer: Intimität und soziales Leid. Archäologie der Psychoanalyse. 221 S., Gb., S. Fischer 1984. **DM 44,-**

Alfred Lorenzer: Intimität und soziales Leid. Archäologie der Psychoanalyse. 221 S., Kt., S. Fischer 1993. **DM 18,90**

Alfred Lorenzer (Ed.): Kulturanalysen. Psychoanalytische Studien zur Kultur. Mit Abb., Kt., S. Fischer o.J.. **DM 24,80**

Isabell Lorey: Immer Ärger mit dem Subjekt. Theoretische und politische Konsequenzen eines juridischen Machtmodells: Judith Butler. 169 S., Kt., Ed. diskord 1996. **DM 28,-**

Jürgen Löwe: Der unersättliche Mensch. Analyse menschlichen Besitzverlangens und seiner Bedeutung für das wirtschaftliche Wachstum. 272 S., Kt., Fakultas Vlg. 1995. **DM 39,80**

Leo Löwenthal: Falsche Propheten. Bd. 3: Studien zum Autoritarismus. 336 S., Ln., Suhrkamp 1982. **DM 54,-**

Leo Löwenthal: Falsche Propheten. Studien zum Autoritarismus. 336 S., Kt., Suhrkamp 1982. **DM 42,-**

H. E. Lück /E. Mühlleitner (Ed.): Psychoanalytiker in der Karikatur. 201 S., Gb., PVU 1993. **DM 49,80**

Monika Ludwig: Armutskarrieren. Zwischen Abstieg und Aufstieg im Sozialstaat. 306 S., Kt., Westdt. Vlg. 1996. **DM 52,-**

Niklas Luhmann: Liebe als Passion. Zur Codierung von Intimität. 231 S., Kt., Suhrkamp 1994. **DM 19,80**

Niklas Luhmann: Liebe als Passion. Zur Codierung von Intimität. 231 S., Ln., Suhrkamp 1994. **DM 34,-**

Svante Lundgren: Fight Against Idols. Erich Fromm on Religion, Judaism and the Bible. 193 S., Pb., P. Lang 1998. **DM 65,-**

K. Lüscher /F. Schultheis (Ed.): Generationenbeziehungen in „postmodernen" Gesellschaften. Analysen zum Verhältnis von Individuum, Familie, Staat und Gesellschaft. 484 S., Br., Univ.-Vlg. Konstanz 2. Ed.1995. **DM 128,-**

Manfred Lütz: Der blockierte Riese. Psycho-Analyse der katholischen Kirche. 208 S., Kt., Pattloch Vlg. 1999. **DM 29,90**

Amin Maalouf: Mörderische Identitäten. 200 S., Kt., Suhrkamp 2000. **DM 17,90**

Hans-Joachim Maaz: Der Gefühlsstau. Ein Psychogramm der DDR. 243 S., Kt., Argon Vlg. 1992. **DM 19,80**

Gerald Mackenthun: Die Entstehungsgeschichte der „Analytischen Sozialpsychologie" Erich Fromms 1928-1938. Eine Einführung. 128 S., Pb., Haag + Herchen 1991. **DM 19,80**

J. Mansel /G. Neubauer (Ed.): Armut und soziale Ungleichheit bei Kindern. (Rhe.: Kindheitsforschung, Bd. 9) 317 S., Abb., Kt., Leske + Budrich 1998. **DM 39,-**

Herbert Marcuse: Das Schicksal der bürgerlichen Demokratie. (Rhe.: Nachgelassene Schriften Bd. 1) 160 S., Gb., zu Klampen 1999. **DM 38,-**

Herbert Marcuse: Der eindimensionale Mensch. Studien zur Ideologie der fortgeschrittenen Industriegesellschaft. 288 S., Kt., dtv 1994. **DM 19,90**

Herbert Marcuse: Feindanalysen. Über die Deutschen. 149 S., Kt., zu Klampen 1998. **DM 24,-**

Herbert Marcuse: Gespräche mit Herbert Marcuse. Teilnehmer: Jürgen Habermas, Tilman Spengler, Silvia Bovenschen u.a. 5 Fotos, Kt., Suhrkamp Sonderausg. 1996. **DM 10,-**

Herbert Marcuse: Konterrevolution und Revolte. Kt., Suhrkamp o.J.. **DM 8,-**

Herbert Marcuse: Kultur und Gesellschaft. Bd. 1. 179 S., Kt., Suhrkamp NA 1980. **DM 14,80**

Herbert Marcuse: Ökologie und Gesellschaftskritik. (Rhe.: Nachgelassene Schriften Bd. 5) 160 S., Gb., zu Klampen 10/2003. **DM 38,-**

Herbert Marcuse: Schriften. Triebstruktur und Gesellschaft. 232 S., Ln., Suhrkamp 1979. **DM 38,-**

Michael Märtens: Psychotherapie im Kontext. Soziale und kulturelle Koordinaten therapeutischer Prozesse. Diss. 283 S., 9 Abb., Kt., Asanger Vlg. 1997. **DM 58,-**

Jörg Martin (Ed.): PsychoManie. Des Deutschen Seelenlage. 227 S., Kt., Reclam 1996. **DM 20,-**

Dirk Matejovski (Ed.): Neue, schöne Welt? Lebensformen der Informationsgesellschaft. 216 S., Kt., Campus 3/2000. **DM 49,80**

Matthias Matussek: Die vaterlose Gesellschaft. Überfällige Anmerkungen zum Geschlechterkampf. Kt., Rowohlt 1998. **DM 14,90**

Michael Matzner: Vaterschaft heute. Klischees und soziale Wirklichkeit. 246 S., Kt., Campus 1998. **DM 22,80**

Daniela F. Mayr: Der Riß der Geschlechter. MaDonna. Der Diskurs. Die Hysterie. Und Hölderlin. 176 S., Br., Passagen Vlg. 1996. **DM 38,-**

Paul Mecheril /T. Teo (Ed.): Psychologie und Rassismus. 112 S., Kt., Rowohlt 1996. **DM 24,90**

Joachim Mehlhausen (Ed.): Pluralismus und Identität. 637 S., Kt., Gütersloher-Vlg. 1995. **DM 98,-**

Carola Meier-Seethaler: Von der göttlichen Löwin zum Wahrzeichen männlicher Macht. Ursprung und Wandel grosser Symbole. 237 S., 235 Abb., Gb., Kreuz Vlg. 2. Ed. 1994. **DM 78,-**

Klaus Menne (Ed.): Psychoanalyse und Justiz. Zur Begutachtung und Rehabilitation von Straftätern. 108 S., Kt., Nomos Vlg. 1984. **DM 39,-**

Stavros Mentzos: Der Krieg und seine psychosozialen Funktionen. (Rhe.: Geist u. Psyche, Bd. 11116) Kt., S. Fischer o.J.. **DM 19,90**

Maurice Merleau-Ponty: Die Struktur des Verhaltens. Rhe. Phänomenologisch-psychologische Forschungen, Bd. 13. XXVI, 277 S., Kt., de Gruyter 1976. **DM 113,-**

M.-Th. Meulders-Klein /I. Théry (Ed.): Fortsetzungsfamilien. Neue familiale Lebensformen in pluridisziplinärer Betrachtung. 422 S., Br., Univ.-Vlg. Konstanz 1998. **DM 78,-**

Eva Meyer: Der Unterschied, der eine Umgebung schafft. Kybernetik - Psychoanalyse - Feminismus. 32 S., Br., Turia & Kant 1990. **DM 10,-**

J. Meyer ZurCapellen /A. Werthmann /M. Widmer-Perrenoud: Die Erhöhung der Frau. Psychoanalytische Untersuchungen zum Einfluß der Frau in einer sich transformierenden Gesellschaft. 321 S., Kt., Suhrkamp 1993. **DM 24,-**

Käte Meyer-Drawe: Leiblichkeit und Sozialität. Phänomenologische Beiträge zu einer pädagogischen Theorie der Inter-Subjektivität. 301 S., Gb., W. Fink Vlg. 2. Ed. 1987. **DM 48,-**

M. Michel /T. Spengler (Ed.): Kursbuch. Bd. 128: Lebensfragen. 180 S., m. Abb., Kt., Rowohlt 1997. **DM 18,-**

Michael Millner: Das Beta-Kind. Fernsehen und kindliche Entwicklung aus kinderpsychiatrischer Sicht. 185 S., Kt., H. Huber Vlg. 1996. **DM 39,80**

Der Autor dieses Buches befaßt sich mit den Folgen übermäßigen Fernsehkonsums. Ausgehend von der normalen Wahrnehmungsentwicklung zeigt er, wie es Kindern in dieser entscheidenden Phase ihres Lebens verpassen, sich ihre physikalische und soziale Umwelt durch transformierendes Lernen zu erschließen.

A. Minssen /U. Müller: Wann wird ein Mann zum Täter? Psychogenese und Soziogenese männlicher Gewaltbereitschaft. 200 S., Kt., Leske + Budrich 2000. **DM 29,-**

Alexander Mitscherlich: 2 Vorträge. 1. Die Ehe als Krankheitsursache, 2. Die Grenzen der Psychologie. (Rhe.: AudioTorium) 60 min., 1 Toncass., auditorium-Vlg. o.J.. **DM 24,-**

Alexander Mitscherlich: Auf dem Weg zur vaterlosen Gesellschaft. Ideen zur Sozialpsychologie. Kt., Piper 1973. **DM 24,90**

"Selten hat ein Buch eine so tiefgreifende, nüchterne und gerade deshalb erschüternde Zeitanalyse geboten wie dieses" (Basler Natiionalzeitung)

Alexander Mitscherlich: Die Idee des Friedens und die menschliche Aggressivität. Vier Versuche. 137 S., Gb., Suhrkamp 1993. **DM 19,80**

Alexander Mitscherlich: Die Unwirtlichkeit unserer Städte. Kt., Suhrkamp 1996. **DM 10,-**

Alexander Mitscherlich: Die Unwirtlichkeit unserer Städte. Anstiftung zum Unfrieden. Kt., Suhrkamp 1965. **DM 14,80**

Alexander Mitscherlich: Grundzüge einer Sozialpsychologie. Vorlesung. (Rhe.: AudioTorium) 250 min., 5 Toncass., auditorium-Vlg. o.J.. **DM 80,-**

Alexander Mitscherlich: Liebe und Schmutz. (Rhe.: AudioTorium) 50 min., 1 Toncass., auditorium-Vlg. o.J.. **DM 24,-**

Alexander Mitscherlich: Masse und Macht. Vorlesung. (Rhe.: AudioTorium) 50 min., 1 Toncass., auditorium-Vlg. o.J.. **DM 23,-**

Alexander Mitscherlich: Über Feindseligkeit und hergestellte Dummheit, einige andauernde Erschwernisse beim Herstellen von Frieden. Rede anläßlich der Verleihung des Friedenspreises des Deutschen Buchhandels am 12.10.1969 in der Frankfurter Paulskirche. Mit einem Essay v. Hans Ebeling. 55 S., Gb., eva 1993. **DM 26,-**

Margarete Mitscherlich: Die Zukunft ist weiblich. Kt., Piper o.J.. **DM 12,80**

Margarete Mitscherlich: Die Zukunft ist weiblich. 110 S., Kt., Pendo Vlg. 2. Ed. 1987. **DM 19,80**

Margarete Mitscherlich: Die Zukunft ist weiblich. Kt., Pendo Vlg. 1998. **DM 12,90**

Margarete Mitscherlich: Erinnerungsarbeit. Zur Psychoanalyse der Unfähigkeit zu trauern. 175 S., Ln., S. Fischer 1987. **DM 9,80**

Margarete Mitscherlich: Erinnerungsarbeit. Zur Psychoanalyse der Unfähigkeit zu trauern. (Rhe.: Geist u. Psyche, Bd. 11617) Kt., S. Fischer 1993. **DM 14,90**

Margarete Mitscherlich: Über die Mühsal der Emanzipation. Kt., S. Fischer 1994. **DM 14,90**

Alexander Mitscherlich (Ed.): Aggression und Anpassung. Vorw. v. Margarete Mitscherlich. Kt., Piper o.J.. **DM 17,80**

M. Mitscherlich /C. Rohde-Dachser (Ed.): Psychoanalytische Diskurse über die Weiblichkeit von Freud bis heute. 260 S., Pp., Klett-Cotta 1996. **DM 38,-**

A. Mitscherlich /M. Mitscherlich: Die Unfähigkeit zu trauern. Grundlagen kollektiven Verhaltens. 384 S., Kt., Piper Neuausg. 1998. **DM 19,90**

Margarete Mitscherlich-Nielsen: Das Ende der Vorbilder. (Rhe.: AudioTorium) 70 min., 1 Toncass., auditorium-Vlg. o.J.. **DM 23,-**

Margarete Mitscherlich-Nielsen: Die Notwendigkeit zu trauern. (Rhe.: AudioTorium) 60 min., 1 Toncass., auditorium-Vlg. o.J.. **DM 22,-**

Margarete Mitscherlich-Nielsen: Identität, Geschlecht und Ideologie. (Rhe.: AudioTorium) 60 min., 1 Toncass., auditorium-Vlg. o.J.. **DM 22,-**

Margarete Mitscherlich-Nielsen: Vergangenheitsbewältigung - aber wie? (Rhe.: AudioTorium) 66 min., 1 Toncass., auditorium-Vlg. o.J.. **DM 23,-**

Emilio Modena (Ed.): Das Faschismus-Syndrom. Zur Psychoanalyse der Neuen Rechten in Europa. 435 S., Kt., Psychosozial Vlg. 1998. **DM 48,-**

"... [richtet] den am Unbewußten geeichten Blick des Psychoanalytikers nicht nur auf Patienten ..., sondern auch auf Entwicklungen in Gesellschaft und Politik. Ein Ansatz, der unverzichtbare Einsichten in Phantasiewelten und Gewaltpotentiale des Rechtsradikalismus bietet. ... bezeugt eindrucksvoll den Forschungsstand der Psychoanalyse." Rainer Fellmeth, WDR

Michael Moeller: Über die Liebe. Vortrag während des 1. Weltkongresses des World Council of Psychotherapy, Wien 1996. (Rhe.: AudioTorium) 1 Toncass., auditorium-Vlg. 1997. **DM 19,80**

Michael L. Moeller: Die Liebe ist das Kind der Freiheit. Kt., Rowohlt o.J.. **DM 12,90**

Michael Lukas Moeller: Liebe ist mehr als wir fassen können. (Rhe.: AudioTorium) 74 min., 1 Toncass., auditorium-Vlg. 1997. **DM 25,-**

Robert Montau: Gewalt im biographischen Kontext. 157 S., Br., Psychosozial Vlg. 1996. **DM 28,-**

Serge Moscovici: Das Zeitalter der Massen. Eine historische Abhandlung über die Massenpsychologie. 517 S., Gb., Hanser 1984. **DM 68,-**

Tilmann Moser: Politik und seelischer Untergrund. Aufsätze und Vorträge. Kt., Suhrkamp o.J.. **DM 14,80**

Tilmann Moser: Repressive Kriminalpsychiatrie. Vom Elend einer Wissenschaft. Eine Streitschrift. Kt., Suhrkamp o.J.. **DM 7,-**

Rafael Moses: Psychoanalyse in Israel. Theoriebildung und therapeutische Praxis. (Rhe.: Psa. Blätter, Bd. 09) 150 S., Kt., Vandenh. & Ruprecht 1998. **DM 36,-**

Rudolf Müller: Die Pflegekraft als Schokolade. Ungewöhnliches und Ungebührliches zur Psychodynamik des Pflegeprozesses. V, 152 S., Abb., Kt., Ullstein Medical 1995. **DM 29,80**

Ulrich Müller (Ed.): Herrscher, Helden, Heilige. 800 S., Gb., Univ.-Vlg. Konstanz 1996. **DM 148,-**

W. Müller-Funk /F. Schuh (Ed.): Nationalismus und Romantik. 218 S., Kt., Turia & Kant 1998. **DM 42,-**

Amélie Mummendey (Ed.): Identität und Verschiedenheit. Zur Sozialpsychologie der Identität in komplexen Gesellschaften. 197 S., 13 Abb., 3 Tab., Kt., H. Huber Vlg. 1997. **DM 59,-**

Tamara Musfeld: Im Schatten der Weiblichkeit. Über die Fesselung weiblicher Kraft und Potenz durch das Tabu der Aggression. (Rhe.: Perspektiven, Bd. 4) 317 S., Kt., Ed. diskord 1997. **DM 38,-**

Bernd Mütter (Ed.): Regionale Identität im vereinten Deutschland. Chance und Gefahr. 302 S., Br., Dt. Studien-Vlg. 1996. **DM 64,-**

Armin Nassehi /Georg Weber: Tod, Modernität und Gesellschaft. Entwurf einer Theorie der Todesverdrängung. 483 S., Gb., Westdt. Vlg. 1989. **DM 82,-**

Rosemarie Nave-Herz: Familie heute. Wandel der Familienstrukturen und Folgen für die Erziehung 1994. 165 S., Kt., Primus Vlg. 1999. **DM 26,80**

Jacob Needleman: Die Seele der Zeit. Kt., S. Fischer 2000. **DM 14,90**

Heinz-Ulrich Nennen (Ed.): Diskurs. Begriff und Realisierung. 400 S., Kt., Königshausen & Neumann 1999. **DM 68,-**

Thomas Neumann: Subjektwerdung als Sozialerfahrung. Psychoanalytische Sozialisationtheorie und ihre bildungstheoretische Relevanz. 150 S., Br., Lit Vlg. 1992. **DM 34,80**

Heinz Neun (Ed.): Psychosomatische Einrichtungen. Was sie (anders) machen und wie man sie finden kann. 271 S., Kt., Vandenh. & Ruprecht 3. Ed. 1994. **DM 34,-**

Jürgen Neuser (Ed.): Projektion. Grenzprobleme zwischen innerer und äusserer Realität. 342 S., 8 Abb., Kt., Hogrefe 1992. **DM 68,-**

William G. Niederland: Folgen der Verfolgung: Das Überleben-Syndrom. 290 S., Kt., Suhrkamp 1980. **DM 12,-**

U. Niedersen /L. Pohlmann (Ed.): Selbstorganisation und Determination. Jahrb. f. Komplexität in den Natur-, Geistes- und Sozialwissenschaften, Bd 1. II,236 S., Br., Duncker & Humblot 1990. **DM 98,-**

Ursula Nuber: Die Egoismus-Falle. Warum Selbstverwirklichung so oft einsam macht. (Rhe.: Geist u. Psyche, Bd. 14516) Kt., S. Fischer 2000. **DM 16,90**

Dagmar Oberlies: Tötungsdelikte zwischen Männern und Frauen. Eine Untersuchung geschlechtsspezifischer Unterschiede aus dem Blickwinkel gerichtlicher Rekonstruktion. (Rhe.: Frauen im Recht!, Bd. 1) 295 S., Centaurus Vlg. 1995. **DM 49,80**

Rolf Oerter (Ed.): Menschenbilder in der modernen Gesellschaft. Konzeptionen des Menschen in Wissenschaft, Bildung, Kunst, Wirtschaft und Politik. 210 S., Kt., Enke 1999. **DM 38,-**

Günter Oesterle (Ed.): Jugend - ein romantisches Konzept? 358 S., Br., Königshausen & Neumann 1997. **DM 58,-**

D. Ohlmeier /M. Dornes /Ch. Beier (Ed.): Trauma Aids. Eine psychoanalytische Studie über die Auswirkungen der HIV-Infektion. 211 S., Kt., Westdt. Vlg. 1995. **DM 42,-**

Hannelore Orth-Peine: Identitätsbildung im sozialgeschichtlichen Wandel. 370 S., Kt., Campus 1990. **DM 75,-**

Erwin Orywal et al. (Ed.): Krieg und Kampf: Die Gewalt in unseren Köpfen. 193 S., Kt., Reimer Vlg. 1996. **DM 34,-**

Barbara Ossege: Mutterhure. Weiblichkeit im Wechsel der Diskurse. X, 134 S., Centaurus Vlg. 1998. **DM 38,-**

Gerd Overbeck: Krankheit als Anpassung. Der sozio-psychosomatische Zirkel. 220 S., Kt., Suhrkamp 1983. **DM 13,80**

Bertha Pappenheim: Sisyphus, Anna O. gegen den Mädchenhandel. Hrsg. v. Helga Heubach. 250 S., Kt., Kore Ed. 1992. **DM 19,80**

Beulah Parker: Chronik einer gestörten Familie. (Rhe.: Literatur der Psa.) 342 S., Kt., Suhrkamp 1975. **DM 36,-**

Talcott Parsons: Sozialstruktur und Persönlichkeit. 449 S., Kt., Klotz Vlg. 6. Ed. 1999. **DM 48,-**

Bernhard Pauleikhoff: Das Menschenbild im Wandel der Zeit. Ideengeschichte der Psychiatrie und der Klinischen Psychologie. Erg.-Bd. 1: Partnerchaft im Wandel der Zeit. Kritische Geschichte der menschlichen Existenz. XII, 340 S., Lit.-verz., Reg., Ln., Vlg. Pressler 1990. **DM 140,-**

Bernhard Pauleikhoff: Das Menschenbild im Wandel der Zeit. Ideengeschichte der Psychiatrie und der Klinischen Psychologie. Erg.-Bd. 2: Zeit und Sein. Zur Geschichte der menschlichen Existenz und ihrer Zukunft. Kritische Geschichte der Sympathie, Freundschaft und Liebe. XII, 508 S., Lit.-verz., Reg., Ln., Vlg. Pressler 1990. **DM 140,-**

Heinrich Payr: Der kritische Imperativ. Zur Psychologie von Intellektuellen. 175 S., Kt., Turia & Kant o.J.. **DM 29,-**

Willi Pecher: Das Gefängnis als Vater-Ersatz. Die Suche nach dem Vater als unbewußtes Motiv für Straffälligkeit. 212 S., 10 Zeichn., Pb., R.G.Fischer 1989. **DM 29,80**

Willi Pecher: Tiefenpsychologisch orientierte Psychotherapie im Justizvollzug. Eine empirische Untersuchung der Erfahrungen und Einschätzungen von Psychotherapeuten in deutschen Gefängnissen. X, 299 S., Br., Centaurus Vlg. 1999. **DM 59,80**

Mario Perniola: Der Sex- Appeal des Anorganischen. 208 S., Turia & Kant 1999. **DM 36,-**

Meinrad Perrez /J. Lambert /C. Ermert et al.: Famille en transition - Familie im Wandel. 500 S., Br., Univ.-Vlg. Freiburg 1995. **DM 78,-**

M. Perrez /J.-L. Lambert (Ed.): Familie im Wandel; Famille en transition. Mit Beitr. in engl.- u. französ. Sprache. XIII, 384 S., Kt., H. Huber Vlg. 1995. **DM 69,-**

W. Perrig /W. Wippich P. /Perring-Chiello: Unbewußte Informationsverarbeitung. 269 S., 19 Abb., 14 Tab., Kt., H. Huber Vlg. 1993. **DM 44,80**

F. Peterander /O. Speck (Ed.): Qualitätsmanagement in sozialen Einrichtungen. 300 S., Gb., E. Reinhardt Vlg. 1999. **DM 49,80**

Horst Petri: Umweltzerstörung und die seelische Entwicklung unserer Kinder. 219 S., Gb., Kreuz Vlg. 2. Ed. 1992. **DM 29,80**

Ernst Petz: Verblödung aus den Hinterwelten. Gegen kollektiven Wahn und den Missbrauch von Menschen, gegen Monomanie und Narzissmus, Esoterik, Dummheit und Betrug. 232 S., Br., Arachne Vlg. 1993. **DM 28,-**

H. Petzold /I. Orth (Ed.): Mythen der Psychotherapie. Ideologien, Machtstrukturen - oder kritische Praxis und Freiheitsdiskurse. 424 S., Kt., Junfermann Vlg. 1999. **DM 49,80**

F. Pfäfflin /E. Schorsch (Ed.): Sexualpolitische Kontroversen. 15. Wiss. Tagung der Dtsch. Ges. f. Sexualforschung. (Rhe. Beitr. z. Sexualforschung, 63) VIII, 135 S., Kt., Enke 1987. **DM 46,-**

Peter-Michar Pflüger (Ed.): Abschiedlich leben: Umsiedeln, Entwurzeln, Identität suchen. 247 S., Kt., Walter Vlg. 1991. **DM 34,-**

Adam Phillips: Terror und Experten. 160 S., Gb., Steidl Vlg. 1998. **DM 28,-**

Adam Phillips: Vom Küssen, Kitzeln und Gelangweiltsein. 176 S., Gb., Steidl Vlg. 1997. **DM 28,-**

Richard Picker: Krank durch die Kirche? Katholische Sexualmoral und psychische Störung. 215 S., Gb., Böhlau Vlg. 1998. **DM 39,80**

Tomas Plänkers (Ed.): Die Angst vor der Freiheit. Beiträge zur Psychoanalyse des Krieges. 118 S., Kt., Ed. diskord 1993. **DM 22,-**

Mit Beiträgen von F. Berger, S. Mentzos, M.-L. Moeller, M. Muck, D.Ohlmeier, T. Plänkers, M. Wolf

Kristin Platt (Ed.): Generation und Gedächtnis. Erinnerungen und kollektive Identitäten. 378 S., Kt., Leske + Budrich 1995. **DM 44,-**

Holdger Platta: Identitäts-Ideen. Zur gesellschaftlichen Vernichtung unseres Selbstbewusstseins. 229 S., Br., Psychosozial Vlg. 1998. **DM 38,-**

Sigrun Preuss: Ökopsychosomatik. Umweltbelastungen und psychovegetative Beschwerden. 150 S., Kt., Asanger Vlg. 1995. **DM 38,-**

Sigrun Preuss: Umweltkatastrophe Mensch. Über unsere Grenzen und Möglichkeiten, ökologisch bewußt zu handeln. 203 S., Kt., Asanger Vlg. 1991. **DM 34,80**

Psa. Lehr- u. Forschungsinst. „Stuttgarter Gruppe" (Ed.): Der Einzelne und die Gesellschaft. Beiträge zur psychoanalytischen Praxis. 140 S., Pb., Vlg. Brandes & Apsel 1995. **DM 28,-**

Mit Beitr. v. Hans Hopf, Helmut Leipersberger, Christiane Lutz u. a.

Psychoan. Seminar Zürich (Ed.): Bei Lichte betrachtet wird es finster - FrauenSichten. Beitr. von C. von Braun, B. Sichtermann, M. Nadig u. a. Kt., eva o.J.. **DM 24,-**

Psychoanalyt. Seminar Zürich (Ed.).: Between the devil and the deep blue sea. Psychoanalyse im Netz. Einige Beitr. in französ., italien. u. engl. Sprache. 283 S., Kt., Kore Ed. 1987. **(bislang 35,-) DM 19,80**

Harald Pühl (Ed.): Familie - Gruppe - Institution. Die Vielfalt in der Dreiheit. 150 S., Kt., Vlg. U.Busch 1995. **DM 26,80**

R. van Quekelberghe /N. van Eickels: Handlungstheorien, Tätigkeitstheorie und Psychotherapie. 193 S., Br., DGVT Vlg. 1982. **DM 23,-**

César Rodriguez Rabanal: Elend und Gewalt. Psychoanalytische Studie aus Peru. (Rhe.: Geist u. Psyche, Bd. 12660) Kt., S. Fischer 1995. **DM 16,90**

Arne Raeithel: Selbstorganisation, Kooperation, Zeichenprozeß. Arbeiten zu einer kulturwissenschaftlichen anwendungsbezogenen Psychologie. 275 S., Abb., Kt., Westdt. Vlg. 1998. **DM 49,80**

Wilfried Rasch: Tötung des Intimpartners. (Ed. Das Narrenschiff) VIII, 106 S., Gb., Psychiatrie-Vlg. 1995. **DM 48,-**

Udo Rauchfleisch: Außenseiter der Gesellschaft. Psychodynamik und Möglichkeiten zur Psychotherapie Straffälliger. 198 S., Kt., Vandenh. & Ruprecht 1999. **DM 44,-**

Udo Rauchfleisch: Begleitung und Therapie straffälliger Menschen. 115 S., Kt., M. Grünewald Vlg. 2. Ed. 1996. **DM 26,80**

Udo Rauchfleisch: Menschen in psychosozialer Not. Beratung, Betreuung, Psychotherapie. 204 S., Kt., Vandenh. & Ruprecht 1996. **DM 44,-**

Udo Rauchfleisch: Schwule, Lesben, Bisexuelle. Lebensweisen, Vorurteile, Einsichten. 268 S., Kt., Vandenh. & Ruprecht 2. rev. Ed. 1996. **DM 44,-**

Udo Rauchfleisch (Ed.): Fremd im Paradies. Migration und Rassismus. 234 S., Br., Lenos 1994. **DM 34,-**

A. Reckwitz /H. Sievert (Ed.): Interpretation, Konstruktion, Kultur. Ein Paradigmenwechsel in den Sozialwissenschaften. 332 S., Br., Westdt. Vlg. 1999. **DM 58,-**

Hans Red (Ed.): Auf der Suche nach dem gemeinsamen Grund. Psychoanalyse und Demokratische Psychiatrie im Austausch. Althea Vlg. o.J.. **DM**

F. Redlich /D. X. Freedman: Theorie und Praxis der Psychiatrie. (Rhe.: Literatur d. Psa.) 1201 S., Ln., Suhrkamp 1974. **DM 92,-**

Wilhelm Reich: Der Einbruch der sexuellen Zwangsmoral. Zur Geschichte der sexuellen Ökonomie. 5 Abb., Kt., Kiepenheuer & Witsch 1995. **DM 18,80**

Wilhelm Reich: Die Massenpsychologie des Faschismus. Kt., Kiepenheuer & Witsch o.J.. **DM 16,80**

Wilhelm Reich: Die sexuelle Revolution. Kt., S. Fischer 5. Ed. 1993. **DM 19,90**

Wilhelm Reich: Menschen im Staat. (Rhe.: Nexus, Bd. 24) 200 S., Kt., Stroemfeld 1994. **DM 38,-**

Wilhelm Reich: Rede an den kleinen Mann. Mit zahlr. Illustr., Kt., S. Fischer o.J.. **DM 14,90**

Hans-Werner Reinfried: Mörder, Räuber, Diebe ... Psychotherapie im Strafvollzug. (Rhe.: problemata, Bd. 142) 312 S., Br., frommann-holzboog 1999. **DM 48,-**

Ellen Reinke (Ed.): Psychoanalyse im Dialog. 144 S., Br., Psychosozial Vlg. 1998. **DM 32,-**

Gerhard Reister: Schutz vor psychogener Erkrankung. 190 S., 28 Abb., 20 Tab., Kt., Vandenh. & Ruprecht 1995. **DM 48,-**

Clemens Rethschulte: Daniel Gottlob Moritz Schreber. Seine Erziehungslehre und sein Beitrag zur Körperbehindertenhilfe im 19.Jahrhundert. 153 S., Kt., Univ.-Vlg. Winter 1995. **DM 40,-**

Franz H Reusch: Der Index der verbotenen Bücher. Ein Beitrag zur Kirchen- und Literaturgeschichte. Kst., Scientia Vlg. (Neudr. d. Ausg. 1883-1885) 1967. **DM 440,-**

C. Reuther- Dommer /E. Dommer: Ich will Dir erzählen . . . Geistig behinderte Menschen zwischen Selbstbestimmung und Fremdbestimmung. (Rhe.: Psa. Pädagogik) 123 S., Kt., Psychosozial Vlg. 1997. **DM 22,80**

Christa Rhode-Dachser (Ed.): Über Liebe und Krieg. Psychoanalytische Zeitdiagnosen. 216 S., Kt., Vandenh. & Ruprecht 1995. **DM 36,-**

Horst E. Richter: Bedenken gegen Anpassung. Psychoanalyse und Politik. (Rhe.: Geist u. Psyche, Bd. 13402) Kt., S. Fischer 1998. **DM 19,90**

Horst E. Richter: Bedenken gegen Anpassung. Psychoanalyse und Politik. 318 S., Gb., Hoffmann & Campe 1995. **DM 39,80**

Horst E. Richter: Flüchten oder Standhalten. 316 S., Kt., Psychosozial Vlg. 2. Ed. 1998. **DM 29,80**

Horst E. Richter: Zur Psychologie des Friedens. 321 S., Kt., Psychosozial Vlg. Neuaufl. 1996. **DM 29,80**

Horst-Eberhard Richter: Als Einstein nicht mehr weiter wußte. Ein himmlischer Krisengipfel. 256 S., Gb., Econ 4. Ed. 1998. **DM 39,80**

Horst-Eberhard Richter: Als Einstein nicht mehr weiter wußte. Ein himmlischer Krisengipfel. Kt., Econ 1998. **DM 16,90**

Horst-Eberhard Richter: Lernziel Solidarität. 320 S., Kt., Psychosozial Vlg. Neuaufl. 1998. **DM 29,80**

" (...) Dieser Forscher hat schon immer unkonventionelle Wege beschritten und Gebiete außerhalb des Mainstream der Psychoanalyse aufgeklärt, ohne das grundlegende emanzipatorische Potential seiner Wissenschaft zu verlassen". Paul Parin

H. E. Richter /H. C. Ehalt: Zur Epidemie der Gewalt. (Rhe.: Wiener Vorlesungen, Bd. 35) 58 S., Gb., Picus Vlg. 1995. **DM 14,80**

H.-E. Richter /K. Brede /W. Bohleber et al. (Ed.): Psychoanalytische Beiträge zu Rechtsextremismus und Fremdenfeindlichkeit. (Rhe.: Materialien a.d. SFI, 14) 196 S., Br., Lit Vlg. 1995. **DM 29,80**

Michael de Ridder: Heroin. Das Arzneimittel und seine Geschichte. 3300 S., Kt., Campus 5/2000. **DM 68,-**

Joachim Riedl (Ed.): Heimat. Auf der Suche nach der verlorenen Identität. 126 S., 39 farb. Abb., 65 Abb. in Duotone, Br., Ch.Brandstätter Vlg. 1995. **DM 68,-**

Jörg Risse: Der verfassungsrechtliche Schutz der Homosexualität. 359 S., Kt., Nomos Vlg. 1998. **DM 89,-**

Ricardo Rodulfo: Kinder - gibt es die? Die lange Geburt des Subjekts. 295 S., Br., Kore Ed. 1996. **DM 29,80**

"Dem Buch des argentinischen Psychoanalytikers Rodulfo gebührt ein besonderer Platz in der kinderpsychoanalytischen Literatur; es verdient, an die Seite der Arbeiten von Francoise Dolto gestellt zu werden." (arbeitshefte kinderpsa., H. Kipp)

Judith Roedel: Das heilpädagogische Experiment „Bonneuil" und die Psychoanalyse in Frankreich. Theorie und Praxis einer Einrichtung für psychisch schwer gestörte Kinder. 288 S., Kt., Asanger Vlg. 1986. **DM 29,80**

Christa Rohde-Dachser (Ed.): Beschädigungen. Psychoanalytische Zeitdiagnosen. 192 S., Kt., Vandenh. & Ruprecht 1992. **DM 34,-**

Christa Rohde-Dachser (Ed.): Verknüpfungen. Psychoanalyse im interdisziplinären Gespräch. 210 S., Kt., Vandenh. & Ruprecht 1998. **DM 39,-**

Christa Rohde-Dachser (Ed.): Zerstörter Spiegel. Psychoanalytische Zeitdiagnosen. 189 S., Kt., Vandenh. & Ruprecht 2. Ed. 1992. **DM 34,-**

G. Rosenthal /J. Mansel /A. Tölke (Ed.): Generationen-Beziehungen, Austausch und Tradierung. 299 S., Abb., Kt., Westdt. Vlg. 1997. **DM 74,-**

Frank Rotter (Ed.): Psychiatrie, Psychotherapie und Recht. Diskurse und vergleichende Perspektiven. 264 S., Br., P. Lang 1994. **DM 79,-**

Wilhelm Rotthaus: Kindheit in einer gewandelten Welt. Ende der Beziehung oder Beginn einer neuen Beziehung zwischen Kind und Erwachsenem? (Rhe.: Autobahn-Universität) 90 min., 1 Toncass.ette, C. Auer Vlg. 1999. **DM 24,80**

I.-M. Rüge /J. Moysich (Ed.): Leben auf eigene Faust. Straßenkindergeschichten aus vier Kontinenten. 89 S., Ill., Kt., Vlg. Brandes & Apsel 1999. **DM 19,80**

Mechthild Rumpf: Spuren des Mütterlichen. Die widersprüchliche Bedeutung der Mutterrolle für die männliche Identitätsbildung in kritischer Theorie und feministischer Wissenschaft. 148 S., Pb., Materialis Vlg. 1989. **DM 38,90**

Irmhild Saake: Theorien über das Alter. Perspektiven einer konstruktivistischen Altersforschung. 268 S., Kt., Westdt. Vlg. 1998. **DM 54,-**

Babette Saebisch: Die Rezeption der Freud'schen Kulturbetrachtung in Herbert Marcuses „Triebstruktur und Gesellschaft". 90 S., Br., Vlg. A.-T. Bühler 1997. **DM 39,80**

Renata Salecl: Politik des Phantasmas. Nationalismus, Feminismus und Psychoanalyse. 93 S., Br., Turia & Kant 1994. **DM 17,-**

Richard Schenk (Ed.): Zur Theorie des Opfers. Ein interdisziplinäres Gespräch. X, 342 S., Br., frommann-holzboog 1995. **DM 69,-**

Michael Schetsche: Das „sexuell gefährdete Kind". Kontinuität und Wandel eines sozialen Problems. (Rhe. Soziolog. Studien, 11) 330 S., Br., Centaurus Vlg. 1993. **DM 58,-**

Paul Schilder: Entwurf zu einer Psychiatrie auf psychoanalytischer Grundlage. Vorw. v. Helm Stierlin. (Rhe.: Literatur d. Psa.) XV, 192 S., Kt., Suhrkamp 1973. **DM 24,-**

H. Schipperges /H. Stierlin: Leitbilder um „gesund" und „krank". Vorträge vom Kongreß Science/Fiction im Mai 1996 in Heidelberg. (Rhe.: Autobahn-Universität) 1 Toncass., C. Auer Vlg. o.J.. **DM 38,-**

Annette Schlichter: Die Figur der verrückten Frau. Weiblicher Wahnsinn als Kategorie der feminstischen Repräsentationskritik. 240 S., Br., Ed. diskord 2000. **DM 28,-**

P. Schlobinski /N. Heins (Ed.): Jugendliche und „ihre" Sprache. Sprachregister, Jugendkulturen und Wertesysteme. Empirische Studie. 236 S., Kt, Westdt. Vlg. 1998. **DM 49,8**

Susanne Schlüter-Müller: Psychische Probleme von jungen Türken in Deutschland. Psychiatrische Auffälligkeit von ausländischen Jugendlichen in der Adoleszenz, Schwerpunkt türkische Jugendliche. Eine epidemiologische Längsschnittuntersuchung. II, 89 S., 25 Abb., Kt., Klotz Vlg. 1992. **DM 19,80**

Wolfgang Schmidbauer: Alles oder Nichts. Über die Destruktivität von Idealen. Kt., Rowohlt o.J.. **DM 14,90**

Wolfgang Schmidbauer: Ich wußte nie, was mit Vater ist. Das Trauma des Krieges. 352 S., Gb., Rowohlt 1998. **DM 42,-**

Wolfgang Schmidbauer: Jetzt haben, später zahlen. Die seelischen Folgen der Konsumgesellschaft. 252 S., Kt., Rowohlt 1995. **DM 34,-**

Wolfgang Schmidbauer: Jetzt haben, später zahlen. Die seelischen Folgen der Konsumgesellschaft. Kt., Rowohlt 1996. **DM 14,90**

Wolfgang Schmidbauer: Weniger ist manchmal mehr. Zur Psychologie des Konsumverzichts. 302 S., Kt., Rowohlt rev. Ed. 1992. **DM 12,90**

Wolfgang Schmidbauer: Wie Gruppen uns verändern. Kt., Rowohlt 1999. **DM 19,90**

Gunter Schmidt (Ed.): Jugendsexualität. Sozialer Wandel, Gruppenunterschiede, Konfliktfelder. (Rhe.: Beitr. z. Sexualforschung, Bd. 69) X, 206 S., 11 Abb., Kt., Enke 1993. **DM 36,-**

G. Schmidt /B. Strauß (Ed.): Sexualität und Spätmoderne. Über den kulturellen Wandel der Sexualität. (Rhe.: Beitr. z. Sexualforschung, Bd. 76) VIII, 224 S., Kt., Enke 1998. **DM 38,-**

Andrea Schmitt-Stögbauer: Aspekte des Selbsterlebens älterer lediger Frauen. Untersuchung zum Selbstbild und Fremdbild lediger Frauen der Jahrgänge 1919-1933 im Vergleich zu verheirateten Frauen derselben Jahrgänge. 297 S., Br., Waxmann Vlg. 1992. **DM 49,90**

Bettina Schmitz: Die Unterwelt bewegen. Politik, Psychoanalyse und Kunst bei Julia Kristeva. 300 S., Kt., Ein-Fach-Vlg. 6/2000. **DM 34,80**

Klaus A. Schneewind /S. Ruppert: Familien gestern und heute: ein Generationenvergleich über 16 Jahre. 339 S., 54 Abb., 101 Tab, Gb., Quintessenz 1995. **DM 48,-**

Peter Schneider: Darf man am Sabbat psychoanalysieren? Oder Die Ironie der Aufklärung. 111 S., Kt., Ed. diskord 1996. **DM 20,-**

Peter Schneider: Deutsche Ängste. Sieben Essays. Kt., dtv 1988. **DM 10,80**

Peter Schneider: Die Psychoanalyse ist kritisch, aber nicht ernst. Zur Politik der Psychoanalyse der Politik. 94 S., Kt., Psychosozial Vlg. 1999. **DM 29,80**

Peter Schneider: Wahnsinn und Methode. Die Alzheimerisierung der öffentlichen Meinung. Hrsg. v. Klaus Bittermann. 144 S., Kt., Ed. tiamat 1993. **DM 26,-**

B. Schneider/R. Jochum (Ed.): Erinnerungen an das Töten: Genozid reflexiv. 320 S., Kt., Böhlau Vlg. 1999. **DM 58,-**

Inge Scholz-Strasser (Ed.): Aggression und Krieg. Referate des Symposiums der Sigmund Freud-Gesellschaft 1993. 188 S., Br., Turia & Kant 1994. **DM 42,-**

Eberhard Schorsch: Kurzer Prozeß? Ein Sexualstraftäter vor Gericht. 118 S., Kt., eva 1995. **DM 18,-**

Markus Schroer: Das Individuum der Gesellschaft. Synchrone und diachrone Theorieperspektiven. 340 S., Br., Westdt. Vlg. 1999. **DM 59,80**

M. Schuchard /A. Speck (Ed.): Mutterbilder - Ansichtssache. Beiträge aus sozialwissenschaftlicher und psa., juristischer, historischer und lit.wissenschaftlicher, verhaltensbiologischer und med. Perspektive. XII, 248 S., Kt., Mattes Vlg. 1997. **DM 38,-**

Johann A. Schülein: Mikrosoziologie. Ein interaktionsanalytischer Zugang. 272 S., Kt., Westdt. Vlg. 1983. **DM 38,-**

Johann A. Schülein: Theorie der Institution. Eine dogmengeschichtliche und konzeptionelle Analyse. 261 S., Kt., Westdt. Vlg. 1987. **DM 46,-**

Christoph Schulte: Radikal böse. Die Karriere des Bösen von Kant bis Nietzsche. 375 S., Kt., W. Fink Vlg. 2. Ed. 1991. **DM 39,50**

Irmgard Schultz: Der erregende Mythos vom Geld. Die neue Verbindung von Zeit, Geld und Geschlecht im Ökologiezeitalter. 246 S., Kt., Campus 1994. **DM 39,-**

Rolf F. Schütt: Menschenproduktion und Computererzeugung. Kritik der ökologischen Vernunft oder Emanzipation der Geschlechter voneinander und von den Emanzipationsbedingungen. 63 S., Kt., Vlg. Die Blaue Eule 1995. **DM 19,-**

Uwe Schütte: Auf der Spur der Vergessenen. Gerhard Roth und seine Archive des Schweigens. 335 S., 18 Abb., Böhlau Vlg. 1997. **DM 69,80**

Johannes Schwarte: Rückfall in die Barbarei. Die Folgen öffentlicher Erzeihungsvergessenheit. Plädoyer für eine gesamtgesellschaftliche Erziehungsverantwortung. 374 S., Br., Westdt. Vlg. 1997. **DM 72,-**

Gerhard Schwarz: Die „Heilige Ordnung" der Männer. Patriarchalische Hierarchie und Gruppendynamik. 264 S., kt., Westdt. Vlg. 1999, Nachdr. d. 2. Ed. 1987. **DM 54,-**

I. Seiffge-Krenke /A. Boeger et al.: Chronisch kranke Jugendliche und ihre Familien. Belastung, Bewältigung und psychosoziale Fragen. 312 S., 34 Abb., Kt., Kohlhammer Vlg. 1996. **DM 44,-**

Welchen Belastungen sehen sich chronisch kranke Jugendliche und ihre Eltern gegenüber? Wie gehen sie damit um? Welche Faktoren lassen Bewältigungsprozesse gelingen oder scheitern? Diese und andere Themen stellt das Buch unter Berücksichtigung des Entwicklungskontextes dar.

Gert Selle: Die eigenen vier Wände. Zur verborgenen Geschichte des Wohnens. 224 S., 28 Abb., Pb., Campus 3. Ed. 1999. **DM 38,-**

Gerhard Senft (Ed.): Verweilen im Augenblick. Texte zum Lob der Faulheit, gegen Arbeitsethos und Leistungszwang. 350 S., Pp., Löcker Vlg. 1995. **DM 43,-**

Richard Sennett: Der flexible Mensch. Die Kultur des neuen Kapitalismus. 223 S., Gb., Berlin Vlg. 1998. **DM 38,-**

Richard Sennett: Der flexible Mensch. Die Kultur des neuen Kapitalismus. 220 S., Kt., Goldmann 2000. **DM 16,-**

Richard Sennett: Fleisch und Stein. Der Körper und die Stadt in der westlichen Zivilisation. Kt., Suhrkamp 1997. **DM 29,80**

Richard Sennett: Fleisch und Stein. Der Körper und die Stadt in der westlichen Zivilisation. 523 S., Ln., Berlin Vlg. 1995. **DM 58,-**

Richard Sennett: Verfall und Ende des öffentlichen Lebens. Die Tyrannei der Intimität. Kt., S. Fischer 8. Ed. 1998. **DM 26,90**

Edward Shorter: Geschichte der Psychiatrie. 592 S., Gb., Fest Vlg. 1999. **DM 68,-**

Helene Shulman: Living at the Edge of Chaos. Complex Systems in Culture and Psyche. 354 S., Abb., Br., Daimon Vlg. 1997. **DM 34,-**

Ronald K. Siegel: Der Schatten in meinem Kopf. Geschichten aus der Welt des Wahnsinns. 370 S., Gb., Eichborn Vlg. 1996. **DM 44,-**

Johannes Siegrist: Soziale Krisen und Gesundheit. 324 S., 14 Abb., Kt., Hogrefe 1996. **DM 59,-**

A. Silbermann /F. Hüsers: Der „normale" Hass auf die Fremden. Eine sozialwissenschaftliche Studie zu Ausmaß und Hintergründen von Fremdenfeindlichkeit in Deutschland. 133 S., 10 Abb. 32 Tab., Br., Quintessenz 1995. **DM 39,80**

Ernst Simmel (Ed.): Antisemitismus. Nachw. v. Helmut Dahmer. 208 S., Kt., S. Fischer 1993. **DM 14,90**

Annette Simon: Versuch, mir und anderen die ostdeutsche Moral zu erklären. 112 S., Br., Psychosozial Vlg. 1995. **DM 19,80**

Peter Sloterdijk: Der starke Grund zusammen zu sein. Erinnerungen an die Erfindung des Volkes. (Sonderdruck) Kt., Suhrkamp 2. Ed. 1998. **DM 70,-**

Arim Soares do Bem: Das Spiel der Identitäten in der Konstitution von „Wir"-Gruppen. Ost- und westdeutsche Jugendliche und in Berlin geborene Jugendliche ausländischer Herkunft im gesellschaftlichen Umbruch. XIV,332 S., Br., P. Lang 1998. **DM 89,-**

Wolfgang Sofsky: Die Ordnung des Terrors. Das Konzentrationslager. Kt., S. Fischer 1997. **DM 22,90**

Wolfgang Sofsky: Die Ordnung des Terrors. Das Konzentrationslager. 390 S., Ln., S. Fischer 3. Ed. 1993. **DM 49,80**

Wolfgang Sofsky: Traktat über die Gewalt. 237 S., Ln., S. Fischer 1996. **DM 34,-**

W. Sofsky/R. Paris: Figurationen sozialer Macht. Autorität, Stellvertretung, Koalition. 390 S., Kt., Suhrkamp 1994. **DM 27,80**

Michael Sonntag: Die Seele als Politikum. Psychologie und die Produktion des Individuums. 278 S., Kt., Reimer Vlg. 1988. **DM 48,-**

Susan Sontag: Aids und seine Metaphern. 99 S., Kt., Hanser Neuaufl. 1997. **DM 24,-**

Susan Sontag: Krankheit als Metapher. Kt., S. Fischer 1981. **DM 12,90**

Walter Sorell: Heimat Exil Heimat. Von Ovid bis Sigmund Freud. (Rhe.: Wiener Vorlesungen, Bd. 53) 59 S., Gb., Picus Vlg. 1997. **DM 14,80**

Jörg Spaeder: Die Entwicklung der psychosomatischen Medizin zu einem bio-psycho-sozialen Störungsmodell der Gesundheit. 289 S. auf 3 Mikrofiches, Tectum Vlg. 1996. **DM 88,-**

Rudolf Steiner: Probleme des Zusammenlebens in der Anthroposophischen Gesellschaft. Zur Dornacher Krise vom Jahre 1915. Mit Streiflichtern auf Swedenborgs Hellsehergabe, Anschauungen der Freudschen Psychoanalyse und d. Begriff der Liebe im Verhältnis zur Mystik. 206 S., Ln., Vlg. R.Steiner 1989. **DM 46,-**

Helm Stierlin: Ich und die anderen. Psychotherapie in einer sich wandelnden Gesellschaft. 189 S., Lin., Klett-Cotta 1994. **DM 34,-**

Matthias Stöckel: Pädophilie, Befreiung oder sexuelle Ausbeutung von Kindern. Fakten, Mythen, Theorien. 169 S., Kt., Campus 1998. **DM 36,-**

Erich Stöller: Mythos und Aufklärung. Psychoanalytische und kulturgeschichtliche Aspekte des Themas Herrschaft. 220 S., Kt., Akademischer Vlg. 1999. **DM 35,-**

Hans Strotzka: Fairness, Verantwortung, Fantasie. Eine psychoanalytische Alltagsethik. 173 S., Kt., Deuticke Vlg. 1983. **DM 35,-**

Henry W. Sullivan: The Beatles with Lacan. Rock „n"Roll as Requiem for the Modern Age. 218 S., Pb., P. Lang Vlg. 1995. **DM 48,-**

Anton Szanya (Ed.): Durch Reinheit zur Einheit. Psychoanalyse der Rechten. Beitr. v. A. Szanya, S. Rossmanith, E. Bartosch u.a. 224 S., StudienVlg. 4/2000. **DM 47,80**

Thomas Szasz: Grausames Mitleid. Über die Aussonderung unerwünschter Menschen. (Rhe.: Geist u. Psyche, Bd. 13609) Kt., S. Fischer 1997. **DM 24,90**

Emil Szittya: Selbstmörder. Reprint der EA 1925. Vorw. v. Manfred George. 416 S., 2 Abb., Ebr., Löcker Vlg. 1985. **DM 39,80**

Petra Tauscher: Nekrophilie und Faschismus. Erich Fromms Beitrag zur soziobiographischen Deutung Adolf Hitlers und weitere sozialpsychologische Untersuchungen. VI, 116 S., Pb., Haag + Herchen 1985. **DM 19,80**

Charles Taylor: Das Unbehagen an der Moderne. 137 S., Kt., Suhrkamp 3. Ed. 1997. **DM 16,80**

Charles Taylor: Negative Freiheit? Zur Kritik des neuzeitlichen Individualismus. Nachw. v. Axel Honneth. 319 S., Kt., Suhrkamp 2. Ed. 1995. **DM 24,80**

Charles Taylor: Negative Freiheit? Zur Kritik des neuzeitlichen Individualismus. Nachw. v. Axel Honneth. 319 S., Gb., Suhrkamp 1988. **DM 56,-**

Charles Taylor: Quellen des Selbst. Eine Entstehung der neuzeitlichen Identität. 911 S., Kt., Suhrkamp 2. Ed. 1996. **DM 39,80**

Charles Taylor: Quellen des Selbst. Eine Entstehung der neuzeitlichen Identität. 880 S., Gb., Suhrkamp 1994. **DM 168,-**

Peter Tepe: Theorie der Illusionen. (Rhe.: Illusionstheorie - Ideologiekritik - Mythosforsch. 1) 250 S., Br., Vlg. Die Blaue Eule 1988. **DM 39,-**

Mark Terkessidis: Psychologie des Rassismus. 278 S., Kt., Westdt. Vlg. 1998. **DM 54,-**

Klaus Theweleit: Buch der Könige. Bd. 1: Orpheus und Eurydike. 1222 S., Kt., Stroemfeld 2. rev. Ed. 1991. **DM 47,-**

Klaus Theweleit: Buch der Könige. Bd. 3: Professor Orpheus" Ohr, Orpheus encounters Narziss. 400 S., Kt., Stroemfeld 1987, verg., NA iVbr.. **DM 38,-**

Klaus Theweleit: Buch der Könige. Bd. 4: Orpheus" Leiern, Orpheus"Tänze. 400 S., Kt., Stroemfeld 1987; vergr. NA iVbr.. **DM 38,-**

Klaus Theweleit: Buch der Könige. Recording Angels" Mysteries. 834 S., Kt., Stroemfeld 1994. **DM 99,-**

Klaus Theweleit: Ghosts. Drei leicht inkorrekte Vorträge. 255 S., Gb., Stroemfeld 1998. **DM 38,-**

Bemerkungen zum RAF-Gespenst Abstrakter Radikalismus und Kunst - Salzen & Entsalzen: Wechsel in den sexuellen Phantasien einer Generation - Canettis Masse-Begriff: Verschwinden der Masse? Masse & Serie

Konrad Thomas: Zugehörigkeit und Abgrenzung. Über Identitäten. 111 S., Kt., Syndikat 1997. **DM 28,-**

Karl Toifl (Ed.): Chaostheorie und Medizin: Selbstorganisation im komplexen System Mensch. 161 S., Abb., Kt., Vlg. W.Maudrich 1999. **DM 40,-**

W. Tress /M. Langenbach (Ed.): Ethik in der Psychotherapie. 232 S., Kt., Vandenh. & Ruprecht 1999. **DM 48,-**

Wolfgang Tress et al. (Ed.): Psychosomatische Medizin und Psychotherapie in Deutschland. 207 S., 14 Abb., 4 Tab., Kt., Vandenh. & Ruprecht 1992. **DM 48,-**

Hans E. Treu: Des armen Lieschens Weg zur emanzipierten Tussi. Ein weiteres Kapitel in der Geschichte des Scheiterns menschlicher Selbstbefreiung und wie es auch anders sein könnte. 92 S., Br., Vlg. Die Blaue Eule 1995. **DM 19,80**

Victor Turner: Das Ritual. Struktur und Anti-Struktur. 216 S., Kt., Campus 2. Ed. 2000. **DM 48,-**

Verein f. psa. Sozialarbeit (Ed.): Vom Entstehen analytischer Räume. Dokumentation der 9. Fachtagung für Psa. Sozialarbeit in Rotenburg. 333 S., Kt., Ed. diskord 1999. **DM 36,-**

Verein f. Psa. Sozialarbeit Tübingen /Rottenburg (Ed.): Fragen zur Ethik und Technik psychoanalytischer Sozialarbeit. Dokumentation der 7. Fachtagung des Vereins für Psa. Sozialarbeit 1994 in Rottenburg. Ernst Federn zu Ehren. 252 S., Kt., Ed. diskord 1995. **DM 28,-**

Paul Veyne: Foucault: Die Revolutionierung der Geschichte. 84 S., Kt., Suhrkamp 1992. **DM 12,-**

Paul Virilio: Die Eroberung des Körpers. Vom Übermenschen zum überreizten Menschen. 177 S., Kt., Hanser 2. Ed. 1995. **DM 34,-**

Paul Virilio: Die Eroberung des Körpers. Vom Übermenschen zum überreizten Menschen. Kt., S. Fischer 1996. **DM 16,90**

Paul Virilio: Krieg und Fernsehen. Kt., S. Fischer 1997. **DM 22,90**

Paul Virilio: Revolution der Geschwindigkeit. 71 S., Abb., Kt., Merve 1993. **DM 12,-**

Vamik D. Volkan: Das Versagen der Diplomatie. Zur Psychoanalyse nationaler, ethnischer und religiöser Konflikte. Vorw. v. H.-J. Wirth. V, 279 S., Gb., Psychosozial Vlg. 1999. **DM 48,-**

(Besprochen in Gruppenpsychotherpie u. Gruppendynamik, Heft 3/1999, v. Georg R. Gfäller)

Shulamit Volkov: Antisemitismus als kultureller Code. Zehn Essays. Kt., C.H.Beck 2000. **DM 24,-**

Reinhard Voß: Anpassung auf Rezept. Die fortschreitende Medizinisierung auffälligen Verhaltens von Kindern und Jugendlichen. 211 S., Kt., Klett-Cotta 1987. **DM 38,-**

Reinhard Voß (Ed.): Pillen für den Störenfried. Absage an eine medikamentöse Behandlung abweichender Verhaltensweisen bei Kindern und Jugendlichen. 112 S., Kt., E. Reinhardt Vlg. 2. Ed. 1990. **DM 23,80**

Hans J. Wagner: Strukturen des Subjekts. Eine Studie im Anschluß an George Herbert Mead. 195 S., Kt., Westdt. Vlg. 1993. **DM 38,-**

E. Wagner /W. Werdenich (Ed.): Forensische Psychotherapie. Therapeutische Arbeit im Zwangskontext von Justiz, Medizin und sozialer Kontrolle. 348 S., Br., Facultas Vlg. 1998. **DM 69,-**

Hans Wahls: Die Drachensaat. Das kollektive Unbewußtsein der Deutschen. 248 S., Efal., Universitas 1989. **DM 29,80**

Renate Wald: Kindheit in der Wende - Wende der Kindheit ? Heranwachsen in der gesellschaftlichen Transformation in Ostdeutschland. (Rhe.: Kindheitsforschung, Bd. 8) 218 S., Kt., Leske + Budrich 1998. **DM 36,-**

Tilmann Walter: Unkeuschheit und Werk der Liebe. Diskurse über Sexualität am Beginn der Neuzeit in Deutschland. VIII,597 S., Ln., de Gruyter 1998. **DM 248,-**

Die Fragestellung des Buches lautet: Wie wurden sexuelles Wissen und Sexualmoral früher sprachlich vermittelt? Es ergibt sich ein Bild der Vielfalt von Erklärungen, Meinungen und Handlungsanweisungen, von denen viele bis heute wirksam sind.

Hans J. Walter (Ed.): Psychoanalyse und Universität. 207 S., Kt., Passagen Vlg. 1994. **DM 46,-**

Melitta Walter (Ed.): Ach, wär"s doch nur ein böser Traum. Frauen und AIDS. 328 S., Kt., Kore Ed. 1987. **DM 32,-**

Lyall Watson: Die Nachtseite des Lebens. Eine Naturgeschichte des Bösen. 400 S., Gb., S. Fischer 1997. **DM 44,-**

Christina Weber: Wie Reich die Frauen sah. Darstellung des psycho-sozialen Frauenbildes in den frühen Schriften von Wilhelm Reich. 220 S., Pb., Hänsel Vlg. 1996. **DM 80,-**

Hartwig Weber: Kinderhexenprozesse. 353 S., 15 zeitgen. Abb., Gb., Insel Vlg. 1991. **DM 44,-**

Hartwig Weber: Von der verführten Kinder Zauberei. Hexenprozesse gegen Kinder im alten Württemberg. 308 S., 19 Abb., Ln., Thorbecke Neuaufl. 1999. **DM 49,-**

Ralf Weber: Extremtraumatisierte Flüchtlinge in Deutschland. Asylrecht und Asyleverfahren. 225 S., Kt., Campus 1998. **DM 39,80**

Ingeborg Weber-Kellermann: Die deutsche Familie. Versuch einer Sozialgeschichte. 270 S., Kt., Suhrkamp 1996. **DM 17,80**

P. Weibel /S. Zizek (Ed.): Inklusion : Exklusion. Probleme des Postkolonialismus und der globalen Migration. 200 S., Kt., Passagen Vlg. 1997. **DM 29,80**

Harald Weinrich: Lethe. Kunst und Kritik des Vergessens. 317 S., Ln., C.H.Beck 2. Ed. 1997. **DM 58,-**

Harald Weinrich: Lethe. Kunst und Kritik des Vergessens. 316 S., Kt., C.H.Beck 3., rev. Ed. 2000. **DM 34,-**

Viktor von Weizsäcker: Gesammelte Schriften. Bd. 8: Soziale Krankheit und soziale Gesundung; Soziale Medizin. 327 S., Kt., Suhrkamp 1986. **DM 48,-**

Harald Welzer: Transitionen. Zur Sozialpsychologie biographischer Wandlungsprozesse. Habil.-Schr. 320 S., Gb., Ed. diskord 1993. **DM 44,-**

Corinna Wernz: Sexualität als Krankheit. Der medizinische Diskurs zur Sexualität um 1800. (Rhe.: Beitr. z. Sexualforschung, Bd. 67) XVI, 314 S, 4 Abb., Kt., Enke 1993. **DM 48,-**

K.-F. Wessel /G.-O. Möws (Ed.): Wie krank darf der Gesunde sein? Zum Menschenbild von Psychologie und Medizin. Eine interdisziplinäre Begegnung. 226 S., Kt., Kleine Vlg. 1996. **DM 36,-**

Christian Wessely: Von Star Wars, Ultima und Doom. Mythologisch verschleierte Gewaltmechanismen im kommerziellen Film und in Computerrollenspielen. 354 S., zahlr. Abb. u. Tab., Br., P. Lang 1997. **DM 89,-**

Joachim Widmann: Tigerzeit. Die geistesgeschichtlichen Wurzeln von Sozialpsychologie und Psychoanalyse. 153 S., Gb., Vlg. ars una 1996. **DM 78,-**

Ronald Wiegand: Individualität und Verantwortung. Sozialpsychologische Betrachtungen. 212 S., Kt., Vandenh. & Ruprecht 1998. **DM 39,-**

Eine Gesellschaftsanalyse mit individualpsychologischem Instrumentarium - Aufschlüsse für die Psychotherapie aus sozialpsychologischer Sicht.

Jörg Wiesse (Ed.): Aggression am Ende des Jahrhunderts. (Rhe.: Psa. Blätter, Bd. 01) 147 S., Zeichn., Kt., Vandenh. & Ruprecht 1994. **DM 36,-**

J. Wiesse /E. Olbricht (Ed.): Ein Ast bei Nacht kein Ast. Seelische Folgen der Menschenvernichtung für Kinder und Kindeskinder. 131 S, Kt., Vandenh. & Ruprecht 1994. **DM 36,-**

Rolf Wiggershaus: Die Frankfurter Schule. Geschichte - Theoretische Entwicklung, politische Bedeutung. 800 S., Kt., dtv 1988. **DM 29,90**

Herbert Willems: Psychotherapie und Gesellschaft. Voraussetzungen, Strukturen und Funktionen von Individual- und Gruppentherapien. 227 S., Kt., Westdt. Vlg. 1994. **DM 42,-**

H. Willems /M. Jurga (Ed.): Inszenierungsgesellschaft. Ein einführendes Handbuch. 602 S., Br., Westdt. Vlg. 1998. **DM 98,-**

Donald W. Winnicott: Der Anfang ist unsere Heimat. Essays zur gesellschaftlichen Entwicklung des Individuums. 350 S., Kt., Klett-Cotta 1990. **DM 42,-**

Donald W. Winnicott: Die menschliche Natur. 247 S., Ln., Klett-Cotta 2. rev. Ed. 1998. **DM 44,-**

Donald W. Winnicott: Kind, Familie und Umwelt. (Rhe.: Beitr. zur Kinderpsychotherapie, Bd. 5) 233 S., Gb., E. Reinhardt Vlg. 5. Ed. 1992. **DM 36,-**

M. Wirsching /H. Stierlin: Krankheit und Familie. Konzepte, Forschungsergebnisse, Therapie. 292 S., Kt., Klett-Cotta 2. Ed. 1994. **DM 42,-**

T. Wobbe/G. Lindemann: Denkachsen. Zur theoretischen und institutionellen Rede vom Geschlecht. 326 S., Kt., Suhrkamp 1996. **DM 24,80**

Ruth Wodak (Ed.): Challenges in a Changing World. Issues in Critical Discourse Analysis. 184 S., Br., Passagen Vlg. 1998. **DM 48,-**

Lewis Yablonsky: Der Charme des Geldes. 240 S., Ebr., Vlg. EHP 1992. **DM 38,-**

James Youniss: Soziale Konstruktion und psychische Entwicklung. 240 S., Kt., Suhrkamp 1994. **DM 19,80**

P. Zanolari /M. Pelz: Pathos - Psychose - Pathologie. Der weibliche Wahnsinn zwischen Ästhetisierung und Verleugnung. 300 S., Br., Milena Vlg. 1994. **DM 45,-**

H. Zeiher /P. Büchner /J. Zinnecker (Ed.): Kinder als Außenseiter ? Umbrüche in der gesellschaftlichen Wahrnehmung von Kindern und Kindheit. 207 S., 23 Abb., Kt., Juventa Vlg. 1996. **DM 29,80**

Mechthild Zeul: Rückreise in die Vergangenheit. Zur Psychoanalyse spanischer Arbeitsremigrantinnen. 197 S., Kt., Westdt. Vlg. 1995. **DM 36,-**

Alfred J. Ziegler: Bilder einer Schattenmedizin. 175 S., 11 Abb., Br., IKM Vlg. 1987. **DM 31,-**

Andreas Zimmer: Das Verständnis des Gewissens in der neueren Psychologie. Analyse der Aussagen und Positionen mit ihren paradigmatischen Prämissen und in ihrer Bedeutung für die ethische Diskussion. XII, 340 S., Br., P. Lang 1999. **DM 89,-**

Slavoj Zizek: Das Unbehagen im Subjekt. Rhe. Passagen Philosophie. 198 S., Kt., Passagen Vlg. 1998. **DM 48,-**

Slavoj Zizek: Denn sie wissen nicht, was sie tun. Genießen als ein politischer Faktor. 313 S., Kt., Passagen Vlg. 1994. **DM 64,-**

Slavoj Zizek: Liebe Deinen Nächsten? Nein, Danke! Die Sackgasse des Sozialen in der Postmoderne. 286 S., Gb., Volk u.Welt 1999. **DM 42,-**

Slavoj Zizek: Mehr-Genießen. Lacan in der Populärkultur. (Rhe.: Wo Es war, Bd. 1) 105 S., Kt., Turia & Kant 1992. **DM 24,-**

L. Zoja /R. Hinshaw (Ed.): Jerusalem 1983. Symbolic and Clinical Approaches in Theory and Practice. 369 S., 3 Abb., zahlr. s/w Abb., Br., Daimon Vlg. 1986. **DM 54,80**

R. Zoll /H. Bents et al.: Nicht so wie unsere Eltern! Ein neues kulturelles Modell? 245 S., Kt., Westdt. Vlg. 1989. **DM 28,-**

Psychoanalyse, Kunst und Literatur

Wahnsinnige Schönheit: Bilder aus der Prinzhorn-Sammlung. Katalog. 195 S., 211 Abb., Kt., Vlg. Das Wunderhorn 1997. **DM 78,-**

Jochen Meyer (Ed.): Dichterhandschriften. Von Martin Luther bis Sarah Kirsch. 250 S., 118 Faksimiles, Gb., Reclam, Ditzingen 1999. **DM 98,-**

Uwe Adam: Ich-Funktionen und Unbewusstes Malen. Ein Zugang zum Unbewussten Bild über den Zusammenhang zwischen Farbe und Ich-Funktionen. 82 S., Br., Vlg. H. Kurz 1992. **DM 20,-**

Johannes Agricola: Die Sprichwörtersammlung. Hrsg. v. Sander L. Gilman. 2 Bde. IV, 555 S. + IV,434 S., Ln., de Gruyter 1971. **DM 1053,-**

Johannes Agricola: Sybenhundert und fünftzig Teütscher Sprichwörter. Vorw. v. M. Hain. XI, 26 S., Ln., Olms Vlg. 1971. **DM 148,-**

Annemarie Andina-Kernen: Über das Entstehen von Symbolen. Der Symbolprozess oder Gestaltbildungsprozess aus künstlerischer, psychoanalytischer und kunstpsychotherapeutischer Sicht. 173 S., 44 farb. Zeichn., Kt., Schwabe Vlg. 1996. **DM 58,-**

Lou Andreas-Salomé: Rainer Maria Rilke. Ed. E. Pfeiffer. 140 S., Kt., Insel Vlg. 1987. **DM 12,80**

Thomas Anz et al.(Ed.): Psychoanalyse in der modernen Literatur. Kooperation und Konkurrenz. VIII, 231 S., Br., Königshausen & Neumann 1999. **DM 58,-**

Die Literaturgeschichte des 20. Jahrhunderts ist ohne die Rezeptionsgeschichte der Psychoanalyse kaum angemessen zu begreifen. Ob Arthur Schnitzler, Hugo von Hoffmannsthal oder Karl Kraus, Rainer Maria Rilke, Lou Andreas Salomè, Thomas Mann, Hermann Hesse, Franz Kafka oder Robert Musil, Alfred Döblin oder Elias Cannetti, sie alle haben sich, mit mehr oder weniger kritischer Distanz, von der Psychoanalyse prägen lassen. Psychoanalyse und literarische Moderne reagieren gleichzeitig und in wechselnder Abhängigkeit auf gravierende Identitätsprobleme des modernen Subjekts angesichts heterogener, zunehmen schwer zu integerierender Ansprüche in ausdifferenzierten Gesellschaften.

Martin von Arndt: Gescheiterte Individuation. Eine analytisch-psychologische Studie zu den „Nachtwachen. Von Bonaventura". 82 S. auf 1 Mikrofiche, Tectum Vlg. 1996. **DM 48,-**

Rudolf Arnheim: Kunst und Sehen. Eine Psychologie des schöpferischen Auges. XII, 514 S, m. 281 Abb., Kt., de Gruyter 1978. **DM 72,-**

Heinz Ludwig Arnold (Ed.): Die deutsche Literatur seit 1945. Seelenarbeiten 1978-1983. 400 S., Kt., dtv 1998. **DM 34,-**

Brunhilde Aulbach-Reichert: Annette von Droste-Hülshoff - „Der spiritus familiaris des Rosstäuschers". Ein Deutungsversuch auf der Grundlage der Analytischen Psychologie von C. G. Jung. 96 S., Kt., Wollheim, Ulrich 1995. **DM 12,80**

Martin Balle: Sich selbst schreiben, Literatur als Psychoanalyse. Annäherung an Max Frischs Romane „Stiller", „Homo faber" und „Mein Name sei Gantenbein" aus psychoanalytischer Sicht. Diss. 202 S., Kt., iudicium Vlg. 1994. **DM 58,-**

Roland Barthes: Die Lust am Text. Pb., Suhrkamp 8. Ed. 1996. **DM 17,80**

Georges Bataille: Das obszöne Werk. Die Geschichte des Auges; Madame Edwarda; Meine Mutter; Der Kleine; Der Tote. Kt., Rowohlt 1992. **DM 14,90**

Georges Bataille: Die Literatur und das Böse. Emily Bronte, Baudelaire, Michelet, Blake, Sade, Proust, Kafka, Genet. Mit e. Nachw. v. Gerd Bergfleth u. e. Essay v. Daniel Leuwers. 248 S., Kt., Vlg. Matthes & Seitz Neuaufl. 4/2000. **DM 46,-**

Raymond Battegay (Ed.): Narzißmus beim Einzelnen und in der Gruppe. Psychotherapie und Literatur. 103 S., Kt., H. Huber Vlg. 1989. **DM 44,80**

Cerstin Bauer: Triumph der Tugend. Das dramatische Werk des Marquis de Sade. 377 S., Kt., Romanistischer Vlg. 1994. **DM 48,-**

Günter Baumann: Hermann Hesses Demian im Lichte der Psychologie C. G. Jungs. 64 S. auf 1 Mikrofiche, Vlg. Böhner 1996. **DM 98,-**

Günter Baumann: Hermann Hesses Erzählungen im Lichte der Psychologie C. G. Jungs. VIII,382 S., Kt., Schäuble Vlg. 2. Ed. 1993. **DM 76,-**

S. Baumann: Vladimir Nabokov: Das Haus der Erinnerung. Gnosis und Memoria in kommentierenden und autobiographischen Texten. (Rhe. Nexus, Bd. 48) 300 S., Kt., Stroemfeld 1999. **DM 76,-**

Barbara Baumann-Eisenack: Der Mythos als Brücke zur Wahrheit. Eine Analyse ausgewählter Texte Alfred Döblins. 328 S., Kt., Schulz-Kirchner Vlg. 1992. **DM 78,-**

A. Baumgärtner /K. Maier (Ed.): Mythen, Märchen und moderne Zeit. Beiträge zur Kinder- und Jugendliteratur. Beitr. v. Brüggemann, Th. /Pleticha, H. /Scherf, W. et al. 122 S., Br., Königshausen & Neumann 1987. **DM 22,-**

Howard S. Becker: Die Kunst des professionellen Schreibens. Ein Leitfaden für die Sozial- und Geisteswissenschaften. 223 S., Kt., Campus 1994. **DM 26,-**

Klaus-Ernst Behne et al.: Musikpsychologie. Die Musikerpersönlichkeit. 180 S., Kt., Hogrefe 2000. **DM 54,-**

Brigitte Benedikt-Teubl: Suche nach dem verlorenen Selbst. Eine tiefenpsychologische Betrachtung des Schlossromans von Frau Kafka. 140 S., Kt., Akademischer Vlg. 1998. **DM 30,-**

Wilhelm Richard Berger: Der träumende Held. Untersuchungen zum Traum in der Literatur. 200 S., Gb., Vandenh. & Ruprecht 2000. **DM 68,-**

Pierre Bertaux: Friedrich Hölderlin. 727 S., Kt., Suhrkamp 1994. **DM 24,80**

Pierre Bertaux: Hölderlin und die Französische Revolution. 188 S., Gb., Suhrkamp 1989. **DM 12,-**

Wolfgang Beutin: Barlach oder der Zugang zum Unbewußten. Eine kritische Studie. 198 S., Br., Königshausen & Neumann 1994. **DM 39,80**

Wolfgang Beutin: Eros, Eris. Beiträge zur Literaturpsychologie zur Sprach- und Ideologiekritik. 374 S., Kt., Akademischer Vlg. 1994. **DM 58,-**

Wolfgang Beutin: Sexualität und Obszönität. Eine literaturpsychologische Studie über epische Dichtungen des Mittelalters und der Renaissance. 482 S., Kt., Königshausen & Neumann 1990. **DM 48,-**

Hans C. Binswanger: Geld und Magie. Deutung und Kritik der modernen Wirtschaft anhand von Goethes Faust. Nachw. v. Iring Fetcher. 192 S., Gb., Weitbrecht Vlg. 1985. **DM 38,-**

Harold Bloom: Eine Topographie des Fehllesens. 281 S., Kt., Suhrkamp 1997. **DM 19,80**

Harold Bloom: Einflußangst. Eine Theorie der Dichtung. 138 S., Br., Stroemfeld 1995. **DM 38,-**

Harold Bloom: Kabbala, Poesie und Kritik. 127 S., Kt., Stroemfeld 2. rev. Ed. 1997. **DM 38,-**

Otfried Boenicke: Mythos und Psychoanalyse in „Abend mit Goldrand". 39 S., Br., Text & Kritik 1980. **DM 6,-**

Ralf Bohn: Warum Schreiben? Psychosemiologische Vorlesungen über Semiologie, Psychoanalyse und Technik. 255 S., Kt., Passagen Vlg. 1993. **DM 55,-**

Jean Bollack: Sophokles, König Ödipus, in 2 Bdn. Übersetzung, Text, Kommentar; Essays. 195 S., Kt., Insel Vlg. 1994. **DM 86,-**

Irene Boose: Das Undenkbare leben. Elias Canettis „Die Blendung". Eine ironische Parabel über den ontologischen Abgrund. VIII, 248 S., Kt., Mattes Vlg. 1996. **DM 38,-**

B. Boothe /A. von Wyl (Ed.): Erzählen als Konfliktdarstellung. Im psychotherapeutischen Alltag und im literarischen Kontext. (Rhe.: Psa. im Dialog, 7) 180 S., Br., Peter Lang 1999. **DM 55,-**

Hans Borchers: Freud und die amerikanische Literatur (1920-1940) Studien zur Rezeption der Psychoanalyse in den literarischen Zeitschriften und den Werken von Conrad Aiken, Ludwig Lewisohn und Floyd Dell. 554 S., Kt., W. Fink Vlg. 1987. **DM 68,-**

Friedrich Bringazi: Robert Musil und die Mythen der Nation. 650 S., Br., P. Lang 1998. **DM 148,-**

Hermann Broch: Psychische Selbstbiographie. 220 S., Kt., Suhrkamp 1999. **DM 44,-**

Joseph Brodsky: Der sterbliche Dichter. Über Literatur, Liebschaften und Langeweile. 312 S., Ln., Hanser 1998. **DM 45,-**

"Ich kann beschwören, daß Joseph Brodsky zu den vier oder fünf ganz großen Essayisten dieses Jahrhunderts zählt, und zwar in jeder Sprache, die es gibt." Andreas Kilb, DIE ZEIT

Herbert Bruch: Faszination und Abwehr. Historisch-psychologische Studien zu Eduard Mörikes Roman „Maler Nolten". X,424 S., Kt., Metzler 1992. **DM 60,-**

Markus Büchler: Musik und ihre Psychologien. 142 S., Br., Klotz Vlg. NA 2000. **DM 39,90**

Dieter Burdorf (Ed.): Die schöne Verwirrung der Phantasie. Antike Mythologie in Literatur und Kunst um 1800. XII,280 S., Kt., Francke Vlg. 1998. **DM 96,-**

Beate Burtscher-Bechter (Ed.): Sprache und Mythos - Mythos der Sprache. Beiträge zum 13. Nachwuchskolloquium der Romanistik (Innsbruck, 11.-14.6.1997) 374 S., Kt., Romanistischer Vlg. 1998. **DM 44,-**

A. Busch /D. Linck (Ed.): Frauenliebe, Männerliebe. Eine lesbisch-schwule Literaturgeschichte in Porträts. XIV, 520 S., Kt., Suhrkamp 1999. **DM 24,80**

Italo Calvino et al.: Unmögliche Interviews: Mit Pythagoras, Antoni Gaudi, Sigmund Freud, Maria Sofie von Neapel u.a. 92 S., m. Illustr., Ln., Wagenbach Vlg. Neuaufl. 1999. **DM 22,80**

Joseph Campbell: Die Mitte ist überall. Die Sprache von Mythos, Religion und Kunst. 192 S., Gb., Kösel Vlg. 1992. **DM 42,-**

Janine Chasseguet-Smirgel: Kunst und schöpferische Persönlichkeit. Anwendungen der Psychoanalyse auf den außertherapeutischen Bereich. (Rhe.: VIP - Verl. Internat. Psa.) 279 S., Ln., Klett-Cotta 1988. **DM 68,-**

Thomas Collmer: Poe oder der Horror der Sprache. 400 S., Kt., Maro Vlg. 1999. **DM 58,-**

Romanita Constantinescu: Selbstvermöglichungsstrategien des Erzählers im modernen Roman. Von ästhetischer Selbstaufsplitterung bis zu ethischer Selbstsetzung über mehrfache Rollendistanzen im Erzählen. Robert Musil - Max Frisch - Martin Walser - Alfred Andersch. 302 S., Kt., P. Lang 1998. **DM 89,-**

J. Cremerius /G. Fischer /O. Gutjahr (Ed.): Freiburger Literaturpsychologische Gespräche. Bd. 06: Literatur und Aggression. 155 S., 15 Photos, Kt., Königshausen & Neumann 1987. **DM 34,-**

J. Cremerius /G. Fischer /O. Gutjahr (Ed.): Freiburger Literaturpsychologische Gespräche. Bd. 07: Masochismus in der Literatur. 127 S., Kt., Königshausen & Neumann 1988. **DM 28,-**

J. Cremerius /G. Fischer /O. Gutjahr (Ed.): Freiburger Literaturpsychologische Gespräche. Bd. 08: Untergangsphantasien. 108 S., Kt., Königshausen & Neumann 1989. **DM 24,-**

J. Cremerius /G. Fischer /O. Gutjahr (Ed.): Freiburger Literaturpsychologische Gespräche. Bd. 09: Zur Psychoanalyse der literarischen Form(en) 319 S., Kt., Königshausen & Neumann 1990. **DM 28,-**

J. Cremerius /G. Fischer /O. Gutjahr (Ed.): Freiburger Literaturpsychologische Gespräche. Bd. 10: Literatur und Sexualität. 316 S., Br., Königshausen & Neumann 1991. **DM 36,-**

J. Cremerius /G. Fischer /O. Gutjahr (Ed.): Freiburger Literaturpsychologische Gespräche. Bd. 11: Über sich selbst reden. Zur Psychoanalyse autobiographischen Schreibens. 164 S., Br., Königshausen & Neumann 1992. **DM 34,-**

J. Cremerius /G. Fischer /O. Gutjahr (Ed.): Freiburger Literaturpsychologische Gespräche. Bd. 12: Literarische Entwürfe weiblicher Sexualität. 343 S., Kt., Königshausen & Neumann 1993. **DM 39,80**

J. Cremerius /G. Fischer /O. Gutjahr (Ed.): Freiburger Literaturpsychologische Gespräche. Bd. 13: Trennungen. 334 S., Br., Königshausen & Neumann 1994. **DM 39,80**

Beiträge von W. Mauser, T. Anz, P. Dettmering u.a.

J. Cremerius /G. Fischer /O. Gutjahr (Ed.): Freiburger Literaturpsychologische Gespräche. Bd. 14: Psychoanalyse und die Geschichtlichkeit von Texten. 320 S., Kt., Königshausen & Neumann 1995. **DM 39,80**

Mit Beiträgen von W. Schönau, R. Wild, H. Rudolf u.a.

J. Cremerius /G. Fischer /O. Gutjahr (Ed.): Freiburger Literaturpsychologische Gespräche. Bd. 15: Methoden in der Diskussion. 241 S., Kt., Königshausen & Neumann 1996. **DM 39,80**

Mit Beiträgen von G. Fischer, W. Schönau, A. Hamburger u.a.

J. Cremerius /G. Fischer /O. Gutjahr (Ed.): Freiburger Literaturpsychologische Gespräche. Bd. 16: Adoleszenz. (jahrbuch Literatur und Psychoanalyse) 264 S., Br., Königshausen & Neumann 1997. **DM 48,-**

Mit Beiträgen von E.S. Poluda, M. Erdheim, R. Böschenstein u.a.

J. Cremerius /G. Fischer /O. Gutjahr (Ed.): Freiburger Literaturpsychologische Gespräche. Bd. 18: Größenphantasien. Beitr. v. P. Passett, H. Kraft, Ch. Garbe. 400 S., Br., Königshausen & Neumann 1999. **DM 58,-**

Alain Daniélou: Der Phallus. Metapher des Lebens, Quelle des Glücks. Symbole und Riten in Geschichte und Kunst. 144 S., zahlr. Abb., Gb., E. Diederichs Vlg. 1998. **DM 39,80**

Johanna J Danis: Zahlen, Worte, Bilder, Körper. 45 S., 2 Abb., Pb., Ed. Psychosymbolik 1997. **DM 20,-**

Johanna J Danis: Zahlensprache, Mythos und eingeschlechtliches Subjekt. Vorträge gehalten am Inst. f. Psychosymbolik 1993. 185 S., 5 Graf., Pb., Ed. Psychosymbolik 1994. **DM 45,-**

Johanna J. Danis: Wortgestalt. Das Unbewußte und die Angst; Leib und Leid; TABU. Vorträge gehalten am Institut f. Psychosymbolik, München. 201 S., Kt., Ed. Psychosymbolik 1998. **DM 45,-**

Das Werk faßt 3 Serien von Vorträgen (insgesamt 10) zusammen, alle gehalten am Institut für PSYCHOSYMBOLIK e.V. in München: Das Unbewußte und die Angst Leib und Leid „TABU" In allen diesen Themen bildet das aus dem Unbewussten kommende WORT, das Gestalt und Gestalten im Leben annimmt, den Kern. 01 Die Autorin Johanna Juana Danis ist in Bratislava (Preßburg) geboren. Studium und Professur an der Universität von Buenos Aires, seit 1976 in München als Psychotherapeutin und Lehranalytikerin B.L.-.K. tätig. Als Präsidentin des Instituts für PSYCHOSYMBOLIK e. V. München hält sie laufend Vorträge zu Bibelsymbolik, psychoanalytischer Symbolik, Ursymbolik.

Gerhard Danzer (Ed.): Dichtung ist ein Akt der Revolte. Literaturpsychologische Essays über Heine, Ibsen, Shaw, Brecht und Camus. 280 S., Kt., Königshausen & Neumann 1996. **DM 48,-**

Gerhard Danzer (Ed.): Frauen in der patriarchischen Kultur. Literaturpsychologische Essays über Germaine de Stael, Rahel Varnhagen, Karen Horney und Simone de Beauvoir. 200 S., Br., Königshausen & Neumann 1997. **DM 38,-**

Gilles Deleuze: Das Bewegungsbild. Kino 1. 332 S., Kt., Suhrkamp 1997. **DM 27,80**

Gilles Deleuze: Das Bewegungsbild. Kino 1. 360 S., Gb., Suhrkamp 1989. **DM 54,-**

Gilles Deleuze: Das Zeit-Bild. Kino 2. 454 S., Kt., Suhrkamp 1997. **DM 29,80**

Gilles Deleuze: Kritik und Klinik. ca. 200 S, Kt., Suhrkamp 2000. **DM 18,80**

Gilles Deleuze: Proust und die Zeichen. 172 S., Kt., Merve 1993. **DM 20,-**

G. Deleuze /F. Guattari: Kafka. Für eine kleine Literatur. Kt., Suhrkamp 1976. **DM 12,80**

P. Demetz /J.W. Storck /H.D. Zimmermann (Ed.): Rilke, ein europäischer Dichter aus Prag. 223 S., Kt., Königshausen & Neumann 1998. **DM 68,-**

Peter Dettmering: Das „Selbst" in der Krise. Literaturanalytische Arbeiten 1971-1985. 154 S., Kt., Klotz Vlg. 2. rev. Ed. 1995. **DM 29,80**

Peter Dettmering: Dichtung und Psychoanalyse. Bd. 1: Thomas Mann, Rainer Maria Rilke, Richard Wagner. 228 S., Kt., Klotz Vlg. 5. Ed. 1995. **DM 36,-**

Peter Dettmering: Dichtung und Psychoanalyse. Bd. 2: Shakespeare, Goethe, Jean Paul, Doderer. 207 S., Kt., Klotz Vlg. 4. rev. Ed. 1997. **DM 36,-**

Peter Dettmering: Formen des Grandiosen. Literaturanalytische Arbeiten 1985-1995. 222 S., Kt., Klotz Vlg. 2. Ed. 1999. **DM 36,-**

Peter Dettmering: Heinrich von Kleist. Zur Psychodynamik in seiner Dichtung. 142 S., Kt., Klotz Vlg. 4. rev. Ed. 1999. **DM 29,80**

Peter Dettmering: Literatur - Psychoanalyse - Film. Aufsätze 1978 - 1983. (Rhe.: Jahrb. der Psa., Beiheft 9) 164 S., Ln., frommann-holzboog 1984. **DM 85,-**

Peter Dettmering: Psychoanalyse als Instrument der Literaturwissenschaft. 148 S., Kt., Klotz Vlg. 3. Ed. 1995. **DM 29,80**

Wolfgang Düsing: Erinnerung und Identität. Untersuchungen zu einem Erzählproblem bei Musil, Döblin und Doderer. 261 S., Kt., W. Fink Vlg. 1982. **DM 58,-**

Anita Eckstaedt: Struwwelpeter. Dichtung und Deutung. Eine psychoanalytische Studie. 228 S., zahlr. farb. Abb., Gb., Suhrkamp 1998. **DM 48,-**

Umberto Eco: Über Spiegel und andere Phänomene. 261 S., Ln., Hanser 1988. **DM 39,80**

Umberto Eco: Über Spiegel und andere Phänomene. 272 S., Kt., dtv 1990. **DM 16,90**

T. Eicher /U. Gregory /T. Heyer et al. (Ed.): Nur geträumt. Traumtexte der deutschsprachigen Literatur seit der Aufklärung. 252 S., Abb, Gb., Projekt-Vlg. 1997. **DM 32,-**

C. Eissing-Christophersen /D. Le Parc (Ed.): Marcel Rèja. Die Kunst bei den Verrückten. VI, 279 S., 71 Abb., Gb., Springer 1997. **DM 68,-**

Marcel Rèja, Entdecker der „Kunst der Verrückten": Verrückte ohne künstlerische Vorbildung - Die Zeichnungen der Kinder und Wilden; Archaische Kunst - Die Lyrik: Die Verrückten, die niemals geschrieben haben; haltgebende Funktion der Prosodie u.v.a. Themen.

Kurt Eissler: Hamlet und „Hamlet". Eine psychoanalytische Untersuchung. Ln., Stroemfeld iVorb.. **DM 98,-**

Kurt R. Eissler: Goethe, eine psychoanalytische Studie, in 2 Bdn. 1775-1786. Hrsg. v. Rüdiger Scholz u.a. Ln. i.Schub., Stroemfeld 1986. **DM 148,-**

Kurt R. Eissler: Leonardo da Vinci. Psychoanalytische Notizen zu einem Rätsel. 487 S. m. 68 meist farb. Bildtaf., Kst., Großformat, Stroemfeld 1992. **DM 98,-**

Kurt R. Eisslers großartige psychoanalytische Studie eines Genies wurde mit dem ersten Sachbuchpreis der „Süddeutschen Zeitung" ausgezeichnet. Aus dem Inhalt: Die „Mona Lisa" Einige Fragen zu Leonardos Kindheit Homosexualität und Objektbeziehungen Die „Leda" Exkurs über das „Abendmahl".

Kurt R. Eissler: Leonardo da Vinci, 2 Bde. Psychoanalytische Notizen zu einem Rätsel. (dtv-Tb. 59026) 552 S., Mit 68 meist farb. Bildtaf., Kt.iKass., dtv 1994. **DM 68,-**

Heinz Emigholz: Seit Freud gesagt hat,der Künstler heile seine Neurose selbst, heilen die Künstler ihre Neurose selbst. 96 S., Ebr., Schmitz 1993. **DM 20,-**

B. Eppensteiner /K. Sierek (Ed.): Der Analytiker im Kino. Siegfried Bernfeld Psychoanalyse Filmtheorie. (Rhe.: Nexus, Bd. 43) 300 S., Kt., Stroemfeld 4/2000. **DM 48,-**

Christof T. Eschenröder: Goethe und die Psychotherapie. 188 S., Gb., DGVT Vlg. 1999. **DM 24,80**

Hans-Heino Ewers: Jugendkultur im Adoleszenzroman. Jugendliteratur der 80er und 90er Jahre zwischen Moderne und Postmoderne. 268 S., Kt., Juventa Vlg. 2. Ed. 1997. **DM 38,-**

H.H. Ewers /I. Wild (Ed.): Familienszenen. Die Darstellung familialer Kindheit in der Kinder- und Jugendliteratur. 270 S., Kt., Juventa Vlg. 1999. **DM 40,-**

Carolin Fischer: Gärten der Lust. Eine Geschichte erregender Lektüren. 360 S., 35 Abb., Kt., dtv 6/2000. **DM 29,50**

Jens M Fischer (Ed.): Psychoanalytische Literaturinterpretation. Aufsätze aus „Imago. Zeitschrift für Anwendung der Psychoanalyse auf die Geisteswissenschaften" (1912 - 1937) VI,304 S., Kt., Niemeyer Vlg. 1980. **DM 32,-**

Marie-Louise von Franz: Die Visionen des Niklaus von Flüe. Eine tiefenpsychologische Deutung. 144 S., Kt., Daimon Vlg. 5. Ed. 1998. **DM 28,-**

Esther Freud: Marrakesch. Roman. Kt., Goldmann 1995. **DM 12,-**

Sigmund Freud: Der Moses des Michelangelo. Schriften über Kunst und Künstler. Einl. v. P. Gay. Kt., S. Fischer 1993. **DM 18,90**

Sigmund Freud: Der Wahn und die Träume in W. Jensens „Gradiva". Mit dem Text der Erzählung von Wilhelm Jensen und Sigmund Freuds Randbemerkungen. Hg. u. Einl. v. B. Urban u. J. Cremerius. (Geringe Bestände), Kt., S. Fischer o.J.. **DM 14,90**

Sigmund Freud: Der Wahn und die Träume in W. Jensens „Gradiva". Mit dem Text der Erzählung von Wilhelm Jensen und Sigmund Freuds Randbemerkungen. Hg. u. Einl. v. B. Urban. Kt., S. Fischer 1995. **DM 16,90**

Sigmund Freud: Eine Kindheitserinnerung des Leonardo da Vinci. Einl. v. J. Chasseguet-Smirgel. Kt., S. Fischer 1995. **DM 14,90**

E. Frick /R. Huber (Ed.): Die Weise von Liebe und Tod. Psychoanalytische Betrachtungen zu Kreativität, Bindung und Abschied. 228 S., Abb., Kt., Vandenh. & Ruprecht 1998. **DM 44,-**

H. Friedel /J. Helfenstein (Ed.): Mit dem Auge des Kindes. Kinderzeichnung und moderne Kunst. Katalog zur Ausstellung im Lenbachhaus u. Kunstmuseum Bern. Mit einem Beitr. v. Jonathan Fineberg. 264 S., 306 Abb., Ln., Großformat, Hatje Cantz 1995. **DM 98,-**

Harry Fröhlich: Dramatik des Unbewussten. Zur Autonomieproblematik von Ich und Nation in Eichendorffs „historischen" Dramen. VIII,224 S., Kt., Niemeyer Vlg. 1998. **DM 98,-**

Der Verfasser der Studie interpretiert Eichendorffs Dramen und Dramenfragmente mit der ihnen angemessenen Methode einer psychoanalytisch fundierten Literaturinterpretation, ohne dabei den Kontext von politischen, sozialen und literaturgeschichtlichen Zusammenhängen zu vernachlässigen.

Erich Fromm: Ihr werdet sein wie Gott. Eine radikale Interpretation des Alten Testaments und seiner Tradition. 216 S., Gb., DVA 1982. **DM 28,-**

Maria F. Gallistl: Die Narzissmusproblematik im Werk Italo Svevos. VIII,134 S., Br., Olms Vlg. 1993. **DM 39,80**

Michael Gärtner: Zur Psychoanalyse der literarischen Kommunikation: „Dichtung und Wahrheit" von Goethe. 230 S., Br., Königshausen & Neumann 1998. **DM 58,-**

In kritischer Auseinandersetzung mit der bisherigen psychoanalytsichen Literaturwissenschaft entwirft der Verfasser eine psychoanalytische Theorie literarischer Kommunikation, die in der daran anschleißenden Interpretation von Goethes „Dichtung und Wahrheit" zur praktischen Anwendung kommt. Mit seinem Ansatz grenzt er sich von einem literarischen Substantialismus ab, für den Texte feststrukturierte, unabhängig von der Kommunikationssituation zu analysierende Objekte darstellen. Dagegen begreift er sie als Medien, deren kommunikativer Charakter sich in den szenischen Prozessen der Produktion und Rezeption äußert. Gattungen wiederum versteht er als überindividuelle Schemata literarischer Kommunikation, die per Konvention die Erwartungen von Autoren und Lesern vermitteln.

Susanne Gaschke: Die Welt in Büchern. Kinder, Literatur und ästhetische Wirkung. 232 S., Br., Königshausen & Neumann 1995. **DM 58,-**

Sigfrid Gauch: Vaterspuren. Roman. 144 S., Br., Vlg. Brandes & Apsel 2. Ed.. **DM 24,80**

Heino Gehrts: Das Märchen und das Opfer. Untersuchungen zum europäischen Brüdermärchen. 309 S., Kt., Bouvier Vlg. 2. rev. Ed. 1994. **DM 75,-**

Irene Gerber-Münch: Goethes Faust. Eine tiefenpsychologische Studie über den Mythos des modernen Menschen. Mit einer Vorrede v. C.G. Jung. 440 S., Gb., Bonz Vlg. 1998. **DM 55,-**

Fritz Gesing: Die Psychoanalyse der literarischen Form, „Stiller" von Max Frisch. 315 S., Kt., Königshausen & Neumann 1989. **DM 58,-**

Sander Gilman: Wahnsinn, Text und Kontext. Die historischen Wechselbeziehungen der Literatur, Kunst und Psychiatrie. 114 S., Br., P. Lang 1981. **DM 49,-**

Johann Glatzel: Don Juan oder Vom Umgang mit der Melancholie. Psychopathologische Anmerkungen zu belletristischen Texten. 118 S., Br., Königshausen & Neumann 1995. **DM 29,80**

Reiner Gödtel: Surrogate. Bericht der Ersatzpartnerin Karen B. über ihre Arbeit und die Tätigkeit des Sexualtherapeuten Dr. K. an die psychoanalytische Gesellschaft. Roman in 12 Bildern. 166 S., Gb., Universitas 1998. **DM 29,90**

Sebastian Goeppert: Psychoanalyse interdisziplinär. Sprach- und Literaturwissenschaft. 128 S., Kt., W. Fink Vlg. 1981. **DM 36,-**

Stefan Goldmann: Christoph Wilhelm Hufeland im Goethekreis. Eine psychoanalytische Studie zur Autobiographie und ihrer Topik. Diss. 297 S., Kt., Metzler 1993. **DM 50,-**

Georges A. Goldschmidt: Als Freud das Meer sah. Freud und die deutsche Sprache. 184 S., Gb., Ammann Vlg. 1999. **DM 38,-**

"Goldschmidt ist einer der subtilsten, gebildetsten und feurigsten Vermittler zwischen Frankreich und Deutschland. „Als Freud das Meer sah" ist eine Meditation über die Sprache, über das Unübersetzbare und - was paradox ist - sogar über das Unsagbare." Revue des Questions Allemandes

Waltraud Gölter: Entfremdung als Konstituens bürgerlicher Literatur, dargestellt am Beispiel Samuel Becketts. Versuch einer Vermittlung von Soziologie und Psychoanalyse als Interpretationsmodell. 361 S., Kt., Univ.-Vlg. Winter 1976. **DM 80,-**

Ernst Gombrich: Das symbolische Bild. Zur Kunst der Renaissance. 294 S., 170 s/w Abb., Ln., Klett-Cotta 1986. **DM 68,-**

Ernst H. Gombrich: Bild und Auge. Neue Studien zur Psychologie der bildlichen Darstellung. 316 S., 253 Abb., Ln., Klett-Cotta 1984. **DM 88,-**

Ernst H. Gombrich: Das forschende Auge. Kunstbetrachtung und Naturwahrnehmung. 136 S., Ln., Campus 1994. **DM 68,-**

Ernst H. Gombrich: Die Geschichte der Kunst. 688 S. m. 376 Farb- u. 64 SW-Abb. sowie 6 Tfl. u. 3 Ktn., Ln., S. Fischer 1996. **DM 128,-**

Ernst H. Gombrich: Ornament und Kunst. Schmucktrieb und Ordnungssinn in der Psychologie des dekorativen Schaffens. 420 S. m. 354 SW-Abb. im Text u. 90 SW-Abb. auf Taf., 11 Farbabb. auf Taf., Ln., Klett-Cotta 1982. **DM 89,-**

E. H. Gombrich/j. Hochberg/M. Black: Kunst, Wahrnehmung, Wirklichkeit. 156 S., Kt., Suhrkamp 1994. **DM 16,80**

Nelson Goodman: Sprachen der Kunst. Entwurf einer Symboltheorie. 254 S., Kt., Suhrkamp 1997. **DM 19,80**

Max Christian Graeff (Ed.): Der verbotene Eros. Unstatthaftes aus der Weltliteratur. 224 S., Abb., Kt., dtv 1999. **DM 16,90**

Fritz Graf: Griechische Mythologie. Eine Einführung. 198 S., 10 Abb., Gb., Artemis Vlg. 3. Ed. 1991. **DM 29,80**

Dagmar Grenz (Ed.): Kinderliteratur - Literatur für Erwachsene? Zum Verhältnis von Kinderliteratur und Erwachsenenliteratur. 198 S., Kt., W. Fink Vlg. 1990. **DM 68,-**

Gisela Greve (Ed.): Goethe, „Die Wahlverwandtschaften". Interpretation aus unterschiedlicher Perspektive: Religionswissenschaftlich, literaturwissenschaftlich, psychoanalytisch und kulturwissenschaftlich. Mit Beitr. v. K. Heinrich, I. Stephan, H. Beland. 126 S., Kt., Ed. diskord 1999. **DM 25,-**

Gisela Greve (Ed.): Kunstbefragung. Dreißig Jahre psychoanalytische Werkinterpretation am Berliner Psychoanalytischen Institut. 320 S., Gb., Ed. diskord 1996. **DM 56,-**

Rolf Grimminger (Ed.): Mythos im Text. Zur Literatur des 20. Jahrhunderts. Br., Aisthesis Vlg. 1998. **DM 58,-**

Georg Groddeck: Der Seelensucher. Ein psychoanalytischer Roman. 280 S., Gb., Stroemfeld 1998. **DM 58,-**

Wolfram Groddeck: Reden über Rhetorik. Zu einer Stilistik des Lesens. (Rhe.: Nexus, Bd. 7) 296 S., Kt., Stroemfeld 1995. **DM 38,-**

Helmut Gronemann: Phantasien - Das Reich des Unbewußten. „Die unendlichen Geschichten"von Michael Ende aus der Sicht der Tiefenpsychologie. 168 S., Kt., IKM Vlg. 1985. **DM 29,50**

Ita-Maria Grosz-Ganzoni (Ed.): Widerspenstige Wechselwirkungen. Feministische Perspektiven in Psychoanalyse, Philosophie, Literaturwissenschaft und Gesellschaftskritik. 175 S., Kt., Ed. diskord 1996. **DM 28,-**

Elisabeth Grünewald-Huber: Virginia Woolf - The Waves. Eine textorientierte psychoanalytische Interpretation. 229 S., Kt., Francke Vlg. 1979. **DM 54,-**

Rainer Gschwilm: Trash - Fundstücke aus Psychoanalyse, Philosophie und Kunst. 112 S., Pb., Materialis Vlg. 1995. **DM 26,90**

Lutz Gümbel: Ich. Synthetischer Realismus und ödipale Struktur im Frühwerk Arno Schmidts. Eine typologische Untersuchung. 356 S., Br., Königshausen & Neumann 1995. **DM 78,-**

Agnes Gutter: Märchen und Märe. Psychologische Deutung. Gb., Univ.-Vlg. Freiburg 1968. **DM 55,-**

G. Härle /W. Popp /A. Runte (Ed.): Ikonen des Begehrens. Bildsprachen der männlichen und weiblichen Homosexualität in Literatur und Kunst. 386 S., Kt., Metzler 1997. **DM 65,-**

Anselm Haverkamp (Ed.): Theorie der Metapher. Studienausgabe. Beiträge von I.A. Richards, Ph. Wheelwright, M. Beardsley, J. Lacan, H. Blumenberg. 516 S., Kt., WBG 1996. **DM 49,80**

A. Haverkamp /R. Lachmann (Ed.): Memoria. Vergessen und Erinnern. (Rhe.: Poetik und Hermeneutik 15) 566 S., 37 Abb., Kt., W. Fink Vlg. 1993. **DM 78,-**

Ursula Hehl: Manifestationen narzisstischer Persönlichkeitsstörungen in Shakespeares romantischen Komödien. 282 S., Kt., WVT 1995. **DM 50,-**

Hans-Jürgen Heinrichs: Der Wunsch nach einer souveränen Existenz. Georges Bataille, Philosoph, Dichter, Kunsttheoretiker, Anthropologe. 177 S., 21 Abb., Kt., Lit.Vlg. Droschl 1999. **DM 28,-**

Hans-Jürgen Heinrichs: Erzählte Welt. Lesarten der Wirklichkeit in Geschichte, Kunst und Wissenschaft. 416 S., zahlr. Abb., Gb., Rowohlt 1996. **DM 48,-**

Rudolf Heinz (Ed.): Musik und Psychoanalyse. Dokumentation und Reflexion eines Experiments psychoanalytischer Musikinterpretation in der Gruppe. 74 S., Kt., Vlg. B.Katzbichler 1977. **DM 28,-**

H. Heinz /R. Heinz: Apo-kalypse des Abbilds I. Vidende zu einem Selbstbildnis von Paula Modersohn-Becker. 121 S., sw-Abb., Kt., Passagen Vlg. 1998. **DM 35,-**

Theodor T. Heinze (Ed.): Subjektivität als Fiktion. Zur literarisch-psychologischen Konstruktion des modernen Menschen. 172 S., Br., Centaurus Vlg. 1993. **DM 29,80**

Jutta Held: Caravaggio. Politik und Martyrium der Körper. 247 S., 128 Abb.iT. u. 16 Farbtaf., Gb., Reimer Vlg. 1996. **DM 68,-**

Tanja Hetzer: Kinderblick auf die Shoah. Formen der Erinnerung bei Ilse Aichinger, Hubert Fichte und Danilo Kis. 130 S., Br., Königshausen & Neumann 1999. **DM 29,80**

Hans H. Hiebel: Henrik Ibsens psycho-analytische Dramen. Die Wiederkehr der Vergangenheit. 243 S., Kt., W. Fink Vlg. 1990. **DM 58,-**

Helmwart Hierdeis (Ed.): Lieber Franz! Mein lieber Sohn! Antworten auf Franz Kafkas „Brief an den Vater". 295 S., Kt., Passagen Vlg. 2. rev. Ed. 1997. **DM 49,80**

H. Hillenaar /W. Schönau (Ed.): Fathers and Mothers in Literature. (Rhe.: Psa. and Culture, 6) 341 S., Br., Rodopi 1994. **DM 91,-**

Walter Hinck: Magie und Tagtraum. Das Selbstbild des Dichters in der deutschen Lyrik. 300 S., Gb., Insel Vlg. 1994. **DM 56,-**

Fritz E. Hoevels: Psychoanalyse und Literaturwissenschaft. Grundlagen und Beispiele. 282 S., Kt., Ahrimann Vlg. 1996. **DM 26,-**

Dagmar Hoffmann-Axthelm: Robert Schumann. „Glücklichsein und tiefe Einsamkeit". Ein Essay. Nachw. v. T. Moser. 150 S., 6 Abb., Notenbeispiele, Kt., Reclam, Ditzingen 1994. **DM 8,-**

Günther A Höfler: Psychoanalyse und Entwicklungsroman. Dargestellt an Karl Emil Franzos: „Der Pojaz". 160 S., Efal., Südostdt. Kulturwerk 1987. **DM 36,-**

Douglas R. Hofstadter: Die FARGonauten. Über Analogie und Kreativität. 606 S., Gb., Klett-Cotta 1996. **DM 68,-**

Douglas R. Hofstadter: Gödel, Escher, Bach. Ein Endloses Geflochtenes Band. XIX, 844 S., s/w Abb., Lin., Klett-Cotta 14 Ed. 1995. **DM 68,-**

Hans Holzkamp: Reine Nacht. Dichtung und Taum bei Paul Valèry. VIII,298 S., Kt., Univ.-Vlg. Winter 1997. **DM 78,-**

E. Hora/ E. Kessler (Ed.): Studia Humanitatis. Ernesto Grassi zum 70. Geburtstag. 344 S., Ln., W. Fink Vlg. 1993. **DM 98,-**

Gerd Hötter: Surrealismus und Identität. Andrè Breton. „Theorie des Kryptogramms". Eine poststrukturalistische Lektüre seines Werks. Br., Igel Vlg. 1990. **DM 44,-**

Stefan Howald: Peter Weiss zur Einführung. 232 S., Br., Junius Vlg. 1994. **DM 24,80**

Andreas Huber: Mythos und Utopie. Eine Studie zur „Ästhetik des Widerstands" von Peter Weiss. 416 S., Kt., Univ.-Vlg. Winter 1990. **DM 100,-**

Bettina Hurrelmann (Ed.): Klassiker der Kinder- und Jugendliteratur. Kt., S. Fischer **DM 24,90**

Peter Ihring: Die jugendliche Gemeinschaft zwischen Mythos und Wirklichkeit. Motivtypologische Studien zum französischen Adoleszenzroman von 1900 bis 1940. 224 S., Kt., Romanistischer Vlg. 1989. **DM 32,-**

Inst. f. Gegenwartskunst a. d. Akad. d. bild. Künste Wien / Neue Wiener Gruppe /Lacan-Schule: Psyche, Körper, Material. Analysen von Menschen und Gegenständen. 150 S., 12 Abb., Kt., Passagen Vlg. 1997. **DM 38,-**

M. Jacoby /V. Kast /I. Riedel: Das Böse im Märchen. Kt., Herder 1994. **DM 18,80**

Hugues Jallon: Donatien A. Fr. Marquis de Sade. Eine Einführung. 104 S., Kt., Parerga Vlg. 1999. **DM 24,-**

Karl Jaspers: Strindberg und van Gogh. Versuch einer verleichenden pathographischen Analyse. Mit einem Essay v. Maurice Blanchot. 230 S., Kt., Merve 1998. **DM 28,-**

Ulrike Kadi: Bilderwahn. Arbeit am Imaginären. 251 S., Kt., Turia & Kant 1999. **DM 42,-**

Volker Kaiser: Das Echo jeder Verschattung. Figur und Reflexion bei Rilke, Benn und Celan. 182 S., Kt., Passagen Vlg. 1993. **DM 46,-**

Dietmar Kamper: Im Souterrain der Bilder oder Die schwarze Madonna. 118 S., Kt., Philo Vlgsg. 1997. **DM 24,-**

D. Kamper /C. Wulf: Die erloschene Seele. Disziplin, Geschichte, Kunst, Mythos. VIII, 459, Br., Reimer Vlg. 1988. **DM 55,-**

Detlef Kappert: Tanz zwischen Kunst und Therapie. 144 S., Abb., Pb., Vlg. Brandes & Apsel 1993. **DM 29,80**

M. Karlson /S. Scheifele /A. Würker: Grenzgänge - Literatur und Unbewußtes. Zu Heinrich v. Kleist, E.T.A. Hoffmann, A. Andersch, I. Bachmann und M. Frisch. 149 S., Br., Königshausen & Neumann 1999. **DM 39,80**

Verena Kast: Liebe im Märchen. 126 S., Kt., Walter Vlg. 3. Ed. 1996. **DM 24,80**

Verena Kast: Vom gelingenden Leben. Märcheninterpretationen. 167 S., Gb., Walter Vlg. 1998. **DM 29,80**

Rainer Kaus: Der Fall Goethe - Ein deutscher Fall. Eine psychoanalytische Studie. Vorw. Lèon Wurmser. 242 S., 1 Faks., Ln., Univ.-Vlg. Winter 1994. **DM 56,-**

Rainer F. Kaus: Erzählte Psychoanalyse bei Franz Kafka. Eine Deutung von Kafkas Erzählung „Das Urteil". 80 S., Gb., Univ.-Vlg. Winter 1998. **DM 24,-**

Annette Keck: Avantgarde der Lust. Autorschaft und sexuelle Relation in Döblins früher Prosa. 280 S., Kt., W. Fink Vlg. 1997. **DM 68,-**

Hans Keilson: Der Tod des Widersachers. Roman. 224 S., Kt., S. Fischer 1996. **DM 16,90**

Hans Keilson: Komödie in Moll. Erzählung. 96 S., Kt., S. Fischer 1995. **DM 12,90**

Hans Keilson: Sprachwurzellos. Gedichte. Nachwort v. G. Kurz. 90 S., Br., Ricker'sche Vlgsbh. 5. Ed. 1998. **DM 22,-**

Evelyne Keitel: Psychopathographien. Die Vermittlung psychotischer Phänomene durch Literatur. 179 S., Kt., Univ.-Vlg. Winter 1986. **DM 60,-**

Sybille Kershner: Karl Philipp Moritz und die „Erfahrungsseelenkunde". Literatur und Psychologie im 18. Jahrhundert. 197 S., Kt., Vlg. Kasper u.a. 1991. **DM 39,80**

Helmuth Kiesel: Literarische Trauerarbeit. Das Exil- und Spätwerk Alfred Döblins. XIII,549 S., Kt., Niemeyer Vlg. 1986. **DM 214,-**

Ludwig Klages: Goethe als Seelenforscher. 98 S., Kt., Bouvier Vlg. 5. Ed. 1989. **DM 18,-**

Pierre Klossowski: Sade - mein Nächster. 189 S., Br., Passagen Vlg. 1996. **DM 39,80**

Eva M. Knapp-Tepperberg: Literatur und Unbewusstes. Interpretationen zur Literatursoziologie und -Psychoanalyse am Beispiel französischer Texte des 17. bis 20. Jahrhunderts. 178 S., Kt., W. Fink Vlg. 1981. **DM 38,-**

Thomas Koebner (Ed.): Filmklassiker. Beschreibungen und Kommentare. 4 Bde. 2260 S., 215 Abb., Kt.iKass., Reclam, Ditzingen 2. rev. Ed. 1998. **DM 78,-**

Sarah Kofman: Die Kindheit der Kunst. Eine Interpretation der Freudschen Ästhetik. 264 S., Kt., W. Fink Vlg. 1993. **DM 46,-**

Sarah Kofman: Melancholie der Kunst. Hrsg. v. Peter Engelmann. 102 S., Kt., Passagen Vlg. 2. rev. Ed. 1998. **DM 28,-**

Doris Kolesch: Das Schreiben des Subjekts. Zur Inszenierung ästhetischer Subjektivität bei Baudelaire, Barthes und Adorno. 296 S., Kt., Passagen Vlg. 1996. **DM 64,-**

Helmut Koopmann (Ed.): Die Wiederkehr der Götter Griechenlands. Zur Entstehung des „Hellenismus"-Gedankens bei Heinrich Heine. 228 S., Pb., Thorbecke 1999. **DM 48,-**

Peter Köppel: Die Agonie des Subjekts. Das Ende der Aufklärung bei Kafka und Blanchot. (Die Texte sind z.Tl. i. franz. Sprache) 128 S., Kt., Passagen Vlg. 1991. **DM 26,-**

Siegfried Kracauer: Von Caligari zu Hitler. Eine psychologische Geschichte des deutschen Films. 632 S., 64 Photos, Kt., Suhrkamp 3. Ed. 1995. **DM 32,80**

Hartmut Kraft: Grenzgänger zwischen Kunst und Psychiatrie. 384 S., 22, Ln., DuMont 1986. **DM 78,-**

Volker Kraft: Rousseaus „Emile". Lehr- und Studienbuch. X,335 S., Kt., Klinkhardt Vlg. 3.1997. **DM 36,-**

Wolfgang Kraus: Das erzählte Selbst. Die Narrative Konstruktion von Identität in der Spätmoderne. XIII, 264 S., Br., Centaurus Vlg. 1997. **DM 48,-**

E. Kris /O. Kurz: Die Legende vom Künstler. Ein geschichtlicher Versuch. Vorw. v. Ernst H. Gombrich. 188 S., Kt., Suhrkamp 1998. **DM 19,80**

Reinhard Krüger: Mit Händen und Füßen. Literarische Inszenierungen gestischer Kommunikation. Rhe. Körper, Zeichen, Kultur, Bd. 7. Berlin Vlg. i.Vorb.. **DM**

Richard Kuhns: Psychoanalytische Theorie der Kunst. 194 S., Kt., Suhrkamp 1986. **DM 36,-**

Dorothea Kupferschmidt-Neugeborn: Heal into time and other people. Schamanismus und Analytische Psychologie in der poetischen Wirkungsästhetik von Ted Hughes. 286 S., Kt., G. Narr Vlg. 1995. **DM 78,-**

Sabine Kyora: Psychoanalyse und Prosa im 20. Jahrhundert. 418 S., Kt., Metzler 1992. **DM 78,-**

Hildegard Lahme- Gronostaj: Einbildung und Erkenntnis bei Robert Musil und im Verständnis der „Nachbarmacht" Psychoanalyse. Diss. IV, 206 S., Kt., Königshausen & Neumann 1991. **DM 39,80**

Dieter Lamping: Von Kafka bis Celan. Jüdischer Diskurs in der deutschen Literatur des 20. Jahrhunderts. 206 S., Pb., Vandenh. & Ruprecht 1998. **DM 45,-**

Rosemarie Lederer: Grenzgänger Ich. Psychosoziale Analysen zur Geschlechtsidentität in der Gegenwartsliteratur. 336 S., Br., Passagen Vlg. 1998. **DM 48,-**

Elisabeth Lenk: Die unbewusste Gesellschaft. Über die mimetische Grundstruktur in der Literatur und im Traum. 405 S., Ebr., Vlg. Matthes & Seitz 1983. **DM 48,-**

Walter Lennig: Marquis de Sade. Kt., Rowohlt o.J.. **DM 12,90**

Michael Limberg (Ed.): Hermann Hesse und die Psychoanalyse. „Kunst als Therapie". 9. Internationales Hermann-Hesse-Kolloquium in Calw 1997. 340 S., Kt., Vlg. Gengenbach 1997. **DM 27,50**

I. Lindner /S. Schade et al. (Ed.): Blick-Wechsel. Konstruktionen von Männlichkeit und Weiblichkeit in Kunst und Kunstgeschichte. 568 S., 117 Abb., Br., Reimer Vlg. 1989. **DM 48,-**

Eckhard Lobsien: Kunst der Assoziation. Phänomenologie eines ästhetischen Grundbegriffs vor und nach der Romantik. 264 S., Kt., W. Fink Vlg. 1999. **DM 68,-**

Im 19. und noch im frühen 20. Jahrhundert wird die Assoziation in philosophischen, psychologischen und ästhetischen Konzepten meist explizit marginalisiert, um sich doch immer wieder an oft entscheidenden Systemstellen zurückzumelden, wofür Herbart, Fechner, William James, Freud, Saussu-

re und Valèry die interessantesten Fallstudien liefern. Das Buch geht dieser spannenden Geschichte der Assoziation von Locke bis Valèry nach, indem es die Texte verschiedenster Provenienz als Beiträge zur Ästhetik liest, als Modelle einer Erfahrung, die um ihrer selbst willen gemacht wird, und indem es umgekehrt aufzeigt, daß nur eine Geschichte und Phänomenologie der Einbildungskraft den theoretischen Gehalt des Assoziationskonzepts aufzuschließen vermag.

Jürgen Lodemann (Ed.): Die besten Bücher. 20 Jahre Empfehlungen der deutschsprachigen Literaturkritik. 184 S., Kt., Suhrkamp 1995. **DM 14,80**

Boris Luban-Plozza et al.: Musik und Psyche. Hören mit der Seele. 266 S., Br., Birkhäuser Vlg. 1988. **DM 38,-**

Susanne Lüdemann: Mythos und Selbstdarstellung. Zur Poetik der Psychoanalyse. 190 S., Kt., Rombach Vlg. 1994. **DM 48,-**

Wolfgang Lukas: Das Selbst und das Fremde. Epochale Lebenskrisen und ihre Lösung im Werk Arthur Schnitzlers. 309 S., Kt., W. Fink Vlg. 1996. **DM 78,-**

Manfred Lurker: Symbol, Mythos und Legende in der Kunst. Vlg. Koerner Neudr. 1984. **DM 80,-**

Ingrid Maass: Regression und Individuation. Alfred Döblins Naturphilosophie und späte Romane vor dem Hintergrund einer Affinität zu Freuds Metapsychologie. 208 S., Br., P. Lang 1997. **DM 65,-**

Norbert Matejek: Leseerlebnisse. Ein Beitrag zur psychoanalytischen Rezeptionsforschung. Vorw. u. hrsg. v. Gerd Overbeck. 95 S., Br., VAS 1993. **DM 25,-**

Peter v. Matt: Verkommene Söhne, missratene Töchter. Familiendesaster in der Literatur. 400 S., Kt., dtv 1997. **DM 29,90**

Peter von Matt: ... fertig ist das Angesicht. Zur Literaturgeschichte des menschlichen Gesichts. Kt., (dtv 30769), dtv **DM 22,50**

Günter Mecke: Franz Kafkas offenbares Geheimnis. Eine Psychopathographie. 201 S., Kt., W. Fink Vlg. 1982. **DM 36,-**

Urs H. Mehlin: Kreativität - ein moderner Mythos. Künstlerisches Schaffen aus Jungscher Sicht. 160 S., Pb., Rothenhäusler Vlg. 1989. **DM 28,80**

Henning Mehnert: Melancholie und Inspiration. Begriffs- und wissenschaftsgeschichtliche Untersuchungen zur poetischen „Psychologie" Baudelaires, Flauberts und Mallarmes. Mit einer Studie über Rabelais. 352 S., Ln., Univ.-Vlg. Winter 1978. **DM 110,-**

Joachim Metzner: Persönlichkeitszerstörung und Weltuntergang. Das Verhältnis von Wahnbildung und literarische Imagination. IX,286 S., Kt., Niemeyer Vlg. 1976. **DM 108,-**

Alexander Mitscherlich /A. Tapiés: Sinnieren über Schmutz. Verkleinerter Offsetnachdruck der bibliophilen Ausgabe. 51 S., 8 farb. Abb., Br., Erker Vlg. 1978. **DM 16,10**

Marlene Müller: Woolf mit Lacan. Der Signifikant in den Wellen. 232 S., Br., Aisthesis Vlg. 1992. **DM 29,80**

Regina Mundel: Bildspur des Wahnsinns. Surrealismus und Postmoderne. 180 S., Br., eva 1997. **DM 30,-**

Robert Musil: Der literarische Nachlaß. Hrsg. v. F. Aspetsberger u.a. Hanbdbuch: 300 S., CD-ROM: 160 MB, iSch., Rowohlt 1992. **DM 1400,-**

Marianne Muthesius: Mythos, Sprache, Erinnerung. Untersuchungen zu Walter Benjamins „Berliner Kindheit um Neunzehnhundert". (Rhe.: Nexus, Bd. 26) 276 S., Kt., Stroemfeld 1996. **DM 48,-**

Leo Navratil: Art brut und Psychiatrie. Gugging 1946 - 1986. 380 S., 170 Farb- u. 350 s/w-Abb., Gb., Ch.Brandstätter Vlg. 1999. **DM 116,-**

Dr. Leo Navrati - Doyen einer künstlerischen therapeutischen Arbeit mit psychisch Kranken - dukumentiert mit dem vorliegenden Band eine vier Jahrzehnte umfassende Gesamtschau der Künsler aus Gugging.

Leo Navratil: Die Gugginger Methode. Kunst in der Psychiatrie. VIII, 190 S., 93 Abb., Kt., G. Fischer Vlg. 1998. **DM 68,-**

Leo Navratil: manisch-depressiv. Zur Psychodynamik des Künstlers. 312 S., Ln., Brandstätter 2000. **DM 68,-**

Leo Navratil: Schizophrenie und Kunst. (Rhe.: Geist u. Psyche, Bd. 12386) 73 Abb., Kt., S. Fischer Neuausg. 1996. **DM 18,90**

Annemarie Neef: Sigmund Freud und Heinrich Heine. Annäherungen. 92 S., 2 Abb., 6 S. Dok., Br., Elbufer Vlg. 1997. **DM 24,-**

Olga Nesseler /Thomas Nesseler: Auf des Messers Schneide. Zur Funktionsbestimmung literarischer Kreativität bei Schiller und Goethe. Eine psychoanalytische Studie. Diss. XI, 412 S., Kt., Königshausen & Neumann 1994. **DM 49,80**

Marius Neukom: Franz Kafkas Tagebucheintrag „Verlokkung im Dorf". Eine erzählanalytische Untersuchung mit dem Verfahren JAKOB. (Rhe.: Psa. im Dialog, 5) 238 S., Br., Peter Lang, Bern 1997. **DM 66,-**

Erich Neumann: Amor und Psyche. Eine tiefenpsychologische Deutung mit dem Text des Märchens von Apuleius. 178 S., Ln., Walter Vlg. 9. Ed. 1995. **DM 34,-**

Erich Neumann: Kunst und schöpferisches Unbewußtes. VI, 166 S., 8 Abb., Kt., Daimon Vlg. 3. Ed. 1998. **DM 33,-**

Martin Neumann: Das Inzesttabu im Spiegel der französischen Erzählliteratur des 18.Jh. 260 S., Kt., Romanistischer Vlg. 1991. **DM 38,-**

Karin Nohr: Der Musiker und sein Instrument. Studien zu einer besonderen Form der Bezogenheit. (Rhe.: Perspektiven, Bd. 3) 271 S., Br., Ed. diskord 1997. **DM 38,-**

Christine Nöstlinger: Olfi Obermeier und der Ödipus. Eine Familiengeschichte. (Kinderbuch) 174 S., Gb., Oetinger Vlg. 1984. **DM 19,80**

Bernd Oberhoff: Christoph Willibald Glucks prä-ödipale Welt. Eine musikalisch-psychoanalytische Entdeckungsreise. Vorw. v. Dieter Ohlmeier. 238 S., 11 Abb., Gb., Daedalus Vlg. 1999. **DM 48,-**

Peter Ostwald/L.S. Zegans (Ed.): Mozart - Freuden und Leiden des Genies. 217 S., Gb., Kohlhammer Vlg. 1997. **DM 59,-**

Aus psychologischer, medizinischer, historischer und musikwissenschaftlicher Sicht beleuchten die Beiträge dieses Bandes das Phänomen Mozart und das des Genies, aber auch die Frage der künstlerischen Kreativität.

Gerd Overbeck: Der Koryphäenkiller. Ein psychoanalytischer Roman. 320 S., Kt., Suhrkamp 2. Ed. 1997. **DM 22,80**

Der Autor läßt eine schwere narzißtische Neurose mit Borderline-Anteilen und multiplen Somatisierungen in dieser Fallnovelle lebendig werden. In der Figur des K. und seiner Beziehung zu seinem Analytiker G. wird jedoch nicht nur das neurotische Einzelschicksal eines Patienten erzählt. Eingebunden in die Dynamik eines Vater-Sohn-Konflikts entwickelt sich die Gedanken- und Beziehungswelt einer

Männergeneration, die unauflösbar mit der politischen Geschichte ihrer Väter verbunden ist.

Erwin Panofsky: Die Perspektive als „symbolische Form" & und andere Aufsätze. Kt., S. Fischer 2000. **DM 28,90**

Paul Parin: Eine Sonnenuhr für beide Hemisphären und andere Erzählungen. 208 S., Gb., eva 1995. **DM 34,-**

Karl-Josef Pazzini (Ed.): Unschuldskomödien. Museum und Psychoanalyse. (Rhe. Museum zum Quadrat Bd 10) 173 S. m. Abb., Kt., Turia & Kant 1999. **DM 36,-**

Museum und Psychoanalyse. Worin besteht die Beziehung, die Konjunktion? Nicht nur, daß sowohl Museum als auch Psychoanalyse immer wieder Anlaß zum Lachen, sogar Lächerlichkeit, geben, könnten zwei konträre Bewegungen gegenseitig erhellend wirken: Die Psychoanalyse hat es zu tun mit den Einschreibungen der (größeren) Geschichten in die kleinen Geschichten. Das Museum hingegen versucht die Einschreibung von kleinen Geschichten in eine große Erzählung.

Thomas Pekar: Robert Musil zur Einführung. 198 S., Kt., Junius Vlg. 1997. **DM 24,80**

Michaela L. Perlmann: Der Traum in der literarischen Moderne. Zum Werk Arthur Schnitzlers. 246 S., Kt., W. Fink Vlg. 1987. **DM 68,-**

Joachim Pfeiffer: Die zerbrochenen Bilder. Gestörte Ordnungen im Werk Heinrich von Kleists. 188 S., 1 Abb., Br., Königshausen & Neumann 1989. **DM 38,-**

Carl Pietzcker: Einführung in die Psychoanalyse des literarischen Kunstwerks. Am Beispiel von Jean Pauls „Rede des toten Christus". 214 S., Kt., Königshausen & Neumann 2. rev. Ed. 1985. **DM 19,80**

Carl Pietzcker: Einheit, Trennung und Wiedervereinigung. Psychoanalytische Untersuchungen eines religiösen, philosophischen, politischen und literarischen Musters. 243 S., Kt., Königshausen & Neumann 1996. **DM 29,80**

Carl Pietzcker: Ich kommandiere mein Herz. Brechts Herzneurose - ein Schlüssel zu seinem Leben und Schreiben. 265 S., Br., Königshausen & Neumann 2. rev. Ed. 1988. **DM 24,-**

Carl Pietzcker: Lesend interpretieren. Zur psychoanalytischen Deutung literarischer Texte. 221 S., Br., Königshausen & Neumann 1992. **DM 29,80**

Carl Pietzcker: Trauma, Wunsch und Abwehr. Psychoanalytische Studien zu Goethe, Jean Paul, Brecht, zur Atomliteratur und zur literarischen Form. 226 S., Kt., Königshausen & Neumann 1985. **DM 19,80**

Lothar Pikulik: Warten, Erwartung. Eine Lebensform in Endzeiten und Übergangszeiten. An Beispielen aus der Geistesgeschichte, Literatur und Kunst. 200 S., Kt., Vandenh. & Ruprecht 1997. **DM 36,-**

Lieselotte Pouth: Wiener Literatur und Psychoanalyse. Felix Dörmann, Jakob Julius David und Felix Salten. 251 S., Br., P. Lang 1997. **DM 79,-**

Hans Prinzhorn: Bildnerei der Geisteskranken. Ein Beitrag zur Psychologie und Psychopathologie der Gestaltung. XIV, 361 S., 187 Abb., Gb., Springer 5. Ed. 1997. **DM 49,90**

Peter Priskil: Freuds Schlüssel zur Dichtung. Drei Beispiele: Rilke, Lovecraft, Bernd. 283 S., Br., Ahrimann Vlg. 1996. **DM 26,-**

Helga Rabenstein: Muttergeschichten. Analysen zu Daudet, Vallès, Renard, Sarraute und Duras. 264 S., Br., Böhlau Vlg. 1995. **DM 57,-**

Yvonne Rainer: Talking Pictures. Filme, Feminismus, Psychoanalyse, Avantgarde. Hrsg. v. Kunstverein München u.a. 345 S., Kt., Passagen Vlg. 1994. **DM 70,-**

Josef Rattner: Goethe. Leben, Werk und Wirkung in tiefenpsychologischer Sicht. 322 S., Br., Königshausen & Neumann 1999. **DM 48,-**

J. Rattner /G. Danzer (Ed.): Kunst und Krankheit in der Psychoanalyse. Oscar Wilde, Camille Claudel, Rainer Maria Rilke, Paul Klee, Fjodor M. Dostojewski, Anton Tschechow. 200 S., Gb., PVU 1993. **DM 74,-**

Josef Rattner /Gerhard Danzer: Österreichische Literatur und Psychoanalyse. Mit Beitr. v. I. Fuchs u. A. Levy. 365 S., Kt., Königshausen & Neumann 1998. **DM 58,-**

Udo Rauchfleisch: Musik schöpfen, Musik hören. Ein psychologischer Zugang. Kt., Vandenh. & Ruprecht 1996. **DM 19,80**

Peter Rech: Abwesenheit und Verwandlung. Das Kunstwerk als Übergangsobjekt. 184 S., Abb., Ebr., Stroemfeld 1981. **DM 22,-**

Peter Rech: Kunst und Liebe. Sozialisationstheoretische Untersuchungen zur Kunst. 100 S., 40 Abb., Ln., Jonas Vlg. 1983. **DM 23,-**

P. Rech /P.U. Hein (Ed.): Kunst und Sprache. (Rhe.: Kunst & Therapie 2) 160 S., 4 Abb., Br., Lit Vlg. 1982. **DM 29,80**

H.U. Reck /H. Szeemann: Junggesellenmaschine. Ausstellungskatalog. 250 S., 240 Abb., Br., Springer erw. NA 1999. **DM 78,-**

Seit langem vergriffener Katalog zur legendären Ausstellung „Junggesellenmaschinen / Les Machines Cèlibataires" (1975) neu situiert und erweitert.

Albert M. Reh: Literatur und Psychologie. 240 S., Kt., Weidler-Vlg. 2. rev. Ed. 1998. **DM 58,-**

Thomas Reich: Die Ästhetik des Unbewußten. Zum Verhältnis von Psychoanalyse, Kunst und Sprache zwischen Moderne und Postmoderne. 144 S., Br., Lit Vlg. 1995. **DM 34,80**

Erich Reisen: Rhetorische Topen in psychoanalytischer Sicht. Stilstudien zur Sprache Prosper Mèrimès. 156 S., Kt., Steiner 1994. **DM 76,-**

Alfred Ribi: Die Dämonen des Hieronymus Bosch. Versuch einer Deutung. (Jungiana, Rhe. B, Bd. 3) 191 S., 15 Tafeln, Gb., Bonz Vlg. 1990. **DM 42,-**

Hans-Günther Richter: Leidensbilder. Psychopathische Werke und nicht-professionelle Bildnerei. IV, 492 S., zahlr. Abb., Br., P. Lang 1997. **DM 69,-**

Aus dem Inhalt: Bildnerische Mitteilungen über Verlassenheitsängste - Sexueller Mißbrauch und Kinderzeichnung - Ein jugendliches Weltbild - Bilder einer Borderlinepersönlichkeit. Neben der Analyse von ausgewählten Bildern bietet der Autor eine

Gerhard Rieck: Kafka konkret - Das Trauma ein Leben. Wiederholungsmotive im Werk als Grundlage einer psychologischen Deutung. 360 S., Gb., Königshausen & Neumann 1999. **DM 68,-**

Ingrid Riedel: Bilder. In Therapie, Kunst und Religion. 240 S., 24 farb Taf., Kt., Kreuz Vlg. 1988. **DM 34,-**

Ingrid Riedel: Marc Chagalls Grüner Christus. Ein ganzheitliches Gottesbild - Wiederentdeckung der weiblichen Aspekte Gottes. Tiefenpsychologische Interpretation der Fraumünster-Fenster in Zürich. 119 S., 20 Zeichn., 1 farb. Beil., Kt., Walter Vlg. 5. Ed. 1994. **DM 14,80**

Juan G. Roederer: Physikalische und psychoakustische Grundlagen der Musik. 263 S., Gb., Springer 3., rev. Ed. 2000. **DM 59,-**

M. Rohrwasser /G. Steinlechner /J. Vogel et al.: Freuds pompejanische Muse: Beiträge zu Wilhelm Jensens Novelle „Gradiva". 155 S., Abb., Kt., Sonderzahl 1996. **DM 28,-**

Alvin H. Rosenfeld: Ein Mund voll Schweigen. Literarische Reaktionen auf den Holocaust. 240 S., Kt., Vandenh. & Ruprecht 2000. **DM 68,-**

Thomas Röske: Der Arzt als Künstler. Ästhetik und Psychotherapie bei Hans Prinzhorn (1886-1933) 296 S., Br., Aisthesis Vlg. 1995. **DM 78,-**

Philip Roth: Mein Leben als Sohn. Eine wahre Geschichte. 216 S., Kt., dtv 1995. **DM 14,90**

A. Ruhs /B. Riff et al. (Ed.): Das unbewußte Sehen. Texte zu Psychoanalyse, Film, Kino. 261 S., Kt., Löcker Vlg. 1989. **DM 39,80**

Gerhard Rump: Kunstpsychologie, Kunst und Psychoanalyse, Kunstwissenschaft. Psychologische, Anthropologische, Semiotische Versuche zur Kunstwissenschaft. 265 S., zahlr. Abb., Pb., Olms Vlg. 1981. **DM 58,-**

Hanns Sachs: Bubi Caligula. Reprint der EA; Nachwort von H.M. Lohmann. (Rhe.: VIP - Verl. Internat. Psa.) 167 S., Ln., Klett-Cotta 1991. **DM 38,-**

Donatien A. F. Marquis de Sade: Das Mißgeschick der Tugend. Erstfassung des unter dem Titel „Justine, oder das Unglück der Tugend" erschienenen Romans. 230 S., Ln., Merlin Vlg. Studienausg. 2. Ed. 1990. **DM 19,80**

Donatien A. F. Marquis de Sade: Der Greis in Charenton. Letzte Aufzeichnungen und Kalkulationen. Vorw. v. Georges Daumas; Nachw. v. Marion Luckow. 184 S., Kt., Ed. belleville 1990. **DM 28,-**

Wilhelm Salber: Literaturpsychologie. Gelebte und erlebte Literatur. VI,227 S., Kt., Bouvier Vlg. 1972. **DM 48,-**

Sidney Saylor Farr: Tom Sawyers Nah-Todeserfahrung und die Wandlung seines Lebens. 204 S., Kt., Flensburger Hefte Vlg. 1998. **DM 34,-**

Wolfgang Schäffner: Die Ordnung des Wahns. Zur Poetologie psychiatrischen Wissens bei Alfred Döblin. 419 S., Kt., W. Fink Vlg. 1995. **DM 58,-**

Hans R. Schärer: Narzissmus und Utopismus. Eine literaturpsychologische Untersuchung zu Robert Musils Roman „Der Mann ohne Eigenschaften". 228 S., Kt., W. Fink Vlg. 1990. **DM 72,-**

Wolfgang Schild: Schuld und Unfreiheit. Gedanken zu Strafjustiz und Psychoanalysen in Leonhard Franks „Die Ursache". 50 S., Kt., Nomos Vlg. 1996. **DM 26,-**

Wolfgang Schmidbauer: Das Geheimnis der Zauberflöte. Symbole der Reifung, Wege zur Integration. Kt., Herder 1995. **DM 12,80**

Harald Schmidt: Melancholie und Landschaft. Die psychotische und ästhetische Struktur der Naturschilderung in Georg Büchners „Lenz". 252 S., Kt., Westdt. Vlg. 1994. **DM 39,-**

Helmut Schmiedt: Regression als Utopie. Psychoanalytische Untersuchungen zur Form des Dramas. 310 S., Br., Königshausen & Neumann 1987. **DM 58,-**

Friedhilde Schneider: Selbst-Entfremdung. 218 S., Br., P. Lang 1994. **DM 65,-**

Gerhard Schneider et al. (Ed.): Psychoanalyse und bildende Kunst. Beitr. v. B. Collins, J. danckwardt, A. Grèen, A. Gaertner u.a. 393 S., Abb. , Tfln., Gb., Ed. diskord 1999. **DM 64,-**

Anja Schoene: „Ach, wäre fern, was ich liebe!". Studien zur Inzestthematik in der Literatur der Jahrhundertwende (von Ibsen bis Musil) 300 S., Br., Königshausen & Neumann 1997. **DM 68,-**

Inge Scholz-Strasser (Ed.): Foundation for the Arts, Sigmund Freud-Museum Vienna. Vol. 1. Herbst 1989. Vorw. v. H. Leupold-Löwenthal. 28 S., 8 farb. Abb., Sigmund Freud-Ges. 1997. **DM 18,-**

Walter Schönau: Einführung in die psychoanalytische Literaturwissenschaft. X, 235 S., Kt., Metzler 1991. **DM 26,80**

Walter Schönau (Ed.): Literaturpsychologische Studien und Analysen. 384 S., Br., Editions Rodopi B.V. 1983. **DM 72,-**

Hanna Segal: Wahnvorstellung und künstlerische Kreativität. Ausgewählte Aufsätze. 286 S., Ln., Klett-Cotta 1992. **DM 54,-**

Miguel Serrano: Meine Begegnungen mit C. G. Jung und Hermann Hesse in visionärer Schau. 135 S., Br., Daimon Vlg. 1997. **DM 34,-**

SFI (Ed.): Wahrnehmungen, Blick, Perspektive. Kunst und Psychoanalyse. Tagung im Sigmund-Freud-Institut am 30. April 1995. (Rhe.: Materialien a.d. SFI, 16) 157 S., Br., Lit Vlg. 1998. **DM 34,80**

Beitr. von G. Koch, Chr. Schneider, K. Clausberg, E. Hevers, F. Berger.

Gerald Siegmund: Theater als Gedächtnis. Semiotische und psychoanalytische Untersuchung zur Funktion des Dramas. Diss. 328 S., Kt., G. Narr Vlg. 1996. **DM 84,-**

Ingeborg Singer-Lambert: Till Eulenspiegel. Versuch einer psychoanalytischen Interpretation der Eulenspiegel-Gestalt. 192 S., Pb., Haag + Herchen 1987. **DM 28,-**

Susan Sontag: Kunst und Antikunst. 24 literarische Analysen. Kt., S. Fischer o.J.. **DM 19,90**

Inge Stephan: Musen und Medusen. Mythos und Geschlechterdiskurs in der Literatur des 20. Jahrhunderts. VI, 269 S., 38 Abb., Böhlau Vlg. 1997. **DM 39,80**

Inge Stephan (Ed.): Kontroversen, alte und neue. Akten des VII. Kongresses der Internationalen Vereinigung für germanische Sprach- und Literaturwissenschaft. Bd. 6: Frauensprache - Frauenliteratur? /Für und Wider einer Psychoanalyse literarischer Werke. IX,252 S., Kt., Niemeyer Vlg. 1986. **DM 34,-**

Helm Stierlin: Nietzsche, Hölderlin und das Verrückte. Systemische Exkurse. 182 S., Kt., C. Auer Vlg. 1992. **DM 36,-**

Karl Stockreiter: Narzißmus und Kunst. Das erotische Bündnis der ästhetischen Illusion. 220 S., Kt., Turia & Kant o.J.. **DM 36,-**

Karl Stockreiter (Ed.): Schöner Wahnsinn. Beiträge zu Psychoanalyse und Kunst. 262 S., Gb., Turia & Kant 1998. **DM 42,-**

Victor I. Stoichita: Das selbstbewußte Bild. Vom Ursprung der Metamalerei. Bild und Text. 381 S., zahlr. Taf. u. Abb., Kt., W. Fink Vlg. 1998. **DM 78,-**

Victor I. Stoichita: Eine kurze Geschichte des Schattens. (Rhe. Bild und Text) 271 S., 110 Abb., Kt., W. Fink Vlg. 1999. **DM 58,-**

Peter Tepe (Ed.): Literaturwissenschaftliche Mythosforschung. Düsseldorfer Projekte. 204 S., Br., Vlg. Die Blaue Eule 1996. **DM 46,-**

Dietrich Theissen: The Ethnic Dilemma. Analyse ausgewählter Kurzgeschichten zur Adoleszenz von Afro-Amerikanern, Chicanos und Indianern. 416 S., Br., Vlg. Die Blaue Eule 1997. **DM 84,-**

Klaus Theweleit: Das Land, das Ausland heißt. Essays, Reden, Interviews zu Politik und Kunst. 224 S., Kt., dtv 1995. **DM 19,90**

K. Theweleit /M. Langbein: Der Pocahontas-Komplex. 4 Bde. Gb., Stroemfeld 1999. **DM 48,-**

H.-O. Thomashoff /D. Naber: Psyche & Kunst. Psychiatrisch-kunsthistorische Anthologie. Katalog zur Ausstellung anläßlich des XI. Weltkongresses der Psychiatrie in Hamburg 1999. 168 S., 95 Abb., Kt., Schattauer 1999. **DM 49,-**

Horst Thome: Autonomes Ich und „Inneres Ausland". Studien über Realismus, Tiefenpsychologie und Psychiatrie in deutschen Erzähltexten 1848-1914. Habil.-Schr. VII, 756 S., Kt., Niemeyer Vlg. 1993. **DM 212,-**

Klaus Thonack: Selbstdarstellung des Unbewussten. Freud als Autor. 245 S., Br., Königshausen & Neumann 1997. **DM 58,-**

Monika Treut: Die grausame Frau. Zum Frauenbild bei de Sade und Sacher-Masoch. 252 S., 19 Abb., Kt., Stroemfeld 2. Ed. 1990. **DM 38,-**

Isolde Tröndle: Differenz des Begehrens. Franz Kafka /Marguerite Duras. 307 S., 2 Abb., Br., Königshausen & Neumann 1989. **DM 48,-**

Andrée Tudesque: Essai d'interprétation psychanalytique du conte de Perrault „Peau d'Ane". 55 S., Reichert Vlg. 1991. **DM 15,-**

Petra Urban: Liebesdämmerung. Ein psychoanalytischer Versuch über Richard Wagners „Tristan und Isolde". 142 S., Kt., Klotz Vlg. 1991. **DM 29,80**

Bernd Urban (Ed.): Psychoanalyse und Literaturwissenschaft. Texte zur Geschichte ihrer Beziehungen. XLVI,299 S., Kt., Niemeyer Vlg. 1973. **DM 28,-**

W. v. Mauser /U. Renner /W. Schönau (Ed.): Phantasie und Deutung. Psychologisches Verstehen von Literatur und Film. Frederick Wyatt zum 75. Geburtstag. 364 S., 14 Abb., Br., Königshausen & Neumann 1986. **DM 58,-**

Raoul Vaneigem: An die Lebenden! Eine Streitschrift gegen die Welt der Ökonomie. 192 S., Pb., Edition Nautilus 1998. **DM 29,80**

"Nach Georges Bataille wird Raoul Vaneigem zum Verfechter der verrufenen Sache..." (Le Monde)

Alfrun von Vietinghoff-Scheel: Es gibt für Schnee keine Bleibe. Trauma-analoge Literaturdeutungstheorie als Beziehungsanalyse von Text und Leser am Beispiel von Franz Kafkas „Schloß". 276 S., Kt., Suhrkamp 1991. **DM 20,-**

Johann H. Voss: Antisymbolik. 2 Bde. 868 S., Kt., P. Wald Vlg. (Nachdr. d. Ausg. 1824/26) 1993. **DM 289,-**

Lilo Weber: Fliegen und Zittern. Hysterie in Texten. 293 S., Aisthesis Vlg. 1996. **DM 58,-**

P. Weiermair (Ed.): Der Kalte Blick. Erotische Kunst 17. bis 20. Jahrhundert. 300 S., Gb., Ed. Stemmle 1995. **DM 98,-**

Vorw. u. hrsg. v. Weiermair, Peter. Beitr. v. Döpp, Hans J / Sigusch, Volkmar / Gehrke, Claudia / Azoulay, Isabelle / Weiermair, Peter

Peter Weiermair (Vorw. u. Ed.): Erotic Art. From the 17th to the 20th Century. 300 S., Gb., Ed. Stemmle 1995. **DM 98,-**

Elvira Weissmann-Orzlowski: Das Weibliche und die Unmöglichkeit seiner Integration. Eine Studie der Gothic Fiction nach C.G. Jung. 266 S., Br., P. Lang 1997. **DM 79,-**

Rainer Werner: Stundenblätter Psychoanalyse und Literatur. Exemplarische Analysen für die Sekundarstufe II. 126 S. + 40 S. Beilage, Kt., Klett-Cotta 4. Ed. 1995. **DM 24,50**

Birgit Wernz: Sub-Versionen. Weiblichkeitsentwürfe in den Erzähltexten Lou Andreas-Salomès. (Rhe.: Frauen in der Literaturgeschichte, Bd. 6) 132 S., Centaurus Vlg. 1996. **DM 39,80**

Michael Wetzel: Mignon - Die Kindsbraut als Phantasma der Goethezeit. 503 S., Br., W. Fink Vlg. 1999. **DM 78,-**

Susanna Widmaier-Haag: Es war das Lächeln des Narziß. Die Theorien der Psychoanalyse im Spiegel der literaturpsychologischen Interpretation des „Tod in Venedig". Vor. v. W. Mertens. 214 S., Br., Königshausen & Neumann 1999. **DM 36,-**

Sabine Wilke: Ausgraben und Erinnern. Zur Funktion von Geschichte, Subjekt und geschlechtlicher Identität in den Texten Christa Wolfs. 182 S., Br., Königshausen & Neumann 1993. **DM 39,80**

Heiner Willenberg: Zur Psychologie literarischen Lesens. Wahrnehmung, Sprache und Gefühle. 192 S., Kt., Schöningh Vlg. 1978. **DM 49,-**

Matthias Winzen: Selbsterfindung. Pädagogische Möglichkeiten und Mißverständnisse im Spannungsfeld von moderner Kunst und Adoleszenz. (Phänomenologische Untersuchungen Bd. 11) 383 S., Kt., W. Fink Vlg. 1999. **DM 68,-**

Reinhold Wolff (Ed.): Psychoanalytische Literaturkritik. Ein Reader mit kommentierender Einleitung. 473 S., Kt., W. Fink Vlg. 1975. **DM 48,-**

Heinz-Lothar Worm: Karl Mays Helden, ihre Substituten und Antagonismen. Tiefenpsychologisches, Biographisches, Psychopathologisches und Autotherapeutisches im Werk Karl Mays am Beispiel der ersten drei Bde. des Orientromanzyklus. 292 S., Abb., Kt., Igel Vlg. 1992. **DM 42**

Anke Wortmann: Das Selbst und die Objektbeziehungen der Personen in den weltlichen Tragödien Jean Racines. 226 S., Br., Königshausen & Neumann 1992. **DM 44,-**

Nanfang Wu: Auf der Suche nach Identität. Eine psychoanalytische Studie zu Peter Weiss" Leben und Schreiben. 192 S., Gb., Kovac Vlg. 1999. **DM 137,90**

Achim Würker: Das Verhängnis der Wünsche. Unbewusste Lebensentwürfe in Erzählungen E.T.A. Hoffmanns. Mit einer Überlegung zu einer Erneuerung der psychoanalytischen Literaturinterpretation. 256 S., Br., Königshausen & Neumann 2. Ed. 1997. **DM 29,80**

Achim Würker: Technik als Abwehr. Die unbewußten Lebensentwürfe in Max Frischs „Homo faber". 127 S., Br., Stroemfeld 1991. **DM 28,-**

Leon Wurmser: Klinische Fragen und literarische Vorbilder, vertiefendes Seminar zur Vorlesung. (Rhe.: AudioTorium) 410 min., 5 Toncass. iBox, auditorium-Vlg. o.J.. **DM 140,-**

Leon Wurmser: Über die Bedeutung der Literatur und anderer Geisteswissenschaften. Vorlesung. (Rhe.: AudioTorium) 80 min., 1 Toncass., auditorium-Vlg. o.J.. **DM 26,-**

L. Wurmser /H. Gidion: Die eigenen verborgensten Dunkelgänge. Narrative, psychische und historische Wahrheit in der Weltliteratur. 215 S., Kt., Vandenh. & Ruprecht 1999. **DM 48,-**

L. Wurmser /H. Gidion: Narrative, psychologische und historische Wahrheit mit Beispielen aus der Weltliteratur. Vorlesung. (Rhe.: AudioTorium) 294 min., 5 Toncass. iBox, auditorium-Vlg. o.J.. **DM 95,-**

Dieter Wyss: Einstein rettet die Welt. Surreal durch Wissenschaft und Politik. Roman. 160 S., Br., Königshausen & Neumann 1994. **DM 29,80**

Gerhard Zacharias: Ballett, Gestalt und Wesen. Die Symbolsprache im europäischen Schautanz der Neuzeit. (Rhe.: Geist u. Psyche, Bd. 12655) Kt., S. Fischer 1997. **DM 19,90**

Christel Zahlmann: Christa Wolfs Reise „ins Tertiär". Eine literaturpsychologische Studie zu „Kindheitsmuster". 258 S., Kt., Königshausen & Neumann 1986. **DM 38,-**

Catherina Zakravsky: Heilige, Gewänder. Analysen in Kunstwerken. Mit einem Beitrag von J. Lacan. 160 S., Br., Turia & Kant 1994. **DM 36,-**

Mechthild Zeul (Ed.): Carmen & Co. Weiblichkeit und Sexualität im Film. (Rhe.: VIP - Verl. Internat. Psa.) 203 S., Ln., Klett-Cotta 1997. **DM 28,-**

Jörg Zimmermann: Selbstbefangenheit. Thomas Mann und das Narzissmusproblem. 315 S., Pb., Shaker Vlg. 1994. **DM 159,-**

Werner Zimmermann: Jean Paul: „Siebenkäs". Frauenbild und Geschlechterkonstellation. Beitrag zu einer psychoanalytischen Interpretation. 232 S., Br., Weber 1982. **DM 48,-**

Fritz Zorn: Mars. Ich bin jung und reich und gebildet, und bin unglücklich, neurotisch und allein. Vorw. v. Adolf Muschg. 228 S., Ln., Kindler Vlg. 1994. **DM 29,80**

Fritz Zorn: Mars. Roman. Kt., S. Fischer 18. Ed. 1996. **DM 14,90**

Sylvia Zwettler-Otte (Ed.): Kinderbuch-Klassiker psychoanalytisch. Von Robinson bis Hotzenplotz. 134 S., Gb., E. Reinhardt Vlg. 1994. **DM 39,80**

Psychoanalyse, Kunst und Literatur
Einzelausgaben

Lou Andreas-Salomé: Amor. Jutta. Die Tarnkappe. 3 Dichtungen aus dem Nachlaß. 165 S., Ln., Insel Vlg. 1981. **DM 32,-**

Lou Andreas-Salomé: Ma. Nachw. v. H. Gideon. 192 S., Kt., Ullstein 1996. **DM 14,90**

Karel Appel: Psychopathologisches Notizbuch. Zeichnungen und Gouachen 1948-1950. 200 S., Ln., Gachnang & Springer 1997. **DM 200,-**

Jean Baudrillard: Im Horizont des Objekts. Objekte in diesem Spiegel sind näher, als sie erscheinen. Fotografien 1985-1998. 223 S., Kt., Hatje Vlg. 1999. **DM 78,-**

Alice E. Byrnes: The Child. An Archetypal Symbol in Literature for Children and Adults. 122 S., Gb., P. Lang Vlg. 1995. **DM 50,-**

Marie Cardinal: Schattenmund. Roman einer Analyse. Kt., Rowohlt 1979. **DM 12,90**

Manfred Dierks: Das dunkle Gesicht. Roman aus der Entstehungszeit der Tiefenpsychologie. 250 S., Gb., Artemis & Winkler 1999. **DM 39,80**

Irene Dische: Fromme Lügen. Sieben Erzählungen. 288 S., Kt., dtv 1998. **DM 16,90**

Claudia Erdheim: Bist du wahnsinnig geworden? Roman. 140 S., Gb., Löcker Vlg. 1984. **DM 25,-**

Claudia Erdheim: Herzbrüche. Szenen aus der psychotherapeutischen Praxis. Roman. 248 S., Gb., Löcker Vlg. 1985. **DM 34,-**

Max Frisch: Fragebogen. 96 S., Kt., Suhrkamp 1998. **DM 10,80**

Max Frisch: Fragebogen. 93 S., Gb., Suhrkamp 1992. **DM 17,80**

Nan Goldin: I'll Be Your Mirror. 491 S., 300 farb. u.s/w Abb., Gb., Scalo Vlg. 2. Ed.1997. **DM 128,-**

Stefan Gradmann: Das Ungetym. Mythologie, Psychoanalyse und Zeichensynthesis in Arno Schmidts Joyce-Rezeption. 133 S., Br., Text & Kritik 1986. **DM 28,-**

Hermann Hesse: Der Steppenwolf. Illustrierte Erzählung. Mit Illustrationen von Günther Böhmer. 189 S., Ln., iSchub., Suhrkamp 1981. **DM 148,-**

Carol De Chellis Hill: Doktor Freuds Geheimnis. Roman. 503 S., Gb., List Vlg. 1995. **DM 44,-**

Inge Jádi (Ed.): Leb wohl sagt mein Genie - Orgugele muss sein. Texte aus der Prinzhornsammlung. 322 S., Br., Vlg. Das Wunderhorn 1985. **DM 39,80**

I. Jádi /B. Brand-Claussen (Ed.): August Natterer. 320 S., 80 Farbabb., Gb., Vlg. Das Wunderhorn 2000. **ca. DM 98,-**

Die eigentülichen halluzinatorischen Zeichnungen des August Natterer (1868-1933) faszinierten schon Hans Prinzhorn, der sie in zwei schäbischen Irrenanstalten entdeckte und einige davon in der „Bildnerei der Geisteskranken" veröffentlichte. Neben den hier dokumentierten Arbeiten des Künstlers wurden dem Band Beiträge zur psychopathologischen (Be-)Deutung der Motive angefügt. Explizit mit einem Hauptwerk Natterers, dem Vexierbild Hexenkopflandschaft, befaßt sich der Beitrag von B. Brand-Claussen.

I. Jádi /F. Jadi (Ed.): Muzika: Kompositionen, Grafische Notationen und bildnerische Arbeiten aus der Prinzhorn-Sammlung, Heidelberg. Reuter-Sammlung Pecs. 128 S., Br., Vlg. Das Wunderhorn 1998. **DM 38,-**

Franz Kafka: Beschreibung eines Kampfes. Faks. Hrsg. v. R. Reuß und P. Staengle. 177 S., Gb., 2 Bde., Stroemfeld 1999. **DM 148,-**

Franz Kafka: Der Process. Faksimile-Edition in 16 Bänden. Hrsg. v. R. Reuß und P. Staengle. Zus. 700 S., Br.iSch., Stroemfeld 1997. **DM 398,-**

F. Kafka /A. di Gennaro (Illustr.): Ein Bericht für eine Akademie. 36 S., Gb., Vlg. Alibaba 1996. **DM 36,-**

Pierre Legendre: Das Verbrechen des Gefreiten Lortie. Abhandlungen über den Vater (Lektionen VIII) (Rhe.: Litterae, Bd. 56) 208 S., Kt., Rombach Vlg. 1998. **DM 39,80**

Vorgestellt i.d. „Novitätenschau Psychoanalyse", I/1998; besprochen von Robert Heim, PSYCHE 8/1999

Lois Lowry: Anastasia und Dr. Freud. 131 S., Gb., Loewe Vlg. 1997. **DM 19,80**

Susanne Mischke: Mordskind. Roman. Kt., Piper 1998. **DM 16,90**

Mit „Mordskind" legt die Psychotherapeutin Susanne Mischke einen beklemmenden Psychokrimi vor. Er handelt von Mutterschaftswahn, von dem Dilemma von Frauen, Kindererziehung und Karriere verbinden zu sollen sowie von einer rätselhaften Kindermordserie inmitten einer bigotten Kleinstadtgesellschaft.

Karl P. Moritz: Anton Reiser. Ein psychologischer Roman. 440S., Kt., Insel Vlg. 1998. **DM 19,90**

F. Nakhla /G. Jackson: Ich bin tausend Scherben. Innenansichten einer Psychotherapie. Kt., dtv 1997. **DM 16,90**

E.O. Plauen: Vater und Sohn. Bd. : Die letzten 50 Streiche und Abenteuer. Abb., Kt., Südverlag Neuausg. 1993. **DM 19,80**

E.O. Plauen: Vater und Sohn. Bd. 1: 50 Streiche und Abenteuer. Abb., Kt., Südverlag Neuausg. 1993. **DM 19,80**

E.O. Plauen: Vater und Sohn. Bd. 2: Noch 50 Streiche und Abenteuer. Abb., Kt., Südverlag Neuausg. 1993. **DM 19,80**

E.O. Plauen: Vater und Sohn. Gesamtausgabe. Mit e. Biogr. v. Detlev Laubach. 308 S., zahlr. Zeichn., Ln., iSchub., Südverlag 1982. **DM 98,-**

E.O. Plauen: Vater und Sohn. Mit einer Biographie Erich Ohsers. 3 Bde., zahlr. Abb., Kt., iKass., Südverlag Sonderausg.. **DM 48,-**

Felicien Rops: Felicien Rops. Der weibliche Körper, der männliche Blick. 165 S., 204 Abb., Kt., Großformat, Haffmanns Vlg. o.J.. **DM 29,80**

Donatien A. Fr. Marquis de Sade: Die hundertzwanzig Tage von Sodom oder Die Schule der Ausschweifung. Repr. d. Ausg. v. 1905. 575 S., Ln., Orbis Vlg. 1999. **DM 20,-**

Donatien A. Fr. Marquis de Sade: Die hundertzwanzig Tage von Sodom oder Die Schule der Ausschweifung. 51 Abb., Kt., btb Vlg. 1999. **DM 34,80**

Donatien A. Fr. Marquis de Sade: Die Marquise de Gange. Historischer Roman. 272 S., Ln., Merlin Vlg. 1990. **DM 19,80**

Donatien A. Fr. Marquis de Sade: Die Philosophie im Boudoir oder Die lasterhaften Lehrmeister. Dialoge zur Erziehung junger Damen bestimmt. 318 S., Ln., Merlin Vlg. 5. Ed. 1995. **DM 26,80**

Donatien A. Fr. Marquis de Sade: Justine. Roman. Kt., Insel Vlg. 1997. **DM 14,80**

Donatien A. Fr. Marquis de Sade: Justine oder das Mißgeschick der Tugend. Roman. Kt., Insel Vlg. o.J.. **DM 22,80**

Donatien A. Fr. Marquis de Sade: Justine oder Das Unglück der Tugend. 450 S., Ln., Merlin Vlg. 12. Ed. 1998. **DM 28,-**

Donatien A. Fr. Marquis de Sade: Justine und Juliette. Bd. 1. Essays v. L.F. Földènyi /B. Mattheus /S. Zweifel /M. Pfister. 318 S., m. 11 Illustrationen v. Arnulf Rainer, Ln., Vlg. Matthes & Seitz Neuaufl. 1999. **DM 78,-**

Donatien A. Fr. Marquis de Sade: Justine und Juliette. Bd. 2. Essays v. M. Delon u. V. Jerofejew. 297 S., 12 farb. Zeichnungen v. Martina Kügler, Ln., Vlg. Matthes & Seitz 1991. **DM 78,-**

Donatien A. Fr. Marquis de Sade: Justine und Juliette. Bd. 3. Essays v. T. de Sade u. A. Pfersmann. 370 S., 12 farb. Zeichnungen v. Kàroly Klimó, Ln., Vlg. Matthes & Seitz 1992. **DM 78,-**

Donatien A. Fr. Marquis de Sade: Justine und Juliette. Bd. 4. Essays v. G. Bataille /C. Cussetu /H. Leyser. 346 S., Illustrationen v. Maria Lassnig, Ln., Vlg. Matthes & Seitz 1993. **DM 78,-**

Donatien A. Fr. Marquis de Sade: Justine und Juliette. Bd. 5. Essays v. E. Lenk u. A.P. de Mandiargue. 309 S., Illustrationen. v. Andre Masson, Ln., Vlg. Matthes & Seitz 1994. **DM 78,-**

Donatien A. Fr. Marquis de Sade: Justine und Juliette. Bd. 6. Essays v. G. Bataille u. M. Blanchot. 254 S., Illustrationen v. Juliao Sarmento, Ln., Vlg. Matthes & Seitz 1995. **DM 78,-**

Donatien A. Fr. Marquis de Sade: Justine und Juliette. Bd. 7. Essays v. R. Barthes /A. Robbe-Grillet /S. Zweifel /M. Pfiste. 326 S., farb. Illustrationen v. Mimmo Paladino, Ln., Vlg. Matthes & Seitz 1996. **DM 78,-**

Donatien A. Fr. Marquis de Sade: Justine und Juliette. Bd. 8. 282 S., Originalzeichnungen v. Christian L. Attersee, Ln., Vlg. Matthes & Seitz 1998. **DM 78,-**

Donatien A. Fr. Marquis de Sade: Justine und Juliette. Bd. 9. Essays v. G. Ceronetti u. B. Mattheus. 282 S., Illustrationen v. Wolfgang Ernst, Ln., Vlg. Matthes & Seitz 1998. **DM 78,-**

Donatien A. Fr. Marquis de Sade: Verbrechen der Liebe. Heroische und tragische Novellen. Kt., Insel Vlg. o.J.. **DM 17,80**

Donatien A. Fr. Marquis de Sade: Verbrechen der Liebe. Vier Erzählungen. 285 S., Ln., Merlin Vlg. 3. Ed. 1990. **DM 19,80**

Donatien A. Fr. Marquis de Sade: Walter Kohut spricht Marquis de Sade. Die hundertzwanzig Tage von Sodom. Gespräch eines Sterbenden mit einem Priester. 1 Audio CD, digitalisierte Aufn. v. 1965, Hörsturz Vlg. 1999. **DM 37,90**

R. Schwand-Marie: Der Tod und das Ding Aleph. Eine kriminanalytische Hy-Story. 138 S., Abb., Kt., Passagen Vlg. 1996. **DM 29,80**

Michael Shepherd: Sherlock Holmes und der Fall Sigmund Freud. 86 S., Abb., Gb., Daedalus Vlg. 1986. **DM 16,80**

Irvin D. Yalom: Die Liebe und ihr Henker & andere Geschichten aus der Psychotherapie. Kt., Goldmann Neuaufl. 1999. **DM 18,-**

Als die über siebzigjährige Thelma ihrem Therapeuten erzählt, daß sie heillos verliebt sei, glaubt dieser zunächst nur an eine harmlose Marotte. Dann bemerkt er, daß die Liebe Thelmas zu ihrem früheren Therapeuten extrem obsessiv ist... Spannend wie Kriminalgeschichten lesen sich die zehn hier versammelten Fallstudien aus der Psychiatrie.

Irvin D. Yalom: Die rote Couch. Roman. Kt., Goldmann 1998. **DM 20,-**

Irvin D. Yalom: Und Nietzsche weinte. Roman. Kt., Goldmann 1996. **DM 18,-**

PSYCHOBIOLOGIE

Dieter Beck: Krankheit als Selbstheilung. Wie körperliche Krankheiten ein Versuch zu seelischer Heilung sein können. 174 S., Gb., Insel Vlg. 1981. **DM 28,-**

Dieter Beck: Krankheit als Selbstheilung. Wie körperliche Krankheiten ein Versuch zu seelischer Heilung sein können. Nachw. v. Elisabeth Kübler-Ross. 174 S., Kt., Suhrkamp 1984. **DM 10,80**

M. Carrier /J. Mittelstraß: Geist, Gehirn, Verhalten. Das Leib-Seele-Problem und die Philosophie der Psychologie. X, 322 S., Kt., de Gruyter 1989. **DM 48,-**

G. Condrau /S. Hahn: Das Herz, Rhythmus und Kreislauf des Lebens: Neue Wege zu einer ganzheitlichen Heilkunde. 320 S., 26 Abb., Kt., Walter Vlg. 1997. **DM 19,80**

A. Dittrich /A. Hofmann /H. Leuner (Ed.): Welten des Bewußtseins. Bd. 2: Kulturanthropologische und philosophische Beiträge. 163 S., Kt., VWB 1993. **DM 29,80**

A. Dittrich /A. Hofmann /H. Leuner (Ed.): Welten des Bewußtseins. Bd. 3: Experimentelle Psychologie, Neurobiologie und Chemie. 231 S., Abb., Kt., VWB 1994. **DM 38,-**

A. Dittrich /A. Hofmann /H. Leuner (Ed.): Welten des Bewußtseins. Bd. 4: Bedeutung für die Psychotherapie. 245 S., Kt., VWB 1994. **DM 38,-**

A. Dittrich /A. Hofmann /H. Leuner (Ed.): Welten des Bewußtseins. Bd. 7: Multidisziplinäre Entwürfe. 180 S., Abb., Kt., VWB 1998. **DM 34,-**

A. Dittrich /A. Hofmann /H. Leuner (Ed.): Welten des Bewußtseins. Bd. 9: Religion, Mystik, Schamanismus. 271 S., Kt., VWB 1998. **DM 40,-**

Irenäus Eibl-Eibesfeldt: Die Biologie des menschlichen Verhaltens. Grundriß der Humanetheologie. 1120 S., 427 Ill. u. Phtos, Gb., Seehamer 1997. **DM 49,80**

Johannes Engelkamp: Das Erinnern eigener Handlungen. 255 S., 20 Abb., Kt., Hogrefe 1997. **DM 69,-**

D. G. R. Findeisen /L. Pickenhain: Immunantwort und Psyche. Allergie und Streß: Risiko oder Chance? 125 S., 28 Abb., 10 Tab., Kt., Wiss. Vlg.sgesell. 1990. **DM 29,-**

Erhard Franke: Was ist Bewußtsein? Aspekte einer allgemeinen Theorie koordinierter Funktion cerebraler Neuronen. 244 S., Br., VWB 1996. **DM 42,-**

Rudolf Hernegger: Die Sprache des Bewusstseins - Sinne, Gene, Nervensystem. 69 S., Pb., Logos-Vlg. 1998. **DM 56,-**

Seong-Ha Hong: Phänomenologie der Erinnerung. 256 S., Br., Königshausen & Neumann 1993. **DM 64,-**

B. Hontschik /T. von Uexküll: Psychosomatik in der Chirurgie. 352 S., Gb., Schattauer 1999. **DM IVB**

John Horgan: Der menschliche Geist. Wie die Wissenschaften versuchen, die Psyche zu verstehen. 400 S., Gb., Luchterhand Lit.Vlg. 2000. **DM 48,-**

Karl Th. Kalveram: Wie das Individuum mit seiner Umwelt interagiert. Psychologische, biologische und kybernetische Betrachtungen über die Funktion von Verhalten. 326 S., Br., Pabst Vlg. 1998. **DM 50,-**

Thomas Köhler: Biologische Grundlagen psychischer Störungen. 272 S., Kt., Thieme 1999. **DM 49,90**

Hans Lungwitz: Die Entdeckung der Seele. Allgemeine Psychobiologie. 517 S., Hl., Hans-Lungwitz-Stiftung 5. Ed. 1947. **DM 31,-**

Hans Lungwitz: Psychobiologische Analyse. 175 S., Ln., Hans-Lungwitz-Stiftung 8. Ed. 1977. **DM 24,-**

Hans Lungwitz: Psychobiology and Cognitive Therapy. 198 S., Kt., Hans-Lungwitz-Stiftung 1993. **DM 35,-**

H.R. Maturana: Biologie der Realität und des Selbstbewußtseins. 390 S., Gb., Suhrkamp 1998. **DM 68,-**

Humberto Maturana: Von der Biosphäre zur Homosphäre. Kongress „Visionen menschlicher Zukunft", Bremen 1997. (Rhe.: AudioTorium) 60 min., engl./ dt., 1 Toncass., auditorium-Vlg. o.J.. **DM 22,-**

Heinrich Meier (Ed.): Die Herausforderung der Evolutionsbiologie. Beitr. v. R. Alexander, N. Bischof, R. Dawkins u.a. 294 S., 30 Abb., Kt., Piper 3. Ed. 1992. **DM 19,90**

Alfred Meier-Koll: Chronobiologie. Zeitstrukturen des Lebens. Kt., C.H.Beck 1995. **DM 14,80**

Alexander Meschnig: Die Seele: Gefängnis des Körpers. Die Beherrschung der Seele durch die Psychologie. 130 S., Efal., Centaurus Vlg. 1993. **DM 29,80**

M. Michel /T. Spengler (Ed.): Kursbuch. Bd. 129: Ekel und Allergie. 180 S., Abb., Kt., Rowohlt 1997. **DM 18,-**

Gaby Miketta: Netzwerk Mensch. Den Verbindungen von Körper und Seele auf der Spur. Kt., Rowohlt 1994. **DM 14,90**

Michael Myrtek: Gesunde Kranke - kranke Gesunde. Psychophysiologie des Krankheitsverhaltens. 240 S., Kt., H. Huber Vlg. 1998. **DM 59,-**

Jean Piaget: Biologische Anpassung und Psychologie der Intelligenz. Organische Selektion und Phänokopie. 118 S., Kt., Klett-Cotta 1975. **DM 28,-**

Jean Piaget: Psychologie der Intelligenz. Das Wesen der Intelligenz. Die Intelligenz und die sensormotorischen Funktionen. Die Entwicklund des Denkens. 196 S., Ln., Klett-Cotta 3. Ed. 1992. **DM 48,-**

Jean Piaget /B. Inhelder: Gedächtnis und Intelligenz. 503 S., Ln., Klett-Cotta 1980. **DM 92,-**

J. Piaget /B. Inhelder et al.: Die natürliche Geometrie des Kindes. 476 S., 18 Abb., Lin., Klett-Cotta 1974. **DM 65,-**

Daniel L. Schacter: Wir sind Erinnerung. Gedächtnis und Persönlichkeit. 656 S., 30 Abb., Gb., Rowohlt 1999. **DM 49,80**

Der Autor, Professor für Psychologie an der Havard University, stellt die Ergebnisse der modernen Gedächtnisforschung im Überblick dar. Seine Studie über die „fragile Macht" des Gedächtnisses beeindruckt durch die Originalität und die poetische Dimension des ausgebreiteten Wissens.

Manfred Schedlowski: Hormone und zelluläre Immunfunktionen. Ein Beitrag zur Psychoimmunologie. Habil--Schrift. 224 S., Abb., Gb., Spektrum Vlg. 1994. **DM 68,-**

M. Schedlowski /U. Tewes (Ed.): Psychoneuroimmunologie. 480 S., Gb., Spektrum Vlg. 1996. **DM 98,-**

Rudolf Schrenk: Mensch zwischen Trieb und Wille. Die Innenwelt - Zur Überholung der Psychologie. 112 S., Gb., Damböck-Vlg. 1993. **DM 18,-**

Kurt Seikowski: Haut und Psyche. Medizinisch-psychologische Problemfelder in der Dermatologie. 181 S., Abb., Kt., Westdt. Vlg. 1999. **DM 49,80**

René A. Spitz: Angeboren und erworben? Die Zwillinge Rosy und Cathy. Vorw. v. Eva Blum-Spitz u. Lotte Köhler. 176 S., Kt., Beltz 2000. **DM 28,-**

Auf Einladung der Humanistischen Union, u.a. von O.K. Flechtheim, H.v. Hentig, H. Kilian, L. Marcuse, A. Mitscherlich u.a., hielt Renè Spitz 1967 in München den Vorlesungszyklus „Vererbung und Umwelteinfluß?" Im Vordergrund steht dabei die Ausdifferenzierung der frühen Objektbeziehungen.

Manfred Spitzer: Geist, Gehirn und Nervenheilkunde. Grenzgänge zwischen Neurobiologie, Psychopathologie und Gesellschaft. 96 S., 13 Abb., Kt., Schattauer 2000. **DM 39,-**

Petra Stoerig: Leib und Psyche. Eine interdisziplinäre Erörterung des psychologischen Problems. 224 S., Kt., W. Fink Vlg. 1985. **DM 29,-**

Manfred Wimmer (Ed.): Freud - Piaget - Lorenz. Von den biologischen Grundlagen des Denkens und Fühlens. 321 S., Br., WUV 1998. **DM 55,-**

Sabine Windmann: Unbewusste Informationsverarbeitung bei der Panikstörung: Integration neurobiologischer und psychologischer Modelle. 248 S., Br., Pabst Vlg. 1997. **DM 40,-**

Kurt Zänker: Das immunsystem des Menschen. Bindeglied zwischen Körper und Seele. 140 S., 11 Abb., 1 Tab., Pb., C.H.Beck 1996. **DM 14,80**

Marcel R. Zentner: Die Wiederentdeckung des Temperaments. Eine Einführung in die Kinder-Temperamentsforschung. (Rhe.: Geist u. Psyche, Bd. 13292) Kt., S. Fischer rev. Neuaufl. 1998. **DM 24,90**

Ralf W. Zuber: Das unbewußte Weltgedächtnis. Die morphogenetische Feldtheorie Rupert Sheldrakes, ihre Implikationen und Konsequenzen, besonders für die psychologische Gedächtnisforschung. 320 S., 4 Abb., Br., Roderer Vlg. 1998. **DM 58,-**

THEOLOGIE /RELIGION /ETHIK

Markus Bassler (Ed.): Psychoanalyse und Religion. Versuch einer Vermittlung. 260 S., Kt., Kohlhammer Vlg. 2000. **DM 34,-**

Die Autoren des Bandes, Theologen, Psychoanalytiker und Philosophen, diskutieren das Verhältnis von Psychoanalyse und Religion aus ihren jeweiligen Fachperspektive.

Heinz Behnken (Ed.): Die Kraft des Mythos. 5. Loccumer Gespräche: Theologie - Psychologie. 86 S., Pb., Evang. Akad. Loccum 1988. **DM 10,-**

Wolfgang Bergmann: Abschied vom Gewissen. Die Seele in der digitalen Welt. 208 S., Kt., Mut-Vlg. 1999. **DM 29,80**

Gerhard Brandl: Handeln aus Liebe. Der Dekalog aus individualpsychologischer Sicht. 214 S., Kt., Klotz Vlg. 2. Ed. 1997. **DM 44,80**

G. Büttner /G. Sauer: Religion und Tiefenpsychologie. IV,59 S., zahlr. Abb., Gh., Diesterweg o.J.. **DM 16,95**

Angelika Döpper-Henrich: Bergpredigt, Psychoanalyse, Literatur. 112 S., Kt., Haag + Herchen 1999. **DM 24,80**

Eugen Drewermann: Psychoanalyse und Moraltheologie. An den Grenzen des Lebens. 280 S., Kt., M. Grünewald Vlg. 6. Ed. 1994. **DM 35,-**

Eugen Drewermann: Strukturen des Bösen. Die jahwistische Urgeschichte in psychoanalytischer Sicht. (Rhe.: Paderborner theol. Studien, Bd. 5) L, 679 S., 9 Fotos, Ln., Schöningh Vlg. 7. Ed. 1995. **DM 94,-**

Ansgar Ehrlich: Begegnung statt Kränkung. Die Psychodynamik des Distanzierungsvorgangs von Kirche bei narzißtisch-gekränkten Christen. Eine qualitativ-biographische Studie. 338 S., Br., Echter Vlg. 1993. **DM 48,-**

Alfred Etheber: Offenbarung und Psyche. Eine fundamentaltheologische Untersuchung des tiefpsychologischen Verständnisses der Offenbarung bei C. G. Jung. 342 S., Gb., Schöningh Vlg. 1998. **DM 78,-**

F. Furger /A. Heigl-Evers /U. Willutzki: Theologie und Psychologie im Dialog über ihre Menschenbilder. 102 S., Kt., Bonifatius Vlg. 1997. **DM 19,80**

Bernard Haas: Die Anbetung der Hirten. Von der Dignität eines Helldunkels. (Rhe.: Das Lacansche Feld, 1) 137 S., Abb., Kt., Turia & Kant 1999. **DM 29,-**

Jürgen Hardeck: Religion im Werk von Erich Fromm. Eine religionswissenschaftliche Untersuchung. 270 S., Br., Lit Vlg. 1990. **DM 29,80**

Klaus D. Hoppe: Gewissen, Gott und Leidenschaft. Theorie und Praxis psychoanalytisch orientierter Psychotherapie von katholischen Klerikern. 170 S., Kt., Hirzel Vlg. 1985. **DM 36,-**

Elisabeth B. Howes: Die Evangelien im Aspekt der Tiefenpsychologie. 160 S., Kt., Origo Vlg. o.J.. **DM 35,-**

Rolf Kaufmann: Das Gute am Teufel. Eigenen Schattenseiten und Abgründen begegnen. 240 S., Ebr., Walter Vlg. 1998. **DM 39,80**

Otto F. Kernberg: Psychoanalyse und Religion. (Rhe.: AudioTorium) 47 min., 1 Toncass., auditorium-Vlg. 1997. **DM 19,80**

Otto F. Kernberg: Über das Böse. Vortrag. (Rhe.: AudioTorium) 50 min., 1 Toncass., auditorium-Vlg. o.J.. **DM 22,-**

Wulf-Volker Lindner: Predigten eines Psychoanalytikers. Kt., Vandenh. & Ruprecht 1993. **DM 19,80**

Luther Link: Der Teufel. Eine Maske ohne Gesicht. 247 S., 77 Abb., Ln., W. Fink Vlg. 1997. **DM 58,-**

"... Links Buch ist geistvoll und leidenschaftlich. Es ist außerdem aufwendig illustriert; ich habe jede einzelne Seite genossen." A. Wall, The Spectator

K. Lüthi /K.N. Micskey (Ed.): Theologie im Dialog mit Freud und seiner Wirkungsgeschichte. 296 S., Br., Böhlau Vlg. 1991. **DM 54,-**

Tilmann Moser: Gottesvergiftung. Kt., Suhrkamp 1980. **DM 10,80**

Günter Nagel: Tiefenpsychologie und Religion. 80 S., Kt., auer donauwörth 1997. **DM 15,80**

Eckart Nase: Oskar Pfitzers analytische Seelsorge. Theorie und Praxis der ersten Pastoralpsychologen, dargestellt an zwei Fallstudien. XVIII, 622 S., Ln., de Gruyter 1993. **DM 218,-**

Willy Obrist: Die Natur, Quelle von Ethik und Sinn. Tiefenpsychologie und Naturerkenntnis. 351 S., Gb., Walter Vlg. 1999. **DM 58,-**

Thomas Philipp: Die theologische Bedeutung der Psychotherapie. Eine systematisch-theologische Studie auf der Grundlage der Anthropologie Alexander Mitscherlichs. Diss. 279 S., Kt., Herder 1997. **DM 78,-**

Werner Posner (Ed.): Religiosität und Glaube in Psychiatrie und Psychotherapie. Tagungsband. 88 S., Br., Pabst Vlg. 1999. **DM 15,-**

Udo Rauchfleisch: Psychoanalyse und theologische Ethik. Neue Impulse zum Dialog. 151 S., Kt., Herder 1986. **DM 29,50**

Klaus Reichert: Das Hohelied Salomos. 128 S., Kt., dtv 1998. **DM 14,90**

Horst-Eberhard Richter: Der Gotteskomplex. Die Geburt und die Krise des Glaubens an die Allmacht des Menschen. Kt., Econ 1997. **DM 16,90**

Beate Ringele: Tilmann Moser „Gottesvergiftung". Über die Ursprünge von Religion im frühen Kindesalter. (Rhe.: Rel.-Päd. Perspekt. 2) 201 S., Br., Die Blaue Eule 1984. **DM 24,-**

Andreas Schweizer: Der erschreckende Gott. Tiefenpsychologische Wege zu einem ganzheitlichen Gottesbild. 240 S., Gb., Kösel Vlg. 2000. **DM 39,90**

Y. Spiegel /P. Kutter: Kreuzwege. Theologische und psychoanalytische Zugänge zur Passion Jesu. 240 S., Kt., Kohlhammer Vlg. 1997. **DM 39,80**

Georg Spielthenner: Psychologische Beiträge zur Ethik. Bd. 2: L. Kohlbergs Theorie des moralischen Begründens. 308 S., Br., P. Lang 1996. **DM 89,-**

Herman A. van de Spijker: Narzißtische Kompetenz - Selbstliebe - Nächstenliebe. Sigmund Freuds Herausforderung der Theologie und Pastoral. 489 S., Kt., Herder 2. Ed. 1995. **DM 68,-**

Herbert Stein: Freud spirituell. Das Kreuz (mit) der Psychoanalyse. 357 S., 18 Tafln., Gb., Bonz Vlg. 1997. **DM 78,-**

Freuds „Eros" und Winnicotts „wahres Selbst" sind zwei Pfeiler, die einen philosophischen Brückenschlag zu den Religionen und spirituellen Kulturen erlauben. Diese Möglichkeit, so plädiert der Autor, sollte nicht länger tabuisiert, ausgespart und verleugnet, sondern diskutiert werden.

Anne M. Steinmeier: Wiedergeboren zur Freiheit. Skizzen eines Dialogs zwischen Theologie und Psychoanalyse. Habil.-Schr. 220 S., Kt., Vandenh. & Ruprecht 1998. **DM 78,-**

Harry Stroeken: Psychotherapie und der Sinn des Lebens. 120 S., Kt., Vandenh. & Ruprecht 1998. **DM 19,80**

Detlef von Uslar: Was ist Seele? 230 S., Br., Königshausen & Neumann 1998. **DM 48,-**

B. Waldenfels /I. Därmann: Der Anspruch des Anderen. Perspektiven pähnomenologischer Ethik. 357 S., Gb., W. Fink Vlg. 1997. **DM 68,-**

David Wasdell: Die pränatalen und perinatalen Wurzeln von Religion und Krieg. (Rhe.: Schriften z. pränatalen und perinatalen Psychologie und Medizin, Bd. 2) 98 S., Br., Centaurus Vlg. 1992. **DM 29,80**

Erwin Wexberg: Moralität und psychische Gesundheit. (Rhe.: Geist u. Psyche, Bd. 13371) Kt., S. Fischer 1998. **DM 24,90**

Alfred North Whitehead: Wie entsteht Religion? 128 S., Kt., Suhrkamp 2.Ed. 1996. **DM 14,80**

Ludwig Wittgenstein: Vorlesungen und Gespräche über Ästhetik, Psychoanalyse und religiösen Glauben. Kt., S. Fischer 2000. **ca. DM 18,90**

Ludwig Wittgenstein: Vortrag über Ethik und andere kleine Schriften. 142 S., Kt., Suhrkamp 3. Ed. 1995. **DM 14,80**

Dieter Wittmann: Tiefenpsychologische Zugänge zu Arbeitsfeldern der Kirche. 199 S., Br., P. Lang 1998. **DM 65,-**

Dieter Wyss: Psychologie und Religion. Untersuchungen zur Ursprünglichkeit religiösen Erlebens. 168 S., Kt., Königshausen & Neumann 1991. **DM 34,-**

E. Zundel /P. Loomans (Ed.): Psychotherapie und religiöse Erfahrung. Konzepte und Methoden transpersonaler Psychotherapie. 319 S., Gb., Herder 1994. **DM 54,-**

PHILOSOPHIE

ANTHROPOLOGIE /KULTURWISSENSCHAFTEN

W. Achtner /S. Kunz /T. Walter: Dimensionen der Zeit. Die Zeitstrukturen Gottes, der Welt und des Menschen. 224 S., Kt., Primus Vlg. 1998. **DM 29,90**

Ausgehend von der schier unaufhaltsamen Beschleunigung vieler Lebensprozesse stellen die Autoren die Frage nach der grundlegenden Struktur von „Zeit"; es wird die Vielfalt menschlicher, physikalischer, religiöser Zeitkonzepte anschaulich dargestellt. Die einseitige Fixierung auf den vulgär rational-linearen Zeitbegriff wird dabei als eine der Hauptursachen für die weitgehende Erschöpfung natürlicher und psychischer Ressourcen erkannt und benannt.

Jean Améry: Hand an sich legen. Diskurs über den Freitod. 155 S., Ln., Klett-Cotta 9. Ed. 1993. **DM 36,-**

Günther Anders: Die Antiquiertheit des Menschen. Bd. 1: Über die Seele im Zeitalter der zweiten industriellen Revolution. 365 S., Pb., C.H.Beck 7. Ed. 1992. **DM 19,80**

Philippe Ariès: Geschichte des Todes. 835 S., Kt., dtv 1999. **DM 29,90**

Philippe Ariès: Saint-Pierre oder sie Süße des Lebens. Versuche der Erinnerung. Kt., Wagenbach Vlg. 1994. **DM 29,-**

P. Ariès /A. Bejin /M. Foucault u. a.: Die Masken des Begehrens und die Metamorphosen der Sinnlichkeit. Zur Geschichte der Sexualität im Abendland. Kt., S. Fischer o.J.. **DM 16,90**

A. Barsch /P. M. Hejl (Ed.): Menschenbilder. Zur Pluralisierung der Vorstellungen von der menschlichen Natur. 400 S., Kt., Suhrkamp 2000. **DM 27,80**

Roland Barthes: Der entgegenkommende und der stumpfe Sinn. Kritische Essays III. (es 1367) 319 S., Kt., Suhrkamp 1990. **DM 22,80**

Roland Barthes: Fragmente einer Sprache der Liebe. 280 S., Kt., Suhrkamp 6. Ed. 1996. **DM 19,80**

Roland Barthes: S/Z. 259 S., Kt., Suhrkamp 3. Ed. 1998. **DM 22,80**

Arno Baruzzi: Philosophie der Lüge. VIII, 212 S., Kt., WBG 1996. **DM 49,80**

Till Bastian: Der Blick, die Scham, das Gefühl. Eine Anthropologie des Verkannten. 150 S., Kt., Vandenh. & Ruprecht 1998. **DM 36,-**

Georges Bataille: Theorie der Religion. Hrsg. und mit einem Nachw. v. Gerd Bergfleth. 247 S., Gb., Vlg. Matthes & Seitz 1997. **DM 46,-**

Gregory Bateson: Ökologie des Geistes. Anthropologische, psychologische, biologische und epistemologische Perspektiven. 675 S., Kt., Suhrkamp 1985. **DM 34,80**

Jean Baudrillard: Der symbolische Tausch und der Tod. Mit einem Essay „Baudrillard und die Todesrevolte" v. Gerd Bergfleth. 430 S., Abb., Gb., Vlg. Matthes & Seitz 1982. **DM 64,-**

Jean Baudrillard: Transparenz des Bösen. Ein Essay über extreme Phänomene. 200 S., Kt., Merve 1992. **DM 24,-**

Jean Baudrillard: Von der Verführung. Mit einem Essay v. Laszlo F. Földenyi. 273 S., Kt., Vlg. Matthes & Seitz 1992. **DM 46,-**

Heinz Baumann: Individualität und Tod. Psychologische und anthropologische Aspekte der Todeserfahrung. 234 S., Br., Königshausen & Neumann 1995. **DM 48,-**

Hans M. Baumgartner (Ed.): Zeitbegriff und Zeiterfahrung. 316 S., Gb., Alber Vlg. 1994. **DM 78,-**

H. Belting /D. Kamper: Der zweite Blick. Bildgeschichte und Bildreflexion. 220 S., Kt., W. Fink Vlg. 2000. **DM 68,-**

Falko Blask: Baudrillard zur Einführung. 160 S., Br., Junius Vlg. 1995. **DM 19,80**

Hans Blumenberg: Arbeit am Mythos. 699 S., Gb., Suhrkamp 1996. **DM 35,-**

Hans Blumenberg: Arbeit am Mythos. 650 S., Ln., Suhrkamp 1979. **DM 68,-**

Hans Blumenberg: Die Legitimität der Neuzeit. 707 S., Kt., Suhrkamp rev. Ed. 1996. **DM 36,80**

Hans Blumenberg: Die Legitimität der Neuzeit. 720 S., Ln., Suhrkamp Neuaufl. 1997. **DM 98,-**

Hans Blumenberg: Die Lesbarkeit der Welt. 415 S., Kt., Suhrkamp 1999. **ca. DM 29,80**

Hans Blumenberg: Lebenszeit und Weltzeit. 370 S., Ln., Suhrkamp 1986. **DM 58,-**

Hans Blumenberg: Schiffbruch mit Zuschauer. Paradigma einer Daseinsmetapher. 93 S., Kt., Suhrkamp 1993. **DM 19,80**

Gernot Böhme: Theorie des Bildes. 136 S., Kt., W. Fink Vlg. 1999. **DM 38,-**

Ralf Bohn: Verführungskunst. Politische Fiktion und ästhetische Legitimation. 188 S., Kt., Passagen Vlg. 1994. **DM 49,80**

R. Bohn /D. Fuder (Ed.): Baudrillard. Simulation und Verführung. 235 S., Kt., W. Fink Vlg. 1994. **DM 38,-**

Volker Böhnigk: Weltversionen. Wissenschaft zwischen Relativismus und Pluralismus. 208 S., Kt., Passagen Vlg. 1999. **DM 48,-**

N. Bolz /W. v. Reijen (Ed.): Heilsversprechen. 236 S., Abb., Kt., W. Fink Vlg. 1998. **DM 38,-**

Vorwort Gernot Böhme: Philosophie und Esoterik: Konkurrenten um die geistige Orientierung der Zukunft Klaus Vondung: Die Absurdität des apokalyptischen Heilsversprechens Friedrich W. Schmidt: Erinnerungen an die Schuldkultur Walter Reese-Schäfer: Wo sich die politische Theologie heute verborgen hält Christoph Menke: Heros ex machina: Souveränität, Repräsentation und Botho Strauß+ Ithaka Hermann Sturm: Künstler, Architekten, Designer, die Schuster der gläsernen Galoschen des Glücks Willem van Reijen: Der Messias und der letzte Gott Heilsversprechen bei Benjamin und Heidegger Raimar Zons und Albert Kümmel: Erlösung? Wovon? Medienapokatastasis nach Kafka und Greenaway Florian Rötzer: Cyberspace als Heilserwartung? Über das globale Gehirn oder den virtuellen Leviathan Michael Rutschky: Der Ausflug in Grüne Thomas Zaunschirm: Heilige Kühe Jochen Hörisch: Niemandes Pfingstfest. Celans „Psalm" und die Poetik des Lobpreisens Norbert Bolz: Selbsterlösung 03 Bazon Brock: Heilsversprechen starker Männer der Wissenschaften und Künste im Narrenspiel Personenregister

Elke Brendel: Die Wahrheit über den Lügner. Eine philosophisch-logische Analyse der Antinomie des Lügners. XIV, 230 S., Ln., de Gruyter 1992. **DM 124,-**

E. Bronfen /E. Santner /S. Zizek: „Enden sah ich die Welt". Wagner und die Philosophie in der Oper. (Rhe.: Wo Es war, Bd. 10) 110 S., Gb., Turia & Kant 1999. **DM 20,-**

Gerhard Brüntrup: Das Leib-Seele-Problem. Eine Einführung. 160 S., Kt., Kohlhammer Vlg. 1996. **DM 34,-**

Peter Bürger: Das Verschwinden des Subjekts. Eine Geschichte der Subjektivität von Montaigne bis Barthes. 250 S., Gb., Suhrkamp 1998. **DM 48,-**

Martin Bürgy: J.-P. Sartre versus C.G. Jung. Beiträge der Philosophie zur Neuformulierung der Jungschen Tiefenpsychologie. 267 S., Br., Königshausen & Neumann 1996. **DM 56,-**

G. Canguilhem /M. Foucault: Der Tod des Menschen im Denken des Lebens. Georges Canguilhem über Michel Foucault, Michel Foucault über Georges Canguilhem. 72 S., Efal., Ed. diskord 1988. **DM 12,80**

Ernst Cassirer: Philosophie der symbolischen Formen. Zus. 1545 S., Kt.iKass., Primus Vlg. 1997. **DM 148,-**

C. Castoriadis /A. Heller et al.: Das Reale des Imaginären. Zur Philosophie von Cornelius Castoriadis. 190 S., Br., Turia & Kant 1995. **DM 34,-**

Emile M. Cioran: Dasein als Versuchung. 260 S., Ln., Klett-Cotta 2. Ed. 1993. **DM 34,-**

Emile M. Cioran: Die verfehlte Schöpfung. Kt., Suhrkamp o.J.. **DM 13,80**

Emile M. Cioran: Syllogismen der Bitterkeit. 90 S., Gb., Suhrkamp 1995. **DM 16,80**

Gion Condrau: Daseinsanalyse. Philosophische und anthropologische Grundlagen. Die Bedeutung der Sprache. Psychotherapieforschung aus daseinsanalytischer Sicht. 232 S., Gb., Vlg. R.J.Röll 2. Ed. 1998. **DM 48,-**

Gion Condrau: Der Mensch und sein Tod. Certa moriendi condicio. 480 S., zahlr. s/w u. farb. Abb., Gb., Kreuz Vlg. 2. rev. Ed. 1991. **DM 49,80**

G. Condrau /G. Langer /W.J. Meinhold (Ed.): Das menschliche Bewußtsein. Annäherung an ein Phänomen. 300 S., Br., Walter Vlg. 1998. **DM 46,80**

Uriel da Costa: Über die Sterblichkeit der Seele. Schriften. (Jüd. Geistesgesch. 1) ca. 110 S., Br., Parerga Vlg. 1999. **DM 29,80**

Juana Danis: Die psychosymbolische Struktur der menschlichen Existenz. 84 S., Ringb., Ed. Psychosymbolik 1990. **DM 25,-**

G. Danzer /J. Rattner: Medizinische Anthropologie. Ansätze einer personalen Heilkunde. (Rhe.: Geist u. Psyche, Bd. 13303) Kt., S. Fischer 1997. **DM 19,90**

Monique David-Mènard: Konstruktionen des Allgemeinen. Psychoanalyse, Philosophie. (Das Lacansche Feld Bd. 2) 184 S., Gb., Turia & Kant 1999. **DM 36,-**

Gilles Deleuze: Differenz und Wiederholung. 408 S., Br., W. Fink Vlg. 2. rev. Ed. 1997. **DM 58,-**

G. Deleuze /M. Foucault: Der Faden ist gerissen. 136 S., Kt., Merve 1977. **DM 16,-**

G. Deleuze/C. Parnet: Dialoge. 160 S., Kt., Suhrkamp 1980. **DM 8,-**

J. Derrida /G. Vattimo: Die Religion. es 2000. Kt., Suhrkamp 2000. **DM 18,80**

Hans P. Duerr (Ed.): Der Wissenschaftler und das Irrationale. Bd. 3: Beiträge aus der Philosophie. Kt., eva o.J.. **DM 16,80**

Günter Dux: Die Zeit in der Geschichte. Ihre Entwicklungslogik vom Mythos zur Weltzeit. 484 S., Gb., Suhrkamp 1989. **DM 64,-**

Günter Dux: Die Zeit in der Geschichte. Ihre Entwicklungslogik vom Mythos zur Weltzeit. Mit kulturvergleichenden Untersuchungen in Brasilien, Indien und Deutschland. 488 S., Kt., Suhrkamp 1998. **DM 29,80**

Freeman Dyson: Zeit ohne Ende. Physik und Biologie eines offenen Universums. 88 S., Gb., Vlg. Brinkmann u. Bose 1989. **DM 30,-**

John Earman (Ed.): Philosophical Problems of the Internal and External Worlds. Essays Concerning the Philosophy of Adolf Grünbaum. 628 S., Gb., Univ.-Vlg. Konstanz 1994. **DM 128,-**

Tania Eden: Lebenswelt und Sprache. Eine Studie zu Husserl, Quine, und Wittgenstein. 347 S., Kt., W. Fink Vlg. 1999. **DM 68,-**

Norbert Elias: Engagement und Distanzierung. Arbeiten zur Wissenssoziologie, Bd. 1. 271 S., Kt., Suhrkamp 1987. **DM 18,-**

Norbert Elias: Menschen in Figurationen. Ein Lesebuch zur Einführung in die Prozeßsoziologie und Figurationssoziologie. 182 S., Kt., UTB 1995. **DM 24,80**

Norbert Elias: Über die Zeit. Arbeiten zur Wissensoziologie, Bd. 2. Hrsg. v. Michael Schröter. 198 S., Kt., Suhrkamp 6. Ed. 1997. **DM 18,80**

Norbert Elias: Über die Zeit. Arbeiten zur Wissenssoziologie, Bd. 2. Hrsg. v. Michael Schröter. XLVI, 196 S., Ln., Suhrkamp 3. Ed. 1987. **DM 32,-**

Norman Elrod: Zur Wesensbestimmung des Menschen. Sechs Aufsätze. 128 S., Althea Vlg. 1993. **DM 35,-**

Stefan Emondts: Menschwerden in Beziehung. Eine religionsphilosophische Untersuchung der medizinischen Anthropologie Viktor von Weizsäckers. 542 S., Ln., frommann-holzboog 1993. **DM 74,-**

Stefan Emondts: Menschwerden in Beziehung. Eine religionsphilosophische Untersuchung der medizinischen Anthropologie Viktor von Weizsäckers. (Rhe.: problemata, Bd. 131) 542 S., Kt., frommann-holzboog 1993. **DM 50,-**

John F. Erpenbeck: Wollen und Werden. Ein psychologisch-philosophischer Essay über Willensfreiheit, Freiheitswillen und Selbstorganisation. 232 S., Br., Univ.-Vlg. Konstanz 1993. **DM 58,-**

Manfred Faßler (Ed.): Ohne Spiegel leben. Sichtbarkeiten und posthumane Menschenbilder. 346 S., zahlr. Abb., Kt., W. Fink Vlg. 2000. **DM 58,-**

Beiträge u.a. von R. Haubl, Reflexion zwischen Narzißmus und Perspektivität; K. Spiess, Bespiegelungen in der psychosomatischen Medizin; R. Zons, Descartes„Träume. Die Philosophie des Bladerunner; M.-L. Angerer, Körper - ein leerer Ort.

Johann Figl (Ed.): Von Nietzsche zu Freud. Übereinstimmungen und Differenzen von Denkmotiven. 183 S., Br., WUV 1996. **DM 34,-**

Hinrich Fink-Eitel et al. (Ed.): Zur Philosophie der Gefühle. 380 S., Kt., Suhrkamp 1993. **DM 24,80**

Kuno Fischer: Über den Witz. Ein philosphischer Essay. 115 S., Gb., Klöpfer 1996. **DM 34,-**

Michel Foucault: Anders Denken. Eine philosophische Reise. 84 S., Gb., Materialis Vlg. 1989. **DM 3,-**

Michel Foucault: Der Mensch ist ein Erfahrungstier. Gespräche mit Ducio Trombadori. Vorw. v. Wilhelm Schmid u. e. Bibliogr. v. Andrea Hemminger. 144 S., Kt., Suhrkamp 2. Ed. 1997. **DM 16,80**

Michel Foucault: Die Ordnung der Dinge. Eine Archäologie der Humanwissenschaften. 469 S., Kt., Suhrkamp 15. Ed. 1999. **DM 29,80**

Michel Foucault: Dispositive der Macht. Über Sexualität, Wissen und Wahrheit. 232 S., Kt., Merve 1978. **DM 18,-**

Michel Foucault: Freiheit und Selbstsorge. Interview 1984 und Vorlesung 1982. 84 S., Pb., Materialis Vlg. 1985. **DM 23,90**

Michel Foucault: Von der Freundschaft als Lebensweise. Im Gespräch. 144 S., 6 Fotos, Kt., Merve 1984. **DM 15,-**

Michel Foucault: Was ist Kritik? 61 S., Kt., Merve 1992. **DM 12,-**

Manfred Frank: Die Unhintergehbarkeit von Individualität. Reflexionen über Subjekt, Person und Individuum aus Anlaß ihrer postmodernen Toterklärung. 131 S., Kt., Suhrkamp 1997. **DM 13,80**

Manfred Frank: Kaltes Herz. Unendliche Fahrt. Neue Mythologie. Motiv-Untersuchungen zur Pathogenese der Moderne. 118 S., Kt., Suhrkamp 1989. **DM 9,-**

Manfred Frank: Zeitbewußtsein. 135 S., Kt., Neske Vlg. 1990. **DM 16,80**

Viktor E Frankl: Der leidende Mensch. Anthropologische Grundlagen der Psychotherapie. 253 S., 6 Abb., Kt., H. Huber Vlg. 2. Ed. 1996. **DM 49,80**

Viktor E. Frankl: Der Mensch vor der Frage nach dem Sinn. Eine Auswahl aus dem Gesamtwerk. . Vorw. v. Konrad Lorenz. Mit 16 Abb., Kt., Piper 9. Ed. 1997. **DM 17,90**

Erich Fromm: Die Furcht vor der Freiheit. 232 S., Kt., dtv 6. Ed. 1997. **DM 14,90**

Erich Fromm: Die Pathologie der Normalität. Zur Wissenschaft vom Menschen. 214 S., Kt., Beltz 1991. **DM 26,-**

Rainer Funk: Mut zum Menschen. Erich Fromms Denken und Werk, seine humanistische Religion und Ethik. Nachw. v. Erich Fromm. 446 S., Kt., DVA 1978. **DM 34,-**

Reinhard Gasser: Nietzsche und Freud. (Rhe.: Monogr.u. Texte zur Nietzsche-Forschung, Bd. 38) XXI, 746 S., Ln., de Gruyter 1997. **DM 410,-**

L. Gast /J. Körner (Ed.): Ödipales Denken in der Psychoanalyse. Rhe. Psychoanalytische Anthropologie, Bd. 2. 190 S., Kt., Ed. diskord 1999. **DM 28,-**

Beitr. v. E. Bronfen, A. Dreher, A. Grèen, L. Haesler, V. King, C. Nedelmann.

L. Gast /J. Körner (Ed.): Psychoanalytische Anthropologie. Bd. 1: Über die verborgenen anthropologischen Entwürfe der Psychoanalyse. 154 S., Kt., Ed. diskord 1997. **DM 28,-**

Ernst Gombrich: Die Krise der Kulturgeschichte. Gedanken zum Wertproblem in den Geisteswissenschaften. 248 S., 12 s/w Abb., Ln., Klett-Cotta 1983. **DM 58,-**

Stanislav Grof: Das Kosmische Spiel. Spirituelle und philosophische Schlußfolgerungen aus moderner Bewußtseinsforschung. 45. Lindauer Psychotherapiewochen 1995. (Rhe.: Autobahn-Universität) 5 Toncass. iBox., C. Auer Vlg. 1995. **DM 89,-**

Stanislav Grof: Kosmos und Psyche. An den Grenzen menschlichen Bewußtseins. 371 S., Abb., Kt., S. Fischer 2000. **DM 19,90**

Stanislav Grof: Kosmos und Psyche. An den Grenzen menschlichen Bewußtseins. 371 S., Abb., Gb., Krüger Vlg. 2. Ed. 1997. **DM 44,-**

Adolf Grünbaum: Die Grundlagen der Psychoanalyse. Eine philosophische Kritik. 540 S., Kt., Reclam, Ditzingen 1988. **DM 21,-**

P.M. Hacker: Einsicht und Täuschung. Wittgenstein über Philosophie und die Metaphysik der Erfahrung. 422 S., Kt., Suhrkamp 1989. **DM 44,-**

Gerd Haeffner: In der Gegenwart leben. Auf der Spur eines Urphänomens. 171 S., Kt., Kohlhammer Vlg. 1996. **DM 34,80**

Byung-Chul Han: Todesarten - Philosophische Untersuchungen zum Tod. 160 S., Br., W. Fink Vlg. 1998. **DM 38,-**

Evelyn Hanzig-Bätzing: Selbstsein als Grenzerfahrung. Versuch einer nichtontologischen Fundierung von Subjektivität zwischen Theorie (Hegel) und Praxis (Borderline-Persönlichkeit) 210 S., Gb., Akademie-Vlg. 1996. **DM 98,-**

Dirk Hartmann: Philosophische Grundlagen der Psychologie. Wissenschaft im 20. Jahrhundert. VII,356 S., Kt., WBG 1998. **DM 78,-**

Heiner Hastedt: Das Leib-Seele-Problem. Zwischen Naturwissenschaft des Geistes und kultureller Eindimensionalität. 367 S., Gb., Suhrkamp 1989. **DM 44,-**

Heiner Hastedt: Der Wert des Einzelnen. Eine Verteidigung des Individualismus. ca. 240 S., Gb., Suhrkamp 1998. **DM 48,-**

Christine Hauskeller: Das paradoxe Subjekt. Unterwerfung und Widerstand bei Judith Butler und Michel Foucault. 304 S., Br., Ed. diskord 2000. **DM 32,-**

Arno Hecht: Menschsein heißt Kranksein. Diskurs zum historischen und erkenntnismethodischen Umfeld menschlicher Krankheit. 436 S., Pb., R.G.Fischer Vlg. 1996. **DM 56,-**

Martin Heidegger: Identität und Differenz. 70 S., Kt., Neske Vlg. 10. Ed. 1996. **DM 16,80**

Klaus Heinrich: Parmenides und Jona. Vier Studien über das Verhältnis von Philosophie und Mythologie. 216 S., Br., Stroemfeld 3. Ed. 1992. **DM 48,-**

Klaus Heinrich: Vernunft und Mythos. Ausgewählte Texte. 110 S., Br., Stroemfeld 3. Ed. 1992. **DM 18,-**

Rudolf Heinz: Lectiones pathognosticae. Institutionen einer Art kritischer Psychoanalyse. 184 S., Kt., 1999. **DM 29,-**

Rudolf Heinz: Logik und Inzest. Revue der Pathognostik Vol. I - II. 3 Bde. 281, 240, 297 S., Abb., Br. iSch., Passagen Vlg. 1997. **DM 198,-**

Rudolf Heinz: Metastasen. Pathognostische Projekte. 310 S., Abb., Kt., Passagen Vlg. 1995. **DM 68,-**

Rudolf Heinz: Nachtgänge. Zur Philosophie des Somnambulismus. 160 S., 5 Abb., Br., Passagen Vlg. 1996. **DM 36,-**

Rudolf Heinz: Oedipus complex. Zur Genealogie von Gedächtnis. 176 S., 7 schw., Br., Passagen Vlg. 1991. **DM 37,80**

Rudolf Heinz: Omissa aesthetica. Philosophiebeiträge zur Kunst. 200 S., 15 Abb., Br., Vlg. Die Blaue Eule 1987. **DM 32,-**

Rudolf Heinz: Pathognostik versus Illusionstheorie. 276 S., Br., Vlg. Die Blaue Eule 1994. **DM 56,-**

Rudolf Heinz: Pathognostische Studien. IV: Von der Psychoanalyse zur Pathognostik. Übergänge und Ausflüge. 278 S., Abb., Br., Vlg. Die Blaue Eule 1998. **DM 76,-**

Der vierte Band der „pathognostischen Studien" setzt die Dokumentation der Pathognostik genannten Psychoanalysenanwendung fort. Deren Inbegriff ist die „Psychoanalyse der Sachen" (Sartre). Traditionsgemäß betreffen die einzelnen Problemstellungen - schwerpunktmäßig zu Philosophie, Kunst, Medien und Krankheit - diese einschneidende Subversion. Aus dem Inhalt: Vorträge über Sohn-Rethel und Foucault, Korrespondenz mit Dietmar Kamper, Kontroversen mit Manfred Pohlen.

Rudolf Heinz: Pathognostische Studien I. Historie - Psychopathologie - Schrift - Tausch /Opfer. (Rhe.: Genealogica 10) 200 S., Br., Vlg. Die Blaue Eule 1986. **DM 28,-**

Rudolf Heinz: Pathognostische Studien II. Psychopathologie - Logik - Sinne /Affekte - Musik - Bildende Kunst. 230 S., 24 Abb., Br., Vlg. Die Blaue Eule 1987. **DM 39,-**

Rudolf Heinz: Revival 1. Nachklänge der Leiden einer psychoanalytischen Ausbildung. 189 S., Kt., 1999. **DM 32,-**

Rudolf Heinz: Tagesreste. Philosophisches Annuarium 1997. 144 S., Abb., Zeichn., Kt., Passagen Vlg. 1998. **DM 38,-**

Rudolf Heinz: Wagner Ludwig Nacht Musik. 157 S., Notenbeisp., Kt., Passagen Vlg. 1998. **DM 38,-**

Maximilian Herzog (Ed.): Formen missglückten Daseins. XXXIX,443 S., Br., Asanger Vlg. 1992. **DM 68,-**

A. Hetzel /P. Wiechers: Georges Bataille. Zur Archäologie der Dekonstruktion. 400 S., Br., Königshausen & Neumann 1998. **DM 78,-**

Georges Bataille ist ein Grenzgänger in mehrfacher Hinsicht: als Philosoph widmet er sich den Grenzen der Vernunft und des Sagbaren, als Soziologe thematisiert er ausgegrenzte Phänomene, als Ökonom entwickelt er eine Theorie der Verschwendung, als modernen Mystiker beschwört er Phänomene körperlicher Grenzüberschreitung, als Romancier fragt er schließlich nach den Schnittlinien von Leben und Tod, Lust und Schmerz.

Friedrich W. Heubach: Das bedingte Leben. Theorie der psycho-logischen Gegenständlichkeit der Dinge. Ein Beitrag zur Psychologie des Alltags. 209 S., 8 S. Abb., Kt., W. Fink Vlg. 2. Ed. 1996. **DM 48,-**

Walter Hirsch: Das Drama des Bewusstseins. Literarische Texte in philosphischer Sicht. 156 S., Br., Königshausen & Neumann 1995. **DM 24,-**

Ursula Hoffmann et al. (Ed.): Reden über die Stummheit. Festschrift zum 75. Geburtstag von Aron Ronald Bodenheimer. 176 S., Br., Vlg. J.Groos 1998. **DM 36,-**

Doris V. Hofmann: Gewißheit des Fürwahrhaltens. Zur Bedeutung der Wahrheit im Fluß des Lebens nach Kant und Wittgenstein. 320 S., Ln., de Gruyter 2000. **DM 198,-**

Douglas R. Hofstadter: Metamagicum. Fragen nach der Essenz von Geist und Struktur. 976 S., Abb., Kt., dtv 1994. **DM 48,-**

Douglas R. Hofstadter: Metamagicum. Fragen nach der Existenz von Geist und Struktur. XXVI, 946 S., 140 s/w Abb., Lin., Klett-Cotta 2. Ed. 1996. **DM 68,-**

Ulrich Horstmann: Das Untier. Konturen einer Philosphie der Menschenflucht. 117 S., Kt., Suhrkamp 1998. **DM 12,80**

Kurt Hübner: Die Wahrheit des Mythos. 465 S., 6 Abb., Ln., C.H.Beck 1985. **DM 48,-**

Arthur E. Imhof: Sis humilis! Die Kunst des Lebens als Grundlage für ein besseres Sterben. 72 S., Gb., Picus Vlg. 1992. **DM 14,80**

Michael Imhof: Die große Krankheit der Zeit. Oder Grundlagen einer Medizinphilosophie. 216 S., Br., Königshausen & Neumann 1998. **DM 39,80**

Heinz G. Ingenkamp: Plutarchs Schriften über die Heilung der Seele. 148 S., Br., Vandenh. & Ruprecht 1971. **DM 42,-**

Christian Jäger: Gilles Deleuze. Eine Einführung. 311 S., Reg., Kt., UTB 1997. **DM 29,80**

Arne Jaitner: Zwischen Metaphysik und Empirie. Zum Verhältnis von Transzendentalphilosophie und Psychoanalyse bei Max Scheler, Th.W. Adorno und Odo Marquard. 218 S., Br., Königshausen & Neumann 1999. **DM 58,-**

Karl Jaspers: Psychologie der Weltanschauungen. Kt., Piper 1994. **DM 34,90**

Karl Jaspers: Psychologie der Weltanschauungen. XIX, 515 S., Gb., Springer 6. Ed. 1990. **DM 125,-**

Ursula P. Jauch: Damenphilosophie und Männermoral. Von Abbè de Gerad bis Marquis de Sade. Ein Versuch über die lächelnde Vernunft. 209 S., Kt., Passagen Vlg. 2. rev. Ed. 1991. **DM 39,80**

Ursula P. Jauch: Immanuel Kant zur Geschlechterdifferenz. Aufklärerische Vorurteilskritik und bürgerliche Geschlechtsvormundschaft. 244 S., Kt., Passagen Vlg. 2. Ed. 1989. **DM 40,-**

Julian Jaynes: Der Ursprung des Bewußtseins. Kt., Rowohlt 1993. **DM 19,90**

Annemarie Jost: Zeitstörungen. Vom Umgang mit der Zeit in Psychiatrie und Alltag. Psychiatrie-Vlg. **DM**

Gerd Jüttemann (Ed.): Wegbereiter der Psychologie. Der geisteswissenschaftliche Zugang. Von Leibniz bis Foucault. (Historische Psychologie / Philosophie) VIII, 549 S., Gb., PVU 2. Ed. 1995. **DM 48,-**

Wilfried Kähler: Anregungen zu einer „Psychopathologie der Philosophie". Saytricon. 98 S., Br., Königshausen & Neumann 1999. **DM 19,80**

Dietmar Kamper: Ästhetik der Abwesenheit. Die Entfernung der Körper. 182 S., Kt., W. Fink Vlg. 1999. **DM 48,-**

Dietmar Kamper: Von wegen. 122 S., Kt., W. Fink Vlg. 1998. **DM 38,-**

Andreas Kannicht: Selbstwerden des Jugendlichen. Der psychoanalytische Beitrag zu einer pädagogischen Anthropologie des Jugendalters. 272 S., Kt., Königshausen & Neumann 1985. **DM 48,-**

Evelyn Fox Keller: Das Leben neu denken. Metaphern der Biologie im 20. Jahrhundert. 144 S., Gb., A. Kunstmann Vlg. 1998. **DM 32,-**

Heiner Keupp et al.: Identitätskonstruktionen: Das Patchwork der Identitäten in der Spätmodernen. Kt., Rowohlt 2000. **DM 19,90**

Mathias Kiefer: Die Entwicklung des Seelenbegriffs in der deutschen Psychiatrie ab der zweiten Hälfte des 19. Jahrhunderts unter dem Einfluß zeitgenössischer Philosophie. (Rhe.: Philos. in d. Blauen Eule 26) 144 S., Br., Vlg. Die Blaue Eule 1996. **DM 36,-**

Albrecht Kiel: Philosophische Seelenlehren als Leitfaden für die Psychologie. Ein Beitrag zur Anthropologie von Karl Jaspers. 200 S., Br., 1991. **DM 34,80**

Gerd Kimmerle: Der Fall des Bewußtseins. Zur Dekonstruktion des Unbewußten in der Logik der Wahrheit bei Freud. 238 S., Gb., Ed. diskord 1997. **DM 36,-**

Heinz D. Kittsteiner: Die Entstehung des modernen Gewissens. 543 S., Kt., Suhrkamp 1995. **DM 32,80**

Ludwig Klages: Die psychologischen Errungenschaften Nietzsches. VI, 228 S., Kt., Bouvier Vlg. 5. Ed. 1989. **DM 39,-**

Toshiaki Kobayashi: Melancholie und Zeit. (Rhe.: Nexus, Bd. 40) 186 S., Kt, Stroemfeld 1998. **DM 38,-**

Lawrence Kohlberg: Die Psychologie der Lebensspanne. 350 S., Gb., Suhrkamp 2000. **DM 78,-**

Lawrence Kohlberg: Die Psychologie der Moralentwicklung. 564 S., Kt., Suhrkamp 2. Ed. 1997. **DM 32,80**

Eugen König: Körper - Wissen - Macht. Studien zur historischen Anthropologie des Körpers. VIII, 152 S., Br., Reimer Vlg. 1989. **DM 34,-**

Sibylle Krämer (Ed.): Bewußtsein. Philosophische Beiträge. 220 S., Kt., Suhrkamp 1996. **DM 19,80**

H. Krapp /T. Wägenbaur (Ed.): Komplexität und Selbstorganisation, „Chaos" in den Naturwissenschaften und Kulturwissenschaften. 268 S., Abb., Kt., W. Fink Vlg. 1997. **DM 58,-**

Andreas Kuhlmann (Ed.): Philosophische Ansichten der Kultur der Moderne. 320 S., Kt., S. Fischer 1994. **DM 24,90**

Rolf Kühn: Existenz und Selbstaffektion in Therapie und Phänomenologie. 128 S., Br., Passagen Vlg. 1994. **DM 28,-**

Rolf Kühn: Sinn - Sein - Sollen. Beiträge zu einer phänomenologischen Existenzanalyse in Auseinandersetzung mit dem Denken Viktor Frankels. 222 S., Kt., Vlg. Junghans 3. Ed. 1995. **DM 35,-**

Martin Kurthen: Der Schmerz als medizinsches und philosophisches Problem. Anmerkungen zur Spätphilosophie Ludwig Wittgensteins und zur Leib-Seele-Frage. 104 S., Kt., Königshausen & Neumann 1984. **DM 24,-**

Antonio Lambertino: Psychoanalyse und Moral bei Freud. Abhandlungen zur Philosophie, Psychologie und Pädagogik Vorw. v. Ernst Federn. 394 S., Gb., Bouvier Vlg. 1994. **DM 98,-**

Thomas Lang: Die Ordnung des Begehrens. Nietzscheanische Aspekte im philosophischen Werk von Gilles Deleuze. 140 S., Br., Aisthesis Vlg. 1989. **DM 48,-**

H. Lang /H. Weiss (Ed.): Interdisziplinäre Anthropologie. 184 S., Br., Königshausen & Neumann 1992. **DM 38,-**

Hans Lenk: Kreative Aufstiege. Zur Philosophie und Psychologie der Kreativität. 340 S., Kt., Suhrkamp 2000. **DM 24,80**

Roman Lesmeister: Der zerrissene Gott. Eine tiefenpsychologische Kritik am Ganzheitsideal. 187 S., Br., IKM Vlg. 1992. **DM 34,-**

Emmanuel Levinas: Gott, der Tod und die Zeit. Hrsg. v. Peter Engelmann. 267 S., Kt., Passagen Vlg. 1996. **DM 49,80**

Emmanuel Lèvinas: Vom Sein zum Seienden. Einleitung von W. Krewani. 186 S., Gb., Alber Vlg. 1997. **DM 68,-**

Gilles Lipovetsky: Narziss oder die Leere. Sechs Kapitel über die unaufhörliche Gegenwart. 316 S., Gb., eva 1995. **DM 48,-**

Rudolf zur Lippe: Oidipus und die verweigerte Seelenfahrt. Der Mythos vom Ende des mythischen Zeitalters. (Rhe.:

Wiener Vorlesungen, Bd. 2) 64 S., Gb., Picus Vlg. o.J.. **DM 14,80**

Jean-François Lyotard: Kindheitslektüren. 206 S., Kt., Passagen Vlg. 1995. **DM 39,80**

Ernst Mach: Die Analyse der Empfindungen und das Verhältnis des Physischen zum Psychischen. (Reprint d. 9. Aufl. 1922) XXXII, 323 S., 38 Fig., 8 Notenbeisp., 4 Darst., Gb., WBG 1991. **DM 85,-**

Klaus Mainzer: Computer, neuer Flügel des Geistes? Die Evolution computergestützter Technik, Wissenschaft, Kultur und Philosophie. X, 882 S., 180 Abb., Kt., de Gruyter 1995. **DM 78,-**

Klaus Mainzer: Computer, neuer Flügel des Geistes? Die Evolution computergestützter Technik, Wissenschaft, Kultur und Philosophie. X, 882 S., 180 Abb., Ln., de Gruyter 1994. **DM 448,-**

Christian Mann: Wovon man schweigen muß. Wittgenstein über die Grundlagen von Mathematik und Logik. 262 S., Br., Turia & Kant 1994. **DM 42,-**

Herbert Marcuse: Philosophie und Psychologie. (Rhe.: Nachgelassene Schriften Bd. 3) 160 S., Gb., zu Klampen 2001. **DM 38,-**

Ludwig Marcuse: Philosophie des Glücks. Von Hiob bis Freud. 336 S., Kt., Diogenes (Nachdr. d. Erstausg. 1948) 10. Ed. 1996. **DM 19,90**

Mathias Mayer: Dialektik der Blindheit und Poetik des Todes. Über literarische Strategien der Erkenntnis. 352 S., 12 Abb., Pb., Rombach Vlg. 1997. **DM 76,-**

Pravu Mazumdar (Ed.): Foucault. 576 S., Ln., E. Diederichs Vlg. 1998. **DM 58,-**

Ursula Meyer: Das Symbol gibt zu denken. Eine Untersuchung zur Symbolinterpretation bei Paul Ricoeur. 118 S., Kt., Ein-Fach-Vlg. 1990. **DM 14,80**

Erwin Möde: Zwischen Pastorale und Psychologie. 176 S., Pb., Ed. Psychosymbolik 1992. **DM 25,-**

L. Nagl /L. Vetter /H. Leupold-Löwenthal (Ed.): Philosophie und Psychoanalyse. 267 S., Kt., Psychosozial Vlg. Neuaufl. 1997. **DM 38,-**

Jacob Needleman: Die Seele der Zeit. 210 S., Gb., Krüger Vlg. 1998. **DM 29,80**

Walter G. Neumann: Der Tod der Liebe, des Lebens und des Glücks. Freuds Religions- und Kulturkritik heute. 116 S., Pb., Haag + Herchen 1989. **DM 16,80**

Friedrich Nietzsche: Wie man wird, was man ist. Ermunterungen zum kritischen Denken. 300 S., Kt., Insel Vlg. 1994. **DM 18,80**

Michel Onfray: Die Formen der Zeit. Theorie des Sauternes. 128 S., Kt., Merve 1999. **DM 18,-**

Ernst W. Orth (Ed.): Das Bewusstsein und das Unbewusste. Beiträge zu ihrer Interpretation und Kritik. 120 S., Br., Königshausen & Neumann 1989. **DM 26,-**

Beate C. Otte: Zeit in der Spannung von Werden und Handeln bei Victor Emil Freiherr von Gebsattel. Zur psychologischen und ethischen Bedeutung von Zeit. 234 S., Br., P. Lang 1996. **DM 69,-**

Konrad Overbeck: Über den Ursprung der menschlichen Sinnerfahrung. Eine Untersuchung zu anthropologischen Grundannahmen in der Strukturpsychologie von August Vetter. XII,358 S., 8 Abb., Br., P. Lang 1997. **DM 98,-**

Wilhelm Perpeet: Kulturphilosophie. Anfänge und Probleme. 127 S., Gb., Bouvier Vlg. 1997. **DM 45,-**

Reinhard Plassmann (Ed.): Psychoanalyse. Philosophie. Psychosomatik. Paradigmen von Erkenntnis und Beziehung. 165 S., 6 Abb., Pb., Shaker Vlg. 1993. **DM 129,-**

Ilse E. Plattner: Zeitbewußtsein und Lebensgeschichte. Theoretische und methodische Überlegungen zur Erfassung des Zeitbewußtseins. 203 S., Kt., Asanger Vlg. 1990. **DM 48,-**

M.-F. Plissart /J. Derrida: Recht auf Einsicht. Mit einer Lektüre v. Jacques Derrida. 144 S., 288 Abb., Kt., Passagen Vlg. 2. Ed. 1997. **DM 58,-**

Karl R. Popper: Alles Leben ist Problemlösen. Über Erkenntnis, Geschichte und Politik. 336 S., Kt., Piper 4. Ed. 1999. **DM 17,90**

Hans Poser (Ed.): Philosophie und Mythos. Ein Kolloquium. XIII,245 S., Ln., de Gruyter 1979. **DM 139,-**

A. Pritz /P. Muhr (Ed.): Philosophie auf der Couch. Eine psychoanalytische Lektüre philosophischer Texte. 154 S., Gb., WUV 1993. **DM 34,-**

Ine Ragun: Auge, Ohr und Wirklichkeit. Zur Philosophie der Wahrnehmung. 1 Diskette 3,5", 59 S., 15 Abb., Kst., Vlg. R. Becker 1997. **DM 12,-**

Ewald Richter: Ursprüngliche und physikalische Zeit. 177 S., Br., Duncker & Humblot 1996. **DM 98,-**

Paul Ricoeur: Das Rätsel der Vergangenheit. Erinnern, Vergessen, Verzeihen. 160 S., Kt., Wallstein-Vlg. 1999. **DM 28,-**

Paul Ricoeur: Das Selbst als ein Anderer. 448 S., Gb., W. Fink Vlg. 1996. **DM 98,-**

Paul Ricoeur: Die Fehlbarkeit des Menschen. Phänomenologie der Schuld I. 192 S., Ln., Alber Vlg. 2. Ed. 1989. **DM 58,-**

Paul Ricoeur: Symbolik des Bösen. Phänomenologie der Schuld II. 408 S., Gb., Alber Vlg. 2. Ed. 1988. **DM 118,-**

Paul Ricoeur: Zeit und Erzählung. 3 Bde. Gb., W. Fink Vlg. 1990. **DM 228,-**

Paul Ricoeur: Zeit und Erzählung. Bd. I: Zeit und historische Erzählung. 358 S., Gb., W. Fink Vlg. 1988. **DM 88,-**

Paul Ricoeur: Zeit und Erzählung. Bd. II: Zeit und literarische Erzählung. 286 S., Gb., W. Fink Vlg. 1989. **DM 80,-**

Christoph Riedel: Subjekt und Individuum. Zur Geschichte des philosophischen Ich-Begriffes. VIII, 163 S., Kt., WBG 1989. **DM 39,80**

Thomas Rolf: Normalität. 280 S., Gb., W. Fink Vlg. 1999. **DM 48,-**

Bei dem Versuch, subjekt-philosophische Bedeutung von „Normalität" zu ermitteln, siedelt sich die Studie im Spannungsfeld pragmatischer, psychoanalytischer und existenzphilosophischer Bewußtseinstheorien an.

Gerhard Roth: Das Gehirn und seine Wirklichkeit. Kognitive Neurobiologie und ihre philosophischen Konsequenzen. 320 S., Gb., Suhrkamp 1994. **DM 56,-**

Gerhard Roth: Das Gehirn und seine Wirklichkeit. Kognitive Neurobiologie und ihre philosophischen Konsequenzen. 360 S., Kt., Suhrkamp 1996. **DM 24,80**

Alois Rust: Wittgensteins Philosophie der Psychologie. Ln., Klostermann 1996. **DM 78,-**

Rüdiger Safranksi: Das Böse oder Das Drama der Freiheit, 2 Cass. Drei Vorträge und ein Gespräch mit Stephan Krass. 2 Cass., C. Auer Vlg. 1998. **DM 38,-**

Rüdiger Safranski: Das Böse oder das Drama der Freiheit. 335 S., Ln., Hanser 3. Ed. 1997. **DM 45,-**

Rüdiger Safranski: Das Böse oder Das Drama der Freiheit. Kt., S. Fischer 1999. **DM 22,90**

Rüdiger Safranski: Wieviel Wahrheit braucht der Mensch ? Über das Denkbare und das Lebbare. 208 S., Gb., Hanser 1990. **DM 39,80**

Rüdiger Safranski: Wieviel Wahrheit braucht der Mensch ? Über das Denkbare und das Lebbare. 208 S., Kt., S. Fischer o.J.. **DM 16,90**

Mike Sandbothe: Die Verzeitlichung der Zeit. Grundtendenzen der modernen Zeitdebatte in Philosophie und Wissenschaft. Diss. VIII, 150 S., Kt., WBG 1998. **DM 49,80**

Der Autor gibt nicht nur eine transdisziplinäre Einführung in die aktuelle Debatte um das Problem der Zeit, sondern unterbreitet Vorschläge, wie die Grundtendenzen dieser Debatte pragmatisch miteinander zu vernetzen sind.

Jean-Paul Sartre: Das Sein und das Nichts. Versuch einer phänomenologischen Ontologie. Hrsg. v. Traugott König. Kt., Rowohlt 1993. **DM 29,90**

Jean-Paul Sartre: Das Sein und das Nichts. Versuch einer phänomenologischen Ontologie. Hrsg. v. Traugott König. 1154 S., Neuübers., Gb., Dünndr., Rowohlt Neuausg. 1991. **DM 98,-**

Jean-Paul Sartre: Lesebuch. Den Menschen erfinden. Kt., Rowohlt o.J.. **DM 12,-**

Jean-Paul Sartre: Wahrheit und Existenz. Hrsg. u. Vorw. v. Arlette Elkaim-Sartre. 157 S., Gb., Rowohlt 1996. **DM 34,-**

Jean-Paul Sartre: Wahrheit und Existenz. Hrsg. u. Vorw. v. Arlette Elkaim-Sartre. 157 S., Kt., Rowohlt 1998. **DM 12,90**

Eike von Savigny: Der Mensch als Mitmensch. Wittgensteins „Philosophische Untersuchungen". 296 S., Kt., dtv 1996. **DM 29,90**

E. von Savigny /O. Scholz (Ed.): Wittgenstein über die Seele. 304 S., Kt., Suhrkamp 2. Ed. 1996. **DM 24,80**

Holger Schmid: Kunst des Hörens. Orte und Grenzen hermeneutischer Erfahrungen. 300 S., Gb., Böhlau Vlg. 1999. **ca. DM 68,-**

Henning Schmidgen: Das Unbewußte der Maschine. Konzepte des Psychischen bei Guattari, Deleuze und Lacan. 188 S., Kt., W. Fink Vlg. 1997. **DM 38,-**

Hermann Schmitz: Selbstdarstellung als Philosophie. Metamorphosen der entfremdeten Subjektivität. XIII, 439 S., Gb., Bouvier Vlg. 1995. **DM 135,-**

Gotthilf H. von Schubert: Das Weltgebäude, die Erde und die Zeiten des Menschen auf der Erde. XVIII, 762 S., Kt., P. Wald Vlg. 1993. **DM 198,-**

Rolf Schütt: Von der jüdischen Religion zur deutschen Philosophie und zurück. Versuch über das Unbewußte des Denkens. 262 S., Br., Vlg. Die Blaue Eule 1992. **DM 68,-**

Friedrich W. Seemann: Was ist Zeit? Einblicke in die unverstandene Dimension. Br., Wissenschaft & Technik 1997. **DM 25,-**

Peter Sloterdijk: Der Zauberbaum. Die Entstehung der Psychoanalyse im Jahr 1785. Ein epischer Versuch zur Philosophie der Psychologie. Kt., Suhrkamp 1987. **DM 17,80**

Peter Sloterdijk: Weltfremdheit. 381 S., Kt., Suhrkamp 1993. **DM 24,80**

Peter Sloterdijk: Zur Kritik der zynischen Vernunft. 450 S., Kt., Suhrkamp 1983. **DM 39,80**

Peter Sloterdijk: Zur Welt kommen, zur Sprache kommen. Frankfurter Vorlesungen. Kt., Suhrkamp 1988. **DM 14,80**

Michael Sonntag: Das Verborgene des Herzens. Zur Geschichte der Individualität. Kt., Rowohlt 1999. **DM 22,90**

Sabina Spielrein: Die Destruktion als Ursache des Werdens. 64 S., Br., konkursbuch 1986. **DM 12,-**

Herta Steinbauer: Die Psychoanalyse und ihre geistesgeschichtlichen Zusammenhänge mit besonderer Berücksichtigung von Freuds ... Zugleich ein Beitrag zur philosophischen Anthropologie. 272 S., Gb., Birkhäuser Vlg. 1987. **DM 64,-**

Magnus Striet: Das Ich im Sturz der Realität. Philosophisch-theologische Studien zu einer Theorie des Subjekts in Auseinandersetzung mit der Spätphilosophie Friedrich Nietzsches. 329 S., Kt., 1998. **DM 78,-**

Elisabeth Strowick: Passagen der Wiederholung. Kierkegaard, Lacan, Freud. Diss. 500 S., Kt., Metzler 1999. **DM 70,-**

Jehuda Szlezynger: Zur Philosophie der Psychologie. Ein Versuch über die Wesenslogik. 227 S., Kt., Bouvier Vlg. 1992. **DM 58,-**

Christoph Türcke: Der tolle Mensch. Nietzsche und der Wahnsinn der Vernunft. 175 S., Kt., zu Klampen 1999. **DM 28,-**

Paul Virilio: Fluchtgeschwindigkeit. Essay. Kt., S. Fischer 1999. **DM 18,90**

Bernhard Wadenfels: Das leibliche Selbst. Vorlesungen zur Phänomenologie des Leibes. 400 S., Kt., Suhrkamp 2000. **DM 27,80**

P. Watzlawick /J. Weakland: Lösungen. Zur Theorie und Praxis menschlichen Wandelns. 198 S., 4 Fig., Kt., H. Huber Vlg. 5. Ed. 1997. **DM 29,80**

Christoph Weismüller: Philosophie oder Therapie. Texte der Philosophischen Praxis und der Pathognostik. (Rhe.: Genealogica 22) 188 S., Br., Vlg. Die Blaue Eule 1991. **DM 39,-**

Christoph Weismüller: Philosophische Parabeln. Elemente pathognostisch-philosophischer Praxis. (Rhe.: Genealogica 24) 150 S., Br., Vlg. Die Blaue Eule 1993. **DM 32,-**

Christoph Weismüller: Philosophische Relevanzen. Texte der philosophischen Praxis und der Pathognostik. 184 S., Br., Passagen Vlg. 1994. **DM 28,-**

Viktor von Weizsäcker: Gesammelte Schriften. Bd. 5: Der Arzt und der Kranke; Stücke einer medizinischen Anthropologie. 439 S., Kt., Suhrkamp 1987. **DM 64,-**

Rudolf Wendorff: Der Mensch und die Zeit. Ein Essay. 181 S., Kt., Westdt. Vlg. 1988. **DM 24,80**

Rudolf Wendorff: Zeit und Kultur. Geschichte des Zeitbewußtseins in Europa. 720 S., Kt., Westdt. Vlg. 3. Ed. 1985. **DM 68,-**

Joachim Widmann (Neuübers.): Symposion. Philosophische Psychoanalyse des Eros. 124 S., Gb., Vlg. ars una 1994. **DM 58,-**

Ludwig Wittgenstein: Letzte Schriften über die Philosophie der Psychologie 1949-1951. Das Innere und das Äußere. 140 S., Ln., Suhrkamp 1993. **DM 34,-**

Ludwig Wittgenstein: Über Gewißheit. 178 S., Gb., Suhrkamp 9. Ed. 1997. **DM 22,80**

Ludwig Wittgenstein: Vorlesungen über die Philosophie der Psychologie 1946/47. Aufzeichnungen von P.T. Geach, K.J. Shah und A.C. Jackson. 565 S., Ln., Suhrkamp 1991. **DM 98,-**

Augustinus K. Wucherer-Huldenfeld: Ursprüngliche Erfahrung und personales Sein. Ausgewählte philosophische Studien. Bd. 1: Anthropologie - Freud - Religionskritik. 360 S., Br., Böhlau Vlg. 1994. **DM 98,-**

Franz M. Wuketits: Warum uns das Böse fasziniert. Die Natur des Bösen und die Illusionen der Moral. 276 S., Gb., Hirzel Vlg. 2000. **DM 38,-**

Shin-ichi Yuasa: Phänomenologie des Alltäglichen. Vom Aspekt der Leiblichkeit des Menschen her. 168 S., Br., P. Lang 1998. **DM 59,-**

Alfred J. Ziegler: Morbius. Ohne Krankheit keine Gesundheit. 138 S., Br., IKM Vlg. 1980. **DM 33,-**

Slavoj Zizek: Ein Plädoyer für die Intoleranz. 80 S., Kt., Passagen Vlg. 1998. **DM 28,-**

Otto Zsok: Zustimmung zum Leben. Logotherapeutisch-philosophische Betrachtungen um die Sinnfrage. 174 S., Kt., Eos, St.O. 1994. **DM 24,-**

Geschichte der /Grundlagen

Theodor W. Adorno: Über Walter Benjamin. 200 S., Gb., Suhrkamp 2. Ed. 1995. **DM 19,80**

Lou Andreas-Salomé: Friedrich Nietzsche in seinen Werken. Hrsg. und Anm. v. Ernst Pfeiffer. 360 S., Kt., Insel Vlg. 2000. **ca. DM 19,80**

"... Unsere Intelligenzen und Geschmäcker sind im Tiefsten verwandt - und es gibt andererseits der Gegensätze so viele, daß wir füreinander die lehrreichsten Beobachtungs-Objekte und -Subjekte sind." Fr. Nietzsche in einem Brief.

F. Balke /J. Vogl (Ed.): Gilles Deleuze - Fluchtlinien der Philosophie. 329 S., Br., W. Fink Vlg. 1996. **DM 58,-**

Georges Bataille: Wiedergutmachung an Nietzsche. Das Memorandum und andere Texte. 246 S., Gb., Vlg. Matthes & Seitz 1999. **DM 46,-**

Arno Böhler: Unterwegs zu einer Sprache der Freundschaft. DisTanzen, Nietzsche, Deleuze, Derrida. 168 S., 7 Abb., Kt., Passagen Vlg. 2000. **DM 38,-**

Hannes Böhringer: Was ist Philosophie? Sechs Vorlesungen. 124 S., Kt., Merve 1993. **DM 15,-**

Henry W. Brann: Nietzsche und die Frauen. Abhandlungen zur Philosophie, Psychologie und Pädagogik. 218 S., Kt., Bouvier Vlg. 2. rev. Ed. 1978. **DM 52,-**

Rüdiger Bubner (Ed.): Geschichte der Philosophie in Text und Darstellung, 8 Bde. 3746 S., Kt., Reclam, Ditzingen o.J.. **DM 138,-**

Giorgio Colli: Distanz und Pathos. Einleitungen zu Nietzsches Werken. Kt., eva **DM 16,-**

Emerich Coreth et al. (Ed.): Philosophie des 20. Jahrhunderts. 244 S., Kt., Kohlhammer Vlg. 2.1993. **DM 26,-**

Arthur C. Danto: Nietzsche als Philosoph. 342 S., Br., W. Fink Vlg. 1998. **DM 58,-**

Gilles Deleuze: Kants kritische Philosophie. Die Lehre von den Vermögen. 151 S., Kt., Merve 1990. **DM 18,-**

Gilles Deleuze: Nietzsche. Ein Lesebuch. 128 S., 4 Abb., Kt., Merve 1979. **DM 14,-**

Gilles Deleuze: Nietzsche und die Philosophie. 260 S., Kt., eva 1991. **DM 28,-**

Gilles Deleuze: Spinoza. Praktische Philosophie. 176 S., Kt., Merve 1988. **DM 20,-**

Jacques Derrida: Vom Geist. Heidegger und die Frage. 159 S., Kt., Suhrkamp 1993. **DM 18,80**

Jacques Derrida: Vom Geist. Heidegger und die Frage. 159 S., Gb., Suhrkamp 1988. **DM 32,-**

Mladen Dolar (Ed.): Kant und das Unbewusste. 110 S., Br., Turia & Kant 1994. **DM 17,-**

Michel Foucault: Michel Foucault. Eine Geschichte der Wahrheit. 136 S., zahlr. Abb., Ln., Raben Vlg. 1987. **DM 24,-**

Manfred Frank (Ed.): Zur Theorie des Selbstbewußtseins von Fichte bis Sartre. 450 S., Kt., Suhrkamp 1991. **DM 34,-**

Liliane Frey-Rohn: Friedrich Nietzsche. A Psychological Approach to his Life and Work. 328 S., Br., Daimon Vlg. 1989. **DM 35,70**

S. P. Fullinwider: Towards a Rogue Reality. Kant to Freud, and Beyond. 280 S., Gb., P. Lang Vlg. 1998. **DM 86,-**

Arthur Schopenhauer articulated a rogue reality that contrasts with the intelligible (aristocratic) reality defined by Kant as the „thing in itself" and the quantifiable (bourgeois) reality embodied in the notion of energy. The rogue reality provided the brain model for Freud's later works, and the conceptual foundation for te „death drive" of Lacan's theory. The rogue reality is accompanied by a non-Cartesion dualism that is fundamental to the modernist impulse.

Hans-Dieter Gondek: Von Freud zu Lacan. Philosophische Zwischenschritte. 256 S., Gb., Turia & Kant 1999. **DM 42,-**

Ernesto Grassi: Einführung in die humanistische Philosophie. Vorrang des Wortes. VIII, 171 S., Kt., WBG 2. Ed. 1991. **DM 45,-**

Michael Großheim: Perspektiven der Lebensphilosophie: Zum 125. Geburtstag von Ludwig Klages. 272 S., Gb., Bouvier Vlg. 1999. **DM 68,-**

Jürgen Habermas: Nachmetaphysisches Denken. Philosophische Aufsätze. 285 S., Kt., Suhrkamp 2. Ed. 1997. **DM 24,80**

P. M. S. Hacker: Wittgenstein im Kontext der analytischen Philosophie. 634 S., Gb., Suhrkamp 1997. **DM 98,-**

Jens Hagestedt: Freud und Heidegger. Zum Begriff der Geschichte im Ausgang des subjektzentristischen Denkens. 408 S., Gb., W. Fink Vlg. 1993. **DM 88,-**

Wilhelm W. Hemecker: Vor Freud. Philosophiegeschichtliche Voraussetzungen der Psychoanalyse. 180 S., Ln., Philosophia Vlg. 1991. **DM 78,-**

Detlef Horster: Jürgen Habermas zur Einführung. 157 S., Kt., Junius Vlg. Neuaufl. 1999. **DM 24,80**

Ulrich Irion: Eros und Thanatos in der Moderne. Nietzsche und Freud als Vollender eines anti-christlichen Grundzugs im europäischen Denken. 284 S., Br., Königshausen & Neumann 1992. **DM 48,-**

Immanuel Kant: Kritik der Urteilskraft. XXXV, 386 S., Kt., F. Meiner 7. rev. Ed. 1990. **DM 24,-**

Immanuel Kant: Kritik der Urteilskraft. Schriften zur Ästhetik und Naturphilosophie. 1387 S., Ln., 199. **DM 178,-**

Hans Kasdorff: Ludwig Klages. Gesammelte Aufsätze und Vorträge zu seinem Werk. 276 S., Br., Bouvier Vlg. 1984. **DM 78,-**

Hans Kasdorff (Ed.): Vorträge und Aufsätze zum philosophischen System von Klages und zu seiner Lehre vom Willen. 208 S., 1976/77, Br., Bouvier Vlg. 1977. **DM 32,-**

Walter Kaufmann: Nietzsche. Philosoph - Psychologe - Antichrist. II,XXVIII, 562 S., Kt., WBG 2. Ed. 1988. **DM 34,-**

Heinz Kimmerle: Jacques Derrida zur Einführung. 190 S., Kt., Junius Vlg. 4. Ed. 1999. **DM 24,80**

Sarah Kofman: Derrida lesen. 224 S., Br., Passagen Vlg. 1987. **DM 38,-**

Wolfgang Korfmacher: Schopenhauer zur Einführung. 180 S., Kt., Junius Vlg. 1994. **DM 19,80**

Rudolf Kreis: Der gekreuzigte Dionysos. Kindheit und Genie Friedrich Nietzsches. Zur Genese einer Philosophie der Zeitenwende. 144 S., Br., Königshausen & Neumann 1986. **DM 28,-**

Dieter Mersch (Ed.): Gespräche über Wittgenstein. 184 S., Br., Passagen Vlg. 1991. **DM 39,80**

Ursula Meyer: Paul Ricoeur. Die Grundzüge seiner Philosophie. 246 S., Br., Ein-Fach-Vlg. 1991. **DM 24,80**

Christian Niemeyer: Nietzsches andere Vernunft. Psychologische Aspekte in Biographie und Werk. 424 S., Gb., WBG 1998. **DM 98,-**

Anders als es in der Nietzsche-Forschung bislang üblich war, berücksichtigt die vorliegende Arbeit bei der Deutung von Nietzsches Werk sehr viel stärker auch biographische und psychologische Zusammenhänge und trägt so zu einem tiefenschärferen Verständnis von Person und Werk des Philosophen bei.

Friedrich Nietzsche: Frühe Schriften. 5 Bde, 1854-1869. 2776 S., 50 Faks., Ln., C.H.Beck 1994. **DM 298,-**

Friedrich Nietzsche: Frühe Schriften 1854-1869. 5 Bde. Kt., dtv 1994. **DM 178,-**

Friedrich Nietzsche: Nietzsche. Ausgew. u. vorgest. v. Rüdiger Safranski. Ln., E. Diederichs Vlg. 1997. **DM 58,-**

Friedrich Nietzsche: Nietzsche. Ausgew. u. vorgest. v. Rüdiger Safranski. 576 S., Kt., dtv 1999. **DM 29,90**

Ellie Ragland-Sullivan: Jacques Lacan und die Philosophie der Psychoanalyse. 190 S., Kt., Quadriga Vlg. 1989. **DM 42,-**

Willem van Reijen: Der Schwarzwald und Paris. Benjamin und Heidegger. 229 S., Kt., W. Fink Vlg. 1998. **DM 48,-**

Wiebrecht Ries: Nietzsche zur Einführung. Kt., Junius Vlg. 5., rev. Ed.. **DM 19,80**

Andrea Roedig: Foucault und Sartre. Die Kritik des modernen Denkens. 224 S., Gb., Alber Vlg. 1997. **DM 58,-**

Gabriele Röttger-Denker: Roland Barthes zur Einführung. Kt., Junius Vlg. 2. Ed.. **DM 24,80**

Jean-Paul Sartre: Der Blick. Ein Kapitel aus „Das Sein und das Nichts". 184 S., Kt., Dieterich'sche Vlgsbuchh. 1994. **DM 26,-**

Erwin Schlimgen: Nietzsches Theorie des Bewußtseins. XIII, 253 S., Ln., de Gruyter 1998. **DM 198,-**

A. Schmidt /B. Görlich: Philosophie nach Freud. Das Vermächtnis eines geistigen Naturforschers. 148 S., Pb., zu Klampen 1995. **DM 34,-**

Alfred Schöpf: Sigmund Freud und die Philosophie der Gegenwart. 257 S., Photos, Br., Königshausen & Neumann 1998. **DM 29,80**

Alfred Schöpf skizziert den Widerstreit im Denken Freuds zwischen naturwissenschaftlichem und philosophischem Erkennen. Er beschreibt die Wirkungsgeschichte Freudschen Denkens in der Erkenntnistheorie, der Anthropologie und der Gesellschaftstheorie, die Weiterentwicklung der Psychoanalyse sowie die Auseinandersetzung mit ihr in Phänomenologie, Hermeneutik und Existenzphilosophie, im Behaviorismus, in Sprachanalyse und Wissenschaftskritik, im Marxismus und in der „Frankfurter Schule". Rez. in Gruppenpsychother. Gruppendynamik 2/1999, S. 165 von G. R. Gfäller

Rolf F. Schütt: Martin Heidegger. Versuch einer Psychoanalyse seines „Seyns". 240 S., Br., Vlg. Die Blaue Eule 1993. **DM 68,-**

P. Sloterdijk /T. Macho (Ed.): Weltrevolution der Seele. Ein Lese- und Arbeitsbuch der Gnosis von der Spätantike bis zur Gegenwart. 1031 S., Kt., Artemis Vlg. 1993. **DM 39,80**

Wolfram Stender: Kritik und Vernunft. Studien zu Horkheimer, Habermas und Freud. Diss. 401 S., Kt., zu Klampen 1996. **DM 68,-**

H. Vetter /L. Nagl (Ed.): Die Philosophen und Freud. Eine offene Debatte. 270 S., Br., Oldenbourg Vlg. 1988. **DM 32,90**

Gerhard Wehr: Friedrich Nietzsche als Tiefenpsychologe. 124 S., Gb., Rothenhäusler Vlg. 1987. **DM 23,80**

Peter Welsen: Schopenhauers Theorie des Subjekts. 316 S., Br., Königshausen & Neumann 1995. **DM 68,-**

Rolf Wiggershaus: Max Horkheimer zur Einführung. 129 S., Kt., Junius Vlg. 1998. **DM 19,80**

Ludwig Wittgenstein: Ein Reader. Kt., Reclam, Ditzingen 1996. **DM 15,-**

Claus Zittel: Selbstaufhebungsfiguren bei Nietzsche. 112 S., Br., Königshausen & Neumann 1995. **DM 28,-**

Slavoj Zizek: Der nie aufgehende Rest. Ein Versuch über Schelling und die damit zusammenhängenden Gegenstände. 265 S., Kt., Passagen Vlg. 1996. **DM 58,-**

Slavoj Zizek: Die Nacht der Welt. Psychoanalyse und Deutscher Idealismus. Kt., S. Fischer 1998. **DM 24,90**

Slavoj Zizek: Verweilen beim Negativen. (Rhe.: Psa. u. d. Philosophie d. dt. Idealismus, Bd. 2) 220 S., Kt., Turia & Kant 2., rev. Ed. 1995. **DM 42,-**

Alenka Zupancic: Ethik des Realen. Kant, Lacan. (Rhe.: Wo Es war, Bd. 7) 110 S., Br., Turia & Kant 1993. **DM 17,-**

Gesellschaftstheorie /Soziologie

Theodor W. Adorno: Freiburger Reden - Denker auf der Bühne. Theodor W. Adorno - Visionen und Revisionen -. 4 Tonkass., iSch., C. Auer Vlg. 1996. **DM 74,-**

Theodor W. Adorno: Gesammelte Schriften. Bd. 4: Minima Moralia. Reflexionen aus dem beschädigten Leben. 350 S., Ln., Suhrkamp 1980. **DM 48,-**

Theodor W. Adorno: Gesammelte Schriften. Bd. 6: Negative Dialektik. 500 S., Ln., Suhrkamp NA 1996. **DM 60,-**

Theodor W. Adorno: Gesellschaftstheorie und Kulturkritik. 179 S., Kt., Suhrkamp 1975. **DM 16,80**

Theodor W. Adorno: Jargon der Eigentlichkeit. Zur deutschen Ideologie. 139 S., Kt., Suhrkamp 1964. **DM 16,80**

Theodor W. Adorno: Minima Moralia. Reflexionen aus dem beschädigten Leben. 333 S., Gb., Suhrkamp 23. Ed. 1997. **DM 29,80**

Theodor W. Adorno: Negative Dialektik. 420 S., Kt., Suhrkamp 1975. **DM 24,80**

Theodor W. Adorno: Ob nach Auschwitz sich noch leben lasse. Ein philosophisches Lesebuch. 569 S., Kt., Suhrkamp 1996. **DM 29,80**

Emil Angehrn: Die Überwindung des Chaos. Zur Philosophie des Mythos. 380 S., Kt., Suhrkamp 1996. **DM 29,80**

Philippe Ariès: Geschichte der Kindheit. Vorw. v. Hartmut v. Hentig. 592 S., Kt., dtv 1998. **DM 26,90**

Annette Barkhaus et al. (Ed.): Identität, Leiblichkeit, Normativität. Neue Horizonte anthropologischen Denkens. 427 S., Kt., Suhrkamp 2. Ed. 1999. **DM 29,80**

Georges Bataille: Die Aufhebung der Ökonomie. Der Begriff der Verausgabung; Der verfemte Teil; Kommunismus und Stalinismus. Die Ökonomie im Rahmen des Universums. 304 S., Kt., Vlg. Matthes & Seitz Neuaufl. 2000. **ca. DM 48,-**

Jean Baudrillard: Das Jahr 2000 findet nicht statt. 60 S., Kt., Merve 1990. **DM 10,-**

Jean Baudrillard: Das perfekte Verbrechen. 240 S., Gb., Vlg. Matthes & Seitz 1996. **DM 49,80**

Jean Baudrillard: Das System der Dinge. Über unser Verhältnis zu den alltäglichen Gegenständen. Nachw. v. Florian Rötzer. 261 S., Kt., Campus 1991. **DM 19,80**

Jean Baudrillard: Die fatalen Strategien. Mit einem Anhang von Oswald Wiener. 256 S., Kt., Vlg. Matthes & Seitz Neuaufl. 1998. **DM 29,80**

Jean Baudrillard: Laßt euch nicht verführen! 141 S., Photos, Kt., Merve 1983. **DM 15,-**

J. Baudrillard /H. Böhringer /V. Flusser et al.: Philosophien der neuen Technologie. Hrsg. v. Ars Electronica. 135 S., Kt., Merve 1989. **DM 14,-**

Siome de Beauvoir: Soll man de Sade verbrennen ? Drei Essays zur Moral des Existentialismus. Kt., Rowohlt o.J.. **DM 10,90**

Elke Beck: Identität der Person. Sozialphilosophische Studien zu Kierkegaard, Adorno und Habermas. 152 S., Br., Königshausen & Neumann 1991. **DM 36,-**

Heinz Behnken (Ed.): Freud oder Luther? Versuch der Aufarbeitung einer (falschen?) Alternative. 118 S., Pb., Evang. Akad. Loccum 1986. **DM 10,-**

Gerd Bergfleth: Theorie der Verschwendung. Einführung in das theoretische Werk von Georges Bataille. 146 S., Br., Vlg. Matthes & Seitz 1985. **DM 19,80**

Gerd Bergfleth: Zur Kritik der palavernden Aufklärung. 192 S., Br., Vlg. Matthes & Seitz 1984. **DM 24,-**

Monika Betzler: Ich-Bilder und Bilderwelt. Überlegungen zu einer Kritik des darstellenden Verstehens in Auseinandersetzung mit Fichte, Dilthey und zeitgenössischen Subjekttheorien. 249 S., Kt., W. Fink Vlg. 1994. **DM 68,-**

Norbert Bischof: Struktur und Bedeutung. Eine Einführung in die Systemtheorie für Psychologen zum Selbststudium und für den Gruppenunterricht. XVIII, 450 S., Abb., Kt., H. Huber Vlg. 2. rev. Ed. 1998. **DM 79,-**

Heribert Boeder: Das Vernunft-Gefüge der Moderne. 382 S., Gb., Alber Vlg. 1988. **DM 118,-**

Artur Bogner: Zivilisation und Rationalisierung. Die Zivilisationstheorien Max Webers, Norbert Ellias und der Frankfurter Schule im Vergleich. 213 S., Kt., Westdt. Vlg. 1989. **DM 34,-**

Pierre Bourdieu: Die männliche Herrschaft. 200 S., Suhrkamp 2000. **DM 39,80**

Pierre Bourdieu: Die Wirklichkeit ist relational. Ein Lesebuch. 380 S., Kt., Suhrkamp 1998. **DM 24,80**

Pierre Bourdieu: Praktische Vernunft. Zur Theorie des Handelns. Kt., Suhrkamp 1998. **DM 19,80**

Pierre Bourdieu umreißt im vorliegenden Band seine theoretischen Grundannahmen, die zugleich auch immer aus der Praxis des konkreten Forschungsprozesses erwachsende und sich an ihr zu bewährende Prinzipien sind. Bei der Analyse u.a. des sozialen und des symbolischen Raums, der Soziologie des Kunstwerks, der Staatsbürokratie und in der Diskussion mit den Positionen „strukturalistischer" Philosophen, mit den Ansätzen von Strawson, Austin, Wittgenstein und Kripke wie klassischer Philosophen erweist sich Pierre Bourdieu einmal mehr als ein „Philosoph wider Willen", der wesentliche philosophische Probleme nicht nur neu formuliert, sondern sie auch einer neuartigen Lösung zuführt.

Pierre Bourdieu: Satz und Gegensatz. Über die Verantwortung des Intellektuellen. Kt., S. Fischer o.J.. **DM 14,90**

Pierre Bourdieu: Zur Soziologie der symbolischen Formen. 200 S., Abb., Kt., Suhrkamp 6. Ed. 1997. **DM 19,80**

A. Breitling /S. Orth et al. (Ed.): Das herausgeforderte Selbst. Perspektiven auf Paul Ricoeurs Ethik. 200 S., Br., Königshausen & Neumann 1999. **DM 48,-**

Klaus Bruder: Subjektivität und Postmoderne. Der Diskurs der Psychologie. 300 S., Kt., Suhrkamp 1993. **DM 22,-**

Cornelius Castoriadis: Gesellschaft als imaginäre Institution. Entwurf einer politischen Philosophie. 613 S., Kt., Suhrkamp 1987. **DM 40,-**

Rüdiger Dannemann: Georg Lukàcs zur Einführung. 166 S., Kt., Junius Vlg. 1997. **DM 24,80**

Gilles Deleuze: Unterhandlungen. 1972 - 1990. Kt., Suhrkamp 1993. **DM 19,80**

G. Deleuze /F. Guattari: Anti-Ödipus. Kapitalismus und Schizophrenie. 528 S., Kt., Suhrkamp 7. Ed. 1997. **DM 29,80**

G. Deleuze /F. Guattari: Tausend Plateaus. Kapitalismus und Schizophrenie. III, 716 S. m. Abb., Kt., Merve 1992. **DM 78,-**

Emile Durkheim: Soziologie und Philosophie. Mit iner Einl. v. T. W. Adorno. 157 S., Kt., Suhrkamp 1996. **DM 16,80**

Karsten Fischer: Verwilderte Selbsterhaltung. Entwicklungslinien zivilisationstheoretischer Kulturkritik von Nietzsche, Freud und Max Weber zu Adorno. Hrsg. v. Herfried Münkler. 200 S., Gb., Akademie-Vlg. 1999. **DM 98,-**

Felix Guattari: Die drei Ökologien. 83 S., Br., Passagen Vlg. 1994. **DM 19,80**

Jürgen Habermas: Die Einbeziehung des Anderen. Studien zur politischen Theorie. 404 S., Kt., Suhrkamp 2. Ed. 1997. **DM 36,-**

Jürgen Habermas: Die Einbeziehung des Anderen. Studien zur politischen Theorie. 404 S., Kt., Suhrkamp 1999. **ca. DM 27,80**

Jürgen Habermas: Theorie und Praxis. Sozialphilosophische Studien. 470 S., Kt., Suhrkamp 1978. **DM 27,80**

Jürgen Habermas: Zur Logik der Sozialwissenschaften. 607 S., Ln., Suhrkamp 1982. **DM 68,-**

Jürgen Habermas: Zur Logik der Sozialwissenschaften. 607 S., Kt., Suhrkamp 1985. **DM 24,-**

Jürgen Habermas: Zur Logik der Sozialwissenschaften. 607 S., Kt., Suhrkamp 1982. **DM 48,-**

Franz J. Hinkelammert: Kritik der utopischen Vernunft. Eine Auseinandersetzung mit den Hauptströmungen der modernen Gesellschaftstheorie. 320 S., Kt., M. Grünewald Vlg. 1994. **DM 48,-**

Axel Honneth: Die zerrissene Welt des Sozialen. Sozialphilosophische Aufsätze. 240 S., Kt., Suhrkamp 1989. **DM 22,20**

Axel Honneth: Kampf um Anerkennung. Zur moralischen Grammatik sozialer Konflikte. 280 S., Gb., Suhrkamp 1992. **DM 48,-**

Axel Honneth: Kritik der Macht. Reflexionsstufen einer kritischen Gesellschaftstheorie. 407 S., Kt., Suhrkamp 1989. **DM 27,80**

Axel Honneth: Kritik der Macht. Reflexionsstufen einer kritischen Gesellschaftstheorie. 350 S., Kt., Suhrkamp 1985. **DM 42,-**

Axel Honneth (Ed.): Pathologien des Sozialen. Die Aufgaben der Sozialphilosophie. 384 S., Kt., S. Fischer 1994. **DM 29,90**

A. Honneth/H. Joas (Ed.): Kommunikatives Handeln. Beiträge zu Jürgen Habermas" „Theorie des kommunikativen Handelns". 420 S., Kt., Suhrkamp 1988. **DM 24,-**

Max Horkheimer: Dialektik der Aufklärung. Philosophische Fragmente. 275 S., Kt., S. Fischer 10. Ed. 1997. **DM 19,90**

Max Horkheimer: Traditionelle und kritische Theorie. 5 Aufsätze. Kt., S. Fischer o.J.. **DM 19,90**

Kay Kirchmann: Blicke aus dem Bunker. Paul Virilios Zeit- und Medientheorie aus der Sicht einer Philosophie des Unbewußten. (Rhe.: VIP - Verl. Internat. Psa.) 200 S., Ln., Klett-Cotta 1998. **DM 38,-**

Der 1932 in Paris geborene Paul Virilio gilt heute als einer der einflußreichsten Intellektuellen Frankreichs. Die Schriften des Architektur-, Medien- und Kriegstheoretikers erfreuen sich großer Aufmerksamkeit. In seiner dekonstruierenden, mit den Mitteln der Freudschen Psychologie des Unbewußten operierenden Analyse weist Kirchmann nach, daß Virilios fundamentale Zivilisationskritik, die alle Übel der Welt auf eine Politik der Geschwindigkeit zurückführt, im wahrsten Sinne des Wortes halt- und bodenlos ist. Hinter Virilios brillant und gelehrt klingenden Begriffen und Formulierungen, die er sich aus allen möglichen Wissensbereichen zusammenholt und für seine Zwekke instrumentalisiert, steckt in Wahrheit ein durch den Krieg traumatisiertes Kind, das sich den Blicken der Welt entzieht, indem es sich einbunkert.

Georg Kneer: Rationalisierung, Disziplinierung und Differenzierung. Zum Zusammenhang von Sozialtheorie und Zeitdiagnose bei Jürgen Habermas, Michel Foucault und Niklas Luhmann. 425 S., Kt., Westdt. Vlg. 1996. **DM 78,-**

Melitta Konopka: Das psychische System in der Systemtheorie Niklas Luhmanns. 341 S., P. Lang 1996. **DM 89,-**

Volker Kraft: Systemtheorie des Verstehens. 108 S., Pb., Haag + Herchen 1989. **DM 19,80**

Klaus Kraimer (Ed.): Die Fallrekonstruktion. Sinnverstehen in der sozialwissenschaftlichen Forschung. 460 S., Kt., Suhrkamp 2000. **ca. DM 29,80**

Emmanuel Lévinas: Die Spur des Anderen. Untersuchungen zur Phänomenologie und Sozialphilosophie. Studienausgabe. 355 S., Kt., Alber Vlg. 1998. **DM 38,-**

Niklas Luhmann: Die Kunst der Gesellschaft. 517 S., Ln., Suhrkamp 1995. **DM 78,-**

Niklas Luhmann: Die Wissenschaft der Gesellschaft. 732 S., Ln., Suhrkamp 1990. **DM 88,-**

Niklas Luhmann: Die Wissenschaft der Gesellschaft. 732 S., Kt., Suhrkamp 1992. **DM 34,80**

Niklas Luhmann: Einführung in die Systemtheorie. Vorlesung. (Rhe.: Autobahn-Universität) 14 Toncass. iBox, C. Auer Vlg. 1993. **DM 198,-**

Niklas Luhmann: Soziale Systeme. Grundriss einer allgemeinen Theorie. 680 S., Ln., Suhrkamp 1984. **DM 70,-**

Niklas Luhmann: Soziale Systeme. Grundriss einer allgemeinen Theorie. 674 S., Kt., Suhrkamp 1987. **DM 32,80**

Niklas Luhmann: Theorie der Gesellschaft. Vorlesung WS 1992/93. (Rhe.: Autobahn-Universität) 14 Toncass. iBox, C. Auer Vlg. 1993. **DM 228,-**

Herbert Marcuse: Schriften. Bd. 5: Triebstruktur und Gesellschaft. Ein philosophischer Beitrag zu Sigmund Freud. 232 S., Kt., Suhrkamp 1979. **DM 32,-**

Herbert Marcuse: Triebstruktur und Gesellschaft. Ein philosophischer Beitrag zu Sigmund Freud. 271 S., Gb., Suhrkamp 17. Ed. 1995. **DM 24,80**

Herbert Marcuse: Vernunft und Revolution. Hegel und Entstehung der Gesellschaftstheorie. 408 S., Kt., dtv 1995. **DM 26,90**

Walter Reese-Schäfer: Niklas Luhmann zur Einführung. 171 S., Kt., Junius Vlg. 2. Ed. 1998. **DM 24,80**

Willem van Reijen: Die authentische Kritik der Moderne. 190 S., Br., W. Fink Vlg. 1994. **DM 38,-**

Willem van Reijen: Philosophie als Kritik. Einführung in die Kritische Theorie. Kt., Beltz-Athenäum o.J.. **DM 22,-**

Hans J. Sandkühler (Ed.): Konstruktion und Realität. 196 S., Br., P. Lang 1994. **DM 64,-**

Hans J. Sandkühler (Ed.): Theorien, Modelle und Tatsachen. 291 S., 1 Abb., Br., P. Lang 1994. **DM 84,-**

G. Schiepek /W. Tschacher (Ed.): Selbstorganisation in Psychologie und Psychiatrie. VIII, 359 S., Abb., Gb., Vieweg 1997. **DM 128,-**

Werner Schüßler: Jaspers zur Einführung. 136 S., Kt., Junius Vlg. 1995. **DM 19,80**

Peter Sloterdijk: Im selben Boot. Reflexionen zur Hyperpolitik. Br., Suhrkamp 1993. **DM 19,80**

Apad A. Sölter: Moderne und Kulturkritik. Jürgen Habermas und das Erbe der Kritischen Theorie. Diss. XII, 526 S., Gb., Bouvier Vlg. 1996. **DM 98,-**

Christian Thies: Die Krise des Individuums. Zur Kritik der Moderne bei Adorno und Gehlen. Kt., Rowohlt 1997. **DM 26,90**

Anke Thyen: Negative Dialektik und Erfahrung. Zur Rationalität des Nichtidentischen bei Adorno. 352 S., Kt., Suhrkamp 1989. **DM 38,-**

Klaus-Jürgen Tillmann: Sozialisationstheorien. Eine Einführung in den Zusammenhang von Gesellschaft, Institution und Subjektwerdung. Kt., Rowohlt **DM 19,90**

Wolfgang Tschacher: Prozessgestalten. Die Anwendung der Selbstorganisationstheorie und der Theorie dynamischer Systeme auf Probleme der Psychologie. VII, 292 S., Abb., Kt., Hogrefe 1997. **DM 88,-**

Elmar Waibl: Gesellschaft und Kultur bei Hobbes und Freud. 108 S., Kt., Löcker Vlg. 1980. **DM 26,-**

Michael Walzer: Vernunft, Politik und Leidenschaft. Defizite liberaler Theorie. Max Horkheimer Vorlesungen. Kt., S. Fischer **DM 22,90**

H. Willems /A. Hahn (Ed.): Identität und Moderne. Kt., Suhrkamp 2000. **DM 24,80**

Sprachwissenschaften /-Philosophie

Günter Abel: Sprache, Zeichen, Interpretation. 400 S., Gb., Suhrkamp 1999. **DM 56,-**

Wie im kritischen Philosophieren überhaupt, geht es in der allgemeinen Interpretationsphilosophie um ein angemessenes Verständnis der Tatsache, daß wir uns immer schon in Verhältnissen der Welt-, Fremd- und Selbstbezüglichkeit befinden

Roland Barthes: Das Reich der Zeichen. (es 1077) 150 S., zahlr. Abb., Kt., Suhrkamp 1981. **DM 14,80**

Roland Barthes: Sade, Fourier, Loyola. 213 S., Kt., Suhrkamp 1986. **DM 14,-**

Pierre Bourdieu: Was heißt sprechen? Die Ökonomie des sprachlichen Tausches. 183 S., Kt., Braumüller Vlg. 1990. **DM 49,-**

Alex Burri (Ed.): Sprache und Denken / Language and Thought. VI, 384 S., Ln., de Gruyter 1997. **DM 260,-**

Sammelwerk mit überwiegend deutschsprachigen Beiträgen über philosophische Probleme zum Verhältnis von Sprache und Denken.

Marcia Cavell: Freud und die analytische Philosophie des Geistes. Überlegungen zu einer psychoanalytischen Semantik. 360 S., Ln., Klett-Cotta 1997. **DM 88,-**

"(...) Obwohl Cavell auf Davidsons Philosophie fixiert ist und man eine kritische Auseinandersetzung mit dessen keineswegs umstrittenen Thesen vermißt, gewinnt die Psychoanalyse dennoch durch ihren Zugang über die „analytische Philosophie des Geistes" und den damit verbundenen Blick auf die Semantik des psychoanalytischen Vokabulars einen großen Teil der Plausibilität auch auf theoretischer Ebene wieder, die sie auf der praktisch-therapeutischen Seite immer schon hatte." (Thorsten Jantschek, FR)

Noam Chomsky: Reflexionen über die Sprache. 314 S., Ln., Suhrkamp 1977. **DM 54,-**

Peter Crome: Symbol und Unzulänglichkeit der Sprache. 222 S., Kt., W. Fink Vlg. 1970. **DM 58,-**

Gilles Deleuze: Rhizom. 65 S., Kt., Merve 1977. **DM 12,-**

Gilles Deleuze: Spinoza und das Problems des Ausdrucks in der Philosophie. 316 S., Br., W. Fink Vlg. 1993. **DM 58,-**

Jacques Derrida: Die Schrift und die Differenz. 452 S., Kt., Suhrkamp 1997. **DM 29,80**

Jacques Derrida: Die Schrift und die Differenz. 452 S., Ln., Suhrkamp 1972. **DM 48,-**

Jacques Derrida: Wie nicht sprechen. Verneinungen. 136 S., Br., Passagen Vlg. 1989. **DM 25,-**

Umberto Eco: Die Grenzen der Interpretation. Kt., dtv 1995. **DM 26,90**

Umberto Eco: Die Grenzen der Interpretation. 476 S., Ln., Hanser 1992. **DM 68,-**

Umberto Eco: Die Suche nach der vollkommenen Sprache. Kt., dtv 1997. **DM 24,90**

Umberto Eco: Die Suche nach der vollkommenen Sprache. 388 S., Ln., C.H.Beck 3. rev. Ed. 1995. **DM 48,-**

Lothar Fietz: Semiotik, Rhetorik und Soziologie des Lachens. Vergleichende Studien zum Funktionswandel des Lachens vom Mittelalter bis zur Gegenwart. VIII, 377 S., Kt., Niemeyer Vlg. 1996. **DM 162,-**

Hans R. Fischer: Sprache und Lebensform. Wittgenstein über Freud und die Geisteskrankheit. 360 S., Kt., C. Auer Vlg. 2. Ed. 1991. **DM 48,-**

Dieter Flader (Ed.): Verbale Interaktion: Studien zur Empirie und Methodologie der Pragmatik. 246 S., Kt., Metzler 1991. **DM 78,-**

Michel Foucault: Diskurs und Wahrheit. Die Problematisierung der Parrhesia. 6 Vorlesungen, gehalten im Herbst 1983 an der Universität von Berkeley/Kalifornien. 189 S., Kt., Merve 1996. **DM 26,-**

Achim Geisenhanslüke: Foucault und die Literatur. Eine diskurskritische Untersuchung. 228 S., Kt., Westdt. Vlg. 1997. **DM 49,80**

Friedrich Glauner: Sprache und Weltbezug. Adorno, Heidegger, Wittgenstein. 309 S., Gb., Alber Vlg. 2. Ed. 1998. **DM 78,-**

Ernesto Grassi: Macht des Bildes, Ohnmacht der rationalen Sprache. Zur Rettung des Rhetorischen. 231 S., Kt., W. Fink Vlg. 2. Ed. 1979. **DM 28,-**

Günther Grewendorf: Sprache als Organ - Sprache als Lebensform. Über Linguistik und Politik. Anhang: Interview mit Noam Chomsky. 255 S., Gb., Suhrkamp 1995. **DM 40,-**

Jürgen Habermas: Der philosophische Diskurs der Moderne. Zwölf Vorlesungen. 449 S., Kt., Suhrkamp 6. Ed. 1998. **DM 27,80**

Jürgen Habermas: Erläuterungen zur Diskursethik. 229 S., Kt., Suhrkamp 2. Ed. 1992. **DM 18,-**

Jürgen Habermas: Vom sinnlichen Eindruck zum symbolischen Ausdruck. Philosophische Essays. 154 S., Gb., Suhrkamp 1997. **DM 22,80**

Hans Hörmann: Meinen und Verstehen. Grundzüge einer psychologischen Semantik. 553 S., Kt., Suhrkamp 3. Ed. 1994. **DM 32,80**

Inge Jádi (Ed.): Hyacinth von Wieser. Ein Philosoph der Sprache und Bilder. 240 S., 120 s/w Abb., Gb., Vlg. Das Wunderhorn 2000. **DM 58,-**

Karl Jaspers: Die Sprache. Kt., Piper o.J.. **DM 16,80**

Ludwig Klages: Grundlegung der Wissenschaft zum Ausdruck. 366 S., Kst., Bouvier Vlg. 10. Ed. 1982. **DM 48,-**

Clemens Knobloch: Sprache und Sprechtätigkeit. Sprachpsychologische Konzepte. 230 S., Kt., Niemeyer Vlg. 1994. **DM 44,-**

Josef Kopperschmidt (Ed.): Homo loquens. Der Körper in der Rhetorik. Rhe. Körper, Zeichen, Kultur, Bd. 6. Berlin Vlg. i.Vorb.. **DM**

Saul A. Kripke: Wittgenstein über Regeln und Privatsprache. Eine elementare Darstellung. 185 S., Kt., Suhrkamp 2000. **DM 19,80**

George Lakoff /Mark Johnson: Leben in Metaphern. Konstruktion und Gebrauch von Sprachbildern. 272 S., Kt., C. Auer Vlg. 1998. **DM 52,-**

Bettina Lindorfer: Roland Barthes. Zeichen und Psychoanalyse. (Zum Tl. in französ. Sprache) 290 S., Kt., W. Fink Vlg. 1998. **DM 78,-**

Als Seminologe und Kulturkritiker wurde Roland Barthes bekannt, später spielte die Psychoanalyse eine Schlüsselrolle, wenn es darum ging, in subtilen Verschiebungen einen neuen Blick auf „das Wirkliche" zu gewinnen. In dieser Studie werden die Schnittstellen zwischen Semiologie und Sprachwissenschaft verfolgt.

W. Lütterfelds/A. Roser (Ed.): Der Konflikt der Lebensformen in Wittgensteins Philosophie der Sprache. ca. 220 S., Kt., Suhrkamp 1998. **DM 19,80**

Nina Ort: Objektkonstitution als Zeichenprozeß. Jacques Lacans Psychosemiologie und Systemtheorie. IX, 274 S., Abb., Kt., Dt. Univ.Vlg. 1998. **DM 62,-**

Ernst W. Orth (Ed.): Sprache, Wirklichkeit, Bewußtsein. Studien zum Sprachproblem in der Phänomenologie. 200 S., Kt., Alber Vlg. 1988. **DM 49,-**

Peter Prechtl: Saussure zur Einführung. 144 S., Br., Junius Vlg. 1993. **DM 17,80**

Ruth Reiher (Ed.): Sprache als Mittel von Identifikation und Distanzierung. 321 S., Br., P. Lang 1998. **DM 89,-**

Bernd Reimann: Die frühe Kindersprache. Grundlagen und Erscheinungsformen ihrer Entwicklung in der kommunikativen Interaktion. 372 S., Kt., Luchterhand Vlg. 1996. **DM 44,-**

Paul Ricoeur: Die Interpretation. Ein Versuch über Freud. 564 S., Kt., Suhrkamp 2000. **DM 34,80**

Paul Ricoeur: Die lebendige Metapher. VIII, 327 S., Gb., W. Fink Vlg. 2. Ed. 1991. **DM 48,-**

T. Schabert /R. Brague (Ed.): Die Macht des Wortes. 347 S., Ebr., W. Fink Vlg. 1996. **DM 68,-**

Hans-Wolfgang Schaffnit: Das Gerede. Zum Problem der Krise unseres Redens. 174 S., Kt., Passagen Vlg. 1996. **DM 42,-**

Gerhard Schmitt: Zyklus und Kompensation. Zur Denkfigur bei Nietzsche und Jung. 502 S., Br., P. Lang 1997. **DM 128,-**

Bettina Schmitz: Arbeit an den Grenzen der Sprache - Julia Kristeva. 300 S., Pb., Vlg. U.Helmer 1999. **DM 44,-**

Gerhard Schönrich: Semiotik zur Einführung. 137 S., Kt., Junius Vlg. 1999. **DM 19,80**

Robert M. Strozier: Saussure, Derrida, and the Metaphysics of Subjectivity. XII, 306 S, Gb., de Gruyter 1988. **DM 154,-**

Alois Wechselberger: Es werde Ich. Eine sprachphilosophische Definition des psychoanalytischen Subjekts. 126 S., Kt., StudienVlg. 1998. **DM 39,80**

Strukturalismus

RISS. Zeitschrift für Psychoanalyse. Freud Lacan. 13. Jahrgang - Heft 42. 166 S., Br., Turia & Kant 1998. **DM 29,-**

RISS. Zeitschrift für Psychoanalyse. Freud Lacan. 13. Jahrgang - Heft 43. 160 S., Br., Turia & Kant 1998. **DM 29,-**

Jean Baudrillard: Das Andere selbst. Habilitation. 88 S., Br., Passagen Vlg. 2. Ed. 1994. **DM 19,80**

Jean Baudrillard: Die Illusion des Endes. Oder Der Streik der Ereignisse. 190 S., Kt., Merve 1994. **DM 26,-**

Jean Baudrillard: Die Illusion und die Virtualität. 47 S., Kt., Benteli Vlg. 1994. **DM 20,-**

J. Baudrillard /B. Groys: Die Illusion des Endes, Das Ende der Illusion, 1 CD-Audio. Aufgenommen in Karlsruhe anläßl. d. Multimediale 4 d. ZKM. 58 min. Beil.: Begleith., 1 CD, Suppose mixed media Vlg. 1997. **DM 32,-**

J. Baudrillard /M. Guillaume: Reise zu einem anderen Stern. 107 S., Kt., Merve 1996. **DM 16,-**

Mikkel Borch-Jacobsen: Lacan. Der absolute Herr und Meister. 268 S., Br., W. Fink Vlg. 1999. **DM 68,-**

Das scheinbar hoffnungslos hermentische Oeuvre des Psychoanalytikers Jaques Lacan wird in dieser Studie lesbar gemacht. Mit großer Luzidität und Akribie zeichnet Mikkel Borch-Jacobsen den Lacanschen Denkweg nach und berücksichtigt erstmal den übergeordneten literarischen und mythischen Hintergrund, vor dem Lacan, nicht als zeitlose Erscheinung, sondern gerade als Kind seiner Zeit, diese Philosophie der Psychoanalyse entwickelt. Dabei zeigt sich, daß hinter dem „strukturalistischen" Aufbau von Lacans „Zurück zu Freud" unter anderem die Prägung durch A. Kojèves berühmte Vorlesungen zu Hegels Phänomenologie des Geistes steht, der bereits von Heidegger inspirierten Menschlichkeit, deren „absoluter Herr", wie Hegel sagt, der Tod ist. Und dieser faszinose Bann, in den sich der junge Lacan stellt, hält sich in seinem Denken durch bis in die späten Bestimmungen der Macht (als „wesendes Nichts", „Anwesenheit einer Abwesenheit", „täuschende Wahrheit", „Groß-A", „Phallus", „Diana" und was der Deckadressen mehr sind), kraft derer und zu der das Subjekt aus dem Unterbewußten sein Begehren aussagt und spricht, wenn es denn wahrhaft spricht. Ein Denken an den äußersten Grenze des Zu-Denkenden wird nachollziehbar als prekäre Kontinuität in Brüchen.

Gilles Deleuze: Woran erkennt man den Strukturalismus? 64 S., Kt., Merve 1992. **DM 12,-**

Jacques Derrida: Aporien. Sterben - Auf die „Grenzen der Wahrheit" gefaßt sein. 160 S., Br., W. Fink Vlg. 1998. **DM 38,-**

Jacques Derrida: Auslassungspunkte. Gespräche. Hrsg. v. Peter Engelmann. 450 S., Ln., Passagen Vlg. 1998. **DM 98,-**

Jacques Derrida: Chora. 93 S., Ln., Passagen Vlg. 1990. **DM 19,80**

Jacques Derrida: Dem Archiv verschrieben. Eine Freudsche Impression. 179 S., Gb., Vlg. Brinkmann u. Bose 1997. **DM 45,-**

Jacques Derrida: Die Archäologie des Frivolen. 139 S., Gb., Akademie-Vlg. 1993. **DM 34,-**

Jacques Derrida: Die Postkarte von Sokrates bis an Freud und jenseits, in 2 Bdn. Lfg. 1 Envois. 335 S., Kt., Vlg. Brinkmann u. Bose 1996. **DM 70,-**

Jacques Derrida: Die Postkarte von Sokrates bis an Freud und jenseits, in 2 Bdn. Lfg. 2 Spekulieren, über/auf „Freud". 349 S., Kt., Vlg. Brinkmann u. Bose 1987. **DM 80,-**

Jacques Derrida: Dissemination. 416 S., Ln., Passagen Vlg. 1995. **DM 98,-**

Jacques Derrida: Drei Essays über den gegebenen Namen. Außer dem Namen (Postskriptum), Passionen /Leiden(schaften), Die indirekte Opfergabe, Chora. 224 S., Ln., Passagen Vlg. 2000. **DM 58,-**

Jacques Derrida: Einige Statements und Binsenwahrheiten über Neologismen, New-Ismen, Post-Ismen, Parasitismen und andere kleine Seismen. 63 S., Kt., Merve 1997. **DM 14,-**

Jacques Derrida: Falschgeld. Zeit geben I. 220 S., Br., W. Fink Vlg. 1993. **DM 48,-**

Jacques Derrida: Feuer und Asche. 48 S., Br., Vlg. Brinkmann u. Bose 1987. **DM 20,-**

Jacques Derrida: Geschichte der Lüge. ca. 100 S., Kt., Suhrkamp 1998. **DM ca. 14,80**

Jacques Derrida: Gesetzeskraft. Der „mystische Grund der Autorität". Kt., Suhrkamp o.J.. **DM 12,80**

Jacques Derrida: Gestade. 299 S., Ln., Passagen Vlg. 1994. **DM 78,-**

Jacques Derrida: Grammatologie. 540 S., Kt., Suhrkamp 7. Ed. 1998. **DM 32,80**

Jacques Derrida: Limited Inc. 264 S., Ln., Passagen Vlg. 2000. **DM 68,-**

Jacques Derrida: Prèjugès. 120 S., Br., Passagen Vlg. 1991. **DM 24,80**

Jacques Derrida: Prèjugès. Vor dem Gesetz. 105 S., Kt., Passagen Vlg. 2. Ed. 1999. **DM 21,-**

Jacques Derrida: Randgänge der Philosophie. 419 S., Kt., Passagen Vlg. 2., rev. Ed. 1999. **DM 98,-**

Jacques Derrida: Schibboleth. Für Paul Celan. 180 S., Br., Passagen Vlg. 2. Ed. 1996. **DM 28,-**

Jacques Derrida: Telepathie. 48 S., Br., Vlg. Brinkmann u. Bose 2. Ed. 1995. **DM 15,-**

Jacques Derrida: Vergessen wir nicht - die Psychoanalyse! Hrsg. u. übers. von Hans-Dieter Gondek. 150 S., Kt., Suhrkamp 1998. **DM 19,80**

François Dosse: Geschichte des Strukturalismus. Bd 1: Das Feld des Zeichens, 1945-1966. Kt., S. Fischer 1999. **DM 29,90**

François Dosse: Geschichte des Strukturalismus. Bd 1: Das Feld des Zeichens, 1945-1966. 624 S., Br., Junius Vlg. 2. Ed.1998. **DM 148,-**

François Dosse: Geschichte des Strukturalismus. Bd 2: Die Zeichen der Zeit, 1967-1991. Kt., S. Fischer 1999. **DM 29,90**

François Dosse: Geschichte des Strukturalismus. Bd 2: Die Zeichen der Zeit, 1967-1991. 624 S., Br., Junius Vlg. 2. Ed.1998. **DM 148,-**

"Auch in der deutschen Übersetzung bewahrt Dosses geradezu enzyklopädische Darstellung des Strukturalismus ihre erfreuliche Lesbarkeit" Frankfurter Allgemeine Zeitung

H.L. Dreyfus /P. Rabinow: Michel Foucault, jenseits von Strukturalismus und Hermeneutik. Nachw. u. Interview m. Michel Foucault. 327 S., Kt., Beltz-Athenäum 2. Ed. 1994. **DM 39,80**

Hinrich Fink-Eitel: Michel Foucault zur Einführung. 160 S., Br., Junius Vlg. 3. Ed. 1997. **DM 19,80**

Siegfried Gerlich: Sinn, Unsinn, Sein. Philosophische Studien über Psychoananlyse, Dekonstruktion und Genealogie. 222 S., Kt., Passagen Vlg. 1992. **DM 55,-**

Kai Hoffmann: Das Nichtidentische und die Struktur. Adornos strukturalistische Rettung mit Lacanschen Modellen. 331 S., Br., Königshausen & Neumann 1996. **DM 68,-**

Hermann Lang: Die Sprache und das Unbewußte. Jacques Lacans Grundlegung der Psychoanalyse. XIII, 326 S., Kt., Suhrkamp 3. Ed. 1998. **DM 26,80**

Claude Lévi-Strauss: Das wilde Denken. 334 S., Kt., Suhrkamp 1973. **DM 24,80**

Claude Lévi-Strauss: Mythos und Bedeutung. Fünf Vorträge. 70 S., Pb., Suhrkamp 1995. **DM 16,80**

Claude Lévi-Strauss: Mythos und Bedeutung. Vorträge. 283 S., Kt., Suhrkamp 1996. **DM 10,-**

Claude Lévi-Strauss: Sehen Hören Lesen. 184 S., z.T. farb., Ln., Hanser 1995. **DM 39,80**

Claude Lévi-Strauss: Strukturale Anthropologie II. 426 S., Ln., Suhrkamp 1975. **DM 58,-**

Claude Lévi-Strauss: Strukturale Anthropologie II. 426 S., Kt., Suhrkamp 1992. **DM 28,-**

Guido Linser: Piaget und der Strukturalismus. Erklärungsmodelle zur Systematik der ontogenetischen Stufenabfolge und deren erkenntnistheoretische. 256 S., Pb., Haag + Herchen 1992. **DM 44,-**

Jean Piaget: Der Strukturalismus. 139 S., Kt., Klett-Cotta 1980. **DM 30,-**

Wilhelm Schmid: Auf der Suche nach einer neuen Lebenskunst. Die Frage nach dem Grund und die Neubegründung der Ethik bei Foucault. 311 S., Kt., Suhrkamp 2000. **DM 28,90**

Wolfgang Stegmüller: Probleme und Resultate der Wissenschaftstheorie und Analytischen Theorie. Bd. 2/3: Theorie und Erfahrung, Tl. 3: Die Entwicklung des neuen Strukturalismus seit 1973. XVIII, 460 S., Ln, Springer 1986. **DM 238,-**

Samuel Weber: Rückkehr zu Freud. Jacques Lacans Entstellung der Psychoanalyse. 280 S., Kt., Passagen Vlg. 2. Ed. 2000. **DM 58,-**

Bettina Wuttig: Weibliches Begehren und Macht. Eine psychoanalytische Betrachtung im Licht der poststrukturalistischen Wende. 146 S., Gb., 1999. **DM 69,-**

Wissenschafts- /Erkenntnistheorie /Hermeneutik

Karl O. Apel: Die eine Vernunft und die vielen Rationalitäten. 360 S., Kt., Suhrkamp 1996. **DM 29,80**

Gerhard Arlt: Subjektivität und Wissenschaft. Zur Psychologie des Subjekts bei Natorp und Husserl. Ed.: Alfred Schöpf. XII, 357 S., Kt., Königshausen & Neumann 1985. **DM 56,-**

Gaston Bachelard: Der neue wissenschaftliche Geist. 177 S., Kt., Suhrkamp 1994. **DM 24,-**

Gaston Bachelard: Die Philosophie des Nein. Versuch einer Philosophie des neuen wissenschaftlichen Geistes. 190 S., Kt., Suhrkamp 1980. **DM 10,-**

Gaston Bachelard: Poetik des Raumes. Kt., S. Fischer o.J.. **DM 19,90**

Wolfgang Balzer: Die Wissenschaft und ihre Methoden. Grundsätze der Wissenschaftstheorie. Ein Lehrbuch. 352 S., Kt., Alber Vlg. 1997. **DM 48,-**

Thomas Bartelborth: Begründungsstrategien. Ein Weg durch die analytische Erkenntnistheorie. 434 S., 8 Abb., Gb., Akademie-Vlg. 1996. **DM 78,-**

Andreas Bartels: Bedeutung und Begriffsgeschichte. Die Erzeugung wissenschaftlichen Verstehens. 350 S., Kt., Mentis-Vlg. 1994. **DM 68,-**

Roland Barthes: Kritik und Wahrheit. Kt., Suhrkamp 1997. **DM 14,80**

Jean Baudrillard: Agonie des Realen. 110 S., Kt., Merve 1978. **DM 12,-**

J. Beaufort /P. Prechtl (Ed.): Rationalität und Prärationalität. Festschrift für Alfred Schöpf. 382 S., Gb., Königshausen & Neumann 1998. **DM 86,-**

Des Autors eigentlich originaler Beitrag zur Gegenwartphilosophie besteht im Aufweis der ausnehmend philosophischen Relevanz der Psychoanalyse als Wissenschaft des Unbewußten.

Christian Becker: Selbstbewußtsein und Individualität. Transzendentalphilosophie, anthropologische und sozialpsychologische Studien zu einer Hermeneutik. 176 S., Br., Königshausen & Neumann 1993. **DM 44,-**

P. L. Berger /T. Luckmann: Die gesellschaftliche Konstruktion der Wirklichkeit. Eine Theorie der Wissenssoziologie. Kt., S. Fischer **DM 22,90**

Isaiah Berlin: Wirklichkeitssinn. Ideengeschichtliche Untersuchungen. 480 S., Gb., Berlin Vlg. 1998. **DM 48,-**

Hans Blumenberg: Das Lachen der Thrakerin. Eine Urgeschichte der Theorie. 162 S., Kt., Suhrkamp 1987. **DM 16,-**

Hans Blumenberg: Der Prozeß der theoretischen Neugierde. Erw. u. überarb. Neuausg. von „Die Legitimität der Neuzeit“, 3. Tl. 310 S., Kt., Suhrkamp Erw. Nausg. 1988. **DM 22,-**

Aron R. Bodenheimer: Verstehen heisst antworten. 317 S., Abb. u. Notenbeispiele, Kt., Reclam, Ditzingen o.J.. **DM 12,-**

Aron R. Bodenheimer: Warum? Von der Obszönität des Fragens. UB 8010. Kt., Reclam, Ditzingen o.J.. **DM 12,-**

Artur R. Boelderl: Literarische Hermetik. Die Ethik zwischen Hermeneutik, Psychoanalyse und Dekonstruktion. 248 S., Kt., Parerga Vlg. 1997. **DM 48,-**

H. Böhme /G. Böhme: Das Andere der Vernunft. Zur Entwicklung von Rationalitätsstrukturen am Beispiel Kants. 515 S., Abb., Kt., Suhrkamp 3. Ed. 1996. **DM 32,80**

Ralf Bohn: Der psychosemiologische Komplex. Über die Anfänge der Psychoanalyse und das Reale in den Wissenschaften. 277 S., Kt., Passagen Vlg. 1993. **DM 60,-**

N. Bolz /W. van Reijen (Ed.): Ruinen des Denkens, Denken in Ruinen. Abb., Kt., Suhrkamp 1995. **DM 19,80**

Hyondok Choe: Gaston Bachelard. Epistemologie. 229 S., Br., P. Lang 1994. **DM 69,-**

Arthur C. Danto: Wege zur Welt. Grundlagen der Erkenntnistheorie. 325 S., Br., W. Fink Vlg. 1999. **DM 48,-**

Oliver Decker et al. (Ed.): Texte aus dem Colloquium Psychoanalyse. Bd. 2: Psychoanalyse zwischen den Methodologien der Wissenschaften. Beitr. v. S. Hartmann, H. Beland, R.P. Warsitz. 200 S., Gb., Vlg. ASTA FU Berlin 1998. **DM 15,-**

Gilles Deleuze: Die Logik des Sinns. Aesthetica. 397 S., Kt., Suhrkamp 1994. **DM 27,80**

A. Dittrich /A. Hofmann /H. Leuner (Ed.): Welten des Bewußtseins. Bd. 1: Ein interdisziplinärer Dialog. 180 S., Abb., Kt., VWB 1993. **DM 29,80**

A. Dittrich /A. Hofmann /H. Leuner (Ed.): Welten des Bewußtseins. Bd. 8: Naturwissenschaften und Philosophie. 190 S., Kt., VWB 2000. **DM 34,-**

Hans P. Duerr: Ni Dieu, ni metre. Anarchische Bemerkungen zur Bewußtseinstheorie und Erkenntnistheorie. 238 S., Kt., Suhrkamp 1985. **DM 16,-**

Hans Peter Duerr: Naturwissenschaftliche Erkenntnis und Wirklichkeitserfahrung. (Rhe.: AudioTorium) 110 min., 1 VHS-Videocass., auditorium-Vlg. o.J.. **DM 95,-**

Hans P. Duerr (Ed.): Der Wissenschaftler und das Irrationale. Bd. 1: Beiträge aus Ethnologie und Anthropologie. Kt., eva o.J.. **DM 12,-**

Hans P. Duerr (Ed.): Der Wissenschaftler und das Irrationale. Bd. 2: Beiträge aus Ethnologie und Anthropologie. Kt., eva o.J.. **DM 12,-**

Hans P. Duerr (Ed.): Der Wissenschaftler und das Irrationale. Bd. 4: Beiträge aus der Psychologie. Kt., eva o.J.. **DM 12,-**

Emile Durkheim: Schriften zur Soziologie der Erkenntnis. 292 S., Kt., Suhrkamp 1993. **DM 22,80**

Emile Durkheim: Schriften zur Soziologie der Erkenntnis. 292 S., Gb., Suhrkamp 1987. **DM 56,-**

Kurt Eberhard: Einführung in die Erkenntnis- und Wissenschafstheorie. Geschichte und Praxis der konkurrierenden Erkenntniswege. 180 S., Kt., Kohlhammer Vlg. 2. rev. Ed. 1999. **DM 35,-**

Dieser Band gibt einen Überblick über die verschiedenen miteinander konkurrierenden Grundformen der menschlichen Erkenntnis (Mystik, Dogmatismus, Empirismus, Rationalismus, Dialektischer Materialismus, Aktionsforschung, Hermeneutik, Semiotik), bemüht sich um ihre historische Einordnung und betont den Praxisbezug. Fragestellungen und Beispiele sind den sozialen Berufsfeldern entnommen. Dadurch reicht die Bandbreite von der Rechtswissenschaft über die Medizin, Psychologie, Soziologie, Geschichtswissenschaft, Ökonomie, Sozialpädagogik bis hin zur Theologie.

W. K. Essler /J. Labude: Theorie und Erfahrung. Eine Einführung in die Wissenschaftstheorie. Kt., Alber Vlg. 2000. **DM 28,-**

F. Ewald /B. Waldenfels (Ed.): Spiele der Wahrheit. Michel Foucaults Denken. 360 S., Kt., Suhrkamp 1991. **DM 22,-**

M. Fäh /G. Fischer (Ed.): Sinn und Unsinn in der Psychotherapieforschung. Eine kritische Auseinandersetzung mit Aussagen und Forschungsmethoden. 224 S., Kt., Psychosozial Vlg. 1998. **DM 48,-**

Hans R. Fischer (Ed.): Die Wirklichkeit des Konstruktivismus. Zur Auseinandersetzung um ein neues Paradigma. 406 S., Kt., C. Auer Vlg. 2. Ed. 1998. **DM 59,-**

Herbert Fitzek: Der Fall „Morphologie". Biographie einer Wissenschaft. 199 S., Abb., Kt., Bouvier Vlg. 1994. **DM 38,-**

Heinz v. Foerster: Sicht und Einsicht. Versuche zu einer operativen Erkenntnistheorie. 233 S., Kt., C. Auer Vlg. 1999. **DM 49,80**

Die hier veröffentlichten Arbeiten Heinz von Foersters zählen zu den Grundlagenwerken des Konstruktivismus und spiegeln den Mittelpunkt, um den sein Denken von Anfang an kreist: Erkenntnistheorie und Ethik. Inhaltlich gliedert sich das Buch in die drei Themenbereiche Erkenntnistheorie aus der Sicht des Kybernetikers, Prinzipien der Selbstorganisation und Kommunikation, Gedächtnis und Verstehen.

Michel Foucault: Archäologie des Wissens. 300 S., Kt., Suhrkamp 8. Ed. 1997. **DM 22,80**

Michel Foucault: Von der Subversion des Wissens. Mit e. Bibliographie d. Schriften Foucaults. Kt., S. Fischer 4. Ed. 1996. **DM 16,90**

Manfred Frank: Das Sagbare und das Unsagbare. Studien zur neueren französischen Hermeneutik und Texttheorie. 218 S., Kt., Suhrkamp 3. rev. Ed. 1993. **DM 32,80**

Manfred Frank: Selbstbewusstsein und Selbsterkenntnis. Essays zur analytischen Philosophie der Subjektivität. Kt., Reclam, Ditzingen o.J.. **DM 18,-**

Giuseppe Galli: Psychologie des Körpers. Phänomenologie und Hermeneutik. 111 S., Ln., Böhlau Vlg. 1998. **DM 35,-**

Detlef Garz /Klaus Kraimer (Ed.): Die Welt als Text. Theorie, Kritik und Praxis der objektiven Hermeneutik. 427 S., Kt., Suhrkamp Neuaufl. 1997. **DM 27,80**

Matthias Gatzemeier (Ed.): Wissenschaftstheorie, Wissenschaft und Gesellschaft. Dokumentation einer Vortragsreihe. 96 S., Br., Vlg. Herodot 1987. **DM 12,-**

Carl F Gethmann (Ed.): Lebenswelt und Wissenschaft. Studien zum Verhältnis von Phänomenologie und konstruktiver Wissenschaftstheorie. 248 S., Gb., Bouvier Vlg. 1987. **DM 78,-**

Karen Gloy: Bewußtseinstheorien. Zur Problematik und Problemgeschichte des Bewußtseins und Selbstbewußtseins. 360 S., Gb., Alber Vlg. 1998. **DM 78,-**

P. Gold /A.K. Engel: Der Mensch in der Perspektive der Kognitionswissenschaften. 486 S., Kt., Suhrkamp 1998. **DM 29,80**

H.D. Gondek /B. Waldenfels (Ed.): Einsätze des Denkens. Zur Philosophie von Jacques Derrida. 416 S., Kt., Suhrkamp 1997. **DM 27,80**

Jean Greisch: Hermeneutik und Metaphysik. Eine Problemgeschichte. 228 S., Br., W. Fink Vlg. 1993. **DM 48,-**

Jean Grondin: Der Sinn für Hermeneutik. XV, 151 S., Kt., WBG 1994. **DM 39,80**

Jean Grondin: Einführung in die philosophische Hermeneutik. (Die Philosophie) XI, 249 S., Kt., WBG 1998. **DM 42,-**

Jürgen Habermas: Erkenntnis und Interesse. 419 S., Kt., Suhrkamp 12. Ed. 1999. **DM 26,80**

Jürgen Habermas: Wahrheit und Rechtfertigung. Philosophische Aufsätze. 300 S., Kt., Suhrkamp 1999. **DM 334,-**

Jürgen Habermas: Wahrheit und Rechtfertigung. Philosophische Aufsätze. 336 S., Ln., Suhrkamp 1999. **DM 58,-**

Ellen Harlizius-Klück: Der Platz des Königs. Las Meninas als Tableau des klassischen Wissens bei Michel Foucault. 149 S., Abb., Kt., Passagen Vlg. 1995. **DM 28,-**

Ulla Haselstein: Entziffernde Hermeneutik. Zum Begriff der Lektüre in der psychoanalytischen Theorie des Unbewußten. 243 S., Kt., W. Fink Vlg. 1991. **DM 68,-**

Jeremy W Hayward: Die Erforschung der Innenwelt. Neue Wege zum wissenschaftlichen Verständnis von Wahrnehmung, Erkennen und Bewusstsein. 392 S., Kt., Insel Vlg. 1996. **DM 22,80**

Michael Heidelberger: Grundprobleme der Wissenschaftsphilosophie. Eine Einführung. Kt., S. Fischer 2000. **DM 26,90**

Robert Heim: Die Rationalität der Psychoanalyse. Eine handlungstheoretische Grundlegung psychoanalytischer Hermeneutik. 558 S., Kt., Stroemfeld 1993. **DM 78,-**

1. Zur Konstruktion von kommunikativer Rationalität 2. Rationalität der Psychoanalyse in Gegenstand und Methode - Grundzüge eines psychoanalytischen Handlungsbegriffs - Hermeneutische Rationalität - Geschichte und Struktur im Doppelcharakter psychoanalytischen Verstehens - Kommunikative Rationalität im psychologischen Gespräch 3. Tiefenhermeneutik, Lebenswelt, Leiblichkeit: Innere Natur und ihr Leib.

Rudolf Heinz: Pathognostische Studien. V: Engagements an eine kritische Fortschreibung der Psychoanalyse namens Pathognostik. 176 S., Abb., Br., Vlg. Die Blaue Eule 1999. **DM 76,-**

Rudolf Heinz: Pathognostische Studien III. Psychoanalyse - Krisis der Psychoanalyse - Pathognostik. 384 S., 32 Abb., Br., Vlg. Die Blaue Eule 1990. **DM 66,-**

Rudolf Heinz: Zerstreuungen. Aufsätze, Vorträge, Interviews zur Pathognostik. 240 S., Br., Passagen Vlg. 1993. **DM 49,80**

M. Heinze /C. Kupke /S. Pflanz et al. (Ed.): Psyche im Streit der Theorien. Br., Königshausen & Neumann 1996. **DM 58,-**

R. Heinze-Prause /T. Heinze: Kulturwissenschaftliche Hermeneutik. 187 S., Kt., Westdt. Vlg. 1996. **DM 38,-**

Maximilian Herzog: Weltentwürfe. Ludwig Binswangers phänomenologische Psychologie. XXXII, 315 S., Abb., Ln., de Gruyter 1994. **DM 168,-**

R. Hitzler /Anne Honer (Ed.): Sozialwissenschaftliche Hermeneutik. Eine Einführung. 368 S., Kt., UTB 1997. **DM 26,80**

Joachim Hoffmann: Vorhersage und Erkenntnis. Die Funktion von Antizipationen in der menschlichen Verhaltenssteuerung und Wahrnehmung. 328 S., 55 Abb., Kt., Hogrefe 1993. **DM 78,-**

Rainer M. Holm-Hadulla: Die psychotherapeutische Kunst. Hermeneutik als Basis therapeutischen Handelns. 163 S., Kt., Vandenh. & Ruprecht 1997. **DM 39,-**

Alice Holzhey- Kunz: Leiden am Dasein. Die Daseinsanalyse und die Aufgabe einer Hermeneutik psychopathologischer Phänomene. 217 S., Kt., Passagen Vlg. 1994. **DM 49,80**

Jochen Hörisch: Die Wut des Verstehens. Zur Kritik der Hermeneutik. Kt., Suhrkamp o.J.. **DM 16,80**

Kurt Hübner: Kritik der wissenschaftlichen Vernunft. IV,444 S., Gb., Alber Vlg. 4. Ed. 1993. **DM 104,-**

A. Hügli /P. Lübcke: Philosophie im 20. Jahrhundert. Bd. 1: Phänomenologie, Hermeneutik, Existenzphilosophie und Kritische Theorie. 587 S., Kt., Rowohlt 1994. **DM 32,90**

A. Hügli /P. Lübcke: Philosophie im 20. Jahrhundert. Bd. 2: Wissenschaftstheorie und Analytische Philosophie. 570 S., Kt., Rowohlt 2. Ed. 1996. **DM 32,90**

Peter Illes: Wahrheitstheorien bei Sigmund Freud. Von der Korrespondenz zur Art Performance. Eine pragmatisch-ästhetische Untersuchung. 145 S., Kt., Tectum Vlg. 1996. **DM 39,80**

Bernhard Irrgang: Lehrbuch der Evolutionären Erkenntnistheorie. Evolution, Selbstorganisation, Kognition. 303 S., 5 Abb., 4 Tab., Kt., UTB 1993. **DM 36,80**

Elenor Jain: Hermeneutik des Sehens. 170 S., 1 Graf., Br., P. Lang 1995. **DM 54,-**

Peter Janich: Erkennen als Handeln. Von der konstruktiven Wissenschaftstheorie zur Erkenntnistheorie. 30 S., Kt., Palm & Enke 1993. **DM 18,-**

Peter Janich: Wechselwirkungen. Zum Verhältnis von Kulturalismus, Phänomenologie und Methode. 200 S., Br., Königshausen & Neumann 1998. **DM 58,-**

H. R. Jauß /W. Iser /M. Fuhrmann et al. (Ed.): Poetik und Hermeneutik, Bd. 1-5. Nachahmung und Illusion; Immanente Ästhetik, Ästhetische Reflexion; Die nicht mehr schönen Künste; Terror und Spiel; Geschichte, Ereignis und Erzählung. Kt., W. Fink Vlg. 1983 (Nachdr.d. Ausg. v. 1968-73). **DM 178,-**

Hans-Herbert Kögler: Die Macht des Dialogs. Kritische Hermeneutik nach Gadamer, Foucault und Rorty. 308 S., Kt., Metzler 1992. **DM 54,-**

Thomas Köhler: Detektive im Dickicht. Studien zur literarischen Tiefenhermeneutik von M. Bonaparte, A. Schmidt, A. Lorenzer und W. Benjamin. 140 S., 5 Abb., Br., Aisthesis Vlg. 1994. **DM 29,80**

Jürgen Kriz: Wissenschafts- und Erkenntnistheorie. Eine Einführung für Psychologen und Humanwissenschaftler. 280 S., Kt., Leske + Budrich 3. rev. Ed. 1996. **DM 33,-**

Hans Lenk (Ed.): Zur Kritik der wissenschaftlichen Rationalität. 580 S., Gb., Alber Vlg. 1986. **DM 128,-**

Kurt Lewin: Werkausgabe. Bd. 1: Wissenschaftstheorie, Tl. 2. Hg. v. A. Mètraux. 400 S., Ln., Klett-Cotta 1981. **DM 98,-**

Kurt Lewin: Werkausgabe. Bd. 2: Wissenschaftstheorie, Tl. 2. Hg. v. A. Mètraux. 531 S., Ln., Klett-Cotta 1983. **DM 128,-**

David Loy: Nondualität. Über die Natur der Wirklichkeit. 530 S., Gb., Krüger Vlg. 1998. **DM 68,-**

Die Entwicklung eines nichtdualistischen Weltbildes ist die große Herausforderung für das Denken zu Beginn des dritten Jahrtausends. Der in westlicher Philosophie wie in der nondualen Praxis des Zen-Buddhismus geschulte Autor entwickelt hier aus östlichen und westlichen Denkansätzen eine Kerntheorie der Nondualität.

N. Luhmann /H. R. Maturana /M. Namiki et al.: Beobachter. Konvergenz der Erkenntnistheorien?. Z. Tl. in engl. Sprache. 140 S., Kt., W. Fink Vlg. 2. Ed. 1992. **DM 38,-**

Ludger Lütkehaus: Unfröhliche Wissenschaft. Die Lage der Geisteswissenschaften aus der Sicht der Fußnote. 42 S., Ebr., Geus Vlg. 1994. **DM 28,50**

Ferdinand Maier: Intelligenz als Handlung. Der genetische Ansatz in der Erkenntnistheorie Jean Piagets. 502 S., Br., Schwabe Vlg. 1978. **DM 57,-**

Avishai Margalit: Ethik der Erinnerung. Max Horkheimer Vorlesungen. Kt., S. Fischer 2000. **DM 22,90**

Humberto Maturana: Die Biologie der Erkenntnis. Kongreß „Visionen menschlicher Zukunft", Bremen 1997. (Rhe.: AudioTorium) 150 min., 2 Toncass., auditorium-Vlg. o.J.. **DM 49,80**

Humberto Maturana: Was ist Erkennen? Einf. von R. zur Lippe. 244 S., Kt., Piper 2. Ed. 1997. **DM 18,90**

Humberto R. Maturana: Erkennen - Die Organisation und Verkörperung von Wirklichkeit. Ausgewählte Arbeiten zur biologischen Epistemologie. X, 322 S., Kt., Vieweg 2. Ed. 1985. **DM 79,-**

Werner Mayer: Selbstbewußtsein und Freiheit. Vom Begriff der Selbstbestimmung zur Selbstbestimmung des Begriffs. 222 S., Br., WUV 1995. **DM 34,-**

Georg Meggle (Ed.): Analyomen 1. Perspectives in Analytical Philosophy. XX,989 S., Ln., de Gruyter 1994. **DM 474,-**

Carl A. Meier: Lehrbuch der Komplexen Psychologie C.G. Jungs. Bd. 3: Die Empirie des Unbewußten. Bewußtsein. Erkenntnistheorie und Bewußtsein. Bewußtwerdung bei C.G. Jung. 175 S., 7 Abb., 8 Farbtaf., Ln., Daimon Vlg. 1975. **DM 48,-**

Stefan Müller-Doohm (Ed.): Das Interesse der Vernunft. Rückblicke auf das Werk von Jürgen Habermas seit 280 S., Kt., Suhrkamp 2000. **ca. DM 22,80**

Tilo Naatz: Psychoanalyse und wissenschaftliche Erkenntnis. Probleme und Lösungsversuche. 172 S., Gb., E. Reinhardt Vlg. 1997. **DM 39,80**

Hans-Joachim Niemann: Die Strategie der Vernunft. Rationalität in Erkenntnis, Moral und Metaphysik. (Wiss.theorie, Wiss. u. Philosophie Bd. 38) 188 S., Gb., Vieweg 1993. **DM 72,-**

Ernst Orth (Ed.): Studien zur neueren französischen Phänomenologie. Ricoeur, Foucault, Derrida. 189 S., Kt., Alber Vlg. 1986. **DM 49,-**

Robert Pfaller: Althusser. Das Schweigen im Text. Epistomologie, Psychoanalyse und Nominalismus in Louis Althussers Theorie der Lektüre. Diss. 265 S., Kt., W. Fink Vlg. 1997. **DM 58,-**

Jean Piaget: Abriß der genetischen Epistemologie. 168 S., 7 Abb., Kt., Klett-Cotta 1980. **DM 34,-**

Jean Piaget: Biologie und Erkenntnis. Über die Beziehungen zwischen organischen Regulationen und kognitiven Prozessen. Kt., S. Fischer o.J.. **DM 22,80**

Jean Piaget: Einführung in die genetische Erkenntnistheorie. Vier Vorlesungen. 103 S., Kt., Suhrkamp 6. Ed. 1996. **DM 14,80**

Stephan Pohl: Wissenschaftstheoretische und methodologische Probleme der Psychoanalyse. Eine Auseinandersetzung mit Grünbaums Psychoanalysekritik. 191 S., Kt., Königshausen & Neumann 1991. **DM 38,-**

Hartmut Raguse: Der Raum des Textes. Elemente einer transdisziplinären theologischen Hermeneutik. 285 S., Kt., Kohlhammer Vlg. 1994. **DM 49,80**

Manfred Riedel: Hören auf die Sprache. Die akroamatische Dimension der Hermeneutik. 440 S., Kt., Suhrkamp 1994. **DM 29,80**

Manfred Riedel: Hören auf die Sprache. Die akroamatische Dimension der Hermeneutik. 440 S., Gb., Suhrkamp 1990. **DM 48,-**

Hans J. Sandkühler (Ed.): Philosophie und Wissenschaften. Formen und Prozesse ihrer Interaktion. 365 S., Br., P. Lang 1997. **DM 98,-**

Jean-Paul Sartre: Fragen der Methode. Kt., Rowohlt 1999. **DM 14,90**

Ingrid Scharlau: Erkenntnistheorie als Wissenschaft. Streitpunkt zwischen Husserl, Gurwitsch, Merleau-Ponty und Piaget. (Rhe.: Phän. Untersuchungen, 10) 278 S., Kt., W. Fink Vlg. 1998. **DM 58,-**

Leonhard Schmeiser: Blickwechsel. Drei Essays zur Bildlichkeit des Denkens. Descartes - Lacan - Foucault - Velazques. 120 S., 4 Abb., Br., Sonderzahl 1990. **DM 23,-**

Norbert Schneider: Erkenntnistheorie im 20. Jahrhundert. Klassische Positionen. 350 S., Kt., Reclam, Ditzingen 1998. **DM 15,-**

Oliver R. Scholz: Verstehen und Rationalität. Untersuchungen zu den Grundlagen von Hermeneutik und Sprachphilosophie. 360 S., Ln., Klostermann 1999. **DM 88,-**

Joachim Schröter: Zur Meta-Theorie der Physik. X,709 S., Gb., de Gruyter 1996. **DM 248,-**

Gotthilf H. von Schubert: Ansichten von der Nachtseite der Naturwissenschaft. 464 S., Kt., P. Wald Vlg. (Reprint d. Ausg. 1808) 1992. **DM 112,-**

Johann A. Schülein: Die Logik der Psychoanalyse. Eine erkenntnistheoretische Studie. (Rhe. Bibliothek d. Psychoanalyse) 419 S., Kt., Psychosozial Vlg. 1999. **DM 78,-**

Robert Schurz: Negative Hermeneutik. Zur sozialen Anthropologie des Nicht-Verstehens. 221 S., Kt., Westdt. Vlg. 1995. **DM 39,-**

Helmut Seiffert: Einführung in die Wissenschaftstheorie. Tl. 1: Sprachanalyse, Deduktion, Induktion in Naturwissenschaften und Sozialwissenschaften. 277 S., Kt., C.H.Beck 12., rev. Ed. 1996. **DM 19,80**

Helmut Seiffert: Einführung in die Wissenschaftstheorie. Tl. 2: Geisteswissenschaftliche Methoden. Phänomenologie, Hermeneutik und historische Methode, Dialektik. Kt., C.H.Beck 1969. **DM 19,80**

Helmut Seiffert: Einführung in die Wissenschaftstheorie. Tl. 3: Handlungstheorie, Modallogik, Ethik, Systemtheorie. 233 S., Kt., C.H.Beck 2. rev. Ed. 1992. **DM 19,80**

Thomas Slunecko: Wissenschaftstheorie und Psychotherapie. Ein konstruktiv-realistischer Dialog. 171 S., Br., WUV 1996. **DM 28,-**

Rudolf Sponsel: Zahlen und neue Zahlen zum messen im Unscharfen, Flüchtigen, Subjektiven und Ideographischen. Zahlen-, Mess-, Test- und Wissenschaftstheorie am Beispiel Alltag, Psychologie und Psychotherapie. Begründung quantitativer Evaluation von Psychotherapieeffekten. 300 S., Ringb., IEC 10/2000. **DM 96,-**

Friedrich Stadler (Ed.): Elemente moderner Wissenschaftstheorie. (Veröff. des Inst. Wiener Kreis, Bd. 8) 250 S., 16 Abb., Kt., Springer 2000. **DM 64,-**

Wolfgang Stegmüller: Probleme und Resultate der Wissenschaftstheorie und Analytischen Philosophie. Bd. 1: Erklärung, Begründung, Kausalität. XIX, 1115 S., Ln., Springer 2. rev. Ed. 1983. **DM 353,-**

Wolfgang Stegmüller: Probleme und Resultate der Wissenschaftstheorie und Analytischen Theorie. Bd. 2/2: Theorie und Erfahrung, Tl. 2: Theorienstrukturen und Theoriendynamik. XX, 327 S., Ln., Springer 2., rev. Ed. 1985. **DM 98,-**

Wolfgang Stegmüller: Probleme und Resultate der Wissenschaftstheorie und Analytischen Theorie. Bd. 3: Strukturtypen der Logik. 524 S., Ln., Springer 1984. **DM 204,-**

Theo Sundermeier: Den Fremden verstehen. Eine praktische Hermeneutik. 258 S., Kt., Vandenh. & Ruprecht 1996. **DM 38,-**

Tilmann Sutter (Ed.): Beobachtung verstehen, Verstehen beobachten. Perspektiven einer konstruktivistischen Hermeneutik. 339 S., Kt., Westdt. Vlg. 1997. **DM 52,-**

T. v. Uexküll /W. Wesiack: Theorie der Humanmedizin. Grundlagen ärztlichen Denkens und Handelns. IX, 550 S., Kst., Urban & Fischer 3. rev. Ed. 1998. **DM 78,-**

Odo Urbanitsch: Wissenschaftstheoretische und philosophisch-anthropologische Aspekte der Freudschen Psychoanalyse. 283 S., Ln., Birkhäuser Vlg. 1983. **DM 70,-**

Rudy Vandercruysse: Die therapeutische Dimension des Denkens. Anthroposophische Aspekte zur Psychoanalyse. 192 S., Kt., Vlg. Freies Geistesleben 1999. **DM 36,-**

Ben Vedder: Was ist Hermeneutik? Ein Weg von der Textdeutung zur Interpretation der Wirklichkeit. 196 S., Kt., Kohlhammer Vlg. 2000. **DM 39,90**

Gerhard Vollmer: Evolutionäre Erkenntnistheorie. Angeborene Erkenntnisstrukturen im Kontext von Biologie, Psychologie, Linguistik, Philosophie und Wissenschaftstheorie. Mit einem Nachwort „Wieso können wir die Welt erkennen?". X, 226 S., 12 Abb., Gb., Hirzel Vlg. 7. Ed. 1998. **DM 34,-**

"Es ist das Buch eines Philosophen mit vielen Exkursen in Biologie und Wahrnehmungsforschung und Linguistik, ein Band von vorbildlicher Klarheit und Umsicht, der nur einen Nachteil hat: Er scheint viel zu kurz." (Die Zeit)

Paul Weingartner: Wissenschaftstheorie. Bd. 1: Einführung in die Hauptprobleme. (Rhe.: problemata, Bd. 3/2) 267 S., Kt., frommann-holzboog 2. rev. 1978. **DM 50,-**

Christoph Weismüller: Jean-Paul Sartres Philosophie der Dinge. Zur Wenbde von Jean-Paul Sartres „Kritik der dialektischen Vernunft" sowie zu einer „Psychoanalyse der Dinge". 206 S., Kt., 1999. **DM 34,-**

Peter Welsen: Philosophie und Psychoanalyse. Zum Begriff der Hermeneutik in der Freud-Deutung Paul Ricoeurs. VII, 277 S., Kt., Niemeyer Vlg. 1986. **DM 126,-**

Rainer Westermann: Lehrbuch der Psychologischen Methodenlehre und Wissenschaftstheorie. 450 S., Kt., Hogrefe 1999. **ca. DM 89,-**

Alfred North Whitehead: Prozeß und Realität. Entwurf einer Kosmologie. 665 S., Gb., Suhrkamp 1984. **DM 92,-**

Alfred North Whitehead: Prozeß und Realität. Entwurf einer Kosmologie. 665 S., Kt., Suhrkamp 2.Ed. 1995. **DM 34,80**

Siegfried Zepf: Diskrete Botschaften des Rationalen. Psychoanalyse jenseits des Common-sense. 250 S., Kt., Vandenh. & Ruprecht 1994. **DM 46,-**

Siegfried Zepf (Ed.): Abgründige Wahrheiten im Alltäglichen. Weitere Erkundungen des Irrationalen. Beitr. v. A. Haag, U. Lamparter, J. Körner, D. Michaelis, B. Nitzschke u. S. Zepf. 280 S., Kt., Vandenh. & Ruprecht 1994. **DM 46,-**

Siegfried Zepf (Ed.): Die Erkundung des Irrationalen. Bausteine einer analytischen Sozialpsychologie nebst einigen Kulturanalysen. 241 S., Kt., Vandenh. & Ruprecht 1993. **DM 39,-**

NACHSCHLAGEWERKE

BIBLIOGRAPHIEN

Kinder- und Jugendlichenpsychotherapie. Tl. 1: Überblicke, Interventionsmethoden, Ausbildung 1998-1996. Eine Spezialbibliographie psychologischer Literatur aus den deutschsprachigen Ländern. (Rhe.: Bibliogr. z. Psychologie, Bd. 121) V, 96 S., Ringb., Univ. Trier 1997. **DM 30,-**

Kinder- und Jugendlichenpsychotherapie. Tl. 2: Vorgehen bei verschiedenen Störungen und Risikogruppen 1989-1996. Eine Spezialbibliographie psychologischer Literatur aus den deutschsprachigen Ländern. (Rhe.: Bibliogr. z. Psychologie, Bd. 122) V, 129 S., Ringb., Univ. Trier 1997. **DM 35,-**

Kindesmisshandlung und sexueller Mißbrauch. Eine Spezialbibliographie deutschsprachiger psychologischer Literatur. (Rhe.: Bibliogr. z. Psychologie, Bd. 123) V, 127 S., Ringb., Univ. Trier 1997. **DM 35,-**

Körperlicher Schmerz, Tl. 1: Theoretische Grundlagen u. Forschungsansätze. Eine Spezialbibliographie deutschsprachiger psychologischer Literatur. (Rhe.: Bibliogr. z. Psychologie, Bd. 114) V, 102 S., Ringb., Univ. Trier 1996. **DM 30,-**

Körperlicher Schmerz, Tl. 2: Diagnostische u. therapeutische Ansätze. Eine Spezialbibliographie deutschsprachiger psychologischer Literatur. (Rhe.: Bibliogr. z. Psychologie, Bd. 115) V, 95 S., Ringb., Univ. Trier 1996. **DM 30,-**

Nando Belardi: Supervision - Bibliographie. Literaturdatenbank mit Recherchemöglichkeit auf Diskette. Grundversion 1998. 1 Diskette, Lambertus-Vlg. 1998. **DM 25,-**

Barbara Bonfig: Diagnose und Behandlung von Borderline-Störungen. Eine Spezialbibliographie psychologischer Literatur aus den deutschsprachigen Ländern. (Rhe.: Bibliogr. z. Psychologie, Bd. 110) V, 99 S., Ringb., Univ. Trier 1996. **DM 30,-**

Barbara Bonfig (Bearb.): Traumanalyse. Eine Spezialbibliographie deutschsprachiger psychologischer Literatur. (Rhe.: Bibliogr. z. Psychologie, Bd. 099) V,124 S., Ringb., Univ. Trier 1994. **DM 10,-**

Michael Gerads (Bearb.): Klinische Hypnose. Eine Spezialbibliographie deutschsprachiger psychologischer Literatur. (Rhe.: Bibliogr. z. Psychologie, Bd. 104) V, 117 S., Ringb., Univ. Trier 1995. **DM 35,-**

Hans W. Gessmann: Bibliographie deutschsprachiger Psychodramaliteratur. Skripten zum Humanistischen Psychodrama. 247 S., Psychoth. Inst. Bergerhausen 3. rev. Ed. 1997. **DM 38,-**

Ulfried Geuter: Bibliographie, Deutschsprachige Literatur zur Körperpsychotherapie. Zus.-Gest. i. Auftr. d. Deutschen Gesellschaft für Körperpsychotherapie. 92 S., Kt., Simon & Leutner 1998. **DM 19,80**

Erwin Hasselberg (Ed.): Hegels „Wissenschaft der Logik". Eine internationale Bibliographie ihrer Rezeption im 20. Jahrhundert. Zus. 1052 S., Br., Passagen Vlg. 1993. **DM 236,-**

Hans Hehl: Die elektronische Bibliothek. Literatursuche und Datenbeschaffung im Internet. Mit Diskette (3 1/2 Zoll) 187 S., m.Disk., Kt., K.G.Saur Vlg. 1999. **DM 58,-**

Johannes Hoffmann: Stereotypen - Vorurteile - Völkerbilder in Ost und West - in Wissenschaft und Unterricht. Eine Bibliographie. XIII,318 S., Br., Vlg. O.Harrassowitz 1986. **DM 98,-**

Hermann Jung (Ed.): Bibliographie zur Symbolik, Ikonographie und Mythologie. Internationales Referateorgan. Vlg. Koerner o.J.. **DM je 48,-**

H. Kächele /P. Döring /B. Waldvogel (Ed.): Psyche. Gesamtregister für die Aufsätze der Jahrgänge 1947 bis 1992. 445 S., Ln., Klett-Cotta 1993. **DM 68,-**

Alma Kreuter: Deutschsprachige Neurologen und Psychiater. Ein biographisches-bibliographisches Lexikon von den Vorläufern bis zur Mitte des 20. Jahrhunderts. 3 Bde. zus. XXV, 1629 S., Gb., K.G.Saur Vlg. 1996. **DM 978,-**

R. Kroll /S. Stoye: Bibliographie der deutschsprachigen Frauenliteratur - 1996. Band 3. 150 S., Centaurus Vlg. 1998. **DM 30,-**

R. Kroll /S. Wehmer: Bibliographie der deutschsprachigen Frauenliteratur - 1994. Band 1. 131 S., Centaurus Vlg. 1995. **DM 19,80**

Yrla Labouvie (Bearb.): Psychodrama. Eine Spezialbibliographie deutschsprachiger psychologischer Literatur. (Rhe.: Bibliogr. z. Psychologie, Bd. 097) V, 143 S., Ringb., Univ. Trier 1994. **DM 10,-**

I. Meyer-Palmedo /G. Fichtner (Ed.): Freud-Bibliographie mit Werkkonkordanz. 295 S., Br., S. Fischer 2. rev. Ed. 1999. **DM 58,-**

Wolfgang Mieder: Deutsche Redensarten, Sprichwörter und Zitate. Studien zu ihrer Herkunft, Überlieferung und Verwendung. 232 S., 31 Abb., Br., Ed. Praesens 1995. **DM 67,80**

Rainer Neppl (Ed.): Intentionalität. Eine Spezialbibliographie psychologischer Literatur aus den deutschsprachigen Ländern. (Rhe.: Bibliogr. z. Psychologie, Bd. 096) V, 172 S., Ringb., Univ. Trier 1994. **DM 10,-**

Rainer Neppl (Ed.): Lebensqualität im Alter. Eine Spezialbibliographie deutschsprachiger psychologischer Literatur. (Rhe.: Bibliogr. z. Psychologie, Bd. 113) V, 94 S., Ringb., Univ. Trier 1996. **DM 30,-**

Georg W. Oesterdiekhoff (Ed.): Lexikon der soziologischen Werke. 500 S., Br., Westdt. Vlg. 2000. **DM 68,-**

G. W. Oesterdiekhoff /S. Papcke (Ed.): Schlüsselwerke der Soziologie. 550 S., Br., Westdt. Vlg. 2000. **DM 48,-**

Joachim Pfeiffer: Literaturpsychologie 1945-1987. Eine systematische und annotierte Bibliographie. 516 S., Br., Königshausen & Neumann 1989. **DM 38,-**

Gerd Rudolf (Ed.): Zeitschrift für Psychosomatische Medizin und Psychoanalyse. Registerband 1954-1994. Vollständiges Register der wissenschaftlichen Beiträge der ersten 40 Jahrgänge geordnet nach Themenschwerpunkten und nach Autoren. 150 S., 3 Abb., Kt., Vandenh. & Ruprecht 1995. **DM 49,-**

Jürgen Wieenhüttler (Bearb.): Supervision. Eine Spezialbibliographie deutschsprachiger psychologischer Literatur. V,169 S., Ringb., Univ. Trier 1994. **DM 35,-**

Jürgen Wiesenhütter (Bearb.): Fremdenfeindlichkeit: Hintergründe und Gegenmaßnahmen. Eine Spezialbibliographie psychologischer Literatur aus den deutschsprachigen Ländern. (Rhe.: Bibliogr. z. Psychologie, Bd. 107) V, 100 S., Ringb., Univ. Trier 1996. **DM 30,-**

Jürgen Wiesenhütter (Bearb.): Supervision. Eine Spezialbibliographie psychologischer Literatur aus den deutschsprachigen Ländern. (Rhe.: Bibliogr. zur Psychol., Bd. 102) V, 169 S., Ringb., Univ. Trier 1994. **DM 10,-**

Angelika Zimmer (Bearb.): Gewalt in der Schule. Eine Spezialbibliographie psychologischer Literatur aus den deutschsprachigen Ländern. (Rhe.: Bibliogr. z. Psychologie, Bd. 117) V, 102 S., Ringb., Univ. Trier 1997. **DM 30,-**

Angelika Zimmer (Bearb.): Sexualtherapie. Eine Spezialbibliographie psychologischer Literatur aus den deutschsprachigen Ländern. (Rhe.: Bibliogr. zur Psychol., Bd. 112) V, 76 S., Ringb., Univ. Trier 1996. **DM 25,-**

Geschichte

W. Benz /H. Graml /H. Weiss (Ed.): Enzyklopädie des Nationalsozialismus. 900 S., 40 Abb., Kt., dtv 1997. **DM 39,-**

K. Brodersen /B. Zimmermann (Ed.): Metzler Lexikon Antike. 800 S., 400 Abb., Gb., Metzler 1999. **DM 78,-**

Hellmuth Flashar (Ed.): Grundriß der Geschichte der Philosophie. Die Philosophie der Antike, Bd. 2/1: Sophistik, Sokrates, Sokratik, Mathematik, Medizin. (Begründet von Friedrich Ueberweg) XIV, 540 S., Ln., Schwabe Vlg. 1998. **DM 156,-**

Hellmuth Flashar (Ed.): Grundriß der Geschichte der Philosophie. Die Philosophie der Antike, Bd. 3: Ältere Akademie, Aristoteles, Peripatos. (Begr. von Friedrich Ueberweg) XXII, 645 S., Ln., Schwabe Vlg. 1983. **DM 148,-**

Hellmuth Flashar (Ed.): Grundriß der Geschichte der Philosophie. Die Philosophie der Antike, Bd. 4: Die hellenistische Philosophie (2 Halbbde.) (Begr. von Friedrich Ueberweg) XXVI, 1272 S. (2 Halbbde.), Ln., Schwabe Vlg. 1994. **DM 348,-**

Helmut Holzhey et al. (Ed.): Grundriß der Geschichte der Philosophie. Die Philosophie des 17. Jahrhunderts, Bd. 4: Heiliges Römisches Reich Deutscher Nation, Nord- und Osteuropa (2 Halbbde.) (Begr. von Friedrich Ueberweg) ca. 1640 S., Ln., Schwabe Vlg. ersch. 2000. **DM 360,-**

Eberhard Jäckel et al. (Ed.): Enzyklopädie des Holocaust, 3 Bde. Die Verfolgung und Ermordung der europäischen Juden. zus. 1914 S., zahlr. Abb., Ln. in Kass., Argon Vlg. 1993. **DM 198,-**

H. Kammer /E. Bartsch: Lexikon Nationalsozialismus. Begriffe, Organisationen ind Institutionen. 349 S., Kt., Rowohlt 1999. **DM 14,90**

Jean-Pierre Schobinger (Ed.): Grundriß der Geschichte der Philosophie. Die Philosophie des 17. Jahrhunderts, Bd. 1: Allgemeine Themen, Iberische Halbinsel, Italien (2 Halbbde.) (Begr. von Friedrich Ueberweg) LXII, 1142 S. (2 Halbbde.), Ln., Schwabe Vlg. 1998. **DM 276,-**

Jean-Pierre Schobinger (Ed.): Grundriß der Geschichte der Philosophie. Die Philosophie des 17. Jahrhunderts, Bd. 2: Frankreich und Niederlande (2 Halbbde.) (Begr. von Friedrich Ueberweg) XXXIII, 1144 S. (2 Halbbde.), Ln., Schwabe Vlg. 1993. **DM 276,-**

Jean-Pierre Schobinger (Ed.): Grundriß der Geschichte der Philosophie. Die Philosophie des 17. Jahrhunderts, Bd. 3: England (2 Halbbde.) (Begr. von Friedrich Ueberweg) XXXIV, 874 S. (2 Halbbde.), Ln., Schwabe Vlg. 1988. **DM 195,-**

Gerhard Taddey et al. (Ed.): Lexikon der deutschen Geschichte: Ereignisse, Institutionen, Personen. Von den Anfängen bis zur Kapitulation 1945. IX, 1410 S., Ln., Kröner Vlg. 3., rev. Ed. 1998. **DM 138,-**

Hermann Weiß: Biographisches Lexikon zum Dritten Reich. 502 S., Ln., S. Fischer 2. Ed. 1998. **DM 58,-**

Eva Weissweiler: Ausgemerzt! Das Lexikon der Juden in der Musik und seine mörderischen Folgen. 444 S., m. Faks. d. Lex.ausgabe v. 1940, Gb., 1999. **DM 58,-**

K. Ziegler /W. Sontheimer (Ed.): Der Kleine Pauly. Lexikon der Antike auf der Grundlage von Pauly's Realencyclopädie der classischen Altertumswissenschaft. 5 Bde. 4080 S., Kt.iKass., dtv 1979. **DM 168,-**

Kunst /Kulturwissenschaften

D. Bandini /G. Bandini: Kleines Lexikon des Aberglaubens. Originalausgabe. 336 S., Kt., dtv 1998. **DM 17,90**

Friedrich Blume: Die Musik in Geschichte und Gegenwart (MGG) Allgemeine Enzyklopädie der Musik. 16 Bde. Zus. 18176 S., Kt.iKass., dtv 1989. **DM 980,-**

Markus Czerwionka: Lexikon der Comics. Loseblattausgabe. Pflichtfortsetzung. 6900 S., 900 Abb., Vlg. Corian Stand: 1998. **DM 348,-**

E. Herdina /Ph. Waibl: Wörterbuch philosophischer Fachbegriffe. Dictionary of Philosophical Terms. 2 Bde. Br., K.G.Saur Vlg. 1997. **DM 396,-**

J. Hillesheim /E. Michael: Lexikon nationalsozialistischer Dichter. Biographien - Analysen - Bibliographien. 490 S., Ab, Br., Königshausen & Neumann 1993. **DM 78,-**

M. Honegger /G. Massenkeil (Ed.): Das neue Lexikon der Musik. Neuausgabe. 4 Bde. Zus. 3400 S., 700 Abb., davon 200 farb., Gb., Metzler 1996. **DM 398,-**

A. Hügli /P. Lübcke (Ed.): Philosophielexikon. Personen und Begriffe der abendländischen Philosophie von der Antike bis zur Gegenwart. 650 S., 81 Abb., Gb., Rowohlt 1991. **DM 78,-**

Engelbert Kirschbaum: Lexikon der christlichen Ikonographie. LCI. Bd.1-4: Allgem. Ikonographie. Bd.5-8: ikonographie der Heiligen. 8 Bde. 2840 S., 2300 s/w Abb., Kt.iKass., Herder Nachdruck 1994. **DM 198,-**

Kunst und Künstler im 20. Jahrhundert. Lexikon. 360 S., 1400 Sichw., 800 Abb., Gb., Prestel Vlg. 2000. **DM 148,-**

Das umfangreiche Nachschlagewerk umfaßt Künstler und Begriffe zur bildenden Kunst unseres Jahrhunderts von A bis Z. In knappen und informativen Einträgen werden Künstler/innen, Künstlergruppen und -schulen, Stilrichtungen und Techniken erklärt und mit ein bis zwei beispielhaften Abbildungen dokumentiert. Literaturangaben zu jedem Eintrag ermöglichen die Weiterbeschäftigung mit einem Thema.

Lexikon des internationalen Films. 1 CD-ROM, 4., rev. Ed. 1999. **DM 149,-**

U. Thieme /F. Becker /H. Vollmer: Allgemeines Lexikon der bildenden Künstler. Gesamtwerk, 25 Bde.: Von der Antike bis zur Gegenwart. 25.800 S., Kt., Nachdr. 1999. **DM 1590,-**

Bernhard van Treeck: Graffiti Lexikon. Legale und illegale Malerei im Stadtbild. 320 S., Kt., 1998. **DM 29,80**

Medizin /Psychosomatik /Sexualwissenschaft

Pschyrembel Klinisch-Therapeutisches Wörterbuch. Symptome, Diagnosen, Therapieverfahren. Version 1. (Systemvorraussetzungen: IBM-kompatibler PC mit mind. CPU 486 (66 MHz), 8 MB Arbeitsspeicher, 8 MB freier Festplattenspeicher, 4x CD-ROM Laufwerk, MS Windows 3.1x oder 95, VGA-Truecolor-Karte & Sound-Karte empfohlen) 1 CD-ROM, de Gruyter 1999. **DM 328,-**

Pschyrembel Klinisches Wörterbuch. 1735 S., Kst., de Gruyter 258. neubearb. Ed. 1998. **DM 69,80**

Pschyrembel Klinisches Wörterbuch. 1745 S., Kt., de Gruyter 258. neubearb. Ed. 1998. **DM 52,-**

Pschyrembel Klinisches Wörterbuch. 258. Neu bearb. Auflage - CD-ROM Version 1. CD-ROM, de Gruyter 1998. **fPr. DM 108,-**

Pschyrembel Klinisches Wörterbuch; Pschyrembel Therapeutisches Wörterbuch, 2 Bde. 17335, 824 S., Kst., de Gruyter 1998. **DM 136,-**

Pschyrembel Klinisches Wörterbuch; Wörterbuch der klinischen Kunstausdrücke, 2 Bde. 11745, 148 S., Kst., de Gruyter Jub.-Ed. 1998. **DM 74,-**

Pschyrembel Therapeutisches Wörterbuch. Version 1.0. (Systemvorraussetzungen: IBM-kompatibler PC mit mind. CPU 486 (66 MHz), 8 MB Arbeitsspeicher, 8 MB freier Festplattenspeicher, 4x CD-ROM Laufwerk, MS Windows 3.1x oder 95, VGA-Truecolor-Karte & Sound-Karte empfohlen) 1 CD-ROM, de Gruyter 1999. **DM 98,-**

Roche Lexikon Medizin. 1880 S., 2000 Abb., 1 CD-ROM, Kst., Urban & Fischer 4. rev. Ed. 1998. **DM 78,-**

Duden - Das Wörterbuch medizinischer Fachausdrücke. Bedeutung, Aussprache, Herkunft, Rechtschreibung, Silbentrennung, Abkürzung. 816 S., über 37000 Stichw., Gb., Bibl.Inst.Mannh. 6. rev. Ed. 1998. **DM 45,-**

Bedeutung, Aussprache, Herkunft, Rechtschreibung, Silbentrennung, Abkürzung. Rund 37 000 Stichwörter aus der Medizin und aus angerenzenden Fachgebieten. Kurze und prägnante Definitionen. Informativ für den Fachmann, verständlich für den Laien.

Pschyrembel Therapeutisches Wörterbuch. Ausgabe 1999/2000. XXVIII, 824 S., 482 meist farb. Abb., Gb., de Gruyter 1999. **DM 98,-**

Gerhard Bawidamann: ICD-10-Diagnosethesaurus. 600 S., Kt., Dt. Ärzte-Vlg. 1999 (noch nicht ersch.). **DM 39,80**

Horst Dilling (Ed.): Internationale Klassifikation psychischer Störungen. ICD-10 Kapitel V (F). Forschungskriterien. 256 S., Abb., Kt., H. Huber Vlg. 1994. **DM 39,80**

H. Dilling /H.J. Freyberger (Ed.): Taschenführer zur Klassifikation psychischer Störungen (WHO) Mit Glossar und diagnostischen Kriterien ICD-10: DCR-10. 439 S., Kt., H. Huber Vlg. 1999. **DM 49,80**

H. Dilling /W. Mombour /et al. (Ed.): Internationale Klassifikation psychischer Störungen. ICD-10 Kapital V (F) Klinisch-Diagnostische Leitlinien. 369 S., Kt., H. Huber Vlg. 3. Ed. 1999. **DM 49,80**

DIMDI (Ed.): ICD-10. Bd. II: Diagnosenthesaurus /Regelwerk. 720 S., Kt., Kohlhammer Vlg. 2000. **DM 39,-**

DIMDI (Ed.): ICD-10. Bd. III: Alphabetisches Verzeichnis. 1140 S., Kt., Kohlhammer Vlg. 1999. **DM 46,90**

DIMDI (Ed.): ICD-10-SGB V. Bd. I: Systematisches Verzeichnis. 974 S., Kt., Kohlhammer Vlg. 1999. **DM 44,60**

DIMDI /WMO: ICD-10. Internationale statistische Klassifikation der Krankheiten und verwandter Gesundheitsprobleme. CD-ROM, H. Huber Vlg. 1998. **DM 98,-**

Erwin J. Haeberle: dtv-Atlas Sexualität. 220 S., 100 Abb., Kt., dtv 1999. **DM 19,90**

Rolf Heister: Lexikon medizinisch-wissenschaftlicher Abkürzungen. Mit e. Verz. d. wichtigsten med.-naturwiss. Periodika lt. Index Medicus. VI, 424 S., Kt., Schattauer 4., rev. Ed. 1998. **DM 49,-**

Rolf Heister: Lexikon medizinisch-wissenschaftlicher Abkürzungen. Mit einem Verzeichnis der wichtigsten medizinisch-naturwissenschaftlichen Periodika gemäß Index Medic. 430 S., Br., Schattauer 4. Ed. 1996. **DM 44,-**

D. Hellhammer /C. Kirschbaum (Ed.): Bd. 3: Psychoendokrinologie und Psychoimmunologie. Enzyklopädie der Psychologie, Abtlg. C.1: Biologische Psychologie. XXI, 794 S., Abb., Ln., Hogrefe 1999. **DM 278,-**

Uwe H. Peters: Wörterbuch der Psychiatrie und medizinischen Psychologie. VIII, 688 S., Gb., Urban & Fischer 5., rev. u. erw. Ed. 1999. **DM 58,-**

Uwe H. Peters: Wörterbuch der Psychiatrie und medizinischen Psychologie. Nomenklatur nach DSM III. 676 S., Kt., Bechtermünz Vlg. 1998. **DM 19,80**

Andreas Ruffing et al. (Ed.): ICD /ICPM professional. Internationale Klassifikation der Krankheiten, Verletzungen und Todesursachen. 1 CD-ROM, Dt. Ärzte-Vlg. 1996. **DM 990,-**

H. Sass /H. Wittchen (Ed. d. dt. Ausgabe): Diagnostisches und Statistisches Manual Psychischer Störungen DSM-IV. Übersetzt nach der 4. Aufl. des Diagnostic and Statistic Manual of Mental Disorders der APA. XXIV, 968, Gb., Kt., Hogrefe 2 rev. Ed. 1998. **DM 248,-**

H. Saß /H.-U. Wittchen /M. Zaudig (Ed.): DSM-IV. Handbuch der Differentialdiagnosen. 300 S., Kt., Hogrefe 1999. **DM 98,-**

H. Saß /H.-U. Wittchen /M. Zaudig et al. (Ed.): Diagnostische Kriterien DSM-IV. VIII, 366 S., Kt., Pocketformat, Hogrefe 1998. **DM 98,-**

Franz Stimmer et al. (Ed.): Suchtlexikon. 660 S. + 5 S., Kst., Oldenbourg Vlg. 2000. **DM 78,-**

MYTHOLOGIE /SYMBOLIK

Enzyklopädie des Märchens. Handwörterbuch zur historischen und vergleichenden Erzählforschung. Bd. 1: A-H. 4400 S., Br., iKass, de Gruyter 1999. **DM 480,-**

Dieses umfassende Nachschlagewerk bündelt die Ergebnisse von fast zwei Jahrhunderten internationaler Forschung im Bereich volkstümlicher Erzähltradition.

Handwörterbuch des deutschen Aberglaubens. Zus. ca 9000 S., Br., 10 Bde. iKass, de Gruyter 1999. **DM 398,-**

Hederich, Benjamin: Gründliches Lexicon Mythologicum. Worinne sowohl die fabelhafte, als wahrscheinliche und eigentliche Historie der alten und bekannten Römischen, Griechischen und Egyptischen Götter... 2. und verb. Aufl. Leipzig: Gleditsch 1741. Mikrofiche-Edition. 11 Fiches, Lesefaktor, K.G.Saur Vlg. 1992. **DM 280,-**

Herder Lexikon germanische und keltische Mythologie. 191 S., 1400 Stichw., über 90 Abb. u. Tab., Kt., Herder 3. Ed. 1997. **DM 17,80**

Herder Lexikon Griechische und Römische Mythologie. Götter, Helden, Ereignisse, Schauplätze. 234 S., Kt., Herder 4. Ed. 1998. **DM 18,80**

Lexikon Iconographicum Mythologica Classicae (LIMC) Artemis Vlg. o.J.. **DM 17440,-**

Wolfgang Bauer /I. Dümotz /S. Golowin (Ed.): Lexikon der Symbole. 560 S., 600 Abb., Lin., Fourier Vlg. 16. Ed. 1996. **DM 29,80**

Gerhard J. Bellinger (Ed.): Knaurs Lexikon der Mythologie. 3000 Stichwörter zu den Mythen aller Völker. 552 S., 400 Abb., Efal., Droemer/Knaur aktual. Ed. 1999. **DM 58,-**

Hans Biedermann: Dämonen, Geister, dunkle Götter. Lexikon der furchterregenden mythischen Gestalten. 254 S., 70 Skizzen, 4 S. farb. Abb., Ln., Vlg. L.Stocker 1989. **DM 39,90**

Hans Biedermann: Knaurs Lexikon der Symbole. 2000 Stichwörter. 591 S., 600 Abb., Gb., Droemer/Knaur 1998. **DM 68,-**

Ulf Diederichs: Who´s who im Märchen. 400 S., Kt., dtv 1995. **DM 19,90**

Gerhard Fink: Who´s who in der antiken Mythologie. 336 S., Kt., dtv 1993. **DM 16,90**

Hannelore Gärtner: Kleines Lexikon der griechischen und römischen Mythologie. 400 S., 20 Abb., Ln., Bibl.Inst.Leipzig 1989. **DM 29,90**

Michael Grant: Lexikon der antiken Mythen und Gestalten. 464 S., Kt., dtv 1980. **DM 24,90**

Hans W. Haussig /E. Schmalzriedt (Ed.): Wörterbuch der Mythologie - Abt. 1: Die alten Kulturvölker. Bd. 3: Götter und Mythen der Griechen und Römer. Klett-Cotta o.J.. **DM iVb**

Hans W. Haussig /E. Schmalzriedt (Ed.): Wörterbuch der Mythologie - Abt. 1: Die alten Kulturvölker. Bd. 4: Götter und Mythen der kaukasischen und iranischen Völker. XIX, 546 S., Ln., Klett-Cotta 1986. **DM 310,-**

Hans W. Haussig /E. Schmalzriedt (Ed.): Wörterbuch der Mythologie - Abt. 1: Die alten Kulturvölker. Bd. 5: Götter und Mythen des indischen Subkontinents. XV, 1040 S., zahlr. Abb., Ln., Klett-Cotta 1985. **DM 595,-**

Hans W. Haussig /E. Schmalzriedt (Ed.): Wörterbuch der Mythologie - Abt. 1: Die alten Kulturvölker. Bd. 6: Götter und Mythen Ostasiens. 933 S., zahlr. Abb., Ln., Klett-Cotta 1995. **DM 590,-**

Hans W. Haussig /E. Schmalzriedt (Ed.): Wörterbuch der Mythologie - Abt. 1: Die alten Kulturvölker. Bd. 7: Götter und Mythen in Zentralasien und Nordeurasien. Klett-Cotta o.J.. **DM iVb**

Benjamin Hederich: Gründliches mythologisches Lexikon. VI,LIV,1251 S., 36 S. genealog. Tab., 1 Frontispiz, Gb., WBG (Nachdr. d. Ausg. 1770. **DM 148,-**

Otto Holzapfel: Lexikon der abendländischen Mythologie. 500 Abb., Kt., Herder 2000. **DM 30,-**

Herbert Hunger: Lexikon der griechischen und römischen Mythologie. XII,560 S., 115 Abb., Ln., Hollinek Vlg. 8. rev. Ed. 1988. **DM**

Manfred Lurker: Lexikon der Götter und Dämonen. XII,604 S., Ln., Kröner Vlg. 2. Ed. 1989. **DM 38,-**

Manfred Lurker (Ed.): Wörterbuch der Symbolik. XVI, 871 S, Ln., Kröner Vlg. 5. rev. Ed. 1991. **DM 40,-**

H. Meyer /R. Suntrup: Lexikon der mittelalterlichen Zahlenbedeutungen. XLIV, 554 S., Ln., W. Fink Vlg. Neuauflage 2000. **ca. DM 298,-**

E. Moormann /W. Uitterhoeve: Lexikon der antiken Gestalten. XXVIII, 752 S., Ln., Kröner Vlg. 1995. **DM 48,-**

Wilhelm H. Roscher (Ed.): Ausführliches Lexikon der griechischen und römischen Mythologie. Zus. 4950 S., Ln., Olms Vlg. Neuaufl. 1993. **DM 1980,-**

Edward Tripp (Ed.): Reclams Lexikon der antiken Mythologie. 560 S., 72 Abb., Ln., Reclam, Ditzingen 5. Ed. 1991. **DM 64,-**

Wilhelm Vollmer: Wörterbuch der Mythologie aller Völker. 456 S., 303 Ill., Gb., Reprint-Vlg. Leipzig (Reprint d. EA 1874). **DM 29,95**

PHILOSOPHIE /RELIGION(SWISSENSCHAFTEN)

Otto A. Böhmer: Sofies Lexikon. 160 S., Kt., dtv 1999. **DM 9,90**

Siegfried R. Dunde (Ed.): Wörterbuch der Religionspsychologie. 368 S., Gb., Gütersloher-Vlg. 1993. **DM 78,-**

Siegfried R. Dunde (Ed.): Wörterbuch der Religionssoziologie. 378 S., Kt., Gütersloher-Vlg. 1994. **DM 128,-**

L. Goldschmidt (Ed.): Der Babylonische Talmud. Gesamtausgabe. Neudruck. 12 Bde. 8698 S., Ln., Jüdischer Vlg. 4. Ed. 1996. **DM 1480,-**

Thomas Hughes: Lexikon des Islam. 784 S., 78 Abb., Efal., Fourier Vlg. 1995. **DM 39,80**

Anton Hügli /P. Lübcke (Ed.): Philosophielexikon. Personen und Begriffe der abendländischen Philosophie von der Antike bis zur Gegenwart. 703 S., Kt., Rowohlt 2. Ed. 1998. **DM 29,90**

A.T. Khoury /L. Hagemann /P. Heine: Islam-Lexikon. Geschichte - Ideen - Gestalten. Kt. iKass., Herder NA 1999. **ca. DM 49,80**

Klaus Kreiser (Ed.): Lexikon der islamischen Welt. 320 S., Kt., Kohlhammer Vlg. NA 1992. **DM 38,-**

Jürgen Mittelstrass (Ed.): Enzyklopädie Philosophie und Wissenschaftstheorie. Zus. 3700 S., Gb., Metzler 1996. **DM 698,-**

Klaus-Josef Notz: Lexikon des Buddhismus, 2 Bde. Grundbegriffe, Traditionen, Praxis. 1.200 Stichw., Kt., Herder 1998. **DM 68,-**

Johann Prossliner (Ed.): Goßes Lexikon der Nietzsche-Zitate. 700 S., kt., Vlg. Kastell noch nicht ersch.. **DM 98,-**

J. Ritter/K. Gründer: Historisches Wörterbuch der Philosophie. Bd. 1: A-C. VII, 526 S., Ln., Schwabe Vlg. 1971. **DM 169,-**

J. Ritter/K. Gründer: Historisches Wörterbuch der Philosophie. Bd. 10: St-T. VI, 820 S., Ln., Schwabe Vlg. 1998. **DM 420,-**

J. Ritter/K. Gründer: Historisches Wörterbuch der Philosophie. Bd. 2: D-F. VI, 584 S., Ln., Schwabe Vlg. 1972. **DM 184,-**

J. Ritter/K. Gründer: Historisches Wörterbuch der Philosophie. Bd. 3: G-H. VI, 646 S., Ln., Schwabe Vlg. 1974. **DM 202,-**

J. Ritter/K. Gründer: Historisches Wörterbuch der Philosophie. Bd. 4: I-K. VI, 753 S., Ln., Schwabe Vlg. 1976. **DM 234,-**

J. Ritter/K. Gründer: Historisches Wörterbuch der Philosophie. Bd. 5: L-Mn. VI, 734 S., Ln., Schwabe Vlg. 1980. **DM 230,-**

J. Ritter/K. Gründer: Historisches Wörterbuch der Philosophie. Bd. 6: Mo-O. IX, 709 S., Ln., Schwabe Vlg. 1984. **DM 224,-**

J. Ritter/K. Gründer: Historisches Wörterbuch der Philosophie. Bd. 7: P-Q. VI, 933 S., Ln., Schwabe Vlg. 1989. **DM 298,-**

J. Ritter/K. Gründer: Historisches Wörterbuch der Philosophie. Bd. 8: R-Sc. VI, 770 S., Ln., Schwabe Vlg. 1992. **DM 320,-**

J. Ritter/K. Gründer: Historisches Wörterbuch der Philosophie. Bd. 9: Se-Sp. VI, 790 S., Ln., Schwabe Vlg. 1995. **DM 360,-**

Julius H. Schoeps (Ed.): Neues Lexikon des Judentums. 496 S., 244 Abb., Ln., aktual. NA 1998. **DM 78,-**

Helmut Seiffert: Einführung in die Wissenschaftstheorie. Tl. 4: Wörterbuch der wissenschaftstheoretischen Terminologie. 199 S., Kt., C.H.Beck 1997. **DM 19,80**

Joseph Speck et al. (Ed.): Handbuch wissenschaftstheoretischer Begriffe, Tl. 1. 239 S., Kt., UTB 1980. **DM 25,80**

Joseph Speck et al. (Ed.): Handbuch wissenschaftstheoretischer Begriffe, Tl. 2. 290 S., Kt., UTB 1980. **DM 25,80**

Joseph Speck et al. (Ed.): Handbuch wissenschaftstheoretischer Begriffe, Tl. 3. Kt., UTB 1980. **DM 25,80**

Franco Volpi (Ed.): Lexikon der philosophischen Werke. 880 S., Ln., Kröner Vlg. 1988. **DM 48,-**

Psychoanalyse /Tiefenpsychologie /Psychologie

Index Psychoanalyse 1996/97. Thematisches Verzeichnis lieferbarer deutschsprachiger Literatur der Psychoanalyse und Tiefenpsychologie mit Nebengebieten. Mit einem Beitrag „Freud und die Dichter - Die Dichter und Freud" v. J. Cremerius. Ed. Joe-Gerrit Grote et.al. 160 S., Pb., Edition dèjá-vu 1996. **DM 18,-**

Index Psychoanalyse 1996/97. Vorzugsausgabe mit der EA. von Peter Brückner: Sigmund Freuds Privatlektüre. Thematisches Verzeichnis lieferbarer deutschsprachiger Literatur der Psychoanalyse und Tiefenpsychologie mit Nebengebieten. Mit einem Beitrag „Freud und die Dichter - Die Dichter und Freud" v. J. Cremerius. Ed. Joe-Gerrit Grote et.al. 160 S. + 154 S., Pb. iSchub., Edition dèjá-vu 1996. **DM 28,-**

Index Psychoanalyse 2000. Verzeichnis lieferbarer deutschsprachiger Literatur der Psychoanalyse und Tiefenpsychologie mit Nebengebieten. Redaktion: Jörg Volbers u.a. 220 S., Kt., Vlg. Brandes & Apsel 2000. **DM 24,-**

Lexikon der Psychologie in 5 Bänden + CD-ROM. Gb. mit 5 CD-ROMs, Spektrum Vlg. 2000 f.. **DM PaA**

Thomas Auchter /Laura Viviana Strauss: Kleines Wörterbuch der Psychoanalyse. 186 S., Kt., Vandenh. & Ruprecht 1999. **DM 29,-**

R. Brunner /M. Titze (Ed.): Wörterbuch der Individualpsychologie. Ausführlich erläuterte Stichwörter von „Aggression" bis „Zwangsneurose". 608 S., Gb., E. Reinhardt Vlg. 2. Ed. 1995. **DM 78,-**

Dylan Evans: Einführendes Wörterbuch zur Lacanschen Psychoanalyse. Über 200 Stichworte. 250 S., Gb., Turia & Kant 2000. **DM 42,-**

H. Freyberger /U. Siebel /W. Mombour (Ed.): Lexikon psychopathologischer Grundbegriffe. Ein Glossar zum Kap. V(F) der ICD-10. 250 S., Abb., Kt., H. Huber Vlg. iVbr. 2000. **DM 44,80**

H. Häcker /K. Stapf (Ed.): Dorsch Psychologisches Wörterbuch. X,1068 S., Gb., H. Huber Vlg. 13. rev. Ed. 1998. **DM 98,-**

Helmut Hark (Ed.): Lexikon Jungscher Grundbegriffe. Mit Originaltexten v. C. G. Jung. 197 S., Kt., Walter Vlg. 4. Ed. 1998. **DM 34,80**

Robert D. Hinshelwood: Wörterbuch der kleinianischen Psychoanalyse. (Rhe.: VIP - Verl. Internat. Psa.) XXIX, 775 S., Ln., Klett-Cotta 1993. **DM 78,-**

Wolfgang Mertens (Ed.): Schlüsselbegriffe der Psychoanalyse. (Rhe.: VIP - Verl. Internat. Psa.) 526 S., Ln., Klett-Cotta 3. Ed. 1997. **DM 68,-**

Elke Mühleitner: Biographisches Lexikon der Psychoanalyse. Die Mitglieder der Psychologischen Mittwoch-Gesellschaft und der Wiener Psychoanalytischen Vereinigung 1902-1938. Mitarb. Joh. Reichmayr. 400 S., Gb., Ed. diskord 1992. **DM 74,-**

Hans Pimmer: Klangtherapie - Musiktherapie. Lexikon. 116 S., Pb., Hänsel Vlg. 1996. **DM 44,-**

Wolfgang Schmidbauer: Der neue Psychotherapie-Führer. Die wichtigsten psychotherapeutischen Methoden. Informationen und Tips für Interessierte und Betroffene. 223 S., Kt., Goldmann 2. Ed. 1994. **DM 34,-**

Wolfgang Schmidbauer: Der neue Psychotherapie-Führer. Die wichtigsten psychotherapeutischen Methoden. Informationen und Tips für Interessierte und Betroffene. Kt., Goldmann 1997. **DM 16,90**

Wolfgang Schmidbauer: Psychologie. Lexikon der Grundbegriffe. Abb., Kt., Rowohlt 1991. **DM 12,90**

T. Seifert /A. Waiblinger (Ed.): Die 50 wichtigsten Methoden der Psychotherapie, Körpertherapie, Selbsterfahrung und des geistigen Trainings. 416 S., 52 Photos, Br., Kreuz Vlg. 4. Ed. 1995. **DM 29,80**

Gerhard Stumm et al. (Ed.): Wörterbuch der Psychotherapie. 1000 S., Gb., Springer 2000. **DM 158,-**

Realenzyklopädien

Brockhaus Enzyklopädie. Deutsches Wörterbuch in drei Bänden. 3 Bde., Einzelbd. DM 216,00, Bibl.Inst.Mannh. o.J.. **á DM 216,00**

dtv-Lexikon. zus. 6850 S., Kt. i.Kass., dtv 11. rev. Ed. 1998. **DM 198,-**

Encyclopedia Britannica 99. Multimedia Edition. 2 CD-ROMs, Acclaim Vlg. 1998. **DM 229,-**

Encyclopedia Britannica 99. Standard Edition. CD-ROM, Acclaim 1999. **DM 139,95**

Meyers Enzyklopädisches Lexikon. 25 Bde. m. Atlas-Bd. 25 Bde., Hld., Bibl.Inst.Mannh. 1975 ff.. **DM 4200,-**

Retrospect 2000. Das Lexikon des 20. Jahrhunderts. Chronik, Dokumentation, Enzyklopädie. 8 CD-ROM, 1 DVD-ROM, 1999. **DM 198,-**

TRE - Theologische Realenzykopädie. Studienausgabe Teil 1. Bde 1-17 + Register. Br., de Gruyter 1993. **DM 1200,-**

TRE - Theologische Realenzykopädie. Studienausgabe Teil 2. Bde 18-27 + Register. (Fertigstellung des Gesamtwerks ca. 2003) Br., de Gruyter 1999. **DM 800,-**

Brockhaus Enzyklopädie 2000. Hld, Bibl.Inst.Mannh. 20. rev. Ed.. **DM 25000,-**

Brockhaus. Die Enzyklopädie in 24 Bänden. Pflichtfortsetzung Band 1-24. Zus. 260000 Stichwörter auf 17000 S., über 35000 Abb., Ktn u. Tab., durchg. farb., Hld, Bibl.Inst.Mannh. 20. rev. Ed. 1996 ff.. **DM 5472,-**

Der Brockhaus in Text und Bild. Das Arbeitslexikon für PC und Mac. CD-ROM, Bibl.Inst.Mannh. 1999. **DM 149,-**

„Der Brockhaus in Text und Bild" bietet Ihnen mehr als 66 000 Artikel mit 140 000 Stichwörtern und rund 4 200 Bildern, die mit Hilfe der PC-Bibliothekstechnik genutzt werden können. Außerdem bietet das Programm verschiedene, schnelle, erweiterte und benutzerfreundliche Suchmöglichkeiten. R Systemvoraussetzungen: S PC 486/DX33, Windows 3.1, Windows 95, Windows 98, Windows NT ab Version 3.51, 8 MB RAM (Win 3.1), 16 MB RAM (Win 95), 32 MB RAM (Win 98), 48 MB RAM (Win NT), 25 MB freier Festplattenspeicher (50 MB empfohlen), Grafikkarte 640 x 480 mit 256 Farben R Systemvoraussetzungen Macintosh: S Alle Power Macintosh, System 7.51, 16 MB RAM, Soundkarte, 256-Farben-Grafik

Der Brockhaus multimedial. CD-ROM für Windows. 1 CD-ROM, Bibl.Inst.Mannh. 1998. **DM 199,-**

Dieses Lexikon bietet in über 66 000 Artikeln eine enorme Fülle an fundierten Informationen. Videos, Animationen, Bilder, Tondokumente u.v.m. ergänzen das Wissensangebot. Die vielseitigen Suchmöglichkeiten und Querverweise eröffnen immer neue Wege zu neuem Wissen. So entsteht ein dichtes Netz gesicherter Informationen. R Systemvoraussetzungen: S Pentium 90 MHz, Windows 95 mit 16 MB RAM, Windows 98 mit 32 MB RAM, Windows NT 4.0 mit 48 MB RAM, 75 MB freier Festplattenspeicher, 4fach CD-ROM-Laufwerk, 16-Bit-Soundkarte, Grafikkarte 800x600 mit 65 000 Farben

SOZIOLOGIE

Hans J. Degen (Ed.): Lexikon der Anarchie. 154 S., Ringb., Schreieck Vlg. 1993. **DM 60,-**

Günther Endruweit et al. (Ed.): Wörterbuch der Soziologie. 3 Bde. zus. 872 S., Kt.iSch., Enke 1989. **DM 68,-**

W. Fuchs-Heinritz /R. Lautmann et al. (Ed.): Lexikon zur Soziologie. 763 S., Kt., Westdt. Vlg. 3. rev. Ed. 1994, Nachdruck 1998. **DM 78,-**

H. Gasper /J. Müller (Ed.): Lexikon der Sekten, Sondergruppen und Weltanschauungen. Fakten, Hintergründe, Klärungen. VIII, 605 S., Gb., Herder 5. Ed. 1997. **DM 108,-**

Bernd-Ulrich Hergemeier: Mann für Mann. Biographisches Lexikon zur Geschichte von Freundesliebe und mannmännlicher Sexualität im deutschen Sprachraum. 911 S., Gb., Männerschwarmskript 1998. **DM 168,-**

Karl W. Hillmann: Wörterbuch der Soziologie. XIII, 971 S., Ln., Kröner Vlg. 4. rev. Ed. 1994. **DM 48,-**

Walter Hirschberg: Wörterbuch der Völkerkunde. 536 S., Ln., Reimer Vlg. Neuausg. 1998. **DM 78,-**

Otfried Höffe (Ed.): Lexikon der Ethik. 332 S., Pb., C.H.Beck 5. rev. Ed. 1997. **DM 24,-**

Rudi Palla: Das Lexikon der untergegangenen Berufe. 444 S., Kt., Eichborn Vlg. 1998. **DM 19,90**

H. Seiffert /G. Radnitzky (Ed.): Handlexikon zur Wissenschaftstheorie. 504 S., Kt., dtv 1992. **DM 29,90**

Gerhard Strube et al. (Ed.): Wörterbuch der Kognitionswissenschaft. 870 S., 2000 Stichwörter, Ln., Klett-Cotta 3. Ed. 1998. **DM 148,-**

SPRACHE UND LITERATUR

Brockhaus Wahrig Deutsches Wörterbuch. 6 Bde., Einzelbd. DM 148,00, Gb., o.J.. **DM 888,00**

Kindlers Neues Literatur Lexikon. in 20 Bänden. 992 S. pro Bd., Ln. mit Schutzumschlag, Kindler Vlg. **178,- pro Bd. DM 3560,-**

Bd. 1-17: Autoren-alphabetisch geordnete Werkdarstellungen
Bd. 18 u. 19: Anonyme Werke und Großbeiträge
Bd. 20: Übersichtsdarstellungen der einzelnen Nationalliteraturen, 3 Register: alphabetisches Autoren-Register mit Werkverzeichnis

Kindlers Neues Literatur Lexikon. in 20 Bänden. 992 S. pro Bd., Luxus-Halbleder-Ausgabe, Kindler Vlg. **248,- pro Bd. DM 4960,-**

Bd. 1-17: Autoren-alphabetisch geordnete Werkdarstellungen
Bd. 18 u. 19: Anonyme Werke und Großbeiträge
Bd. 20: Übersichtsdarstellungen der einzelnen Nationalliteraturen, 3 Register: alphabetisches Autoren-Register mit Werkverzeichnis

Kindlers Neues Literatur Lexikon. Supplementbände 21 und 22. Luxus-Halbleder-Ausgabe, Kindler Vlg. **DM 658,-**

Bd. 21: A-K
Bd. 22: L-Z

Kindlers Neues Literatur Lexikon. Supplementbände 21 und 22 komplett. Ln., Kindler Vlg. **DM 478,-**

Bd. 21: A-K
Bd. 22: L-Z

Kluge. Etymologisches Wörterbuch der deutschen Sprache. LXIV, 921 S., Gb., de Gruyter 1999. **DM 69,80**

Der Literatur Brockhaus. Zus. 3328 S., über 700 Abb., Kt., Bibl.Inst.Mannh. rev. Ed. 1995. **DM 98,-**

Duden. Bd. 11: Redewendungen und sprichwörtliche Redensarten. 864 S., Gb., Bibl.Inst.Mannh. 1992. **DM 38,-**

Duden Deutsches Wörterbuch. Auf der Grundlage der neuen amtlichen Regelungen. 448 S., Gb., Bibl.Inst.Mannh. 4. Ed. 1999. **DM 16,90**

Duden. Das grosse Wörterbuch der deutschen Sprache. Zus. 4000 S., Gb, Bibl.Inst.Mannh. 2. rev. Ed. 1993. **DM 632,-**

C. Agricola /E. Agricola (Ed.): Wörter und Gegenwörter. Wörterbuch der sprachlichen Gegensätze. 267 S., Kt., Bibl.Inst.Mannh. 1992. **DM 15,90**

Heinz L. Arnold: Kritisches Lexikon zur fremdsprachigen Gegenwartsliteratur. 9 Ordner, Loseblatt-Ausg., Text & Kritik 2000. **DM 390,-**

Heinz-L. Arnold (Ed.): Kritisches Lexikon zur deutschsprachigen Gegenwartsliteratur. In 10 Ordnern zur Fortsetzung. Loseblattausgabe. 10200 S., 10 Ordner, Text & Kritik 1997. **DM 390,-**

Hans Bahlow: Deutsches Namenlexikon. 700 S., Kt., Suhrkamp 1972. **DM 24,80**

A. C. Baumgärtner /H. Pleticha (Ed.): Kinderliteratur und Jugendliteratur. Ein Lexikon. Ringbuch; Lief. z. Forts.: Autoren, Illustratoren, Verlage, Begriffe. Loseblatt-Ausg., Vlg. Corian 1999. **DM 148,-**

K. Bittermann /G. Henschel (Ed.): Das Wörterbuch des Gutmenschen. Bd. 1: Zur Kritik der moralisch korrekten Schaumsprache. (Rhe.: Critica Diabolis 53) 200 S., Pb., Ed. tiamat 1994. **DM 28,-**

Klaus Bittermann /W. Droste (Ed.): Das Wörterbuch des Gutmenschen. Bd. 2: Zur Kritik von Plapperjargon und Gesinnungssprache. (Rhe.: Critica Diabolis 53) 224 S., Pb., Ed. tiamat 1995. **DM 28,-**

Joachim Ch. Blum (Ed.): Deutsches Sprichwörterbuch. (Nachdr. d. Ausg. Leipzig 1780-82) 471 S., Ln., Olms Vlg. 1990. **DM 96,-**

Kurt Böttcher et al. (Ed.): Lexikon deutschsprachiger Schriftsteller, 2 Bde. Bd. 1: Von den Anfängen bis zum Ausgang des 19. Jahrhunderts. 652 S., Ln., Olms Vlg. 1999. **DM 118,-**

Kurt Böttcher et al. (Ed.): Lexikon deutschsprachiger Schriftsteller, 2 Bde. Bd. 2: 20. Jahrhundert. 960 S., Ln., Olms Vlg. 1999. **DM 148,-**

G. Brinker-Gabler /K. Ludwig et al.: Lexikon deutschsprachiger Schriftstellerinnen von 1800 bis 1945. 368 S., Kt., dtv 1986. **DM 16,80**

E. Bulitta /H. Bulitta: Wörterbuch der Synonyme und Antonyme. Sinn- und sachverwandte Wörter und Begriffe sowie deren Gegenteil und Bedeutngsvarianten. Kt., S. Fischer **DM 24,90**

Wolf-Ulrich Cropp: Sofort das richtige Fremdwort. 20.000 Stichwörter. 438 S., Gb., Eichborn Vlg. 1999. **DM 44,-**

Klaus Doderer (Ed.): Lexikon der Kinder- und Jugendliteratur. 3 Bände + Erg.-Band. 2772 S., Br., Beltz 1995. **DM 298,-**

Elisabeth Frenzel: Motive der Weltliteratur. Ein Lexikon dichtungsgeschichtlicher Längsschnitte. XVI, 935 S., Ln., Kröner Vlg. 1999. **DM 49,-**

E. Frenzel /H. Frenzel: Daten deutscher Dichtung. Chronologischer Abriß der deutschen Literaturgeschichte. Bd. 1: Von den Anfängen bis zum Jungen Deutschland. 412 S., Kt., dtv 1990. **DM 16,90**

E. Frenzel /H. Frenzel: Daten deutscher Dichtung. Chronologischer Abriß der deutschen Literaturgeschichte. Bd. 2: Vom Realismus bis zur Gegenwart. 446 S., Kt., dtv 1990. **DM 16,90**

H. Görner /G. Kempcke (Ed.): Wörterbuch Synonyme. Orginalausgabe. 832 S., Kt., dtv 1999. **DM 29,90**

J. Grimm /W. Grimm: Deutsches Wörterbuch. 33812 S. in 33 Großbdn., Kt. i.Kass., dtv 1999. **DM 999,-**

J. Haisch /M. Wildner /R. Weitkunat (Ed.): Wörterbuch Public Health. 350 S., 1 CD-ROM, Gb., H. Huber Vlg. 1999. **DM 68,-**

Ute Hechtfischer et al. (Ed.): Metzler Autorinnen Lexikon. VI, 617 S., Gb., Metzler 1998. **DM 68,-**

Alfred Hornung: Lexikon amerikanischer Literatur. 366 S., Gb., Bibl.Inst.Mannh. 1992. **DM 39,90**

G. Kandler /S. Winter: Wortanalytisches Wörterbuch. Deutscher Wortschatz nach Sinn-Elementen. 10 Bände. je Band 500 S., Gb., W. Fink Vlg. 1992 ff.. **DM 1480,-**

Walther Killy (Ed.): Literaturlexikon. Autoren und Werke deutscher Sprache. Ln., Bertelsmann Lexikon-Vlg. 1988. **DM 698,-**

Friedrich Kluge: Etymologisches Wörterbuch der deutschen Sprache. 921 S., Kt., de Gruyter 23. Ed. 1999. **DM 39,80**

Hermann Koller: Orbis Pictus Latinus. 272 S., Kt., Artemis Vlg. o.J.. **DM 29,80**

Bettina Kümmerling-Meibauer: Klassiker der Kinderliteratur und Jugendliteratur, 2 Bde. Ein internationales Lexikon. 1236 S., 25 Abb., Gb., Metzler 1999. **DM 398,-**

Philippe Michel-Thiriet: Das Marcel-Proust-Lexikon. 514 S., Kt., Suhrkamp 1999. **ca. DM 27,80**

Rainer Nickel: Lexikon der antiken Literatur. 904 S., Gb., Artemis & Winkler 1999. **DM 98,-**

Nabil Osman (Ed.): Kleines Lexikon untergegangener Wörter. Wortuntergang seit dem Ende des 18. Jahrhunderts. 263 S., Kt., C.H.Beck 10. Ed. 1998. **DM 19,80**

Sophie Pataky (Ed.): Lexikon deutscher Frauen der Feder. Eine Zusammenstellung der seit dem Jahre 1840 erschienenen Werke. 2 Bde. Bd. 1: XV, 527 S., Bd. 2: 545, 72 S., Ln., Kiefer (Reprint d. Ausg. v. 1898) 1987. **DM 128,-**

Wolfgang Pfeifer (Ed.): Etymologisches Wörterbuch des Deutschen. 1696 S., Kt., dtv 1995. **DM 39,-**

Ulfert Rickleffs (Ed.): Fischer Lexikon Literatur Bd. 1. Kt., S. Fischer **DM 24,90**

Ulfert Rickleffs (Ed.): Fischer Lexikon Literatur Bd. 2. Kt., S. Fischer **DM 24,90**

Ulfert Rickleffs (Ed.): Fischer Lexikon Literatur Bd. 3. Kt., S. Fischer **DM 24,90**

Lutz Röhrich: Lexikon der sprichwörtlichen Redensarten. 5 Bde. zus. 1910 S., Kt., Herder 1994. **DM 129,-**

Lutz Röhrich: Lexikon der sprichwörtlichen Redensarten, 5 Bde. Kt., Herder 1999. **DM 99,-**

Waverley Root: Das Mundbuch. Eine Enzyklopädie alles Eßbaren. (Rhe.: Die andere Bibliothek) 408 S., Gb., Eichborn Vlg. 1994. **DM 44,-**

Wilfried Seibicke: Historisches Deutsches Vornamenbuch. A-E. XCVII, 712 S., Kst., de Gruyter 1996. **DM 360,-**

Wilfried Seibicke: Historisches Deutsches Vornamenbuch. F-K. XV, 724 S., Kst., de Gruyter 1998. **DM 460,-**

Karl Simrock (Ed.): Die deutschen Sprichwörter. 631 S., Ln., Reclam, Ditzingen 1995. **DM 29,80**

Jody Skinner: Bezeichnungen für das Homosexuelle im Deutschen. Bd. 1: Eine lexikologische Analyse und eine lexikographische Aufgabe. 152 S., Kt., Vlg. Die Blaue Eule 1999. **DM 38,-**

Jody Skinner: Bezeichnungen für das Homosexuelle im Deutschen. Bd. 2: Ein Wörterbuch. 380 S., Kt., Vlg. Die Blaue Eule 1999. **DM 76,-**

Jody Skinner: Warme Brüder, Kesse Väter. Lexikon mit deutschen Ausdrücken für Lesben, Schwule und Homosexualität. 203 S., Kt., Vlg. Die Blaue Eule 1997. **DM 29,-**

Renate Wall (Ed.): Lexikon deutschsprachiger Schriftstellerinnen im Exil 1933 - 1945. 2 Bände. 271, 269 S., 150 Abb., Kt., Kore Ed. 1994. **DM 29,80**

Klaus P. Walter (Ed.): Lexikon der Kriminalliteratur. Autoren. Werke. Themen /Aspekte. 5200 S., 25 Abb., Vlg. Corian Stand: 1998. **DM 348,-**

Paul Wigand: Der menschliche Körper im Munde des deutschen Volkes. Eine Sammlung sprichwörtlicher Redensarten. 130 S., Br., Lit Vlg. 1987. **DM 19,80**

Gero v. Wilpert: Lexikon der Weltliteratur. 4 Bände. 3312 S., Kt., dtv 1997. **DM 128,-**

VARIA /KURIOSA

Hans-Peter von Aarburg: Heroindampfscheibenwirbel. Eine kulturanthropologische und ethnopsychoanalytische Studie des Folienrauchens in Zürich zwischen 1990 und 1995. 359 S., Kt., VWB 1998. **DM 40,-**

Jürgen Graupmann: Das Lexikon der Flops und Fehlleistungen. Kt., Bastei-Lübbe 1999. **DM 14,90**

Stanislav Grof: LSD-Psychotherapie. 407 S., Abb., 8 Taf., Kt., Klett-Cotta 1983. **DM 48,-**

Michael Hagner (Ed.): Der falsche Körper. Beiträge zu einer Geschichte der Monstrositäten. 230 S., Kt., Wallstein-Vlg. 1995. **DM 38,-**

Heinz-Dieter Herbig: Die Exzessiven. Rausch, Sucht, Erkenntnis. 94 S., Pb., Königshausen & Neumann 1997. **DM 19,80**

Die Sucht der Suche erweist sich als ruinös. Eben hier beginnt der Exzess, der, um den Geist zu intensivieren, immer auch ein Spiel mit dem Tod ist. Setzt er einerseits größte energetische und sinnliche Kapazitäten frei (und macht, wie Baudelaire schrieb, aus einer Minute drei - nicht in die Länge, sondern nach innen verstanden) - stößt er andererseits auf rigorosen physischen Widerstand. Der Körper verweigert sich, wird krank. „Der Gedanke höhlt den Körper aus", wie Balzac bemerkt. An dieser Grenze enstanden die eindrucksvollsten Werke; entstanden durch etwas, was gemeinhin „Krankheit" genannt wird. Die Gesundheit dieser Krankheit ist keine Umkehrung, keine Verleugnung, lediglich eine Entlarvung durch den Exzess.

Kostis Papajorgis: Der Rausch. Ein philosophischer Aperitif. 182 S., Ln., Klett-Cotta 1993. **DM 38,-**

Richard Rudgley: Lexikon der psychoaktiven Substanzen. Ein kulturhistorischer Trip. 448 S., Kt., Econ 1999. **DM 17,90**

D.M. Turner: Der psychedelische Reiseführer. 120 S., Br., Nachtschatten Vlg. 1997. **DM 19,-**

FACHZEITSCHRIFTEN

Lieferbare deutschsprachige Zeitschriften der Psychoanalyse, Tiefenpsychologie und Psychotherapie

Analytische Kinder- und Jugendlichen-Psychotherapie (AKJP)
Hg. B. Kunze, J. Raue, A. Arp-Trojan u.a. Wissenschaftlicher Beirat u.a. W. Baumann, Th. Bauriedl, R. Klüwer.

Die Zeitschrift erscheint vierteljährlich im Verlag Brandes & Apsel, Frankfurt am Main.
Das Jahresabonnement zu DM 92,-, incl. Versandkosten;
das Einzelheft für DM 24,-.

"Die Beiträge stellen seit einem Vierteljahrhundert ein Forum dar für die Diskussion, Verbreitung und Auseinandersetzung zwischen den verschiedenen psychoanalytischen Denkrichtungen ...."

ISSN 0945-6740

Analytische Psychologie

Zeitschrift für Analytische Psychologie und ihre Grenzgebiete.

Offizielles Organ der Deutschen Gesellschaft für Analytische Psychologie, der Schweizerischen Gesellschaft für Analytische Psychologie, der Österreichischen Gesellschaft für Analytische Psychologie und der Internationalen Gesellschaft für Tiefenpsychologie. Hg. H. Dieckmann, V. Kast und A. Wilke.

Erscheint vierteljährlich im Verlag S. Karger, Basel /Freiburg. Das Jahresabonnement zu DM 150,- zzgl. VK.

ISSN 0301-3006

Arbeitshefte Kinderpsychoanalyse

Klinik und Praxis, Theorie und Technik, Kultur und Gesellschaft.

Hg. H. Kipp (Kassel), U. Müller (Kassel), A. Perner (Tübingen), S. Teuns (Amsterdam)

Erscheint am Wissenschaftlichen Zentrum II der Universität /Gesamtschule Kassel in ca. halbjährlicher Folge.
Heftpreis DM 24,- zzgl. Versand. Doppelhefte für DM 28,- (zurückliegende Einzelhefte zum Preis von DM 18,-)

Neben den Beiträgen der „Kasseler Workshops" zu jeweils spe ziellen Fragestellungen der (Kinder-)Psychoanalyse bietet die Zeitschrift ausgewählte Originalarbeiten und Übersetzungen, die das gesamte Feld der analytischen Arbeit mit Kindern und Jugendlichen zum Gegenstand haben.

ISSN 0721-9628

Balint-Journal

Zeitschrift der Deutschen Balint-Gesellschaft

Hg. Ernst Petzold (Aachen), Günther Bergmann (Gengenbach) und Margarethe Stubbe (Salzgitter).

Erscheint ab 2000 vierteljährlich im Thieme-Verlag, Stuttgart.
Das Jahresabonnement zu DM 148,- zzgl. Versand; Einzelhefte DM 47,-.

ISSN 1439-5142

Bulletin

Zeitschrift der Wiener Psychoanalytischen Vereinigung.

Hg.: Vorstand der Wiener Psychoanalyt. Vereinigung. Redaktion T. Aichhorn, W. Berneer, W. Burian, F. Früh, B. Reitter, S. Teicher u.a.

Das Bulletin wurde 1984 ins Leben gerufen, um die wissenschaftliche Tätigkeit der Vereinigung zu dokumentieren. Seit Herbst 1993 erschien die Zeitschrift im Picus Verlag, Wien. Das Erscheinen wurde zum Jahresende 1998 eingestellt. Einzelne Ausgaben sind über die SFB noch zum Preis von DM 29,80 erhältlich.

ISSN 1021-7371

curare

Zeitschrift für Ethnomedizin und transkulturelle Psychiatrie

Hg. Arbeitsgemeinschaft Ethnomedizin.

Erscheint halbjährlich im VWB-Verlag, Berlin (Beiträge in Deutsch, Englisch und Französisch).
Das Abonnement zu DM 86,- + Versand; das Einzelheft zu DM 48,-.

ISSN 0344-8622

Daseinsanalyse

Zeitschrift für phänomenologische Anthropologie und Psychotherapie.

Hg. Daseinsanalytisches Institut für Psychotherapie und Psychosomatik, Zürich.

Erscheint vierteljährlich bei Karger (Basel).
Das Jahresabonnement ca. DM 140,- , Einzelheft DM 26,- zzgl. Versand

ISSN 0254-6221

Dynamische Psychiatrie

Internationale Zeitschrift für Psychiatrie und Psychoanalyse
- Dynamic Psychiatry -

Hg. G. Ammon. Erscheint quartalsweise im Pinel-Verlag (Berlin).

Beiträge großteils in Deutsch, teilweise in englischer Sprache.
Jahresabonnement DM 114,- zzgl. DM 6,- Versand. Einzelheft DM 20,-.

ISSN 0012-770X

Familiendynamik

Interdisziplinäre Zeitschrift für systemorientierte Praxis und Forschung

Hg. Arnold Retzer und Fritz B. Simon.

Erscheint vierteljährlich bei Klett-Cotta (Stuttgart).
Das Jahresabonnement zum Preis von DM 115,- + VK. (Vorzugsabonnement für Studierende und Akademiker im Vorbereitungsdienst DM 87,- zzgl. VK.)
Das Einzelheft für DM 32,-.

Die Zeitschrift versteht sich als Forum für alle, die sich beruflich, insbesondere therapeutisch mit dem „System Familie" beschäftigen und die an einem regen fachlichen Austausch sowie grundlegenden Informationen aus der internationalen Familienforschung und Praxis interessiert sind.

ISSN 0342-2747

Forum der Psychoanalyse

Zeitschrift für klinische Theorie und Praxis

Hg.: F. Beese, H. Enke, M. Ermann, P. Fürstenau, A. Heigl-Evers, S.O. Hoffmann, H. Kächele, K. König, J. Körner, C. Nedelmann, T. Seifert.

Erscheint vierteljährlich im Verlag Springer (Berlin).
Das Abonnement zu DM 228,- zzgl. 12,40 VK;
Einzelhefte DM 68,40 zzgl. Versand.

Die Zeitschrift wurde 1985 von Psychoanalytikern verschiedener Fachgesellschaften in der Absicht gegründet, ein unabhängiges wissenschaftliches Forum für die rein fachlich motivierte und begründete Diskussion der aktuellen Fragen hinsichtlich psa. Theorie und Klinik zu schaffen.

ISSN 0178-7667

Freie Assoziation

Zeitschrift für Psychoanalyse – Kultur – Organisation – Supervision

Hg. Ullrich Beumer, B. Oberhoff, D. Ohlmeier, B. Sievers.

Gegründet 1998. Es erscheinen jährlich drei Ausgaben im Daedalus-Verlag (Münster).
Das Abonnement zu DM 95,- zzgl. Versandanteil.
Einzelhefte zu DM 34,-.

„Das Anliegen der Hg., die Psychoanalyse als eine Human- und Kulturwissenschaft zu verstehen, verlangt die inhaltliche Auseinandersetzung mit dem Zusammenhang bzw. der Wechselbeziehung von menschlicher Psyche und ihrem jeweiligen gesellschaftlich-kulturellen Kontext. Insbesondere fühlen sich die Hg. dem Verstehen und Erkunden des Unbewußten im Feld von Organisation und Supervision verpflichtet."

ISSN 1434-7849

Gorgo

Zeitschrift für archetypische Psychologie und bildhaftes Denken

Hg.: Adolf Guggenbühl-Craig / Allan Guggenbühl-Jeanneret / Irene Vetter-Lüscher. Erscheint halbjährlich im Verlag Schweizer Spiegel, Raben Reihe, Zürich.

Abonnement jährlich incl. VK DM 47,-.
Einzelheft DM 25,-

ISSN: 7270-1267

Gruppenanalyse

Zeitschrift für gruppenanalytische Psychotherapie, Beratung und Supervision

Hg.: Institut für Gruppenanalyse Heidelberg. Erscheint halbjährlich im Mattes-Verlag (Heidelberg)

Jahresabonnement DM 38,- zzgl. DM 4,40 VK.
Einzelheft zum Preis von DM 21,- zzgl. Versand.

ISSN 0939-4273

Gruppenpsychotherapie und Gruppendynamik

Beiträge zur Sozialpsychologie und therapeutischen Praxis.

Organ der DAGG und der entsprechenden Arbeitskreise in Österreich und der Schweiz. Hg. J. Burgmeister, J. Eckert, O. König, I. Krafft-Ebing, D. Mattke, B. Mittelsten Scheid, J. Ott, B. Strauß
Erscheint im Verlag Vandenhoeck & Ruprecht, Göttingen.
Je Band 4 Hefte. Jahresbezugspreis im Abonnement DM 136,-; für Studierende gegen Nachweis DM 106,-; jeweils zzgl. Versandkosten. Einzelhefte zu DM 39,-
Neben wissenschaftlichen Originalbeiträgen zur Gruppenpsychotherapie bietet die Zeitschrift Berichte über experimentelle Erprobungen und praktische Anwendungen der verschiedenen Konzepte der Arbeit mit Gruppen in unterschiedlichen Settings. Sie möchte dem interdisziplinären Erfahrungsaustausch eine Plattform bieten und informiert nicht zuletzt über berufspolitische Entwicklungen.

ISSN 0017-4947

Imagination

Hg. von der österreichischen Gesellschaft für autogenes Training und allgemeine Psychotherapie (ÖGATAP), Redaktion Josef Bittner.

Erscheint quartalsweise seit 1979 im Facultas-Verlag, Wien, ca. 80 Seiten je Heft.
Das Jahresabonnement zu ATS 200,-, das Einzelheft für ATS 60,-; jeweils zzgl. Versandkosten.

ISSN 1021-2329

Kinderanalyse

Zeitschrift für die Anwendung der Psychoanalyse in Psychotherapie und Psychiatrie des Kindes- und Jugendalters

Hg. Jochen Stork, München. Erscheint vierteljährlich bei Klett-Cotta (Stuttgart).
Abonnement p.a. DM 120,- zzgl. 7,70 VK. Studenten und Akademiker im Vorbereitungsdienst (Referendariat) bei Nachweis jährlich DM 110,- zzgl. VK. Einzelheft DM 38,-.

Die Zeitschrift bietet nationale und internationale Originalbeiträge, die den aktuellen Stand der psychoanalytisch fundierten Forschung und Klinik, insbesondere im Bereich der Säuglings- und Kindertherapie, vorstellen.

ISSN 0942-6051

Kontext

Zeitschrift für Familientherapie

Hg. von der Deutschen Arbeitsgemeinschaft für Familientherapie (DAF).

Erscheint halbjährlich bei Vandenhoeck & Ruprecht für DM 49,- im Jahresabonnement zzgl. Versandkosten (Vorzugsabonnement DM 39,-).

ISSN 0720-1079

Luzifer - Amor

Zeitschrift zur Geschiche der Psychoanalyse

Hg.: H. Gekle, Frankfurt a. M. und G. Kimmerle, Tübingen.

Erscheint halbjährl., jeweils im Frühjahr und Herbst, bei der Edition Diskord.
Das Abonnement zu DM 60,- p.a. zzgl. VK., Einzelhefte für DM 36,-.

ISSN 0933-3347

Materialien zur Psychoanalyse und analytisch orientierten Psychotherapie

Das Erscheinen dieser Zeitschrift wurde mit Heft 4/1987 eingestellt. Erschienen im Verlag Vandenhoeck & Ruprecht, Göttingen. Verschiedene Einzelhefte können über die **Sigmund-Freud-Buchhandlung** noch bezogen werden. (PaA)

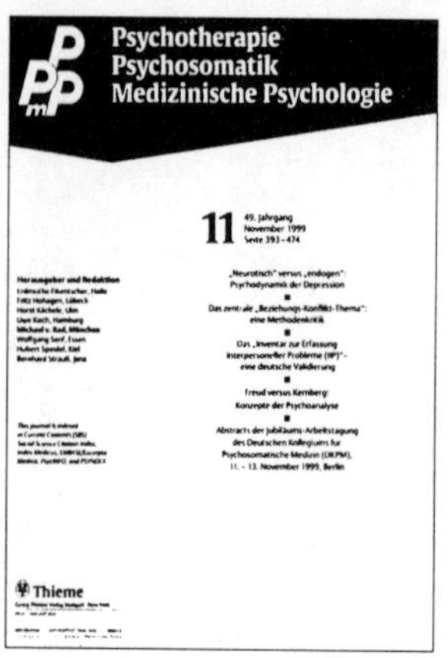

PPmP - Psychotherapie. Psychosomatik. Medizinische Psychologie

Organ der Allg. Ärztlichen Gesellschaft für Psychotherapie, des dt. Kollegiums für psychosomatische Medizin, der Deutschen Balint-Gesellschaft, der Internationalen Gesellschaft für Katathymes Bilderleben und imaginative Verfahren in Psychotherapie und Psychologie.

Hg.: H. Fikentscher, F. Hohage, H. Kächele, U. Koch, M.v. Rad, W. Senf, H. Speidel, B. Strauß.

Erscheint monatlich im Verlag Thieme (Stuttgart).
Das Abonnement zu DM 258,- p.a. zzgl. DM 18,- für den Versand. Vorzugsabonnement zu DM 148,- zzgl. Versand.
Einzelhefte zu DM 26,90.

ISSN 0937-2032

Praxis der Kinderpsychologie und Kinderpsychiatrie

Ergebnisse aus Psychoanalyse, Psychologie und Familientherapie
Hg. Manfred Cierpka, Gunther Klosinski, Ulrike Lehmkuhl, Inge Seiffge-Krenke, Friedrich Specht, Annette Streeck-Fischer.

Erscheint bei Vandenhoeck & Ruprecht, jährlich 10 Hefte, ca. 700 S. p.a..
Im Abonnement zu DM 115,-; Studierende gegen Bescheinigung DM 76,-; jeweils zzgl. Versandkosten.

Die Zeitschrift publiziert insbesondere Arbeiten aus Praxis und Forschung, die sich mit psychogenen und psychosomatischen Störungen und Beeinträchtigungen von Kindern und Jugendlichen sowie deren psychotherapeutischer Behandlung befassen.

ISSN 0032-7034

E 5710 E
PSYCHE
Zeitschrift
für Psychoanalyse
und ihre Anwendungen
Herausgegeben von
Werner Bohleber

Michel de M'Uzan
Der Tod gesteht nie
Thomas H. Ogden
Lebendiges und Totes in Übertragung und Gegenübertragung
Judith Kraus
Psychoanalyse im Exil – Schicksal?

11
52. Jahrgang
November 1998
Klett-Cotta
Stuttgart

PSYCHE - Zeitschrift für Psychoanalyse und ihre Anwendungen

Begründet 1947 von Alexander Mitscherlich, Hans Kunz und Felix Schottländer.
Hg. Werner Bohleber.

Erscheint monatlich im Verlag Klett-Cotta, Stuttgart. Jährlich 11 Hefte (davon ein Doppelheft).
Das Jahresabonnement zum Preis von DM 190,-; das Vorzugsabonnement - gegen Nachweis - zu DM 150.-, Einzelhefte für DM 19,- jeweils zzgl. Versandkosten.

Schwerpunkte: Psychoanalytische Theorie und Klinik – Metapsychologie – Politische Psychologie – Analytische Sozialpsychologie – Psychoanalytische Kulturkritik

ISSN 0033-2623

PSYCHE - Gesamtindex

für die Jahrgänge 1-46 (1947 - 1992), Ln. DM 68.-

Die Autoren, Themen, Originalarbeiten und Rezensionen auf einen Blick. Ln. DM 68,-. Standardtitel und Schlüssel zu annähernd 50 Jahrgängen der PSYCHE (Printausgabe).

PSYCHE – Gesamtindex. Neuausgabe auf CD-ROM (1947-1999)

1 CD-ROM, bei Klett-Cotta

Die komfortable PC-Anwendung (sowohl WIN- als a auch MAC-tauglich) erschließt die zurückliegenden Jahrgänge der Zeitschrift Psyche (1947–1999) zeitökonomisch und komfortabel. Die Datenbank kann nach Autoren, Stichwörtern und Querverweisen durchsucht und Abstractst der interessierenden Arbeiten können auf Wunsch gesammelt und ausgedruckt werden.

Subskriptionsangebot:
Bei Vorbestellungen, die bis zum 30.6.2000 erfolgen, beträgt der Preis der CD DM 88,- (statt 98,-); für Studierende /Ausbildungskandidaten DM 68,- (statt 78,-)

Psychoanalyse im Widerspruch

Hg. vom Institut für Psychoanalyse und Psychotherapie Heidelberg-Mannheim. Redaktion H. Becker, H. Parekh et al.

Erscheint halbjährlich im Selbstverlag des Instituts.
Der Heftpreis im Abonnement beträgt DM 19,- zzgl. Versand. Einzelhefte können zum Preis von 19,- DM zzgl. Versandkosten bezogen werden.

Es schrieben bisher: Paul Parin, Johannes Cremerius, Hellmut Becker, Hans-Martin Lohmann, Marie Langer, Ernest Freud, Manfred Pohlen, Lutz Rosenkötter, Rolf Vogt, Emilio Modena, David Becker, Heidi Gidion, Horst-Eberhard Richter u.v.a.

ISBN 3-608-91278-9

ISSN 0941-5378

Psychodrama

Zeitschrift für Theorie und Praxis von Psychodrama, Soziometrie und Rollenspiel

Hg. J. Bleckwedel u.a. Erscheint halbjährlich im Szenario Verlag, Köln.

Das Jahresabonnement DM 38,- zzgl. VK; Einzelhefte zu DM 22,40

ISSN 0934-8565

psychosozial

Hg. Horst-Eberhard Richter, Iring Fetscher, Hans-Jürgen Wirth u.a.

Erscheint vierteljährlich im Psychosozial Verlag, Dr. Hans-Jürgen Wirth, Gießen.
Das Jahresabonnement zu DM 108,- incl. Versand; das Studentenabonnement zu DM 54,- zzgl. Versand. Einzelhefte für DM 32,-

Seit ihrem Erscheinen thematisiert die Zeitschrift die Wechselbeziehungen zwischen psychischen und sozialen, also gesellschaftlichen Realitäten und versteht sich dabei als ein Forum für diese Debatte.

ISSN 0171-3434

Der Psychotherapeut

Fachzeitschrift für Ärzte und Psychologen in der Praxis und Klinik

Hg. M. Cierpka, J. Eckert, M. Hautzinger, P.L. Janssen, C. Reimer, B. Strauß

Erscheint zweimonatlich im Verlag Springer, Berlin.
Das Abonnement zu DM 248,- zzgl. DM 24,- Versandanteil.

Das Blatt versteht sich als schulenübergreifendes Forum und strebt die Annäherung und fachlich fundierte Diskussion der diversen psychotherapeutischen Richtungen an.

ISSN 0935-6185

Die Psychotherapeutin

Zeitschrift für Psychotherapie und Sozialpsychiatrie

Hg. Ulrike Hoffmann-Richter (Basel), Beatrice Adler (Basel) und Ursula Plog (Berlin).

Erscheint halbjährlich im Psychiatrie Verlag (Edition Das Narrenschiff), Bonn.
Abonnements incl. VK zu DM 45,- p.a.; das Einzelheft für DM 25,-; jeweils zzgl. Versand.

ISSN 0946-3453

Psychotherapie Forum

Hg. vom Österreichischen Bundesverband für Psychotherapie (ÖBVP) und dem Schweizer Psychotherapeuten-Verband (ASPV)

Erscheint vierteljährlich beim Springer-Verlag, Wien.
Bezugspreis p.a. DM 98,- zzgl. DM 10,40 Versandanteil. Das Einzelheft zu DM 30,- zzgl. Versand.

Die Zeitschrift bietet wissenschaftliche Beiträge aus dem gesamten Fachgebiet der Psychotherapie und aus angrenzenden Disziplinen.

ISSN 0943 – 1950

Psychotherapie und Sozialwissenschaft

Zeitschrift für qualitative Forschung

Hg. J. Bergmann, B. Boothe, M.B. Buchholz, A. Overbeck, J. Straub, U. Streeck und S. Wolff.

Erscheint seit ihrer Gründung 1998 im Verlag Vandenhoeck & Ruprecht, jährlich 4 Hefte, ca. 80 Seiten p.a..
Jahresbezugspreis im Abonnement DM 145,-; Studierende DM 98,-, jeweils zzgl. Versandkosten.

Die Herausgeber verbindet die Überzeugung, daß das, was Psychotherapie ausmacht, nicht nur mit dem medizinischen Paradigma der Krankenbehandlung verstanden, sondern auch als soziales Ereignis begriffen werden kann. Die Beiträge wollen insofern ermuntern zu einem unvoreingenommenen Blick hinweg über Zäune und Denkschablonen.

ISSN 1436-4638

PTT - Persönlichkeitsstörungen

Theorie und Therapie

Hg. O.F. Kernberg, P. Buchheim, B. Dulz, J. Eckert, S.O. Hoffmann, U. Sachse, H. Saß, M. Zaudig.

Erscheint vierteljährlich im Schattauer-Verlag (Stuttgart). Bezugspreis p.a. DM 144,- incl. Zustellung. Das Einzelheft (Preis seit 2000) zu DM 40,-.

Die seit 1997 erscheinende Zeitschrift bietet aktuelle Arbeiten aus Forschung und Praxis auf dem Gebiet der Borderline-Störungen, wobei jede Ausgabe einen speziellen thematischen Schwerpunkt aufgreift. Die Themenhefte in 2000: „Persönlichkeitsstörungen und Gesellschaft, Tl. 2" (H 1); "Über Therapeuten" (H 2), „Die hysterische /histrionische Persönlichkeitsstörung" (H 3), „Genetik und Persönlichkeitsstörung" (H 4)

ISSN 1433-6308

rebus

Blätter zur Psychoanalyse

Hg. vom Psychoanalytischen Institut Bern. Redaktion A. Wernly u.a.

Erscheint seit 1992 zweimal jährlich.
Das Abonnement zu Sfr. 34,- zzgl. Versandkosten.

rebus versteht sich als Forum für die verschiedenen, am Psychoanalytischen Seminar Bern und in seinem Umfeld diskutierten Themen aus allen Bereichen der Freudschen Psychoanalyse. Die Zeitschrift vertritt eine für geistes-, natur- und sozialwissenschaftliche Konzepte gleichermaßen offene Psychoanalyse und möchte den Kontakt der klinisch-therapeutischen Theorie und Praxis mit kulturtheoretischen Fragestellungen befördern helfen.

RISS

Zeitschrift für Psychoanalyse - Freud - Lacan

Hg. Ernst Ammann, Raymond Borens, Hans-Dieter Gondek, Christian Kläui und Michael Schmid.

Erscheint seit 1986 im Selbstverlag, seit 1998 im Verlag Turia & Kant, Wien dreimal jährlich.
Das Abonnement zu DM 70,- zzgl. Versandkosten.
Preis für das Einzelheft DM 29,-.

Seit seiner Gründung 1986 ist mit RISS ein Periodikum entstanden, das vorrangig der Lacanschen „Revolution der Psychoanalyse" eine aktuelle Stimme zu verschaffen bestrebt ist. Mitbegründet und zuletzt geleitet von dem Schweizer Analytiker Peter Widmer wurde die Zukunft des Blattes jetzt in die Hände einer erweiterten Hg.gruppe gelegt, die unter verbesserten Vertriebsbedingungen die Zeitschrift künftig redigieren wird.

Selbstpsychologie

Europäische Zeitschrift für psychoanalytische Therapie und Forschung

Hg.: H.-P. Hartmann (Heppenheim), W. Milch (Gießen), S. Kratzsch (Marburg). Erscheint ab Mitte 2000 vierteljährlich im Verlag Brandes & Apsel, Frankfurt am Main.

Heft 1 und 2 als Probeabonnement zu DM 46,- incl. VK.
Das Abonnement zu DM 92,- incl. Zustellung; als Förderabonnement zu DM 190,-. Einzelhefte zu DM 27,- zzgl. Versandanteil.
Die neue Zeitschrift möchte die traditionellen und neueren Entwicklungslinien der psychoanalytischen Selbstpsychologie fachlich fundiert darstellen und damit zugleich einen Beitrag zur Verbesserung des inneranalytischen Diskurses zwischen Selbstpsychologie und den trieb- bzw. objektbeziehungstheoretischen Konzepten leisten.

ISSN 1615-343X

Studien zur Kinderpsychoanalyse

Hg. Österreichische Studiengesellschaft für Kinderpsychoanalyse. Erscheint einmal jährlich bei Vandenhoeck & Ruprecht, Göttingen.

Je Heft im Abonnement DM 35,10; Einzelhefte zu DM 39,- zzgl. Versand.

Das Jahrbuch versammelt Originalbeiträge und Referate renommierter Autoren zu dem jeweiligen Schwerpunktthema des Heftes.

ISSN 0255-6715

System ubw

Zeitschrift für Klassische Psychoanalyse

Erscheint im Ahriman-Verlag, Freiburg, in unregelmäßigen Abständen.
Das Abonnement (4 Hefte) DM 52,-.
Einzelheft. DM 14,50 zzgl. VK.

ISSN 0724-7923

TEXTE

Psychoanalyse • Ästhetik • Kulturkritik

Hg. Eveline List, Johannes Ranefeld, August Ruhs, Gunter F. Zeilinger.

Erscheint vierteljährlich im Passagen-Verlag, Wien.
Das Abonnement zu DM 108-; das Einzelheft DM 34.-; jeweils zzgl. Versand.

Die Zeitschrift möchte einen Beitrag zur psychoanalytischen Forschung und zum interdisziplinären Austausch leisten. Neben klinischen Beiträgen und der psa. Praxis im engeren Sinne werden Querverbindungen der Freudschen Lehre zu Geistes- und Gesellschaftswissenschaften geknüpft.

ISSN 0254-7902

WERKBLATT

Zeitschrift für Psychoanalyse und Gesellschaftskritik

Erscheint halbjährlich bei der Werkstatt für Gesellschafts- und Psychoanalyse, Salzburg. Redaktion A. Ellensohn, K. Fallend, K. Mätzler u.a.

Je Heft ca. 128 S. Einzelheft für 21,- DM, das Jahresabonnement zu DM 37,- DM inkl. Versand.

Das Werkblatt bietet (Hintergrund-)Nachrichten jenseits institutionalisierter Psychoanalyse zu klinischen, theoretischen und gesellschaftlichen Themen. Seine Beiträge nehmen kritisch Stellung zu gesellschaftlichen Fragen und behandeln darüber hinaus relevante Fragen zur Geschichte der Psychoanalyse sowie ethnoanalytische Probleme.

ISSN 0257-3601

Zeitschrift für Individualpsychologie

Hg. von der deutschen Gesellschaft für Individualpsychologie in Zusammenarbeit mit der Schweizerischen Gesellschaft und dem Österreichischen Verein für Individualpsychologie. Redaktion M. Andriessens, G. Lehmkuhl, R. Wiegand, W. Datler, E. Presslich-Titscher, G. Weber.
Erscheint vierteljährlich im Verlag Ernst Reinhardt, München.
Das Abonnement zu DM 98,-, das Einzelheft zu DM 27,-; jeweils zzgl. Versand. Studenten erhalten gegen Nachweis einen Nachlaß in Höhe von 20% auf den Abopreis.
Die Zeitschrift dient der wissenschaftlichen Weiterentwicklung der Individualpsychologie sowie der schulen- und richtungsübergreifenden interfachlichen Kommunikation. Die Zeitschrift wendet sich auf der Grundlage dieses Verständnisses an medizinische und psychologische Psychotherapeuten; aber auch an andere psychosoziale Berufsgruppen.
ISSN 0342-393-X

Zeitschrift für Psychoanalytische Theorie und Praxis
Journal for Psychoanalytical Theory and Practice

Hg. Sibylle Drews (Frankfurt a.M.), Bettina Reiter (Wien) sowie Betty Raguse (Basel).
Die Zeitschrift erscheint vierteljährlich vorwiegend in deutscher Sprache bei van Gorcum. Distribution für Kunden in Deutschland: **Sigmund-Freud-Buchhandlung** (Fax 069 / 560 433 57), Frankfurt am Main.
Bezugspreis für Privatabonnenten DM 152,50 zzgl. Versandanteil. Das Kandidaten-/Studentenabonnement zum Vorzugspreis von DM 76,25 zzgl. Versandkosten; Institutionen DM 180,- zzgl. Versandkostenanteil. Einzelheft DM 40,- zzgl. Versand.

Begreift Psychoanalyse als Wissenschaft mit eigener Methodologie – bietet wissenschaftlicher Forschung ein Kommunikationsforum – prüft kritisch ihre Theorie und belegt sie klinisch-exemplarisch.

ISSN 0169-3395

Zeitschrift für Psychoanalytische Psychotherapie

Hg. Wolfgang Traut (München)

Erscheint halbjährlich in der Psychoanalytischen Verlagsgesellschaft, München.

Das Jahresabonnement zu ca. DM 30,- zzgl. Versand. Das Einzelheft zu DM 18,-.

Die Zeitschrift möchte zur Förderung der innerpsychoanalytischen Diskussion beitragen. Gleichzeitig ermuntert sie ausdrücklich auch noch wenig bekannte Fachautoren, ihre wissenschaftlichen Beiträge hier zu veröffentlichen.

ISSN 0177-3496

Zeitschrift für Psychosomatische Medizin und Psychotherapie
Bislang als: Zeitschrift für Psychosomatische Medizin und Psychoanalyse

Hg. M. Geyer, R. Krause, G. Rudolf, U. Rüger, H. Schepank, G. Schüßler, W. Tress

Erscheint vierteljährlich bei Vandenhoeck & Ruprecht, Göttingen, 420 S. p.a..
Abonnement p.a. DM 165,- zzgl. DM 10,40 VK. Einzelheft DM 50,-. Studierende DM 132,-

Die Zeitschrift versteht sich als Diskussionsforum für das Gesamtgebiet der psychosomatischen Medizin. Sie bietet Erfahrungsaustausch über das Zusammenwirken psychischer und somatischer Krankheitsfaktoren und neuer therapeutischer Möglichkeiten.

ISSN 0340-5613

Zeitschrift für Sexualforschung

Hg. S. Becker, M. Dannecker, V. Sigusch (alle Frankfurt a.M.), M. Hauch (Hamburg).

Erscheint vierteljährlich im Ferdinand Enke Verlag (Stuttgart). Bezugspreis jährlich DM 92,- zzgl. DM 10,- Versandkosten. Einzelheft DM 28,75.

ISSN 0932-81114

Zwischenschritte

Beiträge zu einer morphologischen Psychologie

Eine Zeitschrift für Tiefenpsychologie im Spektrum von Alltag und Kultur.

Hg. vom Arbeitskreis für Morphologische Psychologie, Köln. Jahresabonnement zu DM 32,- zzgl. Versand; Einzelheft DM 18,-.

ISSN 0724-3766

TEXTE aus dem Colloquium für Psychoanalyse

Hrsg. Oliver Decker und Ada Borkenhagen. Erscheint in unregelmäßigen Abständen, ein- bis zweimal pro Jahr. Das Einzelheft zu DM 15,- zzgl. Versandkosten

Ziel des Colloquiums Psychoanalyse an der Freien Universität Berlin ist es, ein wissenschaftsöffentliches Forum für die Vermittlung und die kritische Diskussion der psychoanalytischen Theorienbildung zu schaffen.
Ein Teil dieses Projekts sind die „Texte aus dem Colloquium Psychoanalyse", die die wichtigsten Vorträge und Beiträge des jeweils vergangenen Semesters versammeln und damit über den Hörsaal hinaus zur Beschäftigung und Diskussion einladen.

Roland Apsel

Psychoanalyse im Kindes- und Jugendalter

Hin zur ambulanten psychoanalytischen Versorgung durch analytische Kinder- und Jugendlichen-Psychotherapeuten

Die Psychoanalyse im Kindes- und Jugendalter ist aus der Theorie und Praxis und der Geschichte der Psychoanalyse nicht wegzudenken. Vielmehr hat sie der Weiterentwicklung der Psychoanalyse immer kreative Anstöße bis in die heutige Zeit geliefert.
Sigmund Freud begann mit der Behandlung des „Kleinen Hans" zwar noch indirekt über den Vater, doch war er schon früh auf Säuglings- und Kleinkinderbeobachtung angewiesen und realisierte dann mit „Dora" die erste, wenn auch abgebrochene Behandlung einer Adoleszenten.
In den zwanziger Jahren setzte eine stürmische und sehr fruchtbare Entwicklung ein, besonders was die Kindertherapie sowie die Formulierung und die Praxis einer psychoanalytischen Pädagogik betrifft. August Aichhorn sei hier erwähnt.
Anna Freuds Theorie der Abwehrmechnismen bereitete den Weg zur Ich-Psychologie.
Der Name Melanie Klein steht für die Ausformulierung einer Theorie früher präödipaler Störungen und Psychopathologien. Hug-Hellmuth und Zulliger sind aus der Frühzeit der Kinderpsychoanalyse zu nennen.
Die Psychotherapie mit Kinder und Jugendlichen wurde während des Nationalsozialismus in Deutschland als Erziehungshilfe zwar institutionalisiert, doch die unliebsamen, zumeist jüdischen Frauen und Männer in die Emigration gezwungen oder verfolgt und ermordet. Die Psychoanalyse wurde verwässert, ja verlor gänzlich ihr Gesicht. Sigmund Freud und Anna Freud emigrierten nach London ins Exil.
Nach dem Zweiten Weltkrieg strukturierte sich die psychoanalytische Behandlung für Kinder und Jugendliche neu. Zunächst entwickelte sich ab 1948 auf neopsychoanalytischer Grundlage das Berufsbild des Psychagogen, das sich allmählich eindeutig zu einem psychoanalytischen Heilberuf nicht zuletzt beeinflußt durch die Wiederannäherung an die DPV entwickelte. Seinen Niederschlag fand diese Entwicklung in der Änderung der Berufsbezeichnung »Analytischer Kinder- und Jugendlichen-Psychotherapeut«. Die Therapie durch analytische Kinder- und Jugendlichen-Psychotherapeuten wurde in den siebziger Jahren in den Leistungskatalog der gesetzlichen Krankenkassen aufgenommen, in der Ausbildung wurde ab Anfang der achtziger Jahre die dreistündige Lehranalyse wie in der Ausbildung zum Erwachsenenanalytiker eingeführt.
Heute obliegt den mehr als 1.300 niedergelassenen analytischen Kinder- und Jugendlichen-Psychotherapeutinnen und -Psychotherapeuten die Versorgung mit psychoanalytischer Therapie.
Am 1. 1. 1999 trat das neue Psychotherapeuten-Gesetz in Kraft. Damit werden qualifizierte Kinder- und Jugendlichen-Psychotherapeuten als neuer Heilberuf berufsrechtlich anerkannt und in das System der vertragsärztlichen Versorgung integriert.

Das Haupttätigkeitsfeld ist heute vor allem die Arbeit als niedergelassener analytischer Kinder- und Jugendlichen-Psychotherapeut in freier Praxis oder in Gemeinschaftspraxen mit Psychoanalytikern und Kinderärzten, in der Supervision und Prävention sowie der Aus- und Fortbildung (sowie auch in Institutionen, z. B. Beratungsstellen, Fachkliniken für neurotische und psychosomatische Erkrankungen, Heime und sozialpädagogische Einrichtungen).
Die Aufgabenbereiche sind die Diagnostik und Indikationsstellung, die Behandlung von Kindern und Jugendlichen, die begleitende Psychotherapie der Beziehungspersonen sowie Beratung und Forschung.
Die Weiterbildung zum analytischen Kinder- und Jugendlichen-Psychotherapeuten setzt eine an einer deutschen Fachhochschule, Hochschule oder Universität abgeschlossene Ausbildung als Diplom-Sozialpädagoge, Diplom-Pädagoge, Diplom-Psychologe, Arzt oder als Lehrer voraus. Außerdem wird eine dreijährige berufliche Erfahrung mit Kindern und Jugendlichen gefordert. Das Mindestalter für die Zulassung beträgt in der Regel 25 Jahre, das Höchstalter in der Regel 40 Jahre. Die persönliche Eignung des Bewerbers ist bei der Erfüllung der formalen Voraussetzungen ausschlaggebend. Sie wird in einem besonderen Auswahlverfahren festgestellt, das durch eines der 14 Institute im Bundesgebiet zu regeln ist.

In der Kooperation mit den Psychoanalytikern der DGPT und im Hinblick darauf, daß es analytische Kinder- und Jugendlichen-Psychotherapeuten gibt, „die sich im Anna Freud Centre (London) Orientierung und Anregung holen, Kinderanalyse praktizieren und in die Ausbildung zu integrieren suchen“ (Müller-Brühn, 1996, S. 691), stellen sich neue Fragen für Therapie und Forschung. Im Versuch, die Begrenzung von Stundenzahl und Dauer und die damit verbundenen Einschränkungen und deren Auswirkungen auf den Behandlungsprozeß aufzulösen, kam es zur Gründung von Forschungs- und Arbeitsgemeinschaften, z. B. in Frankfurt. Diese diskutierten die theoretischen und technischen Fragestellungen, die sich aus den Erfahrungen eines hochfrequenten Behandlungsprozesses ergeben.
Elisabeth Müller-Brühn kommt mit dem doch recht optimistischen Fazit, daß „wieder und weiterhin gemeinsam - analytische Kinder- und Jugendlichen-Psychotherapeuten und Psychoanalytiker - sich den weiteren anstehenden Aufgaben, insbesondere auch der Forschung“ (ebd. S. 699f.) zuwenden.
Daß diese Zusammenarbeit zu einer ungeteilten Psychoanalyse führt und kreative Auswirkungen zeitigt, erleben wir auch in der Kleinkindforschung. Denn „viele der führenden Kleinkindforscher sind Psychoanalytiker, und (...) Revisionsvorschläge sind von ihnen selbst in die Diskussion gebracht worden“ (Dornes).
So wird die Psychoanalyse von Kindern und Jugendlichen integraler Bestandteil des Junktims von Heilen und Forschen bleiben und zum Fortschritt der gesamten Disziplin beitragen, einer Disziplin, die sich im Interesse der Bearbeitung von psychischem

Leiden von Kindern und Jugendlichen auch kritisch mit der gesellschaftlichen „Normalität" auseinandersetzt.

Literaturhinweise

Ulrike Jongbloed-Schurig/Angelika Wolff (Hrsg.), Denn wir können die Kinder nach unserem Sinne nicht formen. Beiträge zur Psychoanalyse des Kindes- und Jugendalters. Mit Beiträgen von Elisabeth Müller-Brühn, Ulrike Jongbloed-Schurig, Annemarie Sandler, Angelika Wolff, Anita Eckstaedt, Jochen Raue, James Herzog, Frank Dammasch, Hans G. Metzger, Rose Ahlheim. 280 S., vierf. Pb. mit 8 vierf. Bildern, DM 48,-

Fundierte Beiträge zur Psychoanalyse des Kindes- und Jugendalters. Die AutorInnen sind erfahrene, in eigener Praxis tätige Therapeuten. Erörtert werden Behandlungsverläufe, Fragen des Settings, des Vaterbildes und der Säuglingsforschung.

Martin Dornes: Vom Triebbündel zum kompetenten Wesen. Die Psychoanalyse verändert ihr Bild vom Säugling. In: Frankfurter Rundschau v. 28. 10. 1997, Forum Humanwissenschaften

Elisabeth Müller-Brühn: Geschichte und Entwicklung des Instituts für analytische Kinder- und Jugendlichen-Psychotherapie in Frankfurt am Main. In: Plänkers/Laier/Otto/Rothe/Siefert (Hrsg.): Psychoanalyse in Frankfurt am Main. Zerstörte Anfänge, Wiederannäherung, Entwicklungen. Tübingen 1996. S. 654-702

Gustav Bovensiepen/Maria Sidoli (Hg.): Inzestphantasien und selbstdestruktives Handeln. Psychoanalytische Therapie von Jugendlichen. Aus dem Englischen von Heidemarie Fehlhaber. Schriften zur Psychotherapie und Psychoanalyse im Kindes- und Jugendalter, Band 1. 360 S., geb., DM 56,-/öS 409,-/sFr 53,-,

Eine internationale Gruppe von Kinder- und Jugendlichen-Psychotherapeuten und -Psychoanalytikern berichtet über Eß-, Identitäts- und psychotische Störungen, selbstbeschädigendes und suizidales Verhalten, sexuellen Mißbrauch und Borderlinestörungen. Die Behandlungen finden in ambulanten und klinischen Settings statt. »... daß der Versuch geglückt ist, aufgrund einer breit abgestützen klinischen Erfahrung die psychotherapeutische Behandlung schwer gestörter Jugendlicher darzustellen.« (Kinderanalyse) »... in seiner entwicklungspsychologischen Schwerpunktsetzung spannend und vielfältig...« (AKJP)

Der Autor ist Verleger psychoanalytischer Literatur, Soziologe und Pressereferent der Vereinigung Analytischer Kinder- und Jugendlichen-Psychotherapeuten (VAKJP).

Weitere Informationen im Internet unter: http:\\www.vakjp.de

Marie Bonaparte, Paris

„Die Sexualität des Kindes und die Neurosen der Erwachsenen"

Aus dem Reprint der Zeitschrift für psychoanalytische Pädagogik, 5. Jahrgang 1931, Heft 10, S. 369-412.

I) Die Verbreitung der Neurosen

Die Neurose stellt eine weit schwerere Erkrankung dar, als gewöhnlich vom breiten Publikum angenommen wird. Ungeachtet dessen, daß sie im Charakter und Verhalten der an ihr Erkrankten tiefgehende Schädigungen nach sich zieht, war ihre Verbreitung unter den Menschen bis vor kurzem der Beobachtung entgangen. In Wahrheit aber handelt es sich bei der Neurose nicht um eine seltene Erkrankung, die einige „Narren" befällt, die man dann mit Achselzucken als „nervös" abtun kann, sondern sie sucht sich ihre Opfer unter uns allen und schädigt sie in wechselndem Ausmaß. Man müßte wohl lange und würde zweifelsohne umsonst suchen, wollte man den Idealtypus an Gesundheit, für den sich so viele Sterbliche halten, also einen absolut normalen Menschen, finden. *Freud* hat uns gezeigt, daß die Neurose, was ihre Bedeutung und Verbreitung betrifft, einem Vergleich mit der Tuberkulose standhält. Beide sind Landplagen, denen alle zivilisierten Menschen von Kindheit an aus gesetzt sind, an denen aber nicht alle zugrunde gehen, ja viele nicht ein mal „praktisch" krank sind. Meist heilt das Übel unter Hinterlassung von mehr oder weniger bedeutungslosen Narben aus; bei anderen aber kann die Erkrankung zu einem chronischen Leiden werden. Wenn die Sterblichkeit bei der einen dieser Landplagen auch unvergleichlich geringer ist als bei der anderen, ist dafür die Zahl der Krankheitsfälle bei der Neurose weit größer.

Da wir selber sozusagen in einer pathologischen Umgebung im Sinne der Neurose leben und selbst mehr oder minder von dem Übel befallen sind, können wir kaum einen rechten Überblick erlangen und nur schwer die ganze Tiefe und den ganzen Umfang dieser Erkrankung ermessen. Die Grenzen zwischen Neurose und Gesundheit sind fließend, nirgends scharf gezogen; wesentliche der Faktoren, die unseren Charakter mit all seinen komplizierten Zügen aufbauen, bestimmen in gleicher Weise unsere Neurosen und ihre Symptome. Wo dürfte da eine Grenze gezogen werden? Zudem haben wir keinen Maßstab, die Anomalien daran zu messen. Nirgends auf unserer Erde, weder auf den Inseln Polynesiens noch im Herzen des dunklen Afrika, lebt gegenwärtig auch nur ein einziger Mensch, dessen Triebe sich so völlig frei entfalten konnten, wie es die Blumen in der Sonne tun. Denn der Mensch in seinem ursprünglichen wahren Naturzustand existiert nicht mehr. Doch ist die vergleichende analytische Untersuchung des Zivilisierten und Primitiven außerordentlich lehrreich. Freud hat mit seinem Meisterwerk „Totem und Tabu" den Anfang zu einer solchen Untersuchungsreihe gelegt, andere sind ihm auf diesem Wege gefolgt, so in erster Linie Reik mit seinen Studien über die Pubertätsriten der Wilden und der Ethnologe *Roheim*. Aus den Arbeiten dieser Forscher geht hervor, welch tiefgehende Analogie zwischen den Menschen aller Rassen und auf allen bekannten Stufen der Zivilisation besteht. Ebenso wie alle Sterblichen, seien sie weißer, schwarzer oder gelber Rasse, die inneren Organe, Leber, Herz, Lungen, Gefäße in gleicher Form aufweisen, ebenso hat auch der seelische

Apparat eine analoge Struktur ungeachtet aller Unterschiede der Rasse und der klimatischen Bedingungen. Dieselben Urkomplexe, die gleichen topographischen Verhältnisse der Seele bilden die Grundlage der Psychologie eines Hottentotten wie eines Genies etwa vom Range Einsteins, wie groß immer die Unterschiede im Überbau sein mögen. Unser aller Unbewußtes ist voll von infantilen, primitiven, archaischen Zügen; doch klafft ein tiefer Abgrund zwischen den Primitiven und uns, wie aus den gewählten Vergleichsobjekten wohl deutlich hervor geht. Man darf diesen Unterschied aber nicht in einer differenten Qualität der verschiedenen Triebreize suchen, also nicht in dem, was das Wesen des Verdrängten bildet, sondern vielmehr im verschiedenen Maß des Ausgleichs zwischen Verdrängtem und verdrängender Instanz, ganz zu schweigen von den Differenzen im intellektuellen Bereich. Der Primitive kennt wohl die Tabus, diese ersten Moralvorschriften, die ihm weit strenger als uns den Inzest, bestimmte Frauen, den Mord des Häuptlings oder des Totems untersagen. Aber während seine aggressiven sexuellen Triebe, die wohl stärker als die unsrigen sind, ein für allemal durch die grausamen Pubertätsriten mit all ihren blutigen Verstümmelungshandlungen zurückgedrängt werden, sind bei uns die aggressiven und sexuellen Triebe bei jedem einzelnen auf unblutige Weise unterdrückt worden, durch ein andauernd geübtes, hartnäckiges Verfahren von Kindheit an, durch eine Art von moralischer Kastration oder Beschneidung, in der Wirkung nicht minder vollständig und dauerhaft. Es sieht jedoch so aus, wie wenn der Mensch die Methoden, die die zivilisierte Menschheit anwendet, schwerer ertrüge, obwohl sie scheinbar milder sind und seit Jahrhunderten erfolgreich angewendet werden. Es ist sicher, daß der Wilde bei Übertretung der Tabuverbote die automatische Rache des den Naturkräften innewohnenden Geistes fürchtet, er lebt aber im allgemeinen frei und glücklich trotz dieser Angst. Der Zivilisierte dagegen ist moralisch weit mehr aus Respekt vor seinem eigenen Gewissen, denn aus äußerer Angst vor dem Gefängnis oder vor dem Galgen. Der moderne Freidenker weiß sich sogar davon frei, eine himmlische Bestrafung zu fürchten. Aber gerade im Schoße unserer überzivilisierten Gesellschaft wütet die Neurose am meisten. Man könnte sagen, daß der Mensch gerade den Ersatz der äußeren Gebote — Drohungen des Häuptlings, der Geister oder der Götter, der Tabuvorschriften — durch das innere Gebot des moralischen Gewissens so schlecht verträgt. Wenn wir uns diese Gebote ganz tief introjiziert haben, wenn sie durch die Erziehung infolge einer atavistischen Übernahme zu unserem moralischen Gewissen geworden sind, statt Drohungen von außen zu bleiben, dann erst scheint ihre tyrannische und oft pathogene Macht wirksam zu werden.

II) Die infantile Sexualität und ihre Verdrängung

Wir wollen heute nicht von der Prophylaxe der Psychosen sprechen, die wohl von einem organischen, endoktrinen, chemischen Vorgang sich ableiten, der zu tief körperlich veranlagt ist, als daß er durch psychische Maßnahmen, seien sie präventiver oder therapeutischer Natur, allein wesentlich beeinflußt werden könnte; ebensowenig wollen wir im allgemeinen von der Prophylaxe der jugendlichen Kriminalität handeln, die doch gewissermaßen von der Erziehung direkter abhängig ist. Wir wollen von der Prophylaxe der Neurose und höchstens noch von jenem Neurosenanteil sprechen, der oft auch beim Kriminellen, Perversen und Irren vorhanden ist und dann wohl auch einer therapeutischen oder vorbeugenden Beeinflussung sich nicht unzugänglich zeigt.

Die Neurosen sind, wie *Freud* lehrt, spezifische Erkrankungen der Sexualfunktion; diese erleidet infolge der Lebensbedingungen, unter denen der Mensch in unserer Zivilisation heranwächst, schon in der Kindheit Schädigungen. Es ist ein weit verbreiteter Irrtum, daß man dem Kind jegliche Sexualität abspricht. Man meint. daß der Sexualtrieb erst dann auftrete, wenn die Sexualdrüsen ihren Reifezustand erreichen, und daß vor der Pubertät jede Sexualäußerung beim Kind eine zu fürchtende und verwerfliche Anomalie darstelle. Das Vorhandensein der infantilen Sexualität ist aber nicht schwer feststellbar, es genügt, die so verbreitete infantile Onanie und das ebenso häufige Interesse des Kindes für die Fragen der Geburt und des Geschlechtes der Menschen zu beobachten. Aber es scheint, daß das Vergessen, die reguläre Amnesie, die jeder Erwachsene seiner eigenen Kindheit gegenüber aufweist, die Blindheit für das Verhalten der Nachkommen, also der nächsten Generation bedingt. So hat sich der Irrtum, die Illusion von der Unschuld des Kindes wie ein Dogma erhalten, an dem zu rütteln lange als Sakrilegium galt. Pflegerinnen und Kindermädchen wußten mehr darüber als viele Eltern und sogar Ärzte. Es war Freud und der Psychoanalyse vorbehalten, die Gesetze zu entdecken, nach denen sich die menschliche Sexualität entwickelt, und aufzuzeigen, welch mannigfaltige Stufen sie beim Kind durchlaufen muß, bis sie zur Sexualität der Erwachsenen aufsteigt. Wir wollen mit einer zusammenfassenden Darstellung dieser Entwicklung beginnen und richten uns dabei nach dem Schema, das uns Freud in den Drei Abhandlungen zur Sexualtheorie gegeben hat. Es ist wohl überflüssig hier daran zu erinnern daß diese Gesetze der menschlichen Sexualentwicklung von Freud aus sehr umfassenden und tiefschürfenden klinischen Beobachtungen abgeleitet wurden, zuerst aus Befunden an erwachsenen Neurotikern, dann aus Beobachtungen an Kindern, welche die volle Bestätigung der Befunde an Erwachsenen erbrachten. Alle weiteren Beobachtungen durch andere Psychoanalytiker führten zu demselben Ergebnis. Das Kind findet gleich nach der Geburt seine Nahrung an der Mutterbrust, oft wird freilich diese durch die Brust einer Amme oder durch den Gummisauger ersetzt. Aber immer besteht die erste aktive Äußerung darin, die Brustwarze zu suchen, daran zu saugen und sich der Lust an der warmen Milch, die in seinen kleinen Mund fließt und das Kind ernährt, zu erfreuen. Doch bald beginnt das Kind diese beiden Vergnügungen von einander zu unterscheiden. Sich ernähren bringt ihm eine Befriedigung, Saugen eine andere von anderer Empfindungsart, bereits von erotischer Qualität, und deshalb beginnt das Kind nur um der Lust willen an seinem Daumen oder an irgend einer anderen Körperstelle zu lutschen. Man hat viel gespottet über die orale „Erotik" des Säuglings, die von der Psychoanalyse aufgezeigt wurde. Und doch ist ein recht wichtiges Überbleibsel davon im Liebesleben der Erwachsenen erhalten geblieben, nämlich das Küssen. Die Natur hat Sorge dafür getragen, daß die Entwicklung erogener Zonen im menschlichen Körper gesichert sei. Diese Zonen bestehen zuerst in den wichtigsten Körperöffnungen, mittels deren der Körper mit der Außenwelt in Verbindung steht. Im weiteren Verlaufe der ihnen bestimmten Entwicklung lehnen sich diese Zonen an andere wichtige Lebensbedürfnisse an. Zuerst ziehen das Nahrungsbedürfnis, später aber auch die Exkretionsvorgänge die Erotik an sich. Das Kind gewinnt deutlich Lust am Urinieren und Defäzieren. Gerade die anale Erotik, die ebenfalls viel verspottet wurde, ist ein ganzes Kapitel für sich. Der Unglaube und die Ironie der Menschen diesen Tatsachen gegenüber erscheinen als etwas ganz Natürliches: Denn unsere ganze Kultur erfordert eine energische Verdrängung der Analität. Alles, was mit ihr zusammen hängt, scheint dem Kulturmenschen im höchsten Grade ekelhaft. Daher muß der Erwachsene, wenn ihm die Psychoanalyse aufdeckt, wie sehr ihn seinerzeit das Anale interessiertc, sich darüber lustig machen, um sich so dagegen zu verteidigen. Auf diese Weise kann er nämlich die Illusion seiner Überlegenheit in diesen Dingen am besten aufrechterhalten. Genau so wie die Periode der Oralerotik in zwei Phasen zerfällt, in die des bloßen Saugens und die „kannibalische", in welcher der Säugling, der zu zahnen beginnt, ebenso die ernährende Brust zu beißen wie an ihr zu saugen versucht, hat auch die Analerotik zwei Phasen aufzuweisen. In der ersten Phase schwelgt das Kind ungehindert in seiner Exkretion, in der zweiten lernt es unter dem Einfluß der ersten Moralgebote, der der Sphinktermoral (Ferenczi), seine Faeces, auch wenn es unzweckmäßig ist, zurückzuhalten, um seinen Erziehern durch Vorenthaltung des ersten „Geschenkes" Trotz zu bieten, und verschafft sich dabei auch noch größere Lust bei der Entleerung konsistenterer Stuhlmassen. Zur Zeit dieser analen Periode wird auch die muskuläre Aktivität des Kindes und mit ihr seine Aggression manifest, es entfaltet sich der kindliche Sadismus, dessen Aufdeckung und Würdigung zur richtigen Benennung dieser Phase als der „anal-sadistischen" führte. Wir dürfen uns aber nicht etwa vorstellen, daß die menschliche „Libido", deren erste Kundgebungen wir eben geschildert haben, in ihrer primitiven Form ausschließlich nur an diese zwei erogenen Zonen der beiden Öffnungen des Verdauungstraktes gebunden wäre. Die „Libido", deren Wesen uns unbekannt ist und die wir nur aus ihren Manifestationen kennen, tritt viel eher als eine Reizspannung im ganzen Organismus in Erscheinung, so daß ihr Gebiet so weit reicht wie unsere letzten Nervenfasern. Sie scheint vom ganzen Nervensystem getragen, dessen Urform schon so frühzeitig im Embryo in Gestalt des primitiven Nervenrohres vorhanden ist. Die Libido versucht von Anbeginn an, sich an Erregungen, „Zärtlichkeiten" zu befriedigen, die mehr oder weniger diffus und mannigfaltig von der Außenwelt gefordert werden. Sogar unsere inneren Organe können mit „Libido" mehr oder minder besetzt werden, wie es die Konversionssymptome der

Hysterischen und Hypochonder zeigen. Die „Libido" verläßt und besetzt allerdings jeden Teil unseres Körpers, der in seiner Gänze ihr Reservoir bildet. Man muß sich davor hüten, wie es allgemein geschieht, genital und sexuell zu verwechseln. Sexuell ist der bedeutend weitere Begriff, der die ganze im Körper verbreitete Sinnlichkeit und ihr Streben nach Befriedigung umfaßt. Genital nennen wir den bereits unter dem Primat der Genitalzone zum Zwecke der Fortpflanzung zusammengefaßten Trieb, wie wir ihn später beim erwachsenen Individuum finden. Das kleine Kind besitzt noch keine „Genitalität", aber es ist von Geburt an den verschiedenen sexuellen Triebreizen unterworfen, die es die prägenitalen Phasen, die orale und anale, erleben lassen, wie wir es eben besprochen haben. Doch hat auch die Genitalität selbst beim Kind von der Wiege an eine Vorstufe, denn es geschieht bereits frühzeitig ein für die Zukunft bedeutungsvolles Ereignis. Das Kind entdeckt beim Spielen an seinem eigenen Körper, das es in dieser Periode des Autoerotismus regelmäßig übt, oder aber bei der Körperpflege, die ihm zuteil werden muß, seine *phallsche* Zone, die von allen Zonen von Natur aus die größte Erogenität aufweist, und auf die es durch die Funktion des Urinierens schon aufmerksam geworden ist. Beim kleinen Mädchen ist die Klitoris nicht weit von der Harnröhrenöffnung entfernt, so daß das Kind darauf aufmerksam werden muß, und da es, wie jedes Lebewesen im Naturzustand, unter der Herrschaft des Lustprinzips steht, wiederholt es dann diese Berührungen, die ihm so großes Vergnügen bereitet haben, und findet seine Lust daran. So entsteht die infantile Masturbation. Diese erste Masturbation kommt bei jedem Säugling ohne Rücksicht auf seinen Kräftezustand vor, mag sie auch das eine Mal früher, das andere Mahl später auftreten. Sie wird nur vom Erwachsenen nicht immer beobachtet. Man darf sich der Erkenntnis nicht verschließen, daß ebenso wie die Spiele der Kinder eine Vorbereitung für die Tätigkeit der Erwachsenen sind, auch die infantile Masturbation ein wichtiges Vorspiel für das Sexualleben des fertigen Menschen darstellt. Es scheint ihre Aufgabe zu sein, die endliche Gruppierung der Partialtriebe der „Libido" unter dem Primat der Genitalzone vorzubereiten und sie dadurch instand zu setzen, der Fortpflanzung dienstbar zu sein. Die Masturbation des Säuglings bildet den ersten Schritt auf diesem Wege. Bei dieser Masturbation gibt es wohl noch keinen Orgasmus, der sich mit dem eines Erwachsenen oder selbst eines älteren Kindes vergleichen ließe. Sie hat wohl auch zweifellos kein Phantasieobjekt, und das Kind befindet sich noch in der Phase des Autoerotismus. Im allgemeinen verschwindet diese Masturbation nach kurzer Zeit von selbst. Aber in den Jahren der Kindheit, gewöhnlich vor Erreichung des dritten oder vierten Lebensjahres, tritt die Masturbation wieder auf, und zwar mit erhöhter psychischer und biologischer Bedeutung. Diese zweite Periode der infantilen Masturbation ist von größter Wichtigkeit für die Charakterbildung des Individuums, aber auch für die eventuelle Entstehung der Neurose. Die Art, wie sie auftritt, sich entwickelt und verschwindet, bleibt nie ohne Folgen und prägt der Persönlichkeit des Menschen unauslöschliche Züge ein. Denn das Kind hat zu dieser Zeit die Phase des Autoerotismus, in der seine

Sexualität noch objektlos, diffus zerstreut war, verlassen und befindet sich auch nicht mehr im Stadium des primären Narzißmus, in denn der gesamte eigene Körper das erste Liebesobjekt ist. Das Kind kann zu jener zweiten Masturbationsperiode durch eine zentrale Erregung, die von innen und von selbst kommt, angeregt werden, oder es wird durch eine Person, durch einen Erwachsenen, öfter noch durch ein anderes Kind dazu verführt. Daraufhin entwickelt sich das, was Freud treffend als *phallische* Periode der infantilen Sexualität bezeichnet, wobei für diese Phase der erotische Akzent beim kleinen Jungen am Penis, beim Mädchen auf der Klitoris ruht, die vom embryologischen Standpunkt aus einen Penis im Kleinen darstellt. Die phallische Phase der infantilen Sexualität bildet die Vorbereitung für die eigentliche genitale Phase, die als Einleitung der Sexualität der Erwachsenen in der Pubertät sich konstituieren soll.

Da aber die infantile Körperbeschaffenheit einer normalen Sexualbeziehung noch nicht fähig ist, bringt die Verführung des Kindes, wenn eine solche vorkommt, trotz der phallischen Vorherrschaft, die das Charakteristikum dieser Epoche bilden sollte, die Gefahr einer Fixierung an die eine oder andere Perversion mit sich. Beim Kind gibt es weder Scham noch Ekel, es empfängt seine Moralbegriffe nur von außen, es ist *polymorph-pervers*, wie *Freud* es ohne irgendein Werturteil bezeichnet. Die Partialtriebe der Libido, die dazu bestimmt sind, sich später in der Pubertät unter dem Primat der Genitalzone zu sammeln, können beim Kind noch, jeder für sich, als eine selbständige Sexualstrebung sich äußern. So kann das Kind. je nachdem der eine oder andere Partialtrieb von einem äußeren Faktor begünstigt wird, zu einem kleinen Exhibitionisten, Voyeur, Sadisten, Masochisten werden, letzteres z. B. wenn sein Verführer oder seine Verführerin großen Gefallen daran findet, es zu schlagen. Es kann dann auch späterhin in dieser Perversion verbleiben. Aber meist geht die Entwicklung der Sexualität trotz der verschiedenen Arten der Verführung den vorgeschriebenen Weg. Während die Wahl des ersten Liebesobjekts ohne Rücksicht auf dessen Geschlecht erfolgte, wofern nur das Kind bei diesem ersten Objekt Befriedigung seiner ersten Bedürfnisse und Schutz fand, so daß das erste Liebesobjekt für Knabe wie für Mädchen immer die Mutter oder die Amme war, beginnt bei der Entfaltung der zweiten Periode der infantilen Sexualität das Geschlecht des Objektes bei der Liebeswahl eine Rolle zu spielen. Wir meinen hier den Ödipuskomplex, den jedes Kind durchzumachen hat, und der seinen Höhepunkt ungefähr um das fünfte Lebensjahr erreicht. Der Knabe fühlt sich zur Mutter als erstem großen Liebesobjekt hingezogen, er strebt dabei nicht nur nach zärtlicher Liebe, sondern verlangt auch Befriedigung jener sexuellen Strebungen, die den Körper der Mutter zum Objekt haben: er möchte ihre Geschlechtsteile sehen, die berühren, sich an die Mutter anschmiegen und von ihr sogar den kindlichen Orgasmus erleben. Daher wünscht er den Vater, seinen Rivalen bei der Mutter, fort, tot was für das Kind mit „weg" identisch ist, obwohl es den Vater dabei gleichzeitig gerne hat. Daraus ergeben sich die ersten großen Gefühlskonflikte

Aber alle diese Begierden darf das Kind nicht in der Wirklichkeit befriedigen, es darf nur wünschen. Das Kind ist also darauf angewiesen, alle seine erotischen Wünsche bei der Mutter, die diese, so sehr sie sie auch gegen ihren Willen begünstigt, doch letzten Endes zurückweisen muß, wenn sie zu eindeutig werden. — in Phantasien zu befriedigen, wobei diese Phantasien seine aktive Masturbation begleiten. Darum ist auch diese zweite Periode der infantilen Masturbation von solcher Bedeutung; in der Onanie dieser Periode gipfelt die ganze Sexualität des kleinen menschlichen Wesens, sie umfaßt alle seine Gefühle und Empfindungen. Man hat sehr richtig bemerkt, daß die infantile Masturbation der Exekutor der gesamten Sexualität des Kindes ist. Daher sind auch unsere Erzieher, deren mehr minder bewußte Absicht es ist, Kinder heranzuziehen, die später dem Leben und der Gesellschaft angepaßt sind, von einem *säkularen* Instinkt geleitet, wenn sie, sobald sie die infantile Masturbation entdecken, mit allen Mitteln versuchen, sie völlig zu unterdrücken. Sie treffen damit die gesamte Sexualität des Kindes, bringen aber leider oft auch einen großen Teil der Sexualität des Erwachsenen für die Zukunft damit zur Verkümmerung. Der Inzest muß so in jeder Generation wieder unterdrückt und die Sexualität, der wildeste unserer Triebe, neuerlich gezähmt werden. Die Erzieher nehmen nun, um dieses Ziel zu erreichen, das ihnen gewiß selbst nicht ganz deutlich vor Augen schwebt, zu »rationellen", pseudo-hygienischen Drohungen ihre Zuflucht, in Ermangelung der alten Drohungen der Religion, die die „Unkeuschheit" verfolgt, oder wie *Kant* sagte, dieses „Laster“ das schmachvoller als der Selbstmord ist. So wirkte sich zunächst für das Kind der Fortschritt der Wissenschaft dahin aus, daß die infantile Onanie weiter hin als das große Laster angesehen wurde, vor dem das normale Kind verschont bleiben sollte, dem nur das lasterhafte verfallen sei, und das die körperliche Entwicklung gefährde; ein onanierendes Kind werde an schlechter Verdauung leiden, lungenkrank werden, verblöden, sein Gedächtnis, Verstand und Vernunft verlieren. So lauteten unter anderem die unheilvollen Drohungen, die der kleine Masturbant noch vor kurzem zu hören bekam, wenn man sein Laster entdeckte. Man nahm auch Zuflucht zu körperlichen Züchtigungen, die bisweilen an die mittelalterliche Folter erinnern, so, wenn das Kind gezwungen wurde, mit den Händen an die Stäbe des Gitterbetts angebunden zu schlafen.

Heute hat sich die ärztliche Einstellung gegenüber der infantilen Onanie bereits bedeutend geändert, und die Ärzte sind es heute, die die Eltern aufkären. Die Zahl der unaufgeklärten Beichtväter und Eltern aber ist noch immer Legion. Die hauptsächlichste Drohung, die man vorbringt, um den Kleinen einzuschüchtern, nimmt auf sein Glied selbst Bezug. „Man wird es dir abschneiden", so lautet diese Drohung, oder die Mutter stellt in unserer Zeit der Bazillenfurcht als moderne Abschwächung der Kastration die Gefahr einer Infektion in Aussicht, die die Berührung des Gliedes nach sich ziehen könnte. Sie glaubt dabei noch mit besonderem Zartgefühl zu Werke gegangen zu sein. Doch selbst durch diese abgeschwächte Kastrationsdrohung wird im Kind die große archaische Angst erweckt, die vom fernsten Vorfahren her auf uns vererbt ist, Vorfahren, welche vielleicht einmal wirklich die Jungen zur Strafe für ihre

Inzestversuche kastrierten. Der Urvater der primitiven Horde hatte wohl kein Bedenken, seine Söhne, wenn sie seine Weibchen, für diese also die Mutter oder Schwester, begehrten, zu entmannen, und die Söhne andererseits, wenn sie dazukamen, zahlten es ihm mit gleicher Münze zurück, wie die Sage von Kronos es andeutet. Vor dieser alten Strafe, die als Abschreckungsmittel noch heute, wenn auch in abgeschwächter Form, als Beschneidung bei vielen primitiven Völkern erhalten ist, und die als solche auch noch unter uns zivilisierten Menschen an den Kindern jenes auserwählten Volkes vollzogen wird, das Titus über die ganze Erdoberfläche verstreut hat und das so zahlreiche Vorposten für unsere Kultur hervorgebracht hat,— vor dieser Strafe hat auch heute noch jeder kleine Junge Angst. Das männliche Kind glaubt übrigens anfangs, daß alle menschlichen Individuen ein männliches Glied besäßen, also auch seine Mutter ebenso wie die anderen Frauen. Erst wenn es z. B. am Körper einer kleinen Schwester das Fehlen des Penis wahrnimmt, beginnt es an die Möglichkeit der Kastration zu glauben, und auch das erfolgt nicht sofort, denn die Kastration erscheint so schrecklich, daß es zuerst sagt oder glaubt, das Glied des kleinen Mädchens werde noch wachsen. Der Geschlechtsunterschied wird erst dann völlig anerkannt, wenn der kleine Junge endlich die Kastration der Frau als unabänderliche Tatsache akzeptiert hat. womit er nicht selten gleichzeitig eine Verachtung für das ganze weibliche Geschlecht erwirbt. Dem kleinen Mädchen war der Unterschied der Geschlechter ebenfalls nicht von Anfang an bekannt. Es glaubt, daß alle Menschen so wie es selbst gebaut seien. Wenn es dann wahrnimmt, welche körperlichen Vorteile der kleine Junge ihr gegenüber besitzt, bleibt ihr nichts mehr als die Hoffnung auf ihr eigenes, kleines phallisches Gebilde: die Klitoris. Sie beginnt dann zu hoffen, daß diese wachsen werde. Und wenn das kleine Mädchen schließlich anerkennen muß, daß es unabänderlich geschädigt ist, entsteht häufig jene so verbreitete vage Melancholie, die man als „Penistrauer“ bezeichnen könnte, und die oft für das ganze weitere Leben ein unüberwindbares Gefühl der Minderwertigkeit nach sich zieht. An Affektbetonung steht dieses Minderwertigkeitsgefühl in nichts der tiefen Verachtung nach, die der Mann im Unbewußten so häufig der Frau gegenüber hat. Von da aus faßt auch im Kinderherz der „Penisneid" und »Männlichkeitskomplex« Wurzel, der beim kleinen Mädchen und später bei der Frau so viele Reaktionen entstehen läßt, die das kompensieren sollen, was ihr fehlt, und sie wenigstens in allem übrigen dem Knaben oder Mann gleich werden lassen sollen. Wenn jedoch die weibliche Sexualentwicklung beim kleinen Mädchen normal vor sich geht, tritt bald der Kinderwunsch an Stelle des Penisneides. Die Natur hat es ja so eingerichtet, daß im Körper der Frau an Stelle des Penis etwas anderes wachsen wird; das kleine Mädchen beginnt also, indem es Puppe spielt, die Mutterschaft sehnsüchtig zu erwarten, je nachdem, in welchem Maße seine Weiblichkeit die vorhandene latente „Männlichkeit“ überwiegt. Immer beendet der von Freud so benannte Kastrationskomplex die zweite Phase der infantilen Masturbation, wenn sie überhaupt ein Ende nimmt. Beim kleinen Mädchen vollzieht sich das unter dem Einfluß verschiedener

Drohungen und der Enttäuschung, daß die Klitoris so klein bleibt; beim Knaben unter dem Einfluß der Angst, sein Glied zu gefährden. Wohl den Kindern, die diese Periode durchleben, ohne daß ihre Onanie dank der Blindheit und infantilen Amnesie ihrer Eltern oder dank der Nachlässigkeit ihrer Pflegepersonen entdeckt wurde. Sie entgehen der direkten Einschüchterung, werden später weniger ängstlich und weniger neurotisch als andere sein. Aber selbst diesen Kindern bleibt die Kastrationsdrohung nicht erspart. Es scheint im Menschen etwas gelegen zu sein, das bereit ist, auf die Kastrationsdrohung, mag sie auch noch so andeutungsweise erfolgt sein, anzusprechen, und das Kind bezieht diese Eigentümlichkeit gewiß aus seinem Vererbungsmaterial. Daher gibt es bei uns sehr wenig Kinder, für die nicht die Onanie den Inbegriff der „Sünde" und die Tat, von der jedes Schuldgefühl sich ableitet, bedeutete. Außerdem sind die Gespenster des Ödipuskomplexes an die Onanie geknüpft, und Freud hat sehr richtig den Ödipuskomplex als die Erbsünde der Menschheit erkannt. Der Kampf um die Abgewöhnung der Onanie vollzieht sich andererseits nicht bei allen Kindern in derselben Form. Solche, deren Triebimpulse besonders intensiv sind, setzen trotz der ärgsten Drohungen der Erzieher die Masturbation die ganze Kindheit hindurch fort, von der Wiege bis zur Mannbarwerdung. Daraus entstehen oft jene triebstarken Charaktere, unbändig, trotzig, denen es so schwer fällt, sich an die Forderungen der Gesellschaft anzupassen. Für gewöhnlich hört aber ungefähr vom sechsten Lebensjahre an die aktive Periode der infantilen Masturbation und Sexualität auf, wie wenn sie von selbst verlöschte. Man könnte meinen, daß die sexuelle Entwicklung des Kindes vorgezeichnet ist, wohl durch eine lange atavistische Vergangenheit, und daß die Erzieher sozusagen nur die bereits vorhandene Skizze nachzuzeichnen haben. Das Kind tritt nun in die *Latenzperiode* ein, wie sie von uns genannt wird. Sein Interesse an den sexuellen Dingen flaut ab. Alles, was mit der Sexualität zusammenhängt und was früher sein heftiges lustbetontes Interesse fand, beginnt ihm jetzt zu mißfallen, ja es beginnt sogar unter dem Einflusse dieses Abscheus seine eigene Periode infantiler Sexualität zu vergessen. In der Folge wird bald die ganze erste Kindheit, in der ihm doch seine geistige Beweglichkeit gestattete, sprechen zu lernen und so viele Kenntnisse zu erwerben, von einer Amnesie betroffen werden, die es sein Leben lang behalten wird. Übrigens erfährt oft auch die Intelligenz des Kindes beim Eintritt in die Latenzperiode dieselbe Unterdrückung wie die Sexualität. Das Kind, früher lebhaft und aufgeweckt, wird jetzt schwerfällig, verschlafen und faul. Die Verdrängung war dann zweifellos zu gewaltsam und hat die intellektuellen Fähigkeiten mitgerissen. Doch ist die Latenzperiode trotzdem bei den Kulturvölkern jene atavistisch und biologisch vorgezeichnete Phase, die von den Erziehern gewissermaßen nur schärfer betont wird, in der die Reaktionsbildungen—Ekel, Scham, Mitleid, Ästhetik, Moral — aufgerichtet werden. Manchmal zu weitgehend; daraus entsteht der Keim der Neurose. Aber diese Reaktionsbildungen selbst sind nötig, soll das primitive Kind zum zivilisierten Erwachsenen werden.

In der Latenzperiode bilden sich auch die „Sublimierungen“ der Triebe aus. Denn aus unseren verdrängten und zielgehemmten sexuellen Trieben, die beim Menschen mächtiger sind als bei jedem anderen Lebewesen, werden unsere besten sozialen und intellektuellen Kräfte. Daher fällt auch in die Latenzperiode die erste Schulzeit, in der auch die verschiedenen Begabungen des Kindes sich zu zeigen beginnen. Zu diesem Zeitpunkt kann man bereits die Entstehung der großen Unterschiede in der Fähigkeit zur Triebsublimierung bei den einzelnen Individuen wahrnehmen.

Ebenso wie der Trieb bei den verschiedenen Individuen verschieden stark ist und sich dementsprechend mehr oder weniger hemmen läßt, ebenso ist auch die Sublimierungsfähigkeit verschieden groß. Starke Triebe bei einer schwachen Sublimierungsfähigkeit machen ein Individuum, wenn die Verdrängung erfolglos bleibt, asozial. Hingegen erzeugen starke Triebe, heftig verdrängt, wenn die Sublimierungsfähigkeit schwach ist, später schwere Neurosen. Denn die Triebenergien müssen irgendwo untergebracht werden und kommen dann in den neurotischen Symptomen zum Ausdruck.

Wir haben ein intellektuelles Phänomen noch nicht erwähnt, das immer mit der Hochblüte der Sexualität beim Kind auftritt, nämlich die *infantile Sexualforschung.*

Die Neugier des Kindes in dieser Hinsicht entsteht ungefähr um das dritte Lebensjahr herum. Das kleine Kind fühlt gewaltige Erregungen in sich, es ist, was man nicht vergessen darf, oft Zeuge der sexuellen Handlungen der Erwachsenen gewesen, die sich nicht genug vor dem „unschuldigen“ Kinde hüten; es hat den Geschlechtsunterschied wahrgenommen, ohne ihn noch zu verstehen und zuzugeben, endlich bringt ihm die Geburt eines Bruders oder einer Schwester oft einen wenig erwünschten Rivalen in der Liebe der Eltern und stellt es damit vor ein lebenswichtiges Problem, das der Geburt. Das Rätsel, das die Sphinx dem jungen Ödipus aufgab, war kein anderes als dieses. Das Kind beginnt sich also zu fragen, was dies alles zu bedeuten habe; wenn seine Erzieher es in sexueller Hinsicht nicht zu sehr eingeschüchtert haben, wird es vielleicht in seinem Wissensdrang einige direkte Fragen stellen. Aber sehr oft traut es sich nicht zu fragen, oder es weiß selbst nicht, was es bedrückt,. und statt die einzige für ihn wichtige Frage zu stellen, „verschiebt“ es diesen Fragewunsch, wie wir sagen, auf andere Gebiete und stellt unzählige Fragen über alle nur erdenklichen Dinge, wobei diese Fragerei kein Ende nimmt und für die Erwachsenen eine Plage werden kann. Wenn die Neugier des Kindes dort, worauf sie wirklich gerichtet ist, befriedigt würde, hörte dieses unaufhörliche Fragen bald auf. Aber die Erzieher wissen das nicht und schicken das Kind „spazieren”, wenn es ihnen zu sehr zusetzt. Die unersättliche Neugier des Kindes aber bleibt ungestillt.

Wenn das Kind eine der brennenden Fragen stellt, die es bedrängen, ist die Reaktion der Erzieher darauf oft noch unheilvoller. Der Erwachsene lügt das Kind dann an. Die Kinder werden vom Storch gebracht, im Krautkopf gefunden, auf dem Markt gekauft, so heißt es je nach den verschiedenen Ländern. Das Kind hört meistens die Märchen ohne Widerrede an, glaubt aber in seinem Innern nicht wirklich daran. Und sein Vertrauen in die Aufrichtigkeit und Wahrheitsliebe der Erwachsenen ist von diesem Tage an erschüttert; es wird ihnen nie verzeihen, daß sie es in so wesentlichen Dingen betrogen haben. Übrigens bildet sich das Kind selbst Theorien über die Sexualvorgänge. Wir erfahren solche Theorien entweder aus direkten Aussagen der Kinder oder von Erwachsenen, die sich daran erinnern, sie gehabt zu haben, oder aus den Analysen von Neurotikern oder Normalen; in der Analyse können nämlich diese von den Erwachsenen vergessenen infantilen Sexualtheorien wieder zutage gefördert werden. Am verbreitetsten ist wohl jene Theorie, die die Befruchtung und Geburt auf den Verdauungsakt bezieht. So ißt z. B. die Königin im Märchen von einer bestimmten Frucht und setzt dann einige Zeit danach ein Kind in die Welt. Das Kind stellt sich dabei vor, daß die Geburt durch den After erfolgt. Ein anderes Mal wird wieder der Nabel oder die Brust der Mutter als Ort der Kinderherkunft betrachtet. Die kindlichen Sexualtheorien können sehr verschieden sein. Die Befruchtung wird oft so vorgestellt, daß der Mann die Frau anuriniere oder daß er seinen Urin oder seine Exkremente mit den ihren vermenge. Auf jeden Fall fehlt dem Kind die Kenntnis der beiden wichtigsten Tatsachen der Fortpflanzung, ohne die das quälende Problem nicht gelöst werden kann; es weiß nichts vorn Vorhandensein von Sperma und Vagina, von den beiden Dingen also, die in seiner Sexualorganisation noch keine Rolle spielen. Wenn das Kind Zeuge des Sexualakts des Erwachsenen war, faßt es ihn meist als gewalttätigen, unerlaubten Angriff von Seiten des Mannes auf; wir nennen dies die *sadistische Auffassung* des Koitus. Das Kind stellt sich meist vor, daß das Glied dabei in den Anus eingeführt wird. Wenn solche beobachtete Szenen im Leben des Kindes eine große Rolle spielen, sind sie geeignet, eine Fixierung auf der sadistisch-analen Stufe zu veranlassen. Die Erwachsenen, irregeleitet durch die Illusion von der *Unschuld* des Kindes, geben sich keine Rechenschaft darüber, wie leidenschaftlich sich das Kind für ein derartiges Schauspiel interessiert, durch das sein ganzes keimendes Triebleben einen mächtigen Anstoß erhält. Aber mit dem Auftreten der Latenzperiode, also gleichzeitig mit dem Aufhören der zweiten Phase der infantilen Masturbation und zugleich mit dem Untergang des Ödipuskomplexes durch den Kastrationskomplex wird auch die infantile Sexualforschung aufgegeben. Weil die Erwachsenen geschwiegen oder gelogen haben und das Kind das Vorhandensein von Sperma und Vagina nicht allein entdecken kann, gibt es die ersten großen Probleme auf, die ihm die Natur gestellt hat, ohne daß es sie zu einer befriedigen den Lösung gebracht hätte. Ein Gefühl des Unterlegenseins, der Unfähigkeit in intellektueller Hinsicht bleibt davon oft fürs ganze Leben zurück. Darum kann wohl über die Art, wie man der infantilen Sexualforschung begegnen soll, kein Zweifel bestehen, während man über die Art der Behandlung der aktiven Sexualäußerungen des Kindes, der Masturbation, verschiedener Meinung sein und milde Maßnahmen anwenden kann. Die Sexualforschung schließt ja die große intellektuelle Aktivität des Kindes in sich; sie ist der Prototyp der späteren intellektuellen Fähigkeit des Erwachsenen, und die Kulturmenschen sollten niemals die Intelligenzäußerungen unterdrücken. Denn von der Intelligenz werden die Naturkräfte in und außer uns beherrscht, und man sollte daher wissen, daß man nicht früh genug die im kleinen Menschenwesen erwachende intellektuelle Kraft wecken kann. Und wenn wir unseren Kindern in diesen wichtigen Dingen die Wahrheit nicht verhehlen, sobald sie uns darum fragen, wird jener schmerzlichen und traurig-einsamen Forschung des Kindes ein Ende gesetzt, durch die so viele seiner gegenwärtigen Kräfte sich verbrauchen und so viele seiner zukünftigen brachgelegt werden.

III) Die Sexualität der Erwachsenen und ihre Schädigungen

Das Herannahen der Pubertät läßt die in der Latenzperiode mehr oder minder schlummernde Sexualität wieder erwachen. Die Sexualforschung lebt wieder auf, oft auch wieder die Onanie. Unter dem Einfluß der Reifung der Geschlechtsdrüsen bereitet sich die endgültige Gestaltung der Sexualität vor, wie wir sie am Erwachsenen finden. Nunmehr, in der Pubertät, macht sich die infantile Sexualperiode, ihr Verlauf und die Form ihrer Beendigung voll geltend. Ebenso wie die Zeichnungen oder Buchstaben, die die Kinder dem kleinen Bäumchen einritzen, später vergrößert auf dem inzwischen groß gewordenen Baum sich finden, treten jetzt die Eindrücke und Verletzungen des kindlichen Lebens verstärkt in Erscheinung. Charakter und Neurose der Erwachsenen beziehen von dort her ihre Gestaltung. Wegen der gegensätzlichen Beziehung zwischen Kultur und freier Sexualentwicklung, deren Folgen weit in die Gestaltung unseres Lebens verfolgt werden können, ist es auf niedriger Kultur- und Gesellschaftsstufe so wenig, auf höherer so sehr fürs spätere Leben bedeutsam, wie das sexuelle Leben des Kindes verlaufen ist. Denn die Aufgaben der Pubertät, die zerstreuten Partialtriebe unter dem Primat der Genitalzone zu vereinigen und ein Liebesobjekt zu wählen,— Aufgaben, die an und für sich schwer sind und von der Natur nicht immer zur rechten Zeit gelöst werden, — erfahren noch eine beträchtliche Erschwerung durch die zahllosen Irrtümer der ersten Erziehung in unserer Zivilisation. Zu diesem Zeitpunkt muß jeder Partialtrieb der Libido seine autonome Existenz aufgeben, jede prägenitale Strebung muß ein höheres Prinzip, nämlich die Genitalität anerkennen. Die Partialstrebungen dürfen nunmehr im Dienste der Vorlust Verwendung finden: im Anblick, in der zärtlichen Berührung des Objekts, im Kuß; sie müssen die *Endlust* vorbereiten, die eng mit dem Vollzug des Sexualaktes selbst verknüpft ist, also mit der Entladung der Geschlechtsprodukte beim Mann und mit der libidinösen Spannung beim Weibe. Die Möglichkeit eines sexuellen Orgasmus scheint übrigens viel früher vorhanden zu sein, sie geht in der Regel sogar um vieles der Reife der Geschlechtsdrüsen voraus, so beim Manne den ersten Pollutionen. Der Orgasmus äußert sich dann ähnlich wie beim Mädchen in der Klitorisperiode der Vorpubertät. In der Pubertät nehmen die Sensationen freilich beträchtlich an Intensität zu. Schon das phallische Organisationsstadium der Libido in der Kindheit, das auch das des Ödipuskomplexes ist, hatte eine, wenn auch unvollständige Sammlung der Komponenten der Libido versucht. Im jetzigen Zeitpunkt muß diese Unterordnung gelingen, soll es nicht zu einer Anomalie im Sexualleben des Erwachsenen kommen: zur Perversion oder Neurose. Und im psychischen Leben des Jünglings und des reifenden Mädchens findet eine ebenso große Umwälzung statt, die sich auf die Objektwahl bezieht. Sie ist von großer Bedeutung. Wenn auch die Liebesbeziehungen der Kindheit zu Eltern, Erziehern, Brüdern oder Schwestern durch die Pubertät wieder erweckt werden und in all den für dieses Alter so charakteristischen Phantasien wieder aufscheinen, so müssen sie doch aufgegeben und auf andere Wesen übertragen werden. Die Zärtlichkeit, die der Familie gegenüber bestehen bleibt, darf doch die Ablösung der Hauptmasse der Libido von den Angehörigen nicht verhindern. Der junge Mann soll ebenso wie das junge Mädchen außerhalb der Familie voll und ganz der körperlichen und seelischen Liebe fähig sein. Aber wenn unsere Erziehung auch nicht auf eine völlige Ausrottung der Sexualität abzielt, so hat sie doch etwas Ähnliches häufig zur Folge und macht mehr als ein junges Wesen unfähig zur großen Aufgabe, die ihm die Natur vorzeichnet.

Gewiß strebt unsere Kultur in ökonomischer Hinsicht danach, die Nahrung und andere Güter durch Arbeit und Beschränkung der Verbraucherzahl zu vermehren, uneingedenk dessen, daß ja auch die Arbeiter essen müssen. Dieses ökonomische Ideal wird durch die Sexualität auf zweifache Weise in Gefahr gebracht: in erster Linie, wenn man die Sexualität unbeschränkt ausübte, durch die enorme Vermehrung der menschlichen Rasse. Hier aber kommt es zu einem Ausgleich; in den kulturell tieferstehenden Ländern, in denen die Geburtenzahl hoch ist, durch die erhöhte Säuglingssterblichkeit, in den anderen Ländern durch antikonzeptionelle Mittel und durch den künstlichen Abortus. Die zweite Gefahr, mit der die Sexualität unser soziales Gebäude bedroht, ist eine direkte, denn es sind dieselben Triebkräfte, die sowohl die Arbeitskraft des Menschen wie seine Sexualität speisen. Der Mensch, der von der Sexualität absorbiert wird, hat nicht mehr die selbe Fähigkeit zur Kulturarbeit wie der, der sich ihr weniger hingibt. Mgr. Lavigerie war beim Besuche der Schulen Algeriens sehr erstaunt über die intellektuelle Frühreife der Eingeborenen, die oft der der Europäer überlegen war. Er fragte sich, wie es komme, daß später nicht mehr tüchtige Menschen aus diesen Kindern werden. Die Antwort mußte lauten, daß die geistige Entwicklung bei den Eingeborenen in der Pubertät stehen bleibt, sobald sie ihrer ungezähmten Sexualität sich hingeben, während die jungen Europäer unter Hintanhaltung ihrer sexuellen Tätigkeit geistig sich weiter entwickeln.

Die menschliche Kultur ist also auf Kosten der von ihren ursprünglichen Zielen abgelenkten Sexual- und Aggressionstriebe entstanden. Wenn die Erzieher beim Kind die sexuellen Äußerungen unterdrücken wie auch die grausamen, erfüllen sie damit nur ihre schicksalhafte Bestimmung. Denn die Libidoenergien sind es, die, abgelenkt von ihrem reißenden Strombett, die Kanäle zu füllen bestimmt sind, die unsere Kultur bewässern. Die Verdrängung des Ödipuskomplexes hat durch die Schonung der Verwandten vor der Aggression und vor den Rivalitätskämpfen der Männer um das Weibchen die Bildung der Familie ermöglicht, dieser ersten sozialen Zelle, und hat so die Elternliebe entstehen lassen, die bis zum Tode anhält. Der zweiseitige Ansatz in der menschlichen Sexualentwicklung, der ein Spezifikum der Menschenart zu sein scheint, ist die Voraussetzung für die Aufrichtung dieser Schutzdämme. Er ist die Grundbedingung für die Kulturentwicklung, aber auch für die Neurose, wie wir gleich zeigen werden. „Mit Bezug auf diese Entwicklungsgeschichte des Sexualtriebes könnte man also drei Kulturstufen unterscheiden: eine erste, auf welcher die Beteiligung des Sexualtriebes auch über die Ziele der Fortpflanzung hinaus frei ist; eine zweite, auf welcher alles an den Sexualtrieben unterdrückt ist bis auf das, was der Fortpflanzung dient, und eine dritte, auf welcher nur die legitime Fortpflanzung als Sexualziel zugelassen wird. Dieser dritten Stufe entspricht unsere gegenwärtige kulturelle Sexualmoral." Es hat den Anschein, wie wenn die menschliche Natur sich nur unter großen Schwierigkeiten den Forderungen unserer kulturellen Moral beugen würde. Die Verdrängung der infantilen Sexualität erzeugt oft beim Erwachsenen eine Perversion oder eine Neurose, und der Aufschub, den die Ausübung der Sexualität der Erwachsenen durch die Kultur erfährt, gelingt nicht ohne Schaden für die Kultur selbst, die er doch eigentlich fördern sollte. Während die Sexualität des Wilden nach Vollzug der grausamen Riten der Pubertät die Freiheit des Erwachsenen erhält, kann der Zivilisierte seine Sexualität im gleichen Alter nur heimlich ausüben, wenn er überhaupt dazu Gelegenheit hat. Die Sexualität des jungen Mädchens ist noch weit mehr verdrängt durch die Tatsache der „doppelten Sexualmoral", die verschieden ist für beide Geschlechter und die in der patriarchalischen Gesellschaft, also auch in unserer, herrscht. Es gibt wohl wenige Männer, die sich in vollem Umfang ihrer männlichen Potenz erfreuen, und das ist vielleicht nicht ganz so schlecht. Eine gewisse Herabsetzung der männlichen Potenz und der mit ihr verknüpften brutalen Initiative ist kulturell recht verwertbar. Sie erleichtert dem Kulturmenschen die Einhaltung der von ihm geforderten Tugenden der sexuellen Mäßigkeit und Verläßlichkeit. Tugend bei voller Potenz wird meist als eine schwierige Aufgabe empfunden. Aber unsere Erzieher gehen in der Unterdrückung und Erdrosselung der infantilen Sexualität oft so weit, daß sie sie auch für das Alter des Erwachsenen, selbst beim Manne, zur Verkümmerung bringen. Wir können hier nicht das klinische Bild der Impotenz aufrollen. Alle Ärzte kennen es, mit seinen Folgen, den Depressionen, der Verzweiflung, dem Mangel an Lebensmut und Arbeitseifer. Wir brauchen auch nicht auf die Details der Potenzstörungen näher einzugehen, auf die Ejakulatio praecox, das Unbefriedigtsein im Koitus selbst usw. Wir wollen uns den viel größeren Schäden zuwenden, die unsere Kultur der Sexualität der Frau zufügt, die dadurch in erster Linie ein Opfer der Neurose wird.

Die Frau besitzt schon durch ihre Konstitution einen schwächeren Sexualtrieb (zumindest soweit er auf die Begattung abzielt). Der Sexualtrieb der Frau ist weniger auf geschlechtliche Vereinigung konzentriert als der des Mannes, für den diese das einzige Ziel darstellt; denn bei der Frau ist der Sexualtrieb sozusagen verdünnt, er verteilt sich auf alle Vorgänge der Mutterschaft. Außerdem neigt die Frau einer natürlichen Tendenz ihres Geschlechtes zufolge zur Passivität. Sie ist viel bildsamer und läßt sich leichter unterdrücken als der Mann, sie „opfert" sich, wobei ihr biologischer Masochismus, der von *Freud* als der weibliche so richtig erkannt wurde, sie reichlich entschädigt. Die Erzieher in unseren Gesellschaftsformen, in denen die Frauen jahrhundertelang unterworfen und unterdrückt waren, haben sich diese Eigenschaften der Frauen im äußersten Ausmaße zunutze gemacht.

Noch ein anderer Faktor kompliziert die Entwicklung der Sexualität bei der Frau. Nicht genug damit, daß der weibliche Trieb, von Kindheit an weniger widerstandsfähig, über die Pubertät hinaus im Namen des weiblichen Schamgefühls den gewaltsamen Verdrängungen unterworfen ist und ihnen oft völlig zum Opfer fällt, so daß die Frau dadurch für lange Zeit, oft für das ganze Leben zur völligen Frigidität verurteilt ist; selbst bei den Frauen, deren Trieb wenigstens dieser extremen Verdrängung entronnen ist, zeigt sich das Genitalorgan oft wenig geneigt, die ihm zukommende erotische Funktion des Erwachsenen zu erfüllen. Man gewinnt den Eindruck, daß die Grenzen, die die beiden Geschlechter trennen, in der ganzen Natur nirgends ganz scharf gezogen sind. Jedes Lebewesen weist männliche und weibliche Elemente auf; das Überwiegen der Elemente des einen Geschlechts, nicht das Fehlen der Elemente des anderen, bestimmen das Individuum als männlich oder weiblich. Es handelt sich hier sicher um einen Rest des Embryonalstadiums mit seiner wenig differenzierten Geschlechtsdrüse. Und die Frau kann dieser gesetzmäßigen Einwirkung nicht entrinnen, übrigens auch der Mann nicht. Aber während sich beim Mann ein eindeutig bestimmtes Organ, der Penis, entwickelt hat, auf den sich die Libido des Erwachsenen konzentriert, jenes Organ also, das in der phallischen Phase schon das genitale Primat besaß, muß das kleine Mädchen die erogene Zone wechseln, um zur reifen Frau zu werden. Entsprechend ihrer ursprünglichen Bisexualität besitzt sie ein kleines Organ, das dem Penis des Mannes ähnlich ist, die Klitoris, und ihr kam in der phallischen Phase das Primat zu. Die Masturbation des kleinen Mädchens scheint sich ausschließlich an der Klitoris abzuspielen. Erst in der Pubertät soll eine Verdrängungswelle diese ihrem Wesen nach männliche Sexualität treffen, und zu derselben Zeit, zu der das Mädchen zurückhaltend, kokett und schüchtern wird, soll ihre Vagina, durch die zum ersten Male das blutige Sekret der Menses fließt, die dominierende erogene Zone werden. Der Klitoris soll nunmehr die Rolle des Kienspans zukommen, an dem die vaginale Sexualität sich entflammt.

Aber bei vielen Frauen vollzieht sich diese letzte Entwicklung nicht. Die Klitoris behält ihre ganze erogene Sensibilität, und die erwachsene Frau bleibt trotz der Fähigkeit zur sexuellen Erregung und zum Orgasmus an der Klitoris beim Koitus frigid.

Die Frigidität belastet das Schicksal zahlreicher Frauen; sie wird mehr oder minder schwer ertragen, mehr oder weniger offen eingestanden. Wovon wird sie bedingt? Mehr durch die bisexuelle Konstitution, also eine übersteigerte Vorherrschaft der phallischen Zone, oder durch die Erziehung? Man sollte meinen, daß die Erziehung durch Einschränkung der Klitorismasturbation beim kleinen Mädchen die Übertragung der Empfindungsfähigkeit auf den Eingang der Vagina fördern sollte. Aber das ist nicht immer der Fall. Die infantile Klitorissexualität fixiert sich manchmal, verbunden mit all den Phantasien, die sie in der Kindheit begleiten, auf eine solche Unterdrückung hin unauflösbar im Unbewußten, wenn auch die Masturbation der gewalttätigen Einschränkung unterliegt. Man könnte es als eine Art Trotz gegen die allzu brutalen Erzieher auffassen; es hat den Anschein, wie wenn sich das kleine Mädchen verzweifelt an dieses kleine lustspendende Organ klammere, das man ihr „entreißen" wollte, eine Einstellung des kleinen Mädchens, die von der erwachsenen Frau oft bei behalten wird.

Bei der Frau kommen also zwei Arten von Frigidität vor, und zwar viel häufiger, als es die Männer im allgemeinen wissen, weil sie oft von den Frauen darüber belogen werden. Die eine Art ist eine vollständige, mehr oder weniger hartnäckige, von mehr hysterischem Typus; die andere ist partiell: die Empfindungsfähigkeit an der Klitoris ist unverändert erhalten geblieben. Bei letzterem Typus finden wir nicht selten männliche Charakterzüge, bisweilen Zwangserscheinungen. Diese Form ist eher als eine Perversion denn als eine Neurose anzusprechen; die Abfuhrmöglichkeit für die Befriedigung der Libido ist hier nicht gehindert, es liegt nur eine Fixierung auf der phallischen Organisationsstufe der Libido vor, und die Abfuhrbahnen sind nicht zu denen des normalen Erwachsenen entwickelt worden. Dieser Befriedigungsmöglichkeit wegen ist diese Form der partiellen Frigidität schwerer vom Leben oder durch die Psychotherapie zu beeinflussen als die andere, die doch eine vollständige ist. Die ganze Schwierigkeit der Behandlung einer Perversion im Vergleich mit der der Behandlung einer Neurose stellt sich dabei den therapeutischen Bemühungen entgegen. Man sagt, daß die psychische Impotenz des Mannes und auch die zwei Formen der Frigidität der Frau bei den Wilden seltener vorkommen. Es ist natürlich viel leichter, nachprüfbare Bestätigungen dieser Behauptung für den Mann als für die Frau zu erhalten. Aber wenn sich diese Behauptungen eines Tages in allgemeiner Gültigkeit bewahrheiteten, müßte die Kultur mit ihrer Verdrängung der infantilen Sexualität, die sie mit sich bringt, wirklich an erster Stelle für die Ätiologie aller dieser großen Störungen des Sexualtriebes verantwortlich gemacht werden.

Die heterosexuelle Impotenz des Mannes ist aber oft so wie die Frigidität der Frau dem Mann gegenüber durch ein anderes Moment mitbedingt, nämlich durch die manifeste oder latente Homosexualität. Man kann die Homosexualität kaum als eine Perversion betrachten, weil sie in hohem Maße einer eigenen Organisation der Sexualität entspricht und zumindest im Unbewußten aller Individuen stark vorhanden ist, wie es ja bei der bisexuellen Anlage zu erwarten war. Ihr Ursprung ist beim Mann psychologisch eng verknüpft mit der Unfähigkeit, die infantile Vorstellung vom Penis der Frau aufzugeben; diese zwingt den erwachsenen Mann, nur solche Wesen als Liebesobjekt zu erwählen, die einen Penis besitzen. Auch eine infantile Fixierung an die Mutter versperrt der späteren Liebeswahl den Weg zu jeder anderen Frau. Übrigens ist die Verehrung vieler Homosexueller für ihre Mutter bekannt. Bei der homosexuellen Frau scheint dieselbe Unmöglichkeit zu bestehen, auf den weiblichen Penis bei sich selbst oder beim Liebesobjekt zu verzichten. So identifiziert sich die Homosexuelle bald mit ihrem Vater, bald mit der phallischen Mutter, bald mit dem Kind, das sie einem von den beiden war. Auf jeden Fall ist das Verweilen bei der homosexuellen Objektwahl ein Anzeichen des infantilen Narzißmus; der Homosexuelle will das eigene Geschlecht im Liebesobjekt wiederfinden. Aber unsere moderne Kultur ist für die Genese der Homosexualität nicht anzuklagen, sie ist nicht schuld daran. Man weiß, daß in der Antike die Homosexualität, richtiger die Bisexualität nicht nur sehr verbreitet war, sondern sogar in Ehren stand. Bei uns wird die Homosexualität von der sozialen Umwelt wenig gefördert, und daher mag es kommen, daß ihr Auftreten uns pathologischer vorkommt und es wohl auch ist, als das früher der Fall war. Jedenfalls müssen als die großen Sexualkrankheiten der modernen Menschheit weit mehr die Impotenz und Frigidität mit allen damit verknüpften Neurosen als die Homosexualität gelten.

Was geschieht nun mit der unterdrückten Libido beim Kulturmenschen? Das Problem der Libido ist nicht nur ein dynamisches und qualitatives, sondern auch ein quantitatives und ökonomisches. Die Libido erscheint in all ihren Äußerungen als „Energie", "Kraft", von einer bestimmten Größe, die nicht aus der Welt geschafft werden kann, sondern, wenn ihre direkte Abfuhr nicht möglich ist, anderswo Verwendung finden muß. Obwohl die Erzieher so unwissend sind in Bezug auf das, was sie sozusagen im Auftrag des Schicksals ausführen, könnte man paradoxerweise fast sagen, sie wüßten das, wenn sie so sehr bestrebt sind, beim Kind alle Äußerungen der infantilen Sexualität zu unterdrücken. Denn diese anderswo angewandten, von uns als sublimiert bezeichneten Energien der Sexualtriebe verstärken die von Geburt an vorgezeichnete Gehirntätigkeit, die sich schon in der relativen Größe des menschlichen Gehirns kundgibt. Aber dem Menschen ist es nicht wie den Ameisen und anderen Hautflüglern gegeben, seine geschlechtliche Potenz völlig in Arbeitskraft umzuwandeln. Seine biologische Organisation läßt dies nicht zu. Er ist nicht in der Lage, der unermeßlichen Fruchtbarkeit einer Bienenkönigin, einer einzelnen Termite oder Ameise die Funktion der Rassenfortpflanzung zu übertragen, während die Verkümmerung der Sexualorgane der Arbeiterinnen andererseits es zuläßt, daß diese ausschließlich der Arbeit sich widmen. Beim Menschengeschlecht, bei dem die Frau nur eine beschränkte Anzahl von Kindern gebären kann, muß die Fortpflanzung notwendiger Weise dem ganzen weiblichen Geschlecht übertragen werden. Und alle Männchen, nicht nur der eine Gatte der Bienenkönigin, Ameise oder Termite, müssen gleichmäßig dazu beitragen. Daher ist eine völlige Unterdrückung der Sexualität zugunsten der Sublimierung und der Arbeit beim menschlichen Individuum unmöglich. Die Menschen müssen also die Ansprüche ihres Triebes mit denen ihres Gehirns, ihrer Kultur, ihrer Arbeit in Einklang bringen.

Die Aufgabe ist nicht leicht, und keiner Kultur ist es geglückt, sie vollständig zu lösen. Zu wenig Verdrängung schadet der Kultur, zu viel Verdrängung erreicht ihr Ziel ebenfalls nicht und schädigt indirekt die Kultur in gleichem Maße. Denn die libidinösen Kräfte, die man sich immer als quantitative Größen vorstellen muß, strömen nach rückwärts, wenn ihnen der normale Weg der Genitalität verlegt ist, und wenn die Sublimierungsmöglichkeiten geringe sind — sie sind ja nicht dieselben bei allen Individuen. Die Triebenergien besetzen zum Teil wieder jene prägenitalen Positionen der infantilen Sexualität, die wir oben beschrieben haben. Daraus können sich die verschiedensten Perversionen entwickeln, in denen sich die Sexualität in infantiler Weise im Zusammenhang mit dem einen oder anderen Partialtrieb der Libido befriedigt. Meist aber entstehen unter dem Druck unserer Moralgesetze, der sehr mächtig ist, daraus die Neurosen, die nach *Freud* das *Negativ* der Perversionen darstellen. Der Neurotiker, dieser hypermoralische Mensch, beherbergt in seinem Bewußten oder Unbewußten alle möglichen Phantasien perverser Art. Doch statt sie zu „agieren", d. h. in die Tat umzusetzen wie der Perverse, verdrängt er sie. Aber die Triebenergie ist eine nie versiegende Quelle, und ihr Drängen ist ein dauerndes. Daher muß ein ebenso konstanter Gegendruck von Seiten der verdrängenden Moralinstanz erfolgen. Und die Kräfte des Neurotikers verbrauchen sich im Inneren, in einem erfolglosen Konflikt, statt im Dienste der Kultur Verwendung zu finden, für die ja die Verdrängungen eigentlich erfolgt sind. Der Neurotiker hat aber nicht nur gegen die prägenitalen Triebe anzukämpfen, diese wurden nur in erster Linie erwähnt. Er muß ja auch gegen die ganze Macht seiner sozusagen unverwendeten Genitalität ankämpfen. Die Schranken, die der Kranke gegen den anstürmenden Trieb errichtet, können verschiedene sein. Die Abwehr kann in hysterischer oder phobischer Form erfolgen, welche Formen eine Flucht vor den Triebgefahren darstellen. So wird z. B. ein hysterisches junges Mädchen, das von sexuellen Versuchungen verfolgt wird, eine Lähmung im Arm bekommen, der den ersehnten Mann hätte umfangen sollen. Eine Frau, die zuhause unglücklich ist, wird sich vor den Versuchungen der Straße und der Außenwelt durch eine Platzangst schützen. Ein Zwangskranker wird durch ein kompliziertes Zwangszeremoniell den Versuchungen der Onanie widerstehen, z. B. durch ein zwangsmäßiges Waschen der Hände. Aber alle diese neurotischen Mechanismen sind dabei doppelt determiniert; einerseits sind sie ein Schutz gegen den Triebanspruch, andererseits aber bringen sie denselben doch gleichzeitig zum Ausdruck. Die Stellung des gelähmten Armes der Hysterischen wird z. B. die einer umarmenden Gebärde sein; der Zwangskranke wird unbewußt durch unablässiges Reiben der Hände die Onanie symbolisch wiedergeben. So konnte Freud mit Recht sagen, daß die Symptome der Neurotiker genau betrachtet deren Sexualfunktion darstellen. Denn diese ist bei ihnen nur zum Schein unterdrückt. Die ökonomischen Gesetze, die die Libido regieren, lassen es nicht zu, daß diese spurlos verschwinde. Wer starke Triebe und ein schlecht verdrängtes Triebleben hat, kann häufig nicht genügend sublimieren und wird neurotisch, denn das Maß der Verdrängung, das die Gesellschaft vom Individuum fordert, übersteigt oft sowohl in bezug auf die sexuellen wie auf die Aggressionstriebe seine Kräfte. Allerdings besitzt die moderne Gesellschaft in puncto sexualibus eine offizielle und eine geheime Moral. Aber ein Schuldgefühl bleibt an alles, was mit der Sexualität zusammenhängt, gelötet, wohl infolge der atavistischen Verdrängungsneigung der Rasse und der individuellen, infantilen Verdrängung. Wir müssen hier der Selbstbestrafungsmechanismen gedenken, des moralischen Masochismus, den Freud von den zwei anderen Arten des Masochismus, dem femininen und dem rein erotischen, geschieden hat.

Das kleine Kind hat sich im Verlaufe der Erziehung die Gebote und Verbote der Erzieher einverleibt. Gustave Le Bon hat sehr richtig bemerkt, daß die Erziehung die Kunst sei, das Bewußte ins Unbewußte gleiten zu lassen. Ins Unbewußte gleiten aber gleichzeitig Gebote und Verbote des Erziehers und in weiterer Folge die Erzieher selbst. So entsteht die Moralinstanz, die wir das Über-Ich des Individuums nennen und die die innere Gewissensstimme darstellt, auf die der Mensch, wenn die Stimme seiner Erzieher längst verstummt, sein Leben lang hören muß. Das Über-Ich ist aber nicht bei allen Menschen gleich, es ist bald mehr, bald weniger hart und streng, wenn es auch immer entsprechend seiner Herkunft vom allmächtigen Erzieher dem Ich gegenüber eine Überlegenheit, eine beherrschende Stellung bewahrt. Der "kategorische Imperativ" der Moral entspricht dieser Stellung. Während das Über-Ich aber beim Normalen mit dem Ich verhältnismäßig zusammenfällt, ist das Über-Ich des Neurotikers immer im Kriegszustand mit dem Ich und feiert ihm gegenüber sadistische Orgien, an denen sich anderseits das Ich in masochistischer Lust beteiligt. Dieses Phänomen ist besonders auffällig bei der Zwangsneurose, bei der der moralische Sadomasochismus ausgiebig zur Befriedigung kommt.

Freud hat in seinem letzten Buch „Das Unbehagen in der Kultur“ gezeigt, daß die modernen Menschen vielleicht noch mehr unter der Unterdrückung ihrer Aggressionstriebe als unter der ihrer Sexualtriebe leiden. Der ursprüngliche Aggressionstrieb des Menschen ist auch der Motor für die Entstehung der Moral. Unter dem Druck der Erzieher lernt das Kind diesen Trieb eindämmen. Aber da die Triebe nicht zum Verschwinden zu bringen sind, wendet das Kind die eigene Aggression gegen sich selbst, woraus dann die Strenge des Über-Ichs und des moralischen Gewissens sich herleitet. Die Erzieher sind übrigens auch nicht frei von einem gewissen Sadismus gegenüber dem Kind, selbst dann, wenn es die liebenden Eltern sind. Denn solch sadistische Triebbefriedigung läuft in jeder Beziehung eines Starken zu einem Schwachen mit. Auch dieser von der Außenwelt kommende Sadismus wird mit den Verboten der Eltern introjiziert und im Über-Ich einverleibt, das auf diese Weise seine Strenge aus zwei Quellen bezieht: die eine stammt vom Individuum selbst, die andere von außen. Der erste Anteil läßt sich nicht abschwächen, wohl aber der zweite. In letzter Zeit werden die Schäden einer irregeführten Erziehung, die in Liebesmangel und übermäßiger Strenge bestehen,

erkannt. Die Zeit, in der z. B. Dickens sich verpflichtet fühlte, in seinen Romanen gegen die unerhörte Brutalität der englischen Schule sich aufzulehnen, liegt glücklicherweise weit zurück. Aber wie immer gerät man in der Erziehung aus der Scylla in die Charybdis. Schwäche und Nachgiebigkeit der Erzieher können auch dazu führen, wie *Aichhorn* es in seinem schönen Buch über „Verwahrloste Jugend" zeigt, daß das Kind seine Aggressionen, die in ihrem Ausmaß nicht zu vermindern sind, gänzlich gegen sich selbst kehrt, wenn es keine Gelegenheit findet, sie als Vergeltung nach außen zu richten, woraus wieder ein überstrenges Über-Ich entstehen muß, das einen Quälgeist für das ganze spätere Leben abgibt.
Abgesehen von der Schädigung durch den direkten Sadismus der Erzieher wirkt oft genug die Unterdrückung der infantilen Sexualität, die zum „Wohl" des Kindes in der Stille fast in jeder Familie vor sich geht, schädlich. Dazu kommt noch die ebenso zum „Wohl" des Kindes vor genommene frühe Drosselung der Intelligenz des Kindes durch die Eltern und Erzieher, die ihm die Kenntnis seines eigenen Organismus und seiner Triebe vorenthalten, nach der es vor allem dürstet.

Man wird uns entgegenhalten, daß die Welt doch weitergehe und die gegenwärtige Erziehungsform doch genügend hochstehende und aufgeklärte Menschen hervorbringe und so die Erziehung durch diese rechtfertige. Gewiß, es gibt starke Menschen, die sie eben ohne wesentlichen Schaden ertragen haben. In jeder Schlacht gibt es Überlebende, aber das Schlachtfeld unserer Kultur ist reichlich genug mit Verwundeten übersät; das muß uns nachdenklich stimmen. Wieviel Kräfte für den Kulturaufbau gestellt werden könnten, wenn ein Weniges der nicht zu rechtfertigenden Verdrängung fortfiele und mehr Aufrichtigkeit herrschte, können wir heute noch nicht ermessen.

IV) Einige Vorschläge zu einer Reform der Erziehung

Wenn nach der Darstellung des großen Übels, an dem die Menschen unserer Zeit leiden, die Frage auftaucht, was man tun solle, diesem Übel abzuhelfen, so werden wir auf diese Frage keine eindeutige Antwort geben können.
Von vielen wurde schon bemerkt, daß die moderne Welt an einem großen Übel krankt; daß diese Krankheit „nervöser" Natur ist und großenteils durch die „Sexualnot" hervorgerufen wird, entgeht auch oberflächlichen Beobachtern nicht. Es werden verschiedenartige Methoden zur Abstellung des Übels in Vorschlag gebracht; dabei ist es von Interesse fest zustellen, daß diese Mittel sich auf drei Gruppen aufteilen lassen, von denen eine dem entspricht, was wir bei der Einzelbehandlung der Nervösen als einfache unterdrückende und suggestive Psychotherapie kennen; die zweite Gruppe stellt ein Kompromiß dar zwischen der alten Art von Psychotherapie und den Errungenschaften der Psychoanalyse, die dritte endlich ist die Psychoanalyse in ihrer reinen Form.
Wie *Freud* so richtig in einem Vergleich sagt, besteht derselbe Unterschied zwischen der

landläufigen Psychotherapie und der Psychoanalyse wie zwischen den beiden im folgenden geschilderten Methoden zur Behebung eines Wasserrohrbruches, wenn das Rohr unter dem Straßenpflaster gelegen ist. Der gewöhnliche Psychotherapeut gleicht dabei demjenigen, der auf dem Pflaster an der Stelle, an der das Wasser hervorbricht, Material anhäuft, um mit mehr oder weniger Erfolg das Ausströmen des Wassers zu verhindern. Der Psychoanalytiker ähnelt hingegen dem Arbeiter, der Pflastersteine und Erde bis zur Bruchstelle des unterirdischen Rohres auf gräbt, das Rohr dann dichtet und wieder eindeckt. Die Psychoanalyse ist eine kausale Therapie, und auch ihre Reformvorschläge zur Erziehung im Sinne einer Neurosen-Prophylaxe wollen die Ursachen der späteren Erkrankungen beheben.

Aber die Vertreter der alten Ordnung können sich nicht zu ihr bekennen. Sie fürchten den revolutionären Geist dieser Methode und rufen gegen sie eine ungeheure Verschwörung aller konservativen Elemente herauf, die Angst haben vor dem Aufreißen der Pflastersteine in der Straße der Tradition. Dieser Einstellung entspricht ihre Psychotherapie, die das Verdrängen als Heilmittel anwendet.

Wir werden uns also nicht wundern, wenn Papst Pius XI. in seiner Enzyklika „Rappresentanti in terra" vom 31. Dezember 1929 über „die christliche Erziehung der Jugend" die sexuelle Erziehung brandmarkt, ohne sich dabei direkt auf die Analyse zu beziehen, wobei aus der Enzyklika auch nicht hervorgeht, ob ihm die Analyse bekannt ist oder nicht:

In höchstem Grade gefährlich ist fernerhin jene naturalistische Richtung, die in unseren Tagen in das Gebiet der Erziehung eindringt in einer Frage so zarter Natur, wie es die Sittenreinheit ist. Sehr verbreitet ist der Irrtum derer, die in gefährlichem Unterfangen und mit häßlichen Ausdrücken einer sogenannten sexuellen Erziehung das Wort reden, indem sie fälschlich meinen, sie könnten die jungen Leute gegen die Gefahren der Sinnlichkeit durch rein natürliche Mittel schützen, durch eine gefährliche und verfrühte sexuelle Aufklärung für alle ohne Unterschied und sogar in der Öffentlichkeit, und, was noch schlimmer ist, indem sie dieselben zeitweilig den Gelegenheiten aussetzen, um durch Gewöhnung, wie sie sagen, den Geist gegen die Gefahren abzuhärten.

Sie täuschen sich schwer, da sie die angeborene Schwache der menschlichen Natur und das Gesetz nicht anerkennen wollen, von dem der Apostel sagt, daß es dem Gesetze des Geistes widerstreite, und da sie die Erfahrungstatsachen verkennen, die beweisen, das gerade bei den Jugendlichen die Verfehlungen gegen die Sittenreinheit nicht so sehr Folge von Nichtwissen als vielmehr von Willensschwäche sind, wenn der junge Mensch den Gelegenheitcn ausgesetzt und von den Gnadenmitteln nicht gestützt wird.

Falls auf diesem heiklen Gebiete unter Berücksichtigung aller Umstände eine individuelle Belehrung bei passender Gelegenheit von seiten derer, denen Gott mit der Erziehungsaufgabe auch die Standesgnade verliehen hat, sich als nötig erweisen sollte, dann ist mit aller jener Vorsicht zu Werke zu gehen, die der traditionellen christlichen Erziehung bekannt und von dem erwähnten Antoniano hinlänglich gezeichnet ist, so er sagt: „Derart groß ist unsere Armseligkeit und der Hang zur Sünde, daß wir oft gerade von den Dingen, die Heilmittel gegen die Sünde sein sollten, Gelegenheit und Anreiz zur Sünde nehmen. Deswegen ist es höchst wichtig, daß ein guter Vater, wenn er mit seinem Sohn über eine so verfängliche Sache spricht, wohl acht zu geben hat, daß er nicht auf Einzelheiten eingehe, und auf die verschiedenen Weisen, in denen diese höllische Schlange einen so großen Teil der Menschheit vergiftet, damit er nicht, anstatt das Feuer zu löschen, dasselbe in dem einfältigen und zarten Herzen des Kindes entzünde. Ganz allgemein kann man sagen: solange noch das Kindesalter andauert, wird es genügen, die Heilmittel anzuwenden, welche die Doppelwirkung haben, der Tugend der Keuschheit den Weg zu bereiten und dem Laster die Tore zu verschließen." Es ist wohl verständlich, daß „der fromme und gelehrte Kardinal Silvio Antoniano, selbst der Schüler des bewunderungswürdigen heiligen Erziehers Philipp Neri, sowie Lehrer und Sekretär für die lateinischen Schreiben des heiligen Karl Boromäus', der jede sexuelle Unterweisung der Kinder völlig verurteilt, wie auch der Papst Pius XI., der sich dessen Ansichten fast vier Jahrhunderte später zu eigen macht, in ihren Ausführungen nichts anderes als den moralischen Standpunkt vor Augen haben. Die physische und psychische Gesundheit in unserem Sinne kann für die beiden gar nicht wünschenswert sein; sie zu verlangen, ist für sie bereits Ausfluß eines allzu „naturalistischen" Standpunkts. Ja, viel mehr noch, sie bezeichnen als Gesundheit nur die moralische Gesundheit im Zustand der Gnade. Es wäre also sehr schwierig, mit ihnen überhaupt eine Basis für eine Diskussion zu finden. Aber nach dem Papst soll *Dr. Lang*, Erzbischof von Canterbury und Primas von England zitiert werden, denn seine Ausführungen bieten ein gutes Beispiel für die zweite Gruppe von Psychotherapien, nämlich für diejenigen, die von der Analyse bereits durchsetzt sind. Es ist wohl kein Zufall, daß Dr. Lang seine Stimme gerade in England erhob, unter dem Volk, das sich mit Recht rühmt, „den Tatsachen ins Auge zu sehen", und das es in den letzten Jahren verstanden hat, vom alten „cant", der es zu ersticken drohte, zur größten Aufrichtigkeit vorzuschreiten. In den angelsächsischen Ländern hat aus diesem Grunde die Psychoanalyse wohl auch viel mehr „in der Luft gelegen", als in den romanischen Ländern.

In einem Vortrag, der eine Antwort. auf die päpstliche Enzyklika darstellt, äußert sich der Primas von England am 4. Dezember 1930 im Mansion House zu London wie folgt: "Ich beobachte, wie weitgehend das Schweigen über das Thema der Sexualität der offenen und freien Diskussion gewichen ist. Es gibt heutzutage kein Thema, das wie das der Sexualität geeignet wäre, in allen Klassen der Gemeinschaft dauernd diskutiert zu werden. Ich sehe darin einen großen Fortschritt. Früher einmal verdrängte das Verschweigen eines der natürlichen und notwendigen Interessen—besonders der Jugend—und dies wurde in bestimmten Fällen, weil die Sexualität ganz unterdrückt war und keinen natürlichen und spontanen Ausdruck finden konnte, zum Zwang, oder aber das Sexuelle wurde in einer zynischen, verächtlichen und ungesunden Art besprochen. Heute erkennt man, daß diese Frage eine der großen fundamentalen

Fragen des Menschengeschlechtes und der Gesellschaft ist, und daß alle Christen und besonnenen Bürger eigentlich bereit sein müßten, sich an der Diskussion dieser großen Probleme zu beteiligen … Ich würde mich lieber dem Wagnis einer freien Diskussion als der größeren Gefahr aussetzen, die aus dem gemeinsamen absichtlichen Schweigen über dieses Thema entsteht…Es gibt heutzutage niemand mehr unter uns, der die Grundlagen eines moralischen oder eines religiösen Lebens auf dem ‚Du darfst nicht'-aufbauen wollte ..Wir wollen den Sexualinstinkt, der ein Erbteil der Menschheit ist, vom Eindruck, er könne nur von Weisungen und Verhaltungsmaßregeln negativer Art umgeben sein, befreien und ihm seinen Platz im großen Werk der Schöpfung zuweisen, an dem jeder gesunde junge Mann und jedes gesunde junge Mädchen teilhaben."

Der Primas von England bezieht sich in seinem Vortrag in erster Linie auf die sexuelle Erziehung der Adoleszenten: aber ein Abgrund trennt seine Anschauung von der des Papstes. Daß er freilich ganz mit der Analyse übereinstimmt, wird man wohl nicht von ihm verlangen können. Welche Heilmittel hat nun die Psychoanalyse gegen das Übel der modernen Menschheit vorzuschlagen? Eine Tatsache wird vor allzuviel Optimismus bewahren: die Kinder der Psychoanalytiker selbst sind oft—nicht immer— schlecht genug erzogen. Da ihre Eltern vor den Gefahren der Verdrängung gewarnt sind, deren Schädigungen sie täglich im Berufe fest stellen, scheuen sie davor zurück, überhaupt einzugreifen, zu „erziehen", und lassen das Kind oft sich zu frei in den Tag hinein entwickeln. Ich erinnere mich da an den halb ernsten, halb scherzhaften Ausspruch Freuds über die Erziehung: „Wie immer man es macht, macht man es schlecht". Man unterdrückt immer entweder zu wenig oder zu viel. Denn die Psychoanalyse macht die Erziehung, die eine andere Art von Beeinflussung bleibt, nicht überflüssig. Sie behauptet ja auch nicht, daß die menschlichen Triebe im Urzustand ohne Unterdrückung verbleiben könnten. Nur der Grad und die Mittel der Unterdrückung stehen in Frage. In erster Linie lehrt die Psychoanalyse z. B. nicht, daß man den Trieb der Aggression, der Grausamkeit, des Sadismus der freien Entfaltung überlasse. Nun ist es aber gerade die Unterdrückung dieser Triebe — wie Freud im „Unbehagen in der Kultur" zeigt—die an unserem modernen Unbehagen schuld ist, und zwar dadurch, daß sie sich bisweilen bei der Aufrichtung der Moral im Individuum zu streng gegen das Individuum selbst wenden. Aber in sublimierter Form erzeugen gerade die Aggressionstriebe einen großen Teil des Interesses an der Erforschung des Weltalls, an der Wissenschaft. Es ist vielleicht kein Zufall, wenn das 1 9. Jahr hundert, das große Jahrhundert der Wissenschaft — mit Ausnahme der Kriege — gerade das war, in dem die Sitten sich am meisten gemildert haben, speziell die Tortur abgeschafft wurde. Das Laboratorium und die Vivisektion, über die man so viel Böses sagte, ohne ihre tiefere Bedeutung zu erkennen, sind wahrscheinlich ein direkter Erbe der Folterkammer und werden von denselben Trieben in sublimierter Form gehalten. Daher dürfen die Erzieher weder den natürlichen Sadismus des Kindes begünstigen noch auch ihren eigenen dem Kind gegenüber ausleben, denn das hieße das Kind durch spätere Identifizierungen indirekt sadistisch machen. Oft erwachen im liebenden Elternherzen, besonders im Vater, die alten Aggressionstriebe des Starken gegenüber dem Schwachen, die meist mit der Sorge um das „Wohl" des Kindes rationalisiert werden. Sie spielen übrigens in jeder „Erziehung" mit, angefangen von der des Vaters bei den primitiven und den blutigen Riten der Pubertät bis zu der unserer Familienkreise und unserer Erziehungsinstitute. Das Kind ist unruhig, lästig, hinderlich, man will vor ihm Ruhe haben und fährt es mehr oder weniger heftig an; oder es läßt sich vielleicht etwas Ernstlicheres zuschulden kommen, vielleicht um sich die Aufmerksamkeit und die Züchtigung von seiten der Eltern zuzuziehen. Es ist bereits von anderer Seite gesagt worden,—und wir können es nur wiederholen, — daß man jede Art körperlicher Züchtigung für jedes Alter vermeiden muß, weil sie imstande ist, in extremen Fällen sogar eine erotische Fixierung auf der Stufe des Masochismus nach sich zu ziehen. Jean Jacques *Rousseau* ist ein klassisches Beispiel dafür. Man darf auch nicht bei der allerersten Erziehung des Kindes zur Reinlichkeit brutal sein, ebenso wenig wie beim Entwöhnen.

Bisweilen aber muß man strafen, will man erziehen. Es entstehen sonst, wenn jegliche Unterdrückung fehlt, Gefahren aus zu großer Nachsicht. Das Kind muß lernen, sich etwas zu versagen, soll es sich dem Leben anpassen. Das Kind wird sonst verwöhnt, oder aber es wendet den Sadismus, den es an die Objekte nicht anbringen kann, gegen es selbst und entwickelt als Reaktion auf seine zu nachgiebigen Erzieher eine Übermoral, von der es in der Folge durch sein ganzes Leben tyrannisiert wird. Wenn sich die Notwendigkeit einer Strafe ergibt, ist es das Beste, an die fast immer wirksame Angst vor dem vorübergehenden Liebesentzug von seiten der Erzieher zu appellieren. Dieser Liebesentzug ist keineswegs eine sanfte und leichte Strafe, denn das Kind, vom Erwachsenen sowohl hinsichtlich der Befriedigung seiner Lebensbedürfnisse wie in Bezug auf den Schutz vor den drohenden Gefahren der Außenwelt vollkommen abhängig, fühlt sozusagen phylogenetisch, auch wenn die Eltern ihm nichts Böses geschehen lassen, welcher Gefahr es durch den Liebesentzug der Eltern oder Erzieher ausgesetzt wäre. Und es hört mit Recht nicht ohne zu zittern die Geschichte vom kleinen Däumling, den die Holzfäller mit seinen Brüdern allein im Wald zurückgelassen haben, oder das Märchen von Hänsel und Gretel. Es bedarf keines allzugroßen Liebesentzuges, damit das Kind darauf reagiert; das Signal der drohenden Gefahr genügt. Ebenso kann auch das Signal der Rettung und Sicherheit, der wieder geschenkten Liebe, der Liebesprämie, das Kind zu großen Triebverzichten veranlassen, wenn diese aus erzieherischen Gründen nötig sind. Der kluge und psychologisch eingestellte Erzieher, noch viel mehr natürlich der analytisch gebildete, wird diese Zeichengebung in vorsichtiger Weise handhaben.[1]

Bei einer Gelegenheit darf der Sadismus der Erzieher auf keinen Fall betätigt werden: bei der Unterdrückung der infantilen Onanie, die immer noch durch Angst und

1 Es sei hier auf das schon erwähnte Buch von Aichhorn verwiesen.

Einschüchterung in der zweiten Periode der infantilen Masturbation dem Kind gegenüber erfolgt. Die Frage der infantilen Onanie ist wohl das Hauptproblem der infantilen Neurosenprophylaxe, weil es sich in ihr um die eigentliche Geschlechtstätigkeit des Kindes handelt. Sie vollständig in brutaler Form gerade in der Zeit der Hochblüte ersticken, heißt oft die zukünftige Sexualität der Erwachsenen dauernd vernichten. Zumindest aber wird sie durch solche Unterdrückung fast immer schwer geschädigt.

Wenn sogar liebevolle Eltern mit solcher Strenge und auch oft mit Grausamkeit gegen die Äußerungen der infantilen Sexualität ihres Kindes wüten, so tun sie dies zweifelsohne, weil man die Sexualität in ihrer eigenen Erziehung völlig unterdrückt hat. Auf Grund einer Art „Projektion" stellen sie das bei ihren Kindern ab, was bei ihnen selbst von ihren eigenen Erziehern abgestellt wurde. Sie haben sich beim Heranwachsen mit ihren Erziehern identifiziert und mißbrauchen jetzt deren Macht wie hohe Beamte, die, aus der Schicht der Revolutionäre zur Macht gekommen, die ärgsten Reaktionäre und die grausamsten Tyrannen werden.

Aufgeklärt durch die Entdeckungen der Psychoanalyse, sollten die Erwachsenen aufhören, sich das Monopol der Sexualität anzumaßen. Auch das Kind hat eine ihm entsprechende Sexualität und somit ein Recht auf Befriedigungen. Die Sexualität gehört zum Naturgeschehen und ist keineswegs ein selten vorkommendes Laster. Will man in einem Wesen einen Teil seiner natürlichen Äußerungen unterdrücken, so bereitet man sozusagen den Boden für die spätere Rache, die die Natur für diese Unterdrückung nehmen wird.

Die Sexualität des Kindes würde auch innerhalb gewisser Grenzen, die wir jetzt anzugeben versuchen wollen, der Gesellschaft durchaus nicht schaden. Vor allem dürfte man die Onanie des kleinen Kindes nicht als die Sünde an sich hinstellen, das Kind soll sich ihrer nicht schämen müssen; es sollte bei Gelegenheit, im richtigen Zeitpunkt, offen mit der Mutter oder mit seiner Erzieherperson darüber sprechen können. Wir wissen, wie sehr das Schamgefühl unserer Leser rebellieren wird, wenn wir dies vorschlagen. Aber dieses ist das erste Heilmittel. Das Kind würde dabei von der Mutter oder der aufgeklärten [2], die man erst heranbilden müßte, lernen, daß es sich da um eine Funktion seines Organismus handelt, die man wie andere Körperfunktionen nicht überall und zu jeder Zeit ausführen darf, die aber ein natürliches Geschehen ist und bei allen Kindern gleichermaßen vorhanden. Dem Kind würde das gräßliche Empfinden, ein einzig dastehendes Ungeheuer an Perversität zu sein, wie es wohl jeder kleine Masturbant von sich glaubt, auf diese Weise erspart bleiben. Es wüßte dann, daß an

2 Eine Kinderpflegerinnenschule wie Norland oder Princess Christian College in England, wo so viele Frauen aus gutem Hause die Erziehung der Kinder in den ersten Jahren lernen, würde sehr viel gewinnen, wenn sie auf psychoanalytischer Basis geführt würde. Aber wie Dr. Jones, der Präsident der British Psychoanalytical Society, bemerkt, würden so ausgebildete Pflegerinnen bei der gegenwärtigen Einstellung der Gesellschaft vielleicht schwerer eine Anstellung finden als andere. — In den Gemeindekindergärten in Wien gibt es viele Kindergärtnerinnen, die psychoanalytische Kurse besucht haben, ebenso in der Montessorischule in Wien.

ihm nur ein großes Naturgeschehen sich vollzieht. Und nichts ist befreiender in seiner einfachen Wahrheit als dieses Wissen. Man mag uns vielleicht entgegenhalten, daß die Sexualität, wenn ihr Geheimnis so früh enthüllt wird, für immer ihren Zauber verlieren muß; wir aber glauben in erster Linie an den Vorzug der Aufrichtigkeit.

Man darf gewiß beim Kind eine übermäßige Onanie nicht fördern, aber das Kind neigt eher dann dazu, schrankenlos zu masturbieren, wenn man ihm die Sexualität verbietet, trotzdem es dann dabei Schuldgefühl hat. Man kennt ja den Reiz der verbotenen Frucht. Vielleicht sind gewisse hartnäckige Formen der Onanie, die bis zur Erwachsenheit festgehalten werden und eventuell sogar die einzige richtige Ausdrucksform der Sexualität der Erwachsenen und die sexuelle Verbindung mit dem Objekt unmöglich machen, ein Ausdruck des Trotzes, den besonders eigensinnige Masturbanten dem Verbot der Erzieher entgegensetzen; obwohl gewisse infantile Fixierungen im Unbewußten auch dazu beitragen können.

Aber auf jeden Fall bleibt die Behandlung der infantilen Onanie das schwierigste Problem der Erziehung. Es kann auch niemand im vorhinein sagen, wie sich eine Generation von Kulturmenschen entwickeln würde, die von Kindheit an durch das Verbot der Onanie, also durch frühzeitige Unterdrückung der Sexualität, nicht mehr belastet wäre. Der Versuch ist auf jeden Fall der Mühe wert, denn das gegenwärtige Übel ist, mit dem Bewußtsein davon, unerträglich drückend geworden. Wie soll man sich also der Onanie des Kindes gegenüber verhalten? Man darf weder verbieten noch aufmuntern und muß in erster Linie beobachten. Die Onanie des Kindes, im weitesten Sinn des Wortes genommen, durchläuft alle Stadien seiner Libidoentwicklung. Der Säugling lutscht an seinem Daumen, das Kleinkind freut sich an seinen Erektionen und an den Sensationen, die ihm seine Genitalzone in steigender Intensität bei der Onanie im engeren Sinne beistellt. All das ist normal und soll geduldet werden. Nur eine besondere Fixierung an ein Stadium, an eine Befriedigungsart oder eine exzessive Onanie muß die Aufmerksamkeit der aufgeklärten Erzieher auf sich ziehen. Aber man wird die Sexualität des Kindes nicht durch Verbote und Drohungen in „Ordnung" bringen. Sondern man muß der Anomalie an die Wurzel gehen und zu diesem Zweck die einzige kausale Therapie heranziehen, die wir haben, nämlich eine Kinderanalyse. In leichten Fällen aber wird eine von der Analyse beeinflußte Psychotherapie genügen. Auf jeden Fall aber muß eine Erzieherpersönlichkeit, die mit der Psychoanalyse gründlich vertraut ist, das Kind in die Hand bekommen. Denn der Verlauf der zweiten Periode der infantilen Masturbation, die für das ganze weitere Leben solche Bedeutung hat, wird durch die psychischen Vorgänge beim Kind, durch die unbewußten und vorbewußten Phantasien bestimmt, die zum Teil seine Masturbation verursachen, zum Teil sie begleiten, nicht aber durch die gewöhnlichen lokalen Erregungen, etwa durch die unter der Vorhaut sich ansammelnden Sekretabsonderungen und ähnliche Reize. Man soll natürlich vermeiden, den erogenen Zonen des Kindes zu viel Erregung zuzuführen. Man soll ihm kein Schaukelpferd geben, es nicht auf dem Schenkel des Erwachsenen reiten lassen, es nicht Huckepack tragen, nicht schaukeln und nicht in die Luft werfen. Umsomehr muß jede Art von äußerer prägenitaler „Verführung“ vermieden werden, so die „anale Verführung" beim Kleinkind. Man sollte also nie Klystiere oder Zäpfchen verabreichen, sondern Abführmittel; es wäre besser, die rektale Fiebermessung zu vermeiden oder sie sehr einzuschränken, denn für das Kind kommen alle diese Praktiken einer Vergewaltigung gleich, an der es Lust findet. Ebenso muß man darauf achten, die eigentliche Verführung vom Kind fernzuhalten; selbstverständlich müssen alle uns in dieser Richtung unzuverlässigen Erwachsenen vom Kind entfernt werden, und man muß trachten, die so häufige Verführung durch Kinder, ohne sie ängstlich zu machen, tunlichst zu verhindern. Dadurch vermeidet man die Fixierungen, die in der Kindheit allzuleicht erfolgen, wenn die Geschlechtsbetätigung zu intensiv an einem gegebenen Objekt ihre Befriedigung findet; diese Fixierung hemmt später oft die Entwicklung zur genitalen Stufe des Erwachsenen.

Man kann dies dadurch erreichen, daß man das Kind mit Spielen und Tätigkeiten beschäftigt, die seinem Alter entsprechen, und so auch die Sublimierung fördert, zu der es ohnehin durch sein menschliches Gehirn und die atavistisch vorbereiteten Fähigkeiten zur Zivilisation hinstrebt. Es sei hier auf die wertvollen Beobachtungen von Vera *Schmidt* am Kinderheim-Laboratorium des Psychoanalytischen Institutes in Moskau verwiesen, wo die Kinder wegen ihrer natürlichen Onanie gar nicht geängstigt wurden. Dort bemühte man sich, einerseits die psychischen Ursachen der infantilen Depressionen aufzudecken, die bei manchen Kindern zur „Trostonanie" führen, wenn diese an Zärtlichkeitsmangel litten; hatte man die Ursache gefunden und behoben, dann hörte die Onanie von selbst auf. Andererseits blieb die physiologische Onanie gestattet; da die Kinder aber reichlich mit verschiedenen Spielen und Arbeiten beschäftigt wurden, wurde die Onanie niemals exzessiv. Und so lernte auch das Kind nicht lügen, denn das Verbergen der Onanie, wenn man sie trotz des Verbotes heimlich weitertreibt, ist die erste Quelle des Lügens. Denn das Kind ist oft nicht imstande, trotz aller Drohungen vor Ablauf der vorgeschriebenen Zeit seine Onanie aufzugeben.

Übrigens scheint der von der Natur vorgeschriebene Zeitpunkt der Beendigung der Onanie sich trotz relativer Freiheit während der infantilen Entwicklung geltend zu machen. Einige Kinder mußten das vorzeitig geschlossene Kinderheim in Moskau verlassen und sollen nach ihrer Heimkehr, wie die Eltern Vera Schmidt sagten, mit 5 oder 6 Jahren von selbst die Onanie aufgegeben haben, also beim Eintreten in die Latenzperiode. Dies bedürfte jedoch noch der Nachprüfung, da diese Behauptung nicht aus der Beobachtung der Kinder, sondern von den Aussagen der Eltern stammt.

Leider wurde dieses Experiment zu früh unterbrochen, da die Sowjets der Analyse nicht sehr freundlich gesinnt sind; sie fürchten wohl instinktiv, diese könnte ihr scharfes Messer auch an ihre marxistischen Theorien anlegen. Genau so wie die Kirche das Messer der Psychoanalyse fürchtet und fürchten muß, wenn dieses an die Glaubenssätze herangebracht wird.

Aber man kann voraussehen, daß Kinder, die ohne jede sexuelle Einschüchterung aufgewachsen sind, viel angstfreier werden als andere, die man in dieser Richtung eingeschränkt hat. Wie immer man über die Angst, diese Quelle jeder Neurose denken mag, mag sie sich zur Libido verhalten, „wie der Essig zum Wein", oder mag sie das Signal der Flucht des Ichs vor verschiedenen Gefahren sein, wie *Freud* seitdem meint, oder beides zugleich, sicher ist, daß sie mit der Verdrängung der ersten Sexualbetätigung aufs engste zusammenhängt. Denn regelmäßig, wenn die infantile Masturbation verschwindet, zeigen sich beim Kind die ersten Symptome der Angst und Neurose. Wenn man der infantilen Sexualität einen normaleren Verlauf gestattete, würde man sicher damit eine wichtige Quelle von Angst und Neurose zum Schwinden bringen. Allerdings wäre es ein illusorisches Unternehmen, jede Neurose beim Kulturmenschen verhindern zu wollen; aber man kann wenigstens versuchen, die Häufigkeit und Intensität der Neurose zu mindern.

Es gibt noch eine andere Gefahr entgegengesetzter Art, die die Mütter vermeiden sollen. Nicht nur zu viel unterdrücken, zuviel strafen ist gefahrvoll, sondern auch das Zuviellieben und Zu-zärtlich-sein.

Bei der Körperpflege helfen die Mütter notwendigerweise dem Kind bei der Entdeckung der erogenen Zonen, auch wenn sie es vermeiden, sich mit der Genitalzone zu viel zu beschäftigen. Dies läßt sich nicht umgehen; bei den Völkern und sozialen Schichten, bei denen eine solche Reinlichkeit nicht herrscht, schafft die Ansammlung von Sekret und Schmutz die gleiche Erregung wie anderswo die Reinigung durch die Mutter, als ob die Natur dafür gesorgt hätte, daß eine Entdeckung der erogenen Zone nicht ausbleibe.

Die Mutter aber soll nicht allzulange bei den verschiedenen Verrichtungen der Körperpflege verweilen. Sie soll auch nicht aus überströmender Zärtlichkeit zu intensiv und zu oft ihr Kind liebkosen, und es aus diesem Grund auch nicht zum Einlullen zu sich ins Bett nehmen. Man nennt dies mit Recht „verderben". Denn die Mutter gibt dabei, ohne zu wissen, was sie tut — sie wäre über eine solche Deutung empört — der erwachenden Erotik ihres Kindes Nahrung und entfaltet sie möglicherweise zu früh, so wie die Blüten im März, auf die schon der Aprilfrost lauert. Wenn ein Kind zu früh eine erotische Befriedigung kennengelernt hat, wird es von der unheilvollen Unterdrückung umso schwerer betroffen und kann im Unbewußten an diesem verlorenen Glück hängen bleiben, so daß ihm als Erwachsenem jeder Liebesgenuß unbefriedigend erscheint.

Einer anderen Gefahr ist das Kind durch die sexuelle Beziehung der Erwachsenen untereinander ausgesetzt. Das Kind ist oft Zeuge der Sexualhandlungen der Erwachsenen, weil die Erwachsenen es fälschlich für „unschuldig" halten und für unfähig, sie zu beobachten. Doch besitzen wir in Tausenden von Analysen den oft durch Zeugenaussage gesicherten Beweis dafür, daß das Kind schon im zartesten Alter— mit ein oder eineinhalb Jahren — imstande ist, Eindrücke von sexuellen Vorgängen mit Auge oder Ohr aufzunehmen. Es gibt wohl ein besonderer und schon vorbereiteter Trieb ihm diese Aufnahmefähigkeit. Später, in den folgenden Jahren, werden diese Eindrücke dann in ihm verarbeitet, aber ihre Aufnahme erfolgte schon in so früher Zeit. Bei den Primitiven sind diese Koitusbeobachtungen der Kinder an Erwachsenen die Regel. Sie richten aber dort keinen Schaden an, da der zu früh entfachte Sexualtrieb der Kinder nicht bald darauf eine scharfe Unterdrückung erfährt. Auch für Kinder in sozialen Schichten, in denen die Promiskuität herrscht, ist der Verkehr der Erwachsenen ein häufiger Anblick für die Kinder; dort ergeben sich daraus schon mehr Schwierigkeiten. Aber in den höheren sozialen Schichten, in denen auf die freie Möglichkeit zu solcher Beobachtung bald eine strenge Unterdrückung erfolgt, ist das Kind oft nicht imstande, des Konfliktes Herr zu werden, der in ihm zwischen Verbot des Erziehers und Heftigkeit des Triebreizes entbrennt und der durch die verschiedenen Arten der „Verführung", die wir aufgezählt haben, entfacht wird. Noch dazu sind an dieser Verführung die späteren Unterdrücker oft selbst aktiv beteiligt gewesen. Wir wollen nur noch ein Wort zur Sexualbetätigung des Kindes sagen, das sich auf das unerschöpfliche Thema der infantilen Onanie bezieht. Was die phallische Onanie der Knaben und Mädchen in der zweiten Phase der infantilen Sexualität zwischen drei und fünf oder sechs Jahren anlangt, so ist es ohne besondere Folgen, wenn diese beim Knaben bis in die Latenzperiode fortgesetzt wird und eventuell sogar in die Pubertätsonanie direkt übergeht, oder wenn sie krisenartig in der Latenzperiode auftritt, was sehr häufig vorkommt. Denn die spätere Sexualität des Mannes ist in ihrem körperlichen Mechanismus dieser Onanie nicht unähnlich. Beim Mädchen ist dies aber nicht so. Wenn die phallische, d. h. die Klitorisonanie des kleinen Mädchens noch in derLatenzperiode fortgesetzt wird oder während derselben krisenhaft auftritt, kann sie für die Entwicklung der künftigen Weiblichkeit oft schädliche Folgen nach sich ziehen. Denn sie hat die Tendenz, die spätere Sexualität der Frau an die Klitoris zu fixieren und die Erwachsene zu einer jener Frigiden mit Unempfindlichkeit der Scheide zu machen, die dem zweiten von uns beschriebenen Typus von Frigidität angehört. Wie weit nun werden diese Fixierungen und diese Wiederkehr der Klitorismasturbation in der Latenzperiode gerade durch Trotz gegen Erzieher und Erzieherinnen bedingt, die die Masturbation frühzeitig unterdrücken wollten? Und inwieweit ist die Wiederkehr der Klitorismasturbation in der Latenzperiode Ursache oder Folge einer besonderen Veranlagung der erogenen Zonen? Kommt es manchmal beim kleinen Mädchen zur spontanen Onanie am Vorhof oder in der Scheide, was sicher für bestimmte Kinder eine Prädisposition dieser erogenen Zonen voraussetzen würde? So viele Fragen tauchen da auf und harren bis zum heutigen Tage auf eine eindeutige Beantwortung.

Es ist wohl zu überlegen, ob die Chinesen in der sexuellen Erziehung der Frau, die bei uns wie jede sexuelle Erziehung vernachlässigt wird, nicht vernünftiger sind als wir. Bei uns muß ja alles, was zur Sexualität gehört, aus der Strenge unserer Moralbegriffe heraus *unterdrückt* werden. Man sagt, daß die chinesische Mutter bei der Körperpflege des kleinen Mädchens in der Wiege nicht wie bei uns sich damit begnügt, die äußeren Genitalien zu reinigen, wodurch die Zone der Klitoris gereizt wird, sondern daß sie regelmäßig auch das Innere der Vagina reinigt. Aus diesem Grund soll das Jungfernhäutchen in gewissen Gegenden Chinas ganz unbekannt sein, sogar bei den Ärzten. Es wäre interessant, diese Angaben nachzuprüfen und zu untersuchen, ob die Frigidität infolge von Fixierung an die Klitoris bei uns häufiger ist als in China.

Man mag sogar unter Psychoanalytikern über das Ausmaß an Freiheit, das man der aktiven infantilen *Sexualbetätigung* gewähren soll, verschiedener Meinung sein; aber über das Verhalten gegenüber der infantilen *Sexualforschung* kann es unter Psychoanalytikern nur eine Meinung geben. Das Kind ist ja dazu bestimmt, heranzuwachsen und seine Triebe der Herrschaft des Ichs unterzuordnen. Und es gibt keine gefestigtere Herrschaft als die, die aus der *Kenntnis* dieser Triebe entsteht. Man kann, wie Freud über die Analyse neurotischer Symptome sagt, niemand in absentia oder in effigie erschlagen. Sicher ist, daß das Ich den Trieben gegenüber im Beginne noch schwach ist; man soll aber alles tun, es in seinem Wachstum entsprechend zu stärken, und zwar gerade mit Hilfe der hellen Sonne des Wissens. Es ist dabei aber überflüssig, der Neugier des Kindes *zuvorkommen* zu wollen. Denn das Kind, dem man zu früh, also bevor es noch danach begierig ist, den wahren Sachverhalt der Geburt und der Geschlechter aufdeckt, verarbeitet diese Kenntnisse nicht. Mag man ihm auch genau die Vereinigung der Geschlechter erklärt haben, es hält doch weiter an seinen infantilen Sexualtheorien, die es mehr befriedigen, fest, etwa an der oralen Befruchtung oder an der analen Geburt. Aber sobald die Neugier erwacht, muß man sie ohne zögernde Befürchtung und ohne Umschweife in entsprechendem Ausmaß befriedigen. Das Kind hat ein Recht zu wissen, woher es kommt, was es beunruhigt und was es später erwartet. Es muß zur Realität erzogen werden, da das Leben und die Gesellschaft verlangen, daß sich das Kind ihr anpasse. Alles, was das Kind täuschen könnte, ist zu verwerfen. Wenn die „Erziehung zur Realität" von gewissen frühzeitigen Versagungen nicht zu trennen ist, so muß sie doch wenigstens die Kenntnis des eigenen Trieblebens bringen.

Man darf sich in der sexuellen Erziehung und Erklärung, auf die das Kind ein Anrecht hat, wie *Ferenczi* richtig gezeigt hat, nicht darauf beschränken. dem Kind die Naturgesetze kalt und abstrakt vorzulegen und es etwa mit Vergleichen mit den Vorgängen bei den Blumen abzuspeisen, wie viele Erzieher es tun, damit sie der Schwierigkeit entgehen, über die Erotik direkt sprechen zu müssen. Wenn dem Kind auch in Anbetracht der Unentwickeltheit seiner Organe die Befruchtungsfähigkeit versagt ist, vermag es doch das Erotische daran zu begreifen, ja dieses drängt sich ihm sogar gewaltsam auf. Wenn auch das Alter, in dem das Kind die Fähigkeit zum Orgasmus, zur eigentlichen Endlust erreicht, bei verschiedenen Individuen wechselt, so ist ihm doch von der Wiege an die Vorlust bekannt. Es kann also das Kind nicht befriedigen, wenn man sich mit ihm über Pollen und Stempel der Blumen sogar in Analogie zur Vereinigung von Spermatozoen und Eizelle unterhält. Es fühlt, daß man ihm das Wichtigste, die Lust, die mit dem Zeugungsakte verbunden ist, verheimlicht, daß es neuerlich beschwindelt wird und daß sich die Erwachsenen große heimliche Freuden vorbehalten, über die sie zu ihm nicht sprechen. Das muß das Vertrauen des Kindes zu den Erwachsenen für immer erschüttern, auch wenn ihm die Fabel vom Kinderkauf, von den Krautköpfen und vom Storch erspart wird. Die offene Aussprache mit dem Kind über die infantile Onanie würde darunter leiden, selbst wenn solche Erzieher sie überhaupt vornehmen wollten. Warum verbergen sie mir das, würde das Kind denken, wenn es sich um sie selbst handelt, während ich darüber reden soll, wenn es um mich geht?

Man kann dem Kind sagen, daß die schrankenlose Ausübung dieser wichtigen Funktionen einem späteren Zeitpunkt vorbehalten ist, bis seine Organe gereift sind, wie es ja der Wirklichkeit entspricht, und daß es sich bis dahin gedulden muß und sich nicht vergeblich im Wunsch verzehren soll, sich wie der Erwachsene zu betätigen, wie dies ja meist in der Hochblüte des Ödipuskomplexes der Fall ist. Man muß das Kind ermuntern, den, den es liebt und der es versteht, alles zu fragen, was es in dieser Hinsicht quält und worüber man ihm in der „guten" Erziehung den Mund verschließt, wenn es das Thema nur streift, so daß es ganz allein damit fertig werden muß.

Wie Freud im „Unbehagen in der Kultur" schreibt, begehen die Erzieher zwei Hauptfehler: sie bereiten das Kind nicht auf die Rolle vor, die die Sexualität in seinem Leben spielen wird, und sie lassen es darüber im Unklaren, wie heftig die Aggressionstriebe noch in der Gesellschaft wirksam sind. Das Schweigen über diese zwei Tatsachen hindert das Kind dann doppelt im Lebenskampf.

Es ist in erster Linie Aufgabe der aufgeklärten Eltern, den Kindern diese Erläuterungen, nach denen sie so begierig sind, zu geben. Der Standpunkt, daß man der Schule die sexuelle Erziehung überlassen soll, ist ganz unhaltbar; ihn vertritt nur die Unzulänglichkeit und Feigheit vieler Eltern. Aber die Schule muß die Tat der Aufklärung auf jeden Fall fortführen und darf nicht mehr über all das, was zu diesen wichtigen Fragen gehört, einen Schleier breiten. Besonders der Unterricht in der Naturgeschichte, Ethnographie, Geschichte muß unter neuen Gesichtspunkten, die der Realität entsprechen, erteilt werden. Es sind schon einige Versuche in diesem Sinne gemacht worden, so die Walden School in Amerika und mit festeren Grundlinien eine vor kurzem unter dem Vorsitz Anna Freuds in Wien begründete Privatschule.

Unsere Auseinandersetzungen waren bis jetzt hauptsächlich psychophysiologischer Natur. Wir haben ein rein psychisches Problem noch zu behandeln, nämlich das der *Identifizierung* des Kindes mit seinen Erziehern, bevor wir uns der Frage der *Sublimierung* zuwenden, das heißt der Fähigkeit, seine sexuellen Triebe auf Gebiete höherer, kultureller Leistungen hinzulenken und dadurch von der Neurose abzuwenden. Man weiß, daß die Umgebung des Kindes schon in den ersten Lebensjahren von größter Bedeutung für das spätere Leben ist. Ein Kind von Gewohnheitsdieben, für die das Stehlen ein Ideal darstellt, wird leicht durch Identifizierung mit Eltern und weiterer Umgebung ein kriminelles Über-Ich erwerben, das jedoch in sozialer Hinsicht völlig der Gesellschaft, in der das Kind heranwächst, angepaßt ist. Bei der Neurose, die uns hier interessiert, geht Ähnliches vor. Die Neurose der Eltern wirkt sich bei den Kindern nicht nur durch die Vererbung aus, sondern auch durch die direkte Einwirkung der Eltern auf das Kind. Darum ist jede Neurose, jeder Charakterfehler der Eltern eine Gefahr für das Kind und sollte psychoanalytisch behandelt werden. Es wäre dies ein wichtiges Erfordernis für die Kindheitsprophylaxe der Neurosen, bleibt aber noch ein sehr fernes Ideal. Die Identifizierungen der Kinder mit den Erziehern sind sicher eben soviel wert wie die Erzieher selber. Das ist aber nicht immer so. Es wechselt das Ausmaß der Identifizierung und es gibt *Gegenidentifizierungen*, die der Haßkomponente der ambivalenten Gefühle entspringen. Außerdem besteht die Gefahr der allzustarken Identifizierung mit dem gegengeschlechtlichen Elternteil, durch die die Weiblichkeit beim Knaben und die Männlichkeit beim Mädchen allzu stark gefördert wird. Es soll hier nur darauf hingewiesen werden, wie vorteilhaft es für ein Kind in Anbetracht des späteren Zusammenlebens in der Gesellschaft ist, möglichst frühzeitig schon Brüder und Schwestern zu bekommen und die natürliche Eifersucht ihnen gegenüber durch Liebe ausreichend zu kompensieren. Die Liebe zu einer Schwester oder zu einem Bruder in der Kindheit wird, wenn nicht irgend ein Vorfall oder eine frühzeitige erotische Bindung eine Fixierung nach sich zieht, später durch frühzeitige Lösung eines Teils des Libido von den Eltern die Liebesobjektfindung für den jungen Mann oder das junge Mädchen sehr begünstigen. — Man könnte ein ganzes Buch über die *Identifizierungen* des Kindes wie über den *Wiederholungszwang* schreiben, der alle Erlebnisse des Kindes für den Erwachsenen so bedeutsam macht. Aber wir wollen jetzt einiges über die Wege der Sublimierung beim Kind sagen. Die menschliche „Libido", die sich nicht ganz einfach spurlos „unterdrücken" läßt, kennt drei große Verwendungsmöglichkeiten: direkte Abfuhr in der Triebbefriedigung, indirekte in den verschiedenen Sublimierungen und, wenn diese Wege der Abfuhr nicht genügen, Verarbeitung in Neurose. Darum besteht auch die Wirkung der gelungenen Sublimierung darin, daß sie der Neurosenbildung Energien entzieht. Man handelt daher im Sinne der Neurosenprophylaxe, wenn man beim Kind so bald als möglich die ihm entsprechenden Sublimierungen fördert. Als erstes finden wir beim Kind die Sublimierung der primitiven sexuellen Strebung dem ersten Liebesobjekt gegenüber zur *Zärtlichkeit.* Die sinnlichen Befriedigungen, nach denen das Kind auf Grund des Ödipuskomplexes strebt, sind ihm verboten und werden es auf Grund der Inzestschranke immer bleiben. Diese Strebungen müssen in kindliche Zärtlichkeiten verwandelt werden. Wenn die Eltern liebevoll und verständig sind, geht dies tatsächlich vor sich. Wenn aber die Eltern lieblos sind und dem Kind nicht genug Wärme entgegenbringen, was sogar von seiten der Mutter geschehen kann, wenn ihr das Kind aus irgend einem Grunde unwillkommen war, wenn also das Kind nicht der Liebe teilhaftig wird, die es ersehnt und die ihm zusteht, wenn das unbefangene Angebot seiner kindlichen Liebe grob zurückgewiesen wird, dann kann die Sublimierung der sinnlichen zur zärtlichen Liebe nicht richtig vor sich gehen. Später äußert sich dies im typischen Verhalten des sich jedem neuen Liebesobjekt „An-den-Hals-Werfens", um das von ihm zu fordern, was einem als Kind versagt blieb. Die Folgen des Liebesmangels in der Kindheit sind, wie man sich denken kann, besonders verhängnisvoll für das Mädchen. Man kann aber offenbar die Eltern nicht *zwingen*, ihre Kinder zu lieben, um diese Gefahr zu vermeiden. Liebe läßt sich nicht befehlen. Solche Eltern sollten dafür sorgen, daß andere Personen zu ihren Kindern Zutritt bekommen, die diesen die fehlende Liebe der Eltern ersetzen können. Im weiteren gibt es noch die eigentliche Sublimierung der Triebe zu sozialen Tätigkeiten, zum Handwerk, zur Wissenschaft und zur Kunst. Je früher der Erzieher erkennt, wohin die Sublimierung der Triebe jedes einzelnen Kindes strebt, umso besser wird es ihm gelingen, die Energien einer eventuellen Neurose zu entziehen. Wie vielen Kindern wird es aber vergönnt sein, beim Heranwachsen ihre Fähigkeiten wirklich auszubilden? Der junge Proletarier wird sein Brot verdienen müssen, dem jungen Bürgerlichen schreiben die Vorurteile des Vaters eine bestimmte Richtung vor, das Mädchen muß sich der Hauswirtschaft widmen. Vielleicht wird deshalb die Arbeit so wenig geliebt, weil man zu ihr gezwungen wird, wo doch gerade die frei gewählte Arbeit die beste Befriedigung eines sublimierten Triebes brächte.

Das Ideal wäre, wenn man jedem möglichst frühzeitig die Entfaltung seiner Fähigkeiten in Kunst, Wissenschaft oder Handwerk ermöglichen könnte. Aber die ökonomische Struktur der Gesellschaft steht dem zu oft entgegen. Es gibt außerdem vielleicht viele Sterbliche, denen nur ein geringes Ausmaß an Sublimierungsfähigkeit zur Verfügung steht. Genaueres darüber auszusagen, ist bei dem jetzigen Stand der Erziehung nicht möglich.

Man muß auf jeden Fall vom Standpunkt der Prophylaxe der Neurose darauf sehen, daß jede unterdrückte Triebkomponente so bald und so gut wie möglich zu einer dem Kind entsprechenden Sublimierung gelangt. Als solche kommt die möglichst frei gewählte Arbeit in Frage ebenso wie das Spiel, das auf kommende Tätigkeiten vorbereitet. Auch die sportliche Betätigung wäre hier zu erwähnen, die in unserer Zeit ja so verbreitet ist und bei der so viele aggressive Komponenten der Libido in sozialer Form und nach außen gewendet ihre Abfuhr finden.

Es gibt noch eine letzte Form der „Erziehung zur Realität", die wir am Schluß unserer Arbeit erwähnen müssen. *Freud* hat ihr vor kurzem ein ganzes Buch gewidmet. Es handelt sich hier um ein für uns alle brennendes Problem gerade in unserer Kulturepoche, die eine des Überganges ist und dabei eine Spaltung in zwei Lager zur Folge gehabt hat. Es ist dies die Erziehung ohne Religion.

Die menschliche Moral hat drei große Stadien durchlaufen. Im ersten wurde der Vater der Urhorde von den verschworenen Söhnen der Weibchen wegen, die der Vater allein besaß, ermordet, er stand im Totemtier wieder auf und gab der Horde die ersten Moralgesetze: das Verbot der Wiederholung des Vatermordes am Totemtier, am „Vorfahren" des Stammes, und die Unterdrückung des Inzests, dem zuliebe der Mord begangen worden war, mit Hilfe der Vorschriften der Exogamie, die den Söhnen die Frauen ihres Clans überhaupt verbieten. Die Moral kam damals in den Tabuvorschriften zum Ausdruck, die den ersten, magischen und primitiven, kategorischen Imperativ darstellen.

Aber infolge der Wiederkehr des Verdrängten im Verdrängenden tauchte der Vater, der hinter dem Totemtier steckte, allmählich wieder auf. In die Unendlichkeit projiziert, wurde er am Himmel zu den großen und furchtbaren Göttern des Polytheismus, noch deutlicher zum Gotte des Monotheismus, Zeus, Baal oder Jahwe, die dem Menschen das Moralgesetz unter Donnergrollen verkünden. Dieses Stadium, das im Zeichen des großen Vatergottes steht, ist das zweite, das religiöse Stadium der Menschheit.

Doch begann die Menschheit schon vor ungefähr zwei Jahrhunderten ins dritte Stadium, das der Wissenschaft, aufzusteigen. Der Mensch hat auf der ersten, der totemistischen oder animistischen Stufe es sich nicht nehmen lassen, trotz der auf ihm lastenden Tabus mittels der Magie auf Grund der Allmacht des Gedankens das Weltall zu beeinflussen, es regnen lassen zu wollen oder die Sterne zum Stillstand zu bringen. Auch auf der zweiten Stufe konnte er sich nicht entschließen, auf seine Macht zu verzichten, und vermeinte daher, Gott durch Opfer und Bitten umstimmen zu können. Aber das Zeitalter der Wissenschaft hat den Menschen gezeigt, daß Gott zur Erklärung des Weltalls nicht notwendig ist, da die Tatsache der Gesetzmäßigkeit über immer weitere Gebiete der Natur sich ausbreitet. Als Napoleon Laplace fragte, warum Gott in der „Mecanique celeste" nicht erwähnt sei, antwortete dieser, daß er in seinem Buche diese Hypothese nicht nötig gehabt habe, was mit anderen Worten heißt, daß die Wissenschaft den Menschen gelehrt habe, man brauche diese Hypothese zur Erfassung des Universums nicht.

Als der Mensch nun ganz allein und hilflos im Weltall dastand, empfand er zum erstenmal sein ganzes Elend. Nachdem das Elternpaar, Gott und die Vorsehung, aus dem Himmel verschwunden sind, ist der Mensch zur Waise geworden und kann nur mehr auf sich selbst bauen. Darum haben auch so viele Menschen den Schritt von der religiösen zur wissenschaftlichen Stufe noch nicht gewagt, obwohl mit der Beherrschung der Erde auf dieser Stufe dem Menschen die Macht gegeben worden ist und diesmal nicht als magische, sondern als wirkliche Macht.

Nach welchen Grundsätzen sollen wir also unsere Kinder erziehen. um sie dem Leben in unserer Welt am besten anzupassen? Wie möglichst neurosefrei?

Freud legt in der „Zukunft einer Illusion" dar, daß die Religion einer kollektiven Zwangsneurose der Menschheit vergleichbar ist, von der allerdings die Menschheit sich zu erholen beginnt. Er hat die nahe Verwandtschaft zwischen Neurose und Religion schon in einer kleinen Arbeit „Zwangshandlungen und Religionsübungen" früher einmal aufgezeigt. Viele von uns werden sich auch noch an ihre Zwangsskrupel bei der weit zurückliegenden ersten heiligen Kommunion erinnern, etwa wenn sie vergessen hatten, eine läßliche Sünde zu beichten. Die Religion fördert das zwangsmäßige Denken und ist bestrebt, die intellektuelle Freiheit zu ersticken. Man muß glauben und gehorchen, ohne zu verstehen. Natürlich kann man in unserer westlichen Kultur, in der die „Freiheit“ herrscht, zumindest die der Eltern, — die Kinder sind nirgends „frei”—, gläubige Eltern nicht zwingen, vor ihren Kindern Gott nicht zu erwähnen. Man kann bei der gegenwärtigen Struktur der Gesellschaft z. B. nicht viel weiter gehen als in Frankreich, wo die Laienschule existiert. Bei uns kann man ein so radikales Experiment wie das der „Schule ohne Gott“ Rußlands, dessen Resultate erst abzuwarten sind, nur als Zuschauer von der Ferne beobachten . Aber den Eltern, die die Stufe der Wissenschaft erreicht haben, ist ihre Aufgabe klar vorgezeichnet. Sie müssen trachten, ihren Kindern, soweit es möglich ist, die Konflikte, die ihnen aus der Verschiedenheit des Denkens auf den beiden Stufen erstehen können, zu ersparen. Sie begehen einen schweren Fehler, wenn sie dem Kinde z. B. der Konvention und dem Gebrauche der Umgebung gemäß die erste Kommunion erteilen oder es den Religionsunterricht besuchen lassen. Denn all dieses ist für das Kind nicht wie für den Erwachsenen eine bloße Formalität. Alles was an Religiösem phylogenetisch noch in ihm schlummert, wird bei dieser Gelegenheit wieder aufflammen, und es hat dann einen Konflikt mehr zu lösen, nämlich den, der zwischen der alten in ihm erwachenden Religiosität und deren Verneinung durch seine Eltern und seine eigene Vernunft entsteht. Es ist die Pflicht freidenkender Eltern, ihren Kindern so viel als möglich von diesen Konflikten zu ersparen. Sie werden es auch vermeiden müssen, bei den Kindern Pflegerinnen zu halten, die die Kinder eventuell heimlich zum Beten bringen. Es bleiben immer noch genug Gelegenheiten, bei denen das Kind von Gott, seiner Güte und Strenge reden hört und dann fragt, wer das denn sei. Darum konnte *Freud* 1927 in der „Zukunft einer Illusion“ schreiben, daß der Versuch einer wirklich freisinnigen Erziehung noch nicht gemacht worden sei. Auch den Sowjets wird es vielleicht trotz der Gewaltmaßnahmen nicht gelingen. Diese Erziehung wird nicht von einer sozialen oder politischen Revolution, sondern von einer Entwicklung der Geister eingeführt werden; vielleicht kommt die freie Erziehung, die die Kinder in gewissen freidenkenden Familien Frankreichs oder Amerikas, obwohl dort der Puritanismus regierte und noch nicht ganz erledigt ist, diesem Ideal am nächsten. Wir wollen das ungeheure Kulturwerk der Religionen gewiß nicht leugnen, aber ebensowenig die kulturelle Leistung der ersten totemistischen Gesellschaft, auf deren Stufe doch niemand zurückkehren möchte. Was zu einer Zeitepoche Notwendigkeit war, ist für eine nächste archaisch und ein Hindernis für die Entwicklung der Menschheit. Und wenn wir auch noch auf der religiösen Stufe der Menschheit stehen, dürfen wir uns doch nicht über ihren bereits archaischen Charakter hinwegtäuschen.

Der Grund, warum die freidenkende Erziehung einer religiösen überlegen ist, liegt in ihrer größeren Realitätsanpassung. Es kann doch nicht das Ziel der Erziehung sein, der menschlichen Intelligenz, nachdem man sie verkrüppelt hat, Krücken zu geben, um ihr das Gehen zu ermöglichen. Die „Tröstungen" der Religion gleichen oft solchen Krücken, und auch das Beispiel Pascals, der ihrer benötigte, spricht nicht gegen diese ihre Eigenschaft.

Denn der Glaube, so wie einstmals die Magie, bleibt doch unter der Herrschaft des Lustprinzips trotz der grausamen Versagungen, die oft von seiner Moral ausgehen. Alle Opfer, die sich der Gläubige auferlegt, sollen hundertfach durch die ewige Seligkeit belohnt werden.

Das wissenschaftliche Zeitalter verspricht gewiß den Menschen nicht so viel, und man muß stärker, männlicher, erwachsener sein, will man sich ihm anpassen. Aber es ist die wissenschaftliche Einstellung, die sich am meisten der Anpassung an die Realität annähert, auf die hin ja die Entwicklung der Menschheit sich richtet. Dieses wissenschaftliche Zeitalter ist es ganz besonders, das die himmlische Moral hinfällig gemacht hat, indem es zeigte, daß diese nur aus den gemeinsamen Lebensnöten entstanden ist.

Auf diese Weise wird auf dieser Stufe die Entwicklung der Moral, vor allem die sexuelle, was selbstverständlich ist, von den vielen archaischen Zügen, die die menschliche Entwicklung hemmen, befreit werden. Die vernünftige Sexualerziehung des Kindes wird der wichtigste Schritt auf diesem Wege sein. Ist es doch bemerkenswert, wie sehr gerade die christliche Moral die Unterdrückung der Sexualität fordert. In der antiken Kultur, die ja auch ein hohes Niveau aufwies, und in welcher die Religiosität sozusagen diffuser war, war die Sexualität der Epheben und wohl auch der Kinder viel ungehemmter.

Weil aber das Kind dazu bestimmt ist, im Laufe der Kinderjahre die ganze Entwicklung der Menschheit zu wiederholen, wird es auch unausbleiblich, meist wohl in der Latenzperiode, die religiöse Stufe durchlaufen müssen. Ohne sie mit Gewalt zu bekämpfen, werden Eltern und Erzieher das religiöse Stadium nicht noch durch ihre autoritäre Zustimmung stärken und dadurch die Gefahr heraufbeschwören, daß das Kind für sein ganzes künftiges Leben auf dieser Stufe verbleibe. Es wäre am besten, sich in diesem Fall der Religion gegenüber so wie den Märchen gegenüber zu verhalten, in denen Tiere sprechen und Wölfe und Menschenfresser die Kinder verschlingen.

Das Kind will Märchen hören, und seine Phantasie hat ein Recht darauf. Wir wollen ja das Kind nicht der Märchen berauben, auch nicht der grausamen, schrecklichen — sind das nicht alle? —, wir glauben sogar, daß diese Berichte, deren Unwirklichkeit dem Kind bekannt ist, die Wirkung einer „Katharsis“ haben; ebenso wie die Erwachsenen in Dramen, schrecklichen Geschichten, Romanen und Tragödien ihre Affekte „abreagieren“ und dadurch einen Teil der seelischen Spannung verlieren, kann das Kind, das der Erzählung vom Rotkäppchen und vom Däumling lauscht, durch Mitfühlen seine

Grausamkeit abreagieren, was für seine psychische Entspannung günstig ist. Wir können natürlich moderne englische oder amerikanische Märchenbücher nur empfehlen, in denen Tiere eine so große Rolle spielen. Es besteht auch kein Grund dafür, den Märchen des Folklore, in denen Totemismus und Animismus unserer Vorfahren weiterlebt, auszuweichen, denn wenn das Kind bei dem einen oder anderen Angst bekommt, schadet dies nicht, ja es kann sogar einen Vorteil haben. Man kann ja, wie *Freud* betreffs der Symptome seiner Patienten sagte, einen Räuber, der sich versteckt, nicht erwischen, und wenn z. B. der Wolf, der das Rotkäppchen fressen will, eine Phobie auslöst, so beweist das nur, daß die Vorbedingungen zur Phobie im Kinde schon vorhanden waren, und daß es nur dieser Auslösung bedurfte, die Phobie in Erscheinung treten zu lassen. Man muß dann mit Hilfe einer Psychoanalyse dem Ursprung der Phobie nachgehen und sie so beheben.

Aber kehren wir zur Religion zurück. Der Unterschied zwischen den Märchen und der Heiligen Schrift besteht darin, daß erstere nur als Fiktion vorgebracht werden, letztere aber Wahrheit, und zwar höchste Wahrheit zu sein beansprucht. Man muß ans Paradies, an den Turmbau von Babel, an die Sintflut glauben, und sogar das Opfer Abrahams bewundern. Es wäre übrigens schwer, wollte man die Heilige Schrift als ein gewöhnliches Märchen hinstellen; es gibt zu viele Mcnschen, die daran glauben und die dem Kind eines schöncn Tages sagen könnten, das alles sei Wahrheit. Besser also den Augenblick hinausschieben, in dem es diese Geschichten erfahren soll, zu denen unser modernes Empfinden ohnedies noch immer zu viel Beziehungen hat.

Man sollte die Heilige Schrift in den höheren Schulklassen einfach als Kapitel der vergleichenden Religionsgeschichte der Menschen lehren.

Wir wissen, daß auch eine ganz freidenkerische Erziehung allein nicht imstande wäre, ein Kind vor der Neurose zu bewahren. also vor dem Durchlaufen dieser Entwicklungsstufe, die noch fataler ist als die der Religion, die keinem Kulturkind erspart bleiben kann. Ein Beispiel, das mir *Anna Freud* berichtete, mag dies am besten illustrieren: ein Kind aus einer sehr frommen Familie wurde sehr religiös erzogen; vor der Onanie geschreckt, sagte es, wenn es masturbiert hatte, voller Angst: „Der liebe Gott hat mich durchs Fenster gesehen.“ Nach der Geburt dieses Kindes verloren die beiden Eltern den Glauben und erzogen das zweite Kind freisinnig. Und der zweite ihrer Sprößlinge sagte, wenn er onaniert hatte, voller Angst: „Die Sonne hat mich durchs Fenster gesehen."

Dies bestätigt wieder, daß die verdrängende Instanz die Moralinstanz an und für sich ist, und daß Gott, die Sonne, der Wolf oder der Gendarm als Vatersymbole für den Trieb, sobald er eine Einschränkung erfuhr, untereinander ohne weiteres vertauschbar sind. Und immer sind Väter und Erzieher Urheber der Moral, der Angst und der Neurose. Darum ist wohl auch ein Pfarrer *Pfister*, der Analytiker ist, — abgesehen von gewissen Kompromissen, zu denen ihn die Religion zwingt,—ein besserer Erzieher als ein Erzieher, der Freidenker ist, aber gleichzeitig das Sexuelle weitgehend verdrängt. Wenn man die Moral vom Gottesbegriff reinigt, so hat das von diesem Gesichtspunkt aus nur den Vorteil, daß man sie von ihrer religiösen Starrheit befreit und den Weg für die fortschreitende Anpassung der Moral an die reale Entwicklung frei macht.

Unterdessen fordert die Erziehung durch wenig aufgeklärte Eltern und Erzieher ihre Opfer, und die Welt ist voll von den Gebresten, die sie auf dem Gewissen hat, mag ihnen ihr Gebrechen nun bekannt sein oder auch nicht. Darum ist Freud auch der Ansicht, daß im gegenwärtigen Zustand der Kultur, die dem Menschen von Kindheit an so viel schmerzliche Versagungen und pathogene Verdrängungen auferlegt, die Kinderanalyse für mindestens zwei Drittel der Kinder kein Luxus, sondern eine Notwendigkeit wäre. Der geeignetste Zeitpunkt dafür wäre der Beginn der Latenzperiode, also das fünfte oder sechste Jahr, der Zeitpunkt der ersten Verdrängungen. Zur Durchführung dieser Analysen müßten Tausende von Analytikern, vor allem Frauen herangebildet werden; diese Tatsache zeigt wieder, daß die Frage der Ausbildung zur Analyse über die der medizinischen Ausbildung hinausgeht. Es wird immer mehr Aufgabe der kommenden Generationen sein, den „Beichtvater", den „Seelenhirten" des Erwachsenen oder des Kindes durch den wissenschaftlich geschulten und aufgeklärten Pädagogen, d. h. durch den Psychoanalytiker, zu ersetzen. Es bleiben dann noch die eigentlichen Erzieher und die Eltern, von deren Anpassung an die physiologische und psychologische Realität die Erziehung, also das Schicksal der Kinder in erster Linie abhängt. Eine Moral, in der überflüssige und archaische Reste, besonders in sexueller Hinsicht, fallen gelassen wurden, eine Moral, die auf Grund der Erkenntnis einerseits den ununterdrückbaren Triebansprüchen, andererseits den sozialen Forderungen Rechnung trägt, sollte Gemeingut aller Erzieher werden. Eine solche Moral zu erlangen, gibt es nichts Besseres als die eigene Analyse, die die eigene Wertung der Triebe und der sozialen Forderungen einer gerechten Überprüfung unterzieht. Unter dem Einfluß solcher aufgeklärter autoritärer Persönlichkeiten könnten die Kinder freier heranwachsen. Ebenso wie es Zweck und Resultat jeder Psychoanalyse ist, die Verdrängung durch die Verurteilung zu ersetzen, hätte eine unter denselben Gesichtspunkten unternommene Reform von Moral und Erziehung ein gleiches Ziel und Ergebnis. Was hier vorgeschlagen wurde, ist nichts anderes, als was in jeder Analyse im Individuum sich vollzieht, eine tiefe und wohltätige Veränderung im Über-Ich oder im moralischen Kollektivgewissen der Menschheit. Es wird gewiß lange dauern, bis man das erreicht, wenn man es überhaupt erreichen kann, und wir stehen erst in der Morgendämmerung einer solchen neuen Zeit.

AUTOREN

A

B

C

D

G

N

O

P

Q

R

S

Abkürzungen

Abb. *- Abbildung(en) /* ***br*** *- broschiert /* ***Ebr*** *oder* ***Kt*** *- kartonierte Ausgabe/* ***EA*** *- Erstausgabe /* ***Ed.*** *- Herausgeber /* ***Gh*** *- geheftet /* ***Hl*** *- Halbleinen /* ***Hld*** *- Halbleder /* ***iKass*** *- in Kassette /* ***iOrd*** *- im Ordner /* ***iSch*** *- im Schuber /* ***iVb*** *- in Vorbereitung / Jh - Jahr /* ***Kst*** *- Kunststoff /* ***Kt*** *- kartoniert /* ***lim.*** *- limitierte Auflage /* ***Lin.*** *- Linson /* ***Ld.*** *- Leder /* ***Ln*** *- leinengebunden /* ***o.J.*** *- ohne Jahresangabe /* ***PaA*** *- Preis auf Anfrage /* ***Pb*** *oder* ***Soft*** *- Paperback /* ***Pp*** *oder* ***Hard*** *- Pappband /* ***rev.*** *. - revidierte Ausgabe /* ***Ringh.*** *- Ringheftung /* ***Subskr.-Pr.*** *- zum Subskriptionspreis -* ***Tb.*** *- Taschenbuch.*

Hinweis zur Benutzung. *Wegen der stark angestiegenen Zahl der Neuaufnahmen von Fachtiteln wurde das geplante Seitenkontingent des I.P. deutlich überschritten. Aus diesem Grund sind die hier nachgewiesenen Bücher und Medien generell jeweils nur einem Gliederungspunkt zugeordnet worden. Berücksichtigen Sie bei Ihrer Titelrecherche daher bitte stets auch benachbarte Themenfelder*

Redaktionsschluß *1.4.2000*

Anschrift der Redaktion
SFB - Redaktion Index Psychoanalyse
z.Hd. Frau Heidemarie Fehlhaber
Anzengruberstraße 1
D - 60320 Frankfurt am Main

E-Mail: *Sigmund-Freud-Book@T-online.de*

Wir danken *dem TOPOS-Verlag, Liechtenstein, der uns freundlicherweise die Abdruckgenehmigung für den Text von Marie Bonaparte " Die Sexualität des Kindes und die Neurosen der Erwachsenen" erteilte. Der Beitrag ist entnommen der Zeitschrift für psychoanalytische Pädagogik, V. Jahrgang 1931, S. 369-412, die inzwischen als vollständiger Reprint bei TOPOS erschienen und bei der Sigmund-Freud-Buchhandlung stets vorrätig ist:*

Ztschr. f. Psa. Pädagogik, *Hrsg. Paul Federn, Anna Freud, Heinrich Meng, A.J. Storfer u.a. (1926-1938), Wien, Internationaler Psychoanalytischer Verlag /Verlag der Zeitschrift für psychoanalytische Pädagogik. Je Band zwischen 350 und 420 Seiten. Komplett zu DM 2.200,- (Einzelbände zu DM 200,-)*

Mechthild Zeul
Carmen & Co.
Weiblichkeit und Sexualität im Film.
203 Seiten, gebunden,
DM 28,–/öS 204,–/sFr 26,70,–
ISBN 3-608-91897-3

Robert D. Hinshelwood
Die Praxis der kleinianischen Psychoanalyse
Aus dem Englischen von
Elisabeth Vorspohl.
377 Seiten, gebunden,
DM 78,–/öS 569,–/sFr 71,–
ISBN 3-608-91290-8

Joyce McDougall
Die Couch ist kein Prokrustesbett
Zur Psychoanalyse der menschlichen Sexualität.
354 Seiten, gebunden
DM 48,–/öS 350,–/sFr 45,–
ISBN 3-608-91636-9

Merton M. Gill
Psychoanalyse im Übergang
Eine persönliche Betrachtung.
Aus dem Amerikanischen von
Brigitte Milkau.
259 Seiten, gebunden,
DM 48,–/öS 350,–/sFr 45,–
ISBN 3-608-91004-2

Gustav Bovensiepen/Mara Sidoli (Hrsg.)

Inzestphantasien und selbstdestruktives Handeln

Psychoanalytische Therapie von Jugendlichen

360 S., geb., ISBN 3-86099-127-2

»... daß der Versuch geglückt ist, aufgrund einer breit abgestützten klinischen Erfahrung Behandlung schwer gestörter Jugendlicher darzustellen.« *(Kinderanalyse)*
»... in seiner entwicklungspsychologischen Schwerpunktsetzung spannend und vielfältig.« *(AKJP)*

Gesamtverzeichnis und Probeheft AKJP anfordern:

Brandes & Apsel Verlag

Scheidswaldstr. 33, D-60385 Frankfurt/M.

Fax 069/95730187, e-mail: brandes-apsel@t-online.de

Ulrike Jongbloed-Schurig/
Angelika Wolff (Hrsg.)
»Denn wir können die Kinder nach unserem Sinne nicht formen«
Beiträge zur Psychoanalyse des Kindes- und Jugendalters

Mit Beiträgen von
Rose Ahlheim, Frank Dammasch,
Anita Eckstaedt, Heidemarie Eickmann,
James M. Herzog, Ulrike Jongbloed-Schurig,
Hans-G. Metzger, Elisabeth Müller-Brühn,
Jochen Raue, Anne-Marie Sandler,
Angelika Wolff

Brandes & Apsel

U. Jongbloed-Schurig/A. Wolff (Hrsg.)

»Denn wir können die Kinder nach unserem Sinne nicht formen«

Beiträge zur Psychoanalyse des Kindes- und Jugendalters

280 S., vierf. Pb. mit 8 vierf. Bildseiten

ISBN 3-86099-282-1

Erörtert werden Behandlungsverläufe, Fragen des Settings, zu Übertragung/Gegenübertragung, zum Vaterbild und wie eine gestörte Entwicklung wieder in Gang kommt.

Analytische Kinder- und Jugendlichen-Psychotherapie (AKJP)

Zeitschrift für Theorie und Praxis der Kinder- und Jugendlichen-Psychoanalyse, XXX. Jg.

Das *Heft 101* hat 160 S. ***Thema:* Jugend und Identität.** Mit U. Benz, U. Jongbloed-Schurig, K. Schneider-Henn, H. Kämpfer, R. Klüwer. ***Mit Register Heft 1 bis 100.***

Joseph D. Lichtenberg/Frank M. Lachmann/ James L. Fosshage

Das Selbst und die motivationalen Systeme

Zu einer Theorie psychoanalytischer Technik

300 S., Hardcover, erscheint Mai 1999

ISBN 3-86099-161-2

Ein grundlegendes Werk zur Fundierung der Theorie des Selbst und der psychoanalytischen Behandlungspraxis, die die Entwicklungen der Psychoanalyse und anderer Wissenschaften der letzten Jahre integriert. »Kein Psychoanalytiker kommt darum herum, von einem sorgfältigen Lesen dieses Buches zu profitieren.« *(The Annual of Psychoanalysis)*

Bisher erschienene Hefte:

1/89 Lehranalyse, Kunst, Politik, Psychiatrie im Nationalsozialismus (Mai 1989/Nachdruck) **2/89** Euthanasie im Nationalsozialismus, Psychoanalytische Ausbildung im Nationalsozialismus, Politik, Traumtheorie, Grünbaums Freudkritik, Laienanalyse (Oktober 1990) **3/90** Körper und Psychoanalyse (März 1990/vergriffen) **4/90** Psychoanalyse und Politik, Psychotherapie mit Folteropfern, Destruktiver Narzißmus, Geschwister (Oktober 1990) **5/91** Deutsche »Wieder«-Vereinigung aus psychoanalytisch-kulturtheoretischer Sicht **6/91** Psychoanalyse und Macht, Weibliche Homosexualität, Masochismus, Rolle des Vaters, Zähmung der Psychoanalyse
7/92 Psychoanalyse und Ausgrenzung (Homosexualität) **8/92** Frauen, Tochter-Vater-Verhältnis, Weibliche Homosexualität **9/93** Unveröffentlichte Briefe Freuds, Das Unheilbare und der Tod
10/93 Das Fremde in Kultur und Religion **11/94** Gewalt Jugendlicher, Krise der Ideologien
12/94 Freud & Jung - Leiden-schaf(f)t **13/95** Grenzüberschreitung, Missbrauch **14/95** Freud, Jung und andere Geschichten **15/96** Psychische Geburt – 30 Jahre danach **16/96** Gegenübertragung, Trauminterpretation und Trauma **17/97** Zeitgeist – Internet **18/97** »Psychische Geburt« – 30 Jahre danach **19/98** Organisation Psychoanalyse **20/98** Freud auf dem Weg ins Exil **21/99** Walser Kontroverse/Geld und Psychoanalyse

Bisherige Autoren, u.a.:

PAUL PARIN, Zürich; GOLDY PARIN-MATTÈY, Zürich; J.-E. MEYER, Göttingen; JOHANNES CREMERIUS, Freiburg; HELLMUT BECKER, Berlin; ERHARD KÜNZLER, München; MARIE LANGER, Mexiko; DETLEV CLAUSSEN, Frankfurt; TILMAN MOSER, Freiburg; HANS-MARTIN LOHMANN, Frankfurt; ROLF VOGT, Bremen; DAVID BECKER, Santiago Chile; ROBERT HEIM, Zürich; JÖRG BOPP, Frankfurt; EMILIO MODENA, Zürich; HEIDI GIDION, Göttingen; H.J. MAAZ, Halle; OTTO MARX, New York; RUDOLF OLIVIERI-LARRSON, Zürich; CHRISTEL ECKART, Frankfurt; THOMAS GEBAUER, Frankfurt; ZVI LOTHANE, New York; LYNDA SHARE, Beverls Hills; u.a.

Ulrich Deutschmann
Die Gesundheitsreform und die dunklen Botschaften der Psychoanalyse
Wilhelm Beermann
Überlegungen zum Gesetzesentwurf 'Gesundheitsreform 2000'
Maja Vukmanic
Deutschland, ein Zufluchtsland für traumatisierte Flüchtlinge? Ein Erfahrungsbericht
Wilhelm Genazino
»Diese merkwürdige Persönlichkeit, der Dichter«
Werner Balzer
Im Dunkeln sehen
Christian Maier
Traum und Kreativität
Peter Hahn
Sigmund Freud und die »Ödipalität« - Zur Wissenschaftssprache und Wissenschaftsmythologie der Psychoanalyse
Rolf Vogt
Kommentar zu dem Aufsatz von Peter Hahn: »Sigmund Freud und die ‚Ödipalität'
Hans Becker
Die Verstaatlichung der Psychoanalyse
Eberhard Th. Haas und Elisabeth Van Quekelberghe
»Medea« von Pier Paolo Pasolini (1969)